高等政法院校法学系列教材

法律文书的制作与应用

主　编　宋　健

撰稿人　（以撰写章节先后为序）

宋　健　焦悦勤　靳　欣

中国政法大学出版社

2012 · 北京

图书在版编目（CIP）数据

法律文书的制作与应用/宋健主编. 一北京：中国政法大学出版社，2012.4
ISBN 978-7-5620-4252-5
Ⅰ.法… Ⅱ.宋… Ⅲ.法律文书-写作-中国 Ⅳ.D926.13
中国版本图书馆CIP数据核字(2012)第060009号

出版发行 中国政法大学出版社
经　　销 全国各地新华书店
承　　印 北京华正印刷有限公司

720mm×960mm 16开本 31.5印张 635千字
2012年5月第1版 2012年5月第1次印刷
ISBN 978-7-5620-4252-5/D·4212
印　数：0001-4000 定　价：47.00元

社　　址 北京市海淀区西土城路25号
电　　话 (010)58908435(编辑部) 58908325(发行部) 58908334(邮购部)
通信地址 北京100088信箱8034分箱 邮政编码 100088
电子信箱 fada.jc@sohu.com(编辑部)
网　　址 http://www.cuplpress.com （网络实名：中国政法大学出版社）

主编简介

宋 健 男,1952年10月18日出生,山东省莱州市人。天津南开大学毕业,现任西北政法大学刑事法学院教授,个人出版有《现代法律文书写作》、《法庭调查和辩论中的逻辑技法》、《农村常用诉讼文书及法律事务文书》著作3部,主编《实用法律文书写作》、《司法文书教程》、《新编司法文书学》、《法律文书学教程》教材4部,参编教材5部,发表学术论文及研究文章70余篇,多次获奖。曾担任国家法治与法学理论研究项目立项评审专家。1994年取得律师执业资格,多年来共办理各类刑事、民商事案件500余件,担任30余家企业法律顾问。

编写说明

几经艰辛耕耘,《法律文书的制作与应用》一书终于在怀胎十月有余的今日,呱呱坠地面世了。

法律文书的制作是司法工作的重要组成部分。根据我国法律规定,诉讼活动必须用文字予以记载才能得到认可并予以实施。同时,法律文书也是缔结、规范市场经济活动及社会生活层面公民、法人及其他组织相互之间权利义务关系而运用的一种工具。在司法活动中,诉讼文书的出具、使用如实地记载了诉讼活动的进展及走向,成为检验诉讼程序是否合法的重要标尺;而司法机关用于结案的文书则真实、准确地将司法人员适用法律于个案的实体处理过程展示出来,是制裁犯罪、解决纠纷的落锤之作,是彰显公平与正义的载体。

社会主义的市场经济需要有序进行,健康发展;人类社会生存环境需要和谐、稳定,而这一切都需要在法律的轨道上运行,需要运用法律的手段去规范、调整、约束人们的各种经济利益关系及民事法律行为关系,非诉讼法律文书就是为实现上述目的而使用的一种重要工具。

然而,提高法律文书的制作能力却并非能够朝夕见果。法律文书写作是一项综合技能的体现,一方面要求文书写作者须具备精深而厚实的法律功底,即娴熟掌握有关实体法及程序法的知识;另一方面又要具备较高的写作表达能力,即具有较强的组织材料、驾驭语言的技能。诚然,法律的适用是法律文书固有的基本内核,但运用恰当的写作表达方式及语言载体将严谨的法律内容准确科学地表现出来的重要性同样也不容忽视。因之,掌握好法学与写作学这两门专业知识,是写好法律文书的根本保证。为了有效地提高法律工作者法律文书的制作水平,也为了使从事法律专业学习的在校全日制大学生尽快掌握这种重要工具,我们特编写了这部教材。

本书以我国三大诉讼法的进展为基本走向,以司法机关及法律服务机构职能划分为论述主线,全面而具体地介绍了法律文书总论(基础理论知识)、公安机关法律文书(侦查文书)、人民检察院法律文书(侦查、批捕、公诉、法律监督文书)、人民法院法律文书(刑事、民商事、行政案件裁判文书)、律师实务文书(诉讼代书及工作文书、非诉讼法律事务文书）的基本理论及各类文书的概念、程序上使用的原则、作用、基本格式写法和写作要求等，同时，为拓宽法律文书领域的范围，本书对我国相关的司法组织所使用的各类非诉讼准司法文书如监狱文书、仲裁文书、公证文书等也作了适当介绍。

本书以注重实用为宗旨，在侧重传授实际操作运用知识的基础上，同时也兼顾写作技能的提高。一方面通过对各部门使用的文书做简明扼要的介绍，并辅以规范的实例评析，提供出可供遵循的写作模式，使初学者知道该怎样写、怎样用，为尚未涉足法律写作领域的学生提供一把入门的钥匙；另一方面在总论及各章节中通过系统地讲述有关法律写作的理论知识，传授相应的写作技巧及其规则，也力图使已具备一定写作经验的司法工作者写作技能得到进一步的提升，使其文书制作能力上升到一个更高的层次。除此之外，本书还具有以下三个显著的特点：

1. 内容新颖。为适应司法改革新形势下的需要，本书在原有的法律规定及文书样式的基础上，兼顾并吸收了最新有关立法修改规定、司法解释及改革变化了的文书新样式，以便将现阶段我国法律文书使用的最新模式及研究成果奉献给读者。

2. 文种齐全。本书共收集了涉及各个法律领域的法律文书近100种，既包括了司法机关在诉讼活动中使用的主要文书，也吸收了相关司法组织办理非诉讼事件活动中使用的法律文书；同时，也将散见于经济领域及民间事务活动中的各类常见法律事务文书吸纳进来，扩展了法律文书的信息量。

3. 例文典范。为了配合学习，增强直观感，体现实用价值，本书在各章节各文种介绍之后均附有1～2则精选文书实例，所选文书均为近一两年内制作的规范文例，并附加简要点评。

本书由西北政法大学刑事法学院刑事诉讼法教研室宋健教授担任主编。

各章节的执笔者为：

宋健撰写第一章、第五章、第六章、第七章；

焦悦勤（西北政法大学刑事法学院刑事诉讼法教研室副教授）撰写第二章、第四章第一节、第二节、第三节、第四节、第八章；

靳欣（西北政法大学刑事法学院刑事诉讼法教研室讲师）撰写第三章、第四章第五节、第六节、第七节。

全书由宋健设计、修改并定稿。

本书的出版得到了业内同仁的鼎力相助，尤其是中国政法大学出版社阚明旗编辑，不辞辛劳为支持本书出版殚思极虑；西北政法大学科研处处长冯卫国博士得知打印经费不足便从其学科建设基金中慷慨解囊，虽数额不大，但支持教学科研的友爱精神暖人心肺，在此，我们全体编撰人员谨向他们表示诚挚的谢忱。

宋　健

2012年2月20日

目 录

第1章　法律文书概述

第一节　法律文书的概念及分类

一、法律文书的概念

法律文书是我国法律关系主体依照法律规定，按照各自的职权或权力，在办理各类诉讼案件及从事非诉讼事件的活动中，为正确运用、实施法律而制作使用的具有法律效力或法律意义的文书。

这一概念包含了以下四层意思：

1. 其法律关系主体（即文书的制作机关）为我国的司法机关及相关的司法组织。司法机关具体指的是我国各级公安机关、国家安全机关、各级人民检察机关及各级审判机关。此外，隶属于我国司法行政机关的狱政管理机关，虽然不属于参与诉讼程序的司法机关主体，但却是诉讼后的执行程序执法主体，故也应归入司法机关范畴。司法组织包括：司法行政机关所隶属的为社会提供各项法律服务的律师事务机构；代表国家对各类法律行为、法律意义的事实及文件的真实性、合法性予以公证的公证机关；处理各类经济合同纠纷、劳动争议纠纷、技术合同纠纷、海事纠纷及涉外经济合同纠纷的仲裁管理机关。

2. 其是法律关系主体根据各自的职权所制作的文书。我国法律赋予了司法机关及其司法组织办理诉讼案件及非诉讼事件各自的职能及权力。如公安机关在刑事诉讼活动中主要行使的是侦查权，立案、破案、报捕、预审、提出起诉意见或撤案就成为公安机关在刑事诉讼活动中办理案件的必经程序，公安机关只能依照法律所赋予的侦查权制作相关的文书。检察机关在刑事诉讼活动中主要负责对部分刑事案件（经济犯罪中的贪污、受贿、挪用公款、行贿、偷税抗税及渎职等）行使侦查及对公诉案件行使批捕权、检察权、监督权、公诉权，根据法律所赋予的上述几种不同职能，检察机关办理的自侦案件制作的法律文书只能依照立案、破案、批捕、预审、提出起诉意见或撤案的程序进行，公诉案件的办理使用的法律文书则应按照批捕、审查起诉、不起诉、出庭支持公诉、抗诉等权限范围内的业务活动进行。人民法院在刑事、民事、行政诉讼活动中行使审判权，肩负着对刑事公诉案件、刑事自诉案件、各类民事纠纷

(含经济纠纷)、行政纠纷案件的审判工作,人民法院依照一审、二审、再审审判程序制作的各类具有法律效力或法律意义的诉讼文书正是其行使职权,维护法律尊严的具体体现。

律师事务机构是经国家认可、熟悉法律并持有律师执业执照的法律工作者为社会及人民群众提供法律帮助的服务性机构,根据我国《律师法》的规定,律师的执业范围主要包括两个方面:一是受当事人的委托,参与刑事案件的辩护工作及民事、行政纠纷当事人的民事诉讼代理,由此,律师在诉讼活动中为维护当事人的合法权益向司法机关递交的各类法律书状,如民事起诉状,刑事自诉状,刑、民事上诉状,刑、民事答辩状,申诉书,申请执行书及为出庭拟就的辩护词、代理词等是律师参与诉讼业务的重要组成部分。二是受当事人的委托代理诉讼外的各项法律事务活动。法律事务活动属非诉讼事务,需要使用大量的法律事务文书来规范、调整发生在民间的各种经济、商务、民事法律关系,如为当事人解决法律事务及纠纷提供法律保证所代写的遗嘱、分单、收养协议书、授权委托书、赠与书、投诉状、上访材料等,律师为企业、事业单位、经济实体担任法律顾问所拟就的各类合同、协议书、公司章程、意向书、备忘录及各种法律文件等,是律师参与诉讼活动之外的另一项主要业务。

此外,诸如我国劳改执法机关在对罪犯实施服刑改造管理活动中所制作的各类狱政管理文书,我国公证机关为办理非诉讼事件所制作的各类公证文书,我国仲裁机关为办理争议案件而制作的仲裁文书,都是在法律所赋予的职权范围内制作的文书,任何机关及个人均不能越权使用非职权范围内的司法文书,否则即属违法。

3. 其是正确运用、实施法律的具体体现。法律文书是一种法律事实,是适用法律的结果,其使用的实际作用及意义在于反映司法人员如何将国家的法律、法规运用到具体案件(事件)当中,通过文字的形式做出法律上的确认,因此它是法律规定的具体化。在诉讼活动中,为保障案件的公正审理,准确执法,不同的诉讼阶段各个环节中需要出具使用各种法律文书作为诉讼进程的书面反映,如公安机关立案时须制作立案报告或填写立案报告表,作为立案的文字依据;破案时应制作破案报告或填写破案报告表;拘留犯罪嫌疑人时,必须依法制作拘留证;要求逮捕犯罪嫌疑人时,必须依法制作提请批准逮捕书,连同案卷材料移送人民检察院审查批准;预审终结后,认为犯罪事实清楚,证据确凿、充分,应依法追究刑事责任的,应及时制作起诉意见书;人民检察院对受理的移送案件,经审查,认为认定的事实不清,证据不足,需制作退回补充侦查决定书;符合起诉条件的,应制作起诉书,将案件移交人民法院审理;具备了《刑事诉讼法》第 15 条规定的条件之一的,应制作不起诉决定书,不予追究刑事责任,无罪释放。又如人民法院在审判活动中依法制作、使用的案件审理报告、法庭审理笔录、各类裁定书、告示文书、决定文书、书函文书、通知书及一审、二审、再审判决书等,有些是为了保障诉讼活动顺利进行,反映程序合法化的具有法律意义的文书,有些则是适用实体法对案件做出最终处理决断的具有法律效力的文书,但无论其性质如何,作用如何,其实质都是为了使法律得以正确运用、贯彻实施而使用的。就非诉讼文书而言，同样也是一种法律事实。当前，在我国社会主义市场经济高速、可持续发展的情况下，随着社会主义法制建设的日益健全，公民法律意识不断增强，人们越来越重视运用法律手段去规范所从事的各种国内或域外的民事、商务、经济行为，约束、调整不同层次主体之间的权利义务关系，而这些活动则又往往需要使用大量的非诉讼法律事务文书去实现，如合同的签订，通过书面的形式规范平等主体之间的权利与义务关系，明确双方从事经济活动履行的基本规则及违约罚则条目，这本身就是法律的一种具体运用，而依合同履约也正是实施法律的事实表现，否则，社会市场经济乃至于国际市场经济发展将会呈现无序状态。

4. 其具有法律效力或法律意义的文书。这是法律文书与一般行政公务文书的最大区别。国家机关行使的行政公文，虽然某些文种具有一定的约束力，但却不具有法律效力和法律意义，而司法文书则含有上述强烈的特征。如公安机关向犯罪嫌疑人出具的刑事拘留证，只要呈请拘留符合法定的审批手续，并经执行公务人员依法出示后，就具有在法定的期限内限制犯罪嫌疑人人身自由的法律效力，任何人不得抗拒执行；人民检察院制发的批准逮捕决定书，具有依法批准公安机关报捕的逮捕犯罪嫌疑人的法律效力，一经使用并送达原报捕机关，就发生效力，公安机关将依此制发逮捕证，犯罪嫌疑人不能抗拒批捕决定；人民法院的二审刑事、民事、行政判决书，是终审判决，判决书一经送达当事人即发生法律效力，刑事判决被判处有期徒刑的被告人须立即被执行收监，实施服刑改造，死刑犯经过死刑复核程序，须押赴刑场，执行枪决，民事、行政案件的二审判决，一经做出，即发生效力，当事人双方必须依判决结果严格执行兑现，否则，国家审判机关就要运用权力强制执行，当然，对已经发生法律效力的终审判决，法律赋予了当事人申诉或申请再审的权利，但再审期间并不影响原生效判决的执行。

具有法律意义的文书，在法律文书中也占有很大的比重，如公安机关在侦查阶段使用的立案报告与立案报告表、现场勘查笔录、破案报告与破案报告表，预审阶段使用的预审终结报告；人民检察院的案件请示报告，为出庭支持公诉拟就的公诉答辩提纲；人民法院的案件审理报告、法庭审理笔录，法庭辩论使用的公诉意见书、辩护词、民事代理词及律师使用的法律事务文书等，这些文书虽然不直接产生法律效力，但却在诉讼程序中对于准确执法，确保法律的正确贯彻与实施以及运用法律的手段规范社会主义市场经济体系的运作，调整解决好民事领域中各类法律关系均具有十分重要的保证作用。

从以上的解释来看，法律文书的概念具有它特定的内涵和外延。目前，司法实际部门、法学教育部门的一些同志对法律文书概念的界定往往认识不清，突出的表现是将法律文书、司法文书与诉讼文书这三个不同概念相混淆，互换称呼，使法律文书这一学科所包含的特定内容失去了科学性，因此有必要对上述三个概念的基本内容及相互关系进行必要的澄清。

法律文书与司法文书是两类不同的概念，就这两类概念的内涵与外延而言，它们既有同一性又有相异性。法律文书是指一切在法律上有效的或具有法律意义的文件、文书、公文的总称,其外延可分为规范性文件和非规范性文件两大类别。规范性文件是指国家权力机关依照职权所制定和颁布的各种法律、法规,其中包括国家立法、地方立法及企事业单位内部规范的各项管理制度,其特点是具有法律规范的一般行为约束力,要求人们普遍遵循。非规范性文书是指在诉讼活动中和与诉讼活动有联系的非诉讼活动中所制作的具有法律效力或法律意义的文书,它是司法机关及其司法组织在其职权范围内针对个别事件或特定对象所发布使用的文书,它不是普遍的行为规范,而仅是对某一案件(事件)所涉及的当事人的法律规范,因而它只对特定的案(事)件当事人有效,是一种法律事实,是适用法律的结果。司法文书正是属于这种非规范性的法律文书,包含不了法律文书中的规范性文件,由此可见,司法文书概念的外延小于法律文书概念的外延,它们之间是属概念与种概念的关系,是包含关系,不能混淆使用,否则将失去科学性。

司法文书与诉讼文书也是两类不同的概念。诉讼文书就其字面语意理解应为诉讼活动中所形成的各类文书,显然,上述概念所界定的内容是与司法文书中的诉讼案件文书相等同,但它却包含不了司法文书中的非诉讼文书,如狱政文书、仲裁文书、公证文书、律师的非诉讼事务代书等,所以,诉讼文书概念的外延又小于司法文书概念的外延,它们之间亦是属概念与种概念的由大到小包含关系,将二者混淆使用,互换称谓亦属错误。

以上概念的界定是从严格法律意义上的区分。但在实践中由于“法律”与“司法”的相通性,司法实际部门绝大多数同志习惯于将司法文书、诉讼文书称为法律文书,而并不予以区分,习惯成自然,这种称呼一直沿用下来而为公众所接受。笔者认为,界定清法律概念固然重要,但形成公众认可的习惯称呼也难以改变,这正是本书为何仍使用“法律文书”的客观原因所在。

二、法律文书的分类

法律文书体系庞大,种类繁多,由于法律关系主体职能的不同及文种使用的不同特点,法律文书类型的划分呈现出复杂的状态,可以从不同的角度按不同的标准对其进行分类。当前,在司法实践和法学研究中公认的主要有按制作职能机关分类、按诉讼性质分类、按文书性质种别分类和按文书格式体式分类4种划分方法。

(一)按制作职能机关分类

这是一种以法律关系主体的职能活动为方向,以诉讼进展的步骤为线索所进行分类的方法,它展现了诉讼程序的纵向进程。具体可分为:公安机关(含国家安全机关)的侦查文书、人民检察院的检察文书、人民法院的裁判文书、律师的实务文书、监狱管理机关的狱政文书、仲裁机构的仲裁文书、公证机关的公证文书等。在讲授各部门的法律文书时,再予以细化,以侦查文书为例,又可分为:立案、破案、销案文书,侦查阶段律师参与诉讼文书,强制措施文书,调取证据文书,勘验、查询、扣押、冻结文书,预审阶段文书,预审终结文书,要求复议、提请复核文书等。这种分类由于与诉讼程序相合拍,故大多数教材均习惯采用此种分类方法,具有相当的合理性。

(二)按诉讼性质分类

即以三大诉讼活动的性质分为:刑事诉讼文书、民事诉讼文书、行政诉讼文书。每类再以不同的审级按程序级别予以划分。如:刑事诉讼文书类别又可分为一审程序的刑事裁判文书、二审程序的刑事裁判文书、死刑复核程序的刑事裁判文书、审判监督程序的刑事裁判文书和执行程序的刑事裁判文书;民事诉讼文书类别同样亦可分为一审、二审、审判监督(再审)、执行程序中的各类民事法律文书。这种分法虽然条理清楚,但也有不科学一面,主要的问题是刑事诉讼的侦查文书、审查起诉文书应划入哪一级别类型?如划入一审程序之中则将使一审程序的刑事裁判文书成为一个大肚式的法律文书类别,容量过大,更重要的是它们与一审程序文不对题,所以弊大于利,目前采用此法编写教材较为少见。

(三)按文书性质种别分类

该种分类的表现形式是将各职能部门共同使用的具有同类属性的某类文种归结为一类,以文书类别的相异来体现该类文书的共同性质和特点,从而便于研究和把握此类文书的适用原则和共同具有的写作方法。如:起诉类文书、报告类文书、决定类文书、裁判类文书、执行类文书、笔录类文书、书函类文书、证票类文书、告示类文书、法庭论辩类文书、合约类文书、家庭事务类文书、报案上访类文书、行政复议类文书、仲裁类文书、公证类文书等。这种分法的长处是作为百科全书便于查询,但其弊端是按文种类型划分,使得程序混乱,无法按诉讼走向进行讲授,故运用此法撰著教材亦不多见。

(四)按文书格式体式分类

即按照司法机关及司法组织使用的不同书体形式对其进行分类。主要有表格类文书(亦称填空类文书)及制作类文书(亦称叙议类、拟制类文书)两种类型,表格类文书在整个法律文书中所占比重最大,但其写法简单,使用快捷,只需依照打印成文的固定表格将其空白项目填清楚即可,主要解决案件程序进展中所做的工作。制作类文书在法律文书所占比重较小,但其写作复杂,需要综合运用叙述、说理、说明等多种表达手段,主要解决对案件的实体处理决定,法律文书重点讲授的正是这一类体式的内容。

本书按制作职能机关分类的方法表述。

第二节　法律文书的历史沿革

我国是一个具有悠久文明历史的古国。早在公元前21世纪的夏朝便迈入阶级社会,形成了国家和法律,揭开了中华法系的篇章。由此,作为忠实捍卫国家法律的法律文书也随着国家法律的诞生而诞生。了解并研究法律文书的产生和发展历史,可以使我们从纵向过程中把握法律文书由古至今的整体演变脉络,批判地继承历代法律文书的精华，有助于提高当今法律文书的制作质量。

我们现在见到的最早法律文书的资料当属1975年在陕西省岐山县出土的周文物《朕匜铭》，“匜”（音读 yí，为古人洗脸用之器具）上刻有铭文“伯扬父乃成 ”（音读hai），记叙了西周晚期法官伯扬父对被告牧牛作出的判决，判词中关于定罪量刑的刑罚，如本刑应作如何处理，减轻后当作如何处理，都作了具体写述。此外，1975年在湖北省云梦县睡虎地出土的秦简中的“封诊式”，也有大量的有关“笔录”制作模式规定，如《爰书》（记录犯人口供之词呈）就记录了一个经死（吊死）案件的现场勘查和仵作（法医）鉴定的情况。原文如下：

经死　　爰书：某里典甲曰：“里人士五（伍）丙经死其室，不智（知）故，来告。”即令令史某往诊。令史某爰书：与牢隶臣某即甲、丙妻、女诊丙。丙死（尸）县其室东内中北廦权，南乡（向），以枲索大如大指，旋通系颈。旋终才在项。索上终权，再周结索，余檬二尺。头上去权二尺，足不傅地二寸，头北（背）傅廦，舌出齐唇吻，下遗矢弱（溺），污两却（脚）。解索，其口鼻气出渭（喟）然。索迹椒（椒）郁，不周项二寸。它度毋（无）兵刃木索迹。权大一围，袤三尺，西去堪二尺，堪上可道终索。地坚，不可智（知）人迹。索袤丈。衣络禅襦属各一，践□。即令甲、女载丙死（尸）诣廷。

译文：

爰书：某里的典甲说：“本里人五丙在家中吊死，不知道什么缘故，前来报告。”当即命令令史前往勘验。令史某如实记录：本人和狱卒某随甲及丙的妻、女对丙进行了检验。丙的尸体悬挂在他家中东侧卧室靠近北墙的房椽子上，面向南，用拇指粗的麻绳做成套，束在颈上，绳套的系束处在颈后部。绳索上面系在椽子上，绕椽子两周后打成死结，留下绳头有二尺长。尸体的头部上距房椽二尺，脚离地面二寸，头和背贴近墙。舌吐出与嘴唇齐，流有便溺，沾污了双脚。解开绳索时，尸体的口鼻中排出气体，像叹息的声音。绳索在尸体上留下了淤血的痕迹，只差颈后两寸不到一周。其他部位经检查没有发现兵刃、木棒、绳索的痕迹。椽子粗一围，长三尺，西边距地上土坎二尺，在土坎上面可以系挂绳索。地面坚硬，不能查知人们的足迹。绳长一丈。（死者）身穿络制的短衣和裙各一件，赤脚。当即命甲和丙的女儿把丙的尸体运送到县府。

这段笔录文字，用说明的方式，具体描述了如何勘验吊死者现场的许多具体要求，如怎样检验绳索，观察舌头是否吐出，头足距离顶部和地面多远，绳索上有无淤血，绳索能不能使头部脱出等，这说明早在两千多年以前我国就有完整的法律文书制作规格了。

两汉时期，法制有了长足发展，萧何摭取秦律而制定“九章律”，其后他人又制定“傍章律”、“越宫律”、“朝律”等，合计60章。此后，朝廷又相继颁布科、令，以补律之不足,从而建立了完整的法律体系,这时,法律文书尤其是判词的制作比秦代更进了一步,尤以官府刀笔老吏的文辞为长,但遗憾的是流传下来的却很少,主要原因是未发掘出来似“封诊式”的出土文物,有关史书中记载的汉时法律文书文例也微乎其微,不能形成完整的规格体系。

唐朝是法律文书发展的崛起时期。李世民执政后,基于治国之所需,创立了科举试判制度,开科取士,判词就成为吏部铨选科目之一。《新唐书·选举志》中云:“凡择人之法有四:一曰身,体貌丰伟;二曰言,言词辩正;三曰书,楷法遒美;四曰判,文理优长。”明人吴讷在《文章辨体》中曾写道:“若陆宣公既登进士,又以书判拔萃,补渭南尉是也。”这里说的“判”就是判词,等于我们现代的判决书。由于当时封建统治者十分重视“拟判”,以判词写作的优劣作为能否登科授官、走向仕途之路的考察标准,就使得大部分考生在考试以前必须练习写判词,“以判为贵”之风在当时自然广为盛行,进而造就了一大批“拟判”的能手。如唐代文学家王维、白居易等都写有大量的判词,其中白居易的《甲乙判》中保留了他所作的判词竟达102篇之多。但唐判由于受时代客观条件所限,也存在着诸多难以克服的弊端:一是多是文人为应试而于考场中闭门造车拟就的虚判,而并不是真实记载民间案件的实判,因而对我们今天考察当时的司法制度及法律体系并无实际价值;二是从文体上看,由于受六朝以来的文风影响,唐判几乎全是用骈文拟就,即“语必骈丽,文必四六”,文人为了显示自己的才华,用词缛丽,用典甚多,且句有定字,这与当今的法律语体风格差距十分遥远,这种风气给当时司法官吏为办案而写就的实判也带来一定的影响。

以后从宋至元、明三朝仍然沿用的是唐代以判取士制度。但在文体上已发生了显著变化,宋代判词,经过一段努力,革除了骈体用典的陋习,恢复并发展了秦代的散体。明人徐师曾在其《文体明辨序说》中论及古代的判词时说:“唯宋儒王回之作,脱去四六,纯用古文,庶乎能起二代之衰。”这说明宋判在文体上已开始扭转过去的骈文旧风。另外,根据史料记载,宋代的实判与唐朝相比,也增加了许多,并有专集传世。如《名公书判清明集》中保留的刘克庄、朱熹、吴势等28人的书判160则,基本上都是用散体写成,文字平实,浅显易懂,当事人有真名实姓,显然是司法官吏对审理的民间案狱的真实反映。

判词发展到清朝,已臻于成熟。这时判词已从科举试场中取消,而完全成为判官审理案狱后,“据情定案”的实判,这些判词经过后人的整理,形成了一部部反映大清法律制度的判词专著,如王又槐的《办案要略》、李渔的《资治新书》、樊增祥的《樊山判牍》、张船山的《清代名吏判牍》等,都有很高的实用研究价值。清末,判词已规定了固定的格式。宣统年间,奕劻、沈家本编纂的《考试法官必要》中,对刑事、民事判决书的格式和写作内容作出了统一规定。如刑事类主要包括以下几项:①罪犯之姓名、籍贯、年龄、住所、职业;②犯罪之事实;③证明犯罪之理由;④援引法律某条;⑤援引法律之理由。民事类则包括:①诉讼人之姓名、籍贯、年龄、住所、职业;②呈诉事项;③证明理由之缘由;④判之理由。

辛亥革命后的中华民国,沿用的基本上仍是清末的法律文书格式,同时也不断吸取了某些资本主义国家的文书格式,其间,北洋政府大理院编有《大理院判例令书》,汇集判例3900多件。之后,国民党政府的刑、民事诉讼法中对许多诉讼文书的制作内容亦作了详细规定。

新中国建立后,随着国民党的《六法全书》被废除,建国前沿用的伪政权法律文书格式亦被革除,为社会主义新型法律及其法律文书所取代。1951年,中央人民政府司法部制定了第一本《诉讼用纸格式》,1956年又制定了《公证文书用纸格式》,成为50年代至60年代的统一文书格式。50年代,在总结司法工作经验的同时,最高人民检察院和司法部曾联合发出《关于〈江西省司法厅关于全省各级人民法院布告和判决书的检查报告〉的通报》,60年代初,又发出了《最高人民法院关于改进审判文书质量的问题的通知》,对制作审判文书的原则、基本要求及文风的改进,提出了具体意见,从而使这一时期的法律文书质量得以不断以提高,这说明法律文书在法制建设中已开始受到重视,正当这项工作蓬勃向前发展的时候,却由于"十年内乱"而遭致中断。

党的十一届三中全会以来,我国法制建设进入了黄金时代。随着司法机构的重新恢复、建立,两法的颁布实施,法律文书也以它顽强的生命力破土而出。1980年至1982年,短短的两年时间里,司法部、公安部、最高人民检察院、最高人民法院相继颁布了一系列的诉讼文书样式,为法律文书制作格式的规范化发挥了重要作用。1993年3月1日最高人民法院经过历时2年的艰辛工作,制定出台了统一完整的《法院诉讼文书样式(试行)》。1997年刑法及刑事诉讼法重新修改后,为适应司法改革工作的需要,公安部、最高人民检察院、最高人民法院于1997~1998年又相继对公安机关侦查文书、检察院文书及法院文书格式作了重大修改及变更,颁布了《公安机关刑事法律文书样式》、《人民检察院刑事法律文书样式》及《法院诉讼文书样式》(修订)样本,这标志着法律文书向着标准化、科学化、制度化、规范化的方向又迈进了一步。近年来,随着司法改革步伐的进一步加快,随着"司法为民"、社会主义法治理念教育的深入人心,法律文书的样式也几经修订,对其制作的规范标准又提出了更高的要求。当今,我国在已经历了近30年的改革开放,目前正处于新的转型时期条件下,随着社会主义市场经济的可持续性发展,在全球经济世界化的新格局情况下,我国的综合国力已跃居于世界前列,涉外经济法律文书又以其崭新的面目应运而生,为促进世界各国商品经济的发展发挥巨大的作用,法律文书的触角已由狭窄的诉讼文书伸展到经济建设的全方位,我们面临的将是其又一个兴旺、繁荣时期。

第三节　法律文书的作用及特征

一、法律文书的作用

法律文书是司法公正的载体,其根本作用在于保证法律的贯彻实施,维护国家法

律的尊严,具体说表现在以下几点:

(一)是正确实施法律的重要工具

法律的制定和公布在于贯彻实施。司法机关处理各种刑事、民事、经济和行政案件制作并使用的法律文书,则是实施法律的重要手段。人们对司法公正的认知往往是通过法律文书的阅读去感受、了解,它是公平与正义的直接体现。就刑事案件的处理而言,通过法律文书的形式,依法对刑事被告人进行及时的指控及宣判,运用法律武器惩罚犯罪,保护无辜,可以有力地保障社会秩序的稳定,维护法律的尊严。就民事、行政案件的审理而言,通过法律文书的形式,解决各类纠纷,制裁民事、行政违法行为,保护民事、行政合法行为,可以切实促进人民内部的安定团结,维护国家、集体和个人的合法权益。因此它是调整民事、行政法律关系的重要工具。就非诉讼事件而言,通过法律文书的形式,解决当事人的非诉讼争议,规范人们的行为,调整处理好家庭、社会、人与人之间的矛盾关系,可以保证民事、商事、行政法律行为的活动有序进行,使我们人类社会更加和谐、稳定,老百姓生活更具幸福感。凡此种种都说明了法律文书在贯彻、实施法律活动中发挥的重大作用。

(二)是法制宣传的有力武器

司法机关处理各种案件所形成的法律文书,通过公开宣布,在客观上势必起到具体生动的法制宣传教育作用。人民检察院的起诉书、公诉意见书,律师当庭发表的辩护词、代理词,人民法院制作的判决书、裁定书、调解书及布告、公告等,通过当庭宣读、宣判及对外公开张贴,都是对广大公民进行法制宣传教育的活教材。法律文书以各种具体事例,生动地告诫人们,什么是合法,什么是违法;什么是无罪,什么是有罪;什么行为要进行制裁,什么行为法律要予以保护。这无疑是一种最具体、最实际的宣传材料,具有正面法制宣传无法取代的优越性。它既可以教育人们增强法制观念,不要重蹈民事违法和刑事犯罪者的覆辙;又可以提高人们同违法犯罪行为作斗争的自觉性和积极性。

(三)是司法活动的忠实记录

我国法律规定,诉讼活动必须用文字的形式予以记载、认定才能生效和实施。在诉讼活动的各个环节上,通过使用不同的法律文书,将诉讼活动的始末如实反映出来,从而反映案件办理的全过程,从这个意义上说,它是司法活动的忠实记录,是诉讼活动一步一个脚印的真实再现。法律文书的使用不仅对于处理好案件具有现实意义,同时随着文书的入卷,按序编排、又成为重要的法律档案、历史档案,对于今后案件复查纠正错案,总结司法工作经验,也是必不可少的。

(四)是考核司法工作者政治素质和业务水平的重要尺度

法律文书作为办理案件的书面结论,集中反映了执法人员对法律的正确理解及准确适用。一般来说,能够全面理解党和国家的现行各项政策,精通法律且具备了娴熟的驾驭语言文字能力的同志,制作的法律文书水平往往较高,反之,就写不出合格的法律文书。当然,实践中也常常出现这样的情况,案件的处理是正确的,但文书的质量却比较低，这种现象的发生主要是由于司法工作者写作能力及语言表达水平不高所造成的，而一个人的文字能力及文化素养本身就是法律业务活动中的一个重要组成部分，因此，司法人员必须不断加强自身的政治理论水平及业务水平，才能更好地适应司法实际工作的需要。

二、法律文书的特征

如同其他专业文体一样，法律文书除了具有任何书体都具备的一般写作功能外，还具有其独特的特征，主要表现在以下几点：

（一）鲜明的阶级性

法律本身并无阶级性可言，但当它一旦被国家创建并实施，依附于国家层面，法律就被赋予了鲜明的阶级色彩，为一定的阶级利益服务。而法律文书做为实施法律的重要工具之一，毫无疑问，也必定烙有强烈的阶级色彩，忠实体现国家意志，为统治阶级的利益服务。法律文书的阶级性是和制定法律的国家政权性质相一致的，即有什么性质的国家政权，就必定有什么性质的法律，有什么性质的法律，就一定有什么性质的法律文书。旧中国国民党反动政权的法律文书，具有传统的封建性，浓厚的买办性和强烈的法西斯主义性质。这是因为国民党时代的法律，实质上是继承了中国历代封建王朝和北洋军阀政府的法律，并搬用西方资本主义的法律体系而形成的，它是半殖民地半封建社会经济的产物，因而，他们的法律文书都是体现大地主买办资产阶级的意志，是维护其反动统治，镇压束缚广大劳苦大众的专政工具。而我们社会主义国家的法律体系则是集中代表反映了人民群众的根本利益，具有强烈的人民性，无比的先进性，当前我国政法系统开展的社会主义法治理念教育，提出“司法为民”，创建“和谐的司法环境为百姓服务”等口号就是从人民大众这一基本点出发的。因此，作为忠实履行社会主义中国法律体系的法律文书来说，其阶级性也就集中表现在为社会主义制度和百姓民众的利益而服务，为国家的安定团结、长治久安服务。如我国司法机关依法行使国家赋予的侦查职能，法律监督职能，审判职能等所作出的各项处理决定；司法行政机关及法律服务机构依法行使国家赋予的公证、仲裁、监管改造、法律服务职能所作出的各类监管、裁决、证明法律文书，它们是有效地打击和惩罚各类刑事犯罪，保护人民维护社会秩序稳定的有力武器，也是调整国家、集体和公民的民事、经济、行政法律关系，化解各种民商事、行政纠纷，保护公民、法人及其他组织的合法权利不受侵犯的重要工具。法律文书的阶级性决定了制作法律文书必须坚持“司法为民”这一服务理念，必须坚持“司法公正”这一核心价值观。

（二）格式的规范性

法律文书类属公文的一个分支。公文结构最大的一个特点就是行文结构的规范，法律文书当然也不例外。法律文书讲求的是法律体式的规范，即需按固定的格式予以行文书写，这是由法律的特定要求及其严肃性所决定的，任何人均无权改变。规范性具体表现在以下三个方面：

1. 项目要素化。法律文书中某些特定项目内容的表述都应具备必需的要素，这些要素是法定的，格式样本中规定必须予以载明，如判决书中的案号应具备年度、法院代称、案件性质、审判级别及收案顺序排列数码五要素；当事人的身份情况需要逐项写明姓名、性别、年龄、出生年月日、民族、籍贯、工作单位、职务、住址等要素；刑事案件的被告人还要求写明其是否有过前科，是否受过劳动教养处分，何时被逮捕，现羁押于何处等；判决书的尾部需要写明审判庭人员姓名、日期、用印、书记员署名等。将这些要素记载齐备，才能保证其格式的规范化。

2. 用语成文化。法律文书某些项目的用语往往是固定的，如现行格式样本中规定了该项用语只能用固定的文字表述，则没有丝毫变通的余地。如起诉书案由及案件来源的交待；裁判文书的案由、审判组织及审判方式的表述；一审判决书尾部向当事人交待上诉权事项；二审判决书尾部说明“本判决为终审判决”等都属用语的成文化，即使是写作内容较为灵活的事实、理由及决定事项部分，其用语成文化之项目也多有所见。如一审民事判决书的事实部分往往是以“原告诉称：”“被告辩称：”“第三人述称：”“经审理查明：”这样一种固定的模式来表述的。而起诉书的理由中部则往往是用“……其行为触犯了《中华人民共和国刑法》第××条，犯罪事实清楚，证据确实充分，应当以××罪追究其刑事责任”。一段成文语言规定其写作内容，这本身就是格式规范化的具体表现。

3. 结构固定化。法律文书绝大多数都有固定的组织结构，格式样本规定了各文种中每一部分的写作项目及写作内容，依序排列，进而形成了固定化的结构形态，其结构形态可见下表：

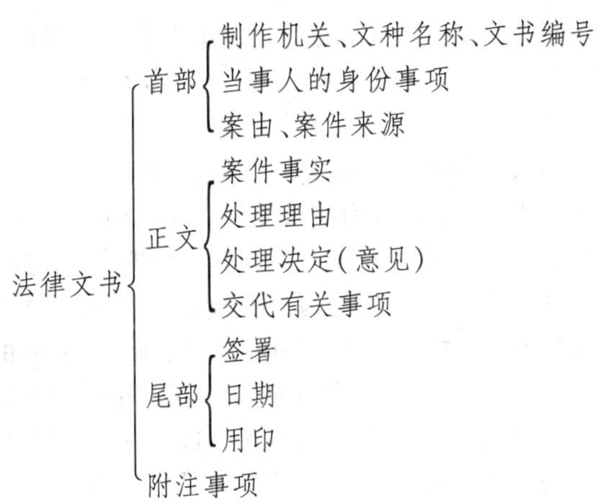

这种结构在法律文书中除部分表格文书外，基本上都受到遵循。

格式规范是法律文书制作遵循的一项基本要求，也是衡量文书质量必不可少的条件，制作法律文书只有遵循格式规范，才可以使其在全国范围内统一行使，才能保证它内容的完整性、准确性和有效性。为了保证法律文书格式的规范化，多年来，我国最高司法权力机关根据司法实践新形势下的需要,在以前颁布的旧格式基础上进行了重大变更、修订,如公安部根据1982年2月印发的《预审文书格式》于1997年6月颁发了《公安机关刑事法律文书样式》;1992年6月最高人民检察院根据先前印发、修订、增补的《刑事检察文书》、《直接受理刑事案件文书样式》、《控告申诉文书样式》,于1997年4月1日又颁布了新的《人民检察院刑事法律文书样式》;1993年3月最高人民法院印发的《法院诉讼文书样式》等。这些格式是依照有关法律、法规和司法解释的规定,在总结了以往实践经验的基础上,从实际出发,经过大量调查研究,集思广益,共同讨论研究后拟订出来的,是法律文书样式的权威成果,具有标准性、实用性、规范性、科学性。近几年,随着司法体制改革的不断深化,为适应新形势的需要,最高司法权力机关又数次小幅度地修订了格式样本的部分文种,使其更具成熟性,这对于提高法律文书制作质量乃至提高办案质量无疑起到了重要的作用。

(三)制作的合法性

作为执法活动的重要工具法律文书自身的属性决定了它的制作必须要符合法律规定。合法原则是法律文书区别于其他文体的另一重要特征。具体体现在以下五点:

1. 办理案件履行程序合法。诉讼活动必须严格地按照法定程序进行,法律文书作为诉讼工作进展的文字记录自然要依照程序法的有关规定制作。以刑事诉讼活动为例,从接、报案开始,至立案、破案、通缉、强制措施、预审、侦查终结起诉,审查起诉、一审审理、宣判、上诉,二审审理、审判、申诉,再审审理、宣判、执行等各个诉讼环节的活动都需要使用与业务工作相适应的法律文书,以此作为刑事诉讼进程的文字记载,故此它是检验诉讼程序是否合法的重要标志,譬如在对犯罪嫌疑人采取刑事拘留这一强制措施后,如果侦查机关未对其出示拘留证或在拘留证送达宣布后24小时之内未向被拘留人的亲属送达《告知犯罪嫌疑人被拘留通知书》,该拘留活动即属违法;侦查机关在对犯罪嫌疑人住所实行搜查时如不出示搜查证,对搜查出的涉案物品实行扣押,如不填写扣押物品清单,则该搜查、扣押行为亦属违法。在我国三大诉讼法法条中,很多条款都记载有法律文书出具、使用的规定。如我国《民事诉讼法》第92条第1款规定:“人民法院对于可能因当事人一方的行为或者其他原因,使判决不能执行或者难以执行的案件,可以根据对方当事人的申请,作出财产保全的裁定……”。《民事诉讼法》第109条第1款规定:“起诉应当向人民法院递交起诉状,并按照被告人数提出副本”。《民事诉讼法》第89条规定:“调解达成协议,人民法院应当制作调解书。调解书应当写明诉讼请求、案件的事实和调解结果。调解书由审判人员、书记员署名,加盖人民法院印章,送达双方当事人。……”。这些规定就是制作财产保全裁定书、民事起诉状、民事调解书的法律依据,在民事诉讼活动中,只有遵循上述规定的程序要求制作法律文书,才属合法。

2. 办理案件做出实体决定合法。为保证法律的正确实施,在诉讼活动中,除了大部分的表格式文书是用于解决诉讼程序中的问题外,另有一部分文书用于对案件做出最终的实体处理。这类文书虽然数量不多,但因其是司法机关的落锤之作,定案之书,故无论是对法律适用方面的认定,还是写作方面的表达 ,都有更高的要求,难度会更大。为了确保案件的质量,公正执法,司法人员必须坚守公平、公正的司法理念,无论是对案件事实的叙述,对证据的分析、认证还是适用法律依法理论,乃至最终对处理结论事项的决断都必须与实体法的规定相适应,做到认定准确,证据确凿,论理充足,定案有据。刑事案件的裁判,必须严格依照刑法的规定准确认定罪责,恰当量刑;民商事、行政案件的裁决及调解,须遵循有关民商事、行政实体法律的规定,正确判明当事人权利义务争议的是非曲直,明确各方的民事行政责任,公正下判;律师及诉讼当事人为提起刑事、民事、行政诉讼所提交的各类法律书状,涉及到刑事责任追究及民事权利义务争议、行政行为是否合法的实体内容时,应正确适用有关实体法进行阐述,使之于法有据。此外,仲裁机构为处理争议案件、公证机关为办理公证业务、监狱部门为罪犯适用减刑、假释等所出具的各类仲裁文书、公证文书、狱政文书凡涉及到法律认定层面的问题,均须正确适用实体法。

3. 办理案件时限规定合法。司法业务的基本属性决定了某些诉讼工作的完成还须受到时间的严格限制。法律文书作为反映诉讼活动的文字记录其也就必然赋予了它时间的规定,凡在此法律规定期间出具、使用即属合法,反之就是不合法甚至违法。如人民法院的第一审刑事判决、第一审民事、行政判决作出后,我国三大诉讼法均规定了上诉的期限,故刑事上诉状必须在判决书送达后第 2 日起 10 日内通过原审法院提交上诉状;民事、行政上诉状必须在判决书送达之日起 15 日内通过原审法院提交上诉状,逾期则该判决发生了法律效力,当事人享有的上诉权即行丧失。又如民事、经济案件被告方向受诉法院提出管辖权异议申请,应在法律赋予被告答辩的 15 日期限内提交管辖异议申请书,逾期提交即属无效,意味着被告已认可了法院的受理权,丧失了权利。再如当事人依据生效法律文书向人民法院申请强制执行,依照新修订的《民事诉讼法》规定其申请执行书提出的期限必须是在生效法律文书规定的履行期限最后一日起两年内提出,逾期因已过时限,当事人即丧失了申请执行权利。在刑事诉讼程序中,法律文书制作的时限性则规定得更为严格。如《刑事诉讼法》第 84 条规定:“公安机关对被拘留的人,应当在拘留后的 24 小时以内进行讯问……”因此讯问笔录的制作时间应限定在刑事拘留证宣布后的 24 小时内,逾期即属违法。再如律师在侦查阶段提出会见犯罪嫌疑人,按《刑事诉讼法》的规定,公安机关应当在 48 小时之内答复,故公安机关出具的批准律师会见犯罪嫌疑人通知书应在律师提出申请会见之时 48 小时内送达律师本人。又如对于人民检察院依法作出的不起诉决定公安机关要求复议的,《刑事诉讼法》规定公安机关应当在不起诉决定书送达后 7 日内提交要求复议意见书,逾期则意味着丧失了复议申请权。

4. 办理案件履行法律手续合法。在诉讼活动中,我国法律还规定了某些重要诉讼文书的生效必须履行特定的法律审批手续。比如刑事案件立案决定书的签发,须经历制作并履行刑事案件呈请立案报告书的审批运转程序,即先由业务主管部门负责人签发,再由公安机关法制部门审核、签发,最后由公安机关主管负责人审查、签发,只有该前置手续完备了,刑事案件立案决定书的制作出具才具有法律效力。又如制发拘留证之前,必须向县以上公安机关负责人提交呈请拘留报告书,经主管领导审批后,该拘留证的签发方为有效。人民法院的法庭审理笔录,休庭后应当由各方当事人核对笔录内容,无误差后,由各方当事人及其代理人、辩护人、公诉人在笔录尾页签署认可意见并签名,同时在笔录每一页及更改处签名、捺印,该笔录才具有证据的效力,如不履行上述手续,则是废纸一张。

5. 办理案件送达签收合法。法律文书的送达签收是一项细致的工作,为了确保法律程序的合法,送达法律文书要严格履行签收手续,一般来说,公检法三家诉讼文书及案件卷宗均有签收规定制度,应严格按照诉讼文书回执内容签发回转。向当事人送达相关诉讼文书时则需认真对待,严格按规定完善送达手续,如向涉案犯罪嫌疑人的亲属送达《告知犯罪嫌疑人被拘留通知书》时除将正页联送达其本人签收外,还须履行让其在副页联(该联进入侦查卷)签字认可收到的手续,如不做此项工作,就会导致无证据证明其已收到了该通知,日后上法庭可能出现有理说不清的情况,导致程序违法。此外在民事诉讼中,人民法院向当事人送达起诉状副本、应诉通知书、举证通知书、送达传票、送达判决裁定书时也应依法律规定合法送达,无论是直接送达,还是邮寄送达,委托送达;无论是留置送达还是公告送达,均应合法进行,只有如此,才能确保程序的完美、无误差。

(四)生效的强制性

法律的实施,必须依靠国家强制力来保证。法律文书是实施法律的重要手段,因而它的实施也必须依靠国家的强制力来保证执行。特别是一些具有执行意义的文书,这种法定的强制力往往表现得更加明显。如公安机关为拘留犯罪嫌疑人所出具的拘留证,为逮捕犯罪嫌疑人出具的逮捕证,一经出示,即产生法律效力,势必剥夺犯罪嫌疑人的人身自由,任何人不得抗拒,否则执行公务人员就要运用权力强制执行。又如发生法律效力的裁判文书也是以国家法律赋予的强制力为后盾的,刑事案件被告人一经宣判,判决书就发生了特定的生效力,判处徒刑的,须立即收监服刑,判处死刑的,经过死刑复核程序,必须押赴刑场,执行死刑;发生法律效力的民事判决书,从送达之日起,就发生法律效力,有关当事人必须严格依判决结果的内容予以履行,诸如债务的偿还,财物的给付,婚姻关系的消灭,继承权的确定等都成为既定结果,必须予以兑现,不以当事人的意志为转移,若抗拒执行,人民法院可依据法律赋予的职能强制执行。当然,法律文书的强制力也有强弱之分,如人民法院的传票,本身有一定的强制力,其注意事项中明确规定"被传人必须准时到达应到处所",但诉讼活动中,由于某些公民法律意识的淡薄,常常发生拒不到庭或不按时到庭的情况,就这一点而言,它的强制力是有限的。但法律对此并不是无能为力,我国《民事诉讼法》规定对经过合法传唤的被告拒不到庭的可缺席判决,对合法传唤的原告拒不到庭的可按撤诉处理,可见,传票中载明的该项内容还是具有法律保障力的。与传票相比,拘传票的强制力则十分强烈,其注意事项中规定的"被拘传人如抗拒拘传或脱逃得强制拘传"本身就赋予了强制性措施。

(五)内容的准确性

法律文书是法律关系主体执法活动中使用的重要工具。我国司法机关及其相关的司法组织完成其职责内的各项诉讼业务及非诉讼业务工作,都将通过法律文书的制作、出具来实现。法律文书制作的好坏,质量的高低,直接关系到法律能否得以正确贯彻实施,关系到公平与正义原则的体现,关系到诉讼当事人的人身权利、切身利益、政治生命甚至身家性命,因此,其内容的表述必须绝对准确,具体说,主要体现在以下几个方面:

1. 确定当事人主体资格准确。主体资格是指涉入诉讼的有关诉讼参与人须具备一定资格,如刑事诉讼案件中的公诉机关、刑事被告人、辩护人、附带民事诉讼原告人及其代理人;民事诉讼案件中的原、被告、第三人及诉讼各方代理人等。法律文书首部在列举其身份事项时,需要对当事人的主体资格进行认真地审查,以确定其是否是一个适格的当事人。具体说应从以下四个方面来考虑:①不要错列当事人。即对民事诉讼案件的原告、被告及第三人的确定必须符合其各自的诉讼地位身份,符合民事诉讼法规定的当事人基本特征,是个适格的当事人。如民事诉讼中被侵权人为无民事行为能力的未成年人,其诉权往往是由其监护人代为行使的,但不能因为监护人行使诉权就可以成为本案的原告,因为侵权行为侵害的并不是他(她)们本人的利益,而是受他(她)们监护的无民事诉讼行为能力的未成年人的利益。因此,在法律文书中原告的身份只能是该未成年人,由其父母做法定代理人代为诉讼。实践中有的当事人将已去世的亲属列为原告起诉,显然是错误的,人不存在了,诉讼主体也就消失了,死人是不能打官司的,起诉后一旦被法庭发现,如果当事人不自动撤诉,更换原告,人民法院将会以主体不适格为由裁定驳回起诉。②不要漏列当事人。漏列现象主要发生在民事诉讼中对必要的共同诉讼当事人起诉时,只列了部分当事人却忽略了另一部分当事人。如房屋的共有人中部分人提起诉讼,按照《最高人民法院关于适用〈中华人民共和国民事诉讼法〉若干问题的意见》第56条的规定:"共有财产权受到他人侵害,部分共有权人起诉的,其他共有权人应当列为共同诉讼人"。除非未列入的共有人明确表示放弃实体权利,才可以不列。如果其既不愿意参加诉讼,又不明确表示放弃权利的,仍应将其列为共同诉讼当事人。再如个体工商户、个人合伙或私营企业挂靠企业并以企业名义从事经营活动的,诉讼中,须将该个体工商户、个人合伙或私营企业与其挂靠的企业列为共同诉讼人,不能漏列挂靠的企业。借用业务介绍信、合同专用章、盖章的空白合同书或者银行账号的,诉讼时出借单位和借用人为共同诉讼人,不能只列出借人和借用人一方。③不要多列当事人。民事诉讼中常会发生侵权主体或责任人系由多人形成,该责任人之间富有一定的依附关联性,对此按照法律规定只能由其中的责任义务主体承担民事责任,实施者由于系依附关系而产生的授权或职务行为不承担民事责任,故不能将其列为当事人,如单位向个人借款,该借款单位的会计出面与出借人商谈将钱借给单位,由会计写了欠条,签了字,并加盖了单位公章,该笔钱也确实用于某单位。但发生纠纷后,出借人将该单位及会计作为共同被告起诉至法院,这显然是不对的,会计只是替单位履行职务,故其责任义务主体只能是单位,而非会计,应将多列的第二被告会计删除。依据是《最高人民法院关于适用〈中华人民共和国民事诉讼法〉若干问题的意见》第42条规定的"法人或者其他组织的工作人员因职务行为或者授权行为发生的诉讼,该法人或其他组织为当事人"。此外,雇佣关系的,雇佣期间打工人员在生产经营活动中造成他人损害的,雇主是当事人,雇佣人员不应列为共同诉讼人。④不要滥列、漏列第三人,不要混淆第三人与被告的地位。第三人在民事诉讼中具有独立的地位,分为有独立请求权的第三人和无独立请求权的第三人两种类型,二者在诉的权利上有着大小不同的显著区别。目前在民事裁判文书中滥列、漏列无独立请求权第三人的现象比较严重,比如对不符合第三人特征的,有的判决书中却将之列入,并判令其承担相应的民事责任,违反了最高人民法院法发(1994)29号文确定的三种类型情况人民法院均不得将之作为无独立请求权的第三人通知其参加诉讼的规定。而对于符合第三人特征的有独立请求权第三人却又不追加进来,而是通知其另案起诉,造成司法资源的浪费。有的将无独立请求权的第三人列为被告,进而混淆了诉讼主体的法律地位,最终导致实体裁判归责错误,凡此种种,必须引起高度重视。

2. 认定事实准确。事实是案件得以正确处理的前提及基础。法律文书中只有将事实写清写全,并认定准确,在此基础上才能展开分析说理,进而做出公正的处理。这就要求制作法律文书叙述事实,必须做到准确无误,诸如犯罪的起因,实施的经过,导致的后果,乃至于作案的工具,行为加害的方式,赃款的去向等细节要素都应当准确表述不生歧解;此外,在写作要求上还应做到叙述的脉络走向清晰,因果关系明确,基本要素完备,重要情节突出,真实地再现案情的本来面目,避免出现头绪紊乱,交待不明,歪曲真相,含糊不清等不良写作弊端,这也是保证认定事实准确的写作客观需求。

证据是支撑事实成立的重要依据。为了保证事实认定的准确可靠,在法律文书的事实部分写完之后,还需列明相关的证据予以印证。对证据的展示,应当具体、充分、确凿无误,不仅要列出能够证明事实成立的相关人证、物证、书证、鉴定结论、视听资料等具体的证据予以印证,而且应结合案情进行分析,对其真实性、合法性、关联性进行认真甄别,阐明予以认证的足够理由。证据确认的扎实有力,事实的真实性自然就有了可靠的保证。

3. 定性、适用法律准确。法律文书的论理部分亦称理由,即继事实及证据之后"本院认为"一段。理由部分是司法机关在认定事实及证据的基础上针对案件事实进行法律评判,阐明如何处理的观点及认识,体现出强烈的主观性,这与事实认定的客观性风格完全不同。从文书的结构作用而言 ,理由在法律文书中处于中间环节,具有承上启下的作用,对上顺接案件事实,即由事而理;对下又为处理结论提供充足的立论根据，即由理而断，其地位重要自不待言。写好理由具体说需要做到三个准确：①分析判断准确。即须抓准关键性问题，据情论理，据法评判。在刑事裁判文书中要运用犯罪构成理论对被告人所犯罪行进行客观评断，阐明其行为的危害性、刑事违法性，为罪名成立提供支撑依据。在民事、行政裁判文书中根据查明的事实要正确判明民事、行政法律事实中所体现的各种权利与义务的关系，辨明是非，区分正误，明确责任，对当事人合理的诉讼请求予以支持，对民事、行政违法行为予以批驳，旗帜鲜明地表明态度，为裁判结果提供坚实的保障。②定性准确。定性即确定案件的性质，它是根据事实及理由对案件作出的性质确认，定性之后下一个环节即是适用法律作出处理决定。定性在民事、行政法律文书中就是确定民事、行政法律行为的性状，如判定合同有无违约、确认合同有无效力、继承权是否成立、侵权行为是否成立、行政行为是否违法等；刑事法律文书中则是确定被告人是否构成犯罪，如构成系触犯了何种刑律，构成何罪。定性由于是对案件下结论，文字虽少，但在法律文书中却具有画龙点睛的作用，必须准确表达，不生歧解。如在刑事裁判文书中对罪名的认定表述，必须严格按照《刑法》中的罪名录予以确定，坚决禁止法外定罪，滥造罪名。同时使用罪名概念要准确，不允许随意省略罪名的部分文字，如将“故意伤害罪”定为“伤害罪”；将“泄露国家机密罪”定为“泄密罪”，实践中有的不按犯罪侵害的直接客体定罪却按犯罪行为侵犯的同类客体定性，如将“滥用职权罪”、“玩忽职守罪”笼统定为“渎职罪”，以类罪取代个罪势必造成罪名概念模糊，无法量刑。刑事裁判文书不仅要定罪准确，而且还应准确裁量刑罚，规范裁量标准，做到该宽则宽，当严则严，宽严相济，罚当其罪，2010年9月13日最高人民法院、最高人民检察院、公安部、国家安全部、司法部联合制定了《关于规范量刑程序若干问题的意见（试行）》，最高人民法院于同日制定了《人民法院量刑指导意见（试行）》对量刑的规范化作了具体规定，此规定已于2010年10月1日起在全国法院试行。对此，为了确保量刑的准确、规范，在刑事裁判文书理由中对定性内容论述后，还必须阐明量刑的具体理由，即在罪名法定刑幅度内确定量刑起点，根据影响犯罪构成的相关因素确定基准刑，而后再根据是否具备的从宽、从严处理的法定或酌定情节调节基准刑，最终确定宣告刑。指导意见的出台，结束了长期以来人民法院量刑尺度的不统一，杜绝了法官对自由裁量权的任意行使，将量刑标准统一规范，实现量刑均衡，有效地维护了公平正义。③适用法律准确。法律文书的理由一方面要求分析事理，另一方面还必须以法为据，准确引用法律条文，此问题由于本章第八节还将对其作详尽论述，故从略详见后文。

4. 处理决定准确。处理决定也叫决定结果、结论，在判决书中则称判决结果。它是在事实认定、理由阐述后对案件的诉讼当事人作出最终处理的文字结论，由于处理决定是案件办理的最终结晶体，是定案落锤之句，故其在法律文书中具有举足轻重的地位，必须准确表达，使其利于执行。目前最高司法权力机关对刑事诉讼法律文书处理结果均规定有固定的模式化写法，如法院诉讼文书样式中对第一审有罪刑事判决书判决结果表达的写作模式是：“被告人×××犯×××罪，判处……（适用的刑种刑期及刑期折抵、刑期计算、起止的日期）。”人民检察院刑事法律文书样式中对不起诉决定书的表达模式是“……为此，根据《中华人民共和国刑事诉讼法》第××条的规定，决定对被不起诉人×××不予起诉”。上述格式化的写法容易掌握。但民事诉讼文书的此项内容却无成文的模式结构，需要法官根据案件的具体情况灵活考虑。总的要求是裁判结果项目要分项下判，简短明了，不生歧解，公正平允，利于执（履）行，如系给付之诉的案件判决结果中应写明败诉方向胜诉方给付的内容名称、数量（额）、给付的期限，起止日期等，同时还应写明逾期支付的，对义务人实施惩罚的方式及措施。对当事人的诉讼请求部分支持部分否决的，判决结果除应针对支持的部分请求分别下判外，对于否决的还应加判“驳回原告其余诉讼请求”。判决结果由于是予以执（履）行的项目，因而其写作表达要求十分精确，严格防止表意不清，笼统含糊，譬如刑事判决书中对被告人数罪并罚的判决结果必须采取分别定罪，分别量刑，再写明应执行的总和刑期的规范写法，坚决禁止采用简单的“估堆”错误写法，以免造成刑期表述的不清，使被告人及其辩护人、公诉人及二审法院不了解一审法院的具体处刑计算标准。在民事裁判文书中判决结果的表述更要严谨、准确、表意单一，如果判决书中出现漏洞，将会造成无法执行，甚至出现当事人乘隙兴讼继之缠讼的不良后果。如某份邻里界墙权属纠纷案的一审判决书，判决结果为“该界墙权属为原告所有，原告拆墙，被告不得阻挡”。判决生效后原告去拆墙，被告的众亲属却出面阻挡，并言称法院判决只说被告本人不能阻挡，没有说别人也不能阻挡，由于表达的欠严谨，使得本来已解决了的案件，又重新挑起事端，如果改成“被告及其任何人均不得阻挡”。这就严密无间，绝无缝隙可钻。

5. 语言表述准确。准确使用好法律语言，对于提高法律文书的应用能力，保证办案的质量具有重要的作用。法律的正确适用需要用文字形式表现，作为一名法律工作者，若想办好案件，写出高质量的法律文书还必须不断加强语言基本功的锤练，做到准确用词，恰当造句，表达遵从思维规律。由于本章第六节中将对其详加论述，在此从略。

第四节　法律文书的制作程序

一般来说，非诉讼法律文书的制作及使用在形式上往往比较简便，如合同的签定，只要立约双方就约定条款内容取得一致认识，合同起草成文并经双方签字盖章后，即行生效。而诉讼文书的制作程序则比较复杂，这是由于诉讼文书是司法机关对案件做出的处理决定，它的使用直接关系到法律能否正确得以贯彻与实施，关系到执法的准确性，因而对其要求十分严格。要达到高质量、高标准，除了制作者自身需具备较高的法律、文字表达素质和较强的工作责任心外，严格按程序制作，把握好法律文书出台审核质量关，也是提高法律文书制作水平的重要环节。诉讼文书的制作程序大体上须经历以下几个阶段：

一、起草原件

原件亦称原本,是司法人员制作法律文书起草的底稿。一般来说,简便的表格式文书因其内容简短,只需在空白格中填写即可,不需要起草底稿,但涉及到重要程序阶段使用的文书,因内容的复杂性则需起草原件。起草原件之前,办案人应在全面把握案情的基础上,理顺案件情节的线索,审核清所有证据,确定出案件的着重点。起草中应严格遵照格式样本中规定的制作程式标准,按部、按段、按项依次写述,将案件事实、列举的证据、认定的理由、适用的法律、做出的处理结论(意见)逐项表述清楚。对案件中的疑难问题或重要情节,应特别予以关注,着力突出,不可与一般情节平均使用笔墨。认定的理由应有理有据,坚持以法服人。做出的处理结论(意见)应明确而简洁,利于执(履)行。原件制作完毕后,还需检查修改工作,在法律上应着重审查认定事实,列举证据,适用法律,确定性质是否准确;在文字上检查是否用词准确,句法通顺,文意明白;在格式上检查是否内容完整,项目要素完备,法律手续完善等。如有错误应及时修改补正。

二、领导审核把关

履行特定的审批手续,是法律文书制作的重要特征之一,也是许多法律文书使用的必经程序。这是因为法律文书是产生特定效力的文书,其制发成文直接关系到法律能否正确贯彻实施,关系到司法程序是否合法,关系到当事人的荣辱与共、政治生命、甚至身家性命,因此其行文出台自然要求十分严格。在我国各司法机关的办案程序内部规定中,许多法律文书特别是用于解决诉讼程序中主要问题或用于结案直接产生法律效力的文书,其制发成文,须履行一定的审批手续。领导严格把关,确保质量合格,是有效提高办案效率,准确执法,避免误差的重要一环。如公安机关侦查阶段使用的破案报告,案件承办人制作出该报告原件后须呈交主管局长审批,上级领导从办案程序上加以严格控制,提出具体的措施意见,并签字认可。人民检察院的起诉书、不起诉决定书、抗诉书等文书的使用,也须提交所在科室的业务领导审核认可,重大的案件或提交检察委员会讨论决定的案件,还须经过主管检察长的审核把关,经签发后,才能正式制发。人民法院制发的裁判文书,对合议庭审理的案件,一般来说法律文书由庭长审签即可;对审判委员会讨论决定的案件,在庭长审核的基础上还须由分管院长审签,以示负责。庭长、院长在审签时须从案件事实、适用法律、审判程序、量刑处理、书写格式、语言文字等诸多方面进行审查,把好关口,以确保案件质量。

三、校对打印

法律文书经领导签发后即进入校对打印阶段。打印成文后即形成法律文书的正本与副本。目前由于机关办公的科技化已全面普及,现行司法机关法律文书的起草、修改、领导审核等工作都是在网上操作,校对打印当然也不例外,采取微机操作。打印件要求整洁、规范、符合体式。如标题的拟制需分两行,第一行应打出制作单位的全称,第二行应打出文书种类别名,且位置得体,大方美观,符合公文标题行文规定。案件编号应统一坐落于标题的右下角,不能前移。尾部致送单位的名称要位置得当,即“此致”应在上行之下的第4~6个字之下位置打印,“××人民检察院”或“××人民法院”应顶格打印。制作单位落款应在文书尾部的右下角,不能随意前移或后置,这是由法律文书特定的规范格式所决定的。清样打印出后,还应做好原件与打印件清样的文字校对工作,主要检查有无错字、别字、漏字,有无违反原件内容的表述,如有差错应立即修正、增补,判决书形成的正本及副本中,尾部左上角空白处还需加盖“本件与原本核对无异”校对戳记,以示校对的准确无误。打印件形成后,如仍有错字或别字,或需修订之处,可直接在文书中进行修改,但修改处必须加盖司法机关的更正戳记,以示属司法机关确认。打印件阶段的最后一项工作是加盖司法机关的公章及有关单位负责人的私章。公安机关制发的提请批准逮捕书、起诉意见书;人民检察院制发的立案决定书(附卷联)依照规定须由公安局局长及检察院检察长署名,对此案件承办人应在打印件尾部“局长”或“检察长”栏目中加盖局长及检察长私人印鉴,之下在制作日期上要加盖公安局及检察院公章,法院判决书则只需在日期上加盖法院公章即可。公章的加盖,要求规范、清晰:一是位置须盖在日期之上,称为齐年盖月原则,不得越位加盖;二是印文要端正,不得倾斜,保持其严肃、美观;三是印文要清晰,不得模糊,难以辨认。

四、送达签收

送达签收是法律文书制作使用的最后阶段。在司法程序中有些法律文书属司法机关内部行使的文书,如提请批准逮捕书、批准逮捕决定书、退回补充侦查决定书、案件请示报告等,上述文种的送达接收应按照司法机关内部规定的公文接收规则办理;向当事人或犯罪嫌疑人及其亲属、所在单位送达的法律文书则需履行必备的签收手续,如民事案件向当事人送达法律文书时须附有送达回证,当事人及其亲属或委托代理人接收后须在送达回证上签字并写明接受文书的日期,方可视为送达。当事人拒不签收的,可留置送达;当事人拒不接受法律文书或下落不明、无法送达的可公告送达。调解书的生效须是在当事人签收后才发生法律效力,签收前的调解协议内容当事人可以翻悔,允许再行调解,但一经签收,即发生法律效力,须按协议内容履行,不能再行翻悔。因此民事案件法律文书的送达与签收是一项较复杂的工作,涉及到许多司法机关的法定权力及当事人的诉讼权利如何行使问题,应谨慎行事,不可大意。

第五节　法律文书制作应具备的必要条件

任何事物都是对立的统一。法律文书作为执行法律、实施法律的产物其内容是针对特定案件的事实将法律的适用及认定表现出来,因此严谨的法律内容是它的基本内核,但法律认定毕竟需通过写作这一特定表达手段形式表现,文字表达则是其内容展现的外部载体,可见,一份文书制作的基本标准就是要做到法与写的有机统一,二者互为作用,缺一不可。一名合格的法律工作者,若想出色地完成法律业务工作,制作出标准、合格的法律文书应当具备以下几个必要条件:

一、要具备严谨而科学的思维方法

写文章要求作者具备正确、先进的思想作指导。文章学中有条基本原理叫做作者的立场世界观如何，决定了文章思想内容的优劣。一般来说，作者的立场世界观如果是正确的，其笔下文章中所反映出来的思想内涵必然是积极的、健康的、昂扬向上的；反之，其思想内涵则必定是消极的、颓废的、甚至是反动的，文章内容的低下阴暗，必将影响到读者身上，给社会民众带来负面效应，甚至危害社会。这个原理同样也适用于法律写作。法律工作者制作法律文书也需要用正确的哲学思想、先进的世界观作指导，这个指导思想是什么？就是要用辩证唯物主义的观点去指导法律写作，用一句法律语言概括就是要坚持“以事实为依据，以法律为准绳”的司法办案原则，尊重客观事实严格依法办事。科学的认识论是主宰法律工作者办理案件的指南针。作为一名国家执法工作者，将案件办准，办成铁案，是我们追求的终极目标。但如何才能有效实现这一目标，笔者认为首先要解决的是执法人员的世界观问题，即树立先进的认识观方法论，具备科学的思维方法，学会用辩证唯物主义的观点去认识事物，分析案情，判断、审查证据，这不仅是法律工作者办理好案件的行动指南，也是制作法律文书应遵循的思维方法。掌握了这个先进的方法论我们认识事物、分析案情、研判材料就会全面地看、整体地看，而不是孤立地看、局部地看、片面地看，这样分析问题，认识真理就会牢牢把握正确的方向，不致于出现偏差。有这样一个案例：两股东合伙各出资250万元投资经营开办酒楼，后两人因经济账目互相不信任产生矛盾，股东甲遂将股东乙及其员工赶走，将酒楼更名后继续经营。股东乙遂以股东甲及第三人侵犯了其合法财产权利为由，提起民事诉讼，要求返还其投资款及赔偿其经济损失，法院遂作出判令股东甲返还股东乙投资款200万元的判决结果。不久，股东甲又向公安机关报案，以股东乙在经营期间从公司财务账上转走90万元现金，涉嫌职务侵占要求追究其刑事责任，公安机关根据调取的股东乙经营期内转走的90万元转账单据即将股东乙刑事拘留后转为逮捕，此案侦查期间，律师在与办案人员沟通时提出了这样一个观点：转款虽然是事实，但转的时间是发生在产生经济纠纷之后，转款的原因是因为股东甲已对他图谋不轨，并已侵占了其一部分财物，转款是迫不得已而为之，是为了保存其剩余的利益免受侵犯而采取的“私力救济”行为，且两人的民事诉讼判决已生效，股东甲应返还股东乙200万元投资款，即便转走了90万，股东甲尚欠其110万，以其行为属经济纠纷，不构成职务侵占为由要求公安机关放人。而公安机关办案人员则认为：有限责任公司权利属全体股东所有，从公司账中转款就是侵犯了公司其他股东的财产，股东甲与股东乙的民事纠纷与本案是两类不同性质的问题，与本案无关联；纠纷发生后为保全自己的剩余利益而转款的说法不能做为转款侵占的理由，故不予考虑。后此案起诉至检察院，经检察机关认真审查，采纳了律师的观点，定性为属经济纠纷，尚不构成职务侵占罪最终依法做出了不起诉的决定。这个案件之所以公安机关办错，其主要原因是办案人员的思维方式上出了问题，办案人的思维模式是只要有证据证明将公司所有的钱款转入自己名下就构成职务侵占罪，但对其为什么要转而形成的一系列前因条件的事实却概不审查,主观地将二者割裂开来;对于同一个法律事实中发生的有关联而不可分的民、刑两案,生硬地将两者剥离开来,这就犯了“只见树木,不见森林”、“只看局部不看全部”的形而上学主观错误,其结果必然形成错案,案件办理的错误势必导致法律文书写作表达的错误。

现象与本质,是马克思主义哲学认识论中的另一对范畴。社会生活包罗万象,客观事物纷繁而复杂多变,大千世界就像一面多棱镜,真善美、假丑恶、真理与谬论往往鱼目混杂,共存其间。辩证地看问题,还要学会透过现象看本质,在认识案情,分析口供、证人证言时我们不能仅从现象就妄下结论,应该练就锐利的目光,透过现象,拨云破雾,去发掘出问题的本质,否则被表象迷惑而被牵着鼻子走,也容易办错案件,产生法律上的失误。如某公证员办理了一起出售房屋委托书公证业务,当时委托人和受托人来到公证处声称需办理一件出售房屋的委托书公证,经初审,其证件和相关材料都比较齐全,从表面上看并无可疑之处,后公证员通过谈话笔录的形式,问委托人对售房款的收取如何安排,受托人这时坚持要将购房款打入自己指定的银行账号,委托人表示同意。既然是委托售房,为什么却又将款项打入另一人(受托人)的账号呢?这一异常现象引起了公证员的注意,通过仔细询问,了解到原来委托人和受托人之间实际上是借贷合同关系,委托人因向受托人借了一笔钱款,受托人希望通过委托书将委托人的房产控制在自己手中,达到担保借款的目的。公证员遂以意思表示不真实为由拒绝了这一公证。同时告知委托书系单方法律行为,委托人可以随时撤销,双方应签订抵押借款协议,办理赋予强制执行效力的债权文书,由受托人在房产交易中心登记为该套房产的抵押权人才能更好地保护双方的合法权益,得到了双方的认可。如果公证员仅凭形式真实的材料办理公证,并出具公证书,那就有可能为将来发生纠纷埋下隐患。再如当事人夫妻二人为多要单位一套房而搞假离婚套取法院的判决;当事人为逃避债务执行标的而通过假起诉骗取法院先行查封执行标的而作出的不真实保全裁定;当事人为套取钱财,故意纵火烧房,故意翻车而到公证处办理证据保全公证,恶意套保等,司法职能部门在审查上述事实或到现场勘查时,绝不能被表面现象所迷惑,要练就火眼金睛,透过现象去洞悉出其内在本质,看清真相才能公正处理。建立严谨而科学的思维观还要求法律工作者认识事物,分析案情,特别是审查、判断证据要用发展、运动的眼光去看,不能孤立地、静止地看,因为任何事物都不是死水一潭,它是在不断地变化的,现在发生的事件就不能用过去的标准去认识,不同的时期发生不同的事件,有不同的处理方式,合同法的情势变更就是哲学认识论的具体体现。此外,在法律文书中对证据的判断及分析认证也要正确适用这种思维方式,特别是对间接证据的判断,要注意证与证之间的关联性审查,从运动的过程中去判断该行为是否能够成立,须知,在无直接证据证实情况下,间接证据只要能够形成证据锁链对被告人照样能够定罪判刑,而这一认定过程正是需要司法工作者具备科学的思维方法才能做到的。

二、要具备丰厚而扎实的法律功底

俗话说“干哪行，懂哪行”，司法工作者是执行法律、捍卫法律的执法专业人员，其工作属性决定了他必须具备扎实而丰厚的法律功底，只有如此，才能制作出高质量的法律文书，确保案件的质量，维护社会的公平与正义。以经济犯罪案件的侦查工作为例，目前随着我国市场经济的快速发展，经济犯罪案件也大幅度上升，并呈现多元化、复杂化的特点。经济犯罪由于是在市场经济这片土壤温床中滋生出来的，它与暴力型犯罪相比往往具有更大的隐晦性，其表现形式为：罪与非罪界限模糊，违规、违纪、违法等行为与犯罪行为往往交织在一起而不易区分；民事纠纷与刑事犯罪常常粘合在一起而不易分辨，有些案件紧一紧就可以送入刑事渠道处理，松一松又进入民事范畴，这种弹性力很强的特点势必给经济犯罪案件立案审查带来了相当大的难度，如何将游离于罪与非罪之间的临界点抓准，准确判断，界定性质，这是区分罪与非罪的关键所在，它决定着能否签发刑事案件立案决定书进入刑事诉讼程序，那么，靠什么去公正执法？一言以蔽之，就是靠司法人员扎实而丰厚的刑法学及其它部门法的专业知识，比如对合同纠纷与合同诈骗的认定是罪与非罪界限的区分；而对挪用资金罪与职务侵占罪、集资诈骗罪与非法吸收公众存款罪、伪造货币罪与变造货币罪则是对罪与罪界限的区分，实践中二者容易混淆，张冠李戴，只要侦查人员具备了扎实的刑法学专业理论知识，是可以正确把握好他们的界限的。司法实践中，对那些极为相似的行为表现，更要留意区分，严防混同，如合同诈骗与合同欺诈，合同诈骗是犯罪行为，属刑法罪名；而合同欺诈则是一种民事违法作为，二者十分相似，不易区分。法律对此的界定是：共同点在于二者都存在虚构事实，隐瞒真相的行为，且二者都是一种故意的心理。但它们也有本质的区别，表现在：首先，两行为主观上的内容不同，合同欺诈没有占有他人财物的目的，形式上虽然也是欺骗，但实施欺诈的行为人不是想无本生利，一般都有合同的履约能力，欺骗的目的只是为了增加营业收入；而合同诈骗行为的目的则是非法占有他人财物，想无本生利，签合同只是个幌子，行为人根本没有履行合同的诚意。其次，合同欺诈虽然也是虚构事实，隐瞒真相，但是虚构的事实和隐瞒的真相只是事实或真相的一部分，对方当事人只是对合同的某一部分出现重大误解，而不是彻头彻尾的上当受骗，在支付一定的财物后会得到相应的对价，只是这种对价与自己的付出不完全对等，而合同诈骗则是完全的欺骗，对方当事人支付财物后不会得到合同规定自己能得到的利益。再次，对于获得财物处理方式也不同，合同欺诈获得对方财物一般是为了生产经营，而合同诈骗获得的财物则多为被行为人挥霍、携款潜逃或从事违法犯罪活动。可见侦查人员必须加强业务学习，只有全面深刻地理解并掌握了上述专业基础知识，才能做到正确划清罪与非罪界限，准确打击犯罪。从文书学角度而言，一旦确认犯罪，立案程序就可能发生，随着呈请立案报告书的审批完毕、立案决定书的正式签发，刑事诉讼程序即开始启动。法律写作不仅要求法律工作者储备丰厚而扎实的法律知识，熟悉实体法及程序法，夯实基本业务功底，而且平时还应注意不断进行知识更新，随时关注最新司法解释出台，加强学习及理解，注意掌握新立法及司法解释的动态及信息，新知识信息量的大量占有掌握，可以确保案件准确办理、不出差错，否则，将会导致工作失误。有这样一个案例：被告人具有国家行政机关颁发的特种烟草专卖、经营零售许可证，在经营中华牌香烟销售中，因所在地烟草公司已无此类香烟存货，遂前往外地烟草公司联系，购进一批中华牌香烟在本地销售，经销中被当地烟草专卖局稽查大队抓获，移送公安机关，经鉴定该批香烟均为真品，案值为 11 万，公安机关遂以烟草行业国家实行专卖制度，犯罪嫌疑人未从规定的进货渠道购进，其行为扰乱了社会主义市场经济秩序，以其涉嫌非法经营罪予以拘留、逮捕并起诉，后此案一路绿灯，检察院公诉至法院，一审法院根据既往的同类判例，按非法经营罪判处有期徒刑一年又六个月。此类案件之前由于法律对此未作明确规定，实践中各地参照以往惯例一般对其都按非法经营入罪而从严定罪处罚，这是没有问题的，但是 2010 年为适应新形势的变化，贯彻“宽严相济”的刑事政策，对这一块做了松动，出台了《最高人民法院、最高人民检察院关于办理非法生产、销售烟草专卖品等刑事案件具体应用法律若干问题的解释》，该解释的第 1 条第 5 款规定：“违反国家烟草专卖管理法律法规，未经烟草专卖行政主管部门许可，无烟草专卖生产企业许可证、烟草专卖批发企业许可证、特种烟草专卖经营企业许可证、烟草专卖零售许可证等许可证明，非法经营烟草专卖品，情节严重的，依照刑法 225 条的规定，以非法经营罪定罪处罚。”这就将涉烟案件以非法经营罪定性的标准明确了，本案被告人具备了零售资质，按此新规定显然与非法经营罪不符。况且国务院制定的烟草专卖实施条例行政法规中对取得了烟草专卖许可证的个人未在当地烟草专卖批发企业进货的定为行政违法行为，可以处以进货总额 5% 以上、10% 以下的罚款或没收违法所得。由于对这一系列新出台的司法解释及行政法规办案人员未能及时学习掌握，仍然按过去的常规标准处理，结果导致三机关出具的立案决定书、批准逮捕决定书、起诉意见书，起诉书乃至于第一审刑事判决书全部错误，使无罪之人被非法羁押 7 个月之久，此案上诉后，二审辩护律师依据此两条最新司法解释及行政法规，在辩护词中据理力争，要求宣告被告人无罪，二审法院遂以适用法律错误为由将案件发回重审，最终一审法院做出了对被告人宣告无罪的判决。该错误的形成不仅国家要对当事人进行经济赔偿，而且所有办案人也都将受到错案问责的追究。所以学习并掌握好坚实的法律知识，这不仅是办好案件的客观需求，也是制作好法律文书、维护人权，实现公正司法的重要保证。

三、要具备娴熟、精深的写作表达技能

法律文书是执法活动的文字体现。司法人员办理案件离不开各种文字材料，无论是诉讼业务还是非诉讼业务都离不开写作。例如，法律文书对事实的认定需要运用叙事的方法，将案情展示出来，写好事实需要运用多种写作表达手段表现，将涉及到诸多写作原理，如主旨的表现、材料的选取、使用材料的剪裁要求、叙述的线索、叙述的基本要素、重要情节的展示、因果关系的前后关联等；再如，法律文书中的论理写作学问也十分深奥，如观点的确立、对观点确立的评估衡量标准、观点成立的基本要求、论据的使用及其规则、论证的方法及其逻辑特征、说理的特定要求——针对性、充实性、严密性、合法性等这些基本理论都将在法律文书中被大量运用并展现。为了做好我们的司法工作，将案件办扎实，办出高质量，做到法平如水，要求法律工作者必须努力提高写作的能力，具备娴熟的文字表达技能。准确适用法律固然重要，但运用恰当的语言写作表达载体将严谨的法律内容科学地反映出来的重要性同样也不容忽视，法律业务基础能力与文书写作能力这二者是缺一不可的，应该同时具备。司法实践中，我们曾见到一些临近退休的老法官、检察官、公安干警，他们干了一辈子司法工作，同罪犯打了一辈子交道，办案经验非常丰富，再难缠的案件、再狡猾的被告人，经他手下几个回合下来，即搞得服服帖帖，被告人乖乖认罪服法，但就是写作能力不行，每每到写法律文书时就发愁不已，案件虽然办的好，但文书却写不好，用他们的话说就是："咱肚里有货，但是倒不出来，好比茶壶里煮饺子肚子大倒不出"，法律文书草稿拟制好后，交领导审核签发时，总是被改得面目全非，年终进行法律文书质量评比时，每次都落在全庭室的末尾，这是他们一辈子为之感到伤心缺憾的。在经济活动交往中，我们也曾目睹许多当事人由于写作水平的欠缺，往往因为一词之误，以致签订的合同出现了重大漏洞，在履行中引发了不必要的争议，导致诉讼形成损失，为此而追悔莫及，这说明光懂法实践经验丰富并不一定就能完全胜任工作，还应该具备相应的写作能力，提高文字水平，只有将二者兼而并之才有可能做好司法业务工作。

第六节　法律文书写作的基本原理

写作基础理论告诉我们，任何一类文体都是由主题、材料、结构及语言这四大环节构成，法律文书的写作当然也不例外。研究法律文书的写作理论，探寻它的基本写作规律及表达要求，对于司法工作者有效地掌握写作的基本技能，制作出标准、合格的法律文书，准确地执法具有重要的意义。

一、法律文书主旨的表现

（一）主旨的概念

主旨又称主题、中心思想、基本观点，不同的文章体裁，对其称呼不同。人们写作一篇文章总要依据所使用的有关材料，按照一定的表达次序，将之组合起来去说明某个问题，表明自己的意见和主张，从而打动读者使其受到教育，这就是写作理论中所说的主旨。法律文书是执法活动的文字体现，其作用在于运用法律武器制裁、惩戒各类刑事犯罪，保护无辜；调解、处理好民事、经济、行政法律关系主体之间的各类矛盾和纠纷。因此，就各司法机关依照自己的职权所制作的各类法律文书而言，为解决诉讼活动过程中遇到的具体问题以正确处理好案件，总是根据其追求的不同目的，确定出不同的表达意图及原则，这就是我们所说的法律文书的主旨。

就书面的表达而言，法律文书主旨指的是：法律关系主体在办理诉讼案件及非诉讼事件的过程中，为正确实施、执行法律，根据一定事实，追求一定目的所形成的意图及原则。

法律文书的主旨是法律文书的灵魂，它决定着文书制作过程的全部写作活动。

(二)主旨在法律文书中的具体表现及其功用

任何一类法律文书不论文字长短，内容多寡，也不论文种如何不同，它的出具、使用总要说明一定的工作问题，表明自己的意图主张，如有的是为了陈述特定的事项，告知有关当事人知晓(通知、布告、公告类)；有的是为了提出案件中的疑难问题或为完成某项工作事项，请求上级领导解决答复或批准(请示、报告类)；有的是为了商洽有关法律事务(书、函类)；有的是用于结案处理(判决书、裁定书、不起诉决定书、起诉书等)，这就是指文书的广义主旨。但是具体到每一份文书之中，由于它们解决的问题各自不同，处理案件所起的作用大小不同，主旨的表现也就各具千秋，如为反映诉讼程序进展工作中使用的法律文书其主旨往往反映的是诉讼阶段化工作情况，通过使用法律文书旨在说明阶段性工作的提起或完成。譬如呈请立案报告书的使用目的是旨在表明本案有犯罪事实存在，应当追究刑事责任，呈请立案审批；提请批准逮捕书制作的目的是本案犯罪嫌疑人的行为已具备了逮捕条件，要求人民检察院予以审查批准；要求复议意见书制作的目的是公安机关认为人民检察院作出的不批准逮捕决定或不起诉决定确有错误，对此不服而要求重新审查；民事起诉状制作的目的是认为被告侵犯了原告的合法权益，提起诉讼，要求法院予以受理解决；上诉状制作的目的是认为一审判决或裁定不公，不服此判而要求二审法院重新审理撤销原判予以改判。而用于反映结案活动所使用的法律文书其主旨则表现的是对案件实体内容的确定，具体说是指在诉讼活动中，针对个案确认被告人是否有罪，如有罪应如何对其定罪量刑或针对个案中的民事、行政诉讼当事人之间发生的权利义务纠纷，根据争议的焦点，如何处理所表达出来的基本法律观点或认识。法律文书是执法活动的具体体现，司法人员在执法活动中，认定、处理案件的过程，实际上就是运用完整而科学的事实证据材料证明某一法律行为及某一法律观点成立的过程，因此，明确案件解决的关键问题，并付诸准确的文字将其认定、解决的内容表现出来，这是确保执法活动成功的极为重要一环。以刑事法律文书而言，其解决的问题(即基本观点)是犯罪嫌疑人的罪名能否成立，所以，有罪或无罪的确认及罪重或罪轻的确认就成为刑事法律文书中所表现的主旨，紧紧扣住这一中心去叙事、说理，就会目标明确、重点突出地将认定结果科学地表现出来，从而做出合理的处理决定。例如有罪法律文书，其主旨是犯罪成立的四个必备要件，即某种罪名的成立。在社会中，犯罪的形式尽管多种多样，但若将其加以抽象概括，任何犯罪的成立都取决于本罪构成的四个要件，即犯罪的客体，指我国刑法所保护而为犯罪行为所侵犯的社会关系；犯罪的客观方面，指行为人所实施的危害社会的行为；犯罪主体，指行为人须是达到法定刑事责任年龄，具有刑事责任能力而实施危害社会行为的人；犯罪主观方面，指行为人主观上必须具备的故意或过失心理。上述要件有机统一，密切配合，成为犯罪的构成依据，有罪法律文书既然确定被告人行为构成了犯罪，因而，犯罪构成的必备要件就成为其叙述事实，阐述理由的核心所在,组织文字材料时必须以其为轴心,合理取舍材料,决定下笔的浓淡,凡与此无关的材料不能写入。民事法律文书,其主旨指的是诉讼当事人权利义务争议的焦点核心所在,而这个焦点核心往往是通过原告在诉状中所提的诉讼请求、事实依据以及被告答辩状中的答辩理由形成的各执己见的观点所表现出来的,如婚姻纠纷案件,原告的诉讼请求原因是"男方作风极不检点,发展到与他人通奸,破坏了夫妻感情",要求结果是"坚决要求与被告离婚";而被告的辩称则是"自己生活作风没有问题,原先所诉之词纯属无中生有,双方婚后感情一直很好,只要原告消除误会,夫妻是可以和好的";要求结果是"坚决不同意离婚"。在两种观点针锋相对的情况下,人民法院应着重划清的是离与不离的界限,因此,从婚前基础、婚后感情、造成离婚的根本原因(即查明有无外遇行为)等多方面去考察,围绕夫妻感情是否确已破裂也就成为婚姻纠纷判决书写作的关键。又如,合同纠纷判决书的主旨反映的是人民法院对合同效力的确认及经济诉讼主体在履行合同期间是否存在违约事实造成守约方经济损失所应承担的法律责任;行政纠纷判决书的主旨表现的是确认被告原行政行为是合法还是非法,是否侵害了原告的合法利益;土地使用权纠纷判决,它所反映的核心问题应是该土地使用权的具体归属;损害赔偿案件判决应该解决的是由侵权行为造成人身伤害及财产损毁所引起的经济损失法律后果责任的承担;凡此种种,各类文书由于案由的不同,解决问题的不同,因而为解决实际内容所反映出来的基本观点也就各不一样。主旨的确立是法律写作的核心,是司法业务工作的行动指南,法律写作如果没有明确的主旨,就等于一个人干事情没有方向,没有目的,是在盲目瞎干,文书中使用的材料再多,写的内容再丰富也没有任何实际作用。古人云:"山不在高,有仙则名;水不在深,有龙则灵。"如果将之借用于法律写作的话,那么法律文书的主旨就恰如山中之"仙",水中之"龙",离开它文书内容就成为一堆毫无作用的垃圾,有了它文书才能像人一样活脱脱地站起来,发挥出实际功效。

主旨重要,不仅表现在法律文书处理案件的实际功能上,从写作理论上讲,它还是作者结构文章,确定写作思路,组织文字表达不可缺少的依据。当我们起草一份法律文书时,必定要面临材料如何选择,表达思路怎样安排,如何使用语言表现,乃至于标题怎样撰写等一系列写作问题,而这些问题的考虑都须根据主旨的需要来加以确定。如果失去了主旨,文书写作将会失去依据,成为一盘散沙,写作任务也将无从完成。有句成语叫"纲举目张",法律文书的主旨就如同提网的总绳,材料、结构思路、语言就如同网之目,"举一纲而万目张",能够贯通首尾,统帅全文,弥纶群言的只有主旨,因而写作理论上将之形象地喻为"贯穿于文章自始至终的一条红线"。

(三)主旨确立的基本要求

如前所述,主旨的确立在法律文书中起到了至关重要的作用,因而主旨的表现必须符合特定的要求。下面谈谈主旨表述应注意的几个问题:

1. 要鲜明。鲜明是指在文书中反映出来的问题要明确了当,清清楚楚,态度明朗,一目了然。刑事法律文书的罪与非罪、此罪与彼罪、重罪与轻罪界限的区分;民事法律文书中对当事人双方的是与非的分辨，责任大小的区分，过错与非过错的判定所表达出来的基本观点认识都应该一清二楚，明确显豁，不生歧解，绝不能似是而非，模棱两可，游离于是非之间。

要鲜明地表现主旨，写作者必须对自己所要表达的问题有明确的认识和坚定的信念，就是要将“主旨”亮得明明的，要把“旗帜”举得高高的。若对想要表达的问题缺乏信心，不敢在文书中将之显豁地高悬，对于一些根本性的问题，不敢给予直截了当地回答；在一些重大的涉及定罪、量刑的原则性问题上不敢旗帜鲜明地表示态度，那么，文书的主旨就像是隔靴搔痒，雾中观花，使人无所适从，从而也就不会产生任何工作效果。诉讼业务中时常会遇到各类疑难案件，由于我国法律及相关司法解释对此类问题没有具体的解释，在定性及适用法律上往往容易使司法人员对案情的分辨游离于罪与非罪、是与非、违法与违规之间，致使对案情的认识产生了分歧意见，按照工作程序此时需要通过请示或报告向上级反映汇报案情，求得办案的指导（如提交检察委员会、审判委员会讨论）。而我们有些同志在案件请示报告或案件审理报告中基于承担责任的担忧，总是不敢旗帜鲜明地亮明自己的倾向性意见，在报告中往往是就案情写案情，就证据说证据，只摆现象，却不显豁表明自己的观点，这种回避问题，将矛盾上交的做法实际上就是主旨不明，这样的请示报告等于没有写，作为基层第一线的办案人尚拿不出明确的意见，让领导如何表态？结果一定是打回重写。

要鲜明地表现主旨，有时写作者还应该充分调动一切写作手段来为其服务。写作上有一种技法叫“开门见山”、“开宗明义”，运用得当可以鲜明地表现主旨。请看下面一段文字：

> 审判长、审判员：
>
> 在我即将为被告人李××做辩护发言之时，我不能不明确指出，本案对被告人的认定，检察机关出现了重大的失误，对滋事之主犯王××，××人民检察院做了不起诉决定，而对胁从犯，有自首情节完全符合不起诉条件的李××却提起公诉，要求追究其刑事责任，造成法律天平严重倾斜。为此，本辩护人谨发表如下辩护意见，希望能引起法庭的重视。

这份辩护词的开场白开门见山地点明了本辩护词所要说明的基本观点“该起诉的却不起诉，不该起诉的却予以起诉”，使人一下就把握了辩护的中心问题，观点十分鲜明。此外还有诸如设置对立面法、两相比较论战交锋法、两扇开门法、立“片言以居要，显一篇警策”法、前后呼应法、反复扣题法、欲扬先抑法、卒章显志法等都是可使主旨鲜明表现的行之有效好方法，运用得当，均可收到良好效果。

2. 要集中。集中是指法律文书中所表现的主观点原则上只能有一个，如辩护词中确认的无罪、罪轻、减轻或免予刑事处罚辩护，总观点应该是单一的，观点集中就可以目标明确、针对性强地把需要解决的问题从广度及深度上说透。如贪多求广，面面俱到,几个中心平行罗列,结果势必形成多中心,问题反而说不明,讲不透,实践中,有的同志掌握不好这一点,为表现要说明的问题,求全求多,往往面面俱到,写成了一个大杂烩。如有的法庭论辩文书,缺乏明确的目的性,将与本案无关或与犯罪无关的一系列问题,和盘托出,平行并列;有的同志写案件请示报告,在一份文书中同时提出了需要解决的几个问题,结果报告越写越长。司法工作中时常出现由于文书主旨不集中而延误工作的情况,如某单位向上级呈送的一份案件请示报告,其中提出了几个问题要求上级领导批准,但由于对其中一个问题领导尚吃不透,拿不准,故而将文件压了下来,使得本来能够及时解决的其他问题拖延下来,这种教训实在深刻。

法律写作实践中,当我们将所反映问题的基本格调确定下来之后,还有一个从哪一方面入手,从何角度表现的问题。写作实践中我们常看到一些同志因选择的题目过宽过大,铺开陈述而感到力不从心,无法胜任,只好中途辍笔;即便在起草好的法律文书中,那些无棱无角、面面俱到、平庸无奇的下乘之作确也是不乏其例的,究其原委,就在于这些同志在提炼主旨时未能选择好角度,把问题集中到一点,去深入挖掘,开掘出其深刻的法律思想内涵。人常说:“一个巴掌打不死人,攥紧的拳头却能致人死地”,确定主旨也正是如此。事实证明,选择的题目过大,在能力有限的情况下,就不容易将主题写深、写透,弄不好就会流于一般化,只有从一点入手,把问题集中到一个方面深入下去,让它锋芒毕露,锐利无比,才能“一刀见血”、“一箭中的”,写出的文章必然会中心突出,主旨明确。选题确定好角度,对于法学论文的写作十分重要。同领域的选题,但由于论题选择的角度不同,其成败结果则大相径庭,比如都写的是对我国检察机关不起诉制度的探讨这一题目,一个选题为《试论我国不起诉决定制度的建立与完善》,另一个选题则为《论不起诉案件质量保障机制的综合构建》;再如都写的是盗窃罪方面的题目,一个选题为《论对盗窃罪的认定》,另一个选题则是《论赃款去向对盗窃罪的影响》,显然前者的选题宽而泛,且这是该领域早已被研究滥了的课题,实无新意,而后者作者虽然选的也是陈旧的题目,但却另辟蹊径,选择了一个窄而单一的角度,从“保障机制的综合构建”、“赃款去向”谈开去,可谓“古树开新花”,在平凡的题目中谈出了新意,显然技高一筹,在选题上占了上风。

3. 要正确。正确是指文书中表明的观点,阐述的认识及主张要符合法律规定并切实可行,一句话即与真理同行。主旨的正确与否与法律工作者自身的思想素质及业务素质的高低具有直接关系,一个人思想水平的高低及业务能力的强弱,往往决定着他能否正确理解、认识案情,抓准案件的症结,准确适用法律,作出科学而公正的判定。经验丰富的律师在辩护词中发表的无罪辩护意见观点,绝不是心血来潮,草率随意地确定的,而是在经过了全面阅卷,研判了案卷中的所有材料,完成了会见被告并进行了必要的调查取证,在掌握了大量的第一手资料后经过缜密的可行性分析论证后才确定下来的。科学的分析论证必定产生正确的观点,可见,具备严谨而科学的思维方法,丰富而扎实的实务经验,是确定辩护方向正确的重要保障。这就要求法律工作者必须不断地加强自身的政治理论修养,努力掌握科学的发展观,学会运用辩证唯物主义的观点去分析问题、解决问题的能力和方法，同时还应刻苦钻研业务，熟练掌握各类法律知识，练就过硬的办案本领，才能保证法律文书主旨的正确，维护法律的公平与正义。

二、法律文书材料的运用

(一)材料的概念及其作用

任何一类文章的形成都是通过各种类型的材料组合而成，文章的观点需要依靠材料去表现。法律写作中，司法人员对案件作出处理，离不开案件的认定过程，而案件的认定则需要相应的一系列事实材料、证据材料、分析认定的材料及其它相关的辅助性材料作为支撑，没有这些材料的使用法律写作将无法完成。

法律文书的材料就是写作者为了某一写作目的，从办理的诉讼案件、非诉讼事件中搜集、摄取，并经分析归纳写入文书之中的一系列事实、证据及用于论述的法学理论内容。一般来说，法律文书的主旨是抽象的内在认知，需要通过人的思维去感知，而材料则是活生生的直观体现，即人们用肉眼即可目睹它的形态。

材料的作用主要体现在以下两点：首先，动笔写作之前，材料是形成主旨的基础。如前所述。法律文书写作目的是反映法律工作者对案件的处理过程，需要体现对案件认定的认识及主张，但是，这种认识、主张的形成绝不是空洞的说教条目，而是根据客观存在的事实，从大量详实、具体的材料中引发、求证而得出的观点。从这个意义上讲，材料是形成主旨的基础。俗话说："巧妇难为无米之炊"。这里巧妇就如同善于写文章之人，"米"则恰如文章的材料，没有材料(米)，再好的写作高手(巧妇)也无法写出好文章来。其次，动笔写作之际，材料又是表现观点的支柱。获得正确的"认识"是一回事儿，而把这种"认识"表达出来，使它能够解决案件，为当事人所理解、接受则又是另一回事。一份文书，制作者若想将他的观点让有关阅文者及当事人认知并接受下来，使它立得稳、站得牢，就必定使用充分而详实的材料去表现，我们常说："摆事实、讲道理"，事实就是材料，道理就是主旨，不引用材料，道理就说不清，观点就道不明，进而也就丧失了说服力，其诉讼价值将无从实现，材料的重要作用由此可见一斑。

(二)材料的运用过程及遵循的原则

就写作理论的要求而言，材料的运用过程一般来说需经过四个环节，即材料的占有、材料的鉴别、材料的选择、材料的处理。上述四个环节呈梯次运行，一环扣一环，密不可分。占有材料是全部材料工作的第一步，不占有材料，就谈不到第二步的鉴别材料，而材料未经过鉴别或者是鉴别工作尚未完成，就很难进行材料选择，没有材料选择，就不会达到很好地使用处理。

1. 要全面地占有材料。占有材料是整个材料工作的基础，也是全部写作活动的起点。制作法律文书，占有材料应做到多多益善、以十当一；使用材料，则要精益求精，以一当十。因为任何质量都表现为一定的数量，收集占有的材料如果量少单薄，那么材料使用时选择的范围就会受到限制，进而影响到它的精确性。

收集材料的方式一般主要有三种：一是认真阅卷，全面掌握案情，并做好阅卷笔录。阅卷中应力求吃透案件中的每一个情节，核实卷内所载证据的真实性，重要的问题材料应及时摘录下来，以备使用。搜集案情材料应注意其全面性、完整性，宁多勿少，宁全勿缺，制作法律文书一旦需要便可任你调取，为己所用。二是根据案件需要有目的的深入实际调查取证收集相关证据。阅卷熟悉案情只是完成了办案活动的初期工作，随着案件工作进展的逐步深入，案中所显示的薄弱环节将逐渐暴露出来，疑点及待证问题也随之出现。为求得准确执法，避免失误，承办人将根据需要，深入实际做细致的调查取证工作，通过走访有关知情人、见证人、获取证人证言；通过搜寻有关书证、物证、取得犯罪的直接证据；通过委托法定的鉴定机构做出鉴定结论判明问题的性质，其目的是为了查明事实，证实该行为的成立，这些按法定程序收集到的合法证据，均可成为制作法律文书的重要材料。三是从法律、法规中获取材料。司法人员办理各类案件，是代表国家依法行使法律赋予的权力，正确适用法律、依法办案，不仅是司法人员办理案件应遵循的准绳，也是制作法律文书必须遵从的法定条件。因而，作为一名司法人员，应该十分熟悉法律，注重法律业务的学习。通过读书、学习法律文件，及时掌握我国现行法律、法规变化的局部或全部动态，不断扩充自己的法律业务知识面，将最新法律政策精神及时消化、理解，输入头脑，系统地储存起来，这本身也是一种材料的积累，一旦动笔起草文书，自然会游刃有余，左右逢源。

收集、占有材料的工作应从哪方面入手，这是写作之前必须认真考虑的一个问题。按照一般人写作的正常思维规律来说，凡动笔之前作者心目中大体要有个总体计划设想，不能漫无边际。所说的总体计划设想是指第一步需要先提出初步方案，划定范围，明确准备收集哪些材料，从哪些方面去收集，收集进程中根据实际需要又逐步形成了更为完整的想法，在此基础上，再扩充其收集的范围。总的来说，收集、占有材料是一项十分艰苦的工作，对法律工作者来说它要求腿勤、嘴勤、手勤，富有强烈的事业心和工作职责感，这是做好材料占有工作的先决条件。

2. 要科学地分析材料。占有了大量的事实材料及证据材料，只是完成了材料运用的第一步工作，紧接着第二步是对材料的分析、鉴别。鉴别材料就是对掌握到手的第一手资料进行分析、判断、审查，分辨真伪，核实来源，确定性质，判断价值取向，决定其实际作用。这是由直观的感性认识上升飞跃到理性认识的一个深化过程，是材料使用的必经程序。这一步工作做好了，就为下面的选择材料、处理材料奠定了基础，从写作的整体理论而言，也为确立主旨，设计结构做好了必要准备。

分析鉴别材料一般应从以下几方面入手：

（1）分辨材料的真伪。案件事实犹如一个万花筒，正义与邪恶、真实与虚假、正确与错误，往往共存其间，相当复杂。由此我们收集到手的原始材料也绝不是“清水一锅”，真实纯正。各种类型的“瑕疵”材料常常伴随着真实材料一起出现，鱼目混杂，如证人证言的虚假陈述等，这就要求动笔写作之前必须对收集到手的材料进行认真地鉴别、分析，坚持以客观事实为标准，用敏锐的洞察力，准确、科学地区分，哪些是真实的材料,哪些是虚假的材料,真实的予以保留,虚假的坚决剔除。即使是对于一些已被证明的事实,或者已被其他司法机关认可的数据,也应认真进行必要的分辨、核实,绝不能想当然地草率使用。特别是某些案件事实中涉及到的细节,更要对其方方面面的材料认真推敲,严加鉴别,否则,一个细节上出现不真实,与事实不符,就会造成大的失误。

(2)核实材料的来源。司法人员收集到的材料,有些是从当事人手中获得的,有些则是从有关卷宗中摘引的,为了增强材料真实性及可靠度,使用之前还应对该材料的来源进行核实,查清所引内容和情节的"来路"是否清楚,比如是来自司法机关搜集的材料还是来自当事人律师提供的材料。若来自当事人,提供材料的原始人是谁,提供的上述情节和证据有什么证明材料能够说明是确凿无误的,这些都应细心考虑,一丝不苟,严格鉴别核实,以确保材料的准确性。

(3)确定材料性质。客观事物的多样性,决定了材料的类型绝不是单一的。在我们收集到手的材料中,各种类别、各种不同属性的材料往往交织在一起,混处其间,如直接材料、间接材料;主要材料、次要材料;证据材料、情节材料;说明材料、引用法律依据材料等。因此,在鉴别、分析材料时,还有一个对其性质界定,予以合理分类的问题。鉴别材料,不仅仅是一个鉴别材料真伪,核实材料来源的问题,实际上也是一个梳理材料,并根据其不同的特点及属性将之合理地予以分类的过程,做好了这项工作,明确了其使用范围,可以使后面的材料选择及使用有序而不凌乱,进而为法律文书的写作提供有力的保证。

(4)判断材料的价值取向。一份材料有无使用的实际价值,对表现主旨,反映所要表达的问题能起到多大作用,需要根据材料本身所固有的思想内涵和对于解决实际问题所发挥的实际效应来决定。判断材料的价值取向,实际就是在认识材料、分析材料的基础上最后对材料做出的决断。这个决断必须准确而科学。通过审查,掌握各类材料自身所包含的特定涵义及实际功效,并根据需要,按照其作用的大小将之编类排队,分清哪些是有用的材料,哪些是无用的材料;哪些是作用大的材料,哪些是作用小的材料;哪些是概括使用的材料,哪些是具体使用的材料。只有判明其实际价值作用,才能合理地安排和使用材料,充分发挥不同材料的不同作用。

分析材料要严格把关,科学归类,准确无误,确保质量。

3. 要恰当地选择材料。选择材料是材料运用过程的第三个环节。它是写作者在占有材料、鉴别材料的基础上,根据确定的写作目的和构制的写作思路,对材料进行研究,决定取舍过程。这是至关重要的一个环节,法律文书中材料选择是否得当,直接关系到一份文书的成功或失败。具体说,应遵循以下三条原则:

(1)以主旨为轴心,合理地选择材料。材料的选择并不是写作的根本目的,之所以要精心选择,其最终结果是为了表现文章的主旨,说明写作的目的或意图,既然如此,选择材料就必须根据主旨的需要,来决定其取舍。与主旨有关并能有力地说明、突出主旨的材料,将之留下;与主旨无关,不能突出、说明观点的材料,则毫不可惜将之删除；与主旨虽然有一定联系，但不能有力说明它的材料，则概略写述。只有认真把住“主旨需要”这一关，文章的材料就能有效用在“刀刃上”，使内容精练而不臃肿，同时又保证了主旨的明确、突出。以刑事法律文书为例，当司法机关受理某一刑事案件时，无论是原移送机关卷宗材料的记载，还是办案人员的调查取证，证实与犯罪有关的事实往往是具体而详尽，甚至数不胜数的，然而并非每一个事实特征都能证实其有罪，其中相当一部分事例虽有诉讼或证据意义，但是对于确定行为人构成某种犯罪来说却并无实际价值。也就是说它们并不属于犯罪构成要件，不决定犯罪的性质。因此司法人员将办案结果诉之于文字表现时，必须以犯罪构成要件为轴心，紧紧扣住罪名的成立这一主旨，选择与其相符的，能够决定某种犯罪基本性质的事实材料，舍弃对确立犯罪无实际意义的事实材料。掌握了这些原则，叙述事实、阐述理由就会目标明确、重点突出地将罪行充分揭露出来，从而正确认定犯罪。从文字表达角度来说，掌握了这个原则，还会使内容表述精练、扼要，否则，“眉毛胡子一把抓”，虽然写了大量事实，结果却“如堕烟海”，不仅会造成文体繁冗不堪，还会冲淡削弱对主罪的表现，试看下面事实的原稿和修改稿的比较：

原文：

被告人因多次参与赌博，曾被当地派出所行政拘留一次，罚款两次，批评教育多次，但仍不改恶习，继续行赌，直至将家产输光，继而萌生盗窃之念头。

2010年7月被告多次携带钳子、铁棍、手电筒及帆布袋来往于市内主要地段踩道，伺机寻找作案目标。同月18日晚子时，被告翻墙闯入坐落于××北路的一品香饭店内，用铁棍撬开桌锁抽屉，盗得人民币4582元，人人乐超市消费购物卡两张，卡内人民币3000元，得手后，在溜出途中，被该店雇员刘×撞见，被告即抽出两刃匕首向其背、颈部猛刺数刀，将刘活活杀死。

所盗钱款，除用于还债5500元外，其余的买了羊皮夹克一件、变色镜一幅、自动雨伞一把、福星牌老板鞋一双、电子打火机一个、中华牌香烟三条……

修改稿：

被告人因赌博债台高筑、遂萌生盗窃之恶念。2010年7月18日晚12时许，被告越墙蹿入××北路一品香饭店内，乘无人之机，用随身携带的铁棍撬开桌锁，将抽屉内存放的人民币4852元、人人乐超市消费购物卡两张（内存3000元）全部掠走，共计7825元。得手后退出途中，适逢该店雇员刘××入内，刘见状迅即呼喊，被告遂抽出两刃匕首，将其逼到墙角，当刘扑来夺刀之时，被告闪身躲过，向其背部猛刺一刀。刘倒地后，被告又上前用脚踩住刘的胸口，继续向其颈部连刺三刀，致刘当即身亡。

所得赃款除已追回5500元外，其余全部挥霍。

通过上述两稿的比较不难看出，修改稿所以写得成功，主要在于突出了犯罪构成要件这一主旨。原稿叙述的作案动机及案前的活动情况,案后的赃款挥霍情况,虽然都是客观事实,但却不是证实其构成盗窃罪、故意杀人罪的必备要件,所以修改稿将上述内容该删则删、该压则压、一笔代过,将重点放到了表述实施盗窃杀人的具体经过上,正是通过这一犯罪情节清楚地表明:①犯罪主体已具备了犯罪的故意心理特征(即主体、主观方面);②由于上述犯罪行为的实施,结果侵害了私人所拥有的财产权利和非法剥夺了他人的生命权利(客体、客观方面)。这就做到了主观要件和客观要件的有机统一,不仅有力地证实了罪名的成立,而且行文精练、简而得要。

(2)要选择真实的材料。法律文书是贯彻、实施法律的工具,因此它所选用的材料必须是客观真实的材料,绝不容许有半点虚假,这与文学作品中的材料使用有本质区别。文学作品在力求反映生活本质的前提下,允许虚构故事情节,而法律文书则必须忠实于事实真相。实践中有的同志对此往往重视不够,如在一份起诉状中,当事人为求胜诉心切,置事实于不顾,无中生有,捏造莫须有的事实,提供虚假材料,肆意往对方当事人身上栽赃、抹黑;有的则抓住对方某一点错误,片面地对材料加以夸大,极力渲染,如将双方拉扯撕打造成的轻度外表损伤说成是"血流如注,面目全非,五脏俱毁"。这种不顾客观事实,于我有利即随心所欲歪曲事实材料的写作态度不仅会给人民法院审理案件带来困难,延误案件审结,而且就诉讼当事人来说,也往往适得其反,导致自己的败诉。在司法机关制作的有关诉讼文书中,凡是证据不足的材料均不能使用。如只有被告人供述的材料,却没有其他人证、物证、鉴定结论等证实该行为存在的材料,不能写入法律文书之中,因为这属于不真实的材料,不能作为定罪量刑及确认民事责任承担的依据,否则就违背了事实真实的原则,极易导致法律失误。

(3)要选择准确的材料。准确就是法律文书中所叙述的事实情节,诸如时间、地点、人物、数据、物品的名称等表述必须做到确切无误,不生歧解,不能模棱两可、含糊不清。如材料中所涉及的数据,反映在文书中要精当无比,只能用确数,不能用约数,如不能写成:"贪污公款数万元"、"查封金额价值60余万元"、"砍了被害人数刀",数额表达的不确切,数据的模糊关系着对事实真实性的认定,这将对定性及适用法律带来直接影响。实践中有的公安机关起诉意见书只因事实部分写有"被告人逢人便打"一句,审查起诉时遭到检察机关的退回补充侦查,理由是,一共打了几个人、伤情如何等均无明确反映,结果导致事实不清。

4. 要灵活地处理材料。处理材料又称使用材料,也叫"剪裁",是继占有材料、鉴别材料、选择材料之后,对即将选入文中的材料进行权衡比较,根据表达的需要,决定材料的取舍或主次详略。处理材料一般体现在文章的写作阶段。

法律写作的材料处理与其他文体大致相同。一般来说,在主旨及基本写作思路确定之后,重点应考虑好使用的材料在文章结构布局中各个部分所安排的位置,这些材料的安排必须为表现文章的基本观点和显示文章的布局结构服务。写作过程中对材料的处理犹如裁缝制衣,在目的明确的前提下,根据需要,量体裁衣,合理剪裁。能够说明主旨的材料,留下使用;与之无关的,舍弃不用;对说明主旨起重要作用的详细写述;关系不大但对布局行文又起到一定关联作用的,概略写述。只有剪裁适当,才能保证文章主次分明、重点突出、主旨明确、结构严谨。处理好材料应遵循以下两条原则:

(1)根据文章表达的不同方式及要求,决定材料使用的先后顺序。在法律文体中,不同的文种及不同的表达结构决定了行文形式的多样化,因此,对材料的处理使用必须根据具体的情况加以灵活考虑。如辩护词是对被告人有罪无罪、定罪量刑在法庭上做的综合性发言,一般需要涉及几个方面的问题,故此类文种材料的处理应按照主次问题的顺序依次写入。又如法律文书的事实部分大都是按照时间及案情进展顺序来叙述经过,故该类文种材料的使用应按照时间变化、案情进展的次序排列组织。再如合同是按照问题之间的内部逻辑顺序来表述的,因之,该类材料的使用也须以此为标准将之分类处理。总之,应根据不同写作方式的需求,来对材料做灵活的处理,惟有如此,才能使文书血脉相连,并保证结构的脉络贯通。

(2)根据表现主旨的重要程度及文体表达的不同特点,决定材料使用的详略疏密。如前所述,材料的处理使用应根据文章主旨的需要来决定,能够有力说明主旨的,便是写作的重点所在,使用材料应浓墨重彩,具体详尽地展开;与主旨无关的关系不大的材料,即使事例丰富而新颖,也应坚决删除或概略交代,一笔带过。这就是说必须要处理好详写与略写的关系。说略得当,文章的内容才会显出主次,使人获得深刻的印象。疏密相间,剪裁得当,可以保证文章的结构布局更加协调、严谨。请看下面这份人身损害索赔案一审民事判决书的表述:

> 经查,刘×正(原告)与赵×义一年前因小孩打架曾发生过纠纷。2011年2月8日下午2时许,刘×正小孩刘×从赵×义家门口经过时,遭到赵×义小孩赵××的辱骂并向刘×吐口水。刘×正发现后走上前去质问赵××,这时赵喊:"××他爸打人了!"赵××之父母赵×义、李×芹与其叔叔赵×安等三人闻声一齐从屋中冲出将刘×正围住,赵×义先当胸一拳将刘×正打倒在地,继而三人一齐拳打脚踢,致刘脸部被抓伤,左肩及右前臂部软组织挫伤,住院花去医疗费、误工费用3897.06元……

这段文字的开头,作者先点明以前曾发生过纠纷,说明此次纠纷的产生绝非偶然,而是有其历史根源。但从写作角度上讲,却无须对以前发生纠纷的具体内容进行详细叙述,因为它不是本案所要解决的问题,所以文中只概略叙述,一笔带过。而涉入正题后,则详细地从时间、地点、人物、事件发生、发展过程和结果五个方面对案情进行了具体的叙述。这样,根据案情需要决定笔墨的浓淡和材料使用的详略,因而事实的叙述就显得主次分明,中心明确。

应该注意的是,材料的详略处理还必须符合不同文体的特点。相异的文体,详略的处理差异很大,同写一件事情,在文学体裁中详写之处可以纵笔挥洒,而法律体裁写作却不能不有所节制。掌握这一特点,对初学写作者来说是十分必要的。

三、法律文书结构的形式

(一)结构的概念

结构,就是文章的组织构造,是指文章内容表达次序的安排方法。文章的结构布局,是一个如何认识、反映客观事物的表现过程,是客观事物的诸多内容通过作者的构思、编排,在文章中有次序的反映出的过程,因此,文章的结构是作者思路的直接再现。它体现了写作者由认识事物到构思框架形成直至诉之文字成文的全部过程。

(二)结构的作用

文章的结构对法律写作意义重大。可以这样比喻,写文章有了充分的材料,就能"言之有物";有了正确的主旨,就能"言之有理";有了丰富的"语言",就可以"言之有文";再加上有严密的结构,就可以做到"言之有序"。如果将材料比作文章的"血肉",将主旨比作文章的"灵魂",将语言比作文章的"肤发"的话,那么,结构布局就恰似文章的"骨骼"。有了骨骼,血肉、灵魂、肤发才能有所依附。骨骼匀称,人体才能挺实完美,从而活脱脱地站立起来。组织文章的结构,一般来说讲求新颖,忌讳千篇一律。既使是同一体裁的文章,也往往没有一样的结构模式。而法律文书的结构则恰恰相反,它具有结构格式规范化的要求,其制作秉承了公文格式化的特征,要求必须按照特定的程式书写,不允许标新立异,随意滥创行文结构,这是法律文书结构有别于其它文体结构的一个显著特点。这一特点,是长期以来根据司法工作实践需要逐步形成的。其原则是,既要反映一定的司法程序,又要便于写作,以保证制作标准的统一。法律文书结构的作用主要表现有三:①可以保证文书的完整性、准确性及有效性,使其更好地发挥执法作用。②便于制作。有了格式,文书的起草、签发、定稿、制作正本、副本都比较方便,减少了制作时间。③便于科学管理。有了格式则便于文书发文、收文、归类登记、归档保存、检索使用管理工作的进行,使之管理科学化。需要指出的是,法律文书的结构虽然是固定的,但格式固定指的是文书内容整体的规范,具体到文书中的某一特定项目的写作,其结构仍可根据需要加以灵活设计,如事实、理由部分的结构安排,就应根据写作要求灵活考虑,对此不应机械地加以理解。

(三)法律文书结构的表现方式

法律文书的结构方式因文种的不同及其追求的特定目的不同,表现形态往往各具特色,概括起来说,主要有以下两种类型:

1. 文书整体结构形态。文书整体结构形态是指法律文书全文应该具备的基本项目,通常主要由首部、正文、尾部依次组成。首部一般来说需要写明标题、案件编号、当事人身份事项、案由和案件来源等。正文需要写明案件事实及证据、理由、处理决定等。尾部包括交代有关事项、制作人签署、日期、用印、附项内容等。法律文书整体表现结构具有格式定型化的特征,要求必须按照法定的程式书写,不得违背。

2. 正文结构形态。正文是法律文书的主体内容,是法律文书用于叙事说理并做出处理决定的关键写作环节,具有写作的灵活性及高难度。由于各类文书发挥的实

际作用及使用的目的不同,其正文的写作结构也就各具特色,实践中较为常见的结构类型主要有以下几种:

(1)一段式结构。一段式结构主要适用于司法活动中为反映某项工作情况而使用,主要解决程序问题,该文书结构特点是以表格式行文,全文只有一段文字,仅几句话,简明扼要地表明行文的基本目的或告知的事项。这是在法律文书中使用最为频繁的一类。如:

××公安局

对被逮捕人家属通知书

(　)×字第××号

犯罪嫌疑人————×年×月×日,因涉嫌××罪,经××人民检察院批准,于×年×月×日由本局依法执行逮捕,现羁押于××公安局看守所。

特此通知

一段式结构内容单一,行文简短,只需要写明告知的相关事项即可,一般主要用于通知、函、批复、批转、公告、决定、证票(如拘留证、提讯证、传票、提押票、换押票等)等文种。

(2)三段论式结构。如前所述,司法人员办理案件的运作过程实际上就是如何将国家法律、法规运用到具体案件事实当中,并通过文字的形式做出法律上的确认的过程。对于这一过程,在法律文书中正是通过三段论式的结构反映出来的。三段论结构主要用于某些直接产生法律效力的为案件做出实体结案的文书,如起诉书、不起诉决定书、判决书等。其大前提是理由部分引用的法律条文,小前提为案件的事实,结论是将法律条文和事实对照后所推出的处理结果。该推理公式表述为:

凡M是P

S是M

∴凡S是P

下面以一损害赔偿民事判决书为例予以表述:

大前提:侵害公民身体造成伤害的,应当赔偿医疗费、因误工减少的收入、残废者生活补助费等费用(《民法通则》第119条)。

小前提:本案被告的行为已构成侵害他人身体并将人致伤的结果(案件事实)。

结论:被告赔偿原告医疗费、误工费、致残补助费××元。(处理结果)

该判决三段论的大前提(即适用的法律)是公认要求遵循的一般原则,小前提案件事实是与该法规相符合的特项事例,结论是将该法规与该事项相对照后推出的判决结果，这个推理过程完全符合三段论的从一般到个别的推理原则。法律文书运用三段论结构规则必须注意推理的科学性，大前提法律依据不能任意省略，中项必须保持其固有的同一，惟有如此，才能保证其逻辑结构的严密无间，推出合理合法的公正结论来。

(3)论证式结构。这种结构多用于法庭论辩文书，如民事、行政代理词、公诉意见书、辩护词、抗诉词以及上诉状、答辩状、法律意见书等文种。论证式结构的表现形式一般是先提出中心观点，明确所要阐述的中心问题，之后再分若干层次，从不同的角度、不同的方面运用事实及法律进行法理论证，从而支持中心观点的成立。请看一份非法拘禁案辩护词的逻辑结构：

> ……辩护人认为被告人张××的行为虽然构成了非法拘禁罪，但其行为社会危害性极小，应对其免予刑事处罚。(总论点)免刑依据具体表现在以下五个方面：①被告人系被主犯余××引诱、胁迫参加此次犯罪活动，其犯罪地位属胁从犯，具备了免予刑事处罚的法定情节。②被告人只是受蒙蔽参与了此次活动，并未实施任何不良行为，其犯罪情节显著轻微。③被告人犯罪时年仅16岁，属刑法的相对刑事责任年龄，具备了免予刑事处罚的法定条件。④被告案发后主动到公安机关投案，具有自首的法定情节。⑤被告人认罪态度较好，积极配合司法机关讲清问题，并对自己的行为真切忏悔。

本着对少年犯应“重教育、慎用刑罚”的原则，请合议庭采纳辩护人的上述辩护意见，对张××做出免予刑事处罚的判决。

这份辩护词的开场白在提出了“应免予刑事处罚”这一中心观点后，为证实其正确，分别从5个方面，从不同的角度，全面而系统地论证了具备免刑的足够理由，从而使“免刑”观点牢固地树立起来。论证式结构既可以由一般到个别，也可以由个别到一般，即先分层次论述说明观点的依据，最后再用“综上所述”、“综上”或“根据以上论述我们认为”归纳中心观点的成立，具体选用何种方式，应根据实际需要来决定。

(4)问答式结构。问答式结构主要用于法律文书的各类笔录。笔录如实记录了涉案人员或民事诉讼当事人对案情的陈述，是认定事实、定性及适用法律的法定证据，笔录的逻辑结构主要体现的是问答式，即办案人发问，被问者回答，其结构自始至终按此行文，从一而终，不涉及过多的写作表达方法，只是对客观原话的如实记载，此种结构写法简单，但仅为笔录类文书所专用。

(5)条款式结构。条款式结构是指将文书正文中的内容按照表达次序分成若干个条目，列示出来，目的在于确定各类民事、经济法律关系主体之间的权利义务关系，作为规范立约主体应遵循的行为规范。条款式结构常用于法律事务文书中的分单、遗嘱、公约、守则、协议书、公司章程、合同等文种中，其特点是内容单一，简洁明了，眉目清晰，说明某一事项内容即可，无须做叙事说理的高难度写作。请看下面一份房屋租赁合同的结构形式：

房屋租赁合同

出租方：__________（以下简称甲方）

承租方：__________（以下简称乙方）

为了__________________，特签订本合同，订立下列条款，供双方共同遵守。

一、出租房屋的结构、坐落方位和数量__________。

二、租赁期限__________________。

三、租金的数额及交付方法______________。

四、甲方的责任

1. ……

2. ……

3. ……

五、乙方的责任

1. ……

2. ……

3. ……

六、违约责任

1. ……

2. ……

3. ……

七、不可抗力________________。

八、其他__________________。

条款式结构只需要明确地告知立约各方该做什么，应遵守什么，违约应承担什么责任，属于纯客观的说明。

（6）连环式结构。这类结构是指正文中的有关内容在表达先后次序上相互依赖，互为依托，前边内容是后边内容的基础，为其作写作铺垫，而后边内容则又是再下内容表述的依据，如此环环相扣，逐层深入，形成了严谨的表达写作思路。连环式结构是报告类文书常用的结构，如刑事案件呈请立案报告书的结构是先写发案经过，次写现场勘查及现场调查，再写对案情的分析判断，最后写明侦查计划；破案报告的写作次序是先写对案件实施的侦查结果，再写破案的理由和依据，最后写明破案的组织分工及方法步骤；人民法院审理报告的写作结构是首先叙述犯罪事实，继而写定案依据，再后写对案件的分析认定，最后是处理意见，这种结构形式的编排是办案工作规律的反映。以案件审理报告为例，法庭只有通过开庭查明了事实，在此基础上才能核实证据，确定罪证依据；只有在事实清楚，证据收集完备的基础上才能对案件的性质进行分析认定;也只有在分析认定有了结果后才能在此基础上提出处理意见,这些内容一环扣一环,层层进逼,递进深入,具有很强的逻辑性。

四、法律文书语言的表达

(一)法律文书语言的作用

语言运用的好坏对于保证法律文书的制作质量具有十分重要的意义,这是由于"语言是思想的外壳",荟萃语法、修辞、逻辑等学科于一身。法律文书中严肃的法律内核都是通过特定的语言形式表现出来的,语言使用得准确得体与否直接关系到当事人的民主权利、政治生命甚至身家性命,意大利语言大师但丁曾将"法庭语言"看作是理想语言的一种,认为它是"准确的,经过权衡斟酌的"。斯大林在《苏联社会主义经济问题》中,谈到为改善政治经济学教科书未定稿,应该成立一个人数不多的委员会,而其中最好是"也包括一位有经验的法学家来检查措词的确切性",这从另外角度说明准确使用法律语言,对法律文书语言重要意义的影响。制作法律文书如果语句不通、用词不当、逻辑混乱,就会影响到法律内容的正确表现,进而产生法律的失误,法律文书写作实践中出现的"只因一个字,缠讼十几年"的情况确实给了我们许多深刻的教训。因此,必须加强语言这个基本功的训练,语言准确、得体才能保证法律文书的合法性及有效性,充分发挥出其应有的战斗作用。

(二)法律文书语言的运用要求

法律文书的语言不同于一般的书面语言,而是属于一种公文语体,具有它特定的运用要求,具体说主要应做到以下几点:

1. 语言要合体。法律文书是国家执法机关制作的公文,其中有执行意义的文书是具体实施法律的文字凭证。因此,文书的语言风格必须庄严肃穆,这种语体特征往往通过使用大量的法言法语来体现。如"被告人学艺不成,竟反目为仇,持刀将李活活杀死,手段残忍,情节特别恶劣,实属罪大恶极……"这段文字虽不过区区40余字,却使用了近10个法言法语,如"学艺不成"、"反目为仇"、"竟"、"持刀"、"将"、"手段残忍"、"情节"、"特别恶劣"、"实属"、"罪大恶极"等。文字既凝练、简约而止于达意,语体风格上又显得庄重而质朴,充分体现出法律的威严。法律文书语言庄重质朴的特征取决于法律工作本身的专业性质。法律文书是执法人员代表国家运用法律对涉案的当事人作出的处理决定,法律的严肃性及特定的书面语体决定了法律文书语言必然强烈地体现这种特定的专业语体风格,这是法律文书语体风格有别于其他文体风格的一个最大的区分点。刚涉入法律文书写作之门的新同志,由于对此风格特征认识不够,很容易造成语言的失体,显得不伦不类,如一份离婚诉状在叙述夫妻感情破裂的演变过程时这样写道:"想当初我们俩如鱼遇水,如胶似漆,难舍难分。到如今冷若冰霜,双燕单飞,各顾自己……"这简直是活脱脱的戏剧台词翻版,与法律文书的语体要求相差甚远,其实写成:"原被告婚后感情一度尚好,后由于……原因,致感情破裂",才是法律语体的表现风格。这说明,初学法律文书写作的同志,要运用好语言,首先要掌握法律语体的风格。

2. 语言要准确。法律的适用及认定要求准确无误决定了法律文书的语言也必须做到准确。语言准确是法律文书的生命线，法律文书写作实践中，有时一词之差，一语之误，甚至一个标点符号用错，都有可能产生严重的不良法律后果，造成难以挽回的损失。要做到语言准确，应从以下几方面努力：

（1）准确选用词语，科学反映法律含义。词是语言构成的最小建筑单位。一个完整的法律含义得以表现，往往需要借助于词语去表现，法律要求的是事实准确，有时一词之差，表现的法律意向往往不尽相同。2009 年 8 月，××省××市人民法院审理一起防卫过当故意伤害致死人命案，对被告人郭××防卫的情节，公诉方认为是“挥刀一刺”，被告人认为是“挥刀一挡”，而一、二审法院则确定为“挥刀相迎”，三种不同的词语，表现了不同的性质，这说明，制作法律文书必须措词准确，认真推敲，特别是同义词、近义词更要准确区分使用。在相近易混的法律术语中，由于其具有形似质别的特点，它们之间差异细微，往往容易造成使用混淆。如“受害人”与“被害人”，其区别在于：“受害人”是指由于侵权行为而蒙受损害的人，它用于民事诉讼中；而“被害人”则是指正当的权利或合法利益遭受犯罪行为或不法行为侵犯的人，它用于刑事诉讼中。使用时必须搞清它们的确定法律含义及适用范围，不能不加以选择地滥用。此外，诸如“讯问”与“询问”，“侦查”与“侦察”，“案犯”与“罪犯”，“从重”与“加重”，“惯犯”与“累犯”，“结果”与“后果”，“伙同”与“共同”，“从犯”与“胁从犯”等都是相近易混的法律术语，必须精心辨别，准确选用。

（2）造句通顺，表达周密严谨。句型是语言的第二级建筑单位。若干个词语依照一定的造句规则组合起来就形成了单句，几个单句又按照一定的语法规则组合，就形成了复句乃至句群，表达出一个特定的文意。制作法律文书不仅要求用词准确，而且造句也要符合语法规范，语句通畅，思维严谨有序。具体说应做到以下四要四不要：①要句子成分完整，不要残缺不全；②要句子语序搭配得当，不要别扭难解；③是表意清楚，不要语序紊乱，文意不明；④要思维严谨，不要逻辑混乱，文理不通。目前，这方面问题在实践中比较突出，一些同志由于受到文化素质能力的限制，抑或工作中粗心，缺乏认真、一丝不苟的严谨工作作风，使得文书中语言弊病大量泛滥，仅举两例为证：①在审理过程中，被告人交待了以上盗窃罪行并追回了部分赃款。②关于孩子的抚养问题，由于王××现正在劳动教养，无抚养能力，由原告承担抚养义务，被告（王××）负担一定的抚养费。前一例的错误在于偷换了主语，结果成了“被告人交待了盗窃罪行”，“被告人追回了部分赃款”。追回赃款只能是公安机关，怎能是被告人？后一例的问题自相矛盾，违反了形式逻辑的矛盾律规则，既然被告“正在劳动教养，无抚养能力”，也就没有能力负担抚养费，若判决被告“负担一定抚养费”则必须以有抚养能力为前提，由此可见，若想切实提高法律文书的制作质量，司法工作者应该学习掌握一些必要的语法和逻辑学知识。

（3）戒方言土语，戒黑话，讲求语言文明。法律文书作为一种书面语体，其语言要求规范、纯洁而健康，方言土语不能在法律文书中使用，犯罪分子的黑话更应禁止。

书写诉状,应讲究语言文明,不允许使用刺激性的带有人身攻击或人格污辱的语言,这是由法律的严肃性所决定的。但实践中,有的同志对此却往往重视不够,以致常出现诸如"脚杆""贴脸""耍""溜弯""浪一圈"等令人费解的土语,使人难以理解。公安机关审讯笔录中大量黑话的使用也是当前比较突出的一个问题。公安机关依法行使法律赋予的侦查权,直接同犯罪分子进行面对面的斗争,有时基于策略或对敌斗争的需要,审讯犯罪嫌疑人时适时地使用犯罪分子的黑话是有必要的,但作为记录在案的讯问笔录则严格禁止将黑话写入,否则将有损于法律文书的严肃性,造成语言污染。

(4)指代明确,人称不紊乱。人称指代明确是正确使用语言,确保法律文书叙事清楚的另一特定要求。为了使法律文书叙述案件事实简练及语体庄重、质朴,在有关事实中当前文已出现当事人姓名全称后,之后可以用姓称简化代替,有时也可用第三人称"其"予以代称。使用代称要求指向明确,称代清楚,避免前后紊乱,指代不明,否则即容易导致事实不清,影响对案情的认定。下面例子就犯有这个错误:"被告人冯××2008年4月14日因调戏周××,受到周之丈夫李××的指责,被告人不仅不能正确对待,竟恶意萌生,提刀追杀李××,其父劝阻,又追杀其父"。"其父"究竟指的是谁的父亲,是周××、李××的父亲还是被告人冯××的父亲,由于指代不明,故造成事实不清。

(5)正确使用标点符号,杜绝错字。为了保证语言使用的准确性,还应该注意标点符号的使用方法,文句不同地点的停顿,是基于不同语气的表达由所使用的各类标点所决定的。除此之外还需注意文字的书写规范,杜绝错字、别字的出现,特别是法律文书的正本及副本,打印成文后,要认真校对,以保证语言的绝对准确。

3. 语言要精练、朴实。精练表达是法律文书语言使用的客观要求。精练包含两方面内容:一是精确,二是简练。它们之间密切联系,相辅相成。精确是指既要抓住重点,又要不缺不漏。简练是指既要语言简洁,又不能滥行省略。关于此,清人王又槐在其所著《办案要略》中有一段很精辟的论述:"供不可多,多则眉目不清,荆棘丛生。若蔓衍支离,重叠缠扰,无不干驳。苟遇紧要关键处所,必须多句而始道得透彻者,则又不妨多叙。供固宜简,必简而赅,方得其当。若辞不达意,语不中肯,枯窘疏漏者病也。"这话讲得十分有道理。语言必须简洁,不然则会有语言重叠互相缠扰的毛病,但是,遇到关键的地方,必须多说几句才能说清的,也必须多写几句。文字拖沓,落笔太远固然不符要求,文意残缺,随意苟简也是写作法律文书所忌讳的。要做到语言精练,应从两方面入手:一要力戒啰嗦,可有可无的多余赘句坚决删除,不写废话、不重复、不掉文、句子简短明快而不臃肿,以尽可能少的文字表达出最完整的意思。二要力戒苟简,词句要写完整,句子要具备主要成分,不滥用省略、简称。应该表达清楚的内容,应该阐明的法理,绝不笼统含糊。目前这方面的问题比较突出,如有的婚姻纠纷判决书理由仅说:"夫妻应当互敬互爱,互相帮助,为经济建设贡献力量……"这些话语十分空洞,文虽约而法理却不明,缺乏应有的说服力,应引起高度重视。

法律文书语言不仅要求准确、精练，而且应做到朴实。朴实是指语言要通俗易懂，不追求文笔的浓艳、华丽，客观写实，使人听得明白，读得顺口。法律文书是法律实施的文字体现，法律的严肃性决定了法律文书的语言必须是朴实无华的，一概排斥文学作品的语言形象化表述手段。法律文书追求的是法律效果而不是艺术效果，叙述事实，强调的是客观求实，一是一，二是二，如实叙写，平铺直叙，忌用曲笔；阐明事理，务求理正，语贵精要，忌讳夸饰渲染，铺陈敷衍；说明情状，要求客观、科学，戒用描绘色彩的词语。法律文书写作实践中出现的诸如“血肉横飞”、“皮开肉绽”、“血流如注”、“居心叵测”、“盗窃成性”、“花枝招展”、“跳梁小丑”等描绘、渲染词语都是对朴实性的严重违反，必须坚决禁止。

当然，文风朴实，语贵平实，也不意味着语言枯燥，干瘪无味，因为案件本身就是复杂的，因而如实反映案件事实，恰当地反映理由及处理意见，自然也就能把复杂多变的案情、充分有力的理由和明确的处理意见表现出来，使人感受真切，并从中受到教育。

第七节　法律文书的写作方法

写作方法是指运用材料进行记叙案情、分析说理所表现的技巧规则。制作法律文书，不同的表达手段所适用的写作方法也就各不相同，下面仅就较常使用的几种写作方法作一概要介绍。

一、刑事法律文书叙述事实的方法

（一）自然顺序法

自然顺序法又称时间顺序法，是指以时间作为叙述的主线，以活动为内容，按照作案动机的产生、作案的准备、具体的作案情节、采用的手段、使用的工具、行为的得逞与否、造成的后果情况等过程来写，最后并辅以写明认定犯罪的证据。这种写法多适用于一人一次一罪的案件，也适用于一人一次多罪的案件。

（二）突出主罪法

此法亦称作先主后次法，这种记叙方法适用于一人多罪的案件。如被告人在不同时间作案多起，既犯有盗窃罪，又犯有抢劫杀人罪，尽管盗窃时间在先，抢劫杀人时间在后，也应打破时间顺序，将抢劫杀人主罪事实放到前头突出写明，而将盗窃次罪事实放到后面附带写明，这样可以有重点地突出主罪，揭示犯罪行为的严重性，为数罪并罚创造条件。

（三）突出主犯法

这种记叙方法适用于共同犯罪的案件，即多人一罪或多人多罪的案情记叙。如团伙犯罪，应以主犯的犯罪事实为主线，围绕主犯的犯罪事实来记叙，其中哪个从犯参加了犯罪活动，就写进哪个罪犯的犯罪事实，另有单独犯罪活动的，最后依次单写一笔。

(四)综合归纳法

这种方法适用于犯罪未遂多起,最终既遂的案件。其写作要领是对多起未遂的事实可作综合归纳叙述,之后重点写明既遂的犯罪情节,其长处是详略得当,重点突出。

(五)罪名标题法

这种方法适用于一人犯数罪,数人犯数罪,数罪中涉案次数又较多的复杂案件。为了有效地将各罪的犯罪情节相区别,在叙述每一类罪犯罪事实之前,先冠以一个小标题“关于××罪犯罪事实的认定”,以此来统领该类罪多宗犯罪事实的写述。如“关于被告人受贿罪犯罪事实的认定”,①……(第一宗认定的事实);②……(第二宗认定的事实);③……(第三宗认定的事实。)“关于挪用公款罪犯罪事实的认定”,①……(第一宗);②……(第二宗);③……(第三宗),该写法的长处是可将多人多罪多情节的复杂案件条理化,叙述清晰而不紊乱。

(六)针锋相对法

此法专门用于刑事判决书中叙述控辩双方提供的事实及意见项目。写法是先叙述控方(公诉方)指控的要点及要求处理结果,再叙述辩方(辩护方)辩护的理由及要求结果,形成一种对峙的势态,谁是谁非,则通过法庭的确认予以公断。

二、民事、行政法律文书叙述事实的方法

(一)提示矛盾法

即在民事、行政裁判文书事实部分的开头用“原告诉称”、“被告辩称”、“第三人述称”的形式写明各方当事人提供的争议事实、理由及各自的诉讼请求,明确焦点,提示出矛盾,以便为下文查明认定的事实奠定基础,铺平路子。这是民事、行政裁判文书法定的写法。

(二)纵式结构法

这是以纠纷发生的时间为主线,依照民事、行政法律关系发生、变更、消灭的顺序进行叙述的一种方法。这种方法适用于情节简单、法律关系单一的案件,其长处是脉络清晰,条理分明。

(三)纵横交错法

这种写法是在纵向写述过程中,插入对争议标的的介绍,将双方争执的焦点置身于事物的横断面上,再接着继续叙述事实。如合同纠纷案事实的起句首先要叙述纠纷双方何时在何地订立了一份什么合同,之后则需要插入一个横断情节,即交待合同的主要条款,明确约定内容,而后再继续接着进行纵式叙述,写明对合同的履行经过,从中体现出违约方及守约方责任的区分,这就叫做纵横交错法。

(四)逻辑结构法

以反映问题的类别为写作的线索,分项列示,用逻辑顺序叙述叫做逻辑结构法。这种方法主要用于法律关系较复杂,内容信息量较大的财产权益纠纷、涉外经济纠纷及标的巨大的基本建设工程施工合同纠纷。为了做到条理清楚，有时往往在叙述的各项内容之前冠以小标题以示醒目，如：①关于……的问题；②关于……的问题；③关于……的问题。

三、论辩类法律文书立论与驳论的写作方法

论辩类法律文书主要包括法庭论辩中使用的辩护词、公诉意见书、代理词、答辩提纲及诉状类中的起诉状、答辩状、申诉书、检察机关行使法律监督职能所使用的抗诉书等文种，这是法律文书中写作难度较大的一类文书，其常见写作方法主要有：

（一）法理论证法

法理论证是指运用某种法规条文及法学理论作为论据来证实观点正确的一种立论方法。写作实践中，辩护人、公诉人、民事代理人、抗诉机关或上诉人、答辩人就定性、适用法律、分清有罪无罪、罪轻罪重、此罪彼罪、是否具备从轻或减轻刑罚的条件以及确定民事法律关系、认定民事责任承担等，都可以进行法理论证，揭示出论据与论题之间的必然联系。运用法理论证必须强调分析的严谨性，有时除了引用必要的法律条文之外，还应结合具体的案件事实和证据加以阐述。

（二）事实论证法

事实论证是指通过一个或若干个事实作为论据来证明论点的一种方法。列宁曾经说过："事实不仅是胜于雄辩的东西，而且是证据确凿的东西。"文书制作者用确凿的事实来证明立论的正确性，本身就具有不可辩驳的说服力。事实论证是论（申）辩类文书经常使用的一种方法。

（三）因果论证法

因果论证是通过因果关系的理论来证明论点的正确性。在刑事案件中，任何犯罪的危害后果都有发生、发展的直接原因和间接原因，尽管有的表现并不十分明显，但它却是一种客观存在的事实。民事纠纷中，由侵权行为所导致的民事法律后果的发生，也往往有它特定的原因所在。运用因果论证法，通过原因和结果的逻辑联系，从案情的顺时线条去考察引发民事法律后果的起因条件，可以完整地把握案情，从而达到正确判明案情、准确确定责任、公正处理好案件之目的。运用因果论证要注意因与果之间存在的必然逻辑联系，必须前后吻合，从前因能必然推断出后果来，切忌生拉硬扯，牵强附会。

（四）对比论证法

对比论证是指在对设立的论点进行正面论证后，为了增强其说服力，再用假设的方式从反面予以论证的一种方法。运用该法可以使所论事理更深刻，增强其论证力度。运用对比论证应注意对比的关联性、统一性，二者必须是在同一立论统率下展开，不能互为脱节，各不相干，否则就无法起到充分的证明作用。

（五）反驳论题法

反驳论题是驳论中常用的手法之一。其驳法是先归纳出对方错误论点并将其摆出，确立起反击的目标，再运用摆事实、讲道理的方法予以批驳，指明其论题的错误，

从而将其一举推翻。根据反驳对象的不同,反驳论题可以分为运用事实作论据反驳;进行法理分析反驳;进行情理分析反驳;用推理形式反驳等四种形式,这是驳论中使用数量最多的一种方法。

(六)反驳论据法

反驳论据属于间接反驳的一种手法。其驳法是不直接从反论题入手,而是抓住对方论证中支持论题的重要论据予以驳斥,指明其虚假及错误。由于论据是支持论题的支柱及基础,将错误的论据驳倒了,无异于釜底抽薪,失去基础的论题自然就难以成立。反驳论据可分为用正确的事实为论据驳斥对方错误的事实论据;用正确适用法律条文作论据来驳斥对方不正确引用法律条文作论据;用事理分析作论据来驳斥对方虚假论据;用揭穿伪证形式来反驳对方虚假论据等四种形式,运用得当,能“仅以一击,而致敌方于死地”。

(七)反驳论证法

这也属于一种间接反驳手法。当对方在组织论据证实论题过程中出现了逻辑错误,诸如前后自相矛盾、论据与论题之间不具有必然的逻辑推导关系,即从对方的论据中推不出论题的时候,可以运用反驳论证的方法来揭露其论证方式的错误,驳倒了错误的论证方式,建立在错误论证形式基础上的论题自然也就不攻自破。反驳论证的具体形式主要有揭露论证中的自相矛盾、揭露论证中的违背推理规则、揭露论证中的违背客观规律等三种,运用得好,能使反驳更加深刻、有力。

“立论”和“驳论”虽然在表达手段上属于对立的两种截然不同的类型,但其在一篇文书中却具体体现为互相渗透、相辅相成、密不可分的,因为驳斥敌论的过程往往也就是树立己论的过程,“破字当头”自然“立在其中”,因而对两者不可将之割裂理解。

第八节　法律文书写作的基本要求

法律文书制作是一项综合性技能的体现,除了应具备较高的政治理论水平及扎实的法律业务知识功底之外,在写作上还应做到如下几点:

一、叙事清楚,认证有力

事实是司法机关判明案件性质、区分责任、做出处理决定的原始依据,只有事实清楚,才能依法公断,因而事实写作的好坏,对于保证法律文书的制作质量至关重要。具体说,应做到以下几点:

(一)分歧的焦点要抓准、记清

分歧的焦点是指在刑事、民事、行政判决书事实的开头部分所写明的控辩双方及民事、行政诉讼当事人各自提供的事实、意见的对立观点。刑事诉讼中,确认被告人罪名的成立及罪名不能成立所依据的情节及依据往往很多,但归结起来最终势必都要集中到对罪与非罪、此罪与彼罪、重罪与轻罪如何予以科学的认定上去,这往往也就成为控辩双方分歧的焦点所在。由于控辩双方的意见在事实中并非属于裁判文书的重点内容，因而，在表述时，必须抓住关键的问题，界定出争讼的焦点，使之形成一种对峙的势态。如"公诉方在起诉书中指控，被告人为争夺板凳区区小事竟持刀伤人，以其行为触犯《中华人民共和国刑法》第234条，应当以故意伤害罪追究刑事责任，向本院提起公诉。庭审中，辩护人认为：被告人行为是不法侵害中的自卫表现，纯属正当防卫，不应负刑事责任，要求宣告无罪。"控辩双方，一个以有罪起诉，一个以正当防卫要求宣告无罪，这正是本案分歧的核心，判决书中抓准了争诉的焦点，并将之明确突出出来，这就为下文查明认定的事实及判决理由的阐述奠定了坚实的基础。在民事行政判决书事实的开头则必须抓住原、被告及第三人各方提供事实的实质要点，即各方争议的要害问题去写。例如婚姻纠纷案件，导致夫妻感情破裂的原因很可能是多方面的，这样在叙述时就要抓准双方感情破裂的主要因素来叙写，请看下例："原告以双方结婚是父母包办，婚后感情不合，两人已分居20年等理由向本院起诉要求离婚"，被告辩称："双方结婚虽是父母包办，但婚后感情尚好，已生有子女五人，坚决不同意离婚"。这两段话是从当事人提供的大量具体事实中概括出来的实质性要点，因而这个表述是抓住了中心的，至于说两人的婚姻父母是如何包办的，双方认为婚后感情如何不好及如何尚好，其中必然有很多具体事实，这些事实则大可不必写入。

（二）基本要素完备，内容表述完整

法律文书要做到事实清楚，还需注意要素的完备。因为要素是形成事实的最基本组合成分，要素依照它们各自所发挥的功效，按照一定的表达次序组织起来，就形成了一个完整的案件情节。根据案件性质及类型的不同，事实要素的表现状态也就各不一样，具体说刑事案件的事实要素主要有：犯罪的时间、地点、目的、动机、手段、行为过程及造成的后果。民事案件的事实要素主要包括有：纠纷发生的时间、地点、标的、涉及的当事人，纠纷发生的起因、发展过程、造成的民事法律后果等。叙述事实只有将这些应该具备的要素明确交待出来，才能保证事实叙述的清楚、完整。需要指出的是，对要素写述也不能完全机械地理解，并非所有案件的事实都必须具备上述要素，而应该根据具体情况及实际需要加以灵活掌握。如刑事案件中，某些案件犯罪目的属于不言自明的，就可以不写犯罪目的，盗窃案的犯罪目的是显而易见的，就是要非法占有他人财物，无须赘述；强奸案的作案目的是为了发泄兽欲，不写也是清楚的。但有些案件的犯罪目的就必须具体写明，特别是当犯罪目的成为刑法中的选择要件时，将其写清则显得尤为重要了，因为它涉及到罪与非罪、此罪与彼罪界限的区分，如《刑法》第105条规定的组织策划实施颠覆国家政权罪构成的必要条件之一是"以推翻国家政权和社会主义制度为目的"，可见，该条规定的犯罪目的就是区分罪与非罪界限的根本标志。又如《刑法》分则中的拐卖妇女罪的构成必须是"以营利为目的"，如无营利目的，则构不成本罪。而拐骗儿童罪的犯罪目的必须是"为满足私欲而要求抚养"，即不具备营利之目的，可见，这里犯罪目的的不同又是区分罪与罪的界限标志,必须将这一要素在事实中着力写出来。

(三)重要情节清楚,因果关系明确

如前所述,案件的事实情节是确认刑事及民事责任的承担及承担的轻重、大小的重要依据,叙述法律文书的事实必须着力将之突出,特别是涉及到关键性的情节更应具体写清,令人读后明白无误。但实践中一些同志对此却往往有所忽略,如某份一审刑事判决书认定被告人构成故意伤害罪,在事实部分仅说:“2010 年 4 月 14 日晚,被告人魏××遭到戴××等人投掷砖块的袭击后,次日晚纠集被告人王××及朱××等人,身带砍刀、菜刀、铁棍以及砖块等凶器,到本市中山路水关桥找戴××等人寻机报复。当见水关桥水泥栏杆上坐着郭××等五人时,魏××手持砖块上前责问,并指使同伙行凶。被告人王××首先上前掷砖块将郭的头部砸破,随后被告人魏××等人用砖块、铁棍击打对方,致使对方四人均被打伤,被告人王××还用菜刀将李××右肩胛处砍伤”。这段情节是认定被告人实施故意伤害犯罪行为、本罪名成立的关键之处,必须重点叙述,但我们读后却感到不够清楚,有好几处令人生疑的地方:①魏××为什么对郭××等五人行凶?郭××与戴××是什么关系?魏××因什么原因受到戴××等人投掷砖块袭击?②王××为什么将李××砍伤?③究竟打伤几人?这里可以有两种理解:一是 4 人(其中包括郭××、李××),一是 5 人(郭××加 4 人,四人中包括李××),到底属于哪种,令人莫衷一是。

要写清事实还必须注意因果关系的明确,因果关系是司法机关准确认定罪名以解决刑事责任所依据的必要条件,在民事案件中也是分辨是非,确立当事人各方责任大小的重要依据。下面这份损害赔偿案判决书的事实叙述就较好地体现了这一点:

> 经审理查明:王洪贵 2010 年 7 月以西安市××区李同僧消烟除尘厂的名义与先锋鞋厂签订了锅炉改造消烟施工合同。在施工期间将使用的自制简易浮桶式乙炔发生器置放在厂区内丁字形跑道和厂医务室南墙外,这是行人去厕所必经之路。王洪贵停工后,仅将乙炔罐内的电石篮取出,浮桶未拔,电石渣、废水仍然在桶中。2010 年 12 月 6 日晚 6 时许,因天黑没开路灯,厕所也无照明,冯××的两个孩子冯林(男,14 岁)、冯源(男,8 岁)用火柴照明去厕所,路过乙炔罐时,在罐前晃动内浮桶划着火柴玩耍,因遇明火乙炔罐爆冲,浮桶冲出底罐高约四米,打在冯林的右前额和冯源面部下唇处,冯林当即昏迷。经送西安市中心医院抢救脱险,诊断为重型内开放性颅脑损伤……住院治疗 165 天,医疗费93 823.80元;冯源经医院诊断:①下唇撕裂伤;②下上颌骨前牙区齿槽骨折,上门牙打掉三颗,花费医疗费11 320.22元。冯小良及其妻戚淑平因看护小孩旷工 8 个月,被扣除工资32 000元。

这段案情写得很有条理。制作者根据案件发生的基本情况恰当选择材料,分四个层次进行表述,先着笔叙述被告王洪贵与先锋鞋厂签订锅炉改造消烟施工合同,进而交待清了他们之间的关系；其次叙述被告王洪贵施工期间将易爆品放置在“行人去厕所的必经之路”，说明他施工违背了操作规程；接下再进一层叙述被告王洪贵在停工后又未能采取必要的安全措施，从而交待出此次事故发生的隐患原因；最后再叙述原告的两个孩子夜晚去厕所路经乙炔罐时，点火在罐边玩耍，造成重大人身伤害事故，写明了案情的结果。这四个层次逐层深入，由因到果。这样写来，不仅脉络清晰，层次分明，而且因果关系也明确，过错责任一目了然。

（四）证据分析认证有力

证据与事实在法律文书中是唇齿相依的关系，古人云：“唇亡而齿寒”，嘴唇没有了，牙齿就会感到寒冷。在法律文书中如果举证、认证不力，那么案件的事实也就失去了它赖以确定的真实性。目前，我国法院判决书制作中普遍存在的一个薄弱环节就是对证据的分析认证缺乏力度，在有些判决书中对证据的表述仅仅是三言两语，只说“上述有××证据为证，证据确凿，足以认定”，但如何确凿、为何能认定却只字不提，这种走过场的公式化、模式化写法是证据意识淡漠的表现。随着司法改革力度的加大，笔者认为证据的写法也必须予以改革，改革的重点就是须加强对质证中有争议证据的分析、认证，将证据分析透，将法理辨明，不要怕麻烦，不要怕费笔墨，须知以理服人才有可能令当事人遵判息讼。当然，我们也欣喜地看到，在裁判文书改革的推动下，一些法院的法官就如何写证据正在进行有益的探索，如有的地区采用了将证据与事实结合起来的一种创新写法，这种方法我们认为值得提倡，其写作模式是：

原告×××诉称：（诉称的事实、理由及请求），原告为证明自己的诉讼主张，向法庭提交了以下证据：

1.（写明证据的名称、证明的对象、证明的内容、对方发表的质证意见）如：原告与被告所签订的预购商品房协议书一份，证明双方发生了商品房买卖之行为，经当庭质证，被告对此无异议。

2.（写明证据的名称、证明的对象、证明的内容、对方发表的质证意见）如：被告出具的付款发票三张及煤气管道安装付款发票二张，证明购房款及煤气管道安装费已交付完毕，经质证，被告认为购房付款发票无异议，煤气管道发票其中有一张票据没有抬头，不知发票为谁开出，另一张开票的时间与单位统一办理时间不符，且未盖财务专用章，对该两证不予认可。

被告辩称：（辩称内容及要求），被告为支持自己的主张要求，向法庭提交了以下证据：

1.（写明证据的名称、证明的对象、证明的内容、对方发表的质证意见）

2.……

3.……

本院在审理中，依职权调取了如下证据：

1.……

2. ……

3. ……

合议庭对本案证据进行综合分析认为:写明认证过程……(对质证中无异议的证据予以认可,表明态度;对有争议的证据进行分析、认证,表明哪些予以确认,哪些不予采信)。

这种写法完全摈弃了以往传统的“上述事实有……为证,证据确凿,本庭予以确认”简单笼统写证据的不良表述,而是在写出原、被告各自诉辩内容之后分别列出各方在法庭上出示的证据,并指出其证明的对象及内容,对方针对该证发表了如何的质证意见,最后再集中阐明合议庭对本案证据的分析认定结果,通过分析证据,确认了法官对证据的审查、判断、认定思路,表明哪些可以认定,哪些不能采信,从而为判决理由的论述,乃至公正下判定好了格调。这种证据写法从表面上看似乎将篇幅拉长了,颇费笔墨,但从办案质量上看却大大提高了,其长处是:①将证据分开列示,这样谁出示的证据就会在判决书中表示得清清楚楚,泾渭分明,有序而不紊乱。这也符合庭审的顺序规则。②强化了案件审理的透明度。当事人打官司,最怕的是稀里糊涂输官司,民事诉讼中败诉方输了官司往往不理解、不服气,总想在判决书中能看出个究竟,揣摩法官为何这样判。民事诉讼的原则是谁主张,谁举证,谁能够举出确凿、令人折服的证据而被法庭所认可,谁就取得了胜诉的主动权,当事人看了这种将庭审中举证、质证、认证过程公开写在判决书中的写法,败诉了,就会使输者输得心服口服;胜诉了,就会让赢者赢得堂堂正正,这可以使当事人遵判息讼,减少上诉的发生,真正做到“案结事了”。③这种写法也体现了法官办案的审查证据、判断证据、认定证据的基本思路,因为随着人们详细地阅读了证据的确认过程,也就展示了法官对案件的准确认定,这样可以有效防止错案、错判的发生,这对于维护司法公正无疑具有重要意义。

二、说理充分,立论有据

论理是在事实认定及证据确认的基础上针对案情所做的法律上的评判。它体现了司法人员将法律适用于个案事实中的分析、判断过程。在刑事法律文书中它要针对有罪或无罪的事实进行评论,阐明有罪或无罪、罪重或罪轻的依据,准确定性,并引用法条为处理结论提供充实的立论根据。在民事法律文书中它要针对查明的当事人争议的事实及认定的证据进行评说,明确是非,区分责任,对正当的诉求表明支持的态度,对不合理的诉求表明予以否定的态度,集中体现司法机关对本案做如何处理的观点、认识。在写法上既要求文辞精练,又要求论证充分,以理服人,具体说应遵循以下几条原则:

(一)说理充足,坚持以理服人

所谓充足是指在阐明事理时不仅要将有关事实概括得准确、全面,而且要对行为进行客观、中肯的分析,做到一针见血,一语破的,切中要害。理由是否有分量,不在文字写得多少,而在于要言不繁,句句中的。理由阐述得充分、透彻,才能以理服人,令当事人心服口服。有这样一个案件,被告人李××,违反操作规程擅自爬上电线杆检修线路,结果失手跌下致腿部骨折,为此休假二十余天。伤愈后,工区领导对其做法进行了批评,并告之休假不按工伤对待,分配工作时,对他腿伤又不予照顾,仍派重活,发生争执后,工区领导蛮横地将被告人的申请工伤假条撕毁,终致被告人不能自控,持刀将领导砍成重伤。此案判决书的第一稿理由部分是这样写的:

> 本院认为:被告李××与领导之间在工作中产生了矛盾,不能采取正当途径加以解决,为泄私愤,竟采取残暴手段,将人砍伤,其行为已构成故意伤害罪。为保障公民的人身权利不受侵犯,特依据《中华人民共和国刑法》第234条之规定判决如下:

上述理由虽然对犯罪事实做了文字概括,确认了犯罪性质及适用的法律条款,但对矛盾的产生以及矛盾激化的原因却未做全面中肯的分析,该论理显得平淡,没有特点,缺乏说服力。经过修改,第二稿就写得较好:

> 本院认为:被告人确属因工负伤,有关领导处理问题不当,致矛盾激化,应负一定的责任。被告人有意见,应向上级反映,依靠组织解决。但其为泄私愤竟目无国法,积怨行凶,将人砍伤,其行为已构成故意伤害罪。考虑到被告人被捕后认罪态度较好,伤人又"事出有因",具备了从轻处罚的条件,对辩护人所提出予以从轻处罚的辩护意见本院予以采纳。根据《中华人民共和国刑法》第234条之规定,判决如下:

显然第二稿理由写得比较成功。好就好在写得具体、充分、以理服人。其中既分析了被告人犯罪的性质、造成的后果、适用的法律条款,也肯定了被告人是"因工负伤"、"认罪态度较好"、"伤人事出有因"。同时还指出了领导"使矛盾激化"应承担的责任。理由写得全面中肯,说服力强,这不仅有利于被告人服判,使他认罪服法,接受改造,而且对预防犯罪,促使各级领导注重思想教育工作,都有积极的作用。

(二)说理要思维严谨,逻辑严密

说理讲究逻辑性是任何论说性文章都必须遵循的基本原则。法律文书的理由阐述法理,当然也需要论证的逻辑性。论理严谨富有逻辑性,可使阐发思路更加清晰,增强判决的说服力量,这就要求在阐发理由时,要注意论据与论据之间,论据与论点之间,分论点与总论点之间的内在联系,根据客观事物的发展规律,一环扣一环地进行合乎事理的严密论证,从中推出所需要说明的观点。试看下面一份继承案判决书理由的一段文字:

> 本院认为:收养关系的形成,须经收养人和送养人双方同意,且在收养一方须有养父母一致同意,在送养一方须有生父母一致同意,凡是违反养父母、生父母的意志,或未经养父母、生父母一致同意的收养关系,依法不能认为有效。本案原告石×在1970年即由石××、张××夫妇收养,迄今已有40余年,这一事实不仅有1971年开始至石××去世前一年,在其档案中履历表上都填有女儿石×这一事实佐证,而且张××生前亦向×××办事处民政干部韩××亲自说过:"她只有石×一个养女,财产只有石×可以继承"。本案被告及参加诉讼第三人也均承认石×为石××、张××之养女。收养关系确已形成,应确认石×为法定继承人。

这段文字的中心是认定原告石×应为该遗产的法定继承人,但确认法定继承人成立首先要证明该事实即收养关系的存在,由于该收养关系发生于40年前,不具有现行的收养关系建立须签订收养协议且须公证的要式法律规定,法官依情态根据庭审的举证依法下判。为了得出原告石××为遗产的法定继承人这一结论,制作者使用了4个论据说明。先概述收养关系形成的基本条件,用这一理论论据加以规范限制,树立一个理论规则;而后再用三个事实论据证明原告石×系石××、张××养女:一是用被继承人石××生前在其档案履历表中一直填有女儿石×这一事实,来证明石××承认其为自己养女;二是引用张××生前也曾向民政干部韩××说过,她"只有石×一个养女"这一事实,来证明张××承认其为唯一养女;三是用本案被告及参加诉讼第三人也均承认石×为石××、张××之养女这一事实,来说明被告人及第三人对此也并无非议。这4条论据按照逻辑顺序从不同的方面一环扣一环地逐层阐发,最终水到渠成地得出"收养关系确已形成,应确认石×为法定继承人"这一结论,从而构成了一个完整的证明过程,显示出很强的逻辑力量。

(三)说理应富有针对性

阐发理由是否透彻,不在字数的多少,而在于是否有针对性,是否能一语破的。以民事案件来说,其情节往往比较复杂,有时即使是同一类型案件,具体情节和双方争执的焦点也往往各不相同,如离婚案件,一般应着重划清离与不离的界限,但如果离与不离的矛盾已经得到解决,当事人双方已就离婚达成协议,主要争执的是子女抚养或财产分割问题,这时理由的侧重点就要改变为着重阐述双方有争议的子女或财产问题,只有这样才能做到有的放矢,句句中的,使论理充分而有说服力。

(四)准确引用法律条文

法律条文是司法机关做出处理决定的法律依据。在法律文书中正确适用法律,是贯彻"以法律为准绳"这一办案原则的具体体现,必须慎重对待。具体要求做到:

1. 要准确。现行的各类法规一般来说都规定得比较具体,有的条文中内容往往呈现多样化的特点,从而形成了条中有款,款中有项的格局,引用时必须做到引用法条中的款、项具体到位。如《刑法》第236条共分3款,第1款规定的是一般强奸罪的构成及其法定刑;第2款是对奸淫幼女的处罚规定;第3款是对情节特别严重或致人重伤、死亡的或轮奸妇女的强奸罪的处罚规定。这3款内容各有所别,引用时应根据不同情况具体写明该条的款项,而不应只笼统引用第236条。又如我国《合同法》第52条规定的确认无效合同分列了5种具体表现形式,各项的内容完全不同。据此确认合同无效时在判决书中引用法律条文应具体引用第52条第×项,而不能只引用第52条,如果以欺诈、胁迫的手段订立合同的,应准确引用第52条第1项。

2. 要全面。某些法律文书的使用,既解决案件的实体问题,又涉及到案件的程序问题,如人民检察院的起诉书、不起诉决定书就是如此,因此不能只引用应追究其刑事责任的实体法律依据,而放弃了对刑事诉讼法条文的引用。就实体法自身而言,也有一个引用的全面问题。例如《刑法》分则中,有的条文对罪状并未直接确定量刑幅度,而是引用前面条文在其量刑基础上规定了“从重处罚”。涉及到该类情况,在适用法律时,除了应引用本条文之外,还必须援引与之适应的量刑条文。如对武装掩护走私的行为,除了应引用《刑法》第157条之外,还应同时引用第151条第1款及第4款,这是因为第157条只规定了对上述行为予以“从重处罚”,并没有规定独立的法定刑,若只引用第157条而不引用第151条走私罪的量刑条文,处刑势必失去了严格的法律依据,弄不清究竟依《刑法》哪一条从重处罚。

3. 排列顺序要得体。在有的刑事法律文书中往往会出现《刑法》总则条文与分则条文需一并引用的现象。当“两则”需同时引用时,其排列顺序孰先孰后,是一个有待于解决的问题。正确地排列引用顺序,体现了适用法律的内在逻辑条理,是法律文书适用法律规范化的表现。目前对“两则”需同时引用时,有的司法文书是按先总则后分则的顺序排列,这是不正确的,需要纠正。我们知道,司法机关办理任何一个案件,首先要确定罪名的成立,而后才能谈得上如何量刑处罚。按照这一办案进程规律,凡涉及总则规定的刑事责任年龄、刑事责任能力、防卫过当及犯罪未遂、中止、累犯、共犯、数罪并罚等与量刑有关情况时,在法律文书中应以先分则(即先确定犯罪性质及其法定刑)后总则(最后决定如何处罚)的顺序来排列。这样表述,既符合逻辑顺序,又条理清晰,一目了然。反之,就成为先解决其从重、从轻处罚或数罪并罚的实施办法而后再确定某种犯罪的构成,这是本末倒置,不符合办案规律的。

三、说明客观、具体完备

说明是对客观事物的如实记写、解说或对事理、规定的阐明、解释。法律文书中使用说明表达方式,主要是为了如实记写、反映现场的状貌,为破案提供事实依据和线索,如现场勘查笔录就是完全运用说明的方式。有时在某些产生特定效力的法律文书中的某一部分,为了具体说明某种情况或规定(如对当事人身份事项的交待、交待上诉权、申诉权等)也常使用说明的表达方式。无论是哪种形式的说明,其写作要求都是相同的,即都要做到客观、真实、具体、完备。客观、真实是指对事物状貌、景象的写述必须实事求是,一是一,二是二,如实再现其原始状貌,如对现场状况实物的写述,要求客观地写明现场的四周环境、建筑物的坐落方位、道路的走向、现场的痕迹、各种遗物受损的具体状况等,使未去过现场的人读罢上述文字,有身临其境之感。对尸体检验的记录,则应真实地记载死者的姓名、身份、性别、年龄、四肢姿势状态、面目神态、致伤的伤痕部位、伤势、伤状、衣着穿戴等,以便从中发现侦查线索,确定侦查方向。具体、完备是指对说明的事物或问题要记写得详细而不疏漏,如对现场勘验物证或痕迹的写述要细而又细,具体写明其形状、颜色特征及放置的位置,对数据的表述要准确无误,毫厘不差,因为这些往往可能成为破案的重大线索依据。对产生特定效力法律文书中某些特定事项的说明,也应具体而完备,如交待当事人的身份事项,要求各项自然情况齐全;一审判决书交待上诉权,应具体写明上诉的法定期限、上诉方式及上诉审法院名称;尾部附注事项的写述,应交待清被告人羁押的处所,卷宗的册数,移送证据的名称、件数,赃款、赃物的处理方式等,这不仅是司法人员办案的基本要求,也是法律文书制作的特定需要。

四、格式规范、项目齐全

为了有效地发挥法律文书在实施法律方面的效能,也为了办案的迅速、统一、方便,各类法律文书都应遵循统一规定的格式或惯用的写作模式制作。有了格式,就有了共同遵循的规矩,能更好地表达作者的意见和要求,避免书写中的误漏;同时也有利于文书的接受者尽快地理解文书的主旨,便于文书的实施。目前我国司法机关颁布的法律文书格式共有 7 类 552 种(具体颁布的机关及种类前文已详加述及,不再重复),这些格式样本的完善为司法工作者制作法律文书提供了遵循的依据,必须严格按要求制作,做到格式规范,项目齐全,内容完备,书写位置得体,惟有如此,才能更好地使其服务于内容,充分发挥出法律的实施功能。

第2章 公安机关刑事法律文书

第一节　概　述

一、公安机关的业务职能范围

我国公安机关是一个具有双重性质的机关，它既是国家行政机关，又是国家司法机关。作为行政机关，公安机关是各级人民政府的组成部分，是各级人民政府中专门负责治安、保卫工作的行政部门，处理治安案件。其工作职能范围包括：①负责维护社会公共秩序，处理各类治安案件；②负责辖区内的户籍管理工作；③负责辖区内的交通管理工作；④负责出入境管理和边防检查工作；⑤负责辖区内的内保管理、政保管理及消防管理；⑥负责重大活动的警卫工作。作为司法机关，公安机关在刑事诉讼中负责刑事案件的侦查工作和部分刑罚的执行工作，其基本职权是依照法律对刑事案件立案、侦查、预审；决定、执行强制措施；对依法不追究刑事责任的不予立案，已经追究的撤销案件；对侦查终结应当起诉的案件，移送人民检察院审查决定；对不够刑事处罚的犯罪嫌疑人需要作行政处理的，依法给予处理；对被判处一年以下有期徒刑或者剩余刑期在一年以下的罪犯，代为执行刑罚；执行管制、拘役、剥夺政治权利、驱逐出境、暂予监外执行；对假释和判处拘役缓刑、有期徒刑缓刑的罪犯执行监督、考察。治安案件与刑事案件是两类不同性质的案件，公安机关在办理两类案件过程中依据的法律、法规不同，因而所制作的法律文书也不同。公安机关处理治安案件制作的文书叫行政执法文书，主要包括治安管理处罚裁决书、治安管理处罚执行拘留通知书、治安案件调解书、治安管理处罚申诉裁决书、道路交通管理处罚裁决书、道路交通事故现场勘查笔录、道路交通事故责任认定书、道路交通事故车辆技术鉴定书、交通管理当场处罚决定书、道路交通事故损害赔偿调解书，等等。公安机关处理刑事案件制作的文书叫刑事法律文书。本章所论述的仅限于公安机关在刑事侦查工作中使用的刑事侦查文书，不涉及执行文书，也不包括行政执法文书。

二、公安机关法律文书的概念及作用

公安机关法律文书是指公安机关在办理刑事案件过程中依法制作和使用的具有法律效力或法律意义的文书总称。公安机关制作和使用法律文书，应当严格按照

《中华人民共和国刑法》、《中华人民共和国刑事诉讼法》以及1998年公安部发布施行的《公安机关办理刑事案件程序规定》等相关法律、规定进行，并严格遵循公安部下发的《公安机关刑事法律文书格式(2002版)》的规范要求。

公安机关法律文书是公安机关进行刑事侦查和执行刑罚过程中所使用的法律文书，是公安机关履行刑事侦查职能和执行职能的书面表现形式；是公安机关办理刑事案件和执行刑罚的真实记录；是检查侦查办案和执行刑罚工作的执法情况、研究犯罪活动规律和刑罚执行规律的依据。

为了规范公安机关法律文书的制作，公安部于1987年制订实施了《公安机关办理刑事案件程序规定》，对公安机关办理各种刑事案件所适用的各种法律文书的内容和制作要求作了原则规定。1989年又制发了《预审文书格式(样本)》共7类46种。《刑事诉讼法》1996年第一次修改后，公安部于1996年11月14日发布了《公安部关于印发〈公安机关刑事法律文书格式〉的通知》(公通字[1996]75号)，对原有的刑事法律文书格式进行了修改和补充。修改后的刑事法律文书格式对公安机关严格依法办案，确保办案质量发挥了积极作用。但是，近年来，各地公安机关在使用刑事法律文书过程中提出了一些问题，如一些重要的诉讼环节没有相应的文书体现、一些法律文书内容不够完善或内容过于烦琐或与程序规定不相一致，等等，这些问题的存在，在一定程度上影响、制约着公安机关办理刑事案件的效率和质量，因此，2000年3月，公安部开始对现行的刑事法律文书格式进行修订，并于2002年12月18日发布了《关于印发〈公安机关刑事法律文书格式(2002版)〉的通知》，修订后的文书格式于2003年5月1日起正式执行。

三、公安机关法律文书的种类

按照公安机关的主要业务范围划分，公安机关法律文书有6类92种。

1. 立案、管辖、回避文书。包括接受刑事案件登记表，立案决定书，不予立案通知书，不立案理由说明书，指定管辖决定书，移送案件通知书，回避/驳回申请回避决定书等7种。

2. 律师参与刑事诉讼文书。包括安排律师会见非涉密案件在押犯罪嫌疑人通知书，涉密案件聘请律师审请表，涉密案件聘请律师决定书，会见涉密案件在押犯罪嫌疑人申请表，准予会见涉密案件在押犯罪嫌疑人决定书、通知书，不准予会见涉密案件在押犯罪嫌疑人决定书等6种。

3. 强制措施文书。包括拘传证，取保候审决定书、执行通知书，取保候审保证书，收取保证金通知书，退还保证金决定书、通知书，没收保证金决定书、通知书，对保证人罚款决定书，对保证人罚款/没收保证金复核决定书，责令具结悔过决定书，解除取保候审决定书、通知书，不予取保候审通知书，监视居住决定书、执行通知书，解除监视居住决定书、通知书，拘留证，拘留通知书，延长拘留期限通知书，提请批准逮捕书，逮捕证，逮捕通知书，变更强制措施通知书，提请批准延长侦查羁押期限意见书，延长侦查羁押期限通知书，重新计算侦查羁押期限通知书，羁押期限届满通知书，释放通知书，释放证明书，健康检查笔录，换押证等28种。

4. 侦查取证文书。包括传唤通知书，提讯证，犯罪嫌疑人诉讼权利义务告知书，讯问笔录，未成年犯罪嫌疑人法定代理人到场通知书，询问通知书，询问笔录，未成年证人/被害人法定代理人到场通知书，现场勘查笔录，解剖尸体通知书，检查笔录，复验复查笔录，侦查实验笔录，搜查证，搜查笔录，调取证据通知书，调取证据清单，扣押物品、文件清单，处理物品、文件清单，发还物品、文件清单，随案移交物品、文件清单，销毁物品、文件清单，扣押/解除扣押通知书，查询存款/汇款通知书，冻结/解除冻结存款/汇款通知书，鉴定聘请书，鉴定结论通知书，辨认笔录，通缉令，办案协作函，撤销案件决定书，起诉意见书，补充侦查报告书等34种。

5. 执行文书。包括提请减刑/假释审批表，提请减刑/假释建议书，假释证明书，暂予监外执行审批表，罪犯保外就医征求意见书，保外就医保证书，暂予监外执行决定书、通知书，暂予监外执行罪犯监督考察通知书，暂予监外执行延期审批表，收监执行通知书，准许拘役罪犯回家决定书，刑满释放证明书等12种。

6. 通用文书。包括呈请报告书，复议决定书，要求复议意见书，提请复核意见书，死亡通知书等5种。

第二节　立案、破案文书

一、接受刑事案件登记表

（一）接受刑事案件登记表的概念及作用

接受刑事案件登记表，是公安机关接受公民报案、控告、举报、扭送、犯罪嫌疑人自首或者有关单位移送案件时所填写的法律文书。

我国《刑事诉讼法》第108条第3款规定："公安机关、人民检察院或者人民法院对于报案、控告、举报，都应当接受。对于不属于自己管辖的，应当移送主管机关处理，并且通知报案人、控告人、举报人；对于不属于自己管辖而又必须采取紧急措施的，应当先采取紧急措施，然后移送主管机关。"《公安机关办理刑事案件程序规定》第155条规定："公安机关对于扭送、报案、控告、举报或者犯罪嫌疑人自首的，都应当立即接受。"第156条规定："公安机关接受案件时，应当制作《接受刑事案件登记表》"。这些都是公安机关受理刑事案件并制作接受刑事案件登记表的法律依据。

制作接受刑事案件登记表是公安机关受理刑事案件的必要手续，该文书是公安机关受理刑事案件的重要原始材料，是审查是否立案的重要凭据，也是报案人、控告人、举报人等了解、监督受案单位的工作进展情况的依据。

（二）接受刑事案件登记表的格式、内容及写法

接受刑事案件登记表为表格式文书，由公安机关受案部门填写制作。本文书由首部、正文和尾部组成。

1. 首部。首部由文书名称、填报单位、文书编号、报案人和移送单位基本情况栏组成。

“报案人基本情况”部分要写清楚报案人姓名、性别、年龄、住址、单位、电话、案件来源等。填写时应注意:该栏中的“案件来源”应当写明是报案、控告、举报、扭送、还是自首;必要时,也可说明是以口头、书面方式报案的,还是用电话、传真等方式报案。

如果是单位移送,则只填写“移送单位”栏,要写清楚移送单位、承办人、电话等。“报案人”栏用横线划掉。

2. 正文。正文包括报案内容、领导批示和处理结果栏。

“报案内容”栏要写清楚发案时间、地点、简要经过、涉案人的基本情况、受害情况等。具体包括:

(1)案件来源。案件来源主要有:被害人的控告;群众报案;知情人举报;群众扭送;犯罪嫌疑人自首;刑事特情、治安耳目提供的案件线索;在押犯罪嫌疑人的检举和揭发;巡警、交警在巡逻中的发现;从管理重点人口和特种行业中的发现;工商、税务、边防等部门转来的;其他方面提供的;等等。写时应具体说明如何发现犯罪的。

(2)案件事实。应围绕犯罪构成要件写明行为发生的时间、地点、简要过程等。

(3)涉案人的基本情况。根据接受案件时了解的情况填写涉案人的主要信息。

(4)被害情况和损失物品情况。写明被害人受害部位、伤势、后果、有无救护等,损失物品的名称、牌号、规格、新旧程度、数量以及损失程度等。

(5)证据和现场情况。如属群众扭送的,应写明如何抓获、现场获得了哪些证据、犯罪嫌疑人是否认罪等。

“领导批示”栏是公安机关负责人或者主管领导对案件的处理意见。根据接受案件的不同情况,可提出不同的处理意见,如“初查”、“立案侦查”、“不予立案”、“移送……处理”等。

“处理结果”栏应根据领导批示的意见填写案件的去向,如“进行初查”、“立为一般抢劫案件”、“不予立案”、“移送×××公安局(人民检察院)”,等等。

3. 尾部。尾部是接警单位和人员基本情况栏,按照格式中的提示项目具体填写清楚接警单位、接警地点、接警人员和接警的时间等。

(三)制作接受刑事案件登记表应注意的问题

1. 在制作本文书时,应当同时制作报案笔录。一般情况下,先制作报案笔录,再制作接受刑事案件登记表。将登记表送领导批示时,应当附报案笔录。

2. 接警人员填写完《接受刑事案件登记表》,应当交领导批示。根据领导的不同批示,作好相关工作:如批示“初查”的,应当予以审查,必要时可做一些调查工作,审查后,根据实际情况,制作呈请立案报告书、呈请不予立案报告书或呈请移送案件报告书等,送县级以上公安机关负责人批示;如批示“不立案侦查”的,制作不予立案通知书,送达控告人;如批示“立为治安案件”的,按照办理治安案件的要求处理;批示移送其他单位的,制作移送案件通知书,移送有管辖权的单位处理。

3. 填写《接受刑事案件登记表》应如实、准确、具体。制作接受刑事案件登记表是一项十分严肃的执法活动,如果构成刑事案件,该文书就是证明案件事实的重要证据;如果不构成刑事案件,它也是公安机关不予立案的主要依据。因此,公安机关在接受案件时,对所有案件,都应当如实制作接受刑事案件登记表。对该登记表内的各项内容要填写准确、具体,如住址不仅要将所在地的地名、楼牌号、单元号写清,而且还应将楼内门牌号写清。对被害人被害和物品损失情况,应将受害的部位、伤势、后果以及损失物品的名称、牌号、规格、新旧程度、数量等写清。

4. 填写时用语应简洁、明了、干练。由于该文书是表格式,空间有限,故填写时不能长篇大论,而应言简意赅,如对报案内容应用非常精练的文字,将发案时间、地点、过程、涉案人基本情况、被害人受害情况等表述清楚即可。

5. 公安机关受案部门在制作《接受刑事案件登记表》的同时,还应制作《接受案件回执单》1式4份,1份由受案单位存档,1份报主管部门,1份交给案件主办部门,1份交报案人收执。

填报单位

(公章)

接受刑事案件登记表

编号:××××××××

<table>
<tr><td rowspan="2">报案人</td><td>姓名</td><td>李××</td><td>性别</td><td>男</td><td>年龄</td><td>46岁</td><td>住址</td><td colspan="2">××市××区
××路××号</td></tr>
<tr><td>单位</td><td>××市××
××有限公司</td><td>电话</td><td colspan="3">6735××××</td><td>案件来源</td><td colspan="2">电话报案</td></tr>
<tr><td colspan="2">移送单位</td><td>——</td><td>承办人</td><td colspan="3">——</td><td>电话</td><td colspan="2">——</td></tr>
<tr><td colspan="10">报案内容(发案时间、地点、简要过程、涉案人基本情况、受害情况等):
2010年9月10日,西安市××××有限公司法定代表人李××到我支队报案:
6月30日,该公司与郑州市×××公司签订服装购销合同,并付给对方定金210万元,供货时间为8月30日,现找不到该公司任何人员,办公地点人去楼空。对方签合同时,法定代表人叫张××,50多岁,男性,本市口音,另一人叫王××,女性,30多岁,外地口音。</td></tr>
<tr><td colspan="10">领导批示:初查。
周××
2010年9月10日</td></tr>
<tr><td colspan="10">处理结果:经初查,符合立案条件,经局领导批准,立为合同诈骗案侦查。</td></tr>
<tr><td colspan="2">报警单位</td><td>西安市公安局
经侦支队</td><td colspan="2">接警地点</td><td colspan="5">西安市公安局经侦支队</td></tr>
<tr><td colspan="2">接警人员</td><td>党×</td><td colspan="2">报警时间</td><td colspan="5">2010年9月10日9时15分</td></tr>
</table>

【评析】

该份《接受刑事案件登记表》有关内容填写得准确、具体、明确。报案内容写清了发案的时间、地点、简要经过、涉案人基本情况、被害情况等内容，特别是对发案经过和涉案人基本情况写得简明扼要，符合制作要求，从而为立案提供了详实的依据。

二、呈请立案报告书

（一）呈请立案报告书的概念及作用

呈请立案报告书，是指公安机关侦查人员按照案件管辖范围，对于有犯罪事实，需要追究刑事责任的案件所制作的呈请领导审批立案侦查时使用的文书。

立案是公安机关办理刑事案件的初始程序和必经程序。我国《刑事诉讼法》第110条规定："人民法院、人民检察院或者公安机关对于报案、控告、举报和自首的材料，应当按照管辖范围，迅速进行审查，认为有犯罪事实需要追究刑事责任的时候，应当立案……"《公安机关办理刑事案件程序规定》第162条第1款规定："公安机关受理刑事案件后，经过审查，认为有犯罪事实需要追究刑事责任，且属于自己管辖的，由接受单位制作《刑事案件立案报告书》，经县级以上公安机关负责人批准，予以立案。"

呈请立案报告书是确认案件成立的前提条件，是刑事诉讼活动开始进行的文字凭据，该文书一经领导批准，办案人员就应当据此填写《立案决定书》，正式立案，之后就要开展侦查工作。该文书的制作和使用也为以后司法机关制作各类刑事法律文书奠定了基础。

（二）呈请立案报告书的格式、内容及写法

呈请立案报告书是叙述型文书，由领导批示栏、审核意见栏和呈请立案报告书组成。

呈请立案报告书由呈请单位制作，主要包括以下内容：

1. 标题。应当写明呈请事项，即"呈请立案报告书"。

2. 正文。包括案件受理情况、呈请领导批示的事项、呈请立案的事实依据、呈请立案的理由、侦查计划等内容。

（1）案件受理情况。简要写明何时接到何单位或何人报案，所报案件的基本情况，接报案后公安机关采取的处理措施。

若是检举、控告的案件，要写明检举人、控告人的姓名、性别、年龄、职业、住址等。

如是公安机关自己发现和查获的案件，亦应同时写明发现和查获的情况。

如为犯罪嫌疑人自首或被当场抓获的，要写明犯罪嫌疑人的姓名、性别、出生年月日、出生地、身份证件号码、民族、文化程度、职业或工作单位及职务、政治面貌等基本情况，犯罪嫌疑人交代的主要事实以及被抓获的简要情况。

（2）呈请领导批示的事项。该部分可表述为："现根据初步调查情况，呈请对于×××案立案侦查，理由如下："。

(3)呈请立案的事实依据。这部分是呈请立案报告书的重点,是案件成立的关键。一般包括报案人发现案件的经过、现场勘查情况、现场调查访问情况和鉴定结论等内容。

报案人发现案件的经过。应简要写明报案人在何时、何处发现案件的以及报案的情况。

现场勘查情况。现场勘查的目的是为了发现和搜集犯罪证据,为分析案情,判断案件性质,确定侦查方向和范围提供依据,最终为侦破案件提供线索。现场勘查的材料主要来源于现场勘查笔录,但不能照搬现场勘查笔录的内容,应根据某一具体案件的笔录,从中选择最能体现该案特征,对破案最具有价值意义的材料来写。主要写清三点:①现场环境。即现场位置及其周围环境。②现场状况。应着重写明现场勘查实况,现场留下的各种痕迹和实物。③如是凶杀案,还应写明尸体的姿势状态、面部表情、伤痕部位、伤状、伤势等。

现场调查访问情况。现场调查访问是获取犯罪信息、侦破案件的重要手段之一。调查访问的对象包括报案人或案件发现人、被害人、现场目击者以及其他知情人。调查访问的主要内容是案件发生或发现的时间、地点和具体经过,犯罪嫌疑人的有关情况以及被害人的有关情况。该部分在写作时,应根据众多被调查者提供的线索、情况,从中筛选出对分析案情、侦破工作有价值的材料,紧扣立案的目的来写作。

鉴定结论。鉴定结论直接关系到案件能否成立。应将与案件有关的鉴定内容,如赃物估价、伤情鉴定、尸体检验、司法鉴定结论等写清楚。

(4)呈请立案的理由。该部分通过对案情的分析判断,阐明立案的理由和法律依据。

对案情的分析判断一般包括:对案件性质、作案动机、目的以及因果的分析、判断;对作案的时间、地点、条件、工具、人数、作案经过的分析判断;对犯罪嫌疑人的特征、职业、身份的分析判断;对现场各种遗留物和痕迹的分析判断;对犯罪嫌疑人的去向、赃款及赃款的去向的分析判断等。

在对案情进行分析判断的基础上,说明本案不仅有犯罪事实发生,而且应当追究刑事责任,已经具备我国《刑事诉讼法》规定的立案条件,同时又符合公安部颁布的具体立案标准。最后援引我国《刑事诉讼法》第 110 条的规定,作为立案的法律依据,并提出立案请求。立案请求应说明此案是立为重大案件,还是特大案件。

(5)侦查计划。侦查计划应根据对案情的具体分析、判断得出的结论,提出侦查方案和具体措施。根据公安部《公安机关办理刑事案件程序规定》第 165 条的规定,对疑难、复杂、重大、特别重大案件决定立案侦查的,应当拟定侦查工作方案。侦查工作方案应当包括以下内容:①对案情的初步分析和判断,包括对线索来源可靠程度和涉嫌范围的测定。应写明公安机关侦查部门根据已经掌握的案情材料,对案件进行的初步分析判断,主要是对作案时间、原因、手段和作案人情况的分析判断,并对线索来源的可靠程度和涉嫌范围进行测定(如材料可靠、比较可靠或不大可靠;哪几类人可能涉嫌作案等)。②侦查方向和侦查范围。应根据对案情的初步分析判断,明确侦查工作的范围和侦查的重点目标。③为查明案情需要采取的措施。应写明侦查部门为查明案情、破案打算采取的措施,如开展调查、讯问、询问、勘验、检查、搜查、扣押、鉴定等各项侦查活动。④侦查力量的组织和分工。应写明侦破该案的人员、组织领导和具体分工的情况,以便有条不紊地进行工作,充分发挥侦查人员的积极性。⑤需要有关方面配合的各个环节如何紧密衔接。应写明需要哪些单位,在哪些方面和哪些环节上进行配合,在具体环节上如何具体衔接,发现问题如何联系,等等。⑥侦查所必须遵循的制度和规定。应写明侦查人员开展侦查工作,特别是采取侦技手段进行侦查时,必须遵守的规章制度和需要注意的事项,以确保侦查工作依法进行。⑦如属预谋犯罪案件,还应当提出制止现行破坏和防止造成损失的措施。应写明根据案情分析,该案属于预谋犯罪案件,犯罪嫌疑人还可能继续作案,对其可能伤害的人、袭击的目标采取哪些防范和保卫的措施。

3. 尾部。写明结束语、署名、日期。

(1)结束语。立案报告名为报告实为请示性文书,旨在报请上级领导审批是否同意立案。故立案报告的结束语应明确提出审批请求。一般可写为"请审批"、"以上报告妥否,请领导批准",等等。

(2)署名。写明报告人或单位名称并加盖单位印章。具体说,如是刑侦人员报请所属部门负责人审批的,只署名;如是下级单位向上级部门或领导行文的,写明制文单位名称,并加盖单位印章。

(3)日期。写明制作文书的年、月、日。

(三)制作呈请立案报告书应注意的问题

1. 严把立案条件,掌握立案标准。公安机关制作《呈请立案报告书》,必须对已经掌握的有关案件材料进行认真的审查,对于既符合《刑事诉讼法》第110条规定的立案条件,又符合公安部颁布的刑事案件立案标准的案件才能立案,否则,就不能立案。

2. 所写内容应据实反映案情。在叙写报案情况、现场勘查和调查访问材料时,既要突出重点,又要客观、全面,然后在综合各种材料的基础上作出合乎逻辑的分析判断。不要为了能使领导批准立案而对材料进行加工,或者以偏概全,使其失真。

3. 侦查计划既要切实可行,易于操作;又要具体明确,便于领导审查调整。

4. 呈请立案报告书属于内部审批性文书,在案件侦查终结后存入侦查卷。

附 实例

领导批示	同意。 王×× ××××年××月××日
审核意见	同意立案。请王局长批示。 张×× ××××年××月××日

呈请立案报告书

19××年5月30日下午4时23分,××市东城区甘谷路派出所转报东城区甘谷路时钟胡同3号居民刘××报案:时钟胡同4号房内发现一具女尸。我队接到报案后,立即组织人员赶赴现场,在××派出所同志的陪同下开展现场勘查和调查访问工作。

现根据初步调查情况,呈请对傅××被杀案立案侦查,理由如下:

据发现人刘××(男,45岁,汉族,××市东风印刷厂工人)讲,时钟胡同4号原本是他们厂退休工人王××的房子,19××年8月,王××搬到他儿子家居住,该房遂被王××租给别人居住。19××年5月25日以来,他房子里就不时有臭味传出,开始以为是死老鼠的臭味也没太注意,但到5月30日后,那种臭味到了忍无可忍的地步,加上他们房间有一段时间没有人来,5月30日下午4点钟,他从王××家的窗户缝往里一看,发现床上好像有一尸体,于是马上到派出所报案。

经勘查,时钟胡同为一死胡同,共有8户居民,4号房位于胡同最里侧,紧邻3号房和5号房,5号房居民是一名五保户老太太,94岁。4号房外有一明锁,没有撬压的痕迹,室内面积不大,15平方米左右,内有一张双人床,一个衣柜和一个写字桌。双人床位于屋里侧靠窗部位,衣柜置于门后,写字桌靠床而立。死者为女性,头朝门、脚朝窗,身上有被子覆盖,约30岁。全身赤裸,已开始腐败。室内有明显的搏斗迹象,衣柜和写字桌被翻动并有软布等物的擦痕。

据被害人邻居反映,死者来此居住有2个月左右,但和她均没有太多交往,不知她姓名,也不知她是什么地方人,听说话象是南方口音。死者平常打扮比较娇艳,经常在晚上带男人回来居住,邻居对此均很反感,最后一次看见她是19××年5月20日左右。从王××处了解到,死者叫傅××,广东人,19××年3月份开始租房,对她的具体情况不了解。

经尸体检验,死者颈部有明显的勒痕,系窒息而死;从阴道提取物分析,死者生前曾发生过性行为。

根据以上情况,我们认为,被害人可能系卖淫妇女。19××年5月20日左右,被害人带一男子回家嫖宿,后因嫖资问题发生纠纷,嫖客遂将被害人杀死,并劫走了其房间的财产。犯罪系一人所为,对犯罪现场不熟悉,但有一定的犯罪经验,犯罪嫌疑人极有可能是本地人,但也不排除流窜作案可能。由此,根据《刑事诉讼法》第86条之规定,此案拟立为重大杀人案侦查,并从以下方面开展侦查活动:

1. 在查清被害人身份的基础上,从其交际圈,特别是歌厅、舞厅入手,查出和被害人有过接触的人员,特别是19××年5月20日左右和其接触的人员。

2. 以有前科劣迹及嫖娼行为的人为重点侦查对象。

3. 以犯罪现场为中心,在周围居民中开展深入细致的调查摸底活动。

以上报告妥否,请批示。

××市公安局刑警队

(公章)

19××年6月1日

【评析】

该份呈请立案报告书书写规范,文书开始简要写明了报案的时间、人员及所报案件的基本情况,公安机关在接受报案后采取的处理措施。正文部分对呈请立案的事实依据和理由写得具体、准确、明了,在案情分析中对作案的时间、范围及作案人的推断科学、合理。文末提出的侦查计划切实可行,便于操作。正文部分各项内容呈递进状态,环环紧扣,显示出很强的逻辑性。不足之处在于:呈请立案的法律依据应用全称,具体法律条款应用汉字书写,即应表述为:“根据《中华人民共和国刑事诉讼法》第86条之规定”。

三、立案决定书

(一)立案决定书的概念及作用

立案决定书,是公安机关发现犯罪事实或者犯罪嫌疑人,决定立案侦查时使用的文书。

我国《刑事诉讼法》第110条规定:“人民法院、人民检察院或者公安机关对于报案、控告、举报和自首的材料,应当按照管辖范围,迅速进行审查,认为有犯罪事实需要追究刑事责任的时候,应当立案……”

立案决定书是公安机关立案所用的正式文书,其作用在于表明公安机关已经立案,案件进入侦查阶段。该文书也是公安机关开展侦查活动的重要依据。

(二)立案决定书的格式、内容及写法

立案决定书是多联式填充型文书,由正本和存根两部分组成。正本是立案决定

的依据和凭证，存根用于公安机关留存备查。其格式如下：

1. 首部。首部包括标题（已印制好）和文书字号。如：

××× 公安局

立案决定书

×公×立字［200×］××号

2. 正文。正文包括法律依据和案件名称两部分。其写作格式是："根据《中华人民共和国刑事诉讼法》第××条的规定，决定对＿＿＿＿＿＿＿＿＿＿（填写犯罪嫌疑人姓名及案由）一案立案侦查。"

公安机关立案侦查的法律依据是《刑事诉讼法》第107条和第110条。其中，公安机关工作中发现犯罪事实或者犯罪嫌疑人的，法律依据填写第107条；公民报案、控告、举报、扭送或者犯罪嫌疑人自首的，填写第110条。

在立案时能够确认犯罪嫌疑人的，案件名称填写犯罪嫌疑人的姓名和涉嫌的罪名，如"李×诈骗案"；尚未确定犯罪嫌疑人的，案件名称可以被害人情况命名，如"张××被害案"；也可以案件发生的时间或立案时间或者地名来命名，如"2·15案"、"××××（地名）杀人案"。

3. 尾部。应当填写成文的时间，并加盖印章。成文时间应当填写县级以上公安机关负责人批准立案的时间。

（三）制作立案决定书应注意的问题

1. 严格把握立案决定书的适用条件。使用该文书应当符合三个条件：①有犯罪事实，需要追究刑事责任。②案件属于本公安机关管辖。③县级以上公安机关负责人已经批准立案侦查。

2. 立案决定书的制作时间，关系到公安机关的侦查活动是否合法，故应填写准确。

3. 公安机关制作完立案决定书，标志着公安机关对某一犯罪事实已经立案，可以开始采取有关强制措施和侦查措施。

4. 侦查终结时，立案决定书正本应当入诉讼卷。

附 实例

×××公安局 立案决定书 （存　根） ×公经立字［200×］215号 案件名称赵××合同诈骗案 案件编号×××××××××× 犯罪嫌疑人赵××男 女40岁 住　址××市××区××路83号 单位及职业××市××公司经理 批 准 人　高×× 批准时间200×年10月7日 办 案 人刘××、马×× 办案单位××市公安局经侦支队 填发时间200×年10月7日 填 发 人　刘××	公经立字　贰零零×第　贰佰壹拾伍号	×××公安局 立案决定书 ×公经立字［200×］215号 根据《中华人民共和国刑事诉讼法》第八十六条之规定，决定对赵××涉嫌合同诈骗案立案侦查。 （公安局印） 二〇〇×年十月七日

此联附卷

【评析】

该份立案决定书内容填写得明确、清楚、规范，可供参考。

四、现场勘查笔录

（一）现场勘查笔录的概念及作用

现场勘查笔录，是公安机关侦查人员对于与犯罪有关的场所进行勘验检查时，记录现场勘查过程以及勘查人员在现场提取证据等情况所制作的文书。

我国《刑事诉讼法》第126条规定："侦查人员对于与犯罪有关的场所、物品、人身、尸体应当进行勘验或者检查。在必要的时候，可以指派或者聘请具有专门知识的人，在侦查人员主持下进行勘验、检查。" 第131条规定："勘验、检查的情况应当写成笔录，由参加勘验、检查的人和见证人签名或者盖章。"《公安机关办理刑事案件程序规定》第193条规定："侦查人员对于与犯罪有关的场所、物品、人身、尸体都应当进行勘验或者检查，利用各种技术手段，及时提取与案件有关的痕迹、物证。在必要的时候，可以指派或者聘请具有专门知识的人，在侦查人员的主持下进行勘验、检查。"

现场勘查是为了查明犯罪现场情况，发现和搜集犯罪证据，为研究分析案情，判明案件性质，确定侦查方向和范围，最终为破案提供线索和证据。现场勘查笔录是记载现场勘查的实况的文字凭据，对公安机关分析研究案情，侦破案件具有重要的参考价值。该文书是甄别言词证据是否真实可靠的有力证据；同时也是公安机关制作呈请立案报告书、呈请破案报告书、起诉意见书的依据。

（二）现场勘查笔录的格式、内容及写法

现场勘查笔录属于实录型文书，由首部、正文和尾部组成。

1. 首部。首部包括：

（1）文书名称，在文书顶端正中写“现场勘查笔录”。

（2）发现或者报案时间，要求精确到某时某分。

（3）现场保护人的姓名、单位、到达现场时间。《公安机关办理刑事案件程序规定》第194条第1款规定：“发案地派出所、巡警或者治安保卫组织应当妥善保护犯罪现场，注意保全证据，控制犯罪嫌疑人，并立即报告公安机关主管部门。”现场勘查笔录应当将上述情况记录清楚，以便能够对现场有关情况作出准确判断。

（4）勘查时间、地点。勘查时间要精确到分。勘查地点就是犯罪现场，犯罪现场是犯罪嫌疑人实施犯罪的地点或其他遗留有与犯罪有关的痕迹和物证的一切场所。犯罪现场是犯罪证据较为集中存留的地方。在一般情况下，每一起刑事案件只有一个现场，但有时也可能有几个现场。

（5）勘查人员及见证人基本情况。勘查人员包括现场勘查指挥人及其他勘查人员。

（6）现场条件。应当记载清楚进行现场勘查时的天气、温度、湿度、光线条件等。

2. 正文。正文包括勘查过程及结果。该部分是现场勘查笔录的核心内容。

勘查过程首先要记录清楚发现和接到报案的情况以及组织人员赶赴现场勘查的情况。然后要重点记载现场和勘查的具体情况，如现场的空间、方位、大小及建筑布局，物体的摆放、陈设情况，犯罪工具及其他物证、痕迹的具体位置、种类、分布情况以及提取方法，现场物品损害情况及被害人情况，以及其他变动或异常情况。

对于性质不同的案件，要根据不同案件的特点，有针对性地进行勘查，如对于凶杀现场，要记录尸体的具体方位和姿势，周围是否有血迹，周围物品和痕迹的位置和特点以及尸表检查情况等；入室盗窃现场要记录清楚门窗是否关闭，是否完整，有无撬压痕迹，有无指纹、足迹，室内家具有无移动、破坏情况等。

现场勘查结果，主要包括对现场物证、痕迹的处理情况，提取物品的名称、数量、标记和特征，提取痕迹的名称和数量，拍摄现场照片和绘制现场图的种类和数量。

3. 尾部。应由现场勘查指挥人、勘查人、见证人和记录人签名。

（三）制作现场勘查笔录应注意的问题

1. 现场勘查笔录必须当场制作。在勘查现场时，除制作笔录外，还应当对现场进行拍照，并制作现场图，与现场勘查笔录相互补充、印证，共同反映犯罪现场的实际情况，三者不能互相矛盾，否则便会失去证据的作用。

2. 笔录内容必须客观真实地反映勘查情况。现场勘查笔录是对案件现场勘查中发现的各种客观情况的记载，侦查人员对现场情况的分析、判断和推测的内容，不能记录在笔录中。

3. 重点突出，繁简得当。对于与犯罪有关的情况应当详尽地记录；对案件有一定意义但作用不大的情况应当略写；对于与案件无关的情况则不写。

4. 语言规范，叙述准确。笔录的文字一定要清楚，避免使用晦涩难懂或者含混不清的词语，尤其是对现场物体和痕迹的位置、形状、距离、大小等特征，一定要准确记载。对于刑侦专业术语，如"血迹"与"血斑"、"指印"与"指纹"、"尸僵"与"尸斑"等要正确区分，规范运用。

现场勘查笔录

发现/报案的时间：2010 年 10 月 9 日 8 时 40 分

现场保护人姓名、单位：林××、吴××，××派出所民警

现场保护人到达时间：2010 年 10 月 9 日 8 时 45 分

勘查时间：2010 年 10 月 9 日 9 时 5 分至 2010 年 10 月 10 时 30 分

勘查地点：××省××县××村后山树林中

指挥人姓名：王×× 单位：××市公安局二处 职务：副处长

其他勘查人姓名、单位、职务：徐×，××市公安局二处四大队队长；林×，××市公安局二处四科科长；张××，××市公安局二处侦查员；朱×，××市公安局二处四科技术员。

见证人姓名、住址、单位：方××，该村治保主任；刘×，该村村长。

现场条件：晴天，气温 13～15 度，偏东风 2～3 级，空气湿度 25%～30%。

勘查过程及结果：2010 年 10 月 9 日 8 时 45 分，××市公安局二处接××派出所电话报称："××县××村后山树林中发现一辆被抛弃的小轿车，车内有一具男尸，死者系遭枪杀而亡。现场已做保护，请求派员勘查现场。"

接报后，××市公安局二处副处长王××，二处四大队队长徐×、二处四科科长林×、二处侦查员张××、二处四科技术员朱×共 5 人，于 9 时 5 分赶到现场。现场已由××派出所民警林××、吴××保护起来。

首先由××派出所民警林××、吴××两位同志介绍，他们反映，今日早晨 8 时 40 分，接到一报警电话，说××村后山树林中发现一辆被抛弃的小轿车，车内有一具男尸。但该人拒绝说出自己姓名。接到报案后，所里就派他们二人到现场。

现场位于××村后山盘山公路下32米处，距东边电线杆60米，距西边堑沟27米。现场是一片松树林，林中有1.5米~2米高的灌木丛，林木树叶茂盛。

中心现场位于一个约10平方米的缓坡略平的空地，小轿车撞靠在一棵周长0.3米的松树干上，车下灌木柴草被压倒。从盘山公路至轿车停稳的位置之间，有车轮从灌木上压过的痕迹。轿车是“公爵”牌，车牌号为“×A—××××”，轿车驾驶室左边挡风玻璃被子弹穿破一孔。弹孔四周玻璃有数条裂缝。轿车其他部位未受损坏。

尸体被置于后座踏脚处，死者上身穿花格子白底色水洗丝衬衣，系淡蓝色浅花领带，下身穿深灰色水洗丝西裤。上衣口袋有本人工作证和569元人民币。死者身份已查清，叫夏×，男，30岁，××市国际旅游汽车出租公司司机。尸体后脑正中弹孔为××平方厘米。子弹从左眼下方穿出。头部血斑模糊，上衣和裤子均沾满血浆，血浆已凝固。

尸体抬出后，进行了全面检查，未发现有其他伤痕和搏斗过的迹象，死者系遭凶手突然射击后死亡，未有挣扎。

现场草木丛中有两种当日留下的脚印，一种是皮鞋印迹，为报案人发现案情时所留；一种是旅游鞋印迹，为犯罪嫌疑人所留。犯罪嫌疑人向山下逃离，并在水库北岸洗过血迹。犯罪嫌疑人顺着水库堤坝逃走，在水库下方的公路边脚印消失，该地方的路边草地上，有0.6吨小货车停留的痕迹。

现场勘查于10时30分结束。勘查中拍摄现场照片19张，绘制平面示意图2张。并提取了鞋印一枚，指印一枚，掌印一枚，血迹4份，带血白衬衣一件，“五四”手枪子弹壳一枚。

指挥人：王××
勘查人：徐×、林×、朱×
记录人：张××
见证人：任××、刘×

【评析】

这份现场勘查笔录制作得比较规范、符合要求。笔录一开始先填明了报案的时间、现场保护人的姓名、单位、到达的时间、勘查的时间、地点、指挥人的姓名、单位、职务，以及参加勘查的有关人员的姓名、单位、职务和现场条件等内容。接着记录了勘查过程和结果，叙述勘查过程时，首先清楚地记录了接到报案的情况以及组织人员赶赴现场勘查的情况，然后重点记载了现场勘查的具体情况，如对现场环境、中心现场状况、现场遗留的痕迹、物品等记录得具体详细，层次清晰，有条不紊，这就为案件的侦破打下了坚实的基础。

五、讯问笔录

(一)讯问笔录的概念及作用

讯问笔录,又称审讯笔录,是指侦查人员在办理刑事案件过程中,为查明案情,依法对犯罪嫌疑人进行讯问和犯罪嫌疑人就案情所作的供述和辩解的文字记载。

我国《刑事诉讼法》第118条第1款规定:"侦查人员在讯问犯罪嫌疑人的时候,应当首先讯问犯罪嫌疑人是否有犯罪行为,让他陈述有罪的情节或者无罪的辩解,然后向他提出问题。犯罪嫌疑人对侦查人员的提问,应当如实回答。但是对与本案无关的问题,有拒绝回答的权利。"第120条规定:"讯问笔录应当交犯罪嫌疑人核对,对于没有阅读能力的,应当向他宣读。如果记载有遗漏或者差错,犯罪嫌疑人可以提出补充或者改正。犯罪嫌疑人承认笔录没有错误后,应当签名或者盖章。侦查人员也应当在笔录上签名……"

《讯问笔录》是侦查人员对犯罪嫌疑人进行讯问时当场所作的记录。在办理刑事案件过程中,侦查人员可能会对犯罪嫌疑人进行多次讯问,每一次讯问都应当制作《讯问笔录》。《讯问笔录》中记载的犯罪嫌疑人的供述和辩解,经查证核实后,可作为认定案件事实的证据之一。由于《讯问笔录》全面、系统地记载了讯问人员提问的内容和犯罪嫌疑人的供述和辩解,因此,可以作为侦查人员分析案情、研究问题、检查办案质量、总结办案经验教训的重要依据。另外,《讯问笔录》是对整个审讯过程的原始记录,可以起到固定证据的作用,既可防止犯罪嫌疑人翻供,又可真实地反映侦查人员的讯问方法是否合法,可以为以后司法机关处理刑讯逼供等刑事案件提供相关的证据材料。

(二)讯问笔录的格式、内容及写法

讯问笔录属于实录型文书,由首部、正文和尾部组成。

1. 首部。包括下列内容:

(1)文书名称。在文书顶端正中写"讯问笔录",之后用括号注明第×次。

(2)讯问的起止时间。在文书名称下写明讯问的起止时间,要精确到某时某分。

(3)讯问地点。应具体写明某机关某房间,如某某看守所审讯室。

(4)侦查员姓名和单位。

(5)记录员姓名和单位。

(6)犯罪嫌疑人姓名。

2. 正文。正文是讯问笔录的重点,应依次写明以下内容:

(1)第一次讯问时应当详细地记明犯罪嫌疑人的基本情况。即写明犯罪嫌疑人的姓名、别名、曾用名、出生年月日、户籍所在地、暂住地、籍贯、出生地、民族、职业、文化程度、家庭情况、社会经历、是否受过刑事处罚或者行政处罚等情况。在第二次及以后的讯问中,上述情况一般可以不必再记。但是如果对犯罪嫌疑人的基本情况有疑问,需要进一步核实的,可有针对性地进行讯问和记载。

(2)记明侦查人员告知犯罪嫌疑人应有的诉讼权利和义务。侦查人员在对犯罪

嫌疑人第一次讯问时，应当告知犯罪嫌疑人其诉讼权利义务，将《犯罪嫌疑人诉讼权利义务告知书》送交犯罪嫌疑人，如果犯罪嫌疑人没有阅读能力，侦查人员要向其宣读。然后，侦查人员要问犯罪嫌疑人是否看清或者听清告知书的内容以及有何要求，即犯罪嫌疑人是否需要聘请律师、是否申请有关人员回避等。对于犯罪嫌疑人有具体要求的，应如实记录。

(3)记明与案件事实有关的内容。根据我国《刑事诉讼法》的规定，侦查人员在第一次讯问犯罪嫌疑人时，应首先讯问他是否有犯罪行为，让其陈述有罪情节或者进行无罪辩解，然后再向其提出问题。提问应根据供述情况，提出与认定案件事实有关的问题。与案件有关的重要情节应作为发问的重点。如果犯罪嫌疑人承认犯罪，应根据讯问情况，记载犯罪的时间、地点、动机、目的、手段、过程、危害后果及与犯罪有关的人、事、物等。如犯罪嫌疑人否认犯罪，作无罪辩解，也要记录其辩解的理由。在第二次及以后的讯问中，侦查人员主要根据以前对犯罪嫌疑人的讯问和案件侦查情况，有针对性地对案件有关情况作进一步讯问，记录人应将问与答的主要内容准确、清楚地记录下来。

3. 尾部。讯问结束后，笔录应当交犯罪嫌疑人核对，犯罪嫌疑人没有阅读能力的，要向其宣读。如果犯罪嫌疑人阅后认为有漏记、错记的，应当允许其更正或者补充，并在改正或者补充的文字上捺指印。笔录经犯罪嫌疑人核对无误后，应当由其在笔录上逐页签名(盖章)或者捺指印，并在末页写明对笔录的意见，即“以上记录我已看过(或者向我宣读过)，和我说的相符”。拒绝签名(盖章)或者捺指印的，记录人员应在笔录上注明。侦查人员、翻译人员应在笔录上签名或盖章，并注明年月日。

(三)制作讯问笔录应注意的问题

1. 准确清楚地反映讯问的实际情况。讯问笔录应能如实反映讯问的全部过程和内容，要使不在讯问现场的人看过笔录后，能知道讯问的全部情况。因此，制作笔录时，要准确、清楚地将问话和答话以及讯问的经过不失原意地记录下来。对犯罪嫌疑人在讯问过程中的表现和回答问题时的表情、动作、神态也应记录下来，如低头不语、哭泣等都应写明，这样利于侦查人员分析犯罪嫌疑人的思想动态，以便制定相应的讯问策略。对于犯罪嫌疑人在讯问中气焰嚣张、无理取闹、拒绝签字等情况也应记录下来，可作为起诉时对其提出从严处理的意见依据。对于犯罪嫌疑人供述中的方言土语，黑话暗语，既要照原话记录，又要问明原意，并在其后用括号加以注释和说明。

2. 记录内容既要全面，又要重点突出。讯问笔录必须全面地反映讯问的情况，不能任意删节和遗漏。不仅要记载侦查人员讯问和使用证据的情况，而且要记载犯罪嫌疑人的回答、坦白和检举的情况；既要记载犯罪嫌疑人的有罪供述，又要记载其无罪的辩解。同时，记录也应重点突出，应重点围绕与犯罪有关的情况进行记录，特别应记明关键性情节。对与犯罪关系不大或者无关的情节，可以略记或者不记。

3. 如实记录。讯问笔录应在讯问时当场制作，如实反映犯罪嫌疑人供述和辩解的原意,不能随意取舍、夸大和缩小。

4. 讯问聋、哑犯罪嫌疑人,应当有通晓聋、哑手势的人参加,并在讯问笔录上注明犯罪嫌疑人的聋、哑情况以及翻译人员的姓名、工作单位和职业。

5. 讯问笔录上所列项目,应当按规定写齐全。为了保证记录的速度,对侦查人员提问和犯罪嫌疑人的回答,一律使用“问”和“答”表示,而不能用其他符号代替。

6. 书写笔录应使用能够长期保持字迹的书写工具、墨水。

附 实例

讯问笔录(第一次)

时间:200×年9月8日14时10分至200×年9月8日16时45分

地点:××市看守所第×审讯室

侦查员姓名、单位:刘××、赵××,××市公安局刑警队

记录员姓名、单位:王××,××市公安局刑警队

犯罪嫌疑人:姚××

问:我们是××公安局的民警,现在依法对你进行讯问。你叫什么名字?

答:我叫姚××。

问:还用过什么名字?

答:初中毕业前用过姚×这个名字。

问:还有别的名字或者化名、别名、绰号吗?

答:没有了。

问:你的出生年月日?

答:19××年3月14日。

问:你的身份证号码?

答:××××××××××××××××××。

问:籍贯?

答:××省××市××乡××村。

问:你的户籍所在地?

答:××市××区××路××号,属××派出所管辖。

问:你的现住址?

答:××市××区××路××号。

问:你的民族?

答:汉族。

问:你的工作单位和职业?

答:××市××化工厂工人。

问:你的文化程度?

答:高中。

问:把你的家庭情况讲一下?

答:父亲:姚××,65岁,××市××区中学退休教师。

母亲:刘××,63岁,××市××商店退休职工。

哥哥:姚××,27岁,××市××公司职员。

问:讲一讲你的社会经历?

答:19××年至19××年在××市××学校上小学、初中,19××年至19××年在××市××中学上高中。高中毕业后在家待业两年,19××年7月被××市××化工厂聘用至今。

问:你以前是否受过刑事、行政等处罚或者被劳动教养?

答:没有。

问:这是《犯罪嫌疑人诉讼权利义务告知书》,给你看一下,你如果不识字,我们可以给你宣读。

答:我可以看。(看《犯罪嫌疑人诉讼权利义务告知书》约6分钟)

问:你看清楚了吗?

答:看清楚了。

问:你有什么要求?

答:我想请我哥哥为我聘请律师。

问:讯问结束后,我们会把你的这一要求转告给你哥哥。刚才给你的《犯罪嫌疑人诉讼权利义务告知书》你已经看过了,我再给你强调一下,你应当如实回答我们提出的问题,当然对于与案件无关的问题,你可以拒绝回答,你听清楚了吗?

答:听清楚了。

问:你知道为什么拘留你吗?

答:你们怀疑我们厂技术科笔记本电脑被偷的事是我干的,我冤枉。(略显激动)

问:你先别激动,你把9月5日晚上8点到第二天早上8点你的活动情况讲一下。

答:我在我们厂销售科当销售员,经常外出搞推销。9月5日上午,我们科长让我第二天到××市参加一个化工产品洽谈会。我下午买了一张当天晚上7点50分开往××市的火车票。当天晚上我坐火车一直到第二天早晨5点50分到××市。下火车后,我叫了一辆出租车,大约6点15分左右到××市××宾馆。我登记了房间,房间号好像是211。到房间后,我感觉很困,就躺到床上睡着了。一直睡到上午10点多。

问:你说的情况属实吗?

答:绝对属实,不信你们可以去查,我在厂里刚报销的火车票,还有,你们可以到

××市××宾馆查一下住宿登记,上面还有我的身份证号码。

问:这么说你是不在作案现场,或者确切地说9月5日晚上8点到第二天早上8点你根本不在本市?

答:千真万确。当天晚上我真的是去××市出差,我怎么会去偷厂里技术科的笔记本电脑呢?我真的冤枉。

问:那你怎么看你们厂技术科被偷这件事?

答:这我不好说,我不知道是谁干的,反正不是我干的。

问:你是什么时间到火车站的?

答:大约是9月5号晚上7点半,当时路上有点堵车,我在去火车站的路上还挺着急。

问:就你一个人出差去××市吗?

答:就我一个人,我们销售科人少任务重,经常一个人出差。

问:火车是正点开车吗?

答:(略显迟疑)是正点开的吧,这车是始发车,我当时没有很注意,应该是正点开的。

问:姚××,经过刚才我们的谈话,我觉得你还不够实事求是,我再告诉你一次,你要如实回答我们提出的问题,目前,只有这条路对你是最可行的,何去何从,你自己要考虑清楚。

答:你们为什么不相信我,我说的都是实话,我真的很冤枉。(用手拍大腿,很激动)

问:姚××,激动说明不了任何问题。我再次奉劝你,不要存在任何侥幸心理,不要觉得你的故事编得很完美。我再次告诉你,你没有实事求是地讲清楚。

答:我该讲的都讲了,没有隐瞒什么。

问:姚××,看来你真的对你的解释很自信,既然这样,我不妨提醒你一下,据我们调查,9月5日晚上7点50分开往××市的××次列车因机械故障晚开了30分钟,你想起来了没有?

答:(沉默约30秒)我记不清楚了,也许我记错了,我感觉没有怎么晚呀。

问:看来这会儿你对自己记忆力的信心并不像刚开始那么强。不过,你还心存侥幸。

答:没有。(略显迟疑)该讲的我都讲了。

问:还需要再提醒你什么吗?

答:(沉默不语,一只手开始不停地搓衣服角)

问:姚××,如果你还没有想起来,我再提醒你一次,你看这是什么。(出示一张出租车票)在你的手提包里,为什么有一张9月5日晚上8点的出租车票,你怎么解释?

答:(沉默不语,头上、脸上开始冒汗)

问:我们查了9月5日晚上出市区的出租车的记录,当天晚上8点到第二天早上8点共有××车次出租车出市区,其中10点10分有一辆××出租公司的×××××号出租车去了××市,姚××,是不是需要把这位出租车司机师傅找来?

答:(双手抱头,痛哭)都怪我一时鬼迷心窍,看来,你们都知道了,我说。

问:你要如实供述。

答:我一定,我们厂技术科的笔记本电脑是我偷的。9月5号我买了当天晚上7点50分去××市的火车票,7点20分左右我到了火车站,检票后,我没有上火车,接着又从出站口出来,叫了辆出租车直接回到了我们厂。我用事先准备好的螺丝刀和钳子撬开了技术科的门锁。进去后找到三个笔记本电脑,我把这些电脑装到了我随身带的旅行包里带回了我住的地方。然后从我的住处出来,叫了辆出租车去了××市××宾馆。

问:9月5日晚上你什么时间回到你们厂?

答:大约8点30分左右。

问:你是什么时候离开的?

答:我感觉在技术科呆了大约10分种,大约8点50分左右离开我们厂。

问:你到厂、离厂及在技术科呆的时间好像对不上?

答:我忘了说了,从厂门口到技术科需要大约5分钟。

问:你是怎么去你住的地方?

答:我当时想叫出租车,但等了5分钟也没有等到,我走回去了。

问:你什么时间到你住处的?

答:我走了大约30分种,大概9点半的时候到的。

问:你什么时间从家里出来的?

答:大约10分钟,然后我等了一会儿等到了一辆出租车,我就上车去了××市。

问:你什么时间到的××市?

答:第二天早晨6点15分,下车时我看了车上计价器的时间。

问:那三个笔记本电脑现在在什么地方?

答:我从××市回来后,把那三台电脑带回我父母家,放到储藏室的柜子里。

问:你父母没有问你放的什么东西?

答:问了。我说一个同学临时放在我这儿,我房子小,在他们那儿放几天就拿走。

问:你为什么偷厂技术科的电脑?

答:我半年前谈了个女朋友,叫吴××,是××商场的售货员,最近我们准备结婚,可是我收入不多,结婚的钱还差好几万,我女朋友心气挺高,说她的同事结婚买的都是什么什么,我们一定不能比她们差。我谈过几个女朋友,都没有成,这次我挺想成的,可手上的确缺钱。听说最近厂技术科进了一批新的笔记本电脑,我一时糊涂,就想偷几台卖了凑钱。

问:你的女朋友知不知道你偷电脑的事?

答：我没有告诉她，我不想让她知道。她知道了肯定会跟我吹的。

问：你偷电脑的事还有别人知道吗？

答：没有，我跟谁都没说。

问：还有什么要补充的吗？

答：我想得到宽大处理。

问：还有别的吗？

答：没有了。

问：今天先谈到这，下次再谈。以上说的是否属实？

答：属实。

以上笔录我看过，和我说的相符。

姚××（捺指印）
200×年9月8日

【评析】

这是一份侦查人员第一次审讯犯罪嫌疑人的讯问笔录，其制作规范、符合要求，呈现出如下几个特点：①首部所列项目齐全。该份讯问笔录在首部依次记明了讯问的时间、地点、侦查员的姓名、单位、记录员的姓名、单位、犯罪嫌疑人的姓名等内容，符合写作规范。②完整、准确、客观、细致地反映了讯问过程和结果。该份讯问笔录在正文部分详细记明了犯罪嫌疑人的基本情况，并对侦查人员告知犯罪嫌疑人权利义务的情况以及犯罪嫌疑人要求其哥哥为其聘请律师的具体要求，都如实作了记录；同时也全面地反映了讯问的实况，不仅记载了侦查人员发问的内容、方式和技巧，而且记载了犯罪嫌疑人供述的犯罪事实情节以及在接受讯问时的神态、动作、表情。③记录内容剪裁得当，文字表述精练、流畅，值得参考借鉴。

本文书的不足之处在于：尾部缺少讯问人和记录员的签名。

六、通缉令

（一）通缉令的概念及作用

通缉令，是公安机关办理刑事案件过程中，对于应当逮捕而在逃的犯罪嫌疑人、被告人、罪犯所制发的书面命令。

我国《刑事诉讼法》第153条规定："应当逮捕的犯罪嫌疑人如果在逃，公安机关可以发布通缉令，采取有效措施，追捕归案。各级公安机关在自己管辖的地区以内，可以直接发布通缉令；超出自己管辖的地区，应当报请有权决定的上级机关发布。"根据《公安机关办理刑事案件程序规定》第260条的规定，通缉越狱逃跑的犯罪嫌疑人、被告人或者罪犯，也适用上述规定。

通缉令是捕获犯罪嫌疑人、被告人、罪犯归案的凭证，具有法律强制性。发布通缉令是公安机关协同作战并动员和组织群众同刑事犯罪分子作斗争的有效方式。通缉令具有法律效力。对于通缉对象,任何公民都有权利和责任将其扭送至公安机关处理。因此,发布通缉令对于及时抓获在逃人员和顺利侦破刑事案件具有重要作用。

(二)通缉令的格式、内容及写法

通缉令属于多联填充型文书,由正本和存根组成。正本是公安机关依法对在逃犯罪嫌疑人进行追捕的依据。存根是公安机关对犯罪嫌疑人发布通缉令的凭证,由签发单位存档备查。

通缉令的正本由首部、正文和尾部三部分组成。

1. 首部。包括标题、文书字号和发布范围等内容。

(1)标题。应分两行写明:"×××公安局(厅)通缉令";也可以不写制作机关名称,只写"通缉令"三个字。

(2)文书字号。在标题右下角写明"×公缉字[××××]××号"。

(3)发布范围。通缉令的发布范围由签发通缉令的公安机关负责人根据发布机关管辖的地区和通缉犯可能潜逃的路线等确定。如发往部分省、市、区和本辖区各级公安机关的,一般都不写具体的公安机关名称,只用概称,如"××、××、××等省市公安厅(局)","本省各地、市、县公安局"。向全国公开发布的通缉令,可以写"各省、自治区、直辖市公安厅(局)",也可以不写发布范围。

2. 正文。包括简要案情、通缉对象的基本情况、对受文单位的工作要求和注意事项、附件等内容。

(1)简要案情。应以概括的方法写明通缉对象在何时、何地、以何种手段实施了何种犯罪行为,犯罪情节和后果如何,潜逃简况,等等。对需要保密的应当有选择地说明。

(2)通缉对象的基本情况。写明通缉对象的身份事项、在逃人员网上编号、身份证号码、体貌特征、携带物品、特长等内容。

通缉对象的身份事项包括姓名(曾用名、别名、绰号等)、性别、年龄、民族、籍贯、出生地、户籍所在地、居住地、职业、工作单位、住址等。在逃人员网上编号、身份证件号码应准确填写。

体貌特征应根据通缉对象的不同特点,分别写明下列内容:面部特征(脸型、发型及颜色、五官、肤色等);身高;体态(胖、较胖、瘦、较瘦等);言行(口音、步态、习惯用语等);生理病理特征(身上有疤痕、斑痣、胎记、说话口吃、声音嘶哑、驼背、跛子、视觉听觉有缺陷等);逃跑时的衣着。

携带物品要写明被通缉对象逃跑时,是否携带枪支、弹药、爆炸物、赃款赃物以及有关物品的数量及特征等。

特长应当写明被通缉对象掌握何种技能。

(3)对受文单位的工作要求和注意事项。这部分应写明对通缉对象的追捕措施及抓获后的处置措施,并写明办案单位、联系人、联系电话及通讯地址等。如:"请各公安机关接此通缉令后,立即部署力量,严密控制,注意查缉,发现犯罪嫌疑人赵某立即拘留并速告省公安厅四处。联系人:李××、张××。电话:78543210"。

(4)附件。一般应在通缉令中附上通缉对象的近期照片。有条件的,还可附上通缉对象的指纹和其他物证的照片以及社会关系名单。

3. 尾部。在正文右下方写明通缉令发布时间并加盖发布机关的公章。当需要时可以在通缉令下方附上抄送部门名单。

(三)制作通缉令应注意的问题

1. 严格掌握通缉令的发布范围,既要防止发布范围过大,导致人力、财力的浪费,又要防止发送的范围过小,使犯罪嫌疑人漏网。发布机关也不能越级发布,超出管辖区域的发布应上报上一级公安机关制发,重大、恶性案件,需要在全国范围内通缉的,则应报请公安部制发通缉令。

2. 正文结构内容要完整,描写通缉对象体貌特征时要尽量写得详细、具体,突出特点,以利于辨认;语言要简洁、明了、通俗、准确,切忌夸张虚构。

3. 通缉令发出后,如果发现新的重要情况,可以补发通报。通报必须注明原通缉令的编号和日期。

4. 如通缉对象自首、自杀或被抓获、击毙后,要及时制作关于撤销通缉令的通知,撤销通缉。

实例

通 缉 令

公缉字[200×]24 号

各省、自治区、直辖市公安厅(局):

2010 年 4 月 6 日,中国人民银行××省××县银行,被盗现金 30 余万元,案发后犯罪嫌疑人张××携带赃款潜逃。

犯罪嫌疑人张×,男,25 岁,××省××县人,系中国人民银行××省××县银行现金出纳员,在逃人员网上编号×××××××××××××××,身份证号××××××××××××××××××,身高 1.75 米,留平头、长方脸,单眼皮,眉毛较浓,高鼻梁,厚嘴唇,脸上长满粉刺疙瘩,体型较瘦,皮肤较黑,操××省××县口音,逃走时上身穿米色羊毛衫,下身穿深灰色毛料西裤,内着紫红色衬衣,脚穿黑色牛筋底系带皮鞋,携带一把自制手枪,该犯罪嫌疑人曾练过 3 年摔跤,会驾驶汽车。

请各地公安机关与铁路、交通、民航公安机关取得联系,立即布置力量,严密控制,注意查缉,如发现张犯立即拘留,并速告中华人民共和国公安部×局,电话:(010)×××××××××。

联系人:李×、陈×

附:1. 犯罪嫌疑人照片、指纹

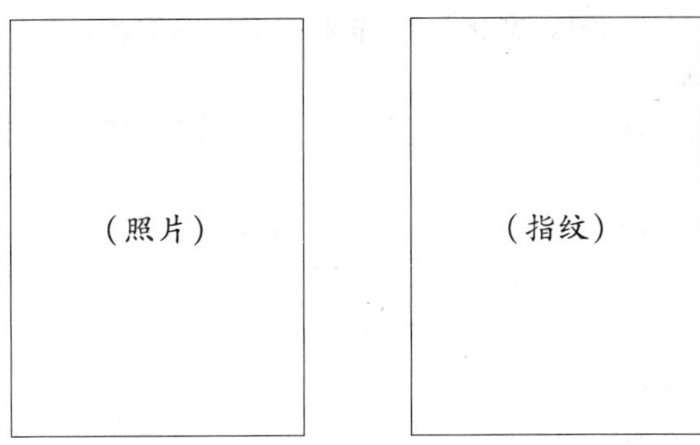

2. 犯罪嫌疑人社会关系（不公开）

中华人民共和国公安部

（公章）

2010年4月7日

抄送部门：××、××市公安局

【评析】该通缉令写作程式规范，内容完备，用语简洁、明了，符合制作要求。特别是对被通缉犯罪嫌疑人的体貌特征写得明确、具体、详细，这就为准确辨认和及时抓获犯罪嫌疑人提供了有利的条件。

七、呈请破案报告书

（一）呈请破案报告书的概念及作用

呈请破案报告书，是指公安机关侦查部门对于查清了犯罪事实、认定了犯罪嫌疑人、肯定了案件性质并取得了确凿证据的刑事案件，呈报领导批准破案时使用的文书。

根据《公安机关办理刑事案件程序规定》第167条规定，对于符合破案条件的案件，办案部门应当制作破案报告，报县级以上公安机关负责人批准。

呈请破案报告书是公安机关决定采取破案措施的基础和依据，可以使破案工作更加周密化，使刑侦工作按部就班进行。同时，就文体而言，它也是公安机关内部制作起诉意见书的罪状依据。

（二）呈请破案报告书的格式、内容及写法

呈请破案报告书是叙述型文书，由领导批示栏、审核意见栏和呈请破案报告书组成。

呈请破案报告书由呈请单位制作，主要包括以下内容：

1. 标题。应当写明呈请的事项，即“呈请破案报告书”。

2. 正文。包括下列内容：

（1）犯罪嫌疑人基本情况。应依次写明犯罪嫌疑人的姓名、性别、出生年月日、

出生地 、身份证件号码、民族、文化程度、职业或工作单位及职务、政治面貌、采取强制措施情况、简历等。

(2)呈请领导批示的事项。该部分可表述为:“现根据案件侦查情况,呈请对×××案批准破案,理由如下:”。

(3)呈请破案的事实依据。这部分应当写明案情概况、案情分析、侦查措施的实施情况等内容。

案情概况包括案件的发生、发现情况,现场勘查、调查情况等。写时应围绕主要犯罪事实进行简明扼要地叙述。

案情分析是指对现场勘查、调查访问所获取的材料进行的分析和总结。通过分析,要对案件性质、犯罪嫌疑人的体貌特征、人数、犯罪时间、犯罪动机、目的、犯罪手段、犯罪嫌疑人在现场的活动情况、犯罪嫌疑人与被害人有无利害关系等进行初步的判断。

侦查措施的实施情况包括侦查工作的计划安排、组织分工、采取的侦查措施,侦查方案的具体实施、方法步骤以及查明的案件情况,包括通过侦查结果和犯罪嫌疑人的交代揭示出的犯罪事实和证据。应写明业已查明的犯罪事实,通过侦查获得了哪些足以证明犯罪嫌疑人实施犯罪行为的证据。对同时采取的多种侦查措施,要采取从合到分的方法予以写明。凡没有获取案情信息的侦查措施一概不写。

(4)呈请破案的理由和法律依据。破案的理由需阐明本案业已符合破案条件的内容。根据《公安机关办理刑事案件程序规定》第166条的规定,破案应当具备三个条件:①犯罪事实已有证据证明;②有证据证明犯罪事实是犯罪嫌疑人实施的;③犯罪嫌疑人或者主要犯罪嫌疑人已经归案。根据上述规定,这一部分应当写明本案犯罪事实已经查清,并获取了相关证据;犯罪嫌疑人的基本情况已经查明,并有证据证明犯罪事实就是犯罪嫌疑人实施的;以及对犯罪嫌疑人采取强制措施的相关情况。

破案的法律依据应根据实际情况来写。如需要逮捕犯罪嫌疑人的,应引用我国《刑事诉讼法》第79条第1款的规定;如需要取保候审或监视居住的,则应引用《刑事诉讼法》第65条的规定。

(5)破案的组织分工和方法步骤。主要写明执行逮捕前应做的准备工作。破案的组织分工和方法步骤,写得越详细、越具体越好。可采用分条列项的写法,将实施破案时,各个环节中的各项工作具体由何人负责,层层写清晰,以便领导审核或调整。

(6)其他破案措施和下一步的工作意见。除了前述破案的组织分工和方法步骤外,如果还拟采取其他某些特殊的破案措施以及破案后怎样继续开展侦查活动,也应具体写明。对破案后下一步的工作意见,如对抓获的犯罪嫌疑人由谁负责讯问、如何进行讯问;如何深入犯罪现场和知情人群去调查访问、收集和核实证据;鉴定工作如何进行,等等,均应写明。

3. 尾部。在呈请破案报告书的末尾用“以上报告妥否,请批示”作为结束语。最后,由制作单位签名,写上呈报日期,并加盖呈报单位公章。

（三）制作呈请破案报告书应注意的问题

1. 材料运用要翔实、准确。呈请破案报告书是查明和证实主要犯罪事实呈请领导审批可否采取破案措施的文书。关系到对犯罪嫌疑人是否采取强制措施和采取何种强制措施，涉及其人身自由保障的问题，因此，报告书中所写的犯罪事实要翔实可靠。未经核实的材料不能写入。

2. 叙述案件侦查结果时，要主次分明，突出关键情节。对案情概况、案情分析要简练概括，对已确认的犯罪嫌疑人的基本情况、主要犯罪事实及证据的叙述要具体。

3. 阐述破案理由应注重分析、就事论事、有理有据。引用法律条文要准确、全面、具体。需要确定涉嫌罪名的应引用相关的《刑法》条款，需要逮捕犯罪嫌疑人的，应引用《刑事诉讼法》第79条第1款的规定。

4. 呈请破案报告书属于内部审批性文书，经领导审批后，存入侦查卷。

附　实例

领导批示	同意。 王×× ××××年××月××日
审核意见	同意破案。请王局长批示。 张×× ××××年××月××日

呈请破案报告书

犯罪嫌疑人张××，男，19××年××月××日出生，居民身份证编号：120117720928×××，汉族，高中文化程度，住×市安华路中平街6号，无业。200×年××月××日被我局刑事拘留。

犯罪嫌疑人杨××，男，19××年××月××日出生，居民身份证编号：××××××××××××××××，汉族，高中文化程度，住×市朝阳路鼓钟街3号，无业。曾因持械抢劫被判有期徒刑10年。

犯罪嫌疑人马×，男，19××年××月××日出生，居民身份证编号：××××××××××××××××，汉族，大学文化程度，住×市朝阳路定里街56号，×市工商银行营业部主任。

犯罪嫌疑人曾×,男,19××年××月××日出生,居民身份证编号:××××××××××××××××××,汉族,大学文化程度,住×市×路×街×号,×市××保险公司技术部工程师。

现根据案件侦查情况,呈请对张××、杨××、马×、曾×抢劫案批准破案,理由如下:

2010年4月4日凌晨5时许,×市西区农业银行被人翻墙入室,杀死2名值班员后,撬开金库及保险柜门,盗走人民币550万元、美元11万元后逃跑。

根据现场勘查,罪犯系用活动软梯搭在银行后围墙处翻墙入院,潜入值班室并杀死值班员,破坏了银行报警系统后,撬坏金库及保险柜门,用事先准备好的袋子把钱装走的。

据尸体检验结果,值班员1人被钝器击中致颅脑损伤死亡,另1人被利器划断喉管致死。经专家鉴定,银行金库及保险柜门,系被一定专业知识的人撬坏。

现场访问材料证实,案发日凌晨3时许,有人曾见两名25岁的年轻人在银行附近出现,凌晨5时许,有人见一辆黑色桑塔纳轿车在银行附近停留,车号尾部两个数字是67。

根据现场勘查、尸体检验、物证检验及现场访问材料,我们认为这是一起以抢劫银行为目的,作案目标明确的抢劫案,犯罪嫌疑人在2人以上,经过了充分的预谋和准备,有作案经验,心狠手辣,拥有交通工具,具备相当程度的专业知识,特别是在银行报警系统、开保险锁等方面有专长,并对现场内部情况比较熟悉,不排除内外勾结作案可能。

根据以上分析,我们采取了以下侦查措施:

1. 通知各车管所、交通缉查部门查案发当日曾在现场附近停留过的尾号为67的黑色桑塔纳的轿车;

2. 通知各派出所排查曾有过盗窃、抢劫前科的年龄在25岁左右的有作案时间的青年人;

3. 对曾接触、安装过银行报警系统及具有相关知识的人员逐人排查;

4. 对本市各修锁行业人员特别是修保险柜的人员逐人排查;

5. 将银行被盗的联号人民币号码通知各商场、饭店、娱乐场所,请他们在收款时注意发现银行被抢货币的流通情况;

6. 安排秘密力量控制非法倒汇点、交易所;

7. 向邻近市、县公安机关通报案情,请他们协助控制赃物,查缉犯罪嫌疑人;

8. 对近年来未侦破的银行持械抢劫案进行并案侦查。

2010年7月8日至10日,市局刑侦队秘密力量夏××在安国路××影院附近的非法倒汇点发现一名20岁左右的女子多次倒卖大宗美元,并向夏××透漏自己手边还有一笔美元。市局刑侦队根据夏××反映的情况,于2010年7月11日对这名女子拘传。经查,该女名叫刘×,24岁,住安化路真理街23号,无业,曾因盗窃罪被判处3年有期徒刑,有吸毒史。刘×对出售的美元来源交待不清,嫌疑重大。

经审讯,刘×初步交待,美元是其男友张××给的,张××住×市安华路中平街6号,28岁,身份证号码为120117720928×××,无业,有吸毒史。2010年7月15日,市局刑侦队将正欲逃窜的张××缉捕归案。

2010年7月17日经市局领导批准,我们对刘×及张××的住处进行了搜查,从张××的住处搜出了×市西区农业银行被抢的人民币85万元、美元8500元。2010年7月18日,张××在证据面前,交代了伙同他人杀人、抢劫的犯罪事实及经过:

2010年4月4日凌晨3时许,犯罪嫌疑人张××、马×、曾×、杨××同乘由张××驾驶的桑塔纳轿车来到现场,用事先准备好的活动软梯搭在银行后围墙上翻入院内,由李×、曾×望风,张××、杨××潜入值班室,张××持匕首、杨××用铁锤将2名值班人员杀死。后由李×破坏了银行报警系统,曾×撬开金库及保险柜门,将钱装入事先准备好的布袋内逃跑。当日晚,4人分赃后,将作案工具及桑塔纳轿车全部沉入×市附近的辽白河。2010年7月30日,市局刑侦队从辽白河中打捞出了黑色桑塔纳轿车及匕首、铁锤等物。张××供述作案原因系200×年以来,与马×、曾×、杨××经常一同吸毒、嫖赌,花销太大,遂密谋抢劫金库。经查,杨××,男,28岁,住×市朝阳路鼓钟街3号,曾因持械抢劫被判刑10年,无业,有吸毒史;马×,男,46岁,大学文化,×市工商银行营业部主任,住×市朝阳路定里街56号,有吸毒行为;曾×,男,41岁,大学文化,×市××保险公司技术部工程师,系孔××表兄,有吸毒行为。目前三人已闻讯而逃。

张××供述的作案过程与现场勘查及获取的证据材料和物证基本吻合,具有一定的可信度。据此可以认定4月4日抢劫银行案系张××、杨××、李×、曾×所为。

鉴于同案犯罪嫌疑人杨××、马×、曾×已外逃,专案组拟迅速派员,深入做好涉案人家属的工作,要求他们提供外逃的有关线索;同时请技侦队协助获取王××等人的踪迹信息,力争尽快缉凶到案。对犯罪嫌疑人张××、刘×抓紧审讯工作,收集相关证据,做好提请逮捕、移送起诉工作。

根据侦查查明的犯罪事实和证据,我们认定犯罪嫌疑人张××、杨××、马×、曾×的行为,已触犯了《中华人民共和国刑法》第263条的规定,涉嫌抢劫罪。根据《公安机关办理刑事案件程序规定》第166条的规定,本案符合规定的破案条件,为此特提请批准破案,对犯罪嫌疑人张××、杨××、马×、曾×实施逮捕措施。

以上报告妥否,请批示。

××市公安局刑侦队(印)

200×年8月5日

【评析】

该份呈请破案报告书符合规范要求,文书开始先交待了已经查明的犯罪嫌疑人的基本情况,接着叙述了呈请领导批准破案的事实依据和法律依据,将所查明的犯罪事实和有关证据书写得清楚而明了,对案情的分析准确、推理有据,下一步的工作意见也拟制得周密、具体、明确。

第三节 强制措施文书

一、呈请拘传报告书和拘传证

(一)呈请拘传报告书

1. 呈请拘传报告书的概念及作用。呈请拘传报告书,是指公安机关在侦查过程中,需要拘传未被羁押的犯罪嫌疑人到案接受讯问时,制作的呈请县级以上公安机关负责人审批的法律文书。

我国《刑事诉讼法》第64条规定:"人民法院、人民检察院和公安机关根据案件情况,对犯罪嫌疑人、被告人可以拘传、取保候审或者监视居住。"《公安机关办理刑事案件程序规定》第60条规定:"公安机关根据案件情况对需要拘传的犯罪嫌疑人,或者经过传唤没有正当理由不到案的犯罪嫌疑人,可以拘传到其所在市、县内的指定地点进行讯问。需要拘传的,应当填写《呈请拘传报告书》,并附有关材料,报县级以上公安机关负责人批准。"该报告书一经批准,就应据此填写拘传证,对犯罪嫌疑人进行拘传活动。

制作《呈请拘传报告书》,是为了履行拘传的审批程序,有利于保证拘传活动的合法性。

2. 呈请拘传报告书的格式、内容及写法。呈请拘传报告书属于叙述型文书,由领导批示栏、审核意见栏和呈请拘传报告书组成。呈请拘传报告书由呈请单位制作,主要包括以下内容:

(1)题目。写明"呈请拘传报告书"。

(2)正文。包括犯罪嫌疑人基本情况、呈请领导批示的事项、呈请拘传的事实依据和法律依据等内容。①犯罪嫌疑人基本情况依次写明犯罪嫌疑人的姓名、性别、出生年月日、出生地 、身份证件号码、民族、文化程度、职业或工作单位及职务、住址、政治面貌、采取强制措施情况、简历等。②呈请领导批示的事项。该部分可表述为:"现呈请拘传犯罪嫌疑人×××,理由如下"。③呈请拘传的事实依据。这一部分首先要写明犯罪嫌疑人犯罪的时间、地点、手段、经过、后果等基本案情。其次,要说明对犯罪嫌疑人经过合法传唤而无正当理由不到案受讯的情况。如果对犯罪嫌疑人未经传唤,直接采取拘传时,要说明直接采取拘传的理由。④呈请拘传的法律依据。该部分应针对犯罪嫌疑人涉嫌的犯罪事实,说明其行为触犯了我国《刑法》的哪一条、哪一款,涉嫌什么罪名,或者存在何种犯罪嫌疑,并且应阐明通过拘传所要达到的目的,即需要通过讯问查明的事实情节。依据我国《刑事诉讼法》第64条的规定,拟对犯罪嫌疑人予以拘传,特呈请领导审查批示。

(3)尾部。在呈请拘传报告书的末尾写明"以上报告妥否,请批示"。最后,由制作单位签名,写上呈报日期,并加盖呈报单位公章。

3. 制作呈请拘传报告书应注意的问题。

(1)严格掌握拘传的法定条件。对于符合《公安机关办理刑事案件程序规定》第60

条规定情形的案件，才能制作该文书，不符合的，不能制作。

（2）呈请拘传报告书制作完毕后，应当先交承办单位负责人审阅，然后再连同案件材料、证据报县级以上公安机关负责人审批。经领导批准后，可以制作拘传证，对犯罪嫌疑人执行拘传。

（3）呈请拘传报告书属于内部审批性文书，经领导审批后应当存入侦查卷。

领导批示	同意。 李×× ××××年××月××日
审核意见	同意拘传。请李局长批示。 张×× ××××年××月××日

呈请拘传报告书

犯罪嫌疑人刘××，女，1962年2月5日出生，居民身份证号码：××××××××××××××××，汉族，中专文化程度，系××市××公司会计，住××省××市××路35号楼102号。因涉嫌故意伤害罪，被我局于200×年4月27日取保候审。

犯罪嫌疑人刘××1968年9月至1974年7月在××县××路小学读书；1978年在××县××中学毕业后考入××市财会学校学习；1981年分配到××市××公司任会计。

现呈请拘传犯罪嫌疑人刘××，理由如下：

200×年3月，犯罪嫌疑人刘××在上班时间上网聊天受到公司领导高×的批评，并被扣发当月奖金，刘××据此对高×怀恨在心，伺机报复。200×年4月10日下午，刘××看见高×4岁的孙子高阳在街心公园玩耍时，乘四周无人之机，用织毛衣的铝针将高阳的双眼刺伤（左眼失明，右眼底出血）。刘××作案后逃离现场。此案经本局刑警队侦破后，因犯罪嫌疑人刘××正在哺乳自己8个月大的婴儿，于200×年4月27日被取保候审。我队为了及时查清刘××犯罪的具体情节，于5月3日向刘××送达了《传唤通知书》，令其于5月4日上午9时到本局刑警队接受讯问。但刘××以“要上班”为由，拒不到案。

上述事实说明，犯罪嫌疑人刘××的行为触犯了《中华人民共和国刑法》第234条第1款之规定,涉嫌故意伤害罪。为及时查清刘××的犯罪事实,尽快结案。根据《中华人民共和国刑事诉讼法》第50条之规定,拟对犯罪嫌疑人刘××予以拘传,强制其到案受审。

妥否,请批示。

××区公安分局刑警队

200×年5月5日

【评析】

该份呈请拘传报告书写得符合要求,在呈请拘传的事实依据部分,运用精练的语言阐述了犯罪的起因、时间、地点、目的、手段、行为过程以及造成的危害后果。对呈请拘传的理由写得充分、全面、具体,在文末引用的法律依据也规范、准确。

(二)拘传证

1. 拘传证的概念及作用。拘传证,是公安机关对未被羁押的犯罪嫌疑人,依法强制其到指定地点接受讯问时使用的凭证性文书。

《公安机关办理刑事案件程序规定》第61条第1款规定:"公安机关拘传犯罪嫌疑人应当出示《拘传证》"。

拘传是我国法定的刑事强制措施之一,是公安机关调查取证的重要手段。要求公安机关在对犯罪嫌疑人拘传时出示拘传证,可以确保侦查活动依法进行,保护犯罪嫌疑人的合法权利。

2. 拘传证的格式、内容及写法。拘传证属于多联式填充型文书。该文书由正本和存根组成。

正本是通知犯罪嫌疑人接受讯问的依据和凭证。存根是公安机关采取拘传措施的凭证,用于留存备查。

正本由首部、正文和尾部组成。

(1)首部。由标题和文书字号组成。如:

×××公安局

拘　传　证

×公刑拘字[××××]××号

(2)正文。包括拘传的法律依据、侦查人员的姓名、被拘传人的基本情况。该部分的写作程式是:

"根据《中华人民共和国刑事诉讼法》第64条之规定,兹派我局侦查人员×××、×××对×××(性别,年龄,住址)执行拘传。"

(3)尾部。应当填写清楚成文日期,并加盖局长的印章和制作文书的公安机关的印章。

3. 制作拘传证应注意的问题。

(1)公安机关拘传犯罪嫌疑人应当出示拘传证,并责令其在拘传证上签名(盖章)、捺指印。犯罪嫌疑人到案后,应当责令其在拘传证上填写到案时间。讯问结束后,应当由其在拘传证上填写到案时间。拒绝签名(盖章)、捺手印的,侦查人员应当在拘传证上注明。

(2)拘传证一次有效,每次拘传的时间不得超过12小时。如果需要再次拘传犯罪嫌疑人的,应当制作新的拘传证,但不得以连续拘传的方式变相拘禁犯罪嫌疑人。

(3)侦查终结时,拘传证正本应当存入诉讼卷。

 实例

* * *公安局

拘　传　证

(存　根)

×公经拘传字[200×]120号

案件名称　××合同诈骗案

案件编号　××××××××

犯罪嫌疑人　张××　男女　40　岁

住　　址　××市××区××小区××号楼××室

单位及职业　××公司经理

拘传原因　因涉嫌合同诈骗罪接受认同

批 准 人　李××

批准时间　200×年7月14日

执 行 人　熊××、计××

办案单位　××市经侦支队

颁发时间　200×年7月14日

颁 发 人　许××

×公经拘传字贰零零×第壹非贰拾号

* * *公安局

拘　传　证

×公经拘传字[200×]120号

根据《中华人民共和国刑事诉讼法》第五十条之规定,兹派我局侦查人员　熊××、许××　对　张××　(性别　男　,年龄　40岁　,住址　××市××区××小区××号楼××室　)执行拘传。

局长(印)

(公安局印)

二〇〇×年七月十四日

本证已于　200×　年　7　月　15　日　8　时向我宣布。被拘传人　张××

拘传到庭时间2000×年　7　月　15　日　9　时。被拘传人　张××

讯问结束时间　200×　年　7　月　15　日　12　时。被拘传人　张××

此联附卷

【评析】

该份拘传证各项目填写符合要求,可供参考。

二、取保候审决定书

（一）取保候审决定书的概念及作用

取保候审决定书，是公安机关在侦查过程中依法决定对犯罪嫌疑人采取取保候审措施时制作的文书。

根据《刑事诉讼法》第65条和《公安机关办理刑事案件程序规定》第63条规定，对于具有下列情形之一的犯罪嫌疑人，可以取保候审：

（1）可能判处管制、拘役或者独立适用附加刑的；

（2）可能判处有期徒刑以上刑罚，采取取保候审，不致发生社会危险性的；

（3）患有严重疾病、生活不能自理，怀孕或者正在哺乳自己婴儿的妇女采取取保候审不致发生社会危险性的；

（4）对拘留的犯罪嫌疑人，证据不符合逮捕条件的；

（5）提请逮捕后，检察机关不批准逮捕，需要复议、复核的；

（6）羁押期限届满，案件尚未办结，需要采取取保候审的；

（7）移送起诉后，检察机关决定不起诉，需要复议、复核的。

取保候审是我国《刑事诉讼法》规定的刑事强制措施之一，对犯罪嫌疑人依法采取取保候审措施，可以防止其逃避侦查，并保证随传随到，对公安机关侦查活动的顺利进行具有重要作用。取保候审决定书是公安机关依法对犯罪嫌疑人采取取保候审措施的凭证文书，该文书是根据县级以上公安机关负责人批准的呈请取保候审报告书制作的，是对犯罪嫌疑人实行取保候审的合法依据。

（二）取保候审决定书的格式、内容及写法

取保候审决定书属于多联式填充型文书。由《取保候审决定书》正本和副本、取保候审执行通知书及存根四部分组成。这里主要介绍取保候审决定书正本和副本的格式、内容和写法。

取保候审决定书的正本是公安机关通知犯罪嫌疑人对其采取取保候审，并责令其接受保证人监督或者交纳保证金的依据和凭证，由首部、正文和尾部组成。

1. 首部。首部由标题、文书字号和犯罪嫌疑人基本情况组成。

标题由制作机关名称和文书名称组成，写为：

×××公安局

取保候审决定书

×公刑保字[××××]××号

犯罪嫌疑人基本情况依次填写犯罪嫌疑人的姓名、性别、年龄、住址、单位及职业。

2. 正文。正文是该决定书的核心内容，包括决定事项、取保候审期间遵守的规定。决定事项应依次填写案件名称、取保候审的原因、法律依据、取保候审起算时间、保证人姓名或者交纳保证金的数额等。这部分的写作程式是：

我局正在侦查×××××(填写犯罪嫌疑人的姓名、案由)一案,因犯罪嫌疑人××××(填写取保候审的原因),根据《中华人民共和国刑事诉讼法》第×条第×款(根据取保的原因填写相应的条款)之规定,决定对其取保候审,期限从××××年××月××日起算。犯罪嫌疑人应当接受保证人×××(填写保证人姓名)的监督/交纳保证金××元(填写交纳保证金的数额)(是保证人保证的,划掉"交纳保证金××元";是保证金保证的,划掉"接受保证人×××的监督")。

在取保候审期间,被取保候审人应当遵守下列规定:

一、未经执行机关批准不得离开所居住的市、县;

二、在传讯的时候及时到案;

三、不得以任何形式干扰证人作证;

四、不得毁灭、伪造证据或者串供。

犯罪嫌疑人在取保候审期间违反上述规定,已交纳保证金的,没收保证金,并且区别情形,责令犯罪嫌疑人具结悔过,重新交纳保证金,提出保证人或者监视居住、予以逮捕。

这部分填写时应注意:

(1)取保候审的原因。可根据案件情况,按照《刑事诉讼法》第65条规定的有关项目分别填写,其中因患有严重疾病被取保候审的,应写明患有何种疾病。

(2)法律依据。可根据不同情况,分别填写《刑事诉讼法》第65条第1款、第89条第3款、第96条。

(3)起算时间。根据《刑事诉讼法》第103条第2款的规定,期间开始的时和日不算在期间以内。因此取保候审起算时间应当填写取保候审决定日期的次日。

(4)不能对同一犯罪嫌疑人同时采取保证人保证和保证金保证两种方式,根据情况划掉不选择的内容。

(5)保证金数额。采取保证金形式取保候审的,保证金的起点数额为1000元。决定机关应当以保证被取保候审人不逃避、不妨碍刑事诉讼活动为原则,综合考虑犯罪嫌疑人、被告人的社会危险性,案件的情节、性质,可能判处刑罚的轻重,犯罪嫌疑人、被告人经济状况,结合当地的经济发展水平等情况,确定收取保证金的数额。保证金应当以人民币货币形式交纳。

3. 尾部。应当填写清楚成文时间,并加盖制作文书的公安机关印章。

取保候审决定书副本作为公安机关采取取保候审措施的凭证,用于附卷,其内容及制作要求与正本一样。

(三)制作取保候审决定书应注意的问题

1. 应严格掌握该文书的制作条件。对于符合取保候审条件的案件,才能制作取保候审决定书、执行通知书,不符合的,不能制作。根据《公安机关办理刑事案件程序规定》第64条规定:"对累犯、犯罪集团的主犯,以自伤、自残办法逃避侦查的犯罪嫌疑人,危害国家安全的犯罪、暴力犯罪,以及其他严重犯罪的犯罪嫌疑人,不得取保候审。”

2. 需要对犯罪嫌疑人取保候审的，应当制作呈请取保候审报告书，说明取保候审的理由及采取的保证方式，经县级以上公安机关负责人批准，方可签发取保候审决定书。取保候审决定书应当向犯罪嫌疑人宣读，由犯罪嫌疑人在副本上签名（盖章）、捺指印。

3. 取保候审期限最长不得超过 12 月。公安机关在取保候审期间不得中断对案件的侦查，对取保候审的犯罪嫌疑人，根据案情变化，应当及时解除取保候审或者变更强制措施。

4. 侦查终结时，取保候审决定书副本应当存入诉讼卷。

附 实例

***公安局

取保候审决定书/执行通知书

（存 根）

×公刑保字〔200×〕25 号

案件名称 刘××故意伤害案

案件编号 ×××××××××

被取保候审人 刘×× 男 女 26 岁

取保原因 怀孕

起算时间 200×年 8 月 9 日

保 证 人 孙×× 男 女 33 岁

住 址 ××县××街××××院××号房

单 位 ××县××厂会计

保 证 金 ________

办案单位 ××县公安局刑警大队

执行机关 ××县公安局××派出所

批 准 人 李××

批准时间 200×年 8 月 8 日

填发时间 200×年 8 月 8 日

填 发 人 陈××

×公刑监字 贰零零× 第 伍拾贰 号

***公安局

取保候审决定书

（副本）

×公刑保字〔200×〕25 号

犯嫌疑人：刘××，性别女，年龄26岁，住址××县××厂宿舍××号楼××室，单位及职业××县××厂工人。

我局正在侦查刘××故意伤害案，因犯罪嫌疑人刘××怀孕，根据《中华人民共和国刑事诉讼法》第六十条第二款之规定，决定对其取保候审，期限从200×年8月9日起算。犯罪嫌疑人应当接受保证人孙××的监督/交纳保证金__元。

在取保候审期间，被取保候审人应当遵守下列规定：一、未经执行机关批准不得不离开所居住的市、县；二、在传讯的时候及时到案；三、不得以任何形式干扰证人作证；四、不得毁灭、伪造证据或者串供。

犯罪嫌疑人在取保候审期间违反上述规定，已交纳保证金的，没收取证金，并且区别情形，责令犯罪嫌疑人具结悔过，重新交纳保证金，提出保证人或者监视居住、予以逮捕。

（公安局印）

二〇〇×年八月八日

木决定书已收到。

被取保候审人 刘××

200×年 8 月 9 日

此联附卷

＊＊＊公安局
取保候审决定书

×公刑保字〔200×〕25号

犯罪嫌疑人：刘××，性别女，年龄26岁，住址××县××厂宿舍××号楼××室，单位及职业××县××厂工人

我局正在侦查刘××故意伤害案，因犯罪嫌疑人刘××怀孕，根据《中华人民共和国刑事诉讼法》第六十条第二款之规定，决定对其取保候审，期限从200×年8月9日起算。犯罪嫌疑人应当接受保证人孙××的监督/交纳保证金__元。

在取保候审期间，被取保候审人应当遵守下列规定：

一、未经执行机关批准不得离开所居住的市、县；二、在传讯的时候及时到案；三、不得以任何形式干扰证人作证；四、不得毁灭、伪造证据或者串供。

犯罪嫌疑人在取保候审期间违反上述规定，已交纳保证金的，没收保证金，并且区别情形，责令犯罪嫌疑人具结悔过，重新交纳保证金，提出保证人或者监视居住、予以逮捕。

（公安局印）
二〇〇×年八月八日

×公刑保字贰零零×第贰拾伍号

×公刑保字贰零零×第贰拾伍号

＊＊＊公安局
取保候审执行通知书

×公刑保字〔200×〕25号

××县××派出所：

因刘××怀孕，我局决定对犯罪嫌疑人刘××（性别女，年龄26岁，住址××县××厂宿舍××号楼××室）取保候审，交由你单位执行。取保候审期从200×年8月9日起算。

在取保候审期间，被取保候审人应当遵守下列规定：

一、未经执行机关批准不得离开所居住的市、县；二、在传讯的时候及时到案；三、不得以任何形式干扰证人作证；四、不得毁灭、伪造证据或者串供。

犯罪嫌疑人在取保候审期间违反上述规定，已交纳保证金的，没收保证金，并且区别情形，责令犯罪嫌疑人具结悔过，重新交纳保证金，提出保证人或者监视居住、予以逮捕。

（公安局印）
二〇〇×年八月八日

此联交执行单位

【评析】

该份取保候审决定书各项目的填写均符合要求，可供参考。

三、监视居住决定书

（一）监视居住决定书的概念及作用

监视居住决定书，是指公安机关依法对犯罪嫌疑人采取监视居住措施时所制作的文书。

根据《刑事诉讼法》第72条第1、2款和《公安机关办理刑事案件程序规定》第94条的规定，对于具有下列情形之一的犯罪嫌疑人，可以监视居住：

（1）患有严重疾病、生活不能自理的；

（2）怀孕或者正在哺乳自己婴儿的妇女；

(3)系生活不能自理的人的唯一扶养人;

(4)因为案件的特殊情况或者办理案件的需要,采取监视居住措施更为适宜的;

(5)对符合取保候审条件,但犯罪嫌疑人、被告人不能提出保证人,也不交纳保证金的;

(6)被拘留的犯罪嫌疑人,证据不符合逮捕条件的;

(7)提请逮捕后,检察机关不批准逮捕,需要复议、复核的;

(8)犯罪嫌疑人被羁押的案件,不能在法定期限内办结,需要继续侦查的;

(9)移送起诉后,检察机关决定不起诉,需要复议、复核的;

(10)羁押期限届满,案件尚未办结,需要采取监视居住措施的。

监视居住是我国《刑事诉讼法》规定的刑事强制措施之一,对犯罪嫌疑人依法采取监视居住措施,可以防止其逃避侦查,并保证随传随到,对公安机关侦查活动的顺利进行具有重要作用。《公安机关办理刑事案件程序规定》第 95 条规定,对犯罪嫌疑人监视居住,应当制作《呈请监视居住报告书》,经县级以上公安机关负责人批准,签发《监视居住决定书》,该文书是公安机关依法对犯罪嫌疑人采取监视居住措施的凭证文书,是对犯罪嫌疑人实行监视居住的合法依据。

(二)监视居住决定书的格式、内容及写法

监视居住决定书属于多联式填充型文书。由《监视居住决定书》正本和副本、监视居住执行通知书及存根四部分组成。这里主要介绍监视居住决定书正本和副本的格式、内容和写法。

监视居住决定书的正本是公安机关告知犯罪嫌疑人决定对其采取监视居住的依据,由首部、正文和尾部组成。

1. 首部。由标题、文书字号和犯罪嫌疑人基本情况组成。标题由制作机关名称和文书名称组成,写为:

×××公安局
监视居住决定书

×公刑监字[××××]××号

犯罪嫌疑人基本情况依次填写犯罪嫌疑人的姓名、性别、年龄、住址、单位及职业。

2. 正文。正文是该决定书的核心内容,包括监视居住的原因、法律依据、监视居住的地点、执行机关、监视居住期限的起算时间、监视居住期间应当遵守的规定和违反规定应当承担的法律责任。这部分的写作程式是:

犯罪嫌疑人<u>×××××</u>(填写犯罪嫌疑人的姓名),因<u>××××</u>(填写监视居住的原因),根据《中华人民共和国刑事诉讼法》第×条第×款(根据监视居住的原因填写相应的条款）之规定，决定在××县××路××号（填写监视居住的地点）对其监视居住，由××（填写执行机关名称）负责执行，期限从××××年××月××日起算。

在监视居住期间，被监视居住人应当遵守下列规定：

一、未经执行机关批准不得离开住处，无固定住处的，未经批准不得离开指定的居所；

二、未经执行机关批准不得会见他人；

三、在传讯的时候及时到案；

四、不得以任何形式干扰证人作证；

五、不得毁灭、伪造证据或者串供。

犯罪嫌疑人在监视居住期间违反上述规定，情节严重的，予以逮捕。

这部分填写时应注意：

（1）监视居住的原因。可根据案件情况，按照《公安机关办理刑事案件程序规定》第94条规定的有关项目分别填写，其中因患有严重疾病被监视居住的，应写明患有何种疾病。

（2）法律依据。可根据不同情况，分别填写《刑事诉讼法》第72条、第89条第3款、第96条。

（3）监视居住的地点可以是被监视居住人的固定住处，也可以是公安机关指定的居所。固定住处是指犯罪嫌疑人在办案机关所在的市、县以内生活的合法住处；指定居所是指公安机关根据案件情况在办案机关所在的市、县内为犯罪嫌疑人指定的生活居所。

（4）执行机关应填写被监视居住人住处或指定居所所在地的派出所的名称。

（5）起算时间。根据《刑事诉讼法》第103条第2款的规定，期间开始的时和日不算在期间以内。因此监视居住起算时间应当填写监视居住决定日期的次日。

3. 尾部。应当填写清楚成文的时间，并加盖制作文书的公安机关的印章。

监视居住决定书副本作为公安机关采取监视居住措施的凭证，用于附卷，其内容及制作要求与正本一样。

（三）制作监视居住决定书应注意的问题

1. 应严格掌握该文书的制作条件。对于符合监视居住条件的案件，才能制作监视居住决定书，不符合的，不能制作。

2. 需要对犯罪嫌疑人监视居住的，应当制作呈请监视居住报告书，说明监视居住的理由，经县级以上公安机关负责人批准，方可签发监视居住决定书。监视居住决定书应当向犯罪嫌疑人宣读，由犯罪嫌疑人在副本上签名（盖章）、捺指印。

3. 监视居住期限最长不得超过6个月。公安机关在监视居住期间不得中断对案件的侦查，对监视居住的犯罪嫌疑人，根据案情变化，应当及时解除监视居住或者变更强制措施。

4. 侦查终结时，监视居住决定书副本应当存入诉讼卷。

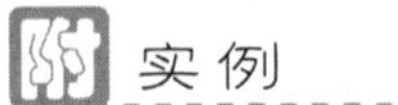

＊＊＊公安局

监视居住决定书/执行通过书

（存　根）

×公刑监字〔200×〕52号

案件名称　肖××抢夺案

案件编号　××××××××

被监视居住人　肖××　男女　28　岁

住　　址　××县××路××号

单位及职业　无业

监视居住原因　患有乙型肝炎

监视居住地点　××县××路××号

起算时间　200×年2月8日

执行机关　××县公安局××路派出所

批 准 人　崔××

批准时间　200×年2月7日

办 案 人　王××、李××

办案单位　××县公安局刑警队

填发时间　200×年2月7日

填 发 人　李××

×公刑监字贰零零×第伍拾贰号

＊＊＊公安局

监视居住决定书

（副本）

×公刑监字〔200×〕52号

犯嫌疑人：肖××，性别男，年龄28岁，住址××县××路××号，单位及职业无业。

犯罪嫌疑人肖××因患有乙型肝炎根据《中华人民共和国刑事诉讼法》第六十条第二款之规定，决定在××县××路××号对其监视居住，由××县公安局××路派出所负责执行，监视居住期限从200×年2月8日起算。

在监视居住期间，被监视居住人应当遵守下列规定：一、未经执行机关批准不得离开住处，无固定住处的，未经批准不得离开指定的居所；二、未经执行机关批准不得会见他人；三、在传讯的时候及时到案；四、不得以任何形式干扰证人作证；五、不得毁灭、伪造证据或者串供。

如果被监视居住人违反以上规定，情节严重的，予以逮捕。

（公安局印）

二〇〇×年二月七日

本决定书已收到。

被监视居住人　肖××（按指印）

200×年2月8日

此联附卷

×公刑监字贰零零×第伍拾贰号	＊＊＊公安局 **监视居住决定书** ×公刑监字〔200×〕52号 犯罪嫌疑人：肖××，性别男，年龄28岁，住址××县××路××号，单位及职业无业 犯罪嫌疑人肖××因患有乙型肝炎，根据《中华人民共和国刑事诉讼法》第六十条第二款之规定，决定在××县××路××号对其监视居住，由××县公安局××路派出所负责执行，监视居住期限从200×年2月8日起算。 在监视居住期间，被监视居住人应该遵守下列规定： 一、未经执行机关批准不得离开住处，无固定住处的，未经批准不得离开指定的居所；二、未经执行机关批准不得会见他人；三、在传讯的时候及时到案；四、不得以任何形式干扰证人作证；五、不得毁灭、伪造证据或者串供。 如果被监视居住人违反以上规定，情节严重的，予以逮捕。 （公安局印） 二〇〇×年二月七日	×公刑监字贰零零×第伍拾贰号	＊＊＊公安局 **监视居住执行通知书** ×公刑监字〔200×〕52号 ××县公安局××路派出所： 因肖××患有乙型肝炎，我局决定在××县××路××号对犯罪嫌疑人肖××（性别男，年龄28岁，住址××县××路××号）监视居住，交由你单位执行。监视居住期限从200×年2月8日起算。 在监视居住期间，被监视居住人应当遵守下列规定： 一、未经执行机关批准不得离开住处，无固定住处的，未经批准不得离开指定的居所；二、未经执行机关批准不得会见他人；三、在传讯的时候及时到案；四、不得以任何形式干扰证人作证；五、不得毁灭、伪造证据或者串供。 如果被监视居住人违反以上规定，情节严重的，予以逮捕。 （公安局印） 二〇〇×年二月七日 此联交执行机关

【评析】

该份监视居住决定书各项目的填写均符合要求，可供参考。

四、呈请拘留报告书和拘留证

（一）呈请拘留报告书

1. 呈请拘留报告书的概念及作用。呈请拘留报告书，是指承办案件的单位对现行犯或者重大嫌疑分子需要采取拘留措施时所制作的报请县级以上公安机关负责人审批的文书。

我国《刑事诉讼法》第80条规定："公安机关对于现行犯或者重大嫌疑分子，如果有下列情形之一的，可以先行拘留：①正在预备犯罪、实行犯罪或者在犯罪后即时被发觉的；②被害人或者在场亲眼看见的人指认他犯罪的；③在身边或者住处发现有犯罪证据的；④犯罪后企图自杀、逃跑或者在逃的；⑤有毁灭、伪造证据或者串供可能的；⑥不讲真实姓名、住址，身份不明的；⑦有流窜作案、多次作案、结伙作案重大嫌疑的。"《公安机关办理刑事案件程序规定》第 106 条第 1 款规定:"拘留犯罪嫌疑人,应当填写《呈请拘留报告书》,经县级以上公安机关负责人批准,签发《拘留证》。"因此,呈请拘留报告书是制作拘留证的依据。

刑事拘留是一种剥夺人身自由的强制措施,涉及到公民人身权利保护问题。因此,制作呈请拘留报告书,经公安机关负责人审查把关,可以防止或减少错拘无辜的情况发生,保障公民的人身自由权利不受非法侵犯;同时也可防止办案人员"以拘代惩"、"以拘代侦"的错误做法。

2. 呈请拘留报告书的格式、内容及写法。呈请拘留报告书属于叙述型文书,由领导批示栏、审核意见栏和呈请拘留报告书组成。

呈请拘留报告书由呈请单位制作,主要包括以下内容:

(1)题目。应当写明呈请的事项,即"呈请拘留报告书"。

(2)正文。包括犯罪嫌疑人基本情况、呈请领导批示的事项、呈请拘留的事实依据和法律依据等内容。①犯罪嫌疑人基本情况。依次写明犯罪嫌疑人的姓名、性别、出生年月日、出生地 、身份证件号码、民族、文化程度、职业或工作单位及职务、住址、政治面貌、采取强制措施情况、简历等。②呈请领导批示的事项。该部分可表述为:"现呈请拘留犯罪嫌疑人 × × ×,理由如下:"。③呈请拘留的事实依据。这部分首先要把已经查清的被拘留人的犯罪事实或者重大嫌疑事实叙述清楚。如果被拘留人是罪该逮捕的现行犯,就要把罪该逮捕的已经查清的犯罪事实情节阐述清楚,即把犯罪的时间、地点、手段、经过、危害后果等情节反映出来。如果被拘留人是重大嫌疑(包括案情重大和嫌疑重大)分子的,要将认定嫌疑的事实根据叙述清楚,一定是有根据的嫌疑,不能是无根据的推断。这些事实是适用拘留的基本理由。其次,要写明被拘留人具备我国《刑事诉讼法》第 80 条规定的拘留条件方面的事实,即正在预备犯罪、实施犯罪或者在犯罪后即时被发觉的;被害人或者在场亲眼看到的人指认他犯罪的;在身边或者住处发现有犯罪证据的;犯罪后企图自杀、逃跑或者在逃的;有毁灭、伪造证据或者串供可能的;不讲真实姓名、住址,身份不明的;有流窜作案、多次作案、结伙作案重大嫌疑的。并且应说明情况紧急,如果不把现行犯或者重大嫌疑分子拘留起来,就会发生新的社会危险性或者妨碍侦查工作的顺利进行。④呈请拘留的法律依据。该部分应根据上面叙述的犯罪事实和证据,说明被拘留人的行为符合《刑事诉讼法》第 80 条第几项规定的情形,已具备拘留的条件,拟对犯罪嫌疑人予以拘留。

(3)尾部。在呈请拘留报告书的末尾写明请示性语言,如"以上报告妥否,请批示"。最后,由制作单位签名,写上呈报日期,并加盖呈报单位公章。

3. 制作呈请拘留报告书应注意的问题。①严格掌握拘留的法定条件。对于符合《刑事诉讼法》第 61 条规定情形的案件,才能制作该文书,不符合的,不能制作。②呈请拘留报告书制作完毕后,应当先交承办单位负责人审阅,然后再连同案件材料,证据报县级以上公安机关负责人审批。经领导批准后,方可制作拘留证,对犯罪嫌疑人执行拘留。③呈请拘留报告书属于内部审批性文书，经领导审批后应当存入侦查卷。

领导批示	同意。 李×× ××××年××月××日
审核意见	同意拘传。请李局长批示。 柳×× ××××年××月××日

呈请拘留报告书

犯罪嫌疑人黄××，男，1956年××月××日出生，居民身份证编号：×××××××××××××××××，汉族，初中文化程度，××省××县农药厂临时工，现住××省××县城关镇××街××号。

犯罪嫌疑人范××，男，1956年××月××日出生，居民身份证编号：×××××××××××××××××，汉族，初中文化程度，××省××县农药厂临时工，现住××省××县第五中学宿舍2单元5号。

犯罪嫌疑人肖××，男，1966年××月××日出生，居民身份证编号：×××××××××××××××××，汉族，初中文化程度，××省××县农药厂临时工，现住××省××县武装部宿舍××楼402室。

现呈请拘留犯罪嫌疑人黄××、范××、肖××，理由如下：

2010年8月10日深夜12时许，犯罪嫌疑人黄××、范××、肖××窜到××县柳河乡政府所在地，由范××望风，黄××、肖××翻窗进入乡武装部办公室，盗窃"五四"式手枪2支、子弹15发、人民币2400元。同年8月11日深夜11时许，黄××、范××、肖××3人又窜到××省××县东沟镇，由肖××望风，黄××、范××翻墙进入供销社内，盗走录音机2台、摩托车3辆以及现金2690元。同年8月12日凌晨3时许，黄××、范××、肖××在××镇××旅店再次作案时，被值班人员发现后报案。

××县公安局接到报案后及时赶到现场，经现场勘查、分析研究后认定，该3名犯罪嫌疑人就是8月10日在柳河乡武装部盗抢的案犯，故立即组织力量开展堵截追捕。8月12日上午11时许，黄××、范××、肖××等3人逃至××伏岭山区，在追捕过程中，黄××等3人被公安干警包围在一个山洞里，被迫放下武器就擒，公安干警当场从黄××、范××、肖××等3名犯罪嫌疑人身上搜出"五四"式手枪2支、子弹5发、人民币1340元。

综上所述，犯罪嫌疑人黄××、范××、肖××的行为触犯了《中华人民共和国刑法》第264条、第234条之规定，涉嫌盗窃罪、故意伤害罪。为查清黄××、范××、肖××的犯罪事实，防止其逃跑，拟根据《中华人民共和国刑事诉讼法》第61条第1项之规定，对犯罪嫌疑人黄××、范××、肖××予以拘留。

妥否，请批示。

××县公安局刑警队

2010年×月×日

【评析】

该份呈请拘留报告书写得符合要求，在呈请拘留的事实依据部分，以作案的时间为顺序运用精练的语言文字将3名犯罪嫌疑人犯罪的时间、地点、动机、目的、手段、过程以及造成的危害后果有条理地展示出来，文末引用的法律依据也准确、全面、规范。

（二）拘留证

1. 拘留证的概念及作用。拘留证，是公安机关依法对犯罪嫌疑人执行拘留时使用的凭证性文书。

我国《刑事诉讼法》第83条第1款规定："公安机关拘留人的时候，必须出示拘留证。"《公安机关办理刑事案件程序规定》第106条规定："拘留犯罪嫌疑人，应当填写《呈请拘留报告书》，经县级以上公安机关负责人批准，签发《拘留证》。"

拘留证既是侦查人员代表国家行使拘留权的凭证，也是对被拘留人执行羁押的依据。正确使用拘留证对于及时抓获犯罪分子，保障侦查活动顺利进行，防止侵犯公民人身权利的情况发生具有十分重要的作用。

2. 拘留证的格式、内容及写法。拘留证属于多联式填充型文书。该文书由正本、副本和存根三部分组成。

正本是拘留犯罪嫌疑人的依据和凭证。副本是看守所收押被拘留人的凭证，副本正文内容及制作要求与正本一样。存根用于留存备查。

正本由首部、正文和尾部组成。

(1)首部。由标题和文书字号组成。如：

×××公安局
拘　留　证

×公刑拘字[××××]××号

(2)正文。包括拘留的法律依据、侦查人员的姓名、被拘留人的基本情况和拟送羁押的看守所名称。

该部分的写作程式是:

根据《中华人民共和国刑事诉讼法》第80条之规定,兹决定由我局侦查人员×××、×××对犯罪嫌疑人×××(性别______,年龄______,住址______)执行拘留,送________________看守所羁押。

(3)尾部。应当填写清楚成文日期,并加盖局长的印章和制作文书的公安机关的印章。

3. 制作拘留证应注意的问题。

(1)严格掌握拘留证的使用条件。使用拘留证,应当符合以下条件:①拘留的对象是现行犯或者重大嫌疑分子。②案件已经立为刑事案件。③填写呈请拘留报告书,并经县级以上公安机关负责人批准。

(2)对被拘留人执行拘留时,侦查人员应当向被拘留人出示拘留证,并责令其在拘留证正本尾部签名(盖章)、捺手印,并填写向其宣布拘留的时间。拒绝签名(盖章)、捺手印的,侦查人员应当在拘留证上注明。

(3)侦查终结时,拘留证正本应当存入诉讼卷。

实例

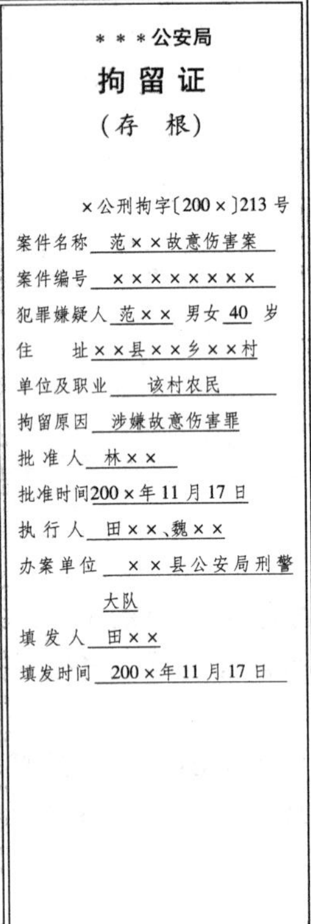

＊＊＊公安局

拘留证

（存　根）

×公刑拘字〔200×〕213号

案件名称　范××故意伤害案

案件编号　××××××××

犯罪嫌疑人　范××　男女　40　岁

住　　址　××县××乡××村

单位及职业　该村农民

拘留原因　涉嫌故意伤害罪

批准人　林××

批准时间　200×年11月17日

执行人　田××、魏××

办案单位　××县公安局刑警大队

填发人　田××

填发时间　200×年11月17日

×公刑拘字贰零零×第贰佰壹拾叁号

＊＊＊公安局

拘留证

×公刑拘字〔200×〕213号

根据《中华人民共和国刑事诉讼法》第六十一条之规定，兹决定由我局侦查人员田××、魏××对犯罪嫌疑人范××（性别男，年龄40岁住址××县××乡××村）执行拘留，送××县看守所羁押。

局长（印）

（公安局印）

二〇〇×年十一月十七日

本证已于200×年11月18日9时向我宣布。

被拘留人范××（按指印）。本证副本已收到，被拘留人范××已由我所收押。

接收民警　李××

（看守所印）

二〇〇×年十一月十八日

此联附卷

×公刑拘字贰零零×第贰佰壹拾叁号

＊＊＊公安局

拘留证

（副本）

×公刑拘字〔200×〕213号

根据《中华人民共和国刑事诉讼法》第六十一条之规定，兹决定由我局侦查人员田××、魏××对犯罪嫌疑人范××（性别男，年龄40岁住址××县××乡××村）执行拘留，送××县看守所羁押。

局长（印）

（公安局印）

二〇〇×年十一月十七日

注：拘留原因涉嫌故意伤害罪

执行拘留时间：200×年11月18日9时

此联交看守所

【评析】

该份拘留证各项目填写符合要求，可供参考。

五、提请批准逮捕书和逮捕证

（一）提请批准逮捕书

1. 提请批准逮捕书的概念及作用。提请批准逮捕书，是指公安机关根据《刑事诉讼法》的规定，对有证据证明有犯罪事实，且有逮捕必要的犯罪嫌疑人，提请同级人民检察院审查批准逮捕时制作的文书。

我国《刑事诉讼法》第85条规定：“公安机关要求逮捕犯罪嫌疑人的时候，应当写出提请批准逮捕书，连同案卷材料、证据，一并移送同级人民检察院审查批准……”《公安机关办理刑事案件程序规定》第117条规定：“需要提请批准逮捕犯罪嫌疑人的,应当经县级以上公安机关负责人批准,制作《提请批准逮捕书》一式三份,连同案卷材料、证据,一并移送同级人民检察院审查。”

逮捕是法律规定的最为严厉的刑事强制措施。一经逮捕,就意味着剥夺了犯罪嫌疑人的人身自由。因此,要求逮捕必须十分准确,只有这样,才能保障无辜公民的人身权利不受侵犯。正是从这个基点出发,我国《刑事诉讼法》才规定了公安机关逮捕犯罪嫌疑人时,必须提请人民检察院审查批准。人民检察院经过审查,认为案件事实不清,或者证据不足,则不批准逮捕,并向公安机关说明理由,需要补充侦查的应同时通知公安机关补充侦查。这样就可以防止或减少错捕现象的发生。

提请批准逮捕书是公安机关向人民检察院提请批准逮捕犯罪嫌疑人的书面形式,是人民检察院审查批捕的依据,该文书的使用也体现了公安机关与人民检察院分工负责、互相制约的原则。

根据《刑事诉讼法》第 79 条第 1 款规定,逮捕犯罪嫌疑人应当具备三个条件:①有证据证明有犯罪事实;②可能判处徒刑以上刑罚;③采取取保候审、监视居住等方法,尚不足以防止发生该条规定的五种社会危险性而有逮捕必要的,即可能实施新的犯罪的,有危害国家安全、公共安全或者社会秩序的现实危害的,可能毁灭、伪造证据干扰证人作证或者串供的,可能对被害人、举报人、控告人实施打击报复的,企图自杀或者逃跑的。

对有证据证明有犯罪事实,可能判处 10 年有期徒刑以上刑罚的,或者有证据证明有犯罪事实,可能判处徒刑以上刑罚,曾经故意犯罪,或者身份不明的,应当逮捕。

2. 提请批准逮捕书的格式、内容及写法。提请批准逮捕书属于叙述型文书,由首部、正文和尾部三部分组成。

(1)首部。包括标题、文书字号、犯罪嫌疑人基本情况和违法犯罪经历及因本案被采取强制措施的情况等内容。

首先,标题和文书字号。写为:

××公安局
提请批准逮捕书

×公×提捕字[××××]×号

其次,犯罪嫌疑人基本情况应按顺序依次写明姓名、性别、出生年月日、出生地、身份证件号码、民族、文化程度、职业或工作单位及职务、住址、政治面貌等。而后另起一段写明违法犯罪经历及因本案被采取强制措施的情况。

最后,违法犯罪经历应写清犯罪嫌疑人何时因何原因被哪一个机关作出何种处罚,何时解除处罚。如果犯罪嫌疑人是在拘留以后被提请逮捕的,应写明拘留的原因、时间和羁押场所,以便检察机关在审查批捕时提讯犯罪嫌疑人,也有利于实行法律监督。

如系共同犯罪案件,一案需要同时逮捕几个犯罪嫌疑人的,可合写一份提请批准逮捕书,按主犯、从犯、胁从犯的犯罪地位顺序分别写明各个犯罪嫌疑人的基本情况和违法犯罪经历。

(2)正文。包括案由和案件来源、犯罪事实、相关证据、提请批准逮捕的理由和法律依据等内容。

首先,案由和案件来源。这部分的写作程式是:

犯罪嫌疑人涉嫌×××(罪名)一案,由×××(姓名、名称)于××××年××月××日举报(控告、报案、移送)至我局。我局经过审查,于××××年××月××日立案进行侦查。犯罪嫌疑人×××已于××××年××月××日被抓获归案。

其次,犯罪事实与证据。犯罪事实是批准逮捕的事实依据。写时用“经依法侦查查明:”一句引起,然后概括叙述经侦查机关审查认定的犯罪事实。叙述犯罪事实应当根据具体案件情况,围绕《刑事诉讼法》规定的逮捕条件,简要写明犯罪嫌疑人在何时、何地,出于什么动机和目的,采取何种犯罪手段,实施了何种犯罪行为,造成了什么样的危害后果。特别注意要把关键性情节交待清楚。对于只有一个犯罪嫌疑人的案件,犯罪嫌疑人实施多次犯罪的犯罪事实应逐一列举;同时触犯数个罪名的犯罪嫌疑人的犯罪事实应该按照主次顺序分别列举。对于共同犯罪案件,写明犯罪嫌疑人的共同犯罪事实及各自在共同犯罪中的地位和作用后,按照犯罪嫌疑人的主次顺序,分别叙述各个犯罪嫌疑人的单独犯罪事实。

犯罪事实写完之后,应另起一行写明能够证明犯罪事实存在的证据。写时用“认定上述事实的证据如下:”一句引起,然后将侦查机关收集的能够认定犯罪事实的证据一一列举出来。

最后,提请批准逮捕的理由和法律依据。这项内容主要是根据前面叙述的犯罪事实,得出应当逮捕犯罪嫌疑人的结论。该部分应首先针对犯罪的事实、性质、情节,运用犯罪构成理论,以《刑法》分则规定的罪状特征,对犯罪嫌疑人的行为作出法律上的评断;然后写明提请批捕的法律依据。既要写明犯罪嫌疑人涉嫌犯罪的法律依据,又要阐明提请批捕犯罪嫌疑人的法律依据。其写作程式是:

综上所述,犯罪嫌疑人×××……(根据犯罪构成简要说明罪状),其行为已触犯《中华人民共和国刑法》第×条之规定,涉嫌××罪,有逮捕必要。依照《中华人民共和国刑事诉讼法》第79条第1款,第85条之规定,特提请批准逮捕。

(3)尾部。包括文书送达机关的名称、署名、用印和附项等内容。①文书送达机关的名称。写“此致,×××人民检察院”。②署名、用印。在文书尾部右下角由公安机关负责人署名并加盖局长私人章,之下注明制作的年、月、日,并在上面加盖公安机关公章。③附项。此项内容应在文书尾部左下角注出。主要包括:本案卷宗材料有×卷×页;犯罪嫌疑人×××现被羁押于何处;随案移送物品×件;注明要随提请批准逮捕书一并移送检察院审查。

3. 制作提请批准逮捕书应注意的问题。

(1)严格掌握逮捕的条件。提请批捕及制作提请批准逮捕书要严格依照《刑事诉讼法》第79条第1、2款的规定以及《最高人民检察院、公安部关于依法适用逮捕措施有关问题的规定》中的有关规定。符合报捕条件的才能办理提请批准逮捕的手续,对于不符合报捕条件的可以采取其他刑事强制措施或作出撤销案件的决定,以免伤及无辜。

(2)叙述犯罪事实时:一要重点突出,处理好当写与不当写的关系。叙述时要抓住主要犯罪事实,不要叙述那些尚待查证核实的犯罪事实;还要严格区分罪与非罪的界限,只有罪行材料才能写进犯罪事实中去,不能把犯罪嫌疑人的属于道德品质、生活作风和一般违法等问题也作为犯罪事实来写;所叙述的犯罪事实必须是查证属实的,有确凿证据证明的。二要处理好详写与略写的关系。涉及被害人或其他当事人的隐私问题时,不宜详叙具体情节,也不要写出他们的姓名全称,可以王××、张××代称。

(3)理由部分引用法律条文要全面、准确。"全面"是指必须同时引用我国《刑法》和《刑事诉讼法》的有关条文。因为提请批准逮捕,既涉及到实体问题,也涉及到程序问题。"准确"是指在引用实体法时,应根据犯罪嫌疑人犯罪的具体情节,引用相应的《刑法》条款。在引用程序法时,应当引用我国《刑事诉讼法》第79条第1款和第85条。第79条第1、2款规定的是逮捕条件,第85条规定的是提请人民检察院审查批准的依据。

(4)提请批准逮捕书的使用须经县级以上领导人审查批准,加盖公安机关公章和局长私人章,一式三份。立案单位存档1份,送检察院2份,其中1份由检察院收存,1份在检察院批准逮捕后,随同检察院的批准逮捕决定书退回公安机关,由公安机关存入侦查卷宗。

×××公安局

提请批准逮捕书

×公刑提捕字[*200*×]××号

犯罪嫌疑人郭××,曾用名郭×,男,19××年5月19日生,出生地××省××县,身份证号码××××××××××××××××××,汉族,高中文化,××市××橡胶制品厂工人，住××市××区××路××号。

犯罪嫌疑人郭××于19××年曾因盗窃罪被××市××区人民法院判处有期徒刑3年，19××年9月27日刑满释放。19××年因抢夺罪被判处有期徒刑2年，于19××年3月20日刑满释放。200×年6月15日因涉嫌盗窃罪被我局刑事拘留。

犯罪嫌疑人郭××涉嫌盗窃一案，由被害人张××于200×年5月23日报案至我局。我局经过审查，于5月23日立案进行侦查。犯罪嫌疑人郭××已于200×年6月15日被抓获归案。

经依法侦查查明：犯罪嫌疑人郭××于200×年5月23日上午，潜入被害人在××市××区××路××号5楼213号的住宅，窃取了人民币现金5000元，美元1000元，人民币活期存折一个（户名张××，账号××××××，金额15 000元），存单一张（户名张××，账号××××××，金额5000元），折合人民币共计78 000余元。

认定上述犯罪事实的证据如下：报案记录、被害人的证言、现场勘查记录以及部分涉案赃物等，犯罪嫌疑人郭××供认不讳。

综上所述，犯罪嫌疑人郭××以非法占有为目的，利用秘密窃取的方法，盗窃他人财物，数额巨大，其行为已触犯《中华人民共和国刑法》第264条之规定，涉嫌盗窃罪，有逮捕必要。依照《中华人民共和国刑事诉讼法》第60条第1款、第66条之规定，特提请批准逮捕。

此致

××市人民检察院

局长（印）

（×××公安局印）

200×年6月20日

附：1. 本案卷宗×卷×页

2. 犯罪嫌疑人郭××现羁押在××市看守所。

3. 随案移交物品×件。

【评析】

该份提请批准逮捕书格式规范，项目齐全。事实部分按照时间顺序法叙述了犯罪嫌疑人郭××实施盗窃的时间、地点、具体经过和危害后果，对实施盗窃的犯罪情节写得清楚明了。理由部分引用我国《刑法》第264条准确确定了犯罪嫌疑人涉嫌的罪名，而后再引用2012年修订前的《刑事诉讼法》第60条第1款、第66条说明犯罪嫌疑人已具备逮捕条件，提请同级人民检察院批准逮捕。通篇文字通畅，符合制作要求。

（二）逮捕证

1. 逮捕证的概念及作用。逮捕证，是公安机关依法对犯罪嫌疑人执行逮捕时使用的凭证性文书。

我国《刑事诉讼法》第78条规定："逮捕犯罪嫌疑人、被告人，必须经过人民检察院批准或者人民法院决定，由公安机关执行。"第91条第1款规定："公安机关逮捕人的时候，必须出示逮捕证。"

逮捕证不仅是侦查人员代表国家行使逮捕权的凭证，也是公安机关对被逮捕人执行羁押的依据，具有法律强制性。如果犯罪嫌疑人抗拒逮捕，持逮捕证执行逮捕的人员可以对其采取相应的强制方法。在紧急情况下，侦查机关还可凭逮捕证对犯罪嫌疑人的人身、住处及其他场所进行搜查，但事后应及时补办搜查证。

2. 逮捕证的格式、内容及写法。逮捕证属于多联式填充型文书。该文书由正本、副本和存根三部分组成。正本是公安机关逮捕犯罪嫌疑人的依据和凭证，在向被逮捕人宣布后附卷。副本是公安机关将被逮捕人送看守所羁押的凭证。存根用于公安机关使用本文书留存备查。下面仅介绍正本的基本格式。

正本由首部、正文和尾部三部分组成。

(1)首部。首部由标题和文书字号组成。写为：

××× 公安局

逮　捕　证

×公×逮字[200×]××号

(2)正文。包括逮捕的法律依据、批准或者决定机关名称、侦查人员(2名以上)的姓名、涉嫌罪名、被逮捕人的基本情况和拟送羁押的看守所名称。这部分的写作程式是：

根据《中华人民共和国刑事诉讼法》第78条之规定，经××××(填写批准逮捕或决定逮捕的人民检察院或人民法院名称)批准/决定(是人民检察院批准的，划掉'决定'字样；是人民法院决定的，划掉'批准'字样)，兹派我局侦查人员×××、×××(填写2名侦查人员的姓名)对涉嫌××罪(填写涉嫌的罪名)的×××(填被逮捕人姓名)(性别______，年龄______，住址__________________)执行逮捕，送×××(填写××市、县名称)看守所羁押。

(3)尾部。写明成文时间，并加盖局长的印章和制作文书的公安机关的印章。

3. 制作逮捕证应注意的问题。

(1)严格把握逮捕证的使用条件。使用逮捕证应当符合三个条件：①逮捕的对象是《刑事诉讼法》规定的应当予以逮捕的犯罪嫌疑人和被告人。②经过人民检察院批准或者人民法院决定。③由公安机关出具逮捕证并执行逮捕。

(2)公安机关执行逮捕应符合法定的程序。执行逮捕的侦查人员不得少于2

人。执行时,必须出示逮捕证,并责令被逮捕人在逮捕证正本的签收栏签名(盖章)、捺指印,并填写向其宣布逮捕的时间,其拒绝签名(盖章)、捺指印的,侦查人员应当在逮捕证正本上注明。

(3)在逮捕犯罪嫌疑人后,应当立即送看守所羁押,看守所应当凭公安机关签发的《逮捕证》收押被逮捕人。《逮捕证》副本交看守所,并请看守所的接收民警在逮捕证正本签注栏内签名,加盖看守所印章,填写收押的时间。

 实例

＊＊＊公安局
逮捕证
(存　根)

×公刑逮字〔200×〕27号
案件名称 程××强奸案
案件编号 ××××××××
犯罪嫌疑人 程×× 男女 45 岁
住　址 ××县××区××路××号
单位及职业 ××市××厂工人
逮捕原因 涉嫌强奸罪
批准或决定逮捕时间 200×年4月6日
批准或决定机关 ××市人民检察院
执行人 张××、高××
办案单位 ××市公安局刑侦支队
填发时间 200×年4月6日
填发人 张××

×公刑逮字贰零零×第贰拾柒号

＊＊＊公安局
逮捕证

×公刑逮字〔200×〕27号

根据《中华人民共和国刑事诉讼法》第五十九条之规定,经××市人民检察院批准/决定,兹派我局侦查人员张××、高××对涉嫌强奸罪的程××(性别男,年龄45岁,住址××市××区××路××号),执行逮捕,送××市看守所羁押。

局长(印)
(公安局印)
二〇〇×年四月六日

逮捕证已于200×年4月6日14时向我宣布。

被逮捕人程××(按指印)。本证副本已收到,被拘留人程××已于200×年4月6日由我所收押(如先拘留的填拘留时间)。

接收民警　李××
(看守所印)
二〇〇×年四月六日

此联附卷

×公刑逮字贰零零×第贰拾柒号

＊＊＊公安局
逮捕证
(副本)

×公刑逮字〔200×〕27号

根据《中华人民共和国刑事诉讼法》第五十九条之规定,经××市人民检察院批准/决定,兹派我局侦查人员张××、高××对涉嫌强奸罪的程××(性别男,年龄45岁,住址××市××区××路××号),执行逮捕,送××市看守所羁押。

局长(印)
(公安局印)
二〇〇×年四月六日

注:执行逮捕时间:
200×年4月6日14时

此联交看守所

【评析】

这份逮捕证有关内容填写得准确而具体。对批准逮捕的机关名称、执行逮捕的侦查人员的姓名、人数、被逮捕人的基本情况和拟送羁押的看守所的名称的写述均符

合制作要求，对被逮捕人所涉嫌罪名的表述也符合《刑法》的规定。从而为逮捕提供了详实的依据。文末签收栏有关内容的写法也符合要求。

第四节　延长羁押期限文书

一、呈请延长拘留期限报告书

(一)呈请延长拘留期限报告书的概念及作用

呈请延长拘留期限报告书，是指公安机关侦查人员在审讯被拘留的犯罪嫌疑人时，于3日内未能获取证明其有犯罪事实的证据，报请县级以上公安机关负责人批准延长拘留期限所制作的文书。

我国《刑事诉讼法》第89条第1、2款规定："公安机关对被拘留的人，认为需要逮捕的，应当在拘留后的3日以内，提请人民检察院审查批准。在特殊情况下，提请审查批准的时间可以延长1～4日。对于流窜作案，多次作案、结伙作案的重大嫌疑分子，提请审查批准的时间可以延长至30日。"

在实践中，常遇到的"特殊情况"主要指以下几种：①犯罪嫌疑人的行为构成犯罪的重大嫌疑，但犯罪事实尚未查清的；②案情复杂，证据材料的收集尚不足以提请批准逮捕的；③作为认定案件事实的主要证据的"鉴定结论"尚未作出，影响确定案件性质的。

不具备上述特殊情况，或者不是流窜作案、多次作案、结伙作案的重大嫌疑分子，不能随意制作呈请延长拘留期限报告书。

制作呈请延长拘留期限报告书是为了履行延长拘留期限的审批手续，确保办案人员延长拘留期限行为的合法性，避免超期羁押现象的发生。

(二)呈请延长拘留期限报告书的格式、内容及写法

呈请延长拘留期限报告书是叙述型文书，由领导批示栏、审核意见栏和呈请延长拘留期限报告书组成。呈请延长拘留期限报告书由呈请单位制作，主要包括以下内容：

1. 首部。应当写明呈请的事项，如"呈请延长拘留期限报告书"。

2. 正文。包括犯罪嫌疑人的基本情况、呈请领导批示的事项、呈请延长拘留期限的事实依据和法律依据等内容。

(1)犯罪嫌疑人的基本情况。依次写明犯罪嫌疑人的姓名、性别、出生年月日、出生地 、身份证件号码、民族、文化程度、职业或工作单位及职务、住址、政治面貌、采取强制措施情况、简历等。

(2)呈请领导批示的事项。该部分可表述为："现呈请延长对犯罪嫌疑人×××的拘留羁押期限，理由如下："。

(3)呈请延长拘留期限的事实依据。该部分应根据案件的具体情况叙述。如果犯罪嫌疑人的犯罪事实尚未查明，需要讲明犯罪嫌疑人是什么性质的犯罪，事实还未

查清,还需要继续侦查;如果是收集的证据不足以证明犯罪嫌疑人有罪的,则应说明需要补充什么证据;如果犯罪嫌疑人是流窜作案、结伙作案、多次作案的重大嫌疑分子,就应根据犯罪嫌疑人的具体情况,说明他们具有流窜作案、多次作案、结伙作案特征的事实情节;等等。

(4)呈请延长拘留期限的法律依据及延长日期。延长拘留期限的法律依据,是我国《刑事诉讼法》第89条第1、2款的规定。如果需要延长1～4日的,则引用第89条第1款;如果需延长至30日,则引用第89条第2款。

3. 尾部。用请示性语言"以上报告妥否,请批示"作为结束语。最后,由制作单位签名,注明呈报日期,并加盖呈报单位公章。

(三)制作呈请延长拘留期限报告书应注意的问题

1. 呈请延长拘留期限报告书制作完毕后,应当先交承办单位负责人审阅,然后再连同案件材料、证据报县级以上公安机关负责人审批。经领导批准后,可以制作延长拘留期限通知书,通知被拘留人及其羁押的看守所,对犯罪嫌疑人的拘留期限予以延长。

2. 呈请拘留报告书属于内部审批性文书,经领导审批后应当存入侦查卷。

附 实例

领导批示	同意。 高×× ××××年××月××日
审核意见	同意将×××拘留期限延长至30日,请高局长批示。 张×× ××××年××月××日

呈请延长拘留期限报告书

犯罪嫌疑人张××,男,1967年××月××日出生,居民身份证编号:××××××××××××××××,汉族,初中文化程度,××省××市××公司业务员,住××省××市××区××路12号。因盗窃于2010年7月9日被我局刑事拘留。

现呈请延长对犯罪嫌疑人张××的拘留羁押期限,理由如下:

犯罪嫌疑人张××盗窃一案,经讯问,张××自称是××省××市××公司业务员,住××省××市××区××路12号。我们与××省××市公安局联系,请他们协助查明张××的情况，该市公安局回电称：××市××公司查无此人，××市××区××路12号居住的居民也不姓张。据此，我们认为，犯罪嫌疑人张××可能是一名流窜作案分子，其姓名、住址均是自己编造的。为了查清犯罪嫌疑人的真实身份和犯罪事实，根据《中华人民共和国刑事诉讼法》第69条第2款之规定，特呈请批准对犯罪嫌疑人张××的拘留羁押期限延长至30日。

妥否，请批示。

××县公安局刑警队

2010年8月9日

【评析】

该份呈请延长拘留期限报告书的制作符合要求，正文部分运用精练的语言阐述了呈请延长拘留期限的理由，文末准确引用2012年修订前的《刑事诉讼法》第69条第2款提出了要求延长的期限。

二、提请批准延长侦查羁押期限意见书

（一）提请批准延长侦查羁押期限意见书的概念及作用

提请批准延长侦查羁押期限意见书，是公安机关对侦查羁押期限届满而不能侦查终结的案件依法提请人民检察院延长侦查羁押期限的文书。

我国《刑事诉讼法》第154条规定："对犯罪嫌疑人逮捕后的侦查羁押期限不得超过2个月。案情复杂、期限届满不能终结的案件，可以经上一级人民检察院批准延长1个月。"第156条规定："下列案件在本法第154条规定的期限届满不能侦查终结的，经省、自治区、直辖市人民检察院批准或者决定，可以延长2个月：①交通十分不便的边远地区的重大复杂案件；②重大的犯罪集团案件；③流窜作案的重大复杂案件；④犯罪涉及面广，取证困难的重大复杂案件。"第157条规定："对犯罪嫌疑人可能判处10年有期徒刑以上刑罚，依照本法第156条规定延长期限届满，仍不能侦查终结的，经省、自治区、直辖市人民检察院批准或者决定，可以再延长2个月。"第155条规定："因为特殊原因，在较长时间内不宜交付审判的特别重大复杂的案件，由最高人民检察院报请全国人民代表大会常务委员会批准延期审理。"

凡是符合上述情况之一的案件，都可以根据不同情况，向人民检察院提请批准延长羁押期限。

制作提请批准延长侦查羁押期限意见书是为了履行提请批准延长侦查羁押期限的审批手续，确保办案人员延长侦查羁押期限行为的合法性。

（二）提请批准延长侦查羁押期限意见书的格式、内容及写法

提请批准延长侦查羁押期限意见书属于多联式填充型文书，由正本、副本及存根组成。正本送检察院，副本附卷，存根用于留存备查。正本由首部、正文及尾部组成，

其写作格式如下：

1. 首部。由标题、文书字号及抬头组成。标题和文书字号写为：

×××公安局
提请批准延长侦查
羁押期限意见书

×公刑批延字[××××]××号

抬头填写批准逮捕的检察院名称。

2. 正文。包括批准逮捕的时间、批准逮捕决定书的字号、被逮捕人的姓名、逮捕的时间、提请批准延长侦查羁押期限的原因、法律依据、提请批准延长的侦查羁押期限。该部分的写作程式是：

你院于××××年××月××日以×××[××××]××号决定书批准逮捕的犯罪嫌疑人×××已于××××年××月××日被执行逮捕，因＿＿＿＿＿＿＿＿＿＿＿＿＿＿＿＿＿＿，＿＿＿＿＿＿＿羁押期限届满不能终结，根据《中华人民共和国刑事诉讼法》第××条之规定，特提请批准对其延长羁押期限××个月。

3. 尾部。应当填写清楚成文时间，并加盖制作文书的公安机关的印章。

（三）制作提请批准延长侦查羁押期限意见书应注意的问题

1. 在侦查羁押期限届满前7日，将提请批准延长侦查羁押期限意见书正本送交原批准逮捕的人民检察院，并请收件人在副本的签收栏签收。对于需要延长2个月和再延长2个月及需提交全国人民代表大会常委会审查批准的，应当在期限届满的15日前，将本文书报请同级人民检察院转报。

2. 正文部分填写时应注意：①提请批准延长侦查羁押期限的原因应当根据《刑事诉讼法》的规定，结合案件的具体情况进行叙述，如延长1个月的，不能只写“案情复杂”，而应当说明案情具体如何复杂，为什么在侦查羁押期限内不能办结。②提请批准延期的法律依据要根据案件延长期限的具体情况，分别引用不同的条款。如果延长1个月的，应引用《刑事诉讼法》第154条；如果需延长2个月的，应引用第156条；如果再延长2个月的，应引用157条；如需报请全国人大常委会批准的，应引用第155条。③提请批准延长的侦查羁押期限应根据案件具体情况提出。一般是1个月，有的是2个月。个别特殊原因需由全国人大常委会批准延期的，要慎重地分析、研究，提出具体的时间要求。

3. 侦查终结时，提请批准延长侦查羁押期限意见书应当存入诉讼卷。

附 实例

<table>
<tr>
<td>
×××公安局
提请批准处长侦查
羁押期限意见书
（存 根）

×公刑批延字〔200×〕9号
案件名称 王××故意杀人、抢劫案
案件编号 ××××××××
犯罪嫌疑人 王×× 男女 30 岁
住　　址 ××县××镇××村
单位及职业 该村农民
逮捕时间 200×年2月8日
延长原因 属重大的犯罪集团案件
提请延长期限 二个月
送往单位 ××县人民检察院
批 准 人 杨××
批准时间 200×年4月30日
办 案 人 马××、田××
办案单位 ××县公安局刑警大队
填发时间 200×年4月30日
填 发 人 田××
</td>
<td>×公刑批延字贰零零×第玖号</td>
<td>
×××公安局
提请批准延长侦查
羁押期限意见书
（副 本）
×公刑批延字〔200×〕9号
××县人民检察院：
你院于200×年2月7日以×××〔200×〕36号决定书批准逮捕的犯罪嫌疑人王××已于200×年2月8日被执行逮捕，因王××系重大系列杀人、抢劫犯罪集团的首要分子，该集团共有犯罪分子十余名，实施故意杀人、抢劫犯罪二十余起。目前尚有五名犯罪嫌疑人在逃，大量犯罪证据需要收集、核实，羁押期限届满不能侦查终结，根据《中华人民共和国刑事诉讼法》第一百二十六条之规定，特提请批准对其延长羁押期限二个月。
（公安局印）
二〇〇×年四月三十日
本意见书已收到。
检察院收件人：孙××
二〇〇×年五月一日
此联附卷
</td>
<td>×公刑批延字贰零零×第玖号</td>
<td>
×××公安局
提请批准延长侦查
羁押期限意见书
×公刑批延字〔200×〕9号
××县人民检察院：
你院于200×年2月7日以×××〔200×〕36号决定书批准逮捕的犯罪嫌疑人王××已于200×年2月8日被执行逮捕，因王××系重大系列杀人、抢劫犯罪集团的首要分子，该集团共有犯罪分子十余名，实施故意杀人、抢劫犯罪二十余起。目前尚有五名犯罪嫌疑人在逃，大量犯罪证据需要收集、核实，羁押期限届满不能侦查终结，根据《中华人民共和国刑事诉讼法》第一百二十六条之规定，特提请批准对其延长羁押期限二个月。
（公安局印）
二〇〇×年四月三十日
此联交看守所
</td>
</tr>
</table>

【评析】

该份提请批准延长侦查羁押期限意见书的制作符合要求。正文部分对提请批准延长侦查羁押期限的原因写得详细、具体，提请批准延期的法律依据引用准确、规范，从而为人民检察院审查提供了方便。

第五节 预审终结文书

一、起诉意见书

（一）起诉意见书的概念及作用

起诉意见书，是公安机关对刑事案件侦查终结后，认为犯罪嫌疑人的行为已经构成犯罪，应当追究刑事责任，依照法定程序向同级人民检察院提出起诉意见时所制作的文书。

我国《刑事诉讼法》第 160 条规定："公安机关侦查终结的案件，应当做到犯罪事实清楚，证据确实、充分，并且写出起诉意见书，连同案卷材料、证据一并移送同级人民检察院审查决定；同时将案件移送情况告知犯罪嫌疑人及其辩护律师。"《公安机关办理刑事案件程序规定》第 264 条规定："对于犯罪事实清楚，证据确实、充分，犯罪性质和罪名认定正确，法律手续完备，依法应当追究刑事责任的案件，应当制作《起诉意见书》，经县级以上公安机关负责人批准后，连同案卷材料、证据，一并移送同级人民检察院审查决定。"

起诉意见书是公安机关对侦查终结案件的总结和结论，该文书的制作标志着侦查工作的结束，也是公安机关请求人民检察院审查起诉的法定文件。人民检察院接到该文书后，必须对案件进行审查，并决定是否起诉；对该文书的制作和审查体现了公安机关和人民检察院在刑事诉讼中分工负责、互相配合、互相制约的原则。

（二）起诉意见书的格式、内容及写法

起诉意见书属于叙述型文书，由首部、正文和尾部三部分组成。

1. 首部。

（1）标题和文书字号。写为：

××公安局

起诉意见书

×公×诉字[××××]××号

（2）犯罪嫌疑人身份情况、违法犯罪经历及因本案被采取强制措施的情况。其中，叙述犯罪嫌疑人身份情况应依次写明姓名、性别、出生年月日、出生地、身份证件号码、民族、文化程度、职业或工作单位及职务、住址、政治面貌等。违法犯罪经历应写明犯罪嫌疑人接受刑事处罚、治安处罚及被劳动教养的情况。具体写清楚犯罪嫌疑人何时因何原因被哪一个机关作出何种处罚，何时解除处罚。同时还应写明因本案被采取拘留、逮捕等强制措施的情况，共同犯罪案件中有几名犯罪嫌疑人需要追究刑事责任的，犯罪嫌疑人的身份情况及违法犯罪经历应按照主犯、从犯、胁从犯的顺序分别叙述。单位犯罪案件还应当写明单位的名称、地址。

2. 正文。包括案件办理情况、案件事实和证据、案件有关情节、犯罪性质认定及移送审查起诉的依据等内容。

（1）案件办理情况。该部分的写作程式是：

犯罪嫌疑人涉嫌×××（罪名）一案，由×××（姓名、名称）于××××年××月××日举报（控告、报案、移送）至我局。我局经过审查，于××××年××月××

日立案进行侦查。犯罪嫌疑人×××已于××××年××月××日被抓获归案。犯罪嫌疑人×××涉嫌×××案，现已侦查终结。

(2)犯罪事实和证据。书写犯罪事实时应先用“经依法侦查查明：”一句引起，然后概括叙述经侦查认定的犯罪事实，即写明犯罪嫌疑人何时在何地，出于什么动机和目的，采取什么方法和手段，实施了什么犯罪行为，造成了什么后果等。要根据具体案件情况，围绕《刑法》规定的相关罪的构成要件，简明扼要叙述。对于只有一名犯罪嫌疑人的案件，犯罪嫌疑人实施多次犯罪的犯罪事实应逐一列举；同时触犯数个罪名的犯罪嫌疑人的犯罪事实应该按照主次顺序分别列举。对于共同犯罪案件，写明犯罪嫌疑人的共同犯罪事实及各自在共同犯罪中的地位和作用后，按照犯罪嫌疑人的主次顺序，分别叙述各个犯罪嫌疑人的单独犯罪事实。

由于犯罪事实错综复杂，案情千变万化，在叙述犯罪事实时，要根据案件的具体情况，因案而异，采取不同的方法叙述，尽可能地把犯罪嫌疑人的犯罪事实叙述全面、清楚、明了。实践中，多采用以下几种叙述方法：

第一，按时间顺序叙述，即按照犯罪嫌疑人作案时间的先后顺序来叙述。这种写法适用于一人一次犯罪，多人一次犯罪和一人多次涉嫌同一性质罪名的案件。这种写法条理清楚，一目了然。

第二，按犯罪性质来叙述，即按照犯罪嫌疑人犯罪性质的轻重程度来叙述，先写重罪，再写轻罪。这种写法主要适用于一人或者多人多次犯罪，且涉嫌不同罪名的案件。采取这种写法，重点突出，主次清晰，数罪分明。

第三，按综合归纳法叙述。这种写法适用于两人或者多人多次涉嫌同一罪名，而且作案的方式、方法、经过、手段等情节又基本相同的案件。采取这种写法，既可避免重复啰嗦、文字冗长的弊病，又可以比较全面、具体地把全部犯罪事实叙述清楚。

第四，多种写法并用。对于共同犯罪和集团犯罪案件，由于各个犯罪嫌疑人在犯罪过程中所处的地位不同，罪行交错，情节各异，罪责不同，触犯的法律条款也不尽相同，所以，对这类案件，大都采用综合归纳兼用其他方法进行叙述。

在叙述清楚犯罪事实之后，应另起一段以“认定上述事实的证据如下：”引出列举的证据。列举证据，并不是要将案件所有证据一一列举出来，而是根据不同性质案件的不同特点，有针对性地列举部分主要证据，而且要叙述得简明扼要。在列举完证据后，另起一段，写明“上述犯罪事实清楚，证据确实、充分，足以认定”，以表明对案件事实、证据认定的确认。

(3)案件有关情节。具体写明犯罪嫌疑人是否有累犯、立功、自首等影响量刑的从重、从轻、减轻等犯罪情节及其法律依据，阐明对其予以从重、从轻、减轻处罚的理由。

(4)犯罪性质认定及移送审查起诉的依据。这部分是公安机关在叙述犯罪事实的基础上对案情所做的分析认定。写作要点如下：①概括说明犯罪嫌疑人的行为特征;②指明犯罪行为触犯的《刑法》条文,确认涉嫌何罪;③写明移送案件的法律依据,即准确引用《刑事诉讼法》第160条的规定,提出将本案移送审查起诉的要求。写作程式为:

综上所述,犯罪嫌疑人×××(根据犯罪构成简要说明罪状),其行为已触犯《中华人民共和国刑法》第×条之规定,涉嫌××罪。依照《中华人民共和国刑事诉讼法》第160条之规定,现将此案移送审查起诉。

3. 尾部。包括文书送达机关的名称、署名、用印和附项等内容。

(1)文书送达机关的名称。写"此致,×××人民检察院"。

(2)署名、用印、日期。在文书尾部右下角由公安机关负责人署名并加盖局长私人章,之下注明制作的年、月、日,并在上面加盖公安机关公章。

(3)附项。此项内容应在文书尾部左下角注出。所附项目根据需要填写,主要有:①本案卷宗材料有×卷×页;②犯罪嫌疑人现在何处;③随案移交物品×件;④被害人×××已提出附带民事诉讼。

(三)制作起诉意见书应注意的问题

1. 严格掌握起诉意见书的制作条件。制作起诉意见书应当符合两个条件:①案件已经侦查终结;②犯罪事实清楚,证据确实、充分,犯罪性质和罪名认定正确,法律手续完备,依法应当追究刑事责任。

2. 叙述犯罪事实时:一要实事求是,反映案件的本来面目。写入的必须是经过侦查机关查证属实的,有确凿证据证明的犯罪事实,不要将那些尚待查证核实的事实材料也一并写入。引用犯罪嫌疑人的口供材料时,不能断章取义,以偏概全,要保持原意。二要严格区分罪与非罪的界限,只有罪行材料才能写进犯罪事实中去,对不构成犯罪的事实,不能写入。

3. 对犯罪性质的认定要准确,阐述起诉意见要有理。必须针对犯罪的具体事实、情节,运用犯罪构成理论,对犯罪嫌疑人的行为作出法律上的评断。阐述起诉意见时,既要说明犯罪嫌疑人犯罪行为的社会危害性,又要论证犯罪嫌疑人的行为已经构成犯罪,应当追究刑事责任。

4. 共同犯罪案件的起诉意见书,应当写明每个犯罪嫌疑人在共同犯罪中的地位、作用、具体罪责和认罪态度,分别提出处理意见。

5. 起诉意见书1式3份,其中2份随侦查卷和证据材料一并移送同级人民检察院供审查用,另1份存入侦查工作卷备查。

附 实例

×××公安局

起诉意见书

×公刑诉字[200×]××号

犯罪嫌疑人夏××,男,198×年11月3日出生,××省××市人,身份证号码130981198211031×××,汉族,小学肄业,无业,捕前住××省××市××街××号。200×年7月9日被××市公安局刑事拘留,同年8月1日因涉嫌故意杀人罪、抢劫罪、强奸罪、盗窃罪被依法逮捕。

犯罪嫌疑人李×,男,197×年4月14日出生,××省××县人,身份证号码220524197904142×××,汉族,初中肄业,无业,捕前住××省××县××乡××村。200×年7月11日被××市公安局刑事拘留,同年8月1日因涉嫌抢劫罪、强奸罪、盗窃罪被依法逮捕。

犯罪嫌疑人戴××,男,198×年2月26日出生,××省××县人,身份证号码220524198402262×××,汉族,初中肄业,无业,捕前住××省××县××乡××村。200×年7月11日被××市公安局刑事拘留,同年8月1日因涉嫌抢劫罪、强奸罪被依法逮捕。

犯罪嫌疑人夏××、李×、戴××、涉嫌故意杀人、强奸、抢劫、盗窃一案,由×××、×××、×××、×××于200×年×月×日报案至我局。我局经过审查,于×日立案进行侦查。犯罪嫌疑人夏××、李×、戴××,已于200×年×月×日被抓获归案。犯罪嫌疑人夏××、李×、戴××涉嫌故意杀人、强奸、抢劫、盗窃案,现已侦查终结。

经依法侦查查明:犯罪嫌疑人夏××、李×、戴××涉嫌下列犯罪事实:

一、犯罪嫌疑人夏××故意杀人、抢劫、强奸的犯罪事实

200×年12月28日下午14时许,犯罪嫌疑人夏××携带水果刀、尼龙绳、擀面杖、麻袋等作案工具,窜至××区××里2号楼2门4楼,以查水表为名骗开401室房门入室,见只有女青年张×一人租住于此,即对张×殴打、捆绑,并多次强奸。后犯罪嫌疑人夏××发现张×认识自己,遂用麻袋套住张×头部,从厨房内拿出一把榔头,猛击张×头部,将张×砸昏后拖至卫生间,又从厨房取出菜刀猛砍张×颈部数刀。张×因颅脑损伤合并失血性休克死亡。之后,犯罪嫌疑人夏××将张×房间的7000元人民币及格兰仕27L微波炉一台,三星A288型手机一部、黄金戒指一枚,白金项链一条,白金手链一条抢走,抢劫财物共计人民币12 080元。12月29日上午,犯罪嫌疑人夏××再次窜至××区××里2号楼2门4楼401室将张×尸体肢解。

认定上述犯罪事实的证据有:①报案笔录,立案决定书,现场勘查材料和房东王×、被害人之妹张××的证言,证实在××区××里2号楼2门4楼401室厕所内,

张某被人杀害，四肢被肢解。②鉴定结论认定：张×因颅脑损伤合并失血性休克死亡，生前与犯罪嫌疑人夏××有过性行为。③证人王×、马××、宋××、朱××、张××的证言和犯罪嫌疑人高××的供述证实：被害人张×租住于××区××里2号楼2门4楼401室，在××歌厅当"三陪"小姐时，与犯罪嫌疑人夏××有过接触。200×年1月10日，犯罪嫌疑人夏××系以强奸、抢劫为目的，骗入401室对张×强奸、抢劫后，发现被害人认出自己时，才起意杀人的。肢解尸体是为了伪造现场，逃避制裁。低价变卖微波炉，也证实了夏××在强奸、杀人后，实施了抢劫犯罪行为。

二、犯罪嫌疑人夏××、李×、戴××抢劫、强奸的犯罪事实

200×年5月26日23时许，犯罪嫌疑人夏××与李×经预谋后，持刀窜至××区××里5号楼1门4楼，夏××钻窗进入402室，李×在楼道内等候伺机作案。27日凌晨3时许，被害人张××返回住处时，被两名犯罪嫌疑人用刀劫持至402室，以威胁、恐吓、殴打手段逼张××交出存折，而后分别多次将张××强奸。上午10时，犯罪嫌疑人李×持被害人张××的存折到银行将存折上的1000元取出。与此同时，犯罪嫌疑人夏××用携带来的照相机给张××拍摄裸体照片，并威胁其如果报案就将照片公之于众，之后抢走张××现金800元、白金钻戒一枚，浪琴牌手表一块，白金耳环一对，黄金项链和白金项链各一条、三星A288手机一部，抢劫财物共计人民币12 100元。待李×从银行返回后，两名犯罪嫌疑人携赃款赃物逃跑。

200×年6月5日17时许，犯罪嫌疑人夏××、李×、戴××持刀窜至××区××街××里11门3楼，以查水表为名骗开303室单元门进入室内，见只有女青年崔×一人，便用威胁、恐吓、殴打等手段，逼崔×顺从。之后，犯罪嫌疑人夏××、李×、戴××分别多次将崔×强奸。将崔×挟持至6日上午10时，犯罪嫌疑人李×持刀威逼崔×交出存折和身份证件，到银行将2800元存款取出。与此同时，犯罪嫌疑人夏××用携带来的照相机给崔×拍摄裸体照片，并威胁其如果报案就将照片公之于众。待李×从银行返回后，3名犯罪嫌疑人又当场抢走崔×现金900元，镶宝石戒指一枚，白金戒指一枚、女士手表一块，18K白金耳钉一枚、摩托罗拉V988手机一部，抢劫财物共计人民币4770元。后3人逃跑。

认定上述犯罪事实的证据如下：①被害人张××、崔×、林×的报案笔录、被害人陈述和辨认笔录；②现场遗留物的鉴定结论；③银行存款被取走的单据；④犯罪嫌疑人夏××、李×、戴××的供述。

犯罪嫌疑人夏××在被拘留后审讯过程中主动交待：200×年7月5日晚23时许，在××区××路××里，持刀抢劫被害人林×书包一个，内有松下GD90手机一部，现金人民币350元，抢劫财物共计人民币980元。

三、犯罪嫌疑人夏××、李×盗窃的犯罪事实

200×年5月21日晚10时许，犯罪嫌疑人夏××、李×经预谋后窜至在××区临园里5号楼1门5楼，钻窗进入501室，窃得胡××人民币1200元、戒指一枚、耳环一付、耳钉一对、摩托罗拉V988手机一部、VCD一台。

认定上述事实的证据如下:①报案记录;②被盗事主陈述;③现场遗留物的指纹鉴定;④被盗物品的估价证明;⑤犯罪嫌疑人夏××、李×的供述。

侦查过程中,侦查人员还从犯罪嫌疑人夏××、李×住处扣押了匕首、手表、背包、照相机等物证。

上述犯罪事实清楚,证据确实、充分,足以认定。

综上所述,犯罪嫌疑人夏××故意剥夺他人生命,抢劫、盗窃他人钱财,强奸妇女,其行为触犯了《中华人民共和国刑法》第232条、263条、236条、264条之规定,涉嫌故意杀人罪、抢劫罪、强奸罪、盗窃罪;犯罪嫌疑人李×使用暴力,窃取他人钱财,盗窃他人财物,强奸妇女,其行为触犯了《中华人民共和国刑法》第263条、236条、264条之规定,涉嫌抢劫罪、强奸罪、盗窃罪;犯罪嫌疑人戴××积极参与抢劫、强奸作案,其行为触犯了《中华人民共和国刑法》第263条、236条之规定,涉嫌抢劫罪、强奸罪。犯罪嫌疑人夏××在侦查机关审讯期间,主动交待抢劫犯罪事实,有自首行为。依照《中华人民共和国刑事诉讼法》第129条之规定,现将此案移送审查起诉。

此致

××市人民检察院第一分院

(局长印)

(××市公安局印)

200×年12月16日

附:1. 本案卷宗共6册;

2. 犯罪嫌疑人夏××、李×、戴××现羁押在××市第一看守所;

3. 随案移交物品×件。

【评析】

本案属于共同犯罪案件,3名犯罪嫌疑人共同作案3次,除此之外,犯罪嫌疑人夏××还单独作案2起。该起诉意见书首先列明了各个犯罪嫌疑人身份事项和违法犯罪经历;然后叙述犯罪事实和证据。在叙述犯罪事实时,用突出主罪法,先写重罪,后写轻罪。在叙述同一罪名时,采取时间顺序法叙述了犯罪嫌疑人先后实施的犯罪事实情节。事实部分写得条理清楚,简洁明了。在写证据时,采取一事一证的写法,每写完一起犯罪事实,就在其下写明认定该起犯罪事实的证据,且对证据写得全面、具体、充分。理由部分针对前面叙述的犯罪事实,运用犯罪构成理论,对各个犯罪嫌疑人的行为作出了法律上的评价,并引用《刑法》第232条、263条、236条、264条确定了涉嫌的罪名。最后准确引用2012年修订前的《刑事诉讼法》第129条之规定,提出将本案移送人民检察院审查起诉。通篇文字通畅,格式规范,符合制作要求。本文书的不足之处是:在阐述起诉理由时未能对3名犯罪嫌疑人在共同犯罪中的地位和作用进行分析论证。

二、撤销案件决定书

(一)撤销案件决定书的概念及作用

撤销案件决定书,是公安机关对于经过侦查,发现不应当追究犯罪嫌疑人刑事责任,应当撤销案件时制作的文书。

我国《刑事诉讼法》第15条规定:“有下列情形之一的,不追究刑事责任,已经追究的,应当撤销案件,或者不起诉,或者终止审理,或者宣告无罪:①情节显著轻微、危害不大,不认为是犯罪的;②犯罪已过追诉时效期限的;③经特赦令免除刑罚的;④依照刑法告诉才处理的犯罪,没有告诉或者撤回告诉的;⑤犯罪嫌疑人、被告人死亡的;⑥其他法律规定免予追究刑事责任的。”第161条规定:“在侦查过程中,发现不应对犯罪嫌疑人追究刑事责任的,应当撤销案件;犯罪嫌疑人已被逮捕的,应当立即释放,发给释放证明,并且通知原批准逮捕的人民检察院。”

公安机关对于经过侦查,发现犯罪嫌疑人不应被追究刑事责任的,应当及时制作撤销案件决定书,撤销案件,可以有效地避免侵犯人权的现象发生。

(二)撤销案件决定书的格式、内容及写法

撤销案件决定书属于多联填充型文书,由撤销案件决定书正本、副本及存根组成。正本是公安机关撤销案件的依据,应当入卷。副本是撤销案件,不追究犯罪嫌疑人刑事责任的凭证,应送达当事人。存根用于公安机关留存备查。正本由首部、正文和尾部组成。

1. 首部。包括标题、文书字号和犯罪嫌疑人基本情况等内容。

标题和文书字号写为:

×××公安局
撤销案件决定书

×公刑撤字[××××]××号

犯罪嫌疑人基本情况应当依次写明姓名、性别、年龄、住址、单位及职业。

2. 正文。应当按照规定格式填写清楚案件名称、撤销案件原因及撤销案件的法律依据。写作程式是:

我局办理的____________________案,因_______________________,根据《中华人民共和国刑事诉讼法》第××条之规定,决定撤销案件。

“撤销案件原因”应当简要说明侦查结果及属于应当撤销案件的具体情形。“撤销案件的法律依据”如属于《刑事诉讼法》第15条规定情形的,填写第“15”条,如属

于没有犯罪事实或者根据《刑法》规定不负刑事责任的，如根据《刑法》规定的不满14周岁的人不负刑事责任；《刑法》第18条规定的精神病人在不能辨认或者不能控制自己行为的时候造成危害后果的，不负刑事责任。填写第“130”条。

3. 尾部。填写文书的成文时间并加盖制作文书的公安机关印章。

（三）制作撤销案件决定书应注意的问题

1. 严格掌握该文书的适用条件。撤销案件决定书适用于以下情形：①《刑事诉讼法》第15条规定的不应追究刑事责任的情形；②没有犯罪事实的；③根据《刑法》规定不负刑事责任的，对于符合上述情形的案件，才能制作该文书。

2. 撤销案件决定书制作完毕后，办案人员应当将决定书副本送达原案件犯罪嫌疑人，并让其在决定书正本附注“本决定书副本已收到”后签名、注明日期。决定书正本由办案人员带回存入卷宗。

 实例

×××公安局
撤销案件决定书
（存　根）

×公刑撤字〔200×〕20号

案件名称　李××诈骗案

案件编号　××××××××

犯罪嫌疑人　本××　男女　38　岁

住　　址××市××路××号

单位及职业××市××公司经理

撤销案件原因不构成犯罪

批 准 人常××

批准时间200×年5月19日

办 案 人范××、林××

办案单位××市公安局刑警队

填发时间200×年5月19日

填 发 人　张××

×公刑撤字贰零零×第贰拾号

×××公安局
撤销案件决定书

×公刑撤字〔200×〕20号

犯罪嫌疑人：李××，性别女，年龄38岁，住址××市××路××号，单位及职业××市××公司经理。

我局办理的李××诈骗案，因被指控事实不构成犯罪，根据《中华人民共和国刑事诉讼法》第一百三十条之规定，决定撤销此案。

（公安局印）

二〇〇×年五月十九日

本决定书副本已收到。

原案件犯罪嫌疑人或其家属

李××。

200×年5月19日

此联附卷

×公刑撤字贰零零×第贰拾号

×××公安局
撤销案件决定书
（副　本）

×公刑撤字〔200×〕20号

犯罪嫌疑人：李××，性别女，年龄38岁，住址××市××路××号，单位及职业××市××公司经理。

我局办理的李××诈骗案，因被指控事实不构成犯罪，根据《中华人民共和国刑事诉讼法》第一百三十条之规定，决定撤销此案。

（公安局印）

二〇〇×年五月十九日

此联交看守所

【评析】

该份撤销案件决定书制作符合要求，可供参考。

第六节 补充侦查和复议、复核文书

一、补充侦查报告书

（一）补充侦查报告书的概念及作用

补充侦查报告书，是公安机关根据人民检察院作出的补充侦查决定的要求，对案件中需要查明的问题，经过补充侦查，将查明的结果报告人民检察院时制作的文书。

我国《刑事诉讼法》第171条第2款规定："人民检察院审查案件，对于需要补充侦查的，可以退回公安机关补充侦查，也可以自行侦查。"公安机关收到人民检察院的退回补充侦查决定书后，按照决定书中所提出的要求，应在1个月内完成补充侦查，并将补充侦查的结果移送人民检察院。

制作补充侦查报告书应当符合以下条件：①补充侦查的案件是经侦查终结，移送人民检察院审查起诉后，人民检察院退回公安机关的。②公安机关经过补充侦查，认为原认定犯罪事实清楚，证据不够充分的，在补充侦查后，制作补充侦查报告书。公安机关经过补充侦查，有以下几种情形之一的，不必制作补充侦查报告书：在补充侦查过程中，发现新的同案犯或者新的罪行，需要追究刑事责任的，应当重新制作起诉意见书，移送人民检察院审查；发现原认定的犯罪事实有重大变化，不应当追究刑事责任的，应当重新提出处理意见，并将处理结果通知退查的人民检察院；原认定犯罪事实清楚，证据确实、充分，人民检察院退回补充侦查不当的，应当说明理由，移送人民检察院审查。

公安机关制作补充侦查报告书，对于进一步查明案件事实，准确、有力地打击犯罪，防止冤假错案的发生，提高侦查工作的质量，具有积极的作用。

（二）补充侦查报告书的格式、内容及写法

补充侦查报告书属于叙述型文书，由首部、正文和尾部组成。

1. 首部。包括标题、文书字号和抬头等内容。

标题由制作机关名称和文书名称组成，写为：

×××公安局
补充侦查报告书

×公刑补侦字[××××]××号

抬头写审查案件的人民检察院名称。

2. 正文。包括补充侦查事由和补充侦查结果两项内容。

（1）补充侦查事由。应当按照规定填写检察机关补充侦查决定书的日期、字号及案件名称。写作程式是：

你院于××××年××月××日以×检×补侦[××××]××号补充侦查决定书退回的×××××案,已经补充侦查完毕。结果如下:

(2)补充侦查结果。应当详细说明补充侦查的情况和结果及所取得的证据。叙述时,应当针对人民检察院补充侦查决定书所附的补充侦查提纲所列内容,逐条予以说明。对于经补充侦查查清的事实,应当写明查清的事实及证据;对于经过补充侦查仍未查清的事实或无法查清的,应当写明没有查清的原因;对于案卷材料中已有证据,不需要补充侦查的,要说明所需证据所在的卷宗及具体页码。最后,要在报告书末尾写明"现将该案卷宗×卷×页及补充查证材料×页附后,请审查"。

3. 尾部。注明报告的时间并加盖补充侦查的公安机关印章。

(三)制作补充侦查报告书应注意的问题

1. 针对人民检察院提出的需要补充侦查的问题,逐条逐项加以说明补充侦查的结果。对于经过很大努力,确实无法查清的问题,应加以说明;如在补充侦查时又发现新的情况与案件有关,虽然不是检察机关要求补充侦查的,也应当在报告中写明。

2. 在正文部分应具体写明补充侦查所查明的每一个详细情况和与其相关的证据,不能只简单地写明补充侦查的结果。

3. 补充侦查报告书1式2份,1份交退补侦查的人民检察院,1份由公安机关留存附侦查卷。

×××公安局
补充侦查报告书

×公刑补侦字[200×]××号

你院于200×年6月18日以×检×补侦[200×]20号补充侦查决定书退回的徐××盗窃案,已经补充侦查完毕。结果如下:

一、关于犯罪嫌疑人徐××盗窃××大学学生宿舍23楼103房间后离开的时间问题。经查证,犯罪嫌疑人徐××盗窃××大学学生宿舍23楼103房间后离开的时间是200×年4月15日17时10分左右。据该宿舍学生姚××、左××反映,二人4月15日17时下课后直接返回宿舍,从教学楼2楼回到23楼1层需用时约10分种。当二人进入23楼走廊时,看见犯罪嫌疑人从103房间出来。详见证人姚××、左××的补充证明材料。

二、关于200×年4月8日××大学学生宿舍23楼204房间被盗是否也是徐××所为问题。经过查证,××大学学生宿舍23楼204房间被盗时间为200×年4月8

日15时30分至16时30分。××公司的张××、××化工厂的刘××、××商店的周××证实与犯罪嫌疑人徐××在200×年4月8日13时至18时一直在犯罪嫌疑人徐××家打麻将,且犯罪嫌疑人的姐姐徐×证实,在200×年4月8日15时10分时曾到犯罪嫌疑人家里商量给父亲过生日的事,并在那里一直呆到18时30分。被害人王××以及同宿舍同学也未看到犯罪嫌疑人。详见证人张××、刘××、周××、徐×、被害人王××以及同宿舍其他三位同学的补充证明材料。

三、关于犯罪嫌疑人200×年4月19日盗窃××大学学生宿舍25楼318房方××的随身听的型号问题。原案卷已有证据证明。详见案卷第36页。

现将该案卷宗×卷×页×及补充查证材料×页附后,请审查。

×××公安局印

200×年6月29日

【评析】

该份补充侦查报告书的制作符合要求。其正文部分分三个问题具体、详细地回答了检察院要求补充侦查的问题,并对所获取的证据以及证据之间的相互印证情况表述得清晰准确,这样就为检察机关对案件作出正确的处理决定提供了详实的证据材料,值得参考。

二、要求复议意见书

(一)要求复议意见书的概念及作用

要求复议意见书,是公安机关认为人民检察院作出的不批准逮捕的决定或者不起诉的决定有错误时,要求人民检察院复议时制作的文书。

我国《刑事诉讼法》第90条规定:"公安机关对人民检察院不批准逮捕的决定,认为有错误的时候,可以要求复议,但是必须将被拘留的人立即释放。如果意见不被接受,可以向上一级人民检察院提请复核。上级人民检察院应当立即复核,作出是否变更的决定,通知下级人民检察院和公安机关执行。"第175条规定:"对于公安机关移送起诉的案件,人民检察院决定不起诉的,应当将不起诉决定书送达公安机关。公安机关认为不起诉的决定有错误的时候,可以要求复议,如果意见不被接受,可以向上一级人民检察院提请复核。"可见,公安机关要求复议的决定有两种:一是认为人民检察院的不批准逮捕决定有错误;二是认为人民检察院的不起诉决定有错误。

公安机关制作要求复议意见书,依法行使复议权,对同级人民检察院办理刑事案件的活动进行制约,可以促使人民检察院正确执行法律,严格依法办事,避免应当受到刑事处罚的犯罪嫌疑人逃避打击,保证办案质量。

(二)要求复议意见书的格式、内容及写法

要求复议意见书是单联填充型文书,由首部、正文和尾部组成。

1. 首部。包括标题、文书字号和抬头等内容。

标题和文书字号写为：

×××公安局

要求复议意见书

×公要复字[××××]××号

抬头填写同级人民检察院名称。

2. 正文。包括要求复议的事项、要求复议的理由和法律依据等内容。

(1)要求复议事项。填写认为有错误的人民检察院的不批准逮捕决定书或者不起诉决定书的制作时间、字号和案件名称。在填写案件名称时，应与人民检察院决定书中的案件名称相符，以便于人民检察院核对原案件材料。

(2)要求复议的理由。写明公安机关认为检察机关有关文书存在错误的事实依据和法律依据，并进行简要的分析。

制作时，要结合具体案情，针对人民检察院作出决定的具体事项，阐明公安机关要求复议的理由。对人民检察院不批准逮捕决定提出复议的，如果不批捕决定认为犯罪嫌疑人没有构成犯罪，在阐述复议理由时，要说明犯罪嫌疑人的行为触犯了《刑法》哪一条，涉嫌什么罪名，应当追究刑事责任；如果决定认为犯罪嫌疑人没有逮捕必要的，则要说明对犯罪嫌疑人不采取逮捕的措施不足以防止发生新的社会危险性或不能保证侦查、起诉和审判活动的顺利进行。对人民检察院不起诉决定提出复议的，要针对不起诉决定的理由，结合案件的具体情节进行叙述。如人民检察院认为犯罪嫌疑人的行为不构成犯罪，而作出不起诉决定的，在阐述复议理由时，要紧紧围绕犯罪构成要件，说明犯罪嫌疑人的行为已经触犯了《刑法》哪一条，涉嫌什么罪名，依法应当追究刑事责任；如果人民检察院认为犯罪嫌疑人的行为虽已构成犯罪，但因犯罪已过追诉时效期限的或经特赦令免除刑罚的或其他法律、法令规定免予追究刑事责任而作出不起诉决定的，则要说明犯罪嫌疑人不具备上述法定条件的事实，并要有充分的证据予以证明。在说明要求复议的理由后，还应根据案件具体情况，提出正确的处理意见。

(3)要求复议的法律依据。应根据要求复议的内容决定适用法律的具体条款：如针对人民检察院不批准逮捕决定提出复议的，应引用《刑事诉讼法》第90条的规定；如针对人民检察院不起诉决定提出复议的，应引用《刑事诉讼法》第175条规定。在引用法律条款之后，即可明确提出要求人民检察院进行复议的要求。

3. 尾部。写明接受复议意见书的人民检察院的名称、填写成文日期并加盖制作文书的公安机关印章，并应当注明所附案卷的卷数及页数。

(三)制作要求复议意见书应注意的问题

1. 用语应掌握好分寸。要求复议意见书是一种要求性的文书，因此，语言不能生硬，要注意分寸，做到有理有节，平心静气地进行说理。

2. 理由阐述要充分。要求复议意见书是一种“驳论”性的文书，在反驳人民检察院错误决定时，不能笼统地说“决定错误”，要实事求是的将案情事实摆出来，并用充分的证据进行分析论证，说明要求复议的正确性。

3. 公安机关在收到人民检察院的复议决定后，如果复议意见是被人民检察院采纳并作出批准逮捕决定的，就要及时办理逮捕手续，对犯罪嫌疑人进行逮捕。作出起诉决定的，应将复议决定书存档备查。如果意见不被接受，而公安机关认为有再议必要的，则应制作复核意见书，提请上一级人民检察院复核。

4. 要求复议意见书应当制作1式2份，1份随有关材料送同级人民检察院，1份由公安机关留存附卷。

实例

×××公安局

要求复议意见书

×公要复字[2010]××号

××市××区人民检察院：

你院2010年11月25日以×检刑不批字[2010]××号文决定不批准逮捕犯罪嫌疑人张××盗窃一案，我局认为该不予批准逮捕决定有误，要求复议，其理由如下：

犯罪嫌疑人张××2010年10月5日刑满释放回来不足40天，先后盗窃作案4次，共窃得人民币10 000余元和价值7600元的物品，其行为触犯了《中华人民共和国刑法》第264条之规定，涉嫌盗窃罪，且主观恶性较重，不采取逮捕措施，难以防止其继续作案或逃跑等危害行为的发生，已具备法定的逮捕条件，因此应当将其逮捕归案。犯罪嫌疑人张××虽有胃溃疡病，但不属于严重疾病或传染病，你院以犯罪嫌疑人张××患胃溃疡为由作出不批准逮捕决定是不恰当的，不符合《中华人民共和国刑事诉讼法》第60条规定的精神。

因此，根据《中华人民共和国刑事诉讼法》第70条之规定，特要求你院进行复议。

此致

××市××区人民检察院

（公安局印）

200×年8月8日

注：附本案卷宗共1卷67页。

【评析】

该份要求复议意见书的制作符合要求，正文部分首先写明了案由，将同级人民检察院作出不批准逮捕决定的日期、文书编号以及案件名称写得清楚明白；其次写明要求复议的理由，该部分能结合犯罪事实情节叙述，阐明犯罪嫌疑人已经具备法定的逮捕条件；最后准确引用要求复议的法律依据。通篇条理清晰，层次分明，文笔流畅，特别是对要求复议的理由阐述得充分、透彻，从而为人民检察院作出正确的复议决定打下了坚实的基础。

三、提请复核意见书

（一）提请复核意见书的概念及作用

提请复核意见书，是公安机关认为人民检察院作出的复议决定书有错误的时候，提请上一级人民检察院复核时制作的法律文书。

根据我国《刑事诉讼法》第70条、第144条规定，公安机关认为人民检察院不批准逮捕、不起诉的决定有错误时，可以要求复议，如果意见不被接受，可以向上一级人民检察院提请复核。提请复核时，必须制作提请复核意见书，报请上一级人民检察院审查决定。

制作提请复核意见书，依法行使复核权，是法律赋予公安机关的权利，是稳、准、狠地打击犯罪，保证办案质量的有效工具，同时也体现了公安机关与人民检察院分工负责、互相配合、互相制约的原则。

（二）提请复核意见书的格式、内容及写法

提请复核意见书是单联填充型文书，由首部、正文和尾部组成。

1. 首部。包括标题、文书字号和抬头等内容。

标题和文书字号写为：

×××公安局

提请复核意见书

×公请核字[××××]××号

抬头填写同级人民检察院上一级人民检察院的名称。

2. 正文。包括提请复核的事项、提请复核的理由和法律依据等内容。

(1)提请复核事项。首先写明公安机关要求同级人民检察院进行复议的简要情况，包括要求复议意见书的签发日期、文号和要求复议的具体内容；其次要写明同级人民检察院复议的简要情况，包括人民检察院复议决定书的制作时间、字号、简要内容；最后明确表明公安机关的态度，认为同级人民检察院的复议决定确有错误。

(2)提请复核的理由。写明公安机关认为检察机关复议决定书存在错误的事实依据和法律依据，并进行简要的分析。

制作时，要结合具体案情，针对人民检察院复议决定书中的决定事项和理由，逐条予以反驳，指出复议决定的事项不能成立。如果复议决定书仍然维持原不批准逮捕的决定，就应针对维持原决定的理由，说明犯罪嫌疑人的行为已经符合逮捕的三个条件，并有确实的证据予以证明，从而明确指出同级人民检察院的复议决定是错误的。如复议决定仍然坚持不起诉，则要阐明犯罪嫌疑人的行为涉嫌犯罪，应当予以处罚。在叙述提请复核的理由时，应把犯罪嫌疑人犯罪的时间、地点、经过、手段、动机、目的、后果等情节交待清楚，做到有理有据。当人民检察院因适用法律不当而导致错误决定时，可以从法理上进行论证，根据犯罪嫌疑人的犯罪事实，说明应当引用哪一条法律才符合本案的实际情况。对某些比较复杂的案件，应抓住重点问题进行论述，说明复核的理由。在说明提请复核理由的基础上，提出对案件的正确处理意见，即应逮捕或应起诉。

(3)提请复核的法律依据。该部分应根据提请复核的具体内容决定适用法律的具体条款：如针对人民检察院不批准逮捕决定的复议决定书提请复核的，应引用《刑事诉讼法》第90条的规定；如针对人民检察院不起诉决定的复议决定书提请复核的，应引用《刑事诉讼法》第175条规定。最后，明确提出要求上一级人民检察院进行复核的要求。

3. 尾部。写明接受提请复核意见书的人民检察院的名称、注明成文日期并加盖制作文书的公安机关印章，同时应当注明所附卷宗的卷数及页数。

(三)提请复核意见书制作应注意的问题

1. 提请复核意见书是向上一级人民检察院送达的文书，是下级对上级的关系，文书的写作应该用请示的口气。

2. 制作提请复核意见书的案件应具备三个条件：①必须是经过复议的案件；②必须是公安机关要求复议的意见未被接受而认为有再议必要的案件；③提请复核意见书的制作主体，必须是原制作要求复议意见书的公安机关。

3. 提请复核意见书应当制作1式2份，1份随有关材料送上一级人民检察院，1份由公安机关留存附卷。

××县公安局

提请复核意见书

×公请核字[××××]××号

我局于2010年12月10日以×公要复字[2010]6号文要求××县人民检察院复议的不起诉李××销售赃物一案，该院以×检×复字[2010]12号文决定维持原不

起诉决定,我局认为该院决定有错误。其理由是:

我局2010年12月初侦破张×盗窃案时,发现犯罪嫌疑人李××涉嫌销售赃物罪。李××明知张×向其出售的铜是从某工厂盗窃来的,仍在收购废品时照收不误,从2010年9月至12月初先后十余次收购李××出售的铜,共约××××公斤,致使张×得赃款约2万余元。李××的销赃行为,纵容张×多次盗窃作案,致使国家财产遭受重大损失。从销赃时间、次数和数量来看,犯罪嫌疑人李××的犯罪情节比较严重,危害较大,其行为已触犯了《中华人民共和国刑法》第312条之规定,涉嫌盗窃罪,应依法起诉,追究其刑事责任。××县人民检察院认为李××的行为"情节显著轻微、危害不大,不认为是犯罪"的理由是不能成立的,既不符合客观事实,又有悖于我国法律的规定。

综上所述,根据《中华人民共和国刑事诉讼法》第144条之规定,特提请你院对此案进行复核。

此致

××市人民检察院

(公安局印)

200×年××月××日

注:附本案卷宗共×卷×页

【评析】

该份提请复核意见书的制作符合要求。正文部分对提请复核的事项、理由和法律依据写得准确、清楚,特别是在理由部分,能结合具体案情,运用犯罪构成理论,对犯罪嫌疑人的行为进行法律上的评价,指出其行为已经构成犯罪,应当追究刑事责任,从而得出应当起诉的结论,表明了制作主体对该案所持的态度,这就为上一级人民检察院作出正确的复核决定打下了坚实的基础。

第3章 人民检察院法律文书

第一节 概 述

一、人民检察院的职权

我国《宪法》规定人民检察院是国家的法律监督机关。这是我国人民检察院的基本性质,它表明了人民检察院区别于其他国家机关的本质特征。人民检察院依法行使法律赋予其的下列权力:

1. 对于贪污贿赂犯罪案件、国家工作人员的渎职犯罪案件、国家机关工作人员利用职权实施的非法拘禁、刑讯逼供、报复陷害、非法搜查的侵犯公民人身权利、民主权利的犯罪案件和国家机关工作人员利用职权实施的其他重大的犯罪案件开展立案侦查。

2. 对于刑事案件提起公诉,支持公诉。

3. 对于叛国案件、分裂国家案件以及严重破坏国家的政策、法律、政令统一实施的重大犯罪案件,行使检察权。

4. 对于公安机关、国家安全机关、走私犯罪侦查机关等侦查机关和人民检察院自侦部门侦查的案件进行审查,对犯罪嫌疑人决定是否批准逮捕、起诉或者不起诉,并对侦查机关的立案、侦查活动是否合法实行监督;对于人民法院的刑事判决、裁定是否正确实行监督,对确有错误的提出抗诉;对执行机关执行刑罚的活动是否合法实行监督;对于人民法院的民事审判活动实行法律监督;对于行政诉讼实行法律监督。

5. 依法保障公民对违法的国家工作人员提出控告、申诉的权利,追究侵犯公民的人身权利、民主权利和其他权利的人的法律责任,受理公民的控告、检举和申诉。

二、人民检察院的机构设置

人民检察院按照法律规定和业务分工设置内部机构,分别承办侦查、审查逮捕、审查起诉等业务。有以下部门:①控告申诉检察部门、举报中心;②反贪污贿赂部门;③反渎职侵权部门;④侦查监督部门;⑤公诉部门;⑥监所检察部门;⑦民事行政检察部门;⑧职务犯罪预防部门;⑨检察技术部门;⑩纪检监察部门。

三、人民检察院法律文书的概念及作用

人民检察院法律文书,是指人民检察院为实现其职能,依法制定的具有法律效力

或法律意义的文书。

人民检察院法律文书是人民检察院依法实施各项诉讼行为的书面凭证，是保证国家法律正确实施、依法开展法律监督工作的重要工具。

四、人民检察院法律文书的分类

按照案件诉讼性质的不同，分为刑事案件使用的检察文书和民事、行政案件使用的检察文书两大部分。

按照文书的诉讼阶段和性质、作用的不同，可分为：立案文书、侦查文书、审查批捕和其他强制措施文书、审查起诉和出庭文书、抗诉文书、渎职侵权、监所检察和法律监督文书、控告申诉检察和刑事赔偿文书、审批延长办案期限文书。

按照人民检察院的业务部门分工和案件来源的不同，可分为刑事检察文书，直接受理侦查（反贪污贿赂与法纪检察）案件文书、监所检察文书、控告申诉检察（包括刑事赔偿）文书和民事、行政检察文书。

按照文书公开对外与内部使用的不同，刑事案件的法律文书，又分为诉讼文书和工作文书。

按照文书制作形式的不同，分为文字叙述式文书和填充式文书。

第二节 刑事自侦案件的立案侦查文书

一、立案决定书

（一）立案决定书的概念及作用

立案决定书，是人民检察院对于本院管辖范围内的案件线索，经审查后，认为有犯罪事实需要追究刑事责任，决定立案侦查时制作的文书。

我国《刑事诉讼法》第107条规定："公安机关或者人民检察院发现犯罪事实或者犯罪嫌疑人，应当按照管辖范围，立案侦查。"第110条规定："人民法院、人民检察院或者公安机关对于报案、控告、举报和自首的材料，应当按照管辖范围，迅速进行审查，认为有犯罪事实需要追究刑事责任的，应当立案……"第18条第2款规定："……对于国家机关工作人员利用职权实施的其他重大的犯罪案件，需要由人民检察院直接受理的时候，经省级以上人民检察院决定，可以由人民检察院立案侦查。"《人民检察院刑事诉讼规则》第133条规定："人民检察院决定对案件立案侦查的，应当制作立案决定书。"这些是制作立案决定书的法律依据。

立案决定书除适用于公安机关办理的刑事侦查犯罪案件外，也适用于人民检察院办理自行侦查的案件。其作用是表明检察机关已经立案，案件进入侦查阶段。立案决定书是检察机关开展侦查活动的重要依据。立案决定书制作完毕，标志着检察机关对某一犯罪事实已经立案，可以采取有关强制措施和侦查措施。

（二）立案决定书的格式、内容及写法

立案决定书为两联填充式文书。

第一联为存根，主要按空格要求填写文书编号；案由，即犯罪嫌疑人涉嫌的罪名；犯罪嫌疑人的基本情况；批准人；承办人；填发时间。

第二联为正本。包括首部、正文、尾部三个部分。

1. 首部。包括制作文书的检察机关的名称、文书名称、文书编号、空白处填写检察机关的简称、具体办案部门的简称、年度和序号。

2. 正文。包括两个部分：一是法律依据，二是决定事项。法律依据应当根据不同情况填写。对于公安机关或其他机关移送的案件，检察机关自行发现的案件，应填写《刑事诉讼法》第 107 条；对于报案、控告、举报、自首的案件，应填写《刑事诉讼法》第 110 条；对于省级以上人民检察院决定，对国家机关工作人员利用职权实施的其他重大犯罪直接立案侦查的案件，引用《刑事诉讼法》第 18 条第 2 款、第 107 条、第 110 条。

决定事项的两处空白，依次填写犯罪嫌疑人姓名和涉嫌罪名。共同犯罪案件，应填写全部犯罪嫌疑人的姓名。

3. 尾部。包括检察长签名或盖章；制作文书的时间；制作文书的检察机关印章。

（三）立案决定书制作应注意的问题

1. 立案决定书标志着人民检察院对犯罪嫌疑人追诉活动的开始，立案决定书的时间关系到侦查活动是否合法，填写时要准确无误。

2. 对于共同犯罪的案件，应当填写全部犯罪嫌疑人的姓名，不要遗漏。对于一人涉嫌多种罪名的，不要遗漏罪名。

3. 本文书以案为单位制作，共两联，第一联统一保存备查，第二联附卷。

实例

××人民检察院

立案决定书

（存根）

×检×立〔2009〕12 号

案由 受贿

犯罪嫌疑人基本情况（姓名、性别、年龄、工作单位、住址、身份证号码、是否人大代表、政协委员）

刘××，女，48 岁，××市国税局副局长，住××市××花园 18－2－301，身份证号××××××××××××××××××

批准人王××

承办人刘××

填发人吉××

填发时间2009 年 3 月 1 日

第一联统一保存

×检×立〔2009〕12号

××人民检察院

立案决定书

×检×立〔2009〕12 号

根据《中华人民共和国刑事诉讼法》第八十三条的规定，本院决定对犯罪嫌疑人刘××涉嫌受贿一案立案侦查。

检察长（印）

二〇〇九年三月一日

第二联附卷

【评析】

该立案决定书各项目填写符合要求,可参考。

二、批准直接受理决定书

(一)批准直接受理决定书的概念及作用

批准直接受理决定书,是省级以上人民检察院经过对下级人民检察院提请批准直接受理书的审查,认为符合法律规定的条件,决定批准下级人民检察院直接受理案件时制作的文书。

我国《刑事诉讼法》第 18 条第 2 款规定:"……对于国家机关工作人员利用职权实施的其他重大的犯罪案件,需要由人民检察院直接受理的时候,经省级以上人民检察院决定,可以由人民检察院立案侦查。"《人民检察院刑事诉讼规则》第 9 条规定:"国家机关工作人员利用职权实施的其他重大的犯罪案件,需要由人民检察院直接受理的时候,经省级以上人民检察院决定,可以由人民检察院立案侦查。"第 10 条规定:"对本规则第 9 条规定的案件,基层人民检察院或者分、州、市人民检察院需要直接立案侦查时,应当层报所在的省级人民检察院决定。分、州、市人民检察院对基层人民检察院层报省级人民检察院的案件,应当进行审查,提出是否需要立案侦查的意见,报送省级人民检察院。……省级人民检察院应当在收到提请批准直接受理书后的 10 日以内,由检察委员会讨论作出是否立案侦查的决定。"

批准直接受理决定书是下级人民检察院能够直接受理国家机关工作人员其他重大职务犯罪案件的法律凭证,有了这份文书,下级人民检察院的侦查活动才能正式启动。

(二)批准直接受理决定书的格式、内容及写法

批准直接受理决定书为三联填充式文书。

第一联是存根联,在该联首部文书名称下方标明"(存根)"字样,以示与正本联首部的区别。正文需填写的内容有:案由;犯罪嫌疑人的基本情况,包括:姓名,性别,年龄,工作单位,住址,身份证号码,是否人大代表、政协委员;批准理由;送达机关;批准人;承办人;填发人;填发时间。

第二联是副本联,内容、格式与正本基本相同。在文书名称下方标明"(副本)"字样以示区别。

第三联是正本联。由三部分组成:

1. 首部。包括制作文书的人民检察院;文书名称;文书编号。空白处填写人民检察院简称、具体办案部门简称、年度、序号。

2. 正文。包括:主送人民检察院名称;案件来源。空白处填写提请批准直接受理书制作的年、月、日及文书编号;决定事项空白处填写犯罪嫌疑人的姓名及涉嫌罪名。

3. 尾部。填写制作文书的时间,加盖制作文书的检察院印章。

(三)批准直接受理决定书制作应注意的问题

1. 严格掌握直接受理案件的范围,不能任意扩大或缩小。根据《刑事诉讼法》的规定,对"国家机关工作人员利用职权实施的其他重大的犯罪案件",省级以上的人民检察院才能批准下级人民检察院直接受理。

2. 严格按项目填写,三联中的相同事项须一致。

3. 本文书第一联统一保存备查,第二联由省级以上人民检察院存卷备查,第三联送达提请直接受理的人民检察院。

附 实例

××人民检察院
批准直接受理决定书
(存根)

×检×准受[2008]5号

案由重大责任事故

犯罪嫌疑人基本情况(姓名、性别、年龄、工作单位、住址、身份证号码、是否人大代表、政协委员)陈×,男,51岁,××市交通局局长,住××市交通局福利区3号楼,身份证号××××××××××××××××××

批准理由该案符合《中华人民共和国刑事诉讼法》第十八条的规定

送达单位××人民检察院

批 准 人田××

承 办 人陆××

填 发 人金××

填发时间2008年4月9日

第一联统一保存

×检×准受〔2008〕5号

××人民检察院
批准直接受理决定书
(副本)

×检×准受[2008]5号

××人民检察院:

你院2008年4月2日×检×请受[2008]2号提请批准直接受理书收悉。根据《中华人民共和国刑事诉讼法》第十八条的规定,经审查,决定批准你院对犯罪嫌疑人陈×涉嫌重大责任事故一案直接受理。

二〇〇八年四月九日
(院印)

第二联附卷

×检×准受〔2008〕5号

××人民检察院
批准直接受理决定书

×检×准受[2008]5号

××人民检察院:

你院2008年4月2日×检×请受[2008]2号提请批准直接受理书收悉。根据《中华人民共和国刑事诉讼法》第十八条的规定,经审查,决定批准你院对犯罪嫌疑人陈×涉嫌重大责任事故一案直接受理。

二〇〇八年四月九日
(院印)

第三联送达直接受理的人民检察院

【评析】

该批准直接受理决定书的有关内容填写得具体准确。

三、批准延长侦查羁押期限决定书

（一）批准延长侦查羁押期限决定书的概念及作用

批准延长羁押期限决定书，是上级人民检察院依照《刑事诉讼法》的规定，对下级人民检察院、公安机关、国家安全机关等侦查机关提请延长侦查羁押期限的案件，经审查后，决定批准延长侦查羁押期限时所制作的文书。

我国《刑事诉讼法》第154条规定："对犯罪嫌疑人逮捕后的侦查羁押期限不得超过2个月。案情复杂、期限届满不能终结的案件，可以经上一级人民检察院批准延长1个月。"第156条规定："下列案件在本法第154条规定的期限届满不能侦查终结的，经省、自治区、直辖市人民检察院批准或者决定，可以处长2个月：①交通十分不便的边远地区的重大复杂案件；②重大的犯罪集团案件；③流窜作案的重大复杂案件；④犯罪涉及面广，取证困难的重大复杂案件。"第157条规定："对犯罪嫌疑人可能判处10年有期徒刑以上刑罚，依照本法第156条规定延长期限届满，仍不能侦查终结的，经省、自治区、直辖市人民检察院批准或者决定，可以再延长2个月。"第155条规定："因为特殊原因，在较长时间内不宜交付审判的特别重大复杂的案件，由最高人民检察院报请全国人民代表大会常务委员会批准延期审理。"另根据《人民检察院刑事诉讼规则》第221条、第222条、第223条、第224条的有关规定，对于需要上级检察机关批准的案件，下级人民检察院、公安机关、国家安全机关等侦查机关需提请上级检察机关批准，上级检察机关批准延长侦查羁押期限时，应制作该决定书。

批准延长羁押期限决定书是公安机关、国家安全机关、检察机关延长犯罪嫌疑人羁押期限的法定依据。

（二）批准延长羁押期限决定书的格式、内容及写法

批准延长羁押期限决定书属于填充式文书，共分三联，即存根联、副本联、正本联。

第一联存根联的首部除文书名称下标明"（存根）"字样外，其他与正本联相同。正文部分的内容为：案由；犯罪嫌疑人的基本情况，包括：姓名，性别，年龄，工作单位，住址，身份证号码，是否人大代表、政协委员；送达机关；批准延长羁押期限的理由；延长的侦查羁押期限的起算时间、截止时间和具体期限；批准人；承办人；填发人；填发时间。

第二联副本联，内容、格式与正本基本相同。只是在文书名称下方标明"（副本）"字样以示区别。

第三联是正本联。由三部分组成：

1. 首部。包括制作文书的人民检察院名称；文书名称；文书编号，空白处填写人民检察院简称、具体办案部门简称、年度、序号。

2. 正文。包括：送达的提请机关的名称；提请机关的简称，如"厅"、"局"等；提请延长羁押期限的时间；原提请延长羁押期限报告书的文号；已经逮捕的犯罪嫌疑人的姓名；批准延长的期限，以月为单位填写；延长侦查羁押期限的起算时间、截止

时间。

3. 尾部。填写制作文书的时间;加盖制作文书的检察院印章。

(三)批准延长侦查羁押期限决定书制作应注意的问题

1. 本文书由人民检察院审查逮捕部门办理。

2. 本文书以人次为单位制作。对于同一犯罪嫌疑人,每次批准延长侦查羁押期限时应单独制作批准延长侦查羁押期限决定书;一次对多名犯罪嫌疑人批准延长侦查羁押期限的,有几名犯罪嫌疑人,即制作几份批准延长侦查羁押期限决定书。

3. 延长侦查羁押期限的起算时间为原侦查羁押期限届满后的第一日,不能填成作出批准延长决定的时间。

4. 本文书共三联,第一联统一保存备查,第二联附卷,第三联送达提请机关。

附 实例

××人民检察院
批准延长
侦查羁押期限决定书
(存根)

×检×准延[2007]12号

案由抢劫

犯罪嫌疑人基本情况(姓名、性别、年龄、工作单位、住址、身份证号码、是否人大代表、政协委员)宫××,男,33岁,农民,住××市××村三组。身份证号××××××××××××××××××

送达机关××市公安局

批准延长理由案情复杂,期限届满不能终结

延长期限自2007年4月1日起至2007年4月30日止,共一个月。

批准人董××

承办人苏××

填发人冷××

填发时间2007年4月1日

第一联统一保存

×检×准延〔2007〕12号

××人民检察院
批准延长
侦查羁押期限决定书
(副本)

×检×准延[2007]12号

××市公安局

你局于2007年3月25日以×公×请[2007]9号文书提请批准延长犯罪嫌疑人宫××的侦查羁押期限,经审查,根据《中华人民共和国刑事诉讼法》第一百二十四条的规定,批准对犯罪嫌疑人宫××延长侦查羁押期限一个月,(自2007年4月1日至2007年4月30日止)。

二〇〇七年四月一日
(院印)

第二联附卷

×检×准延〔2007〕12号

××人民检察院
批准延长
侦查羁押期限决定书

×检×准延[2007]12号

××市公安局

你局于2007年3月25日以×公×请延[2007]9号文书提请批准延长犯罪嫌疑人宫××的侦查羁押期限,经审查,根据《中华人民共和国刑事诉讼法》第一百二十四条的规定,批准对犯罪嫌疑人宫××延长侦查羁押期限一个月,(自2007年4月1日至2007年4月30日止)。

二〇〇七年四月一日
(院印)

第三联送达提请机关

【评析】

该文书填写事项完备，批准延长的理由明确。

四、起诉意见书

（一）起诉意见书的概念及作用

起诉意见书是人民检察院侦查部门对于直接立案的案件侦查终结后，认为犯罪嫌疑人的犯罪事实清楚，证据确实、充分，依法应当追究刑事责任，移送公诉部门审查起诉时制作的文书。

我国《刑事诉讼法》第166条规定："人民检察院侦查终结的案件，应当作出提起公诉、不起诉或者撤销案件的决定。"《人民检察院刑事诉讼规则》第234条、第235条规定，经过侦查，人民检察院侦查部门认为犯罪事实清楚，证据确实、充分，依法应当追究刑事责任的案件，侦查人员应当写出侦查终结报告，并且制作起诉意见书。侦查部门应当将起诉意见书及其他案卷材料，一并移送本院审查起诉部门审查。

起诉意见书是检察机关侦查部门对案件侦查预审结果的总结，是提起公诉和审理案件的重要基础，也为法律监督机关对侦查活动的监督提供了依据。

（二）起诉意见书的格式、内容及写法。

起诉意见书由以下三部分内容组成：

1. 首部。依次写明下列内容：

（1）标题和文书编号。标题在文书顶端正中，文书编号在标题右下方，空白处写明检察机关的简称、具体办案部门的简称、年度和序号。

××人民检察院

起诉意见书

检　移诉[　]号

（2）犯罪嫌疑人的基本情况。即犯罪嫌疑人的姓名、性别、出生年月日、身份证号码、籍贯、出生地、民族、文化程度、职业或工作单位及职务，尤其是作案时在何单位任何职务要写清楚。政治面貌，即属何党派，是否中国共青团团员。如系人大代表、政协委员，要写明具体级、届代表、委员及代表、委员号，所任职务，现家庭住址，简历情况。前科情况包括犯罪嫌疑人因违法犯罪行为所受到的行政处罚或处分、刑事处罚。共同犯罪案件有几个犯罪嫌疑人应当追究刑事责任时，犯罪嫌疑人的基本情况要分别叙述，按照主犯、从犯、胁从犯的顺序排列。

（3）案由、案件来源及办理过程。包括下列内容：案由，也就是犯罪嫌疑人涉嫌的罪名，表述为："犯罪嫌疑人××（姓名）涉嫌××（罪名）一案"；案件来源，即检察机关获取案件线索或受理案件的来源，包括单位或公民举报、上级交办、有关部门移送及在办案中发现等；办理过程，简要写明案件侦查过程中的各个法律程序开始的时间，如初查、立案、侦查终结的时间，还要写明采取的强制措施的种类、采取的时间、强制措施变更情况及延长侦查羁押期限的情况。

(4)过渡语。“犯罪嫌疑人××(姓名)涉嫌××(罪名)一案，现已侦查终结。”

2. 正文。这部分内容是起诉意见书的写作重点，要写清楚犯罪事实和提出起诉意见的理由及法律依据。

(1)案件事实及证据。在由“经依法侦查查明：”提起语引出后，详细叙述已经查明犯罪嫌疑人的犯罪经过，包括何时、何地、何动机、何目的、何方法手段，何犯罪行为、何结果、何证据证明等。其内容必须是属于本次起诉范围的事实，注意划清罪与非罪的界限，不能将非罪材料写进去。如果是共同犯罪，要写明共同犯罪中每一个犯罪嫌疑人在案件中所处的地位、作用及应负的具体法律责任。事实写完之后，用“认定上述事实的证据如下：”引出下一段对证据的阐明。要求写明基本的或主要的证据，要具体、准确、客观、真实。然后另起一段写明，“上述犯罪事实清楚，证据确实、充分，足以认定。”还要在本部分写明案件情节，即写明犯罪嫌疑人是否有自首、立功等影响量刑的从重、从轻、减轻、免除处罚等情节。

(2)提出起诉的理由和法律根据。应根据犯罪事实和相应的法律规定，写明犯罪嫌疑人的犯罪性质，即触犯了我国《刑法》的具体条款，同时写明根据我国《刑事诉讼法》条款的规定将本案移送审查起诉。还要交代扣押款物的情况。可表述为：“综上所述，犯罪嫌疑人××(姓名)……(根据犯罪构成简要说明罪状)，其行为已触犯《中华人民共和国刑法》第×条的规定，涉嫌××犯罪。依照《中华人民共和国刑事诉讼法》第×条、《人民检察院刑事诉讼规则》第×条的规定，移送审查起诉。扣押的款物随案移送。”如果起诉共同犯罪案件中的数名犯罪嫌疑人时，可合写一份起诉意见书，共同提出起诉意见。

3. 尾部。首先写明送达部门名称。即以“此致××公诉部门”引出致送的审查起诉部门名称。右下角写明侦查部门移送审查起诉的具体日期，并加盖侦查部门的印章。末尾的附注事项，一般包括：随案移送的案卷材料、证据；犯罪嫌疑人现在处所，如果被羁押，写明羁押处所；扣押物品、文件清单附后。

(三)起诉意见书制作应注意的问题

1. 写入起诉意见书的必须是经过侦查确认的犯罪事实，犯罪事实的叙述应和案件真相吻合，使用材料要剪裁得当、重点突出。叙述时要主次分明、详略得当、条理清晰，做到清楚、明了。写处理意见要言之有理，持之有据。

2. 严格区分罪与非罪的界限，所写犯罪事实必须是触犯我国《刑法》并应追究刑事责任的事实。凡属道德品质、思想作风等方面的问题及一般违纪行为不应写入。

3. 起诉意见书1式2份，1份存检察卷，1份存检察内卷。

附 实例

××省××市人民检察院
起诉意见书

×检渎起[2008]第10号

犯罪嫌疑人范××,男,汉族,山西娄烦人,1965年12月6日出生,现年42岁,中共党员,身份证号140××××××512060014,大学文化程度,2007年2月任××乡党委书记,2007年2月任××县人大副主任兼××乡党委书记。2008年10月28日因涉嫌玩忽职守罪被我院立案侦查,次日对其刑事拘留,现羁押在××县看守所。

犯罪嫌疑人范××涉嫌玩忽职守罪一案是我院参加2008年10月6日国务院成立××尖山铁矿发生特大排土场垮塌事故调查组,根据最高人民检察院、省人民检察院的指示,于10月6日介入××尖山铁矿"8.1"特大排土场垮塌事故立案调查的,现已侦查终结,查明其犯罪事实如下:

1994年6月,尖山指挥部与××乡、××村村委会签署协议,"由尖山指挥部按照当时××村登记造册的户数和居住面积在村界内择地新建房屋96间,要求××村村民搬迁。迁居工作由县协调组和乡政府监督进行"。1997年××村新址建成后,绝大部分村民搬到了新址,但部分村民未搬迁。后部分村民又将旧居租给了大量的外来捡矿人员居住,并在旧址新建了房屋出租,形成了一村两址的情况。

2002年10月,进行了第二次征地搬迁。××县人民政府成立了尖山铁矿二期征地协调领导组,负责二期征地的全部工作。2003年1月,××县县长办公会明确,同意征地范围内的××村村民的移民仍按原协议执行。

协调领导组与尖山铁矿协调××村移民安置工作时,××钢铁集团认为××村的搬迁补偿工作已在第一次村界内搬迁时完成,尖山铁矿只负责新增附着物补偿费,搬迁安置工作与尖山铁矿无关。2003年12月,××县人民政府尖山铁矿二期征地协调领导组与××钢铁(集团)有限公司签署协议,在××乡6个自然村共征地4222亩。全部补偿费用,于2005年1月打入××县人民政府尖山二期征地协调领导组账户,其中,××村旧址包括在此次征地范围之内,并对××村第一次村界内就地搬迁后新增的建构筑物核计了216万元补偿,该款于2005年7月打入××县人民政府尖山二期征地协调领导组账户,2006年1月该笔补偿款全部打入××村账户并当日下发村民。2007年6月尖山铁矿领取了土地使用证。范××于2007年2月任××庄乡党委书记后,仅与前任乡长苏××,书记董××对尖山铁矿二期征地协议和财务进行了交接,没有再对尖山铁矿二期征地××旧村居住人员的迁居情况进行认真研究,并采取有效措施落实搬迁工作,对工作严重不负责任,致使××村旧址内居住的部分村民和大量外来捡矿人员截至事故发生时仍未搬离,造成大量人员伤亡。

2008年7月7日,××县委召开了"开展干部下访和县委书记大接访活动"的工作会议。会议要求对信访专案要做到"四明确一到位",即:明确专人、明确责任、明确处理意见、明确时限、解决到位。会议同时对全县干部包村包案下访进行了安排,下发了《2008年全县重要信访问题排查统计及调处责任分解表》。此次会议明确了尖山铁矿倒渣严重影响××村村民的生存问题,信访案件的承包案人是乡书记范××,且此次会议后承包案人未再变动。7月8日范××在××乡党政联席会议上,将会议精神进行了传达并就乡里的相关工作做了部署。7月10日,范××离任××乡书记后,仍担任××县人大常委会副主任,按××县委决定,仍是该案的包案领导,但其对该信访案件不问不理,直到事故发生。

认定上述事实的证据有证人证言、书证、鉴定结论、犯罪嫌疑人的供述等。

上述犯罪事实清楚,证据确实、充分,足以认定。

综上所述,犯罪嫌疑人范××作为××乡党委书记应全面了解并负责××村村民的搬迁工作,对县委交办的信访专案应认真解决并落实,但其对工作严重不负责任,不认真履行其工作职责,使××村旧址内居住的部分村民和大量外来捡矿人员截至事故发生时仍未搬离,造成45人死亡,直接经济损失113 080余万元。其行为已触犯了《中华人民共和国刑法》第397条第1款之规定,涉嫌玩忽职守罪,依据《中华人民共和国刑事诉讼法》第129条、第131条和《人民检察院刑事诉讼规则》第234条、第235条之规定,应移送审查起诉。

此致

公诉二处

渎职侵权检察处
2008年11月7日

【评析】

这份起诉意见书格式较规范,起诉意见书中要求叙写的事项也基本完整。但存在一些问题:一是叙写犯罪事实时,犯罪事实的一些基本要素比较模糊,给人感觉犯罪事实的眉目不清。二是个别的表述缺乏锤炼,如"此次会议明确了尖山铁矿倒渣严重影响××村村民的生存问题信访案件的承包人是乡书记范××。"不符合汉语的表达习惯。

五、撤销案件决定书

(一)撤销案件决定书的概念及作用

撤销案件决定书,是人民检察院在办理自侦案件的过程中,发现不应对犯罪嫌疑人追究刑事责任,决定撤销案件时制作的文书。

我国《刑事诉讼法》第166条规定:"人民检察院侦查终结的案件,应当作出提起公诉、不起诉或者撤销案件的决定。"《人民检察院刑事诉讼规则》第237条规定:"侦查过程中,发现具有下列情形之一的,应当由检察人员写出撤销案件意见书,经侦查部门负责人审核后,报请检察长或者检察委员会决定撤销案件:①具有刑事诉讼法第

15 条规定情形之一的；②没有犯罪事实的，或者依照刑法规定不负刑事责任和不是犯罪的；③虽有犯罪事实，但不是犯罪嫌疑人所为的。对于共同犯罪的案件，如有符合本条规定情形的犯罪嫌疑人，应当撤销对该犯罪嫌疑人的立案。”

撤销案件决定书能够使无罪的人不受刑事责任追究。

（二）撤销案件决定书的格式、内容及写法

撤销案件决定书为叙述式文书，分为首部、正文、尾部三个部分。

1. 首部。包括：

（1）制作文书的人民检察院的名称；文书名称；文书编号。编号空白处写明制作文书的人民检察院的简称、具体办案部门的简称、年度、序号。如：

××人民检察院

撤销案件决定书

检　撤[　]号

（2）犯罪嫌疑人的基本情况。即犯罪嫌疑人的姓名、性别、出生年月日、身份证号码、籍贯、出生地、民族、文化程度、职业或工作单位及职务。

（3）案由和立案时间，可表述为“犯罪嫌疑人××（姓名）涉嫌××（罪名）一案，本院于×年×月×日立案侦查。”如需说明案件来源的，可以在案由后写明；如果对犯罪嫌疑人采取强制措施的，应当说明采取强制措施的具体情况。

2. 正文。包括：①案件事实。即侦查确认的事实，可表述为“现查明：犯罪嫌疑人××（姓名）……”，写清查清的案件事实，根据决定撤销案件的具体情况，有针对性的叙写，如不负刑事责任或不属于犯罪的事实等。②撤销案件的法律依据。引用《刑事诉讼法》第 15 条的规定和《刑法》关于不追究刑事责任的有关规定。在法律依据后写明撤销案件的决定。

3. 尾部。包括检察长姓名、制作日期、院印。

（三）撤销案件决定书的制作应注意的问题.

1. 要注意区分撤销案件的不同情形，准确引用法律条文。

2. 已经撤销案件的犯罪嫌疑人若在押，应同时制作决定释放通知书，通知公安机关释放。

3. 共同犯罪案件，如有的犯罪嫌疑人符合撤销案件的情形，应当撤销对该犯罪嫌疑人的立案。

4. 本文书 1 式 4 份，一份存检察卷，一份存检察内卷，一份送达犯罪嫌疑人所在单位，一份送达犯罪嫌疑人。犯罪嫌疑人死亡的，只送达原所在单位。

附 实例

××市××区人民检察院
撤销案件决定书

×检×撤[2005]1号

犯罪嫌疑人穆××,男,1963年3月5日出生,身份证号码:2××××××××××××305101,汉族,大学文化,中共党员,××市××区人大代表,黑龙江省绥化市人,系××物业管理有限公司经理,住××市××区新华村27号楼3—101室。

犯罪嫌疑人穆××涉嫌贪污一案,系本院在调查案件中发现,经检察长批准,本院于2005年8月10日开始初查,2005年8月13日立案侦查,同日对其刑事拘留,2005年8月18日本院决定对其取保候审。

现查明:关于贪污维修费问题,经查,穆××在担任××物业管理有限公司经理期间,于2004年1月将××发电有限公司拨给该物业公司的维修费61 600元,通过让××经贸公司银行账户汇回××该物业公司账户后,已进入单位收入,不存在侵吞的事实。关于私分房租费收入问题,经查,穆××在担任××物业管理有限公司经理期间,没有将该公司2004年1月的房租费收入65 300元没入单位财务账,作为账外款放在出纳员刁××处,现在没有证据证明其私分房租费收入。

根据以上事实,无法认定犯罪嫌疑人穆××具有贪污犯罪事实,依据《中华人民共和国刑事诉讼法》第130条、第135条和《人民检察院刑事诉讼规则》第237条、第238条的规定,现决定撤销此案。

检察长:张××

2005年11月3日

【评析】

这份撤销案件决定书言简意赅,事实叙述清楚,理由充分。

第三节 刑事案件强制措施文书

一、批准逮捕决定书

(一)批准逮捕决定书的概念及作用

批准逮捕决定书,是人民检察院对于公安机关、国家安全机关等侦查机关提请批准逮捕犯罪嫌疑人的案件,经过审查后,认为符合逮捕条件,决定批准逮捕犯罪嫌疑人时所制作的告知侦查机关执行的文书。

《人民检察院刑事诉讼规则》第86条规定:“人民检察院对有证据证明有犯罪事实,可能判处徒刑以上刑罚的犯罪嫌疑人,采取取保候审、监视居住等方法,尚不足以防止发生社会危险性,而有逮捕必要的,应当批准或者决定逮捕。"第 87 条规定:"对实施多个犯罪行为或者共同犯罪案件的犯罪嫌疑人,符合本规则第 86 条的规定,具有下列情形之一的,应当批准或者决定逮捕:①有证据证明犯有数罪中的一罪的;②有证据证明实施多次犯罪中的一次犯罪的;③共同犯罪中,已有证据证明有犯罪事实的犯罪嫌疑人。"第 100 条规定:"对公安机关提请批准逮捕的犯罪嫌疑人,人民检察院经审查认为符合本规则第 86 条、第 87 条规定的,应当作出批准逮捕的决定,连同案卷材料送达公安机关执行。"

批准逮捕决定书是侦查机关对犯罪嫌疑人执行逮捕的法定依据。

(二)批准逮捕决定书的格式、内容及写法

批准逮捕决定书为四联填充型文书。

第一联是存根联,在该联首部文书名称下方标明"(存根)"字样,其制作方法与第三联正本的要求一样。正文需填写的具体内容有:案由,即涉嫌罪名,涉嫌多个罪名,应将涉嫌罪名写全;犯罪嫌疑人的基本情况,包括:姓名,性别,年龄,工作单位,住址,身份证号码,是否人大代表、政协委员;送达机关的名称;批准人的姓名或名称;承办人;填发人;填发时间。

第二联是副本联,内容、格式与正本基本相同。只是在文书名称下方标明"(副本)"字样以示区别。

第三联是正本联。由三部分组成:

1. 首部。包括制作文书的人民检察院名称;文书名称;文书编号,空白处填写人民检察院简称、具体办案部门简称、年度、序号。

2. 正文。包括:提请批准逮捕的侦查机关名称;侦查机关简称,如"局"、"厅";提请批准逮捕的时间;提请批准逮捕书的文号;提请批准逮捕的犯罪嫌疑人姓名;犯罪嫌疑人涉嫌罪名;批准逮捕的犯罪嫌疑人的姓名。

3. 尾部。填写制作文书的时间;加盖制作文书的检察院的印章。

第四联为回执联。首部包括制作本文书的检察机关名称;文书名称,在文书名称下标明"回执"字样。正文依次填写:作出批准逮捕决定的检察院的名称;批准逮捕决定书的的文号;批准逮捕决定书的执行情况。尾部包括制作文书的时间,加盖执行机关的公章。

(三)批准逮捕决定书制作应注意的问题

1. 批准逮捕的条件必须严格掌握,只有符合规定的才能批准逮捕。

2. 该文书一人一用,即每批准逮捕一名犯罪嫌疑人制作一份,不能数个犯罪嫌疑人共用一份。

3. 本文书共 4 联。第一联统一保存,第二联附卷,第三联送达侦查机关,第四联侦查机关执行后退回附卷。

 实例

××人民检察院 批准逮捕决定书 （存 根）	××人民检察院 批准逮捕决定书 （副 本）	××人民检察院 批准逮捕决定书	××人民检察院 批准逮捕决定书 （回执）
×检×批捕［2006］23号 案由盗窃 犯罪嫌疑人基本情况（姓名、性别、年龄、工作单位、住址、身份证号码、是否人大代表、政协委员）崔××，男，20岁，无业，住××市××路××号，身份证号×××××××××××××××××× 送达机关××市公安局 批准人蔡×× 承办人岳×× 填发人宋×× 填发时间2006年7月4日	×检×批捕［2006］23号 ××市公安局： 你局于2006年6月29日以×公×提捕字［2006］58号文书提请批准逮捕犯罪嫌疑人崔××，经本院审查认为：该犯罪嫌疑人涉嫌盗窃犯罪，符合《中华人民共和国刑事诉讼法》第六十条的规定，决定批准逮捕犯罪嫌疑人崔××。请依法立即执行，并将执行情况三日内通知本院。 二〇〇六年七月四日 （院印）	×检×批捕［2006］23号 ××市公安局： 你局于2006年6月29日以×公×提捕字［2006］58号文书提请批准逮捕犯罪嫌疑人崔××，经本院审查认为：该犯罪嫌疑人涉嫌盗窃犯罪，符合《中华人民共和国刑事诉讼法》第六十条的规定，决定批准逮捕犯罪嫌疑人崔××。请依法立即执行，并将执行情况三日内通知本院。 二〇〇六年七月四日 （院印）	××民检察院： 根据《中华人民共和国刑事诉讼法》第六十八条的规定，现将你院×检×批捕［2006］23号批准逮捕决定书的执行情况通知如下：2007年7月4日我局已对犯罪嫌疑人崔××执行逮捕。 二〇〇六年七月九日 （公章）
第一联统一保存	第二联附卷	第三联送达侦查机关	第四联侦查机关退回后附卷

（联间骑缝处：×检×批捕〔2006〕23号；×检×批捕〔2006〕23号；×检×批捕〔2006〕23号）

【评析】

该批准逮捕决定书填写得规范、明确、清楚，可参考。

二、不批准逮捕决定书

（一）不批准逮捕决定书的概念及作用。

不批准逮捕决定书，是检察机关对于公安机关等侦查机关提请批准逮捕的案件，经审查认为犯罪嫌疑人不符合规定的逮捕条件，依法作出不批准逮捕决定时制作的文书。

我国《刑事诉讼法》第88条规定：“人民检察院对于公安机关提请批准逮捕的案

件进行审查后，应当根据情况分别作出批准逮捕或者不批准逮捕的决定……”《人民检察院刑事诉讼规则》第99条规定：“对公安机关提请批准逮捕的犯罪嫌疑人，已被拘留的，人民检察院应当在接到提请批准逮捕书后的7日以内作出是否批准逮捕的决定；未被拘留的，应当在接到提请批准逮捕书后的15日以内作出是否批准逮捕的决定，重大、复杂的案件，不得超过20日。”第101条规定：“对公安机关提请批准逮捕的犯罪嫌疑人，具有本规则第89条或者第90条规定情形，人民检察院作出不批准逮捕决定的，应当说明理由，连同案卷材料送达公安机关执行。需要补充侦查的，应当同时通知公安机关。”

不批准逮捕决定书是侦查机关不执行逮捕的依据，可切实保障公民的人身权利不受侵犯。

（二）不批准逮捕决定书的格式、内容及写法

不批准逮捕决定书为四联填充式文书。

第一联是存根联，在该联首部文书名称下方标明“（存根）”字样，其制作方法与第三联正本的要求一样。正文需填写的具体内容有：案由，即涉嫌罪名，若涉嫌多个罪名，应将涉嫌罪名写全；犯罪嫌疑人的基本情况，包括：姓名，性别，年龄，工作单位，住址，身份证号码，是否人大代表、政协委员；不批准逮捕的原因；批准人的姓名或名称；承办人；填发人；填发时间。

第二联是副本联，内容、格式与正本基本相同。只是在文书名称下方标明“（副本）”字样以示区别。

第三联是正本联。由三部分组成：

1. 首部。包括制作文书的人民检察院名称；文书名称；文书编号，在空白处填写人民检察院简称、具体办案部门简称、年度、序号。

2. 正文。包括：提请批准逮捕的侦查机关名称；侦查机关简称，如“局”、“厅”；提请批准逮捕的时间；提请批准逮捕书的文号；提请批准逮捕的犯罪嫌疑人姓名；作出不批准逮捕决定的理由；决定不批准逮捕的犯罪嫌疑人的姓名。

3. 尾部。填写制作文书的时间；加盖制作文书的检察院的印章。

第四联为回执联。首部包括制作本文书的检察机关名称；文书名称，在文书名称下标明“回执”字样。正文，依次填写：作出不批准逮捕决定的检察院的名称；不批准逮捕决定书的的文号；不批准逮捕决定书的执行情况。尾部，包括制作文书的时间，加盖执行机关的公章。

（三）不批准逮捕决定书制作应注意的问题

1. 本文书以人次为单位制作，若一次对多名犯罪嫌疑人不批准逮捕的，应对每个犯罪嫌疑人分别作出不批准逮捕决定书。

2. 本文书共4联，第一联统一保存备查，第二联附卷，第三联送达侦查机关，第四联侦查机关退回后附卷。

附 实例

××人民检察院
不批准逮捕决定书
（存根）

×检×不捕［2010］13号
案由故意伤害
犯罪嫌疑人基本情况（姓名、性别、年龄、工作单位、住址、身份证号码、是否人大代表、政协委员）齐××，女，23岁，××小学，住××市××路××小区，身份证号××××××××××××××××
不批准逮捕原因犯罪嫌疑人齐××的行为不构成犯罪
批准人丁××
承办人赵××
填发人王××
填发时间2010年4月7日

第一联统一保存

×检×不捕〔2010〕13号

××人民检察院
不批准逮捕决定书
（副本）

×检×不捕［2010］13号
××市公安局：
你局于2010年4月1日以×公×提捕［2010］52号文书提请批准逮捕犯罪嫌疑人齐××，经本院审查认为：犯罪嫌疑人齐××的行为不构成犯罪。根据《中华人民共和国刑事诉讼法》第六十八条的规定，决定不批准逮捕犯罪嫌疑人齐××。请依法立即执行，并在三日内将执行情况通知本院。

二〇一〇年四月七日
（院印）

第二联附卷

×检×不捕〔2010〕13号

××人民检察院
不批准逮捕决定书

×检×不捕［2010］13号
××市公安局：
你局于2010年4月1日以×公×提捕字［2010］52号文书提请批准逮捕犯罪嫌疑人齐××，经本院审查认为：犯罪嫌疑人齐××的行为不构成犯罪。根据《中华人民共和国刑事诉讼法》第六十八条的规定，决定不批准逮捕犯罪嫌疑人齐××。请依法立即执行，并在三日内将执行情况通知本院。

二〇一〇年四月七日
（院印）

第三联送达侦查机关

×检×不捕〔2010〕13号

××人民检察院
不批准逮捕决定书
（回执）

××人民检察院：
现将你院×检×不捕［2010］13号不批准逮捕决定书的执行情况通知如下：我局于2010年4月7将齐××释放。

二〇一〇年四月八日
（公章）

二〇〇六年七月九日
（公章）

第四联侦查机关退回后附卷

【评析】

该决定书中不批准逮捕的原因写得简洁，法律依据引用正确。

三、应当逮捕犯罪嫌疑人意见书

（一）应当逮捕犯罪嫌疑人意见书的概念及作用

应当逮捕犯罪嫌疑人意见书，是人民检察院在审查批捕过程中，对于公安机关等侦查机关提请批准逮捕的案件，经审查发现还有应当逮捕的犯罪嫌疑人而侦查机关没有提请批准逮捕的，建议侦查机关提请批准逮捕时作的文书。

我国《刑事诉讼法》第79条第1、2款规定：“对有证据证明有犯罪事实，可能判处徒刑以上刑罚的犯罪嫌疑人、被告人，采取取保候审尚不足以防止发生下列社会危险性的，应当予以逮捕：①可能实施新的犯罪的；②有危害国家安全、公共安全或者社会秩序的现实危险的；③可能毁灭、伪造证据，干扰证人作证或者串供的；④可能对被害人、举报人、控告人实施打击报复的；⑤企图自杀或者逃跑的。对有证据证明有犯罪事实，可能判处10年有期徒刑以上刑罚的，或者有证据证明有犯罪事实，可能判处徒刑以上刑罚，曾经故意犯罪或者身份不明的，应当予以逮捕。”《人民检察院刑事诉讼规则》第103条规定：“人民检察院办理审查逮捕案件，发现应当逮捕而公安机关未提请批准逮捕的犯罪嫌疑人的，应当建议公安机关提请批准逮捕。如果公安机关不提请批准逮捕的理由不能成立的，人民检察院也可以直接作出逮捕决定，送达公安机关执行。”

应当逮捕犯罪嫌疑人意见书是检察机关侦查监督权的体现。检察机关运用该文书可以有效监督公安机关的追捕活动是否合法、准确，查缺补漏，利于及时追捕漏网的犯罪嫌疑人。

（二）应当逮捕犯罪嫌疑人意见书的格式、内容及写法

应当逮捕犯罪嫌疑人意见书分为首部、正文、尾部三个部分。

1. 首部。包括：制作文书的检察机关的名称；文书名称；文书编号，即“ 检 捕意[ ]号”空白处依次填写人民检察院简称、具体办案部门简称、年度、序号。

2. 正文。包括：送达的侦查机关的名称；侦查机关的简称和提请批准逮捕书的文号；提请批准逮捕的犯罪嫌疑人的姓名及涉嫌的罪名；应当提请批准逮捕的犯罪嫌疑人的基本情况，即姓名、性别、年龄、出生年月日等；应当提请批准逮捕犯罪嫌疑人的事实、证据和法律依据，围绕犯罪嫌疑人涉嫌罪名的犯罪构成和量刑情节叙述；应当提请批准逮捕的犯罪嫌疑人符合逮捕的刑罚依据及要求结果。

3. 尾部。包括：制作文书的时间，加盖制作文书单位的院印。

（三）应当逮捕犯罪嫌疑人意见书制作应注意的问题

1. 本文书适用于人民检察院审查批捕环节，只能由批捕部门制作。

2. 如果公安机关没有接受本文书，检察机关可以直接制作逮捕决定书，通知公安机关执行。

3. 本文书1式2份，一份送达提请批准逮捕的侦查机关，一份附卷。

附 实例

××市人民检察院

应当逮捕犯罪嫌疑人意见书

×检×捕意[2010]2号

××市公安局：

你局以×公×提捕字[2010]15号提请批准逮捕书移送的犯罪嫌疑人方××、舒××（姓名）涉嫌故意伤害一案，本院经审查认为：你局提请批准逮捕书未列明犯罪嫌疑人郑××。郑××，男，1986年2月3日出生，25岁。有证据证明有下列犯罪事实：2010年2月14日晚9时许，方××、舒××在××市××镇××村××路段巡逻

时,发现偷盗了一煤气瓶后欲离开的曹××、明××,便将曹、明二人抓获并带至其行窃的地点查访失主。在出租屋外,曹、明二人遭到围观群众的殴打。后方××、舒××又将二人带至村委会进行盘问,此时,郑××在村委会。三人对曹、明二人进行盘问。在盘问中,犯罪嫌疑人方××、舒××、郑××分别持巡逻队办公室内的橡胶棍、木棍等工具及用拳脚殴打曹、明二人的手脚、背部及身体其他部位。次日凌晨2时许,犯罪嫌疑人方××、舒××、郑××见曹××伤势较重,便让曹、明二人离开巡逻队,曹××因伤势过重在前往滨水的水泥路边死亡。犯罪嫌疑人郑××的行为已触犯《中华人民共和国刑法》第234条的规定,可能判处徒刑以上刑罚,有逮捕必要。请你局写出提请批准逮捕书,连同案卷材料、证据,一并移送本院审查批准逮捕。

2010年3月5日

(院印)

【评析】

该文书叙事清楚,理由充分。不足之处是未写明证据。

四、逮捕决定书

(一)逮捕决定书的概念及作用

逮捕决定书,是人民检察院办理自侦案件过程中,对于符合逮捕条件的犯罪嫌疑人,依法决定采取逮捕时制作的文书。

《刑事诉讼法》第163条规定:"人民检察院直接受理的案件中符合本法第79条、第80条第4项、第5项规定情形,需要逮捕、拘留犯罪嫌疑人的,由人民检察院作出决定,由公安机关执行。"

逮捕决定书是检察机关办理自侦案件时对犯罪嫌疑人采取逮捕强制措施的法律凭证。

(二)逮捕决定书的格式、内容及写法

逮捕决定书为四联填充式文书。

第一联是存根联,在该联首部文书名称下方标明"(存根)"字样,需填写的具体内容有:文书编号;案由,即涉嫌罪名,涉嫌多个罪名,应将涉嫌罪名写全;犯罪嫌疑人的基本情况,包括:姓名,性别,年龄,工作单位,住址,身份证号码,是否人大代表、政协委员;送达机关的名称;批准人的姓名或名称;承办人;填发人;填发时间。

第二联是副本联,内容、格式与正本基本相同。只是在文书名称下方标明"(副本)"字样以示区别。

第三联是正本联。由三部分组成:

1. 首部。包括制作文书的人民检察院名称;文书名称;文书编号,空白处填写人民检察院简称、具体办案部门简称、年度、序号。

2. 正文。包括:被决定逮捕的犯罪嫌疑人的姓名;犯罪嫌疑人涉嫌罪名;执行逮捕的法律依据及决定事项。

3. 尾部。包括制作文书的时间;加盖制作文书的检察院的印章;附注:附犯罪嫌疑人的基本情况。

第四联为回执联。首部包括检察机关名称;文书名称,在文书名称下标明“回执”字样。正文,依次填写作出批准逮捕决定的检察院的名称;作出逮捕决定的日期;逮捕决定书的文号;犯罪嫌疑人的姓名;犯罪嫌疑人被执行逮捕的时间;执行逮捕的机关的名称。尾部,包括制作文书的时间,加盖执行机关的公章。

(三)逮捕决定书制作应注意的问题

1. 本文书以人次为单位制作,若一次对多名犯罪嫌疑人决定逮捕的,应对每个犯罪嫌疑人分别作出逮捕决定书。

2. 本文书共4联,第一联统一保存备查,第二联附卷,第三联送达执行机关,第四联执行机关执行后退回附卷。

 实例

××人民检察院
逮捕决定书
(存根)

×检×捕[2007]3号
案由贪污
犯罪嫌疑人基本情况(姓名、性别、年龄、工作单位、住址、身份证号码、是否人大代表、政协委员)师××,男,46岁,××市国税局副局长,住××市××东路××号,身份证号×××××××××××××××
送达机关××市公安局
批准人裴××
承办人周××
填发人巨××
填发时间2007年2月3日

第一联统一保存

×检×捕〔2007〕3号

××人民检察院
逮捕决定书
(副本)

×检×捕[2007]3号
犯罪嫌疑人师××涉嫌贪污,根据《中华人民共和国刑事诉讼法》第六十条和第一百三十二条的规定,决定予以逮捕。
此致
××市公安局

二〇〇七年二月三日
(院印)

第二联附卷

×检×捕〔2007〕3号

××人民检察院
逮捕决定书

×检×捕[2007]3号
犯罪嫌疑人师××涉嫌贪污,根据《中华人民共和国刑事诉讼法》第六十条和第一百三十二条的规定,决定予以逮捕。
此致
××市公安局

二〇〇七年二月三日
(院印)

第三联送达执行机关

×检×捕〔2007〕3号

××人民检察院
逮捕决定书
(回执)

××人民检察院:
你院于2007年2月3日以×检×捕[2007]3号逮捕决定书决定逮捕的犯罪嫌疑人师××已于2007年2月4日由××市公安局执行逮捕。
特此通知。
二〇〇七年二月三日
(公章)

第四联执行机关执行后退回附卷

【评析】

该文书的填写符合规范，不足之处是正本中应写出附项，附项写明犯罪嫌疑人的基本情况。

五、撤销强制措施决定书

（一）撤销强制措施决定书的概念及作用

撤销强制措施决定书，是人民检察院发现对犯罪嫌疑人不应当采取强制措施而采取了强制措施，决定撤销该强制措施时制作的文书。

我国《刑事诉讼法》第94条规定："人民法院、人民检察院和公安机关如果发现对犯罪嫌疑人、被告人采取强制措施不当的，应当及时撤销或者变更。公安机关释放被逮捕的人或者变更逮捕措施的，应当通知原批准的人民检察院。"《人民检察院刑事诉讼规则》第104条规定："对已作出的批准逮捕决定发现确有错误的，人民检察院应当撤销原批准逮捕决定，送达公安机关执行。对已作出的不批准逮捕决定发现确有错误，需要批准逮捕的，人民检察院应当撤销原不批准逮捕决定，并重新作出批准逮捕决定，送达公安机关执行。……对因撤销原批准逮捕决定而被释放的犯罪嫌疑人或者逮捕后公安机关变更为取保候审、监视居住的犯罪嫌疑人，又发现需要逮捕的，人民检察院应当重新办理逮捕手续。"

撤销强制措施决定书一般适用于取保候审、监视居住、拘留和逮捕四种强制措施，对于准确惩治犯罪、保护公民的人身自由起着重要作用。

（二）撤销强制措施决定书的格式、内容及写法

撤销强制措施决定书为填充式文书，共四联。

第一联是存根联，首部文书名称下方标明"（存根）"字样，正文需填写的具体内容有：文书编号；案由，即涉嫌罪名，涉嫌多个罪名，应将涉嫌罪名写全；犯罪嫌疑人的基本情况，包括：姓名、性别、年龄、工作单位、住址、身份证号码、是否人大代表、政协委员；执行机关名称；原采取的强制措施的种类；撤销强制措施的具体原因；批准人的姓名或名称；承办人的姓名；填发人的姓名；填发时间。

第二联是副本联，内容、格式与正本基本相同。只是在文书名称下方标明"（副本）"字样以示区别。

第三联是正本联。由三部分组成：

1. 首部。包括制作文书的人民检察院名称；文书名称；文书编号，空白处填写人民检察院简称、具体办案部门简称、年度、序号。

2. 正文。包括：被撤销强制措施的犯罪嫌疑人的姓名；被撤销强制措施种类名称。

3. 尾部。填写制作文书的时间；加盖制作文书的检察院的印章。

第四联为撤销强制措施决定通知书。首部包括制作本文书的检察机关名称；文书名称，在文书名称下标明"回执"字样。正文依次填写：原决定采取该种强制措施

的时间；犯罪嫌疑人涉嫌的罪名；犯罪嫌疑人的姓名；原采取强制措施种类名称；被撤销强制措施种类名称，与原采取强制措施种类名称一致；送达的执行机关名称。尾部，包括制作文书的时间，加盖执行机关的公章。

（三）撤销强制措施决定书制作应注意的问题

1. 本文书应当以被撤销强制措施的人次为单位制作，一次对多名犯罪嫌疑人撤销强制措施的，应对每个犯罪嫌疑人分别作出撤销强制措施决定书。

2. 本文书共 4 联，第一联统一保存备查，第二联附卷，第三联送达犯罪嫌疑人，第四联送达执行机关。

实例

××人民检察院 撤销强制措施决定书 （存 根） ______ ×检×撤强［2009］12 号 案由诈骗 犯罪嫌疑人基本情况（姓名、性别、年龄、工作单位、住址、身份证号码、是否人大代表、政协委员）吴××，女，31 岁，无业，住××市××区××道 32 号 执行机关××公安局 强制措施种类逮捕 撤销原因犯罪嫌疑人吴××正在哺乳期 批准人雷×× 承办人朱×× 填发人呼×× 填发时间 2009 年 3 月 6 日	×检×撤强〔2009〕12号	××人民检察院 撤销强制措施决定书 （副本） ______ ×检×撤强［2009］12 号 吴××： 因采取强制措施不当，根据《中华人民共和国刑事诉讼法》第七十三条的规定，本院决定撤销对你逮捕的决定。 二〇〇九年三月六日 （院印）	×检×撤强〔2009〕12号	××人民检察院 撤销强制措施决定书 ______ ×检×撤强［2009］12 号 吴××： 因采取强制措施不当，根据《中华人民共和国刑事诉讼法》第七十三条的规定，本院决定撤销对你逮捕的决定。 二〇〇九年三月六日 （院印）	×检×撤强〔2009〕12号	××人民检察院 撤销强制措施通知书 （回执） ×检×撤强［2009］12 号 本院 2009 年 3 月 1 日决定对涉嫌诈骗的犯罪嫌疑人吴××采取逮捕措施，因采取该强制措施不当，根据《中华人民共和国刑事诉讼法》第七十三条的规定，现决定撤销对其逮捕的决定。 特此通知。 此致 ××公安局 二〇〇九年三月六日 （院印）
第一联统一保存		第二联附卷		第三联送达犯罪嫌嫌疑人		第四联送达执行机关

【评析】

该文书填写事项基本完备，不足之处是遗漏了犯罪嫌疑人的身份证号码。

第四节 刑事案件审查起诉、抗诉、出庭支持公诉文书

一、起诉书

(一)起诉书的概念及作用

起诉书是人民检察院对公安机关等侦查机关侦查终结，移送审查起诉的案件或对直接受理侦查终结的案件，经过审查后，认为被告人的犯罪事实已经查清，证据确实、充分，依法应当追究刑事责任，按照审判管辖的规定代表国家对被告人向同级人民法院提起公诉时所制作的文书。

我国《刑事诉讼法》第 167 条规定："凡需要提起公诉的案件，一律由人民检察院审查决定。"第 172 条的规定："人民检察院认为犯罪嫌疑人的犯罪事实已经查清，证据确实、充分，依法应当追究刑事责任的，应当作出起诉决定，按照审判管辖的规定，向人民法院提起公诉，并将案卷材料、证据移送人民法院。"《人民检察院刑事诉讼规则》第 281 条第 1 款规定："人民检察院作出起诉决定后，应当制作起诉书。"

起诉书，既表明人民检察院对侦查机关完成侦查任务的确认，又是对审查侦查工作的总结；同时，起诉书是人民检察院代表国家提起公诉，惩罚犯罪，保护人民的依据；也是人民检察院检察人员出庭支持公诉，进行法庭辩论的基础；起诉书标志着公诉案件进入审判程序，是人民法院对公诉案件进行审判的合法依据。

(二)起诉书的格式、内容及写法

起诉书分为首部、正文和尾部三个部分。

1.首部。包括：

(1)标题和案件编号。在文书顶端正中分两行书写检察机关名称和文书名称。即"××人民检察院"、"起诉书"。对于检察机关名称，除最高人民检察院外，其他各级人民检察院的院名前都必须冠以所在省、自治区、直辖市的名称；如果是涉外案件，在检察机关名称前加上"中华人民共和国"国名。标题下一行右下方写明文书编号，即："检 刑诉[ ] 号"，空格地方依次为检察院简称、具体办案部门简称、年度和文书序号。不能忽略"具体办案部门简称"，如"西检公刑诉［2011］01 号"，其中"公"字为具体办案部门公诉科的简称。

(2)被告人基本情况。包括：①被告人姓名，应当写清被告人正在使用的正式姓名，即户口簿、身份证等法定文件中使用的姓名。如有曾用名或与案件有关的化名、笔名、绰号等要用括号注明。如果是聋哑人或盲人，要在姓名后用括号加以注明。对于符合起诉条件但不讲真实姓名、住址、身份不明的被告人，可以按其自报的姓名向法院起诉。②性别。③出生年月日，应写公历出生年、月、日。具体出生日期查不清

楚的,在制作起诉书时应以公历计算的周岁写明被告人的年龄。④身份证号码,应准确写出被告人身份证中的号码数,以作为确认其身份的依据。⑤民族,应写全称。如汉族、土家族等。⑥文化程度,主要写明所受过的正规教育的程度。⑦职业或工作单位及职务,应写明被采取强制措施前所在的工作单位名称及职务。⑧住址,一般应写户籍所在地。户籍所在地与经常居住地不一致的,写经常居住地;对流窜犯等户籍所在地或经常居住地不明的,写其暂住地。⑨是否受过行政处罚或刑事处罚。⑩因本案对被告人采取的强制措施。应分别写明因本次犯罪被批准或执行强制措施的时间、案由、机关、强制措施名称。先后采取两种以上不同强制措施的,要依照时间顺序一一写明,最后写明被羁押的处所。

对共同犯罪的多名被告人一并提起公诉的,起诉书的"被告人身份等基本情况",应当按主犯、从犯、胁从犯的顺序,依次逐人分段写明。

(3)案由、依法告知事项和案件审查过程。根据《刑事诉讼法》的规定和司法实践中的具体情况,涉及这部分内容的大体有以下四种情况:

公安机关侦查终结后移送的案件,具体写法是:"本案由××(侦查机关)侦查终结,以被告人××涉嫌××罪,于×年×月×日向本院移送审查起诉。本院受理后,于×年×月×日已告知被告人有权委托辩护人,×年×月×日已告知被害人及其法定代理人(或近亲属)、附带民事诉讼的当事人及其法定代理人有权委托诉讼代理人,依法讯问了被告人,听取了被害人的诉讼代理人××和被告人的辩护人××意见,审查了全部案卷材料。"如果存在退回补充侦查和延长审查起诉的情况应注意根据实际情况叙写,不能遗漏。

如果是本院侦查终结的案件,表述为:"被告人××涉嫌××罪一案,由本院侦查终结。本院于×年×月×日已告知被告人有权委托辩护人,×年×月×日已告知被害人及其法定代理人(或近亲属)、附带民事诉讼的当事人及其法定代理人有权委托诉讼代理人,依法讯问了被告人,听取了被害人的诉讼代理人××和被告人的辩护人××意见,审查了全部案卷材料。"

对于侦查机关移送审查起诉的需变更管辖权的案件,写为:"本案由××(侦查机关)侦查终结,以被告人××涉嫌××罪,于×年×月×日向××人民检察院移送审查起诉。××人民检察院于×年×月×日转至本院审查起诉。本院受理后,于×年×月×日已告知被告人有权委托辩护人,×年×月×日已告知被害人及其法定代理人(或近亲属)、附带民事诉讼的当事人及其法定代理人有权委托诉讼代理人,依法讯问了被告人,听取了被害人的诉讼代理人××和被告人的辩护人××意见,审查了全部案卷材料。"

对于其他人民检察院侦查终结需变更管辖权的案件,表述为:"本案由××人民检察院侦查终结,以被告人××涉嫌××罪,于×年×月×日向本院移送审查起诉。本院受理后,于×年×月×日已告知被告人有权委托辩护人,×年×月×日已告知被害人及其法定代理人(或近亲属)、附带民事诉讼的当事人及其法定代理人有权委托诉讼代理人,依法讯问了被告人,听取了被害人的诉讼代理人××和被告人的辩护人××意见,审查了全部案卷材料。"

2. 正文。这是起诉书的重点部分,包括犯罪事实及证据、起诉理由和法律依据两大项目。

(1)犯罪事实和证据。犯罪事实及证据是起诉书的核心部分。犯罪事实必须是经过检察机关查证核实的犯罪事实,犯罪证据必须是证实犯罪行为确系该被告人所为的主要证据。叙写犯罪事实的时候要交待清楚犯罪的时间、地点、动机、目的、经过、后果诸要素,具体反映出被告人犯罪行为发展的全过程。

在叙写犯罪事实的时候,可以根据案情,选用以下的叙述方法:

第一,自然顺序法。即按时间顺序,从行为起因、作案的准备、实施犯罪的情节、采取的手段、造成的后果等顺序来写。这种写法适用于一人一次一罪、一人一次多罪及连续作案的案件。如:

2008年7月1日20时许,被告人王×在××影城观看电影时与马×因琐事发生矛盾。为报复马×,被告人王×打电话纠集了被告人邓×,又通过被告人邓×纠集了被告人杨×。当晚21时,邓、杨二人赶到影城外与被告人王×商议,决定由王×、杨×将马×喊出影城再对其实施殴打。随后,被告人王×、杨×进入影城,喊马×到外面,在马×走向影城门口时,被告人王×对马×实施殴打,马×的朋友白×上前劝架,被被告人杨×拦阻并持铁椅砸向其头部,致白×右额颞顶硬膜外血肿、脑疝,经法医鉴定为重伤。

第二,突出主犯法。即以主犯的活动安排层次,围绕主犯的活动具体记叙。如果共同犯罪之外,被告人还有单独犯罪的,记叙时先记叙"共同犯罪"的事实,后记叙"单独犯罪"的事实。这种方法适用于共同犯罪的案件,如多人一次一罪、多人一次多罪、多人多次多罪以及多人多次一罪。如:

2004年3月,梁×找到妻表弟魏×,要求其帮忙"教训"李×,并带领魏×指认了李×的住所。

2004年4月14日下午,梁×指使魏×到李×的住所确认了李×在家。二人于当晚7时许驾车前往李×的住所,途中购置了铁扳手、铁锹、菜刀各一把、尼龙纺织袋数个。当晚8时许,二人到达李×的住所,梁×先进入李×家中,魏×在楼下通过打电话并以购房为名也进入李×家中。因梁×将李×手机中的信息删除,而与李×发生争吵并厮打起来,这时梁×示意魏×动手,魏×持铁扳手猛击李×的头部后顶枕部数下,李×当即倒地并呼救,魏×扼住李×的颈头,将其扼死于卫生间门口。经法医鉴定,被害人×系机械性窒息,合并颅脑损伤死亡。

梁×、魏×二人确认李×死亡后,用尼龙纺织袋和车衣将尸体包裹后搬到李×的

“宝来”车后备厢中,驾车离开现场。为毁灭证据、掩盖事实,2004年4月15日,梁×伙同魏×将李×尸体右臂、头颅、躯干肢解后,分别埋于呼(市)凉(城)公路的3个地点。之后,梁×让魏×把载尸的宝来车洗净后处理掉。魏×顺路将铁锹扔至呼(市)凉(城)旧公路114.13公里南路基下,又将包裹尸体的车衣、纺织袋等焚烧。其后,魏×将车清洗后弃至山西省大同市。魏×于2004年4月16日返回呼和浩特市,梁×给魏×2000元,让其离开呼市。

第三,突出主罪法。即根据被告人所犯数罪的主次轻重不同,把情节恶劣、危害严重的罪行放在前面详叙,把情节轻、危害较小的罪行放在后面酌情略写。这种方法适用于一人多次多罪和多人多次多罪的案件。如:

2009年7月2日晚8时许,被告人丁×在村民王×家与巴×、刘×、于×等人用扑克牌进行赌博。丁×因输光钱,向于×借钱,于×不同意,二人发生口角,随即发生厮打,于×打了丁×几拳。丁×遂产生报复的念头,在回家的路上,丁×走在于×后面,乘于×不备,掏出随身携带的水果刀朝其背部猛刺一刀。于×被刺后跑开,丁×追上后,又朝于×的后背、前胸连刺数刀,致使于×当场死亡。

2009年5月3日晚11时许,被告人丁×在天星网吧上网,乘蔡×不备,窃取蔡×钱包、手机,价值人民币4900元。

第四,综合归纳法。即把被告人所犯多次同种罪行加以概括归纳,用简洁精炼的文字加以叙述。这种方法适用于一人多次一罪,作案情节大体相同的案件。但要注意与其他方法结合使用较为适当。如:

2008年7月至9月,被告人孙×先后在×市盗窃4次,盗窃物品有现金、银行卡和手机等,被盗物品经×市价格认证中心估价共计19 010元。

第五,罪名标题法。即根据罪名的不同,加上序号,列出标题,按突出主罪法,逐罪分段叙述被告人所实施的犯罪事实。这种写法适用于一人多次多罪、多人多次多罪的案件。如:

一、受贿罪

被告人胡×在担任×省副省长期间,利用职务之便,为他人谋取利益,先后90次,索取人民币2810.8万元,美元180万元,贵重物品107.77万元。……(具体的犯罪事实)

二、行贿罪

被告人胡×从2007年初至2009年初,为自己提升职务,先后5次行贿。……(具体的犯罪事实)

叙写事实的时候，力求围绕该罪的构成要件、犯罪特征叙写，做到罪责突出，清楚、完整、准确，有罪的事实一目了然。

写完犯罪事实，另起一段引出犯罪证据。不但要把本案查证属实的基本的或者主要的证据一一列举，而且还要表明“证据确实、充分”的明确态度。起诉书中对证据的列举，一般以《刑事诉讼法》规定的8类证据进行概括、归类列举。如“认定上述事实的证据如下：××物证，××等书证，××等人证言……”进行列举，既要有种类，也要有具体名称。案件比较简单的，即一犯一次作案或一犯多次连续作案，可以先叙写犯罪事实，然后集中一段写证据。案件比较复杂的，即一犯作案数次或数十次，或数犯共同作案一次或多次的可边叙述犯罪事实边写证据。

(2)起诉理由和法律依据。提起公诉的理由是起诉书正文的结论。要求在总结被告人的犯罪事实的基础上，明确罪行的性质、主观恶性程度、危害后果。对被告人犯罪事实应高度概括，有针对性地评价被告人行为的性质、情节。如被告人主观方面是故意还是过失，如是故意，其主观方面的恶性程度、被告人犯罪行为的恶劣情况、手段使用、对社会的危害性及造成后果的严重程度等，均应具体表述。要注意事实和理由的一致。有这样一个案例：

被告人蔡×与同村村民王×因各自经营化肥生意而产生矛盾，便对王×怀恨在心。2009年1月17日17时许，被告人蔡×纠集被告人马×、薛×酒后一起来到×区×石料场找王×。此时，王×等人正坐在办公室内谈事，被告人蔡×、马×、薛×上前持砖头将办公室电脑、打印机、复印机、桌椅等物砸毁，后对王×及在场的肖×、柴×进行殴打。三人作案后逃离现场，后被公安机关查获归案。经法医鉴定王×的损伤为轻伤。

该起诉理由作了如下认定：

本院认为被告人蔡×、马×、薛×无故殴打他人，砸毁物品，已触犯《中华人民共和国刑法》第293条之规定，犯罪事实清楚，证据确实充分，应当以寻衅滋事罪追究刑事责任。

对于共同犯罪的案件，首先要写清对全案的结论性意见。然后按照主犯、从犯的顺序依次概括写明罪状等。如：

被告人胡×、徐×目无国法，为逞强报复，纠集他人斗殴，其中被告人胡×在斗殴中致人重伤，其行为分别触犯了《中华人民共和国刑法》第292条、第234条的规定，犯罪事实清楚，证据确实充分，应当以故意伤害罪追究被告人胡×的刑事责任，应当以聚众斗殴罪追究被告人徐×的刑事责任。

阐明罪状后还需写明认定被告人的从轻、减轻或从重处罚的情节。如:

被告人刘×、戴×以非法占有为目的,采取暴力、威胁手段,强行劫取他人财物,其行为触犯了《中华人民共和国刑法》第263条,犯罪事实清楚,证据确实充分,应当以抢劫罪追究其刑事责任。被告人刘×、戴×结伙犯罪,根据《中华人民共和国刑法》第25条第1款,系共同犯罪。被告人刘×、戴×犯罪时均不满18岁,根据《中华人民共和国刑法》第17条,应当从轻或者减轻处罚。

明确罪名并引用触犯的《刑法》条款,是对被告人进行实体认定的文字。如果被告人一人犯数罪,应按一定的顺序逐罪引用法律条文。然后写明对被告人提起公诉的必要性及适用的法律依据,即"根据《中华人民共和国刑事诉讼法》第172条之规定,特向你院提起公诉,请依法判处。"

3. 尾部。包括以下内容:①致送接受文书的人民法院的全称。②承办人(检察长、检察员、代理检察员)署名,即承办案件公诉人的法律职务和姓名。③文书的制作时间即年、月、日。④人民检察院院印。⑤附项。附:被告人羁押、监视居住或取保候审的处所;证据目录、证人名单和主要证据复印件及其数量;有关涉案款物情况;被害人(或家属)、被害单位提出的附带民事诉讼的情况;其他需要附注的事项。

(三)起诉书制作应注意的问题

1. 叙述犯罪事实要按照犯罪的时间、地点、手段、动机、目的、情节、后果七要素,以犯罪构成要件为轴心,重点突出,层次分明地将犯罪的具体过程叙述出来。主罪详写,次要罪可采用归纳法概括地写。查无实证或证据不足,不足以认定的案件事实以及与犯罪事实无关的非犯罪事实不能写到起诉书中。

2. 叙写案件事实时,应使用规范的书面标准用语,用词中性化,不褒不贬,体现人性化,尊重人权。如以前惯常使用的"流窜"、"窜入"、"窜至",应当以"来到""进入"等中性化词汇代替。又如"蛇蝎心肠"、"狼心狗肺"含贬义的词语不应当在起诉书中加以使用。

3. 保守国家秘密,注意社会影响,不能写有伤风化的污秽情节,注意保护被害人的名誉。涉及个人隐私案件的被害人姓名可只写姓氏。

4. 在引用法律条款时,必须准确引用被告人触犯《刑法》的条、款、项,而且要先引分则定罪条款,后引总则从轻、减轻、从重条款。数罪并罚的,要先引重罪条款,后引轻罪条款,最后再引《刑事诉讼法》第172条。

5. 起诉书以案件为单位拟稿打印,起诉书的制作应一式多份,一案一名被告人,向人民法院致送8份(其中4份由法院转发给被告人、辩护人、被害人及其诉讼代理人)。每增加一名被告人向人民法院增送起诉书5份;如果是经公安机关侦查的案件,应抄送副本一份给公安机关。附检察卷、检察内卷各一份。

附 实例

××省××市人民检察院
起诉书

×检×诉字[2006]40号

被告人邱××,男,出生于1959年1月1日,身份证号码61××××××2901010615,汉族,初中文化,××省××县人,户籍所在地:××县后柳镇一心村二组,现租住××市××县大河坝乡五四村三组,农民。2006年8月20日因涉嫌故意杀人罪被××县公安局刑事拘留,同月29日经××县人民检察院批准,由××县公安局执行逮捕,现在押。

本案由××省××县公安局、××省××市公安局××分局侦查终结,以被告人邱××涉嫌故意杀人罪,抢劫罪向××县人民检察院移送审查起诉。依据案件管辖的有关规定,××县人民检察院于2006年9月26日将此案报送本院审查起诉。本院受理后,于受案当日已告知被告人邱××有权委托辩护人,同时亦告知被害人的法定代理人有权委托诉讼代理人,依法讯问了被告人,审查了全部案件材料。

经依法审查查明:2006年6月18日至7月2日,被告人邱××与其妻何××先后两次到××县铁瓦殿道观抽签还愿。其间,因邱××擅自移动道观内两块石碑而与道观管理人员宋××发生争执,加之邱××认为道观主持熊××有调戏其妻的行为,由此心生愤怒,遂产生杀人灭庙之恶念。2006年7月14日(农历6月19日)晚,被告人邱××赶到铁瓦殿,见道观内主持熊××及其他成员宋××、王××、陈××、程××和另外五个香客吴××、熊×、韩××、罗××、罗×(12岁)等人都在火炉房烤火,便从道观柴堆处拿了一把砍柴用的弯刀放在自己睡觉的地方。当日深夜,被告人邱××趁道观内诸人熟睡之机,拿起弯刀到各寝室依次向熊××、宋××、陈××、熊×、程××、韩××、罗××、罗×、吴××、王××头部各砍数刀,随后,被告人邱××又找来斧头,再次向每人头部砍击,致10人全部死亡。尔后,被告人邱××又将熊××的眼球、心肺、脚筋挖出,炒熟喂狗。次日天亮后,被告人邱××从熊××的房内搜出一黑色帆布包,将里面的零钱清点,在一笔记本上写下:"今借到各位精仙的现金722.2元整。借款人:邱××。"的字条后将钱拿走。随后又将道观内一只白公鸡杀掉,用鸡血在一硬纸板上写道:"古仙地 不淫乱 违者杀 公元06"和背面"圣不许将奸夫淫婆以 〇六年六二十晚"的字样,放在正殿门口,然后将易燃物牛毛毡和柴抱到陈××的寝室,将作案工具弯刀、斧头等物放入火炉及柴堆上,放火燃烧后逃离现场。

被告人邱××杀人后于2006年7月20日晚从××市乘火车逃至××省××市

××区××农场一带，因其身上无钱，遂产生抢劫之恶念。7月30日晚11时许，被告人邱××窜至万福店武安（武汉至安康）铁路复线施工工地一临时工棚内，见棚内有人，便持一把铁铲劈向照看工地材料的周××，周××见状躲避，背部被铁铲划伤。被告人邱××在工棚内将一黑色旅行包抢走，因包内无钱，遂将包丢弃。

2006年7月31日上午，被告人邱××又窜至××市××区××农场魏岗村二组村民魏××家，以帮××家补盆子和合伙做干鱼生意为名，骗取魏的信任，并在其家用餐。其间发现魏××家有钱，再生抢劫之恶念，遂借口离开魏家，在附近逗留，伺机作案。当日下午，被告人邱××再次来到魏××家，吃完晚饭后趁其家人休息之际，用斧头和弯刀向魏之妻徐××、魏××、魏之女魏×的头部连砍数刀，将三人砍伤后，抢得现金1302元及雨伞、手提灯等物，后逃离现场。8月1日凌晨，被告人邱××乘K357次列车返回××市。2006年8月19日被告人邱××潜逃回家时被公安机关抓获归案。魏××因抢救无效，于2006年9月9日死亡，徐××、魏××经鉴定系重伤。

认定上述事实的证据有：物证；书证；证人证言；被害人陈述；被告人邱××的供述；痕迹鉴定、尸体检验报告；现场勘查笔录。

本院认为，被告人邱××因琐事而残杀10人，滥杀无辜，其犯罪性质十分恶劣，手段十分残忍，后果十分严重，社会影响极坏，其行为已触犯《中华人民共和国刑法》第232条之规定，犯罪事实清楚，证据确实充分，应当以故意杀人罪追究其刑事任。被告人邱××在潜逃期间，使用暴力，抢劫财物，致一人死亡、二人重伤，其行为已触犯《中华人民共和国刑法》第263条第1、5项之规定，犯罪事实清楚，证据确实充分，应当以抢劫罪追究其刑事责任。本院为惩治犯罪，严厉打击严重破坏社会治安的犯罪分子，保护公民的人身和财产权利不受侵犯，维护社会稳定，现依据《中华人民共和国刑事诉讼法》第141条之规定，特将此案提起公诉，请依法判处。

此致

××省××市中级人民法院

副检察长：李××
检察员：杨××
2006年9月29日

【评析】

这份起诉书叙写事实重点突出，层次分明，对于被告人的行为特征分析准确，对起诉理由的概括简明扼要，指控清楚、具体，语言也精炼。不足之处是引用法条尚不够规范。

二、不起诉决定书

（一）不起诉决定书的概念及作用

不起诉决定书是指人民检察院对侦查机关（或检察机关侦查部门）移送审查起

诉的案件,经过审查认为犯罪嫌疑人行为不构成犯罪,或者罪证不足,以及按照法律规定不应追究刑事责任时作出不起诉决定时制作的文书。

不起诉是检察院审查起诉后所作的处理方式之一,不起诉决定书是人民检察院依法作出的终止刑事诉讼活动的文书,它对于保障被不起诉人的人身权利免受侵犯,及时结案,使被不起诉人尽快从牢狱中解脱出来,具有重要作用。

不起诉可以分为法定不起诉、酌定不起诉和疑罪不起诉三种。

1. 法定不起诉。根据《刑事诉讼法》第 173 条第 1 款的规定,犯罪嫌疑人没有犯罪事实或者犯罪嫌疑人具有《刑事诉讼法》第 15 条规定的情形之一的,应当作出不起诉决定。《刑事诉讼法》第 15 条规定:"有下列情形之一的,不追究刑事责任,已经追究的,应当撤销案件,或者不起诉,或者终止审理,或者宣告无罪:①情节显著轻微、危害不大,不认为是犯罪的;②犯罪已过追诉时效期限的;③经特赦令免除刑罚的;④依照刑法告诉才处理的犯罪,没有告诉或者撤回告诉的;⑤犯罪嫌疑人、被告人死亡的;⑥其他法律规定免予追究刑事责任的。"根据以上情形作出的不起诉决定叫做绝对不起诉决定书。

2. 酌定不起诉。根据《刑事诉讼法》第 173 条第 2 款的规定:"对于犯罪情节轻微,依照刑法规定不需要判处刑罚或者免除刑罚的,人民检察院可以作出不起诉决定。"酌定不起诉是检察院行使起诉裁量权的表现。

酌定不起诉必须同时具备两个条件:一是犯罪嫌疑人的行为已经构成犯罪;二是犯罪情节轻微,依照《刑法》规定不需要判处刑罚或者免除刑罚。依照《刑法》的有关规定,免除刑罚的情形主要有犯罪嫌疑人因防卫过当或者紧急避险超过必要限度,并造成不应有危害的;为犯罪准备工具,制造条件的;犯罪过程中自动中止或自动有效地防止犯罪结果发生的;在共同犯罪中起次要或辅助作用的;被胁迫、被诱骗参加犯罪的;犯罪嫌疑人自首或者在自首后有立功表现的等。根据以上情形作出的不起诉决定叫做相对不起诉决定书。

3. 疑罪不起诉。《刑事诉讼法》第 171 条规定:"人民检察院审查案件,可以要求公安机关提供法庭审判所必需的证据材料;认为可能存在本法第 54 条规定的以非法方法收集证据情形的,可以要求其对证据收集的合法性作出说明。人民检察院审查案件,对于需要补充侦查的,可以退回公安机关补充侦查,也可以自行侦查。对于补充侦查的案件,应当在 1 个月以内补充侦查完毕。补充侦查以二次为限。补充侦查完毕移送人民检察院后,人民检察院重新计算审查起诉期限。对于二次补充侦查的案件,人民检察院仍然可以认为证据不足,不符合起诉条件的,应当作出不起诉的决定。"证据不足主要是指:据以定罪的证据存在疑问,无法查证属实的;犯罪构成要件事实缺乏必要的证据予以证明的;据以定罪的证据之间的矛盾不能合理排除的;根据现有证据得出的结论具有其他可能性的。在证据不足情况下作出的不起诉决定叫存疑不起诉决定书。

(二)不起诉决定书的格式、内容及写法

不起诉决定书为叙述型文书,可分为首部、正文、尾部。

1. 首部。包括:制作文书的检察机关的名称;文书名称;文书编号,即"检 刑不诉[ ] 号",空白处填写检察机关的简称、具体办案部门的简称、年度和序号。

2. 正文。包括:

(1)被不起诉人的基本情况,包括姓名、性别、出生年月日、身份证号码、民族、文化程度、职业或工作单位及职务(如果是国家机关工作人员利用职权实施犯罪的,写明犯罪时在何单位任何职务)、住址(一般写居住地)、是否受过刑事处罚、采取强制措施的种类、时间、决定机关等。如果被不起诉的是单位,主要写清单位名称、住所地等。

(2)辩护人的基本情况。即辩护人的姓名、单位。

(3)案由和案件来源。对于公安机关移送审查起诉的案件,可表述为:"本案由××(侦查机关名称)侦查终结,以被不起诉人××涉嫌××罪,于×年×月×日向本院移送审查起诉。"对于检察机关自行侦查的案件,表述为:"被不起诉人××涉嫌××罪一案,由本院侦查终结,于×年×月×日移送审查起诉。"对于其他检察机关移送的案件,表述为:"本案由××(侦查机关)侦查终结,以被不起诉人××涉嫌××罪,于×年×月×日移送××人民检察院审查起诉。××人民检察院于×年×月×日转至本院审查起诉。"

(4)案件事实。用"经本院依法审查查明"引出下文。按下列几种情况分述:①根据《刑事诉讼法》第15条第1项规定作出不起诉决定,即侦查机关认为已构成犯罪移送起诉,检察机关审查后认为情节显著轻微、危害不大,不认为是犯罪而决定不起诉的,先概括侦查机关认定的犯罪事实(若是检察机关的自侦案件,则不写这个部分),然后写检察机关审查后认定的事实及相应的证据,应重点反映情节显著轻微、危害程度小。②根据《刑事诉讼法》第15条第2~6项规定作出不起诉决定,应结合案情叙明符合法定不追究刑事责任的事实和证据。③对于犯罪情节轻微,依照《刑法》规定不需要判处刑罚或免除刑罚而决定不起诉的案件,应该围绕犯罪构成要件,将检察机关审查后认定的事实和证据写清楚,要体现其情节轻微的事实及符合不起诉条件的特征。④对于证据不足不起诉的案件,概括叙述侦查机关认定的相关事实。

(5)不起诉的理由、法律依据和决定事项。根据不起诉的不同情形,可以按以下几种写法来写:①根据《刑事诉讼法》第15条第1项规定作出不起诉决定的,表述为:"本院认为,××(被不起诉人的姓名)的上述行为,情节显著轻微、危害不大,不构成犯罪。依照《中华人民共和国刑事诉讼法》第15条第1项和第142条第1款的规定,决定对××(被不起诉人的姓名)不起诉。"②根据《刑事诉讼法》第15条第2~6项规定作出不起诉决定的,阐明不再追究或无法追究被不起诉人刑事责任的理由和法律依据。视具体情况而定。③对于酌定不起诉案件,写为:"本院认为,犯罪嫌疑人××实施了《中华人民共和国刑法》第×条规定的行为,但犯罪情节轻微,具有××

情节(具体写明具有从轻、减轻或免除处罚的情形),根据《中华人民共和国刑事诉讼》第173条第2款的规定,决定对××不起诉。”④对于存疑不起诉案件。如是侦查机关移送的案件,写为:“××(侦查机关的名称)移送审查起诉认定(概括叙述侦查机关认定的事实),经本院审查并两次退回补充侦查,本院仍然认为××(侦查机关的名称)认定的犯罪事实不清、证据不足(或本案证据不足),依照《中华人民共和国刑事诉讼法》第171条第4款的规定,决定对××不起诉。”如是检察机关的自侦案件,写为:“本案经本院侦查终结,在审查起诉期间,经两次补充侦查,本院仍认为证据不足,不符合起诉条件,依照《中华人民共和国刑事诉讼法》第171条第4款的规定,决定对××不起诉。”

(6)告知事项。法定不起诉的案件,表述为:“被害人如果不服本决定,可以自收到本决定书后7日以内向××人民检察院申诉,请求提起公诉;也可以不经申诉,直接向××人民法院提起自诉。”酌定不起诉的案件,表述为:“被不起诉人如不服本决定,可以自收到本决定书后7日以内向本院申诉。”“被害人如果不服本决定,可以自收到本决定书后7日以内向××人民检察院申诉,请求提起公诉;也可以不经申诉,直接向××人民法院提起自诉。”存疑不起诉的案件,表述为:“被害人如果不服本决定,可以自收到本决定书后7日以内向××人民检察院申诉,请求提起公诉;也可以不经申诉,直接向××人民法院提起自诉。”

3. 尾部。人民检察院的名称,制作文书的日期,加盖院印。

(三)不起诉决定书制作应注意的问题

1. 不起诉三种类型的适用条件和法律依据各不相同,因此在制作时应把握好三种不起诉各自的特点,掌握内容和格式的差异。

2. 正确把握不起诉决定书使用的范围。对于经审查认为没有犯罪事实或犯罪行为不是犯罪嫌疑人实施的,检察机关应将案件退回侦查机关或本院的侦查部门,由侦查机关或侦查部门作出撤销案件的决定,而不能决定不起诉。

3. 不起诉决定书以人为单位制作,有多少被不起诉人就要制作多少份不起诉决定书。

4. 起诉决定书分为正本和副本。正本一份归入正卷,副本发送被不起诉人、辩护人及其所在单位、被害人或近亲属及其诉讼代理人、侦查机关(部门)。

××省××市人民检察院

不起诉决定书

×检刑不诉[2005]7号

被不起诉人刘××,男,1977年11月12日出生,身份证号码32102××××

711127633,汉族,大专文化,原系××市欧森机电制造厂销售员,住××省××市××镇××村一组。2004年11月22日因涉嫌挪用资金、职务侵占罪,被××市公安局刑事拘留,2004年12月1日经本院批准,2004年12月2由××市公安局执行逮捕。

本案由××市公安局侦查终结,以被不起诉人刘××涉嫌职务侵占罪,于2005年1月11日向本院移送审查起诉。

经依法审查查明:

被不起诉人刘××于2003年6月至7月下旬,利用担任××市欧森机电制造厂驻河北省邯郸市销售员的职务之便,从本单位设在邯郸市油脂品公司的仓库内提走KFR-50LW/BD等型号的空调组机33套,分别销售给邯郸市××县双鹿空调专卖店主胡××、武安县特效制冷店主张××、金河电器店主马××,从中得款合计人民币30 877元,归个人使用。

2004年12月,赃款被全部追回,退还受害单位。

认定上述事实的证据如下:书证;证人证言;被害单位陈述;刘××供述。

本院认为,被不起诉人刘××身为单位工作人员,利用职务之便,挪用本单位资金归个人使用,数额较大,且超过3个月未归还,其行为触犯了《中华人民共和国刑法》第272条第1款,犯罪事实清楚,证据确实充分,鉴于被不起诉人刘××犯罪情节轻微,已退出全部赃款,根据《中华人民共和国刑事诉讼法》第142条第2款的规定,决定对刘××不起诉。

被不起诉人刘××如不服本决定,可以自收到本决定书后7日内向本院申诉。

被害单位如不服本决定,可以自收到本决定书后7日内向××市人民检察院申诉,请求提起公诉;也可不经申诉,直接向××市人民法院起诉。

××省××市人民检察院

(加盖公章)

2005年1月25日

【评析】

这份不起诉决定书格式较规范,不起诉的理由充分,适用法律准确,可供参考。

三、提请抗诉报告书

(一)提请抗诉报告书概念及作用

提请抗诉报告书,是指下级人民检察院审查发现同级人民法院已经发生法律效力的判决或者裁定确有错误,提请上级人民检察院按审判监督程序依法抗诉时所制作的文书。

根据我国《刑事诉讼法》第243条第3款的规定:“最高人民检察院对各级人民法院已经发生法律效力的判决和裁定,上级人民检察院对下级人民法院已经发生法律效力的判决和裁定,如果发现确有错误,有权按照审判监督程序向同级人民法院提出抗诉。”

提请抗诉报告书是人民检察院进行审判监督的手段之一，为纠正错案提供重要依据。

（二）提请抗诉报告书的格式、内容及写法

提请抗诉报告书为叙述式文书，包括以下三部分：

1. 首部。包括人民检察院的名称、文书名称和文书编号。文书编号为“ 检提抗[ ] 号”，空白处分别填写提出报告的人民检察院的简称、具体办案部门简称、年度、序号。

2. 正文。包括四部分：①报请单位称谓“××人民检察院”，即上一级人民检察院的名称。②提请抗诉的起因。表述为：“本院×月×日收到××人民法院×年×月×日×号对被告人××一案的刑事判决（裁定）书。经本院审查认为：该判决（裁定）确有错误。现将审查情况报告如下：”。③案件审理经过及提请抗诉的理由。依次写明原审被告人基本情况及审查认定后的犯罪事实，一审法院、二审法院的审判情况，判决、裁定错误之处，提请抗诉的理由和法律依据，本院检察委员会讨论情况。④提请事项。表述为：“为保证法律的统一正确实施，特提请你院通过审判监督程序对此案提出抗诉。现将××案卷随文上报，请予审查。”

3. 尾部。包括制作文书的日期及提请抗诉的人民检察院的院印。

（三）提请抗诉报告书制作应注意的问题

1. 叙写审查后认定的犯罪事实要具体详实，重点突出，注意和提请抗诉的理由保持一致。

2. 叙写一、二审法院的审理情况要简明扼要。

3. 本文书1份附卷，其余报上一级人民检察院，报送份数要符合要求。

××人民检察院

提请抗诉报告书

×检×提抗[2008]3号

××市人民检察院：

本院于2008年10月9日收到××市第二中级人民法院以[2008] ×二中刑终字265号对被告人高××诈骗一案的刑事裁定书。本院在审查中认为：该裁定认定被告人犯诈骗罪系未遂，确有错误。现将审查情况报告如下：

一、原审被告人基本情况及犯罪事实

被告人高××，男，34岁，汉族，福建省福安市人，初中文化程度，系农民，住福建省福安市溪尾镇林江杞湾村。2007 年 10 月 2 日因诈骗被××市水上公安局刑事拘留，同年 10 月 31 日，经本院批准，由该局依法执行逮捕。

被告人高××以租船承运货物为名，诈骗承运物资，并通过他人伪造了船的航行证件及私刻各类航行管理部门的公章。2007 年 9 月 28 日被告人高××以虚假身份、使用伪造的证件，骗取浙江××航运公司驻××市代表李××、货主××市华昌粮油发展公司沈××的信任，骗得价值人民币 190 万元的小麦 378.52 吨，嗣后，高即驾驶“华州五号”船自崇明南门港开往温州准备销赃。10 月 1 日晚，高驾驶的船在吴淞码头被查获。

二、提请抗诉的理由和法律依据

1. 被告人高××以虚假身份证件诈骗，致使被害人无法查找，失去了财物的控制权。

2. 被告人××驾船离开南门港达四十余小时，致使这批小麦被被告人实际占有。

综上，被告人高××属诈骗既遂，适用《中华人民共和国刑法》第 23 条之规定，显属不当。为严肃国家法制，准确惩治犯罪，应依照《中华人民共和国刑事诉讼法》第 205 条第 3 款之规定，提请抗拆。

三、本院检察委员会经讨论认为：根据被告人所实施的犯罪行为，被告人高××构成诈骗罪系既遂。二审法院裁定认为被告人高××犯诈骗罪系未遂确有错误，按审判监督程序应提请抗诉。

为保证法律的统一正确实施，特提请你院通过审判监督程序提出抗诉。现将被告人高××诈骗案卷随文上报，请予审查。

2008 年 10 月 14 日

（院印）

【评析】

该提请抗诉报告书中的事实和提请抗诉理由保持了高度的一致，提请抗诉的理由一语中的。不足之处是未交待一、二审的审判情况。

四、刑事抗诉书

（一）刑事抗诉书的概念及作用

刑事抗诉书，是指人民检察院对人民法院确有错误的刑事判决或裁定依法提出抗诉时所制作的文书。

根据我国《刑事诉讼法》第 217 条、第 243 条第 3 款，以及《人民检察院刑事诉讼规则》的规定，地方各级人民检察院认为本级人民法院第一审的判决、裁定确有错误时，在法定时限内，应当向上一级人民法院提出抗诉。这通常被称为按上诉程序的抗诉。

最高人民检察院对各级人民法院已经发生法律效力的判决和裁定，上级人民检察院对下级人民法院已经发生法律效力的判决和裁定，如果发现确有错误，有权按照审判监督程序向同级人民法院提出抗诉。这通常被称为审判监督程序抗诉。

刑事抗诉书是检察机关行使审判监督职权的重要工具，对于纠正人民法院确有错误的刑事判决和裁定，保证法律的正确实施，起着十分重要的作用。

（二）刑事抗诉书的格式、内容及写法

刑事抗诉书为叙述性文书，分为首部、正文、尾部三个部分。

1. 首部。包括制文单位名称；文书名称；文书编号。即

××人民检察院

刑事抗诉书

×检×刑抗[　]号

文书编号空白处，填写检察院简称、具体办案部门简称、年度号和序号。

2. 正文。按上诉程序抗诉的正文内容为：①原审判决、裁定的情况。表述为："××人民法院以×号刑事判决书（裁定书）对被告人××（姓名）××（案由）一案判决（裁定）……（判决、裁定结果）"，在案由上，如果检察机关和审判机关认定罪名不一致，应该表述清楚。对公、检、法三机关的办案经过不用叙写。②审查意见，不用另起一段，紧接上文写"本院依法审查后认为……"，接下来阐明检察机关对原判决（裁定）的审查意见，明确指出原判决（裁定）的错误所在。③抗诉理由。如果是人民法院认定事实有误，要针对认定事实不当的部分，进行否定。对于没有异议的事实，可用"对……事实的认定无异议"一笔带过。对于共同犯罪案件，应将写作重点放在原判决（裁定）漏定或错定的部分被告人的犯罪事实上，对于没有争议的其他被告人的犯罪事实可简写或不写。对于证据应有针对性的列举。如果是人民法院适用法律有错误，根据具体案情，从罪状、量刑等方面加以论述。如果是人民法院在审判程序方面严重违法，要叙明违反法定程序的具体情况，以及可能影响公正裁判的后果，指出正确的诉讼程序。④结论性意见、法律依据、决定和请求事项。即"综上所述，为维护司法公正，准确惩治犯罪，依照《中华人民共和国刑事诉讼法》第217条的规定，特提出抗诉，请依法判处。"

按审判监督程序抗诉的正文内容为：①原审被告人的基本情况，依次写明原审被告人的姓名、性别、出生年月日、身份证号、民族、出生地、职业、单位及职务、住址、服刑情况、刑满释放或假释的具体日期。有数名被告人的，依犯罪事实情节由重至轻顺序分别列出。②诉讼过程、生效判决或裁定的情况。"××人民法院以×号刑事判决书（裁定书）对被告人××（姓名）××（案由）一案判决（裁定）……（判决、裁定结果）经依法审查，本案的事实如下：……"。③对生效判决或裁定的审查意见。先概括叙述检察机关认定的事实、情节。应当根据具体案件事实、证据情况，围绕《刑法》规定该罪构成要件特别是争议问题叙写。一般应当具备时间、地点、动机、目的、关键

行为、情节、数额、危害结果、作案后表现等有关定罪量刑的事实、情节要素。一案有数罪、各罪有数次的，应依由重至轻的顺序叙写。审查意见要明确指出判决、裁定的错误所在，点明检察机关的抗诉重点是什么。④抗诉理由。具体分析判决、裁定错误所在，论证检察机关的正确意见。⑤结论性意见、法律根据、决定和请求事项。即“综上所述，为维护司法公正，准确惩治犯罪，依照《中华人民共和国刑事诉讼法》第243条第3款的规定，对××人民法院×号刑事判决书（裁定书），提出抗诉，请依法判处。”

3.尾部。包括文书的发送对象、制发文书的人民检察院的名称及院印、文书制发日期。

（三）刑事抗诉书制作应注意的问题

1.刑事抗诉中的抗诉理由各有不同，因案而异。论证的时候注意做到观点鲜明、论据充分、逻辑缜密。

2.注意区分两种抗诉的法律依据。

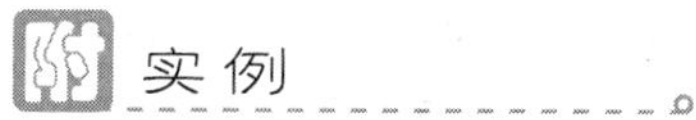

××市××区人民检察院

刑事抗诉书

×检刑抗［2008］7号

××市××区人民法院于2008年4月10日以［2008］×刑初字第27号判决书，对被告人宗××以诈骗罪判处有期徒刑3年。本院依法审查后认为：一审判决对被告人宗××的部分犯罪事实应当认定而未认定，导致适用法律不当，量刑畸轻。理由如下：

一、判决书认定部分犯罪事实与引用证据不当。

判决书认定：“被告人宗××于2007年6月间，虚构事实，向金××谎称可为其联系购买2吨平价电解铜。为骗得金××的信任，宗××先后私刻了××市化工轻工供应公司第二化工供应部、××市勤工化工厂销售科的印章，并伪造上述两单位的供货证明。嗣后，以代垫付电解铜款为名，骗得金××人民币55 000元。”事实是：被告人宗××在2007年6月下旬通过伪造“××市化工轻工供应公司第二化工供应部”两张供货证明，骗得金××55 000元后，为达到进一步诈骗的目的，于×月×日再次私刻“××市勤工化工厂销售科”印章，伪造供货证明，以自己为金××的电解铜垫付了18 000余元，造成资金紧缺，需再借款2万元归还他人的理由，又骗得金××2万元。由此可见，宗××伪造“××市勤工化工厂销售科”的假证明不是为了诈骗55 000元（55 000元在此前10余天前已骗得），而是为了诈骗2万元所实施的行为。

二、一审判决对被告人宗××诈骗2万元的事实应该认定而未认定，本院指控宗

××诈骗2万元事实清楚,有被害人陈述、证人证言和书证所证实,证据充分

1. 宗××在骗得55 000元后,又向金"借"钱。开始金对宗××有无电解铜产生怀疑,所以对宗××"借"钱予以拒绝。在此情况下,宗××伪造了"×市勤工化工厂销售科"的证明,又虚构了自己为此垫付18 000余元的事实使金信以为真,金才筹借了2万元给宗××。由此可见,宗××向金所借的2万元是在虚构事实的前提下取得的。

2. 宗××诈骗2万元与诈骗55 000元是采用同一手段,其实都是以虚构事实为前提的。一审判决书认定了"宗××虚构事实,向金谎称可为其联系购买2吨平价电解铜,为骗得金信任,宗××先后私刻了'×市化工轻工供应公司第二化工供应部'、'××市勤工化工厂销售科'的印章,并伪造上述两单位的供货证明。嗣后,以代其付电解铜款为名,骗得金人民币55 000元"。这里认定的是诈骗2万元的手法,却不认定诈骗2万元的结果,这是自相矛盾的。

3. 被告人宗××无经济偿还能力。宗××在借钱时称,将电解铜出卖后得款才能归还,其实她根本没有电解铜。所得之款用于还债后,已无偿还能力。所以,"借"是形式而骗是实质。本院认为:被告人宗××采用虚构事实的手法诈骗他人55 000元,数额巨大,应按《中华人民共和国刑法》第226条的规定予以惩处。一审判决只认定被告人诈骗55 000元而否定2万元,因而在认定犯罪事实和适用法律上均属不当。

综上所述,为维护司法公正,准确惩治犯罪,依照《中华人民共和国刑事诉讼法》第181条的规定,特提出抗诉,请依法判处。

此致

××市人民法院

××市××区人民检察院(院印)

2008年4月15日

【评析】

这份刑事抗诉书事项齐全、层次分明、结构严谨。

五、公诉意见书

(一)公诉意见书的概念及作用

公诉意见书,是指出庭支持公诉的检察人员,在法庭辩论开始时,就案件事实、证据、适用法律等问题集中发表意见时所使用的文书。

我国《刑事诉讼法》第183条和《人民检察院组织法》规定,人民法院审理公诉案件,人民检察院应当派员出席法庭支持公诉。人民检察院提起公诉的案件,由检察长或者检察员以国家公诉人的身份出席法庭支持公诉,并且监督审判活动是否合法。

由于制作目的限制,致使许多事项无法在起诉书中得到具体体现,而公诉意见书则是起诉书的补充和进一步阐发,对于与起诉书中有关的犯罪、量刑等情节,检察人员在公诉意见书中可以予以补充说明。公诉意见书是检察人员对法庭调查的事实及如何定罪量刑等问题的结论性意见,是法庭审理的重要依据。公诉意见书还是法制

宣传的重要形式，通过对被告人犯罪行为危害的剖析、犯罪成因的分析等，可以对旁听群众进行法制宣传和教育，起到预防犯罪的作用。

（二）公诉意见书的格式、内容及写法

公诉意见书为叙述式文书，分为首部、正文、尾部三个部分。

1. 首部。包括制作文书的人民检察院名称、文书名称。

2. 正文。包括：

（1）案件有关情况，即被告人姓名（被告人为单位时写名称）、案由（即罪名）、起诉书号。这部分在法庭上无需宣读。

（2）称呼语，根据合议庭组成情况写“审判长、审判员”、“审判长、人民陪审员”。

（3）出庭支持公诉的任务和法律根据。具体表述为：“根据《中华人民共和国刑事诉讼法》第184条、第193条、第198条和第201条的规定，我（们）受××人民检察院的指派，代表本院，以国家公诉人的身份，出席法庭支持公诉，并依法对刑事诉讼实行法律监督。现对本案证据和案件情况发表如下意见，请法庭注意。”

（4）公诉意见。这一部分是公诉意见书的核心。应当针对不同的案情发表意见。一般可以从三个方面展开阐述：一是根据法庭调查的情况，总结法庭质证情况，运用证据证明被告人的犯罪事实清楚，证据确实充分。比如在梁×等故意杀人案中，公诉意见书论述：“被告人梁×、杜×、王×蓄谋杀害于×的犯罪事实，有收缴的编号为303370号霰弹枪等物证证实，法医鉴定结论表明于×头、胸等部位霰弹创，终因火器创致颅脑损伤死亡；枪弹痕迹鉴定书，科学地认定了于×身上的弹痕系由303370号霰弹枪所射击的事实。”将证据的具体内容写出，运用证据的关联性可以很好地证明指控的犯罪事实。二是根据被告人的犯罪事实，结合情节论述，提出从重、从轻、减轻处罚的意见。如在一起特大拐卖儿童案中，直接引用了一系列统计数字，表明被害人众多且绝大多数未获救，后果特别严重：“①本案被拐卖的儿童共计218名，其中，男婴94名（含孪生男婴4名），女婴124名（含孪生女婴2名）。这些婴儿最少的被卖3次，最多的则被卖6次以上。根据统计，其中仅有11名婴儿被解救，占全部被拐卖婴儿的5.05%；被抢、死亡各2名，占1.83%；尚有203名未获救，占93.12%。②涉及省份多，社会影响大，处理难度大。本案涉及云南、江苏、福建、山东、湖北、贵州6省，婴源地、收买地、接送地、贩卖地则涉及上述6省的多个州市及县（区），仅云南省就涉及5个州市12个县（区）。”让事实说话，进而提出从重处罚的意见。三是揭露犯罪的社会危害性，剖析犯罪原因，结合案件实际，阐述预防犯罪的有关问题，做必要的法制宣传和教育。如在前文提到的特大拐卖儿童案中，为了揭示犯罪的社会危害，公诉人采用了点面结合的方法：“纵观本案，56名被告人犯罪气焰嚣张，犯罪后果触目惊心，不仅给被害人本人及无数家庭带来了极大的痛苦和悲伤，而且也使自己的家庭及亲人蒙羞受辱。一个极端的事例是：被告人赵×的母亲在得知自己的儿子因从事拐卖儿童的犯罪被公安机关刑事拘留后，终日以泪洗面，最后上吊自杀，用结束自己生命的方式表达了对拐卖儿童这种伤天害理行径的血泪控诉和严厉谴责。因为她是一个母亲,她懂得失去孩子对一个母亲来说无异于夺走她的生命。这就是一个母亲的心,一个全天下母亲共同的心。所以,拐卖儿童,天理不容,害人又害己。”阐述得形象生动、发人深省,使人受到了深刻的法制教育。

在剖析犯罪成因、总结教训时要针对案件特点,有针对性地论述。如在刘×受贿、行贿案件当中,刘×当了副省长后并不满足,为了获取更大的官位,受更多的贿,捞更多的钱,大肆向有关部门人员行贿。刘×从2007年至2009年,为了自己职务提升及工作调动,先后5次向中央组织部地方干部局干部辛×、王×等人行贿共计人民币180万元。只要是刘×认为对他保官升官有用的人他都会不择手段,重金贿赂,而刘×行贿的钱财就是受贿甚至索贿得来的赃款。因此,公诉人在公诉意见书中指出:“刘×始终是沿着‘钱—权—钱’这样一个腐败的轨迹,恶性循环,最终使其在罪恶的泥潭中越陷越深,不能自拔。”并且总结了本案的教训,认为是以下原因造成了本案被告人从高级干部沦为阶下囚:①背弃了共产主义理想信念,政治上蜕化变质。②贪欲极度膨胀,把党和人民赋予的权力作为谋取私利的手段。③道德败坏,生活腐化堕落。而在另一起受贿案件中,被告人晏×是×省某综合工程实业发展有限公司的法定代表人,他行贿的目的是为了中标等事宜。所以,公诉人在公诉意见书中总结本案教训为:“①不认真学习法律、法规,思想认识错误、偏激,对行贿犯罪的社会危害性认识不足。②对社会上一些不正之风尤其是建筑行业的消极腐败行为缺乏清醒、正确的认识,偏执地认为只有靠行贿的手段才能解决面临的诸如拖欠工程款等实际问题。③靠行贿的犯罪手段解决一些实际问题后,屡试不爽,进而演变到靠行贿拿到工程,从而在犯罪的泥潭越陷越深。④在公司及个人取得一些成绩后,盲目骄傲自满,放松思想改造,狭隘地认为自己对社会作出了较大贡献,为自己的行贿犯罪寻找开脱借口和心理慰藉。”对比以上两例,我们可以看出,虽然是相同罪名,但因被告人身份不同,主观目的有差异,两案的教训也不相同。写作这部分的时候,应从个案的实际情况出发,揭示出被告人犯罪的具体原因(包括个人的、家庭的、社会的)、蜕变过程和犯罪心理轨迹,然后进行总结,切忌千人一面、千案一面,空洞说教。

(5)总结性意见。可表述为“综上所述,起诉书认定本案被告人××的犯罪事实清楚,证据确实充分,依法应当认定被告人有罪,并应(从重,从轻,减轻)处罚。”

3. 尾部。写明公诉人姓名,当庭发表本公诉意见书的时间。

(三)公诉意见书制作应注意的问题。

1. 公诉意见书应根据案件的具体情况,突出重点,不必面面俱到。当案件定罪定性有争议时,应重点阐明犯罪构成和该类犯罪的本质特征,论证被告人只能构成本罪而不构成他罪的意见。对某些以法定条件为犯罪构成要件的案件,要重点论证被告人犯罪行为具备有关法定条件的事实和证据。例如,对以“情节严重”、“情节特别严重”为法定条件的犯罪案件,要重点阐述,分析其情节“严重”、“特别严重”的具体表现。对需要从重或从轻或减轻处罚的,要详细分析犯罪的社会危害程度,系统分析从重、从轻、减轻处罚的法定理由和法律根据以及社会效果。对未成年犯罪案件,应着重剖析犯罪原因、思想和社会根源及如何落实教育为主、惩罚为辅的原则。对共同犯罪,特别是集团犯罪,要在分析案情的基础上,重点揭露主要罪犯、重罪的罪行和罪责,抓住主要矛盾,突出论证重点问题。

2. 公诉意见书有很强烈的感情色彩,但要褒贬适度,爱憎分明。也可以运用一些修辞方法,如排比、比喻等,但注意运用这些修辞手法的目的和文学作品不同,运用的目的是为了控诉、揭露犯罪,不是为了追求生动形象。

3. 公诉意见书集中表达公诉意见,在制作、发表时注意与答辩意见等公诉人发表的自由辩论内容进行分工,各有侧重。

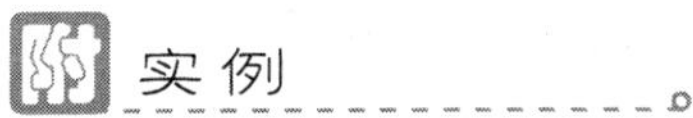

××人民检察院
吴××徇私舞弊案公诉意见书

审判长、人民陪审员:

今天,××区人民法院依法开庭,公开审理本院提起公诉的被告人吴××徇私舞弊一案。根据《中华人民共和国刑事诉讼法》第153条和《人民检察院组织法》第15条之规定,我们受本院检察长的指派,以国家公诉人的身份出席法庭支持公诉,并依法履行法律监督职责。在刚才的法庭调查过程中,公诉人依法讯问了被告人吴××,宣读并出示了大量书证、证人证言,尽管被告人吴××在某些环节上避重就轻,推卸责任,但大量的证据已足以证明被告人吴××徇私舞弊的犯罪事实,其理应受到法律的惩罚。为更好地履行公诉人的职责,阐明公诉人的观点,现就本案情况发表如下公诉意见,请合议庭评议时予以充分考虑并采纳。

一、被告人吴××身为司法工作人员,徇情枉法,对明知有罪的人故意包庇不使其受到追诉,其行为已构成徇私舞弊罪

依照法律规定,徇私舞弊罪是指司法工作人员由于徇私、徇情而实施的枉法行为。

1. 主体是司法工作人员,即具有侦查、检察、审判或监管职责的工作人员。本案的被告人吴××是××县公安局局长兼党委书记,是公安局行政首长、一把手,具有司法工作人员的主体身份。

2. 主观方面是故意。即明知而故犯,犯罪的目的是放纵罪犯和冤枉好人,结果是出入人罪,犯罪的动机可以是徇私,也可以是徇情。被告人吴××正是接受许××、胡××等人的说情、请吃,并考虑到今后开展工作上的顺利,才实施了枉法行为。

3. 客观方面表现为司法工作人员利用职权徇私枉法的行为。表现为三种情况:①利用司法权,对明知是无罪的人使他受到追诉;②利用司法权,对明知有罪的人故意包庇不使他受追诉;③利用司法权,在审判活动中故意违背事实作出枉法裁判。吴

的行为属于第二种情况。吴××明明知道何××非法制造枪支案的严重性,明明知道何××案的其他同案犯都被判重刑,明明知道何××的取保候审期限将要届满,应当移送检察院审查起诉,由于接受他人说情而丧失了起码的原则,自作主张决定何××案不移送起诉,致使一名本应判处重刑的犯罪分子在将近两年的时间里逍遥法外,未受到应有的惩罚。

4. 侵犯的客体是国家司法机关的正常活动。司法机关是人民民主专政的重要工具,是国家机构的重要组成部分。司法工作人员由于握有执法权,这就需要他们在执法时,忠于国家和人民的利益,忠于法律,忠于事实真相,不枉不纵。如果滥用职权徇私枉法,就会破坏国家司法机关的正常活动,损害它在人民群众中的威望。由于被告人吴××的行为,致使××县公安局的正常活动受到影响,在当地人民群众心中造成极为恶劣的影响。

综上,被告人吴××身为司法工作人员徇情枉法,利用职权对明知是有罪的人故意包庇,不使他受到追诉,其行为完全符合徇私舞弊罪的构成要件,依法应受到惩罚。

二、从被告人吴××徇私舞弊一案中应吸取的教训

翻开吴××的简历,可以看到他出生在一个普通的农民家庭,高中毕业后做代课教师,22岁加入公安队伍后从最基层的工作干起,先后在预审股、治安股、派出所、秘书科等部门工作,2008年任××县公安局副局长,2010年10月到××县公安局任局长。应该讲,吴从一名普通的农家子弟,成长为公安局长,确实付出了自己大量的心血和汗水。吴××今年只有45岁,正值年富力强之时,本应勤奋工作,更好地回报社会,但今天,他却从公安局长的交椅上跌落下来,站在被告席上接受法律的审判。从一名公安局长变为阶下囚,反差实在是太强烈了,公诉人也为其感到惋惜。究其原因,公诉人认为:

1. 情大于法而枉法,是吴××走上犯罪道路的主要原因。人生活在社会而不是生活在真空,而且我们中国人又最讲究人情味,多少会有自己的亲朋好友。但作为一名执法者,理应保持清醒的头脑,在情与法的选择上答案始终只有一个:决不能拿法律作交易。可惜是吴××没有把握好其中的关系,在情与法的较量中败下阵来,被说情人和说情人的情面给吞噬了。

2. 权力膨胀、一意孤行,也是吴××走上犯罪道路的一个原因。徇私枉法目前较多发生于公安机关,这是因为公安机关涉及面广,权力相对较大,又是准军事化单位等诸多因素所决定的。从法庭调查已查证的大量事实可以看出,吴××知道何××案的严重性,分管副局长姜××当时已签署同意起诉意见并交付打印,预审科科长邱××也多次找其反映情况,告知案情、分析利弊,但在他人说情的影响下,吴××根本听不进去,因取保候审期限届满,在邱××"局里再不研究决定,就要按姜局长签署的同意起诉的意见,在5月13日前移交审查起诉"的再三催促下,吴才同意交局党委研究讨论。拖了快一年的研究会,又是怎样一个会呢?仅仅是几分钟临时碰头会,仅仅是没有办案人员参与的会议,仅仅是吴××一个人说了算的会议,草草开会、草草

决定、草草收场。如果吴××能多下基层听听预审科承办同志的真心话，如果吴这个行政首长行使权力时能多一道监督程序，那么吴××也就不至于落到今天这个地步。

3. 说情者在本案中扮演了不光彩的角色，是吴××走上犯罪道路的外在因素。在说情人名单中有当地的检察长，也有当地重点企业的厂长，在这个小山城，他们都算得上是头面人物，他们为了同一个人向吴××说情，请他关照，面子也算够大了，吴在这些头面人物的说情、请吃下，没有好好把握，最终实施了枉法行为。

公诉人希望通过今天的审判活动，被告人吴××能真正认识到自己的行为所造成的社会危害性。其不仅仅践踏了法律，而且也给××县的公安机关、政法队伍的总体形象带来了较大的损害。同时也希望参加旁听案件审理的人员从中吸取教训，以此为戒，用好人民赋予的执法权。

审判长、审判员，最后公诉人就被告人吴××的量刑发表如下意见：被告人吴××徇私枉法，对明知是有罪的人故意包庇，不使其受追诉，其行为已构成犯罪，认定为徇私舞弊罪，应处5年以下有期徒刑。同时，请合议庭认真考虑吴××的认罪态度，结合其在庭审中的表现，对其作出公正的判决。

公诉人：××

×年×月×日

【评析】

这份公诉意见书运用犯罪构成理论论证被告人的罪名，条理清晰。总结教训时结合案情有的放矢，较全面地揭示了犯罪的成因。不足之处是论证还不够具体深入。

第五节　法律监督文书

一、纠正违法通知书

（一）纠正违法通知书的概念及作用

纠正违法通知书是指人民检察院在办理检察业务过程中，发现侦查机关的侦查活动、审判机关审判活动、执行机关执行活动有违法行为，依法向有关机关提出纠正违法意见时制作的法律文书。

我国《刑事诉讼法》第98条规定："人民检察院在审查批准逮捕工作中，如果发现公安机关的侦查活动有违法情况，应当通知公安机关予以纠正，公安机关应当将纠正情况通知人民检察院。"其他侦查机关包括国家安全机关、军队保卫部门、看守监狱管理部门。上述侦查机关在侦查活动中有违法行为，主要指其侦查活动违反了法律规定，如超期羁押犯罪嫌疑人、对犯罪嫌疑人刑讯逼供等。检察机关在检察工作中，发现侦查机关有违法行为，可向其发出纠正违法通知书。

《刑事诉讼法》第265条规定："人民检察院对执行机关执行刑罚的活动是否合法实行监督……"刑事执行机关包括监狱、未成年犯管教所、拘役所、人民法院等。执行刑罚的活动是否合法主要包括以下几个方面：交付执行是否合法；变更执行是否合法；执行机关监督管理罪犯的活动是否合法。检察机关若发现执行机关执行活动有违法行为，可向其发出纠正违法通知书。

《民事诉讼法》第14条规定："人民检察院有权对民事审判活动实行法律监督。"《行政诉讼法》第10条规定："人民检察院有权对行政诉讼活动实行法律监督。"人民法院在民事行政审判活动中有严重违法情况，人民检察院发现应予以纠正。

纠正违法通知书能纠正侦查活动、审判活动、执行活动中的违法行为，为正确执法、司法公正起到保障作用。

（二）纠正违法通知书的格式、内容及写法

纠正违法通知书为叙述式文书，可以分为首部、正文和尾部三部分。

1. 首部。包括制作文书的人民检察院名称；文书名称，即"纠正违法通知书"；文书编号，即"　检　纠违［　］号"，空余地方依次填写制作文书的人民检察院简称、具体办案部门名称、年度和序号。

2. 正文。包括以下四部分：

（1）发往单位，即发生违法情况的单位，顶格写。

（2）发现的违法情况。写为："经检察，发现……"。然后写发生违法情况的具体单位和人员，违法人员要写明姓名、所在单位、职务。违法事实，写明违法的时间、地点、经过、手段、目的和后果等。

（3）检察机关认定违法的理由及其法律依据。即"本院认为……"。后写明违法行为触犯的法律、法规的条款、违法行为的性质等。本部分要正确分析，认定违法行为的性质，准确适用法律、法规。

（4）纠正意见。写明："根据……（写具体法律根据）的规定，特通知你单位予以纠正。请将纠正情况告知我院。"

3. 尾部。写明制作纠正违法通知书的日期并加盖院印。

（三）纠正违法通知书制作应注意的问题

1. 发出纠正违法通知书，必须由检察长或检察委员会决定。

2. 纠正违法通知书要有的放矢，有理有据。

3. 本文书1式2份，1份送达发生违法行为的单位，1份附卷。

附　实例

××市人民检察院

纠正违法通知书

×检刑纠违［2006］3号

××市公安局：

犯罪嫌疑人刘××因涉嫌抢夺被你局刑事拘留，本院在对刘××抢夺一案审查批准逮捕过程中，犯罪嫌疑人刘××反映你局在讯问过程中，只有侦查人员齐××一人讯问，经查证属实。你局侦查人员齐××的行为已违反《中华共和国刑事诉讼法》第91条的规定。根据《中华共和国刑事诉讼法》第76条之规定，特向你局提出纠正。请将纠正情况10日内通知我院。

2006年5月12日

（院印）

【评析】

这份纠正违法通知书主题突出、行文紧凑。如果将违法情况、认定违法理由和法律依据逐段写，层次会更分明。

二、纠正审理违法意见书

（一）纠正审理违法意见书的概念及作用。

纠正审理违法意见书，是指人民检察院在审判活动监督中，发现人民法院审理案件违反法律规定的诉讼程序，向其提出纠正意见时所制作的文书。

我国《刑事诉讼法》第203条规定："人民检察院发现人民法院审理案件违反法律规定的诉讼程序，有权向人民法院提出纠正意见。"《人民检察院刑事诉讼规则》第392条规定："审判活动监督主要发现和纠正以下违法行为：①人民法院对刑事案件的受理违反管辖规定的；②人民法院审理案件违反法定审理和送达期限的；③法庭组成人员不符合法律规定的；④法庭审理案件违反法定程序的；⑤侵犯当事人和其他诉讼参与人的诉讼权利和其他合法权利的；⑥法庭审理时对有关程序问题所作的决定违反法律规定的；⑦其他违反法律规定的审理程序的行为。"

纠正审理违法意见书是人民检察院履行法律监督职能的有效手段，能够纠正审判中的违反程序的行为，为审判合法、司法公正筑起一道防护墙。

（二）纠正审理违法意见书格式、内容及写法。

纠正审理违法意见书的格式包括以下三个部分：

1. 首部。包括：①制作文书的人民检察院名称；②文书名称即《纠正审理违法意见书》；③文书编号，即"　检　纠审［　］　号"，空余部分依次填写人民检察院简称、具体办案部门简称、年度和序号。

2. 正文。包括：①主送人民法院全称。②发现违法情况来源。一般在开始时表述"本院在审判活动监督中发现……"，提出纠正意见的错误实质，并引出下文内容。③认定违法的事实和证据。一般应当写明何单位、何人于何时在处理什么案件时发现何种性质的违法情况。违法事实是指纠正意见的事实根据，叙述应当准确、客观、全面，必要时辅以证据加以说明、证实。如果违法行为已造成不良后果，应对不良后果的情况如实叙明。④认定违法的理由和法律依据。此部分叙述应当对人民法院在审理案件中违反法律规定的诉讼程序的事实及其性质加以分析、概括，根据法律规定的要求，写明认定其违法的理由，并引用《刑事诉讼法》相应条款，作为法律依据。

⑤纠正意见。纠正意见是本法律文书的核心内容,一般应包括人民检察院据以提出纠正意见的法律根据和纠正违法的具体意见。法律根据引用《刑事诉讼法》第203条。在提出具体纠正意见后,可以向受文法院提出要求事项。如“请将纠正情况10日内告知我院”等。

3. 尾部。包括:①填写发出本文书的年、月、日;②在年、月、日上加盖制作文书的人民检察院院印。

(三)纠正审理违法意见书制作应注意的问题

1. 纠正审理违法意见书是人民检察院对违反庭审程序活动提出的纠正意见,应在庭审之后,以人民检察院的名义向法院提出,出庭的检察人员不能当庭提出纠正意见。

2. 本文书1式2份,正本送达人民法院,副本附卷。

××市人民检察院

纠正审理违法意见书

×检×纠审[2008]5号

××市中级人民法院:

本院在审判活动监督中发现,你院在2008年3月12日审理被告人刘××故意杀人一案时,对部分证据未当庭质证、认证。根据《中华人民共和国刑事诉讼法》第169条的规定,特通知你院。请将纠正情况10日内告知我院。

2008年3月13日

(院印)

【评析】

该文书格式规范,纠错内容明确,可供参考。

三、要求说明不立案理由通知书

(一)要求说明不立案理由通知书的概念及作用

要求说明不立案理由通知书,是指人民检察院认为侦查机关对应当立案侦查的案件而不立案侦查,以及被害人认为侦查机关对应当立案侦查而不立案侦查向人民检察院提出后,人民检察院认为需要侦查机关说明不立案的理由时制作的文书。

我国《刑事诉讼法》第111条规定:“人民检察院认为公安机关对应当立案侦查的案件而不立案侦查的,或者被害人认为公安机关对应当立案侦查的案件而不立案侦查,向人民检察院提出的,人民检察院应当要求公安机关说明不立案的理由。人民检察院认为公安机关不立案理由不能成立的,应当通知公安机关立案,公安机关接到通知后应当立案。”

要求说明不立案理由通知书能保障检察机关监督职能的发挥，使案件得以及时处理。

(二)要求说明不立案理由通知书的格式、内容及写法

要求说明不立案理由通知书为三联填充式文书。

1. 存根(第一联)。

(1)首部。除文书名称下增加“(存根)”字样外，其余部分与正本相同。

(2)其余部分的内容如下：案件情况，包括涉嫌罪名和被控告(举报)人姓名；发现途径，要填明是检察机关自行发现的还是被害人提出的；被害人姓名；提出公安机关未立案的时间，即被害人何时提出，公安机关对应当立案侦查而未立案侦查的；送达机关，要写明受文的公安机关全称；批准、承办和填发情况，包括：批准人，承办人和填发人，填发时间。

2. 副本(第二联)。副本的内容与正本一致，但有两处不同：一是首部文书名称之下有“(副本)”二字；二是文书下端有“第二联附卷”字样，表明该联应当由制作文书的人民检察院附卷备查。

3. 正本(第三联)。

(1)首部。包括：制作文书的人民检察院名称；文书名称；文书编号，空余地方依次填写人民检察院简称、具体办案部门简称、年度和序号。

(2)正文。填写以下几部分内容：本文书送达单位；要求事项，这是本文书的核心内容，在空白处填写送达单位在要求的时间以前书面说明某某犯罪嫌疑人涉嫌何种罪名，案件不立案的理由。

(3)尾部。制作文书的年月日；在年月日上加盖院印。

(三)要求说明不立案理由通知书制作应注意的问题

1. 本文书以案件为单位制作。

2. 本文书共三联，第一联统一保存备查，第二联附卷，第三联送达侦查机关。

实例

<table>
<tr>
<td>××人民检察院
要求说明
不立案理由通知书
（存根）

×检×不立通[2007]6号涉嫌罪名故意伤害
被控告（举报）人余××
发现途径被害人提出
被害人章××
提出侦查机关不立案的时间2007年3月20日
送达机关××公安局
批准人曹××
承办人徐××
填发人路××
填发时间2007年4月20日</td>
<td>×检×不立通〔2007〕6号</td>
<td>××人民检察院
要求说明
不立案理由通知书
（副本）

×检×不立通[2007]6号
××公安局：
根据《中华人民共和国刑事诉讼法》第八十七条的规定，请你局在2007年4月26日前向本院书面说明余××涉嫌故意伤害案不立案的理由。

二○○七年四月二十日
（院印）</td>
<td>×检×不立通〔2007〕6号</td>
<td>××人民检察院
要求说明
不立案理由通知书

×检×不立通[2007]6号
××公安局：
根据《中华人民共和国刑事诉讼法》第八十七条的规定，请你局在2007年4月26日前向本院书面说明余××涉嫌故意伤害案不立案的理由。

二○○七年四月二十日
（院印）</td>
</tr>
<tr>
<td>第一联统一保存</td>
<td></td>
<td>第二联附卷</td>
<td></td>
<td>第三联送达侦查机关</td>
</tr>
</table>

【评析】

该文书填写完备，可参考。

四、复议决定书

（一）复议决定书的概念及作用

复议决定书是人民检察院在对侦查机关要求复议的不批捕或不起诉案件复议后作出复议决定时制作的文书。

我国《刑事诉讼法》第90条规定："公安机关对人民检察院不批准逮捕的决定，认为有错误的时候，可以要求复议，但是必须将被拘留的人立即释放。如果意见不被接受，可以向上一级人民检察院提请复核。上级人民检察院应当立即复核，作出是否变更的决定，通知下级人民检察院和公安机关执行。"第175条规定："对于公安机关移送起诉的案件，人民检察院决定不起诉的，应当将不起诉决定书送达公安机关。公安机关认为不起诉的决定有错误的时候，可以要求复议，如果意见不被接受，可以向上一级人民检察院提请复核。"《人民检察院刑事诉讼规则》第105条规定："对公安机关要求复议的不批准逮捕的案件，人民检察院应当另行指派审查逮捕部门办案人员复议，并在收到提请复议书和案卷材料后的7日以内作出是否变更的决定，通知公安机关。”第297条规定:“公安机关认为不起诉决定有错误,要求复议的,人民检察院审查起诉部门应当另行指定检察人员进行审查并提出审查意见,经审查起诉部门负责人审核,报请检察长或者检察委员会决定。人民检察院应当在收到要求复议意见书后的30日内作出复议决定,通知公安机关。”

复议决定书是具有法律效力的文书,它体现了司法机关的密切配合、相互制约的诉讼原则,可以避免错案及工作中失误的发生。

(二)复议决定书的格式、内容及写法

复议决定书为三联填充式文书,三联:第一联为存根联,第二联为副本联,第三联为正本联。

1. 存根联为第一联。存根联可以分为两个部分:

(1)首部。与正文同,只是文书名称下有“(存根)”字样。

(2)正文。案由,即犯罪嫌疑人基本情况,包括姓名、性别、年龄、工作单位、住址、身份证号码,如果是人大代表或者是政协委员,应当写明。送达单位,即请求复议的侦查机关。复议决定内容(即“决定批准逮捕”或“决定不批准逮捕”,“决定起诉”或“决定不起诉”)。逐项依次填写批准人;承办人;填发人;填发时间。

2. 副本联为第二联。副本联结构、内容与正本联基本相同,只是在首部文书名称之下标有“(副本)”字样。

3. 正本联可分为首部、正文和尾部三部分。

(1)首部。包括制作文书的人民检察院名称;文书名称,即“复议决定书”;文书编号,即“ 检 议[ ] 号”,空余地方依次填写制作文书的人民检察院简称,具体办案部门简称、年度号、序号。

(2)正文。具体包括以下内容:你(部、或厅、或局、或分局)对本院(文书的编号)号(不批准逮捕书或不起诉决定书)要求复议的意见书收悉。经本院复议认为:(复议所认定的事实和依据)根据《中华人民共和国刑事诉讼法》第×条(根据决定的内容,准确填写相对应的法律条文)的规定,本院决定(“批准逮捕”或“不批准逮捕”;“起诉”或“不起诉”)。

(3)尾部。填写送达侦查机关的名称,填写制作本文书的年、月、日,并加盖人民检察院的院印。

(三)复议决定书制作应注意的问题

1. 复议决定的写作要做到以理服人、以法服人,忌用简单粗暴的语言。

2. 复议决定和法律条文要相互对应,必须准确引用相对应的法律条文。

3. 本文书共三联,第一联统一保存,第二联副本附卷,第三联正本送达侦查机关。

实例

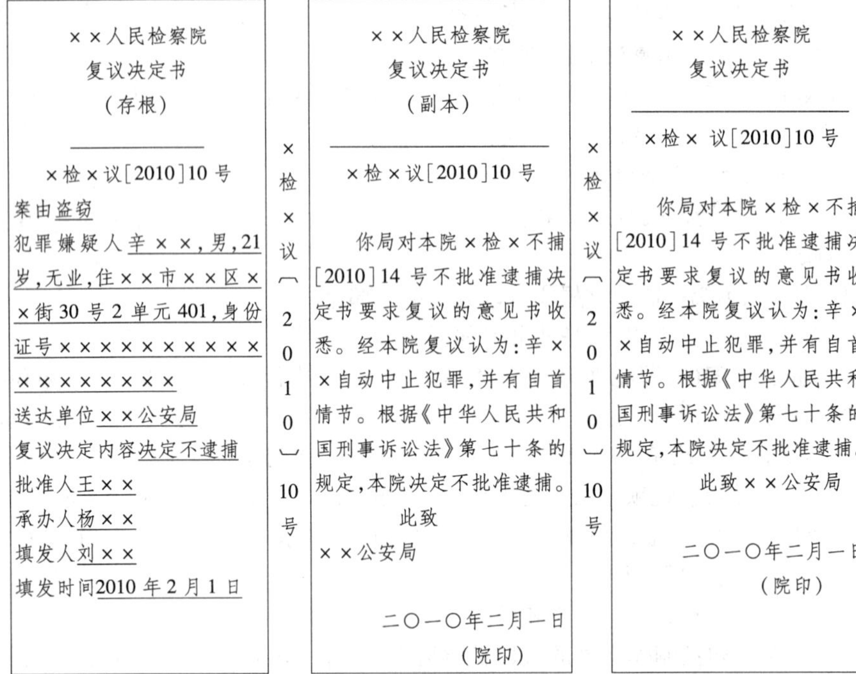

××人民检察院
复议决定书
（存根）

×检×议[2010]10号
案由盗窃
犯罪嫌疑人辛××，男，21岁，无业，住××市××区××街30号2单元401，身份证号×××××××××××××××××
送达单位××公安局
复议决定内容决定不逮捕
批准人王××
承办人杨××
填发人刘××
填发时间2010年2月1日

第一联统一保存

×检×议〔2010〕10号

××人民检察院
复议决定书
（副本）

×检×议[2010]10号

你局对本院×检×不捕[2010]14号不批准逮捕决定书要求复议的意见书收悉。经本院复议认为：辛××自动中止犯罪，并有自首情节。根据《中华人民共和国刑事诉讼法》第七十条的规定，本院决定不批准逮捕。

此致

××公安局

二〇一〇年二月一日
（院印）

第二联附卷

×检×议〔2010〕10号

××人民检察院
复议决定书

×检×议[2010]10号

你局对本院×检×不捕[2010]14号不批准逮捕决定书要求复议的意见书收悉。经本院复议认为：辛××自动中止犯罪，并有自首情节。根据《中华人民共和国刑事诉讼法》第七十条的规定，本院决定不批准逮捕。

此致××公安局

二〇一〇年二月一日
（院印）

第三联送达侦查机关

【评析】

该文书的填写符合要求，复议所认定的事实和依据清楚、准确。

五、复核决定书

（一）复核决定书的概念及作用

复核决定书，是人民检察院在侦查机关认为不批捕或不起诉决定有错误，向作出决定的人民检察院要求复议，意见未被接受，向上一级人民检察院提请复核，上一级人民检察院对此作出复核决定时制作的文书。

我国《刑事诉讼法》第90条规定：“公安机关对人民检察院不批准逮捕的决定，认为有错误的时候，可以要求复议，但是必须将被拘留的人立即释放。如果意见不被接受，可以向上一级人民检察院提请复核。上级人民检察院应当立即复核，作出是否变更的决定，通知下级人民检察院和公安机关执行。”第175条规定：“对于公安机关移送起诉的案件，人民检察院决定不起诉的，应当将不起诉决定书送达公安机关。公安机关认为不起诉的决定有错误的时候，可以要求复议，如果意见不被接受，可以向上一级人民检察院提请复核。”

复核决定书可以有效保证上级检察机关对下级检察机关的工作进行严格把关，使下级检察机关出的不批准逮捕、不起诉决定准确无误。

（二）复核决定书的格式、内容及写法

复核决定书为填充式文书，共四联：第一联为存根联，第二联为副本联，第三联为正本联，第四联为执行联，送达作出决定的人民检察院。

1. 第一联：存根联，按项目填写。

2. 第二联为副本联，内容与正本联基本相同，只是在首部文书名称之下标有“（副本）”字样。

3. 正本联。可分为首部、正文、尾部三部分。

（1）首部。包括制作本文书的人民检察院名称；文书名称，即“复核决定书”；文书编号，即“ 检 核[ ] 号”，空余地方依次填写制作文书的人民检察院简称，具体办案部门简称、年度号、序号。

（2）正文。具体包括以下内容：你（填写部、或厅、或局、或分局）对××人民检察院××号××书（不批准逮捕或不起诉的复议决定书）提请复核的意见书及案件材料收悉。经本院复核认为：（认定的事实和依据）根据《中华人民共和国刑事诉讼法》第×条（根据决定的内容、准确填写刑事诉讼的相对应条文）的规定，本院决定（即决定事项，“决定批准逮捕”或“决定不批准逮捕”，“决定起诉”或“决定不起诉”）。

（3）尾部。包括送达单位，要填写在“此致”下面的横线上；制作文书的年、月、日，并在年、月、日上加盖制作文书的人民检察院院章。

4. 执行联，包括四个部分。

（1）首部。包括制作复核决定书的人民检察院的名称；文书名称，即“复核决定通知书”；文书编号，即“ 检 核[ ] 号”，空余部分依次填写制作复核决定通知书的人民检察院简称，具体办案部门简称，年度号，序号。

（2）送达作出决定的下级人民检察院的名称。

（3）正文。应填写（侦查机关的名称）对你院××号（文书编号）××书（文书名称，即复议决定书）提请本院复核。经本院复核认为：（认定的事实和依据）。根据《中华人民共和国刑事诉讼法》第×条（填入作出复核决定内容的相对应的法律规定的条文）的规定，本院决定（“决定批准逮捕”或“决定不批准逮捕”，“决定起诉”或“决定不起诉”）。特此通知。

（4）尾部。制作复核决定书的年、月、日，在年、月、日上加盖制作文书的人民检察院院章。

（三）复核决定书制作应注意的问题

1. 复核决定书一经形成产生法律效力后，任何机关再无权审核。因此，制作复核决定书必须严肃认真，科学审慎，理由充分，认定准确，决定有理有据，不出任何差错，确保法律的尊严。

2. 本文书第一联由制文单位统一保存，第二联附卷，第三联送达下级侦查机关，第四联送达下级人民检察院。

实例

第一联		第二联		第三联		第四联
××人民检察院 复核决定书 （存根） ______ ×检×核 〔2010〕20 号 案由强奸 犯罪嫌疑人钱××，男，40 岁，××机械厂工人，住××市××区××机械厂家属院 6 号楼，身份证号×××××××××××××××× 送达单位××公安局 复核决定内容决定批注逮捕。 批准人姚×× 承办人汤×× 填发人邓×× 填发时间2010 年 7 月 2 日	×检×核〔2010〕20号	××人民检察院 复核决定书 （副本） ______ ×检×议〔2010〕20 号 你局对××人民检察院×检×议〔2010〕11 号复议决定书提请复核的意见书及案件材料收悉。经本院复议认为：钱××主要犯罪事实清楚，证据充分，已构成强奸罪。根据《中华人民共和国刑事诉讼法》第七十条的规定，本院决定批准逮捕。 此致 ××公安局 二〇一〇年七月二日 （院印）	×检×核〔2010〕20号	××人民检察院 复核决定书 ______ ×检×〔2010〕20 号 你局对××人民检察院×检×议〔2010〕11 号复议决定书提请复核的意见书及案件材料收悉。经本院复议认为：钱××主要犯罪事实清楚，证据充分，已构成强奸罪。根据《中华人民共和国刑事诉讼法》第七十条的规定，本院决定批准逮捕。 此致 ××公安局 二〇一〇年七月二日 （院印）	×检×核〔2010〕20号	××人民检察院 复核决定通知书 ______ ×检×议〔2010〕20 号 ××人民检察院： ××公安局对你院×检×议〔2010〕11 号复议决定书提请本院复核。经本院复议认为：钱××主要犯罪事实清楚，证据充分，已构成强奸罪。根据《中华人民共和国刑事诉讼法》第七十条的规定，本院决定批准逮捕。 特此通知。 二〇一〇年七月二日 （院印）
第一联统一保存		第二联附卷		第三联送达下级侦查机关		第四联送达作出决定的人民检察院

【评析】

该文书填写的事项准确、具体，符合制作要求。

六、检察建议书

（一）检察建议书的概念及作用

检察建议书是指人民检察院在办案过程中，对有关单位在管理上存在的问题和漏洞，为建章立制，加强管理，以及认为应当追究有关当事人的党纪、政纪责任，向有关单位正式提出建议或向人民法院提出再审民事、行政裁判建议时所制作的文书。

《人民检察院民事行政抗诉案件办案规则》第 47 条规定：“有下列情形之一的，人民检察院可以向人民法院提出检察建议：①原判决、裁定符合抗诉条件，人民检察

院与人民法院协商一致，人民法院同意再审的；②原裁定确有错误，但依法不能启动再审程序予以救济的；③人民法院对抗诉案件再审的庭审活动违反法律规定的；④应当向人民法院提出检察建议的其他情形。”第48条规定：“有下列情形之一的，人民检察院可以向有关单位提出检察建议：①有关国家机关或者企业事业单位存在制度隐患的；②有关国家机关工作人员、企业事业单位工作人员严重违背职责，应当追究其纪律责任的；③应当向有关单位提出检察建议的其他情形。”

检察建议书是检察机关打击犯罪、预防犯罪的有力工具，是检察机关参与社会治安综合治理工作的重要武器。

（二）检察建议书的格式、内容及写法

检察建议书为叙述式文书，分为首部、正文和尾部三部分。

1. 首部。包括制作文书的人民检察院名称；文书名称，即“检察建议书”；文书编号，即“ 检 建［ ］号”，空余地方依次填写制作文书的人民检察院简称、具体办案部门名称、年度和序号。

2. 正文。包括以下五部分：

（1）发往单位，即主送单位的全称，顶格写。

（2）问题的来源或提出建议的起因。写明本院在办案过程中发现该单位在管理等方面存在的漏洞以及需要提出有关建议的问题。

（3）提出建议所依据的事实。即写明检察建议所依据的内容经过。对事实的叙述要求客观、准确、概括性强，可归纳成几条反映问题实质的事实情况，然后加以叙述。

（4）提出建议的依据和建议内容。建议书引用依据有两种情况，一种是检察机关提出建议的行为所依据的有关规定；另一种是该单位存在的问题不符合哪项法律法规和有关规章制度的规定。建议内容应当具体明确，从实际出发，切实可行，并结合前部分列举的事实，列出建议内容。

（5）要求事项。此部分为实现建议内容或督促建议落实而向受文单位提出的具体要求。可包括以下内容：①要求受文单位研究解决或督促整改；②要求受文单位回复落实情况，可提出具体时间要求。

3. 尾部。填写制作检察建议书的年、月、日，并加盖院印。

（三）检察建议书制作应注意的问题

1. 检察建议书是建议型的文书，用语要平和。

2. 针对性强，切忌大话套话，千篇一律。提出的建议要明确具体、切实可行。

3. 本文书1式4份，1份附卷，1份送达受文单位的上级主管部门，1份送本院预防部门。民行部门提出的再审检察建议，可不送预防部门。

附 实例

××市人民检察院
检察建议书

×检刑建[2008]×号

××市××区人民政府：

本院在审理叶××、曲××重大盗窃一案中，发现叶、曲二犯屡次偷盗得手的地点，系你区政府家属院。据我们了解，你区政府家属院长年累月无人看守护院，更无门岗，也没有监控设备。屡次的失盗并没有引起你们的重视，这样，给犯罪分子作案提供了可乘之机。

为吸取教训，堵塞漏洞，树立好政府形象，建议你区政府在加强职工宿舍管理的同时，增设门岗及门卫，保障安全，严格查询来访人员情况，必要时，建立来访人员登记制度。以上建议请研究解决，并将处理结果告诉我院。

××市人民检察院
2008年3月3日
（院印）

【评析】

这份检察建议书行文流畅、语言精炼，所提的建议有针对性，缺点是建议还不够具体。

第六节 民事、行政案件抗诉文书

一、民事抗诉书

（一）民事抗诉书的概念及作用

民事抗诉书，是人民检察院依照我国《民事诉讼法》的规定，对确有错误的生效民事判决、裁定，按照审判监督程序提出抗诉时制作的文书。

《中华人民共和国民事诉讼法》第187条规定："最高人民检察院对各级人民法院已经发生法律效力的判决、裁定，上级人民检察院对下级人民法院已经发生法律效力的判决、裁定，发现有本法第179条规定情形之一的，应当提出抗诉。地方各级人民检察院对同级人民法院已经发生法律效力的判决、裁定，发现有本法第179条规定情形之一的，应当提请上级人民检察院向同级人民法院提出抗诉。"

民事抗诉书，既是要求人民法院对确有错误的生效民事判决、裁定进行再审的有效依据，也是人民检察院对民事审判活动进行法律监督的法定手段。

（二）民事抗诉书的格式、内容及写法

民事抗诉书为叙述式文书，分为首部、正文和尾部三部分。

1. 首部。包括制作文书的检察机关的名称;文书名称;文书编号,即“检民抗[ ]号”,空白处填写检察机关的简称、年度和序号。

2. 正文。包括:①案件来源。当事人直接向检察机关申诉的,写为:“××(申诉人)因与××(对方当事人)××(案由)纠纷一案,不服××人民法院××(生效判决、裁定文号)民事判决(或裁定),向我院提出申诉。”下级人民检察院提请抗诉的,写为“向××人民检察院提出申诉,××人民检察院提请我院抗诉。”然后写“我院对该案进行了审查……(简述审查过程,如查阅了原审卷宗、进行了调查等),现已审查终结。”由检察机关自行发现的案件写为:“我院对××人民法院对××(原审原告)与××(原审被告)××(案由)纠纷案的××(生效判决、裁定文号)民事判决(或裁定)进行了审查。”由案外人申诉的案件写为:“我院受理××(申诉人)的申诉后,对××人民法院对××(原审原告)与××(原审被告)××(案由)纠纷案的××(生效判决、裁定文号)民事判决(或裁定)进行了审查。”②审查认定的事实。该部分应先写明检察机关审查认定的事实,而后写明由谁提起诉讼。③本案诉讼过程。写明一审法院、二审法院判决、裁定的作出日期、文号、理由、主文及诉讼费用。重点应对原一、二审判决理由认定的观点作简要性的表述,可以根据案件具体情况,有所侧重。然后写明判决结果,立出反驳的靶子,为抗诉理由提供驳斥目标。④抗诉理由。这是本文书的写作重点。由“本院认为”引出后,阐明原生效判决、裁定错在何处,理由是什么。阐述抗诉观点要明确,不能笼统。比如事实错误类不能简单地将抗点归纳为“原判决认定事实证据不足”或者“认定事实错误”等,而应当细化到179条第1款1~5项的某一项;对于程序违法的案件,不能笼统地将抗点归纳为“程序违法”,而是要细化到179条第1款第7~13项的某一项。抗诉理由要有针对性。说理必须围绕抗点展开,与抗点相结合。⑤抗诉决定和法律依据。可表述为:“综上所述,××人民法院(作出生效判决、裁定的法院)对本案的判决(或裁定)……(指出生效判决、裁定存在哪几个方面的问题)。经本院第×届检察委员会第×次会议讨论决定(未经检察委员会讨论的,可不写),依照《中华人民共和国民事诉讼法》第185条第1款第×项的规定,向你院提出抗诉,请依法再审。”

3. 尾部。包括送达人民法院的名称,决定抗诉的具体日期,加盖院印,最后写明随案移送的卷宗和有关材料的情况。

(三)民事抗诉书制作应注意的问题

1. 基本案情和原审裁判概况的描述应根据抗点作相应调整。

2. 民事抗诉书中有关证据应具体、明确。涉及援引法条的,应当准确完整地写明法律名称、法条序号,准确到法条的款与项。

附 实例

××省人民检察院
民事抗诉书

××检民抗[2010]84号

易××因与唐××人身损害赔偿一案，不服××市中级人民法院[2009]×中民一终字第44号民事判决，向××市人民检察院申诉。××市人民检察院提请我院抗诉，我院对该案进行了审查，现已审查终结。

唐××系邵东县木材商人，常年在新宁县和相邻的广西资源县等山村采购原条杉木。自2005年起至2008年3月24日易××受伤前的三年里，唐××不定期地雇请易××为其协助检尺。唐××支付易××的劳动报酬是2005年和2006年每天50元，2007年开始提升至每天100元。劳动场所、往返交通、生活伙食均由唐××负责与安排（见一审原告易××提供的2-11号证据）。期间，唐××也曾多次雇请过新宁县林场工人禹××、李××、刘××等人检尺。

2008年3月24日，唐××雇请易××随其乘坐货车前往距新宁县城50多公里外的广西资源县梅溪乡某山寨为其向新宁县木材经营者李××购买原条木材协助检尺。约定该次检尺仍然按100元/天计付工资报酬，并负责易××在工作期间的早、中、晚餐和往返交通。检尺后，唐××安排易××随他一起乘坐木材的货车返回。当车行至广西资源县梅溪乡三茶村三茶院子路段时，因公路右边有一堆沙子和上空有横贯的电线障碍，在唐××下车指挥车辆通过时，压塌左边路基，翻下河中，造成易××严重受伤（司机李×也严重受伤）。易××和李×当即由唐××、卖方老板李××及装车工人送往新宁县阳光医院救治，次日早上易××在救护车与医务人员的护送下转至中南大学湘雅附二医院住院治疗。此次伤害造成易××胸T12椎体粉碎性骨折，左肩胛骨粉碎性骨折。共计用去医疗费52 714.17元。经司法医学鉴定，易××构成九级伤残，尚需后期医疗费18 000元。事发后当天，唐××支付了易××当日工资100元及医疗费5000元。此后，易××在唐××拒付医疗费和在无钱继续治疗的情急危难情形下，被迫与司机李×签下协议。协议中，广西资源县交警大队按照交通事故认定该事故造成易××医疗费等各项损失共计人民币130 088元，由司机李×赔偿38 000元，余下损失由易××依法向雇主唐××主张赔偿权利，李×共向易××先行支付了25 000元治疗费，另向医院垫付了医疗费300元。唐××以易××人身损害系交通事故所致与自己无关为由，拒绝承担赔偿责任。

2008年6月13日，易××以与唐××系雇佣劳动关系为由，向××县民法院提起民事诉讼，要求雇主唐××赔偿损失185 688.33元。

××县人民法院审理认为：依据《中华人民共和国合同法》第251条及《最高人民法院关于审理人身损害赔偿案件适用法律若干问题的解释》第10条之规定，判决：

驳回原告易××要求被告唐××赔偿其损失的诉讼请求。

易××不服,上诉至××市中级人民法院。××市中级人民法院审理认为,本案上诉人易××诉请要求被上诉人唐××作为雇主对其所受之伤承担赔偿责任,故本案双方争议的焦点即易××与唐××之间是否构成雇佣合同关系,唐××是否应作为雇主对易××承担赔偿责任。结合本案事实来看,易××为唐××从事木材检尺工作,其工作并不是纯粹的提供劳务,付出的不主要是劳动力,而是具有技术含量的工作,且唐××是指定由易××完成,该工作具有一定的人身依附性。故一审认定唐××与易××之间系承揽合同关系而非雇佣关系与事实相符,并无不当。易××上诉要求唐××承担作为雇主的赔偿责任的理由缺乏事实依据,不能成立,本院不予支持。原判决认定事实清楚,适用法律正确,审理程序合法。据此,依据《中华人民共和国民事诉讼法》第153条第1款1项的规定,判决:驳回上诉,维持原判。

本院审查认为,原审判决将本案讼争双方的法律关系认定为承揽合同关系,系适用法律错误。

一、原审判决认定唐××与易××之间系承揽合同关系属适用法律错误。《合同法》第251条第1款规定:"承揽合同是承揽人按照定作人的要求完成工作,交付工作成果,定作人给付报酬的合同。"承揽包括:加工、定做、修理、复制、测试、检验等工作,承揽合同以承揽人将工作成果交付给定作人为基本内容。在承揽合同中,定作人所要求的不仅仅是承揽人应以自己的技能、设备为一定工作,而且还要求这种工作有成果,并将这种成果交付给定作人。承揽合同中当事人地位平等,定做人与承揽人之间不存在指挥听从关系,定作人不能直接指挥承揽人为或不为某些行为。在承揽合同中,承揽人要依约完成工作,并将工作成果交付给定作人,才能请求定作人支付报酬。

《最高人民法院关于审理人身损害赔偿案件适用法律若干问题的解释》第9条第2款规定,雇佣劳动关系是受雇人利用雇佣人提供的条件,在雇佣人的指示和监督下,以自身技能为雇佣人提供劳务收取报酬的法律关系。其成立要件为:双方之间是否有合同,包含口头合同;雇员是否获得劳动报酬;雇员是否以提供劳务为内容;雇员是否受雇主的指挥管理和监督。其形式有计时工资和计件工资两种。可见,雇佣合同的标的只是受雇人提供的劳务本身,受雇人只要按照约定要求完成劳动,就已经尽到合同义务,雇佣人只能要求受雇人依约定提供劳务,而不能向受雇人要求劳动成果。雇佣合同关系中,受雇人处于从属地位,要听从雇佣人的指挥,雇佣人与受雇人之间是一种指挥与听从的关系,而非平等关系,受雇人要完全听从雇佣人的安排,才能获得劳动报酬。

检测的法律意义和汉语词义是检测或测试事物的性能、问题、质量等。"检测承揽合同"中的承揽人必须具备技术资质和检测的设备、仪器,交付的工作成果则是技术性检测报告。本案中,易××作为一个林场职工根本不具备"检测"资质和检测技术。唐××在购买木材的过程中雇请易××仅仅是协助其丈量木材,检尺过程中,自始至终是唐××自己为主体，带领易××一起检尺，易××只是协助唐××拉皮尺丈量原木的长度和围径，没有任何的技术含量，是单纯的提供劳力，也不存在要交付工作成果(即技术检测结论)。因此，易××根本不属于《合同法》第二百五十一条规定意义上的检测承揽人。

另外，唐××负责易××工作日常的伙食、来回交通，且工作时间、工作地点、工作量大小、甚至何时去与回，都是在唐××的安排、管理下进行。唐××按天支付报酬给易××，而不是按易××交付的工作成果来支付报酬。从上述分析可见，唐××与易××之间应属雇佣合同关系，而不是承揽合同关系。原终审判决认定唐××与易××之间系承揽合同关系属适用法律错误。

二、《最高人民法院关于审理人身损害赔偿案件适用法律若干问题的解释》第9条第2款规定："前款所称'从事雇佣活动'，是指从事雇主授权或者指示范围内的生产经营活动或者其他劳务活动。雇员的行为超出授权范围，但其表现形式是履行职务或者与履行职务有内在联系的，应当认定为'从事雇佣活动'。"本案中易××在协助唐××完成检尺工作后，在唐××的指示安排下，随唐××一起乘坐装运木材的货车在返回途中翻车发生人身损害。返回途中是工作的自然延伸，是法定的工作范围，是易××从事雇佣活动过程。在返回途中发生人身损害，与履行职务有内在联系，应当认定为从事雇佣活动。雇主唐××应当承担易××人身损害赔偿责任。

三、易××受伤后，在唐××与司机李×均拒付医疗费而无钱治疗的情急危难情形下，易××家人不得不被迫与司机李×前往广西资源县交警大队签订《交通事故医疗赔偿协议》，由李×先行支付38 000元，余下损失由易××依法向雇主唐××追偿。于是，6月15日，李×从保险公司领得25 000元支付给易××做治疗费用。2009年6月15日，××县人民法院(2009)×民一初字第348号民事判决认定易××与李×签订的协议属重大误解行为，并判决撤销了双方签订的《交通事故医疗赔偿协议》。根据《最高人民法院关于审理人身损害赔偿案件若干问题的解释》第11条第1款规定："雇员在从事雇佣活动中遭受人身损害，雇主应当承担赔偿责任。"易××作为赔偿权利人，起诉唐××要求其承担雇主赔偿责任符合法律规定。

综上所述，××市中级人民法院[2009]×中民一第44号民事判决适用法律错误。根据《中华人民共和国民事诉讼法》第187条第1款，第179条第1款6项之规定，特提出抗诉，请依法再审。

此致

××省高级人民法院

××省高级人民检察院

(公章)

2010年10月26日

【评析】

这份民事抗诉书叙写事实层次分明，抗诉理由详细具体，分析细致，论证有力，是一篇质量较高的抗诉书。

二、行政抗诉书

(一)行政抗诉书的概念及作用

行政抗诉书,是人民检察院对人民法院确有错误的生效行政判决、裁定,按照审判监督程序提出抗诉时制作的的文书。

《人民检察院组织法》第18条第1款规定:"最高人民检察院对于各级人民法院已经发生法律效力的判决和裁定,上级人民检察院对于下级人民法院已经发生法律效力的判决和裁定,如果发现确有错误,应当按照审判监督程序提出抗诉。"《中华人民共和国行政诉讼法》第64条规定:"人民检察院对人民法院已经发生法律效力的判决、裁定,发现违反法律、法规规定的,有权按照审判监督程序提出抗诉。"

行政抗诉书是检察机关对行政诉讼实行法律监督的重要载体,可以监督法院纠正错误的生效行政判决、裁定,启动法院的再审程序。

(二)行政抗诉书的格式、内容及写法

行政抗诉书为叙述式文书,分为首部、正文和尾部三部分。

1. 首部。包括制作文书的检察机关的名称;文书名称;文书编号,即"检行抗[ ]号",空白处填写检察机关的简称、年度和序号。

2. 正文。包括:①案件来源。当事人直接向检察机关申诉的,写为:"××(申诉人)因与××(对方当事人)××(案由)纠纷一案,不服××人民法院××(生效判决、裁定文号)行政判决(或裁定),向我院提出申诉。"下级人民检察院提请抗诉的,写为"××向××人民检察院提出申诉,××人民检察院提请我院抗诉。"然后写"我院对该案进行了审查……(简述审查过程,如查阅了原审卷宗、进行了调查等),现已审查终结。"由检察机关自行发现的案件写为:"我院对××人民法院对××(原审原告)与××(原审被告)××(案由)的××(生效判决、裁定文号)行政判决(或裁定)进行了审查。"由案外人申诉的案件写为:"我院受理××(申诉人)的申诉后,对××人民法院对××(原审原告)与××(原审被告)××(案由)的××(生效判决、裁定文号)行政判决(或裁定)进行了审查。"②审查认定的事实。该部分写检察机关审查认定的事实,最后写明由谁提起诉讼。③诉讼过程。写明一审法院、二审法院判决、裁定的作出日期、文号、理由、主文及诉讼费用。如果法院判决、裁定与检察机关认定事实有不同之处,要在该部分简要写明。④抗诉理由。这是本文书的写作重点。在由"本院认为"引出后,结合案件具体情况,分析、论证生效判决、裁定存在的问题及错误。可以从几个方面提出抗诉理由:原判决、裁定认定事实错误的;原判决、裁定违反了法定的诉讼程序的;原判决、裁定适用法律错误;原裁定违反法律规定的。⑤处理意见。可表述为:"综上所述,××人民法院(作出生效判决、裁定的法院)对本案的判决(或裁定)……(指出生效判决、裁定存在哪几个方面的问题)。经本院第×届检察委员会第×次会议讨论决定(未经检察委员会讨论的,可不写),依照《中华人民

共和国行政诉讼法》第64条的规定，向你院提出抗诉，请依法再审。"

3. 尾部。包括送达人民法院的名称，决定抗诉的具体日期，加盖院印，最后写明随案移送的卷宗和有关材料的情况。

（三）行政抗诉书制作应注意的问题

1. 行政抗诉书要抓准原生效判决的错误实质去写，做到观点正确，抗之有理，诉之有据。同时还应强化反驳及论证的力度，用充分的事实及理由驳倒原裁判的错误，抗诉才有力度。

2. 文书正本加盖"正本"印章，副本加盖"副本"印章。正本送同级人民法院，并按当事人人数送副本，副本存检察副卷，并报同级人大和上级检察院备案。

实例

××省人民检察院

行政抗诉书

×检行抗[2010]第26号

李××因与××市交通运输管理处（以下简称市运管处）交通行政处罚决定一案，不服××市中级人民法院(2009)×行终字第5号行政判决，向检察机关申诉。

我院审查后于2009年7月26日对该案予以立案并对该案依法进行了审查，查明：2008年7月18日下午，李××在××市桐城路妇幼保健院大门附近，应一位不相识女士的请求，驾驶皖A82727嘉陵摩托车将该女士送到阜阳北路的双岗附近。市运管处执法人员在阜阳路菜场附近发现李××嘉陵摩托车涉嫌从事道路运输经营，遂在一家音像制品商店的内、外通过对李××及一位在该音像制品商店购物的女士进行现场录像及调查核实，证实该乘客与李××互不相识，其从长江饭店附近乘坐摩托车到阜阳路菜场，约定付费5元。市运管处根据所取证据，于2008年8月11日向李××送达交通违法行为通知书。李××对此提出陈述和申辩。市运管处听取李××意见后，进行了集体讨论。2008年8月20日，市运管处作出×运字(2008)105号交通行政处罚决定书，责令李××停止经营、罚款3万元。2008年8月23日，李××诉至法院，请求撤销市运管处×运罚字(2008)105号交通行政处罚决定书。另查，涉案摩托车的乘车人徐××（名字不清）的书面证言载明，其本人乘坐皖A82727号摩托车从××市小花园至双岗，支付或约定运费为4元，与该车驾驶人互不相识。

2008年11月10日，××市瑶海区人民法院(2008)瑶行初字第24号行政判决认为，《中华人民共和国道路运输条例》第7条第3款规定，县级以上道路运输管理机构负责具体实施道路运输管理工作。被告系××市道路运输管理部门，依法具有行政执法权。该条例第2条明确适用范围包括客运经营，第10条第1、2款又规定了从事客运经营，需取得营运证。故被告认定原告未取得道路运输经营许可，擅自从事道路运输经营,并给予行政处罚,主要证据充分,适用法律并无不当,程序合法。被告对搜集到的证据进行分析判断,以准确认定案件事实,符合法律规定。本案被告虽无原告实际收取费用的证据,但并不影响被告对原告违反《中华人民共和国道路运输条例》事实的定性。本案行政处罚决定书的制作应当按照《中华人民共和国行政处罚法》第39条的规定制作书面的行政处罚决定书,而不应当采用简易程序填写预定格式的方式。据此,依照《最高人民法院关于执行〈中华人民共和国行政处罚法〉若干问题的解释》第56条第4项的规定,判决:驳回原告李×要求撤销×运罚字[2008]第105号交通行政处罚决定的诉讼请求。李××不服,提出上诉。

2009年2月16日,××市中级人民法院(2009)×行终字第5号行政判决认为,《中华人民共和国道路运输条例》第2条规定,凡是从事道路运输经营以及道路运输相关业务的,都应当遵守本条例。第64条规定:违反本条例的规定,未取得道路运输经营许可,擅自从事道路运输经营的,由县级以上道路运输管理机构责令停止经营;有违法所得的,没收违法所得,处违法所得2倍以上10倍以下的罚款;没有违法所得或者违法所得不足2万元的,处3万元以上10万元以下的罚款;构成犯罪的,依法追究刑事责任。市运管处提供证据的相互印证,能够证明李××未取得道路运输经营许可而从事道路运输经营的事实存在,其依据上述规定对李××进行处罚适用法律正确。一审判决认定事实清楚,适用法律正确,判决并无不当。李××上诉理由不能成立,本院不予支持。本案经本院审判委员会讨论决定,依据《中华人民共和国行政诉讼法》第61条的第1项之规定,判决:驳回上诉,维持原判。

我院经审查认为,××市中级人民法院(2009)×行终字第5号行政判决认定市运管处认定李××没有取得道路运输经营许可,擅自从事道路运输经营,并给予行政处罚,主要证据充分,程序合法;但认定事实的主要证据不足,违反法定程序。

一、判决认定"市运管处提供证据相互印证,能够证明李××未取得道路运输经营许可而从事道路运输经营的事实存在",认定事实的主要证据不足。本案中,市运管处为证明其×运罚字(2008)105号交通行政处罚决定书的合法性,其向法院提供如下两组证据:第一组:①现场录像。②对李××的询问笔录。③乘客的证人证言。该组证据证明李××与乘客互不相识,未经许可实施了道路运输旅客行为,且明确约定了费用。第二组:④执法人员的执法证件,证明市运管处的执法人员具备法定的执法资格。⑤道路交通运输车辆暂扣凭证。证明市运管处依法对车辆进行了暂扣。⑥调查报告,证明在处罚前进行了调查取证工作。⑦×运罚字(2008)第105号交通行政处罚决定书,证明在处罚前进行了告知。⑧陈述申辩书,证明李××进行了申辩。⑨案件集体讨论记录。证明对李××的处罚进行了集体讨论。⑩交通行政处罚决定送达回证,证明处罚依法进行了送达。该组证据证明市运管处的具体行政行为程序合法。经查:

现场录像。该视听资料没有李××摩托车驾驶人与乘客现场交易以及运输情形等连续性的全部场景,其仅显示一家录音录像制品商店内、外的两处,该视听资料未附有声音资料内容的文字记录，也没有注明制作方法、制作时间、制作人和证明对象等。根据《中华人民共和国行政诉讼法》第31条第1款第3项“证据有以下几种……③视听资料；④证人证言……”，《最高人民法院关于行政诉讼证据若干问题的规定》第12条“根据行政诉讼法第31条第1款第3项的规定，当事人向人民法院提供计算机数据或者录音、录像等视听资料的，应当符合下列要求：①提供有关资料的原始载体。提供原始载体确有困难的，可以提供复制件；②注明制作方法、制作时间、制作人和证明对象等；③声音资料应当附有该声音内容的文字记录”的规定，市运管处提供的本案现场录像不符合行政诉讼证据要求，应当不予采信。

对李××的询问笔录。该笔录载明：李××陈述其应一位看来有急事、不相识女士的请求，在桐城路口妇幼保健院大门附近顺路做好事将该女士送到阜阳北路的“双岗”附近，其不是摩的，自己身上没有钱，没有讲钱也没有收钱，“这位女同志都走了”……显然，该笔录不能证明李××从事道路运输经营的事实。

证人证言。该证言系乘车人徐××（名字不清）的书面证言，其内容为：“本人于2008年7月18日16:20时左右乘坐皖A82727号摩托车从合肥市小花园至双岗，约定运费为4元。本人与该车驾驶人互不相识。”由此，该证据与前述现场录像有关乘客女士乘车的地点、付费金额等内容相互矛盾；且该证据是预制的格式文本，其内容没有证人身份的表述，没有落款时间，证人名字不清楚，联系电话打不通；尤其该证人并未依法出庭作证；故该证据的真实性难以认定。据此依照《最高人民法院关于行政诉讼证据若干问题的规定》第13条“根据行政诉讼法第31条第1款第4项的规定，当事人向人民法院提供证人证言的，应当符合下列要求：①写明证人的姓名、年龄、性别、职业、住址等基本情况；②有证人的签名，不能签名的，应当以盖章等方式证明；③注明出具日期；④附有居民身份证复印件等证明证人身份的文件”的规定，该证言因不符合行政诉讼证据要求，也应不予采信。

综上，市运管处提供上述三份证据不但不能形成证据锁链，反而内容相互矛盾，而且该证据不符合行政诉讼证据要求，应当不予采信。判决予以采信市运管处提供的上述证据，认定“市运管处提供证据相互印证，能够证明李××未取得道路运输经营许可而从事道路运输经营的事实存在”，认定事实的主要证据不足。

二、市运管处未依法告知当事人有要求举行听证的权利，采用简易程序填写预定格式的行政处罚决定书，违反了法定程序。本案中，市运管处拟作出对李××停止经营、罚款3万元行政处罚的具体行政行为，该处罚对于李××个人来说，应属“停产停业”、“大数额罚款”的行政处罚。依照《中华人民共和国行政处罚法》第42条第1款“行政机关作出责令停产停业、吊销许可证或者执照、较大数额罚款等行政处罚决定之前，应当告知当事人有要求举行听证的权利；当事人要求听证的，行政机关应当组织听证”的规定，市运管处应当在本案行政处罚决定之前，告知李××有要求举行听证的权利。市运管处未依法告知李××有要求举行听证的权利，违反法定程序。此外，市运管处未按照《中华人民共和国行政处罚法》第39条第1款“行政机关依照本法第38条的规定给予行政处罚,应当制作行政处罚决定书"的规定,制作书面行政处罚决定书,而是采用简易程序填写预定格式的方式,也属违反法定程序。经我院研究决定,依照《中华人民共和国行政诉讼法》第64条之规定,向你院提出抗诉,请依法再审。

此致

××省高级人民法院

（院印）

2010年2月26日

附:检察卷宗1册

【评析】

这份行政抗诉书事项完备,详细地交待了案件来源及审查认定的事实,抗诉理由充分,论证有力,结论明确。

第4章 人民法院刑事裁判文书

第一节 概 述

一、人民法院刑事裁判文书的概念及特点

人民法院刑事裁判文书,是指人民法院按照刑事诉讼法规定的程序,在审判刑事案件过程中,就案件的实体问题和程序问题依法制作的具有法律效力的文书。

人民法院刑事裁判文书具有以下几个特点:

1. 制作主体具有特定性。刑事裁判文书的制作主体只能是人民法院。我国的各级人民法院是代表国家行使审判权的专门机关,刑事裁判文书是人民法院依据国家赋予的职权,按照法定的程序,处理刑事案件的过程中制作的文书。该文书是人民法院理讼断案的必要工具。

2. 制作依据主要是刑事法律、法规和有关解释。人民法院制作刑事裁判文书的依据主要是刑法、刑事诉讼法,有时也会涉及到全国人大常委会作出的有关刑法的立法解释以及最高人民法院作出的有关审判问题的司法解释等规定。此外,刑事附带民事裁判文书的制作,还会涉及民法通则等民事法律的相关规定。

3. 适用范围具有特定性。人民法院刑事裁判文书仅适用于起诉到人民法院的刑事案件,具体包括刑事公诉案件、刑事自诉案件和刑事附带民事诉讼案件。如果刑事案件尚未起诉到人民法院,根据控审分离的刑事诉讼原理,人民法院是无权启动审判程序的。

4. 刑事裁判文书是具有法律效力的文书。法律效力是指由国家强制力保证实现的法律规定所要达到的效果。刑事裁判文书是以国家强制力保证实施的文书。

二、人民法院刑事裁判文书的分类

现阶段人民法院制作刑事裁判文书主要依据的是1999年4月最高人民法院制定的《法院刑事诉讼文书样式(样本)》,该《样式》将人民法院的刑事诉讼文书分为9类164种,其中裁判文书45种,决定、命令、布告24种,报告19种,笔录13种,证票5种,书函16种,通知27种,诉状7种,其他8种。

刑事裁判文书主要指的是刑事判决书、刑事裁定书和刑事调解书。

1. 刑事判决书。刑事判决书是人民法院代表国家行使审判权,依法对案件的实体问题作出处理决定的具有法律效力的文书。

刑事判决书根据不同的标准,可以划分为不同的种类:

(1)按照适用法律的结果不同,可分为有罪判决书和无罪判决书。有罪判决书是人民法院通过对刑事案件的审理,对犯罪事实清楚,证据确实、充分的案件,依法认定被告人有罪的案件所制作的判决书。包括定罪科刑判决书和定罪免刑判决书。无罪判决书是人民法院在被告人的行为不构成犯罪或者是控方不能证明被告人有罪时作出的判决书。

(2)按照刑事判决的实体内容不同,可以将判决书分为刑事判决书和刑事附带民事判决书。

(3)按照审判程序不同,可将刑事判决书分为第一审刑事判决书、第二审刑事判决书和再审刑事判决书。

2. 刑事裁定书。刑事裁定书是指人民法院在刑事案件审理过程中或执行过程中,为解决刑事诉讼程序问题和部分实体问题所制作的文书。

刑事裁定书从性质上可以划分为程序性裁定书和实体性裁定书。前者如发回重审的裁定书、中止审理的裁定书,等等;后者如核准死刑的裁定书、决定减刑的裁定书,等等。

刑事裁定书在程序上可以划分为第一审刑事裁定书、第二审刑事裁定书、死刑复核程序的裁定书、再审程序的裁定书和执行程序的裁定书。

3. 刑事调解书。刑事调解书是指人民法院通过调解方式处理刑事自诉案件和刑事附带民事诉讼案件时,根据诉讼双方自愿、合法地达成的协议所制作的具有法律效力的文书。

刑事调解书包括人民法院在处理告诉才处理的案件和被害人有证据证明的轻微刑事案件时调解结案所制作的调解书,以及在处理附带民事诉讼案件时对民事部分调解结案所制作的调解书。

三、人民法院刑事裁判文书的功用

人民法院刑事裁判文书的作用体现在以下几个方面:

1. 刑事裁判文书是司法公正的最终载体。司法公正是人民法院的生命和灵魂。人民法院的审判活动能否做到司法公正,归根到底要反映到对案件的处理上,案件的处理则是通过裁判文书反映出来的,因此,刑事裁判文书是司法公正的最终载体,也是整个刑事审判活动的综合再现。

2. 刑事裁判文书是衡量法院办案质量的重要标志,是考核法官素质的重要尺度。刑事裁判文书如实记录了法院审理刑事案件的全过程,是刑事审判活动的真实记载。刑事裁判文书制作的好坏,能够反映出承办法官的政治素质和业务素质的高低,是人民法院考核法官业务能力的重要指标之一。

3. 刑事裁判文书是法制教育的生动材料。人民法院通过刑事裁判文书处理具体刑事案件，用直观生动的案例来宣传法律，裁判文书一经宣告，就向人们宣告了某种行为是否属于犯罪行为，应否受到刑事处罚，从而告诫人们，哪些行为是可以“作为”的，哪些行为是不能“作为”的。这样的法制宣传比单纯地讲解法律条款更为有效。

4. 刑事裁判文书对刑事审判具有指导作用。刑事裁判文书是指导审判业务不可或缺的案例，如经最高人民法院认可，并在《中华人民共和国最高人民法院公报》上发布，就成为全国审判业务遵从的判例指导。

第二节　第一审刑事判决书

一、第一审刑事判决书的概念及作用

第一审刑事判决书，是指第一审人民法院依照刑事诉讼法规定的第一审程序对审理终结的刑事案件，依法认定被告人的行为已经构成犯罪，对其判处刑罚或免除刑罚，或者认为不构成犯罪，对其宣告无罪时所作出的书面决定。

我国《刑事诉讼法》第 195 条规定：“在被告人最后陈述后，审判长宣布休庭，合议庭进行评议，根据已经查明的事实、证据和有关的法律规定，分别作出以下判决：①案件事实清楚，证据确实、充分，依据法律认定被告人有罪的，应当作出有罪判决；②依据法律认定被告人无罪的，应当作出无罪判决；③证据不足，不能认定被告人有罪的，应当作出证据不足、指控的犯罪不能成立的无罪判决。”

第一审刑事判决书是第一审人民法院代表国家行使审判权的具体体现，是第一审人民法院依法对其受理的刑事案件审理终结时，对被告人是否有罪、如何定罪量刑所作出的结论。如果制作的是有罪判决书，对被告人来说，是关系到其生杀予夺、政治权利等切身利益的决定书，可以有效地制裁犯罪；如果制作的是无罪判决书，则可以保障无罪者不受刑事追究。

二、第一审刑事判决书的格式、内容及写法

根据 1999 年最高人民法院发布的《法院刑事诉讼文书样式（样本）》的规定，第一审刑事判决书有 7 种格式。包括：①第一审公诉案件适用简易程序审理用的刑事判决书；②第一审公诉案件适用普通程序审理用的刑事判决书；③第一审公诉案件适用普通程序审理用的刑事附带民事判决书；④第一审单位犯罪案件审理用的刑事判决书；⑤第一审自诉案件审理用的刑事判决书；⑥第一审自诉案件审理用的刑事附带民事判决书；⑦第一审自诉、反诉并案审理用的刑事判决书。无论是何种类型，第一审刑事判决书的内容都由首部、正文和尾部三部分组成。

（一）首部

首部包括标题、案号、公诉机关和诉讼参与人基本情况、案件由来和审判经过等。

1. 标题。在文书顶端居中分两行书写标题。如：

××人民法院
刑事判决书

人民法院名称一般应与院印的文字一致,但基层人民法院名称前应冠以省、自治区、直辖市的名称,如系涉外案件,人民法院名称前应冠以"中华人民共和国"的国名。文书名称只体现案件性质和文种,但不体现审判程序。

2. 案号。案号写在标题下一行的右端,其最末一字与下面正文各行看齐,案号上下各空一行。表述为:(××××)×刑初字第××号。

案号依次由立案年度、制作法院、案件性质代字、审判程序代字和案件顺序号组成。立案年度用四位阿拉伯数字表示,并用圆括号括住;制作法院应与行政区划的简称相一致;案件性质代字用"刑"字表示;审判程序代字用"初"字表示;案件顺序号是按受理案件的时间编的顺序号。如陕西省三原县人民法院2009年立案的第98号一审刑事案件的案号可写成"(2009)三刑初字第98号"。

3. 公诉机关和诉讼参与人基本情况。这一项内容第一审刑事公诉案件和自诉案件的写法不同。

(1)第一审刑事公诉案件。第一审刑事公诉案件刑事判决书中,该部分包括:

第一,公诉机关的称谓。写为:"公诉机关××人民检察院",中间不用标点符号,也不用空格。

第二,被告人身份事项。被告人是自然人的,应依次写明姓名、性别、出生年月日、民族、出生地、文化程度、职业或工作单位和职务、住址,曾受过刑事处罚、行政处罚或劳动教养等情况,因本案所受强制措施情况及羁押处所。

如系单位犯罪案件,应先写被告单位的名称、所在地址,之后另起一行写明诉讼代表人的姓名、工作单位和职务。在单位犯罪案件中,如有直接负责的主管人员和其他直接责任人员作为被告人以自然人身份参加诉讼,应在"诉讼代表人"项下,另起一行写明被告人基本情况,写作内容与其他自然人犯罪的"被告人身份事项"相同。

共同犯罪案件,应按主犯、从犯、胁从犯的顺序写明各个被告人的身份事项。

被告人是未成年人的,还应在其项下列写明其法定代理人的姓名、与被告人的关系、工作单位和职务、住址。

该项写时应注意:①对被告人的姓名应写准确。与案情有关的别名、化名、绰号,应在其正式姓名后面用括号加以注明。被告人是外国人的,应在其中文译名后用括号注明其外文姓名、护照号码、国籍。②对被告人出生年月日应写准确。确实查不清者可写实足年龄,但对未成年人的年龄必须写出生年月日。③被告人曾受过刑事、行政处罚或劳动教养,或在限制人身自由期间有逃跑等情节的,应写明其事由和时间。④住址应写被告人的住所所在地。住所所在地和经常居住地不一致的,写后者。⑤因本案所受强制措施的情况及羁押场所,应写明"因涉嫌犯××罪,于×年×月×日被拘留(或逮捕或采取其他羁押措施)。现羁押于××公安局看守所"。

第三，辩护人基本情况。辩护人如是律师、人民团体或被告所在单位推荐的，只写姓名、工作单位和职务，如“辩护人×××，×××律师事务所律师”。如是被告人的监护人、亲友，还应写明其与被告人的关系。如果是人民法院指定的，写成“指定辩护人×××，×××律师事务所律师”。

(2)第一审自诉案件。第一审自诉案件刑事判决书中，该部分包括：

第一，自诉人的身份事项。依次写明自诉人的姓名、性别、出生年月日、民族、出生地、文化程度、职业或工作单位和职务、住址。

自诉人是未成年人的，还应在其项下列写明其法定代理人的姓名、与自诉人的关系、工作单位和职务、住址。

第二，自诉人的诉讼代理人基本情况。依次写明诉讼代理人的姓名、工作单位和职务。

第三，被告人的身份事项。书写项目与公诉案件被告人身份事项基本相同，只是不写因本案采取强制措施的情况、现在何处。

第四，辩护人的基本情况。依次写明辩护人的姓名、工作单位和职务。

4. 案件由来和审判经过。如系第一审公诉案件，此项的写作模式如下：

> ×××人民检察院以×检×刑诉[××××]×号起诉书指控被告人×××犯××罪，于××××年××月××日向本院提起公诉。本院依法组成合议庭，(适用简易程序写实行独任审判)，公开(或者不公开)开庭审理了本案。×××人民检察院指派检察员(长)×××出庭支持公诉，被害人×××及其法定代理人×××、诉讼代理人×××、被告人×××及其法定代理人×××、辩护人×××、证人×××、鉴定人×××、翻译人员×××等到庭参加诉讼。现已审理终结。

如有指定管辖、延期审理和简易程序转入普通程序等情形也应写明。如系第一审自诉案件，此项的写作模式如下：

> 自诉人×××以被告人×××犯××罪，于××××年××月××日向本院提起控诉。本院受理后，依法实行独任审判(或者组成合议庭)，公开(或不公开)开庭审理了本案。自诉人×××及其诉讼代理人×××、被告人×××及其辩护人×××等到庭参加诉讼。现已审理终结。

如系公诉转为自诉的案件，应将公安机关或检察院作出不予追究的书面决定的内容在“案件由来”部分表述清楚。

书写这部分的目的是为了体现审判程序的合法性。这既关系到审理期限的计算，又关系到是否贯彻执行公开审判的原则，还关系到是否依法保障了诉讼参与人的诉讼权利。

(二)正文

正文部分是第一审刑事判决书的核心部分,是写作的重点,包括案件事实、判决理由和判决结果三项内容。

1. 案件事实。案件事实是判决的基础,是阐述判决理由和作出判决结果的根据。第一审刑事判决书的事实部分,应根据人民检察院或者自诉人指控被告人的犯罪事实和证据,被告人的供述、辩解和辩护人的意见,写明经法庭审理查明的事实和证据。该部分应从以下两个方面来写:

(1)控辩双方提供的事实、证据及适用法律的意见。这部分内容包括下列两个方面:

第一,控方提供的事实、证据及适用法律的意见。如系第一审公诉案件,可采用以下模式来写:

××××人民检察院指控……;为了证实指控的事实,公诉人当庭出示并宣读了以下证据……;故依据《中华人民共和国刑法》第×条之规定,指控被告人×××犯××罪,请求依法惩处。

如系第一审自诉案件,可采用以下模式来写:

自诉人×××诉称……;为了证实指控的事实,自诉人当庭提供了以下证据:……;故依据《中华人民共和国刑法》第×条之规定,指控被告人×××犯××罪,请求依法惩处。

第二,辩方提供的事实、证据及适用法律的意见。可采用以下模式来写:

被告人×××供述……;但辩称……。辩护人×××提出的辩护意见是……;故请求对被告人×××从轻判处(或宣告无罪)。

将控辩双方提供的事实、证据及适用法律的意见写入判决书的目的有两个方面:一是为了突出控辩双方争执的焦点,以便人民法院在认定事实、采信证据和阐述判决理由时更有针对性。二是为了增强刑事判决的透明度,保护控辩双方的诉讼权利,体现出控辩双方平等对抗、法官中立的控辩式审判方式的特点。

(2)人民法院查明认定的事实和证据。该部分内容是人民法院对控辩双方提供的事实和证据审理以后认定的行为情节、结果,是决定被告人是否有罪、如何定罪量刑的根据,其作用是为阐述判决理由和作出判决结果奠定基础。因此应写得明确详细。

该部分可采取如下写作模式：

> 经审理查明……（写明法院查明的事实）；被告人×××上述犯罪事实经当庭举证质证，有以下证据证实：……（写明法院据以定案的证据及其来源）。

叙述人民法院查明认定的案件事实时，应写明案件发生的时间、地点、被告人作案的动机、目的、手段、实施行为的过程、危害结果和被告人案发后的态度。要层次清楚，重点突出，关键情节尽可能写得具体详细，次要情节可概写。关系到国家机密、个人隐私时，既要把基本罪行讲清楚，又要注意保密。对不构成犯罪的案件，也应写明无罪的事实和依据。对附带民事诉讼案件，既要写明庭审查明的被告人的犯罪事实，又要写明被告人的犯罪行为使被害人遭受的物质损失事实。

对人民法院认定事实的证据的写法应因案而异。案情简单或控辩双方没有异议的，可集中表述；案情复杂或者控辩双方有异议的，应进行分析、认证；一人犯数罪或共同犯罪案件，可分项或逐人逐罪写证据或对证据进行分析、认证。写时应注意：①依法公开审理的案件，除无需举证的事实外，证明案件事实的证据必须是经过控辩双方在法庭公开举证、质证后，法院才能认证。②证据要尽可能写得明确、具体。每一项证据，都应写明其名称、来源、能证明什么事实、与其他证据如何印证，应反映出法官运用证据认定案件事实的逻辑思维过程，表明法官“用什么证据证明案件事实，怎么证明”的思维活动内容。

2. 判决理由。判决理由是指法官通过对案件审理，在认定事实的基础上，将法的适用过程反映出来，揭示案件事实与法律规范的内在联系，论证判决结果与作为判决结果依据的事实认定和法律适用之间逻辑关系上的必然性。

第一审刑事判决书的理由部分是人民法院根据案件事实和法律，对被告人的行为进行公正、合理的评定。通过评定阐明被告人的行为是否构成犯罪、所犯何罪、应否处罚、如何处罚，为下面的判决结果打基础。该部分在判决书中处于中间环节，是将犯罪事实和判决结果有机联系在一起的纽带。因此，应十分重视该部分的制作。

该部分的写作模式是：

> 本院认为，……（根据查证属实的事实、证据和有关法律规定，论证公诉机关或自诉人指控的犯罪是否成立，被告人的行为是否构成犯罪，犯的什么罪，应否从轻、减轻、免除处罚或从重处罚。对于控辩双方关于适用法律方面的意见，应当有分析地表示是否予以采纳，并阐明理由）。依照……（写明判决的法律依据）规定，判决如下：

判决理由部分应从以下几个方面进行论证：

（1）评价本案事实并确定罪名。法院应根据查明的事实，针对控方指控的内容，运用犯罪构成理论,对被告人的行为作出法律上的评价。通过评价确认被告人的行为是否构成犯罪,犯的什么罪。确定罪名应以我国《刑法》分则和《最高人民法院关于执行〈中华人民共和国刑法〉确定罪名的规定》以及最高人民法院、最高人民检察院5个《关于执行〈中华人民共和国刑法〉确定罪名的补充规定》为准,不能随意更改或缩简。对一人犯数罪的案件,一般先确定重罪,后确定轻罪;共同犯罪案件,应分清各个被告人的地位、作用和应负的罪责,依次确定主犯、从犯和胁从犯、教唆犯的罪名。如果法院认定的罪名与起诉的罪名不一致,应当有理有据地进行分析说明。对于被告人的行为不构成犯罪,也应阐明无罪的理由。例如:“依照刑事诉讼法规定,刑事诉讼中,控方负有提供证据证实犯罪的责任,证据不充分,指控不能成立。该指控中,证据反映出被告人褚时健转款行为的主观故意,同时存在非法占有、购买设备或其他目的的可能性,不具有充分的排他性,因此,指控被告人褚时健贪污1156万美元证据不充分,本院不予认定。”

(2)确认量刑的情节。如果被告人具有从轻、减轻、免除处罚或从重处罚等情节时,应根据具体案情阐明对其从轻、减轻、免除处罚或从重处罚的理由,以体现对犯罪分子实行惩办与宽大相结合的立法精神,促使其认罪服法。

(3)评价诉辩主张。人民法院对刑事案件被告人的判决是在充分听取控辩双方的意见之后作出的,因此在阐述判决理由时不能回避控辩双方的意见,必须对控辩双方所持的所有意见及理由加以分析论证。对控方指控的罪名,认为正确的,应表示肯定;认为被告人的行为不构成犯罪或者控方指控罪名不当的,应有理有据地作出分析评定。对于被告人的辩解以及辩护人所提出的有关定罪量刑方面的意见和请求,认为合理的,应表明予以采纳;认为不合理的,则要有理有据地予以说服批驳。例如:“韦×职务侵占、诈骗”一案的理由部分的写作就是针对控辩双方的主张进行的:

本院认为,被告人韦×利用职务之便,非法侵占公司财产59 300元,数额较大,其行为已构成职务侵占罪。西安市雁塔区人民检察院指控被告人所犯罪名成立。被告人韦×及其辩护人辩称韦×不构成职务侵占罪的辩护意见,经查被告人韦×向池×、董×等股权受让人开据的收款收据表明每股本金为1元,溢价为0.34元,出让价格为每股1.34元。股权受让人董×、马×等人均证实,自己所付受让股权款每股价格高于1.34元。但被告谎称仅收取了每股1元加利息,而向公司仅按每股1元交款。以上事实证明,被告人将差额59 300元非法据为已有确实无疑,其虚开每股0.34元溢价的辩解不能成立,故本院不予采信。被告人韦×及其辩护人辩称韦×不构成诈骗罪的辩护意见,经查卢×名下的10万股确系被告人出资,且二人有投资委托协议,股权卡的发放和发放范围不违反公司的有关规定,故西安市雁塔区人民检察院关于被告人韦×犯诈骗罪的指控不能成立,本院不予支持,故该项指控的事实不予认定……

(4)写明判决的法律依据。人民法院无论对被告人作出有罪判决还是无罪判决,都必须有法律依据支持。第一审刑事判决书一般应引用刑事法律和相关的司法解释作为定罪量刑的依据,但刑事附带民事案件的判决还应同时引用作为民事赔偿依据的民事法律。引用法律依据时应注意:①要准确、完整、具体。准确,就是所引法条要恰如其分地适合判决结果所定罪名及量刑结果;完整,就是要把据以定性处理的法律规定和司法解释全部引用;具体,就是要引出刑法分则条文外延最小的规定,即凡条下分款分项的,应写明第几条第几款第几项,有的条文不分款的,则写明第几条。②要有一定的条理和顺序。一份判决书应当引用两条以上法律条文的,应先引用有关定罪与量刑的条文,后引用从轻、减轻、免除处罚或从重处罚的条文;判决结果既有主刑又有附加刑内容的,应先引用主刑的条文,后引用附加刑的条文;某种犯罪需要援引其他条款的法定刑处罚的,应先引用本条的规定,再按本条的规定,引用相应的他罪条文;一人犯数罪的,应逐罪引用法律条文;共同犯罪的,可集中引用有关的法律条文,也可以逐人逐罪引用有关的法律条文。在引用的法律依据中,既有法律规定又有司法解释的,应当先引用法律规定,再引用相应的司法解释。

3. 判决结果。判决结果是人民法院根据查明的犯罪事实和有关法律规定,对被告人是否有罪、所犯何罪、应否处以刑罚、处以何种刑罚所作出的处理决定,是判决书的"画龙点睛"部分。判决结果根据不同的处理结论采用如下几种写法:

第一,定罪判刑的,表述为:

一、被告人×××犯××罪,判处……(写明主刑、附加刑)。

(刑期从判决执行之日起计算,判决执行以前先行羁押的,羁押一日折抵刑期×日,即自××××年××月××日起至××××年××月××日止。)

二、被告人×××……(写明决定追缴、退赔或发还被害人、没收财物的名称、种类和数额)。

第二,定罪免刑的,表述为:

被告人×××犯××罪,免予刑事处罚(如有追缴、退赔或者发还被害人、没收财物的,续写为第二项)。

第三,宣告无罪的。表述为:

被告人×××无罪。

第四,不负刑事责任的。表述为:

被告人×××不负刑事责任。

判决结果是人民法院对被告人作出定性处理的结论，是整个文书的“点睛”部分。书写时要注意：①判处的各种刑罚按法律规定写明全称。既不能随意简化，也不能画蛇添足。②有期徒刑的刑罚应写明刑种、刑期和主刑折抵办法及起止时间。判决执行以前先行羁押的，判处有期徒刑、拘役的，羁押1日折抵刑期1日；判处管制的，羁押1日折抵刑期2日；判处死刑缓期二年执行的和判处无期徒刑的，先行羁押期间不折抵。死缓考验期起算方法写：死刑缓期二年执行的期间，从高级人民法院核准之日起算。③单位犯罪案件的判决结果，应先写对单位判处的结果，再写对个人判处的结果。单位被判处经济处罚的，首先应写明被告单位犯什么罪，判处罚金的数额，缴纳期限。如果其主管责任人员，直接责任人员因此构成犯罪的，再续项列写对他们的定罪判刑。④数罪并罚的，应分别定罪量刑，然后按照刑法关于数罪并罚的原则，决定执行的刑罚。⑤共同犯罪案件，应以罪责主次或判刑轻重为顺序，逐人分项定罪量刑。⑥追缴、退赔和发还被害人、没收的财物，应写明其名称、种类和数额。财物多、种类杂的，可在判决结果中概括表述，另列清单，作为附件。

（三）尾部

尾部包括交待上诉权、审判人员署名、作出判决的日期、书记员署名和核对戳记五项内容。

1. 交代上诉权。在判决结果之后，另起一行写明：“如不服本判决，可在接到判决书的第二日起10日内，通过本院或者直接向×××人民法院提出上诉。书面上诉的，应当提交上诉状正本一份，副本×份。”如果是适用《刑法》第63条第2款规定在法定刑以下判处刑罚的，应在交代上诉权之后，另起一行写明：“本判决依法报请最高人民法院核准后生效。”

2. 合议庭组成人员或独任审判员署名。在尾部右下方，由参加审判的合议庭组成人员或独任审判员署名。合议庭成员中有陪审员的，署名为“人民陪审员×××”；有助理审判员的，署名为“代理审判员×××”；助理审判员担任合议庭审判长的，与审判员担任合议庭审判长一样，署名为“审判长×××”；院长、副院长、庭长、副庭长参加合议庭的，应担任审判长，署名为“审判长×××”。独任制审判的，只写“审判员×××”

3. 作出判决的日期。当庭宣判的，宣判日期即为判决日期，应写当庭宣判的日期；定期宣判或者委托宣判的，应写签发判决书的日期。

4. 书记员署名。在判决日期的正下方，由书记员署名，其间应有空格。

5. 院印和核对戳记。应在判决日期上加盖院印。核对戳记内容是“本件与原本核对无异”的字样。由书记员将正本与原本核对无异后，将核对戳记加盖在正本末页的年月日的左下方、书记员署名的左上方的位置。

三、制作第一审刑事判决书应注意的问题

1. 对控辩双方提供的意见在写作时应注意：一要准确归纳控辩双方提供的事实及主张，凸现争议焦点。二要对控辩双方提供的意见给予同等重视。法官作为居中裁判者，对控辩双方提供的事实和主张应同等对待，以体现出法律的公平正义，避免出现"重指控、轻辩护"的现象。

2. 叙述法院查明认定的事实应注意对犯罪事实要素书写完备，对犯罪行为与犯罪结果之间的因果关系应交待清楚，突出重点，层次分明。

3. 书写判决理由应当注意以下几点：①说理力求透彻，逻辑严密，将犯罪事实和案件性质概括得准确、全面，而且要切中要害，文字应简明扼要。②理由的论述应有针对性。必须针对控辩双方所持的所有意见及理由加以分析，正确的，表明予以采纳；错误的，予以反驳。这样才能避免出现"他控他的，你辩你的，我判我的"局面。③应体现出个性。阐述判决理由既要指出该案与同类案件的共性，又要说明其与同类案件的不同之处，避免出现千篇一律的现象。④理由的阐述要保持三个一致。判决理由在判决书正文中处于中间环节，起着承上启下的作用。在写作时要做到瞻前顾后，上与已认定的案件事实相适应，下与判决结果和引用的法律条文相一致。这样，案件事实、判决理由、判决结果三者之间才能相互照应。

4. 判决结果应写准确、完整，文字表述应规范、简明扼要。

附　实例

陕西省西安市中级人民法院
刑事附带民事判决书

[2011]西刑一初字第68号

公诉机关：陕西省西安市人民检察院。

附带民事诉讼原告人：王思宇，男，2008年6月19日出生于陕西省西安市，汉族，住西安市长安区兴隆乡官子村西村116号。系被害人张妙之子。

法定代理人暨附带民事诉讼原告人：王辉，男，1981年10月4日出生于陕西省西安市，汉族，小学文化，农民，住址同上。系被害人张妙之夫，王思宇之父。

诉讼代理人：张显，西安电子科技大学教师。

附带民事诉讼原告人：张平选，男，1955年6月19日出生于陕西省西安市，汉族，小学文化，农民，住西安市长安区兴隆乡北雷村南村184号。系被害人张妙之父。

附带民事诉讼原告人：刘小欠，女，1956年2月27日出生于陕西省西安市，汉族，小学文化，农民，住址同上。系被害人张妙之母。

共同诉讼代理人：许涛，陕西同顺律师事务所律师。

被告人：药家鑫，男，1989年11月7日出生于陕西省西安市，汉族，大学文化，西

安音乐学院学生，住西安市新城区公园南路20街坊付7号1门5层10号。2010年10月23日因涉嫌犯故意杀人罪被刑事拘留，同年11月24日被逮捕。现羁押于西安市看守所。

辩护人暨诉讼代理人：路刚、杨建花，陕西克利律师事务所律师。

西安市人民检察院以西检诉一刑诉[2011]19号起诉书指控被告人药家鑫犯故意杀人罪，于2011年1月12日向本院提起公诉。在诉讼过程中，附带民事诉讼原告人王思宇、王辉、张平选、刘小欠向本院提起附带民事诉讼。本院依法组成合议庭，公开开庭进行了合并审理。西安市人民检察院指派检察员李援民、郑莉出庭支持公诉，附带民事诉讼原告人王辉、张平选、王辉的诉讼代理人张显及各附带民事诉讼原告人的共同诉讼代理人许涛，被告人药家鑫及其辩护人暨诉讼代理人路刚、杨建花到庭参加诉讼。现已审理终结。

西安市人民检察院指控：2010年10月20日23时许，被告人药家鑫驾驶陕A419NO红色雪佛兰小轿车从西安外国语学院长安校区返回西安市区，当行驶至西北大学长安校区西围墙外时，撞上前方同方向骑电动车的张妙，药家鑫下车查看，发现张妙倒地呻吟，因怕张妙看到其车牌号，以后找麻烦，便产生杀人灭口恶念，遂从随身背包中取出一把尖刀，上前对倒地的张妙连捅数刀，致张妙当场死亡。杀人后，被告人药家鑫驾车逃离现场，当车行至翰林路郭南村口时再次将两行人撞伤，后交警大队郭杜中队长将肇事车辆暂扣待处理。同月23日，药家鑫在其父母陪同下到公安机关投案。经法医鉴定：死者张妙系胸部锐器刺创致主动脉、上腔静脉破裂大出血而死亡。

针对上述指控，检察机关提供了作案工具尖刀、证人证言、尸体鉴定结论、DNA鉴定结论，现场勘验、检查笔录和被告人药家鑫的供述等证据。

检察机关认为，被告人药家鑫开车撞人后，又持刀故意非法剥夺他人生命，情节恶劣，后果严重，其行为已触犯《中华人民共和国刑法》第232条之规定，应以故意杀人罪追究其刑事责任。

附带民事诉讼原告人王思宇、王辉、张平选、刘小欠要求以故意杀人罪判处药家鑫死刑，并诉请判令药家鑫赔偿死亡赔偿金82 100元，丧葬费15 146.5元，抚养费58 807元，死亡赔偿金50 586.7元，医院停尸费30 000元，精神损失费30万元，共计536 640元。庭审后，各附带民事诉讼原告人要求将被告人药家鑫个人名下的雪佛兰小轿车依法拍卖，拍卖款作为赔偿款，不接受药家鑫父母任何以期获得从轻处罚药家鑫的赔偿。

被告人药家鑫在庭审中承认指控属实。其辩护人提出：①药家鑫具有自首情节；②药家鑫系激情杀人；③药家鑫系初犯、偶犯，认罪态度好，真诚悔罪；④愿意赔偿被害人亲属的经济损失。建议对药家鑫从轻处罚。

经审理查明：2010年10月20日22时30分许，被告人药家鑫驾驶陕A419NO号红色雪佛兰小轿车从外国语大学长安校区由南向北行驶返回西安市区，当行至西北大学西围墙外翰林南路时，将前方在非机动车道上骑电动车同方向行驶的被害人张妙撞倒。药家鑫下车查看，见张妙倒地呻吟，因担心张妙看到其车牌号后找麻烦，即拿出其背包中的一把尖刀。向张妙胸、腹、背等处连刺数刀，致张妙主动脉、上腔静脉破裂大出血当场死亡。杀人后，药家鑫驾车逃离，当行至翰林路郭南村口时，又将行人马海娜、石学鹏撞伤，西安市公安局长安分局交警大队郭杜中队接报警后，将肇事车辆扣留待处理。同月22日，长安分局交警大队郭杜中队和郭杜派出所分别对药家鑫进行了询问，药家鑫否认杀害张妙之事。同月23日，药家鑫在其父母陪同下到公安机关投案，如实供述了杀人事实。

上述事实，由检察机关提交，并经法庭举证、质证确认的下列证据证实：

1. 西安市公安局长安分局郭杜派出所受理公民报警情况登记表、接受刑事案件登记表证实：2010年10月20日23时10分，长安区郭杜市容监察队巡查人员王德鹏向110报警称，西安市长安区康北村以北西北大学西门有一女子躺在路边，全身是血，不知是不是交通事故。该所接110指令后，即派民警赶赴现场，发现路边躺一女子。后经120确认，该女子已死亡。经勘查，该女子身上有多处刀伤，遂确定为刑事案件。经调查，确认死者叫张妙，长安区兴隆乡官子村西村人。

2. 现场勘查笔录、照片、现场示意图和提取痕迹物品登记表证实：现场位于西安市长安区郭杜街办翰林南路，中心现场翰林南路东侧非机动车道上有一女尸，尸体头西北脚东南，呈仰卧位，尸体头东在100×30cm范围内有大片血迹，尸体左小腿东地面上有一块手表。尸体南170cm处有一辆新日牌银色电动车，电动车头南尾北向西侧倒于地面，车尾部破损。电动车向南17.6m处距东道沿85cm处有一东南向西北走向的5m长刹车痕迹（擦划痕）。电动车左后视镜缺失、右后视镜玻璃缺失。车右侧有多处擦痕，车体后侧塑料外壳破碎。现场提取了血样、电动车、手表、手机等。

3. 对陕A419NO号雪佛兰轿车勘察笔录及照片、移交证明证实：2010年10月22日，经对陕A419NO号雪佛兰轿车进行勘察，该车前保险杠右侧距地20cm处有一2.3×2.6cm的擦划痕，方向由前向后。在此痕迹上方4cm有一20×3cm斜行由左上至右下的擦划痕。右前大灯左侧距地32cm处在36×20cm范围内有多处擦划痕，其中进气格栅右上角有3处裂痕。引擎盖右前部，距车标11cm有一40×25cm的凹陷，在此凹陷区内右侧有一33×13.5cm的磕碰痕迹。在距引擎盖内侧沿7cm，距引擎盖右侧沿11cm，有一处80×31cm的凹陷。车内副驾驶位置的脚踏垫上有3×4cm范围的点状血迹（已拍照并提取）。同月23日，西安市公安局长安分局刑警大队将交警郭杜中队扣押的肇事车辆陕A419NO号红色雪佛兰轿车移交给了刑警大队技术室。

4. 西安市公安局长安分局刑警大队及办案民警张毅、古兆荣、刘培栋出具的破案及抓获经过证实：2010年10月20日23时10分，长安分局郭杜派出所接110转警称，长安区康北村以北西北大学西门外有一女子躺在路边，全身是血，不知是不是交通事故。派出所民警赶赴现场，发现一女子躺在公路上，旁边有一大堆血迹，在该女子南边有一辆电动车倒在路边。120急救中心人员赶到现场后，确认该女子已死亡。

随后，长安分局交警大队郭杜中队派员赶到现场，经勘查，发现该女子身上有刀伤，遂通知刑侦大队技术中心对现场进行勘察。根据现场遗留的一部手机，很快联系到死者的联系人白婷（张妙的雇主），查明死者叫张妙。10月22日，交警大队郭杜中队办案民警反映：10月20日晚在郭杜邮电路（即翰林路）郭南村附近发生一起交通事故，一男子驾车将两行人撞伤，伤势较轻，但该男子所驾红色雪佛兰小轿车车损较大。侦查人员立即对该男子进行了询问，并对其车辆进行勘察。该男子叫药家鑫，承认10月20日晚驾车在郭杜南村附近路上将一男一女两行人撞了，但否认其在行车过程中发现一骑电动车的女子。10月23日，药家鑫在其父母陪同下来长安分局刑警大队投案，供认10月20日晚在郭南村发生交通事故前，还将一骑车的女子撞了，怕该女子看到车牌号，便持刀将该女子杀害。

5. 西安急救中心院前病情告知书及尸体检验鉴定报告和尸检照片证实：2010年10月20日23时35分，急救中心人员到达现场对张妙进行检查，张已死亡。尸体检验：

（1）衣着检查：死者外套、外套衬里、黑色长袖T恤、牛仔裤、红色线裤、内裤、胸罩等处有纤维破口、钝性撕裂。

（2）尸表检验：右枕部有一纵行长3.5cm挫裂创口；额面部、右眼至右颧弓部、鼻梁部均有表皮擦伤；口唇右侧有一纵行长6.5cm的皮肤裂伤，经上、下唇皮肤延伸至右侧下颌部，创缘整齐，创角锐，创腔间无组织间桥，深达皮下；右锁骨中线下2cm处有一横行长2.2cm皮肤裂创，创缘整齐，创角左锐右钝，创腔间无组织间桥，深达胸腔；左上腹有一斜行长5.3cm皮肤裂创，创角上锐下钝，创缘整齐，左侧创缘中部有一横行长0.3cm裂创，深达腹腔；右肩背部有一2.5×2cm表皮擦伤，可触及肩锁关节脱位；胸背部在25×20cm范围内可见3处皮肤创口，各创口创缘整齐，创角一钝一锐，创腔间无组织间桥，其中第3胸椎右侧7cm处有一斜行长3cm皮肤裂创，深达肩胛骨，第4胸椎左侧2cm处有一横行长2.3cm皮肤裂创，深达肌层，第7胸椎右侧1cm处有一横行长2.5cm皮肤裂创，深达右胸腔；右腋后线下8cm处有一斜行长3cm皮肤创裂，特征同前；左手掌小鱼际处有一斜行长4.1cm切划伤，深达皮下。

根据尸检所见，死者衣服多处钝性纤维撕裂，额面部、腰背部、臀部可见大面积条片状擦挫伤，右肩锁关节脱位，左股骨闭合性骨折，结合现场勘查，符合交通事故损伤特征，以上损伤均不足以致命。死者右胸前、左上腹、右腋下及胸背部可见6处皮肤创口，各创创缘整齐，创角一钝一锐，创腔间无组织间桥，创口长度在2.3～3.0cm之间，可推断系一单刃锐器戳刺形成，刃宽在2.5cm左右，其中右胸前锁骨下刺创沿左斜前方刺入，致右肺上叶内缘裂创，纵膈、心包膜裂创，主动脉及上腔静脉破裂，引起大量血液迅速流失，致失血性休克而死亡。其余刺创加速了血液流失，对死亡有一定促进作用。死者唇部及左掌部损伤为该锐器切划形成。

检验意见：张妙系胸部锐器刺创致主动脉、上腔静脉破裂大出血而死亡。

6. 提取笔录、照片及指认笔录证实：2010年10月23日，西安市公安局长安分局民警在药家鑫的指认下，在郭杜街办邮电北路段路西的草丛中提取一把单刃尖刀(刃长约33cm，刀刃上有血迹，刀把系黑色)；从药家鑫身上提取一条灰色牛仔裤，一双李宁牌运动鞋，裤子和鞋上有血迹。

7. 生物物证、遗传关系鉴定证实：经DNA检验，现场地面血泊、匕首上血、陕A419NO号红色雪佛兰轿车副驾驶座位脚垫上血、药家鑫裤子和鞋上血均系张妙所留的可能性为99.99%。

8. 证人证言。

(1)证人朱应福(西北大学长安校区工地门卫)的证言证实：2010年10月20日晚10时许，他站在工地的一个土堆上，看到有个女的骑一辆电动车由南向北顺着路东走着，那女的刚从他面前过去，有一辆深颜色的小轿车也由南向北开，开着开着由路西开到路东，接着就听到"嗵"一声响，又听到一声"哎呦"的女人尖叫声。过了一会儿，听到车声向北边去了。又过了一会儿，由北边过来一辆巡逻车，停在那儿。再过了一会儿，就有警车来了。

(2)证人王德鹏、贺兴柱、殷铁栋(均系长安区郭杜市容监察队工作人员)的证言分别证实：2010年10月20日23时许，他们三人驾车巡查途径西北大学西围墙外时，发现马路上倒着一辆电动车，旁边躺着一个女人，车灯亮着，车前边散落电动车碎片，南边有电动车刹车印。女子面朝东躺在地上，身边有一大滩血迹。王德鹏打110报警，贺兴柱打120急救电话。随后，郭杜派出所、交警队和120急救车先后到达现场，120急救人员进行检查，发现人已死亡。

(3)证人宋建军、宋金生的证言分别证实：2010年10月20日23时许，二人在西北大学西门口附近的路上，见一个人倒在地上，身下流了一大滩血，旁边有一辆电动车倒在地上。他们开车没敢停，回到村口，就打电话报警。报警以后，他们在村口等了一会儿，看见有一辆车闪着警灯，他们到跟前才知道是市容的车，接着派出所、交警队、120急救车先后到达现场。120急救车来了以后，他们才到跟前，见倒地的是个女人，面向东侧卧着，120急救人员进行检查，发现人已死亡。

(4)证人江大亮、李仕贤的证言分别证实：他们夫妻二人住在郭杜街办张杜村宋新民的猕猴桃园里看守猕猴桃。2010年10月20日晚10时许，突然听到外面"嗵"的一声响，接着又听到一个女的"哎呦"两声喊叫，两声间隔约半分钟，头一声声音大，第二声声音小。

(5)证人张凯、白婷的证言分别证实：他们夫妻二人在西安外国语大学清真餐厅经营汤菜生意，从2010年9月1日雇同村亲戚张妙帮忙，每月给张妙开700元工资。10月20日晚11点左右收摊，他们骑三轮车、张妙骑电动车跟在后边一前一后出了西大校门，出校门后第一个路口他们就拐进了康都村，张妙朝北直行走了。次日凌晨3时许，民警用张妙的手机给白婷打电话，说张妙在西北大学西围墙外的路上出事了，他们当时就意识到坏了。因为他们在康都村办完事回来途中，见西北大学围墙外有警车，地上还躺着个人，通完电话他们就想到那个人是张妙，随后即与张妙的父亲一同到案发现场,见到张妙平时身上装着的平板诺基亚手机和一只没有表链的手表。

(6)证人张平选(张妙之父)的证言证实:2010 年 10 月 21 日凌晨 3 时许,张凯到他家说张妙出事了,在西北大学的公路上,他就与张凯一起去了现场,对尸体进行辨认,确认现场死者系其女儿张妙。

(7)证人王辉(张妙之夫)的证言证实:2010 年 9 月 1 日前张妙给家里留个条子说她出去给张凯打工,在外院卖麻辣烫,每月 700 元工资。张妙平时住在娘家。

(8)证人药庆卫、段瑞华(药家鑫的父母)的证言分别证实:因药家鑫在郭杜地区撞了一男一女两个人,2010 年 10 月 22 日段瑞华陪药家鑫到郭杜交警队处理此事故时,郭杜派出所又向药家鑫了解在撞这两个人的时间段,还有一个人被撞死的情况,药家鑫否认还撞过别人。23 日上午,药家鑫给他们说在撞一男一女之前还撞了别人,于是他们就陪药家鑫到公安机关投案。

(9)证人刘苗(药家鑫的女友)的证言证实:2010 年 10 月 20 日晚 8 时许,药家鑫开车到西安外国语大学长安校区看她,晚上 10 点半左右,药一人开车走,她从东门送药,药开车向北朝西安方向走了。过了大约不到一个小时,药给她打电话说把两个人撞了,让她 12 点左右给他妈打电话说他出交通事故了。后来药又给她打了几个电话,说很紧张,不知道怎么办。

9. 西安市公安局长安分局交警大队交通管理行政强制措施凭证、道路交通事故当事人陈述材料、交通事故现场图、移交证明及郭杜交警中队对药家鑫的询问笔录证实:2010 年 10 月 20 日 23 时许,药家鑫开车行至翰林路郭南村口时将正在路上行走的一男一女撞伤,二人被送往医院治疗。郭杜交警中队及派出所在询问药家鑫时,问到在撞二人之前是否撞过别人,药予以否认,并否认遇见一名骑电动车的女子。

10. 被告人药家鑫的供述证实:2010 年 10 月 20 日晚 10 时 30 分许,他在西安外国语大学长安校区与女朋友分手后,驾驶自己的陕 A419NO 号红色雪佛兰轿车从学校东门出来回西安,在一条南北路上行驶了十几分钟,换 CD 时,车的行驶方向向东偏了,听见“嗵”一声,一个女的“哎”的一声尖叫,他才感到把人撞了。停车时心里很慌,就背着包下了车,看见一个女的侧身躺在车后呻吟,旁边有一辆电动车。他害怕这女的看见车牌号找他麻烦,就取出装在包里的刀,在那女的身上乱捅,那女的挥动胳膊反抗,并发出叫喊声。之后,他把刀放在车上,开车继续向前行驶了一会儿,又将路上一男一女两个行人撞了。他拨打了 120 之后,就将刀扔在路边草丛中。交警来后将伤者送到医院并扣留了他的车。23 日早上,他给父母说了撞人后用刀捅人的事,父母听后就将他带到公安机关投案。

11. 被告人药家鑫指认笔录及照片证实:购买刀具地点在西安华润万家超市咸宁店,案发现场位于西北大学校区西墙外,丢弃刀具的地方在郭杜街办邮电路北段路边草丛中。

另查明,被害人张妙殁年 26 岁,农村居民,丧葬费15 146.5元;被抚养人王思宇案发时 2 岁,农村居民,生活费按 16 年计算至 18 周岁应为30 352元。药家鑫父母在侦查阶段已支付被害人丧葬费15 000元。此节事实有相关户籍证明和收条佐证。

本院认为,被告人药家鑫在发生交通事故后,因担心被害人张妙看见其车牌号以后找其麻烦,遂产生杀人灭口之恶念,用随身携带的尖刀在被害人胸、腹、背等部位连刺数刀,将张妙杀死,其行为已构成故意杀人罪。西安市人民检察院指控被告人药家鑫故意杀人的犯罪事实成立,罪名及适用法律正确,应予支持。

关于药家鑫的行为是否构成自首的问题,经查,被告人药家鑫在公安机关未对其采取任何强制措施的情况下,于作案后第 4 日在父母的陪同下到公安机关投案,并如实供述了犯罪事实,其行为具备了自首的构成要件,依法属于自首。

对药家鑫的辩护律师所提药家鑫的行为属于激情杀人的辩护理由,经审查认为,激情杀人一般是指由于被害人的不当言行引起被告人的激愤而实施杀害被害人的行为,本案被害人张妙从被撞倒直至被杀害,没有任何不当言行,被告人药家鑫发生交通事故后杀人灭口,明显不属于激情杀人,故辩护律师的此项辩护理由不能成立。

对药家鑫辩护律师所提药家鑫系初犯、偶犯,并建议对其从轻处罚的辩护理由,经审查认为,初犯、偶犯作为从轻处罚的情节,只适用于未成年人犯罪和情节较轻的犯罪,对故意杀人这样严重的刑事犯罪,尤其是本案如此恶劣、残忍的故意杀人犯罪,显然不能因此而从轻处罚,故辩护律师的此项辩护理由亦不能成立。

药家鑫及其父母虽愿意赔偿附带民事诉讼原告人的经济损失,但附带民事诉讼原告人不接受药家鑫父母以期获得对药家鑫从轻处罚的赔偿,故不能以此为由对药家鑫从轻处罚。

被告人药家鑫作案后虽有自首情节并当庭认罪,但纵观本案,药家鑫在开车将被害人张妙撞伤后,不但不施救,反而因怕被害人看见其车牌号而杀人灭口,犯罪动机极其卑劣,主观恶性极深;被告人药家鑫持尖刀在被害人前胸、后背等部位连捅数刀,致被害人当场死亡,犯罪手段特别残忍,情节特别恶劣,罪行极其严重;被告人药家鑫仅因一般的交通事故就杀人灭口,丧失人性,人身危险性极大,依法仍应严惩,故药家鑫的辩护律师所提对药家鑫从轻处罚的辩护意见不予采纳。

被告人药家鑫因其犯罪行为给附带民事诉讼原告人造成的经济损失,依法应予赔偿。附带民事诉讼原告人关于赔偿赡养费的诉讼请求,因未提供被赡养人丧失劳动能力且无生活来源的证据,依法不予支持;关于赔偿停尸费的诉讼请求,因无法律依据,不予支持;关于赔偿死亡赔偿金、精神损失费的诉讼请求,因不属于刑事附带民事诉讼的赔偿范围,不予支持;关于赔偿丧葬费、被抚养人王思宇生活费的诉讼请求,于法有据,予以支持,但对于被抚养人生活费中超出法定份额的部分不予支持。附带民事诉讼原告人王思宇、王辉、张平选、刘小欠关于将被告人药家鑫个人名下的雪佛兰小轿车拍卖后所得款项作为赔偿款的诉讼请求,经审查认为,拍卖犯罪人的财产作为赔偿款,是人民法院执行程序中的一种执行方式,只能在判决生效进入执行阶段后申请。

根据被告人药家鑫犯罪的事实、性质、情节和对社会的危害程度,依照《中华人民共和国刑法》第232条、第57条第1款、第67条第1款、第64条、第36条第1款和最高人民法院《关于审理人身损害赔偿案件适用法律若干问题的解释》第27条、第8条之规定,判决如下:

一、被告人药家鑫犯故意杀人罪,判处死刑,剥夺政治权利终身;

二、被告人药家鑫赔偿附带民事诉讼原告人王思宇、王辉、张平选、刘小欠经济损失丧葬费15 146元5角、被抚养人王思宇生活费30 352元,共计人民币45 498元5角(含已支付的15 000元),限判决生效后10日内支付;

三、作案刀具予以没收。

如不服本判决,可在接到判决书的第2日起10日内,通过本院或直接向陕西省高级人民法院提出上诉。书面上诉的,应当提交上诉状正本1份,副本5份。

审判长:张燕萍
审判员:李忠科
审判员:王兰琪
2011年4月20日

本件与原本核对无异

书记员:郭　琦

【评析】

这是一份由中级法院制作的因交通肇事引发的故意杀人案件的刑事附带民事判决书。本判决书的制作具有以下特点:

1. 首部各项制作规范。特别是该判决书将已死亡的被害人之夫、之父母、之子列为附带民事诉讼的原告人,并写明其与被害人之间的关系,符合最高人民法院《关于执行〈中华人民共和国刑事诉讼法〉若干问题的解释》第84条和《法院刑事诉讼文书样式(样本)》的规定。

2. 较全面地概述了控辩双方的意见。①除叙述了公诉机关指控被告人故意杀人的犯罪事实、证据和适用法律的意见外,还叙述了附带民事诉讼原告人要求被告人赔偿经济损失的请求。②叙述了被告人及其辩护人对公诉机关的指控和附带民事诉讼原告人请求赔偿经济损失的意见。

3. 对法院查明认定的事实写得清楚、明了。该部分以时间顺序法将被告人犯罪的时间、地点、作案的动机、目的、手段、情节、危害后果以及作案后的态度写得一目了然。

4. 对法院认定事实的证据写得全面、明确、具体。①引用了接受刑事案件登记表、现场勘查笔录、照片、现场示意图、提取痕迹物品登记表、对肇事车辆的勘察笔录及照片、尸体检验鉴定报告和尸检照片、提取笔录、照片及指认笔录、生物物证、遗传关系鉴定、证人证言、被告人的供述、指认笔录及照片等证据证明案件事实。②对所有证据都交待了来源、证明的对象、与其他证据的相互印证性，能够反映出法官运用证据认定案件事实的逻辑思维过程。③明确指出法院认证的上述各项证据都是经过法庭举证、质证的证据。

5. 说理充分、全面，突出了附带民事诉讼的内容。该判决书在判决理由部分：①评价了本案事实并确定了被告人的行为已构成故意杀人罪，肯定了控方指控的罪名成立。②针对辩方提出的辩护意见逐项进行分析论证，明确指出被告人的自首情节成立，但不属于激情杀人，被告人虽然具有自首情节，系初犯、偶犯，愿意赔偿被害人亲属的经济损失并当庭认罪，但仍不能对其从轻处罚的理由，表明对辩护人的辩护意见不予采纳。③对于附带民事诉讼原告人提出的赔偿丧葬费、被抚养人王思宇生活费的诉讼请求，肯定了于法有据，应予支持，但对于生活费中超出法定份额的部分表示不予支持；对于附带民事诉讼原告人提出的赔偿赡养费、停尸费、死亡赔偿金、精神损失费以及将被告人个人名下的雪佛兰小轿车拍卖后所得款项作为赔偿款的诉讼请求，明确指出因没有法律依据或者没有提供相关证据等，不予支持。④引用了《刑法》第232条、第57条第1款、第67条第1款、第64条、第36条第1款和最高人民法院《关于审理人身损害赔偿案件适用法律若干问题的解释》第27条、第8条的规定作为被告人承担刑事责任和民事赔偿责任的法律依据，适用法律准确、全面。

6. 判决结果表述规范。不仅分两项分别写明了被告人应负的刑事责任和民事赔偿责任，体现了附带民事诉讼的特点，而且写明了民事部分给付的具体数额及期限，便于执行。

第三节　第二审刑事判决书

一、第二审刑事判决书的概念及作用

第二审刑事判决书是指第二审法院根据当事人的上诉或者人民检察院的抗诉，对一审尚未发生法律效力的判决，依照第二审程序审理终结后，认为原判确有错误而依法改判时，所制作的书面决定。

我国《刑事诉讼法》第225条第1款规定："第二审人民法院对不服第一审判决的上诉、抗诉案件，经过审理后，应当按照下列情形分别处理：①原判决认定事实和适用法律正确、量刑适当的，应当裁定驳回上诉或者抗诉，维持原判；②原判决认定事实没有错误，但适用法律有错误，或者量刑不当的，应当改判；③原判决事实不清或者证据不足的，可以在查清事实后改判；也可以裁定撤销原判，发回原审人民法院重新审判。"可见，第二审刑事判决书仅适用于第二审人民法院改判，如果是维持原判或者发回重审的，均应采用刑事裁定书。

第二审人民法院制作二审刑事判决书，可以及时有效地纠正一审判决的错误，保证国家法律的正确实施，切实保障当事人的合法权益。另外，第二审人民法院通过具体案件的改判，可以对下级人民法院的审判工作进行指导和监督，帮助其提高审判质

量,保证刑事审判权的正确行使。

二、第二审刑事判决书的格式、内容及写法

第二审刑事判决书与第一审刑事判决书的制作有相似之处,也包括首部、正文和尾部三部分内容。但由于第二审人民法院除了应就第一审判决认定的事实和适用的法律全面审查外,还应针对上诉或抗诉理由正确与否作出回答,所以在制作上与一审刑事判决书也有一定的区别。

(一)首部

首部包括标题、案号、抗诉机关和诉讼参与人基本情况、案件由来及审判经过等内容。

1. 标题。与第一审刑事判决书标题的写法相同。写为:

××人民法院
刑事判决书

2. 案号。用“(××××)×刑终字第×号”表示。除将审判程序代字由“初”字改为“终”字以外,其余构成要素和写法均与第一审刑事判决书的案号相同。

3. 抗诉机关和诉讼参与人基本情况。这一项内容第二审刑事公诉案件和自诉案件的写法不同。

(1)第二审刑事公诉案件。如系人民检察院抗诉案件,原审被告人一方未提出上诉的,先写“抗诉机关×××人民检察院”;再写“原审被告人×××……(这里应写明原审被告人的身份事项,具体写法可参照第一审刑事判决书中的该项内容书写。)”

如系原审被告人上诉的案件、人民检察院未提出抗诉的,可分为以下情形书写:①原审被告人直接上诉的案件。先写“原公诉机关×××人民检察院”;再写“上诉人(原审被告人)×××……(这里应写明上诉人身份事项)”。②共同犯罪案件中,原审被告人全部上诉,应先写“原公诉机关×××人民检察院”;再写“上诉人(原审被告人)×××……(这里应写明上诉人身份事项)”,有多名上诉人的,均应列项写明。如果只有部分被告人上诉,应将上诉人项列在前,未上诉的仍以原审被告人列项。

如系人民检察院抗诉,原审被告人同时上诉的案件,先写“抗诉机关×××人民检察院”,再写“上诉人(原审被告人)×××……(这里应写明上诉人身份事项)”

如果上诉人、原审被告人有辩护人的,应在其项下列写辩护人项。辩护人基本情况的写法与第一审刑事判决书相同。

(2)第二审自诉案件。如系自诉人上诉,被告人未上诉的案件,应先写“上诉人(原审自诉人)×××……(这里应写明自诉人身份事项,具体写法可参照第一审刑事判决书中的该项内容书写)”;再写“原审被告人×××……(这里应写明被告人身

份事项,具体写法可参照第一审刑事判决书中的该项内容书写)”。

如系被告人上诉、自诉人未上诉的案件,应先写“上诉人(原审被告人)×××……”;再写“原审自诉人×××……”。

如果上诉人、原审被告人委托辩护人的,应在其项下列写辩护人项。辩护人基本情况的写法与第一审刑事判决书相同。

如果上诉人、原审自诉人委托有诉讼代理人,应在其项下列写诉讼代理人项,写作内容与辩护人项相同。

如系自诉人与被告人双方同时上诉的案件,应先写“上诉人(原审自诉人)×××……”;再写“上诉人(原审被告人)×××……”。

4. 案件由来和审判经过。这部分包括罪名、案件来源(上诉或抗诉)、原判情况、上诉或抗诉原因和审判组织、审判方式及到庭诉讼参与人。

如系第二审公诉案件,此项的写作模式如下:

××人民法院审理××人民检察院指控原审被告人×××犯××罪一案,于××××年××月××日作出(××××)×刑初字第×号刑事判决。原审被告人×××(或××人民检察院)不服,提出上诉(或抗诉)。[如系抗诉的,写为“××人民检察院认为……(判决不当的要点)提出抗诉”。如系被告人×××的辩护人或近亲属提出上诉的,则表述为:“原审被告人的辩护人或近亲属×××经征得原审被告人同意,提出上诉。”如系被害人或其法定代理人请求人民检察院提出抗诉,人民检察院决定抗诉的,应表述为:“被害人(或其法定代理人)×××不服,请求××人民检察院提出抗诉,××人民检察院决定并于××××年××月××日向本院提出抗诉。”]本院依法组成合议庭,公开(或不公开)开庭审理了本案。××人民检察院检察长(员)×××出庭履行职务(如系抗诉案件,则写“出庭支持抗诉”),上诉人(或原审被告人)×××及其辩护人×××等到庭参加诉讼。现已审理终结。(未开庭审理的,在“本院依法组成合议庭”之后,将“公开开庭审理了本案”改写为“经过阅卷,讯问原审被告人,听取其他当事人、辩护人、诉讼代理人的意见,认为事实清楚,决定不开庭审理。现已审理终结。”)

如系第二审自诉案件,此项的写作模式如下:

××人民法院审理××自诉人指控原审被告人×××犯××罪一案,于××××年××月××日作出(××××)×刑初字第×号刑事判决。原审被告人×××(或原审自诉人×××)不服,提出上诉。本院依法组成合议庭,公开(或不公开)开庭审理了本案。上诉人(或原审自诉人)×××及其诉讼代理人×××;上诉人(或原审被告人)×××及其辩护人×××等到庭参加诉讼。现

已审理终结。(未开庭审理的,可参照公诉案件的写法写明相关内容)

(二)正文

包括案件事实、判决理由和判决结果三部分内容。

1. 案件事实。案件事实应写明两个层次的内容:①原判基本内容、上诉(或抗诉)的主要理由和辩护的主要意见、人民检察院在二审中提出的新意见;②第二审人民法院查明认定的案件事实和证据。

关于第一个层次的内容,可采取如下写作模式:

原审法院认定……(概述原判认定的事实)。原审法院认定上述事实的证据如下:……(列举原判认定事实的证据)。原审法院认为……(写明原审判决理由)。遂作出如下判决:……(写明原审的判决结果)。

××人民检察院抗诉认为……(写明抗诉理由),要求……(写明抗诉意见)。如系上诉案件写:上诉人×××上诉称……(写明上诉理由)。要求……(写明上诉意见即上诉请求)。辩护人××认为……(写明辩护理由),要求……(写明辩护意见)。

二审中,××人民检察院的意见是……(写明人民检察院在二审中提出的新意见)

关于第二个层次的内容,可采取如下写作模式:

经审理查明:……(写明二审法院查明的事实)

认定上述事实的证据如下:①……②……(写明二审法院认定事实的证据)

第二个层次的事实,即第二审人民法院查明认定的事实和证据,与第一审刑事判决书该部分事实和证据的写法在要求和侧重点上都有所不同:一方面,它要针对上诉、抗诉的理由重点进行叙述;另一方面,它又不受上诉、抗诉范围的限制。叙写事实时,应在对案件进行全面审查的基础上,反映出案件的事实情节。在叙述方法上,要区别案件不同情况,采取不同写法,做到重点突出,详略得当。如果上诉或者抗诉对原判认定的事实没有提出异议,二审法院经审查也确认原判认定的事实没有错误的,事实部分可以概括叙述;如果上诉或者抗诉对原判认定的事实全部否认的,二审法院应针对上诉或者抗诉的主要理由,用二审查证核实的证据材料,逐一写明案件事实,提出认定或者否定原判事实的根据和理由;如果上诉或者抗诉对原判认定的事实部分否认的,二审法院应就没有争议的事实略述,有争议的事实详细叙述,并针对上诉人或者抗诉机关提出否定这些事实的根据进行分析论证,阐明肯定或者否定的理由。

2. 判决理由。二审判决理由的写作模式是：

本院认为，……（根据二审查明的事实、证据和有关法律规定，论证原判认定的事实、证据和适用法律是否正确。对于上诉人、辩护人或者出庭履行职务的检察人员等在适用法律、定性处理方面的意见，应当有分析地表示是否予以采纳，并阐明理由）。依照……（写明判决的法律依据）的规定，判决如下：

二审判决是对一审判决以及上诉、抗诉理由进行全面审查后所作出的终审判决，是决定被告人命运的判决，在改判时必须阐明理由，这样才能折服当事人。理由部分的阐述要有针对性，重点应针对一审判决在认定事实或者适用法律方面的错误以及上诉、抗诉的理由和意见进行分析论证。对于原判认定事实没有错误，但适用法律确有错误，或者量刑不当，上诉、抗诉有理的，应当依法写明原判决的不当之处及其改判的理由；对于原判认定事实不清或者证据不足，上诉或者抗诉有理的，应写明原判哪些事实不清（是部分不清还是全部不清）、证据不足，以及改判的根据和理由；对于原判认定事实和适用法律不当的，则应充分说明否定原判的根据和理由。

二审改判的案件，除应阐明改判的理由以外，还要写明改判的法律依据，所依据的法律包括实体法和程序法两个方面。在引用的顺序上，应先引用程序法的规定，再引用实体法的规定。实体法应引用改判后给被告人定罪量刑的刑法条文及相关的司法解释。引用程序法应当注意准确性，对原判适用法律不当，予以改判的，引用《刑事诉讼法》第225条第1款第2项的规定；对原判事实不清或证据不足，二审法院查清事实后改判的，引用《刑事诉讼法》第225条第1款第3项之规定。

3. 判决结果。由于二审刑事判决书只适用于改判，因此判决结果分两种情况：

第一，全部改判的，表述为：

一、撤销×××人民法院（××××）×刑初字第××号刑事判决；

二、上诉人（原审被告人）×××……（写明改判的具体内容）。

刑期从……（即写明刑期起止日期）。

第二，部分改判的案件，原判结果分项的，应具体写明维持原判的哪一项、撤销原判的哪一项以及如何改判。表述为：

一、维持×××人民法院（××××）×刑初字第×号刑事判决的第×项，即……（写明维持的具体内容）；

二、撤销×××人民法院（××××）×刑初字第×号刑事判决的第×项，即……（写明撤销的具体内容）；

三、上诉人（原审被告人）×××……（写明部分改判的具体内容）。

刑期从……

原审判决结果未分项表述，第二审法院作部分改判的，可表述为：

一、维持×××人民法院（××××）×刑初字第×号刑事判决中的……（写明维持的内容）；

二、撤销×××人民法院（××××）×刑初字第×号刑事判决中的……（写明撤销的内容）；

三、上诉人（原审被告人）×××……（写明部分改判的具体内容）。

刑期从……

在共同犯罪案件中，确认原判对部分被告人定罪量刑正确，对部分被告人定罪量刑不当的，改判时，同样应当维持原判正确的部分，撤销原判不当的部分，再相应予以改判。

（三）尾部

尾部包括以下几项内容：

1. 交代判决的法律效力。如果不是判处死刑的案件和在法定刑以下判处刑罚的案件，应在判决结果之下，另起一行写明："本判决为终审判决。"

如果属于《刑法》第63条第2款规定的在法定刑以下判处刑罚的，应报请最高人民法院核准。因此，应在"本判决为终审判决"之下，另起一行写明："本判决报请最高人民法院核准后生效。"

如果是中级人民法院改判为死刑缓期二年执行的案件，应当报请高级人民法院核准。因此，应在"本判决为终审判决"之下，另起一行写明："本判决报请高级人民法院核准后生效。"如果是高级人民法院改判为死刑缓期二年执行的案件，只写"本判决为终审判决"。

如果是高级人民法院二审后改判为死刑立即执行的案件，应当报请最高人民法院核准。因此，应在"本判决为终审判决"之下，另起一行写明："关于以××罪判处被告人×××死刑，剥夺政治权利的终审判决，由本院依法报请最高人民法院核准后发生法律效力。"

2. 合议庭组成人员署名。由参加本案审判的审判长、审判员依次署名。

3. 判决日期。应在署名下方写明日期并在其上加盖院印。

4. 书记员署名和核对戳记。写法与第一审刑事判决书相同。

三、制作第二审刑事判决书应注意的问题

1. 叙述案件事实应详略得当，文字表述上应注意避免重复。如果二审法院与原判认定的事实不同，对原判认定的事实应略写，对二审认定的事实应详写；如果二审法院与原判认定的事实完全相同，则可详写原判认定的事实，对二审认定的事实部分可以只写"原判认定事实清楚，本院予以确认"；如果二审认定的事实与原判认定的事实部分相同、部分不同的，二审法院对认定相同的部分事实应略写，对认定不同的事实部分应详写。

2. 阐述判决理由应有针对性。应针对原判在认定事实或适用法律方面的错误和上诉、抗诉的意见和理由进行论证，做到有的放矢。

3. 对二审改判所适用的法律应写准确、全面。凡是改判的案件，不管是全部改判，还是部分改判，均应同时引用实体法和程序法的规定。

4. 对判决结果应写准确、完整，特别应注意改判死刑的案件，必须写明应报哪一级人民法院核准后，裁判才能发生法律效力。

××省××市中级人民法院

刑事判决书

(2009)×刑终字第××号

原公诉机关××市××区人民检察院。

上诉人(原审附带民事诉讼原告人)胡××，男，1956年3月10日生。

上诉人(原审附带民事诉讼原告人)孙×，女，1954年8月12日生。

诉讼代理人胡××，基本情况同上。系孙×之夫。

上诉人(原审被告人)周××，男，1960年8月17日生。

上诉人(原审被告人)吴××，女，1963年9月7日生。

××市××区人民法院审理××市××区人民检察院指控原审被告人周××、吴××犯故意杀人(未遂)，原审附带民事诉讼原告人胡××、孙×提起附带民事诉讼一案，于2009年6月24日作出(2008)×刑初字第××号刑事附带民事判决。原审附带民事诉讼原告人胡××、孙×，原审被告人周××、吴××均不服，均提出上诉。本院依法组成合议庭，经过阅卷，讯问被告人，听取附带民事诉讼原告人的意见，认为事实清楚，决定不开庭审理。经本院院长批准，延长审限2个月，经××省高级人民法院批准，延长审限1个月。现已审理终结。

原判认定：被告人周××与被害人胡××两家均在本市平原路与文明大道交叉口西北角平原新村经营小卖部，且相邻。2002年5月4日上午，被告人周××与被害人胡××在小卖部门口因卖公交车票发生争执。后被告人周××、吴××夫妻二人各持一把铁锤到胡××家门市内，用铁锤连续击打被害人胡××、孙×(胡××的妻子)、胡玉×(胡××的母亲)三人头部，将三名被害人打倒在地。两被告人以为将人打死，遂乘坐出租车逃跑。经法医鉴定，被害人胡××头部有4处创口，各创口创周有挫伤，左顶骨凹陷骨折，头部钝器创累计12.3 cm，其损伤构成轻伤。被害人孙×头部有创，创周有挫伤，左枕骨骨折，其损伤构成轻伤。被害人胡玉×头部有2处创口，创周有挫伤，右侧颞顶部硬膜下出血，其损伤构成轻伤。2008年3月4日，被告人周××、吴××向公安机关投案。胡××于2002年5月4日至2002年5月12日在安阳市第三人民医院住院治疗；孙×于2002年5月4日至2002年5月13日在安阳市灯塔医院住院治疗；胡玉×（1919年4月10日出生）于2002年5月4日至2002年6月1日在安阳市第三人民医院住院治疗。

认定上述事实的证据如下：

1. 被告人周××供述，其和胡××两家因争卖公交车票而发生口角并互殴。其持铁锤猛砸胡××的头部，又持铁锤砸孙×和胡玉×的头部，当时其想砸死对方，没有考虑后果。

2. 被告人吴××供述，周××持铁锤向胡××头部狠砸了数下将胡××砸倒在地，又持铁锤朝胡玉×和孙×两人的头上砸了数下，其拿铁锤砸了孙×一下。

3. 被害人胡××陈述，周××和吴××各持一把铁锤到其店内。周××用铁锤砸其头部一下，周××让吴××用铁锤狠砸其头部，其被吴××砸晕过去。

4. 被害人孙×陈述，吴××用铁锤砸了胡玉×胸口一下，周××用铁锤砸了胡××，吴××用铁锤砸其头部两三下。

5. 被害人胡玉×陈述，周××用锤子砸胡××头部一下，将胡××砸倒。吴××用锤子砸孙×头部，将孙×砸倒。吴××又用锤子砸其头部。

6. 证人周好×证言：2002年5月4日上午，周××和胡××因卖车票发生口角。周××持铁锤砸胡××的额头一下，吴××用铁锤砸孙×后脑部。周××和吴××又拿锤子把胡玉×砸倒在地。

7. 证人薛朝×证言：周××和胡××发生争执，周××、吴××进入胡××的店内。后见孙×满身是血躺在门口，胡玉×满身是血在门口坐着，周××和吴××坐出租车逃走。

8. 证人李红×证言：周××拿一把铁锤从胡××的门市里跑出来后和吴××乘坐出租车逃走。

9. 被害人胡××、孙×、胡玉×的损伤均构成轻伤的检验报告。

10. 现场照片，被告人周××、吴××投案证明，医疗费、鉴定费、交通费等证据。

原判认为，被告人周××、吴××因争生意与被害人发生矛盾，遂产生报复念头，用铁锤连续击打三被害人头部，致三人受伤，其行为均已构成故意杀人罪。被告人周××、吴××犯罪未遂，被告人吴××有自首情节，均予以减轻处罚。两被告人的犯罪行为给被害人造成的经济损失应予以赔偿，判决如下：

一、被告人周××犯故意杀人罪（未遂），判处有期徒刑7年。

二、被告人吴××犯故意杀人罪（未遂），判处有期徒刑5年。

三、被告人周××、吴××共同赔偿附带民事诉讼原告人胡××、孙×各项损失共计36 820.62元。

上诉人胡××、孙×上诉称，原判民事赔偿少。

上诉人周××、吴××上诉称，原判量刑重。

经审理，二审查明的事实和证据与一审相同。一审法院在判决书中列明的认定本案事实的证据，已经一审开庭质证属实。本院审理期间，上诉人周××、吴××未提出新的证据，本院对一审法院判决书所列证据予以确认。二审期间，被害人胡××、孙×与周××、吴××及其家属达成调解协议，周××、吴××真诚悔罪，与其家属积极赔偿被害人经济损失，取得被害人胡××、孙×谅解（调解书另行制作）。

本院认为，上诉人周××、吴××与被害人发生矛盾，遂产生报复念头，用铁锤连续击打三名被害人头部，致三人轻伤，其行为均已构成故意杀人罪。周××、吴××的犯罪由于意志以外的原因而未得逞，是犯罪未遂。一审法院判决的事实清楚，证据确实、充分，定罪准确，审判程序合法。二审期间，上诉人周××、吴××真诚悔罪，与其家属积极赔偿被害人经济损失，取得被害人胡××、孙×谅解，且吴××有自首情节，对周××可依法减轻处罚，对吴××可依法减轻处罚并适用缓刑。依照《中华人民共和国刑事诉讼法》第189条第2项、《中华人民共和国刑法》第232条、第67条第1款、第23条、第25条、第72条第1款、第73条2、3款的规定，判决如下：

一、维持××市××区人民法院（2008）×刑初字第××号刑事附带民事判决的第一、二项中对被告人周××、吴××的定罪部分；

二、撤销××市××区人民法院（2008）×刑初字第××号刑事附带民事判决的第一、二项中对被告人周××、吴××的量刑部分；

三、上诉人（原审被告人）周××犯故意杀人罪（未遂），判处有期徒刑3年。

（刑期从判决执行之日起计算。判决执行以前先行羁押的，羁押1日折抵刑期1日，即自2008年3月5日起至2011年3月4日止）。

四、上诉人（原审被告人）吴××犯故意杀人罪（未遂），判处有期徒刑3年，缓刑3年。

（缓刑考验期限，从判决确定之日起计算）。

本判决为终审判决。

审　判　长　侯××
审　判　员　马　×
代理审判员　王　×
2009年××月××日

本件与原本核对无异

书　记　员　李××

【评析】

这是一份由中级法院制作的故意杀人（未遂）案件的二审刑事附带民事判决书。本判决书的制作具有以下特点：

1. 首部对人民检察院和诉讼参与人称谓规范、列项齐全。本案是由原审附带民事诉讼原告人和原审刑事被告人上诉引起的二审刑事附带民事诉讼案件，该判决书将提出民事上诉和刑事上诉的当事人均列为上诉人并用括号注明其在一审中的诉讼地位，将未抗诉的检察机关称“原公诉机关”，符合《法院刑事诉讼文书样式（样本）》的规定。

2. 对事实部分的叙述详略得当。由于该案上诉人均未对原判认定的事实提出异议，而二审法院查明认定的事实与一审完全相同，因此，该判决书对原判认定的事实和证据进行了详细的叙述，以时间顺序法将被告人犯罪的时间、地点、作案的动机、目的、手段、情节、危害后果以及作案后的态度清楚、明了地展示出来，而对二审认定的事实和证据仅简明扼要地用“二审查明的事实和证据与一审相同”一句话予以交待，避免了文字表述上的重复。

3. 判决理由的阐述具有针对性。该判决书首先针对原判进行评判，明确指出原判事实清楚，证据确实、充分，定罪准确，审判程序合法。其次针对上诉意见进行分析论证，明确指出上诉人周××、吴××真诚悔罪，积极赔偿被害人经济损失，取得被害人的谅解，且吴××有自首情节，从而为二审法院在量刑方面从轻改判打下了坚实的基础。

4. 对二审改判所适用的法律写得准确、全面。该案属于原判认定事实清楚，但适用法律不当，二审法院在阐明了原判定罪准确，量刑不当的理由后，对量刑部分进行改判时适用2012年修订前的《刑事诉讼法》第189条第2项和《刑法》第232条、第67条第1款、第23条、第25条、第72条第1款、第73条第2、3款的规定，无疑是正确的。

5. 判决结果表述规范、完整。该案属于部分维持、部分改判的案件，判决书首先指出了维持原判中的定罪部分，接着写了撤销原判的量刑部分，最后写明了改判的具体内容。

需要注意的是：

1. 该判决书首部对上诉人身份事项写得不完整。对上诉人的民族、籍贯、文化程度、住址、因本案被采取强制措施的情况、现羁押场所等未做交待。

2. 没有阐述上诉理由。没有指出上诉人胡××、孙×认为原判民事赔偿少以及周××、吴××认为原判量刑重的具体理由。

第四节 再审刑事判决书

一、再审刑事判决书的概念及作用

再审刑事判决书，是指人民法院依照刑事审判监督程序，对已经发生法律效力的刑事裁判，发现在认定事实上或者适用法律上确有错误时，依法进行重新审理后，就案件的实体问题作出的书面决定。

刑事再审程序是为了纠正人民法院已经生效的确有错误的裁判而设置的一种刑

事救济程序，体现了我国“以事实为根据、以法律为准绳”的刑事诉讼基本原则和“实事求是、有错必纠”的刑事再审指导思想。再审刑事判决书的制作，可以纠正错误的刑事裁判，以确保国家法律得到正确的实施，切实保障当事人的合法权益。另外，通过制作再审刑事判决书，有利于强化人民法院的审判监督职能，提高审判质量，保证审判权依法正确地行使。

二、再审刑事判决书的格式、内容及写法

我国《刑事诉讼法》第245条规定：“人民法院按照审判监督程序重新审判的案件，由原审人民法院审理的，应当另行组成合议庭进行。如果原来是第一审案件，应当依照第一审程序进行审判，所作的判决、裁定，可以上诉、抗诉；如果原来是第二审案件，或者是上级人民法院提审的案件，应当依照第二审程序进行审判，所作的判决、裁定，是终审的判决、裁定。”据此规定，结合最高人民法院发布的有关再审刑事判决书的格式要求，再审刑事判决书的制作应当按照再审的审判程序来决定：如果再审是按照第一审程序审理的，再审刑事判决书的制作与第一审刑事判决书的制作基本相同；如果是按照第二审程序审理的，再审刑事判决书的制作与第二审刑事判决书的制作基本相同。

再审刑事判决书由首部、正文和尾部三部分组成。

（一）首部

1. 标题。标题的写法与一审刑事判决书和二审刑事判决书相同。

2. 案号。案号除了将审判程序代字改为“再初”或“再终”以外，其余与一审刑事判决书和二审刑事判决书案号写法相同。如果是按一审程序再审的，用“再初”；如果是按照二审程序再审的，用“再终”。

3. 抗诉机关的称谓和诉讼参与人基本情况。此项较为复杂，应根据再审案件来源的不同和再审审判程序的不同决定如何写。

（1）如系按照一审程序再审的案件，应采取以下写法：

由人民检察院抗诉引发再审的案件，先写“抗诉机关×××人民检察院”；再写“原审被告人×××……（这里应写明原审被告人的身份事项，具体写法可参照第一审刑事判决书中的该项内容书写。）”

原审是公诉案件，如再审是由各级人民法院自行决定再审、上级人民法院提审或指令下级法院再审，先写“原公诉机关×××人民检察院”；再写“原审被告人×××……（这里应写明原审被告人的身份事项，具体写法可参照第一审刑事判决书中的该项内容书写。）”

（2）如系按照二审程序再审的案件，应采取以下写法：

如系再审抗诉案件，先写“抗诉机关×××人民检察院”；再写“原审被告人×××……（这里应写明原审被告人的身份事项，具体写法可参照第一审刑事判决书中的该项内容书写。）”

如系再审上诉案件，先写“原公诉机关×××人民检察院”；再写“上诉人（原审被告人）×××……（这里应写明上诉人身份事项）”。

如系再审抗诉、上诉案件，先写“抗诉机关×××人民检察院”；再写“上诉人（原审被告人）×××……（这里应写明上诉人身份事项）”。

再审时，如果原审被告人、上诉人委托有辩护人的，应在其项下列写辩护人基本情况，写法与一审刑事判决书相同。没有辩护人的，不列此项。

4. 案件由来和审判经过。写明原审案件的性质、原审何时作出判决、提起再审的根据和审判经过。写作模式如下：

×××人民检察院指控原审被告人×××犯××罪一案，本院于××××年××月××日作出（××××）×刑×字第××号刑事判决。该判决发生法律效力后……写明提起再审的根据，即：①第一审人民法院决定再审的，写为：“××××年××月××日本院作出（××××）×刑监字第××号再审决定，对本案提起再审”；②上级人民法院指令一审法院再审的，写为：“××××年××月××人民法院作出（××××）×刑监字第××号再审决定，指令本院对本案进行再审”；③第二审人民法院决定再审的，写为“××××年××月××日本院作出（××××）×刑监字第××号再审决定，对本案提起再审”；④上级人民法院指令二审法院再审的，写为：“××××年××月××人民法院作出（××××）×刑监字第××号再审决定，指令本院对本案进行再审”；⑤上级人民法院提审的，写为：“××××年××月本院作出（××××）×刑提字第××号再审决定，提审了本案”；⑥人民检察院按照再审程序抗诉的，写为：“××××年××月××日××人民检察院按照审判监督程序向本院提出抗诉”）本院依法另行组成合议庭（按照再审程序提审原一审案件以及人民检察院按照再审程序抗诉的案件，表述为“本院依法组成合议庭”），公开（或不公开）开庭审理了本案。××人民检察院检察员×××出庭履行职务，被害人×××、原审被告人×××及其辩护人×××等到庭参加诉讼（没有辩护人的不写）。现已审理终结。（未开庭审理的，在“本院依法组成合议庭”之后，将“公开开庭审理了本案”改写为“本院依法另行组成合议庭，审理了本案，现已审理终结。”）

（二）正文

正文包括案件事实、判决理由和判决结果三项内容。

1. 案件事实。再审案件事实应写明两个层次的内容：①原判基本内容、再审中原审被告人的辩解和辩护人的辩护意见以及人民检察院在再审中提出的新意见；②再审法院查明认定的事实和证据。

具体写作模式可参照一审刑事判决书、二审刑事判决书的此项内容进行。

2. 判决理由。再审判决理由的写作模式是：

本院认为，……（根据再审查明的事实、证据和有关法律规定，对原判和诉讼各方的主要意见作出分析，阐明改判的理由）。依照……（写明判决的法律依据）的规定，判决如下：

再审刑事判决书的理由部分，应根据不同情况有针对性地进行论述。

（1）宣告无罪的案件，分两种情况：①如系再审法院依法认定被告人无罪的，应当根据再审法院认定的事实、证据和有关法律规定，通过分析论证，说明被告人的行为不构成犯罪，原判错误；②如系再审法院认为证据不足，不能认定被告人有罪的，应当根据再审认定的事实、证据和有关法律规定，阐明原判认定被告人构成犯罪的证据不足，犯罪不能成立。

（2）定罪正确，量刑不当的案件，应当根据再审认定的事实、证据和有关法律规定，通过分析论证，说明原判定性正确，但量刑不当，以及对被告人为什么应当从轻、减轻、免除处罚或者从重处罚，并针对被告人的辩解及其辩护人的辩护意见，表示是否予以采纳。

（3）变更罪名的案件，应当根据再审认定的事实、证据和有关法律规定，通过分析论证，说明原判定性有误，但被告人的行为仍构成犯罪，以及犯何罪，是否应当从轻、减轻、免除处罚或者从重处罚；并针对被告人的辩解及其辩护人的辩护意见，表示是否予以采纳。

3. 判决结果。如系按照一审程序再审的案件，再审后改判的，分为全部改判和部分改判两种情况，具体写法与二审刑事判决书的判决结果的写法相同，但具体写作时，应将维持项和撤销项中的“××人民法院”改为“本院”，将“上诉人（原审被告人）”改为“被告人”。

如系按照二审程序再审的案件，再审后改判的有6种情形：

（1）原系一审结案，提审后全部改判的。

（2）原系一审结案，提审后部分改判的。

以上两种情况的表述，分别与二审刑事判决书全部改判和部分改判的写法相同，只需将其中的“上诉人（原审被告人）”改为“被告人”即可。

（3）原系二审维持原判结案，再审后全部改判的，表述为：

一、撤销本院（××××）×刑终字第×号刑事裁定和××××人民法院（××××）×刑初字第×号刑事判决；

二、被告人×××……（写明改判的具体内容）。

（4）原系二审维持原判结案，再审后部分改判的，表述为：

一、维持本院（××××）×刑终字第×号刑事裁定和××××人民法院

(××××)×刑初字第×号刑事判决中的……(写明维持的具体内容);

二、撤销本院(××××)×刑终字第×号刑事裁定和××××人民法院(××××)×刑初字第×号刑事判决中的……(写明撤销的具体内容);

三、被告人×××……(写明部分改判的具体内容)。

(5)原系二审改判结案,再审后全部改判的,表述为:

一、撤销本院(××××)×刑终字第×号刑事判决和××××人民法院(××××)×刑初字第×号刑事判决;

二、被告人×××……(写明改判的具体内容)。

(6)原系二审改判结案,再审后部分改判的,表述为:

一、维持本院(××××)×刑终字第×号刑事判决的第×项,即……(写明维持的具体内容);

二、撤销本院(××××)×刑终字第×号刑事判决的第×项,即……(写明撤销的具体内容);

三、被告人×××……(写明改判的具体内容)。

(三)尾部

1. 依照第一审程序再审的案件,可以上诉、抗诉,尾部的写法与一审刑事判决书的尾部写法相同。

2. 依照第二审程序再审的案件,再审结果为终审判决,不得上诉、抗诉,尾部的写法与二审刑事判决书的尾部写法相同。

三、制作再审刑事判决书应注意的问题

1. 应坚持“实事求是、有错必纠”的再审指导思想。改判的理由要充分,加强对事理分析的力度,观点鲜明,绝不躲闪,令当事人觉得改判有理,申诉、抗诉有据。

2. 要正确掌握按照二审程序再审改判的6种判决结果的写法,按照格式规定表述,对号入座,书写规范、准确。

附 实例

上海市南汇区人民法院
刑事判决书

（2004）汇刑再初字第1号

原公诉机关:上海市南汇区人民检察院。

原审被告人:陈×,男,2000年12月因犯故意伤害罪被上海市第一中级人民法院判处有期徒刑5年,2004年1月16日被上海市第一中级人民法院裁定假释,假释考验期限自2004年1月16日起至2005年7月10日止;2004年4月6日因盗窃犯罪嫌疑被上海市公安局南汇分局刑事拘留,同年4月28日被依法逮捕,现在上海市南汇区看守所服刑。

原审被告人:胡××,男,2004年4月6日因盗窃犯罪嫌疑被上海市公安局南汇分局刑事拘留,同年4月28日被依法逮捕,现在上海市南汇区看守所服刑。

原审被告人:朱×,男,2004年4月6日因盗窃犯罪嫌疑被上海市公安局南汇分局刑事拘留,同年4月28日被依法逮捕,现在上海市南汇区看守所服刑。

原审被告人:范××,男,2004年4月7日因盗窃犯罪嫌疑被上海市公安局南汇分局取保候审。

上海市南汇区人民检察院指控原审被告人陈×、胡××、朱×、范××盗窃一案,本院于2004年6月15日作出(2004)汇刑初字第194号刑事判决。该判决发生法律效力后,因发现原审判决对被告人范××的量刑在适用法律上确有错误,本院于2004年8月24日作出(2004)汇刑监字第1号再审决定,对本案决定再审。本院依法另行组成合议庭,公开开庭审理了本案。上海市南汇区人民检察院代理检察员吴××出庭履行职务,原审被告人陈×、胡××、朱×、范××到庭参加诉讼。现已审理终结。

原审认定:2004年4月5日22时30分许,原审被告人陈×、胡××、朱×、范××经预谋后至本区新场镇上海华建管件有限公司,由原审被告人范××驾驶车辆在外等候接应,原审被告人陈×、胡××、朱×翻围墙进入该公司后,原审被告人胡××用事先准备的钨钢刀划破窗玻璃后开窗翻入仓库,原审被告人陈×、朱×在窗外接应,三名原审被告人在将黄铜接头100只、紫铜管接头4只、铝法兰片1只(合计价值人民币4555.50元)搬至仓库外时因触动警报器而被发现。以上事实,有经庭审质证属实的证人陶××、张××的证言笔录,上海市价格认证中心南汇分部出具的物品估价鉴定结论书,公安机关制作的现场勘查笔录、照片、扣押物品清单、发还物品清单、案发经过、工作情况,上海市第一中级人民法院的刑事判决书、刑事裁定书等证据证实。

原审认为:原审被告人陈×、胡××、朱×、范××以非法占有为目的,秘密窃取企业财产,合计价值人民币4500余元,数额较大,依照《中华人民共和国刑法》(以下简称《刑法》)第264条、第25条第1款的规定,均已构成盗窃罪。鉴于四名原审被告人犯罪未遂,依照《刑法》第23条的规定,可比照既遂犯从轻处罚。原审被告人陈×在假释考验期内犯新罪,依照《刑法》第86条第1款、第71条、第69条的规定,应当撤销假释,两罪并罚。依照《刑法》第72条、第73条第2、3款的规定,对原审被告人范××可适用缓刑。依照《刑法》第64条的规定,供犯罪所用的本人财物,应予没收。四名原审被告人到案后认罪态度较好,均可酌情从轻处罚。据此判决:

一、撤销上海市第一中级人民法院(2004)沪一中刑执字第194号对罪犯陈×予以假释的刑事裁定;

二、被告人陈×犯盗窃罪,判处有期徒刑八个月,罚金人民币1500元;前罪余刑1年3个月零6天,决定执行有期徒刑1年10个月,罚金人民币1500元;

三、被告人胡××犯盗窃罪,判处有期徒刑8个月,罚金人民币1500元;

四、被告人朱×犯盗窃罪,判处有期徒刑8个月,罚金人民币1500元;

五、被告人范××犯盗窃罪,判处有期徒刑6个月,缓刑6个月,罚金人民币1000元;

六、作案工具黄色橡胶棉纱手套1副,予以没收。

上海市南汇区人民检察院在再审中认为,原审判决认定四名原审被告人犯盗窃罪的事实清楚,证据确实、充分,定性准确,对原审被告人陈×、胡××、朱×的量刑恰当,但对被告人范××犯盗窃罪,判处有期徒刑6个月、缓刑6个月不当,应予纠正。

再审中,原审被告人陈×、胡××、朱×、范××对原审判决没有异议;原审被告人范××对检察机关再审中提出对其犯盗窃罪,判处有期徒刑6个月、缓刑6个月不当,应予纠正的意见亦没有异议。

本院经再审查明的事实同原审判决认定的事实一致。

本院再审后认为:原审被告人陈×、胡××、朱×、范××以非法占有为目的,秘密窃取企业财物,合计价值人民币4500余元,数额较大,均已构成盗窃罪,应分别予以处罚。原审四名被告人犯罪时因意志以外的原因而未得逞,是犯罪未遂,可以比照既遂犯从轻处罚。原审被告人陈×在假释考验期内犯新罪,应当撤销假释,予以两罪并罚。鉴于四名原审被告人到案后认罪态度较好,均可酌情从轻处罚。根据原审被告人范××的犯罪情节和认罪悔罪态度,对其可适用缓刑。供犯罪所用的本人财物,应予没收。原审判决认定四名原审被告人犯盗窃罪的事实清楚,证据确实、充分,定性准确,对原审被告人胡××、朱×的量刑恰当。但原审在对原审被告人陈×因在假释考验期内犯新罪,撤销假释,将前罪没有执行的刑罚与后罪所处的刑罚实行并罚时,将前罪没有执行的刑罚认定为1年3个月6天有误,应予纠正。根据《刑法》第73条第2款的规定,有期徒刑的缓刑考验期限为原判刑期以上5年以下,但不能少于1年。原审对原审被告人范××犯盗窃罪判处有期徒刑6个月、缓刑6个月与上述法律规定不符，亦应予纠正。综上，依照《中华人民共和国刑事诉讼法》第206条、《最高人民法院关于执行〈中华人民共和国刑事诉讼法〉若干问题的解释》第312条第2项以及《刑法》第264条、第25条第1款、第23条、第86条第1款、第71条、第69条、第72条、第73条第2、3款、第64条的规定，判决如下：

一、维持本院(2004)汇刑初字第194号刑事判决第一、三、四、六项，即撤销对被告人陈×予以假释的刑事裁定部分及对被告人胡××、朱×的定罪量刑、没收作案工具部分。

二、撤销本院(2004)汇刑初字第194号刑事判决第二、五项，即对被告人陈×、范××的定罪量刑部分。

三、原审被告人陈×犯盗窃罪，判处有期徒刑8个月，罚金人民币1500元；连同前罪没有执行的刑罚1年5个月25天，决定执行有期徒刑1年10个月，罚金人民币1500元。

(刑期从判决执行之日起计算。判决执行以前先行羁押的，羁押1日折抵刑期1日，即自2004年4月5日起至2006年2月4日止；罚金自判决生效后1个月内向本院缴纳。)

四、原审被告人范××犯盗窃罪，判处有期徒刑6个月，缓刑1年，罚金人民币1000元。

(缓刑考验期限，从判决确定之日起计算；罚金自判决生效后1个月内向本院缴纳。)

范××回到社区后，应当遵守法律、法规，服从监督管理，接受教育，完成公益劳动，做一名有益于社会的公民。

如不服本判决，可在接到判决书的第2日起10日内，通过本院或者直接向上海市第一中级人民法院提出上诉。书面上诉的，应当提交上诉状正本1份，副本2份。

审 判 长 曹××

审 判 员 邬××

审 判 员 杨××

2004年11月11日

本件与原本核对无异

书 记 员 周 ×

【评析】

这是一份由基层法院制作的盗窃未遂案件的再审刑事判决书。本判决书的制作具有以下特点：

1. 首部列项齐全、书写规范。本案是一起由某区人民法院自行决定再审的案件，首部按照“原公诉机关……”、“原审被告人……”的顺序列项，并在“案件由来和审判经过”部分写明原审案件的性质、原审何时作出判决、提起再审的根据和审判经过等，均符合《法院刑事诉讼文书样式（样本）》的规定。

2. 叙述案件事实繁简得当。该判决书较为详细地交待了原判认定的事实、证据、判决理由和判决结果以及检察院在再审中提出的新意见，而对再审认定的事实仅用“本院经再审查明的事实同原审判决认定的事实一致。”一句话予以交待，做到了当繁则繁，当简则简。

3. 再审理由观点鲜明，说理透彻，文字表述简明扼要。该判决书在阐述再审理由时首先表明再审法院对本案的看法；然后实事求是地指出原判的错误所在；最后明确指出对原判应予纠正，并全面、准确地写明了再审判决的法律依据。

4. 判决结果表述规范、完整。

第五节　刑事裁定书

一、刑事裁定书的概念及作用

刑事裁定书，指人民法院在刑事案件审理和执行过程中，就程序问题和部分实体问题依法作出处理的书面决定。

刑事裁定书能及时排除诉讼障碍、化解审判程序中出现的问题，保障诉讼顺利进行，保障人民法院的审理活动得以实现。

二、刑事裁定书的适用范围

1. 驳回自诉。基层法院在接受管辖范围内应由本院直接受理的告诉才处理或者不需进行侦查的轻微刑事案件，经过审查，发现缺乏罪证，自诉人提不出补充证据又不愿撤回自诉的，依据我国《刑事诉讼法》第 205 条第 1 款第 2 项的规定，可以裁定驳回自诉人对被告人的控诉。

2. 准许撤诉或按撤诉处理的案件。基层人民法院受理自诉案件后，在审理过程中因自诉人的自诉缺乏罪证，自诉人提不出补充证据或者自诉人在宣告判决前同被告人自行和解而申请撤诉，经审查裁定准许撤诉，或者在法庭审理过程中，自诉人经两次合法传唤，无正当理由拒不到庭或者未经法庭许可中途退庭，依法裁定按撤诉处理。

3. 准许撤回上诉、抗诉。上诉人、人民检察院在上诉、抗诉期满前，要求撤回上诉或抗诉的，法院应当准许，期满后要求撤回抗诉的，人民法院可以同意；期满后要求撤回上诉的，须经二审法院审查决定，原判正确的应当准许。上述准许以裁定作出。

4. 中止审理案件。人民法院在刑事案件的审理过程中，因被告人患精神病或其他严重疾病，被告人逃脱，或者其他不能抗拒的原因，致使案件无法继续审理等情形，根据最高人民法院《关于执行〈中华人民共和国刑事诉讼法〉若干问题的解释》第 181 条的规定，可以裁定中止对案件的审理。

5. 终止审理案件。人民法院对于刑事案件的被告人在审理过程中死亡，根据我国《刑事诉讼法》第 15 条第 5 项的规定，裁定终止审理。

6. 恢复审理。阻碍刑事案件审理的障碍消除后,以裁定决定恢复审理。

7. 驳回上诉或抗诉,维持原判决。原审法院判决认定事实和适用法律正确、量刑适当的,二审法院裁定驳回上诉或抗诉,维持原判决。

8. 发回重审。原审法院判决事实不清或证据不足(如原判决认定主要事实不清、证据不足的;证据之间相互矛盾或证据本身有问题的;原判决漏判罪行或者应当追究刑事责任而没有追究的),裁定撤销原判,发回原审法院重新审判。原审法院违反法律规定的诉讼程序的,裁定撤销原判,发回原审法院重新审判。

9. 第二审人民法院维持原裁定、变更原裁定或者撤销原裁定,用裁定的方式处理。

10. 补正裁判文书。各级人民法院对于本院发出的刑事判决书、刑事裁定书或刑事调解书,发现有个别错误或遗漏之处,裁定予以改正、补充。

其他适用裁定的情形还有:核准死刑;核准死刑缓期 2 年执行;核准死刑发回重审;死缓期间故意犯罪被核准执行死刑;死刑缓期 2 年执行案件减刑;减刑、假释;减免罚金等。

三、刑事裁定书的种类

以内容的不同,可以分为解决程序问题的刑事裁定书和解决实体问题的刑事裁定书。

以程序的不同,可以分为第一审程序的刑事裁定书、第二审程序的刑事裁定书、复核程序的刑事裁定书、审判监督程序的刑事裁定书、执行程序的刑事裁定书等。

以形式的不同,可以分为口头裁定和书面裁定。

四、刑事裁定书的格式、内容及写法

刑事裁定书由首部、正文、尾部三部分组成。由于刑事裁定书的类型比较多,内容各有差异,在此选取几种常用的刑事裁定书为例。

(一)首部

分为以下几个部分:

1. 标题。文书顶端居中分两行标出制文法院名称和文书名称。

2. 文书编号。在标题右下方,写文书编号:“[ ]×刑×字×号”。空白处填写年度号、人民法院简称、审级、序号。

3. 检察机关、当事人及其他诉讼参与人情况。这一部分,可以参照与其同审级的刑事判决书的相应部分的写法来写。有些裁定,如减刑、假释裁定书,只写罪犯的身份情况。

4. 案由。一审刑事裁定书和二审、再审就程序问题所制作的刑事裁定书,可以在正文的开头叙写案由。二审、再审维持原判的刑事裁定书的案由,可以参照二审、再审刑事判决书的案由部分来写。

(二)正文

1. 一审驳回自诉刑事裁定书。对涉及的事实加以简单论述,然后概括地说明驳回自诉的理由即可。如：

自诉人××于×年×月×日以被告人××犯××罪向本院提起控诉。

本院审查认为，……（简写驳回自诉的理由）。依照……的规定（驳回自诉人的理由应当根据具体法条概括地写明），裁定如下：

驳回自诉人××对被告人××的控诉。

2. 二审驳回上诉维持原判裁定书。二审驳回上诉，维持原判的裁定书在叙述事实、阐述理由方面，由于原判认定事实没有错误，只需将二审审查查明的事实概括叙述，然后针对上诉人、辩护人、抗诉方等提出的主要意见和理由，予以反驳，并论证原判决在认定事实、适用法律上的正确性。裁定结果，上诉（包括按照上诉程序的抗诉）的写为“驳回上诉（或抗诉），维持原判（或裁定）”。再审的，一、二审分别写为“维持本院[ ]×刑×字第×号刑事判决”或“维持××人民法院[ ]×刑初字第×号刑事判决”或“维持××人民法院[ ]×刑初字第×号刑事判决和本院[ ]×刑×字第×号刑事裁定”。

3. 二审发回重审刑事裁定书。可写为：

××人民法院审理被告人××（写明案由）一案，××××年××月××日作出[ ]×刑初字第×号刑事判决，认定被告人××犯××罪，判处……（简写判处结果）被告人××不服，以……（简写上诉的主要理由）为由，提出上诉。本院依法组成合议庭审理了本案（经过开庭审理的，应写清庭审形式和到庭参加诉讼的人员）。本院认为，……（简述原判事实不清、证据不足，或者严重违反法律程序的情况。）依照……（写明裁定所依据的法律条款项）的规定，裁定如下：

一、撤销××人民法院[ ]×刑初字第×号刑事判决；

二、发回××人民法院重新审判。

发回重审的裁定不处理案件的实体问题，原判决的基本内容和上诉、抗诉的主要意见从略，只要简要地增写“以……为由”即可。

4. 减刑、假释裁定书。正文包括四个部分的内容：罪犯被判处刑罚的情况；提起减刑或者假释的机关及其理由；经合议庭审核确认减刑或者假释的主要理由及法律依据；裁定主文。可表述为：

×年×月×日××人民法院作出[ ]×刑×字第×号刑事判决，认定罪犯××犯××罪，判处……（写明主刑的刑种、刑期和附加剥夺政治权利及其刑期等）……（写明上诉、抗诉、复核后二审法院的裁判结果，未经二审的写“判决发生法律效力后”）交付执行。……（续写执行的刑种、刑期变更情况。没有的不

写)

执行机关……(写明执行机关名称)于×年×月×日以该犯在服刑期间确有悔改表现(或立功表现或有特殊情节),提出减刑(或假释)意见书,报送本院审理。本院依法组成合议庭,对该犯在服刑期间的表现进行了审核,现已审理终结。

本院认为,……(写明该犯在服刑期间的具体悔改、立功表现或其他特殊情节,以及减刑或假释的理由)依据……(写明裁定所依据的法律条款项)的规定,裁定如下:

将罪犯××的刑罚,减为……(写明减后的刑种、刑期,包括附加剥夺政治权利的刑期和缩短后的缓刑实验期。)

[如果是假释的,可写为"对罪犯××予以假释(假释考验期限自假释之日起至×年××月×日刑满止)"。]

(三)尾部

包括:①告知事项。一审驳回自诉刑事裁定书,写为:"如不服本裁定,可在接到裁定书的第2日起5日内,通过本院或者直接向××法院提出上诉。书面上诉的,应交上诉状正本1份,副本×份。"二审驳回上诉维持原判裁定书,写为:"本裁定为终审裁定。"减刑、假释裁定书,写为:"本裁定送达后即发生法律效力。"②署名、制文日期、院印。

五、刑事裁定书制作应注意的问题

1. 一般说来,针对程序问题的刑事裁定内容单一,写作起来相对简单,根据具体的情况做到一事一裁即可。而针对实体问题的刑事裁定相对复杂,制作时对事实、证据等的叙述要分清重点,有所侧重。

2. 根据案件的具体情况和裁定所要解决的问题,准确引用法律条文。

附 实例

××市中级人民法院

刑事裁定书

[2010]×刑终字第×号

原公诉机关××市××区人民检察院。

上诉人(原审被告人)薛××,男,1974年9月23日出生,汉族,户籍地××省××县××村,小学文化,农民,捕前暂住××市××区满春10组。2009年12月6日因涉嫌犯销售伪劣产品罪被××市公安局××区分局刑事拘留,2010年1月8日经××市××区人民检察院决定被依法执行逮捕。现羁押于××市看守所。

辩护人康××,××律师事务所律师。

上诉人(原审被告人)杨××,男,1968年2月17日出生,汉族,××省××市人,初中文化,农民,捕前住××省××市××村19号。2009年12月3日因涉嫌犯销售伪劣产品罪被××市公安局××区分局刑事拘留,2010年1月8日经××市××区人民检察院决定被依法执行逮捕。现羁押于××市看守所。

原审被告人王××,男,1971年4月9日出生,汉族,××省××市人,初中文化,农民,户籍地××省××市××区××乡××1组。捕前暂住××市××区××镇××村8组。2009年12月3日因涉嫌犯销售伪劣产品罪被××市公安局××区分局刑事拘留,2010年1月8日经××市××区人民检察院决定被依法执行逮捕。现羁押于××市看守所。

××市××区人民法院审理××市××区人民检察院指控原审被告人薛××、杨××、王××犯非法经营罪一案,于2010年9月25日作出[2010]×刑初字第×号刑事判决书,原审被告人薛××、杨××不服,提出上诉。本院受理后,依法组成合议庭,于2010年11月8日公开开庭审理了本案,××市人民检察院检察员马××出庭履行职务,上诉人杨××、薛××及其辩护人康××,原审被告人王××到庭参加诉讼。现已审理终结。

原审审理查明:2009年8月以来,被告人杨××帮助叶××(外逃)销售伪劣香烟并从中获取提成,向齐××销售了2件猴王牌伪劣香烟、3件红河牌伪劣香烟,价值12 500元。被告人杨××还从王××(外逃)处购进芙蓉王、白沙等品牌的伪劣香烟,给王××以及梁××等人销售,其中向王××销售了1427条,价值110 310元。王××将购进的伪劣香烟销售给杨××、梁××、王××等人,从中牟利。2009年11月以来,薛××从杨××、方××(均外逃)处购进中华、芙蓉王等品牌的伪劣香烟2215条,价值170 220元。

2009年11月27日晚,王××租车向××市运送伪劣香烟时,被公安机关截获,当场扣押猴王牌等伪劣香烟750条,2009年12月3日,公安机关又从王××在××市租住屋内扣押猴王牌等伪劣香烟277条。2009年12月1日,王××为了配合公安机关抓捕杨××,又从杨××处购进了400条伪劣香烟,价值22 500元,被公安机关扣押。2009年12月1日,××市烟草专卖局在××市薛××租住屋内扣押白沙牌等伪劣香烟161条,2009年12月10日,公安机关又在××市薛××的另一租住屋内扣押中华牌等伪劣香烟2354条。

另查明,被告人薛××、杨××、王××没有办理烟草专卖行政主管部门颁发的烟草专卖批发、零售许可证。

综上,被告人薛××、杨××、王××非法经营伪劣香烟,其中被告人薛××经营伪劣香烟2515条,价值170 220元;被告人杨××经营伪劣香烟1432条,价值122 810元;被告人王××经营伪劣香烟1027条,价值87 810元。

原审认为:被告人薛××、杨××、王××以谋取非法利益为目的,未经许可,经营国家专营、专卖的烟草制品，且系伪劣产品，扰乱市场秩序，情节严重，其行为均已构成非法经营罪。依照《中华人民共和国刑法》第225条、第68条第1款、第52条、第53条、第64条，《中华人民共和国烟草专卖法》第3条、第38条第1款、《最高人民法院、最高人民检察院关于办理非法生产、销售烟草专卖品等刑事案件具体应用法律若干问题的解释》第1条第5款、第5条之规定，判决如下：

一、被告人薛××犯非法经营罪，判处有期徒刑3年，并处罚金人民币50 000元。

二、被告人杨××犯非法经营罪，判处有期徒刑2年，并处罚金人民币30 000元。

三、被告人王××犯非法经营罪，判处有期徒刑1年零3个月，并处罚金人民币20 000元。

四、查获的被告人非法经营的伪劣香烟依法销毁。

五、依法没收被告人用于作案的4部手机。

宣判后，原审被告人薛××、杨××不服提出上诉。原审被告人薛××上诉理由：原审适用法律错误，定性错误，导致量刑过重。上诉人所犯罪行应认定为生产、销售伪劣产品罪。其辩护人提出了相同的辩护意见。

原审被告人杨××上诉理由：原判量刑过重，不应该以非法经营罪定罪，应该以生产、销售伪劣产品定罪。

出庭履行职务的检察人员认为：原判定性准确，量刑适当，适用法律正确，建议驳回上诉，维持原判。

经二审审理查明：上诉人薛××、杨××及原审被告人王××犯非法经营罪的犯罪事实清楚，有下列证据证实：

1. 户籍证明，证明上诉人薛××、杨××及原审被告人王××年龄等基本情况的事实。

2. ××市公安局××区分局刑事侦查大队的“情况说明”，证明王××协助抓获本案其他被告人的事实。

3. ××市烟草专卖局先行登记保存通知书、××市公安局××区分局扣押物品清单，证明扣押薛××、王××伪劣香烟数量、品牌的事实。

4. 西北烟草质量监督监测站检验报告，证明××市烟草专卖局、××市公安局××区分局扣押的薛××、王××的香烟均系伪劣假冒的事实。

5. 宁夏烟草专卖局关于涉案烟草零售价格的估算意见，证明上诉人薛××、杨××及原审被告人王××非法经营伪劣香烟市场价格的事实。

6. 证人周××证言及辨认笔录，证明上诉人薛××在××市××区××9组租房的事实。

7. 证人梁××证言，证明2009年11月，通过长途客车从××省××市等地向××市托运的形式，他从上诉人杨××处购进伪劣香烟的事实。

8. 证人杨××证言，证明2009年10月，原审被告人王××向其销售伪劣香烟的事实。

9. 证人齐××证言,证明2009年8月以来,他从叶××、上诉人杨××处购进伪劣香烟的事实。

10. 证人冯××证言,证明2009年10月以来,他从原审被告人王××处购进伪劣香烟的事实。

11. 证人王××、郭××证言,证明2009年11月27日晚,原审被告人王××租车向××市运送伪劣香烟时,被公安机关截获的事实。

12. 证人康××证言,证明2009年8月以来,原审被告人王××租用他的机动车在××市郊外的高速公路口,从××省××市发往××市的长途客车上转运伪劣香烟的事实。

13. 证人苏××、陈××证言,证明2009年8月~11月,有人从××省××市发往××市的长途客车上托运货物以及有人在客车途经××郊外的高速公路口提取托运货物的事实。

14. 证人陈××、刘××证言,证明2009年10月,上诉人薛××在××市××区××10组租房的事实以及房内存放的伪劣香烟被查获的事实。

15. 上诉人薛××的供述,证明2009年11月,他从方××、王××处购进伪劣香烟,并存放于××市××区满春10租住屋内的事实。

16. 上诉人杨××的供述,证明2009年8月以来,他以牟利为目的,通过长途客车从××省××市等地向××市托运的形式,帮助叶××以及单独从王××处购进伪劣香烟,向齐××、王××、梁××等人销售的事实。

17. 原审被告人王××的供述,证明2009年8月以来,通过长途客车从××省××市等地向××市托运的形式,他从上诉人杨××处购进伪劣香烟向杨××、王××等人销售的事实。

以上证据来源合法,内容客观真实,与本案有关联性,应作为定案的有效证据。

本院认为:上诉人薛××、杨××及原审被告人王××,以谋取非法利益为目的,未经许可,经营国家专营、专卖的烟草制品,且系伪劣产品,扰乱市场秩序,情节严重,其行为均已构成非法经营罪。关于二上诉人及辩护人认为,上诉人触犯的罪名是销售伪劣产品罪的意见,经审查,二上诉人在实施非法销售烟草专卖品犯罪时,同时触犯了销售伪劣产品罪、侵犯知识产权犯罪和非法经营罪三个罪名,根据法律依照处罚较重的定罪处罚,结合本案的犯罪事实,原审认定二上诉人犯非法经营罪并无不当。二上诉人认罪态度好的情节,原审在给其量刑时已做充分考虑,故原判量刑并无不当。上诉人的上诉理由和辩护人的辩护意见均不能成立,本院不予采纳。出庭履行职务的检察人员意见成立,本院予以采纳。一审未适用《最高人民法院关于处理自首和立功具体应用法律若干问题的解释》第5条,二审予以补正。原判认定事实清楚,证据确实、充分,定罪准确,量刑适当,审判程序合法。依照《中华人民共和国刑事诉讼法》第189条第1项之规定,裁定如下:

驳回上诉,维持原判。

本裁定为终审裁定。

审判长　慕××
审判员　段××
审判员　邓××
2010年11月11日
书记员　罗××

【评析】

该裁定书驳回上诉,维持原判。二审法院对一审法院认定的事实和证据没有异议,但裁定书中没有一笔带过,二审法院认定事实的写作中将重点放在证据方面,让证据说话,既支持一审认定的事实,在行文上又有所变化。对上诉人、辩护人的反驳也有理有据。

第六节　法庭审理笔录

一、法庭审理笔录的概念及作用

法庭审理笔录,是人民法院审理各类诉讼案件时,由书记员记载的关于审理活动的过程和内容的文书。

我国《刑事诉讼法》第201条第1款规定:"法庭审判的全部活动,应当由书记员写成笔录……"

法庭审理笔录既是法院制作裁判文书的依据,又是检验审判工作和执法情况的重要资料。

二、法庭审理笔录的格式、内容及写法

法庭审理笔录由首部、正文、尾部组成。

(一)首部

1. 标题。即"人民法院审理法庭笔录",在后面填写本案是第几次开庭。

2. 开庭的时间和地点。开庭时间为开庭的起止时间。

3. 案由和审判方式。如果是公开审理的案件,应注明旁听的人数。对于不公开审理的案件,要记明不公开审理的理由。

4. 宣布开庭的情况。由书记员宣布法庭纪律。刑事案件由审判长查明当事人是否到庭,宣布案由、合议庭组成人员、书记员、公诉人、辩护人、诉讼代理人、鉴定人等的姓名。告知当事人权利义务,询问当事人是否申请回避。

(二)正文

记录法庭调查、法庭辩论、被告人最后陈述的庭审程序内容。合议庭评议的情况,只需在法庭审理笔录中注明"合议庭休庭评议"即可。如果出现延期审理的情况,应记清原因。如果庭审过程中,出现违反或严重扰乱法庭秩序的,法庭作出的处理决定,要记入笔录。

（三）尾部

1. 当事人、其他诉讼参与人签名或盖章。法庭审理笔录记录完毕后应交当事人、其他诉讼参与人阅读或向他们宣读，他们认为没有错误或遗漏的，应签名或盖章。

2. 审判人员、书记员签名。

三、法庭笔录制作应注意的问题

1. 法庭审判的全部活动，包括当事人和其他诉讼参与人的诉讼活动，都应如实记载。如果当庭宣布判决结果的，应当一并记明。

2. 记录时要把握重点，对于控辩双方的争议焦点要详细记录，要抓住双方的论点、论据去写，不要遗漏。

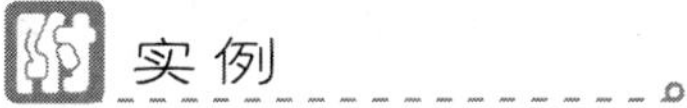

人民法院法庭审理笔录

时间：2008年4月6日9时10分至12时

地点：第一法庭

是否公开审理：否

旁听人数：

审判人员：盛××、杨××、徐××

书记员：范××

记录如下：

书记员：下面宣布法庭纪律：

1. 未经许可，不得录音、录像和摄影；

2. 不得随意走动和进入审判区；

3. 不得鼓掌、喧哗、哄闹和实施其他妨碍审判活动的行为；

4. 不得发言提问；

5. 不得吸烟和随地吐痰；

6. 随身携带的移动电话等通信工具必须关闭或调到振动状态；

7. 对法庭的审判活动有意见，可以在闭庭以后以书面或口头形式向人民法院提出；

8. 违反法庭纪律的，审判长可以当庭口头警告、训诫，也可以责令退出法庭，对于严重扰乱法庭秩序的人，将依法追究其刑事责任。

请审判长入庭，全体起立。

审：（敲法槌）现在开庭，传被告人陈××到庭。

（法警将被告人陈××带上法庭）

审：被告人，你的姓名、出生日期、住址等情况？

被：我叫陈××，男，×年×月×日出生，汉族，××市知音中学初二年级学生，家住××市××区××路××号。

审：被告人法定代理人是否到庭？

被代：到庭。

审：你的姓名、出生日期、住址、与被告人的关系？

被代：陈××，男，×年×月×日出生，汉族，无业，住××市××区××路××号，系被告人父亲。

审：被告人，你过去是否受到过法律处分？

被：没有。

审：被告人，你这次是否被采取强制措施？

被：×年×月×日因涉嫌抢劫罪被××市公安局××分局刑事拘留，×年×月×日被执行逮捕。×年×月×日晚20点多在家里被抓。

审：被告人，检察机关的起诉书副本是否收到？何时收到？

被：收到，×年×月×日收到的。

审：××市××区人民法院刑事审判庭，根据《中华人民共和国刑事诉讼法》第152条之规定，今天在本法庭对由××市××区人民检察院提起公诉的被告人陈××抢劫罪一案依法进行开庭审理。法庭由审判员盛××、审判员杨××、代理审判员徐××组成合议庭，盛××担任审判长，书记员范××担任本庭记录。××市××区人民检察院指派检察员金××、施××出庭支持公诉。××市公正律师事务所律师王××出庭为被告人陈××辩护，被告人陈××、被告人法定代理人陈××到庭参加诉讼。

审：根据《中华人民共和国刑事诉讼法》第154条之规定，如果当事人认为上述合议庭组成人员、书记员、公诉人与本案有利害关系，可能影响本案的公正处理，有权申请回避。被告人是否申请回避？

被代：不申请。

审：根据《中华人民共和国刑事诉讼法》第154条之规定，被告人在法庭上享有辩护的权利，你除了委托辩护人为你辩护外，你可以依据事实与法律自行辩护，是否听清？

被：听清了。

审：全体诉讼参与人还享有以下诉讼权利：

1. 被告人在法庭审理过程中，可以提出证明被告人有罪、无罪、罪重、罪轻的证据，申请通知新的证人到庭或调取新的物证，申请重新鉴定或者勘验。

2. 被告人在法庭辩论终结后有最后陈述的权利。

审：被告人，你听清了没有？

被代：听清了。

审：首先由公诉人宣读起诉书。

公:宣读起诉书。(略)

审:被告人,起诉书内容是否听清?

被:听清了。

审:被告人,起诉书指控是否事实?

被:是事实。

审:被告人对起诉书指控你的罪名有无异议?

被:无异议。

审:被告人,你对事实有无补充?

被:没有。

审:下面公诉人就起诉书指控的犯罪事实对被告人进行讯问。

公:你以前所讲得是否是事实?

被:是事实。

公:你认为你的行为构成何罪?

被:抢劫罪。

公:案发当天你在干什么?

被:我在上网打游戏。

公:你是否经常上网?

被:是的,家里没有电脑,于是我经常上网吧。

公:你当时为何会找被害人?目的是什么?

被:当时只是想弄点钱,被害人是我的网友,又正好在网上,所以想到他那里弄钱。

公:你对被害人干了什么?

被:我把他叫出来,问他要钱。

公:是拉出来,还是叫出来。

被:拉出来,他不肯跟我走。

公:出来后你对他干了什么?

被:我打了他两个耳光,还踢了他几下。

公:他有没有反抗?

被:没有。他很害怕。

公:你是否对被害人搜身?

被:搜了。共搜到97元钱。

公:你是怎么用这97元钱的?

被:50元支付了上网的钱,还有47元就买了两包烟和珍珠奶茶。

公:你是否知道被害人身上有钱?

被:不知道,我不认识他,但看他的穿着想他一定有钱。因为他穿了一身名牌。

公:和你一起抢钱的还有谁?

被:没有了。

公:王××和邓××你是否认识?

被:认识,他们是我的同学,但那天他们走了。

公:他们什么时候走的?

被:在我叫被害人出来之后走的。

公:他们有没有参与打被害人?

被:没有。

公:审判长,我没有问题了。

审:下面进行法庭举证,先由公诉人举证,并就证据的来源和证明力作简要评析。

公: 宣读被告人供述笔录节录。

审:被告人、被告人法定代理人及辩护人有无异议?

被:没有。

被代:没有。

辩:没有。

审:公诉人继续举证。

公:宣读被告人法定代理人的笔录。

审:被告人及其辩护人有无异议?

被:没有。

辩:从笔录中可以看出,被告人以前学习成绩还是不错的,只是在迷恋网络游戏后才在品行上有改变。

审:公诉人继续举证。

公:宣读被害人张××的笔录。(笔录5)

审:被告人、被告人法定代理人及辩护人有无异议?

被:没有。

辩:从笔录中看出,被告人一开始并不是强行把被害人拉出网吧的。

审:公诉人继续举证。

公:宣读证人王××的笔录。

审:被告人、被告人法定代理人及辩护人有无异议?

被:没有。

被代:没有。

辩:没有。

审:公诉人继续举证。

公:宣读证人邓××的笔录。

审:被告人、被告人法定代理人及辩护人有无异议?

被:没有。

被代:没有。

辩:没有。

审:公诉人继续举证。

公:宣读证人王××的笔录。

审:被告人、被告人法定代理人及辩护人有无异议?

被:没有。

被代:被告人是学生一看就知道了,网吧老板明知道他是学生还让他进入,其实在这件事上网吧老板也有过错。

辩:没有。

审:公诉人继续举证。

公:出示学生证。(法警出示)

审:被告人、被告人法定代理人及辩护人有无异议?

被:没有。

被代:没有。

辩:没有。

审:公诉人继续举证。

公:宣读案发经过。

审:被告人、被告人法定代理人及辩护人有无异议?

被:没有。

被代:没有。

辩:没有。

审:公诉人继续举证。

公:报告审判长,举证完毕。

审:辩护人有无问题要发问?

辩:被告人,你在见到被害人的时候是否想打他?

被:不想,只是想吓吓他,他比我小得多,我想他也许会自觉地拿出钱来。

辩:审判长,我没有问题发问了。

审:被告人、被告人代理人及辩护人对全案有无证据提供?

被:没有。

被代:没有。

辩:没有。

审:法庭事实调查结束,下面进行法庭辩论。首先由公诉人发表公诉意见。

公:本院指控被告人陈××构成抢劫罪,证据来源合法,具有证明力。被告人陈××以非法占有为目的,以暴力、胁迫的方法抢劫他人财物,数额为97元,其行为已触犯《中华人民共和国刑法》第263条,犯罪事实清楚,证据确实、充分,应当以抢劫罪追究刑事责任。被告人系未成年人,根据《中华人民共和国刑法》第17条第3款的规定,应当从轻或减轻处罚。公诉人认为,对被告人应处1年以上3年以下的有期徒刑。请法庭依法审判。

审:被告人自行辩护。

被:我知道错了,希望法庭给我个机会。

审:辩护人发表辩护意见。

辩:辩护人对公诉人指控的被告人的基本犯罪事实不持异议,但辩护人认为,被告人抢劫行为并未造成严重后果,其只是利用了自己比被害人身高上的优势,以此来威胁被害人,与一般的抢劫行为有所区别;另外,被告人系未成年人,还是在校学生,这次的行为也系初犯,无论是从法律规定还是从保护未成年人的身心发展来看,不应当对被告人的行为定为犯罪。请求法庭判令被告无罪。

公:被告人虽为未成年人,但已年满14周岁,根据刑法规定,年满14周岁不满16周岁的人犯抢劫罪的应当负刑事责任,本案中被告人的行为明显具有暴力性质,其主观上又有非法强行抢劫他人财物的故意,客观上又实施了一定的暴力行为,使被告人不敢反抗,其行为性质已具有抢劫罪的构成要件,所以公诉人认为对被告人应当以抢劫罪定罪处罚,至于行为后果的严重程度系量刑的依据,不应当作为定性的标准。

辩:根据《最高人民法院关于办理未成年人刑事案件适用法律若干问题的解释》规定,已满14周岁不满16周岁的人出于以大欺小,以强凌弱,使用语言或者使用轻微暴力强行索要其他未成年人生活、学习用品或者钱财的,可以不认为是犯罪。本案中,被告人的行为显著轻微,如果定性为犯罪,将影响到被告人一生的发展前途。所以希望法庭能予以充分考虑。

审:公诉人有无新的意见?

公:坚持刚才的意见,没有新意见。

审:被告人及其法定代理人是否同意辩护意见?

被:同意。

被代:同意。

审:双方有何补充?

公:没有。

辩:没有了。

审:法庭辩论终结,根据法律规定,被告人有最后陈述的权利,被告人可做最后的陈述。

被:请求法庭给我个机会,我一定好好学习,不再迷恋网络游戏了。我也愿意给被害人赔礼道歉。

审:下面休庭(敲法槌)。进行合议庭评议。

(法警把被告人带下去)

审:(敲法槌)下面继续开庭。

(法警把被告人带上法庭)

审:经过合议庭评议,下面对被告人陈××抢劫罪一案进行宣判。

书:全体起立。

审:宣读判决书。

审:被告人是否听清?是否有异议?

被:听清。无异议。

审:被告人陈××,法庭考虑到你是初犯,且行为显著轻微,而你本人认罪态度较好,也有悔过自新的要求,故对你的行为不以犯罪论处,但你的行为与一个学生的身份是极不相符的,我国政府明文规定“未成年人不得进入网吧、歌厅等营业性场所”,你的行为虽然不是犯罪,但确实违反了有关法律、法规的规定。青年人应以学业为重,网吧是现今青少年犯罪最集中的场所也是滋生地,希望今后你能吸取教训,正确认识自己的行为,摆正自己的人生观、价值观,做个有用的青年。如果屡教不改,等待你的将是法律的严惩。是否听清?

被:听清。

公:被告人陈××,对于你的行为法庭并未以犯罪定罪处罚,公诉人考虑到你将来的发展,对法庭的判决表示同意。但对于你的行为,公诉人认为是你平时一贯对自己放松要求的结果,希望你今后远离网吧等场所,认真学习,做一名有用的青年。是否听清?

被:听清。

审:被告法定代理人,今后希望你们对陈××严加管教,多关心孩子的学习、生活,引导他向正确的方向发展,尽到做父母的应有的责任。

被代:听清。

公:被告人法定代理人陈××,作为孩子的家长,对于孩子的身心教育起着极其重要的作用,陈××的所作所为在一定程度上也是你们疏于管教的结果,希望你们吸取这次的教训,对于陈××平时的行为多加注意,引导他走向正确的人生道路,尽到做法定代理人的责任和义务。是否听清?

被代:听清。

审:被告人及其法定代理人有何意见?

被:对这次的行为我已经充分地认识到了我的错误,感谢法庭对我的宽大处理,我保证今后一定吸取教训,不再进入网吧等营业性娱乐场所,认认真真学习,争取用自己的实际行动做一个合格的中学生。

被代:谢谢法庭的宽大处理,我们今后一定严加管教陈××,给予其家庭的关爱。不再让他远离家庭的教育,从这件事中我们也要吸取教训。

审:今天的庭审到此结束,庭后公诉人、被告人及其法定代理人、辩护人应当阅看笔录,如果没有异议应当签字。闭庭。(敲法槌)

【评析】

该法庭审理笔录符合笔录要求,记载庭审活动全面、客观。

第七节 合议庭评议笔录

一、合议庭评议笔录的概念及作用

合议庭评议笔录，是合议庭根据已查明的事实、认定的证据及相关法律规定对案件进行评议，得出处理意见时的记录。

我国《刑事诉讼法》第195条规定："在被告人最后陈述后，审判长宣布休庭，合议庭进行评议，根据已经查明的事实、证据和有关的法律规定，分别作出以下判决：……"

合议庭评议笔录记录了合议庭对案件进行评议的整个过程，它既是制作裁判文书的基础和依据，又是检查办案情况的第一手资料。

二、合议庭评议笔录的格式、内容及写法

合议庭评议笔录为制作式文书，由首部、正文、尾部组成。

（一）首部

1. 标题。即"合议庭评议笔录"，之下填写第几次合议。

2. 评议的时间和地点。时间要精确到几时几分。

3. 参加评议人员的姓名、职务，书记员的姓名。

4. 案由。按照要求填写指控对象和案件的性质。

（二）正文

用"记录如下"引出评议的过程和结果。主要写清：对犯罪事实和证据的认定；对被告人是否构成犯罪，构成何种罪名的意见；对被告人的处理决定；附带民事诉讼怎样处理，赃物、证物等如何处理。应全面记录各个审判人员发表的对案件事实的认定、对裁判观点、理由的论述以及对案件作何处理的意见。如认识出现了分歧，应将各自的论点及依据详细载明，再按民主集中，少数服从多数的原则予以确认评议结果。论点、论据、论证过程不能遗漏。这部分要求具体、全面。

（三）尾部

合议庭全体成员及书记员签名或盖章，注明评议的日期。

三、合议庭评议笔录制作应注意的问题

1. 合议庭评议笔录应当如实记载评议过程，特别要抓住案件的事实、证据、定性、处理等重点问题，保持发言原意。

2. 评议中如有不同意见，必须如实记入笔录。

3. 评议结果要记得明确、具体，不得模棱两可。

附 实例

××市××区人民法院

合议庭评议笔录

评议时间:2006年5月28日上午9时至10时。

评议地点:××区人民法院刑事庭办公室。

参加人:审判长赵××,审判员陈××、尹××。

记录人:书记员彭××。

案由:陈××故意伤害致人死亡一案。

评议记录如下:

赵××:庭审时,辩护人认为:陈××的父亲威胁他说:"总有一天你要死在我手里。"并去拿放在床下的一把劈柴斧头。因此,陈××才抢先拿起木棍朝他父亲的头部打去,以致造成其父颅骨破裂死亡,属于防卫过当,并不具备杀害父亲的动机和目的。我认为陈××的行为不属于防卫过当,而是属于故意伤害致人死亡。因为被告的父亲虽然对被告以死威胁,并去拿斧头,但终究没有实施加害被告的行为,不能认定是"正在进行的不法侵害"。在这种情况下,被告完全可以也应该采取别的方式加以预防或躲避,不应抢先动手,加害对方。本案事实清楚,证据确凿,被告的行为已触犯《刑法》第234条,构成故意伤害罪。被告人自己去派出所投案,应属自首。我的意见是对被告人适用《刑法》第234条第2款和第67条的规定,判处其有期徒刑15年。当庭宣判。

陈××:被告人的行为不属于防卫过当,应属故意伤害。致人死亡的理由还有一点就是,当被告人的父亲被打倒在地,已经失去反抗能力时,被告仍用木棒猛击其父头部,这就更能证明被告明显地构成故意伤害罪。不过,辩护人为其辩护说,被告一贯表现不错,老实厚道,左邻右舍都要求法院从轻处理;而被告的父亲赌博、偷窃、搞女人,还经常辱骂妻子儿子,他被打死,没人同情他。我的意见是:同意对被告的罪行定为故意伤害致人死亡罪。适用《刑法》第234条第2款、第67条,但在量刑上,应判处其有期徒刑10年。当庭宣判。

尹××:一个人表现再坏,除了司法机关有权根据其罪行进行惩处外,其他任何人在正常情况下是不可以对他进行加害的。死者平时的恶行不可能改变被告人所犯罪行的性质,不能因为被告人平时表现好,死者表现坏并有恶行,就可以不按照法律规定执行。我同意按《刑法》第234条第2款和第67条的规定,判处被告人有期徒刑15年。当庭宣判。

评议结果:被告人陈××犯故意伤害致人死亡罪,犯罪后投案自首。根据《刑法》第234条第2款及第67条的规定,判处其有期徒刑15年。当庭宣判。

陈××认为对被告人陈××量刑10年的意见,予以保留。

合议庭成员　审判长:赵××
审判员:陈××
审判员:尹××

【评析】

该合议庭评议笔录记录得细致、具体,忠实地反映了合议庭成员的不同意见。在意见大体一致的情况下,作出评议结果,为制作判决书打下基础。

第5章 人民法院民事、行政裁判文书

第一节 概 述

一、民事、行政裁判文书的概念及作用

民事、行政裁判文书，是人民法院在民事、行政诉讼中行使裁判权，通过适用法律，为解决具体的民事、行政权利义务的争议，就案件的实体问题或者诉讼程序问题依法制作的具有法律效力的书面处理决定。我国现行《民事诉讼法》第3条规定："人民法院受理公民之间、法人之间、其他组织之间以及他们相互之间因财产关系和人身关系提起的民事诉讼，适用本法的规定"。我国《行政诉讼法》第2条规定："公民、法人或者其他组织认为行政机关和行政机关工作人员的具体行政行为侵犯其合法利益，有权依照本法向人民法院提起诉讼"。因此，凡由民法通则、婚姻法、继承法、合同法、担保法、著作权法、商标法、专利法、公司法、票据法、证券法、环保法、拍卖法、保险法、海商法等民、商、经济法律所调整的财产关系和人身关系所产生的案件，凡由行政法律所调整的民告官纠纷案件，均适用民事、行政裁判文书。

民事、行政裁判文书的制作、使用机关只能是人民法院，人民法院是代表国家行使审判权的审判机关。依照法律规定，只有人民法院才有权制作判决书、裁定书。就调解书而言，一些行政机关、仲裁机构和民间调解组织也承担调解纠纷的任务；调解成立的，这些机关或者组织也制作调解书，但这种调解书与人民法院制作的调解书在性质上是不同的。人民法院制作的调解书仍然是人民法院行使审判权的体现，而其他机关和组织制作的调解书或者协议书则不具有这种性质。

我国民事、行政诉讼法对民事、行政裁判文书的制作、适用范围及其效力等均作出了明确规定。如《民事诉讼法》138条规定了民事判决书应当写明的内容，第140条规定了民事裁定书适用的范围，第141条规定了民事判决书、民事裁定书生效的条件；《行政诉讼法》第54条规定了行政判决书适用的范围，第62条规定了行政判决生效的条件及其司法救济权利的行使。这些都是制作民事、行政裁判文书的法律依据。

民事、行政裁判文书所要解决的争议问题可以分为两大类：一类是解决案件的实体问题，即民事、行政诉讼当事人之间权利义务争议的问题，诸如婚姻纠纷、继承遗产

纠纷、合同纠纷、侵权损害赔偿纠纷以及对政府行政机关具体行政行为的审查，对政府机关是否履行法定职责的审查等。另一类是解决案件的程序问题，即民事、行政诉讼审判环节方面的问题，诸如管辖、是否准许撤诉、中止或者终结诉讼等。

民事、行政裁判文书与刑事裁判文书一样，生效后都具有法律效力，并且由国家强制力保证其执行。民事、行政裁判文书一经生效，即对当事人有强制性的约束力，当事人有义务自觉履行裁判文书所确定的义务；如果不自动履行，对方当事人可以申请人民法院强制执行，人民法院的执行庭（局）负责案件的执行事宜。民事、行政裁判文书作为确认当事人之间的民事权利义务关系，制裁民事违法行为，解决民与官纠纷，促使国家行政机关依法行政，公正执法的重要工具，对维护权利人的合法权益，保证民事、行政法律、法规的正确实施，为民解难，建立服务型政府，促进社会主义市场经济的发展，具有重要的作用。

二、民事、行政裁判文书的种类

（一）按照解决问题的不同性质分类

按照解决问题的不同性质，可分为民事判决书和民事裁定书，行政判决书和行政裁定书。民事、行政诉讼主要解决当事人之间的实体权利义务争议和人民法院在审理期间审判环节出现的各种问题。前者解决实体问题，后者解决程序问题。按照我国民事诉讼法、行政诉讼法的规定，解决实体问题应使用判决书，解决程序问题应使用裁定书。

（二）按照解决纠纷的不同方式分类

按照解决纠纷的不同方式，可分为民事判决书和民事调解书。人民法院审理民事案件，既可以依法通过判决方式，也可以通过调解方式，解决当事人之间的民事争议。按照民事诉讼法的规定，由人民法院作出判决的，应当制作民事判决书；由人民法院主持调解达成协议的，除法律明文规定可以不制作调解书的情况外，应当制作调解书。根据《行政诉讼法》第50条的规定，人民法院审理行政案件，不适用调解。

（三）按照适用程序的不同分类

依照适用程序的不同，可以分为一审民事判决书、裁定书、调解书；一审行政判决书、裁定书；二审民事判决书、裁定书、调解书，二审行政判决书、裁定书；再审民事判决书、裁定书、调解书；再审行政判决书、裁定书；特别程序的民事判决书、裁定书；督促程序的民事裁定书；公示催告程序的民事判决书、裁定书；执行程序的民事裁定书等。由于本书篇幅所限，督促程序、公示催告程序的裁判文书制作不再讲授。

三、民事、行政裁判文书的制作要求

制作民事、行政裁判文书要特别注意以下几点：

（一）充分反映各方当事人平等的诉讼地位

民事、行政诉讼的主要目的，是为了解决公民、法人和其他组织这些平等主体之间以及他们与国家行政机关及其工作人员因民事权利义务争议、行政行为是否合法而发生的纠纷，作为人民法院制作的民事、行政裁判文书，是司法公正的最终载体。

由于民事、行政诉讼中,各方当事人的诉讼地位是平等的,反映到文书中,就要求同等重视各方当事人对有关争议所持的观点及认识。

(二)叙事清楚,突出争点

在民事、行政裁判文书制作中,一要具体、完整地反映双方当事人的诉辩主张以及支持其主张的证据,二是对证明事实的证据要写明证据的具体内容,特别是对双方当事人提出的有异议的事实、证据,更要进行分析、认证,庭审中举证、质证、认证及采信证据的过程在裁判文书中也要体现出来。这样才足以保证对案件事实认定的准确、争议的判定合法有据。

(三)加强对举证、质证和认证内容的写作

随着审判方式改革的进一步深化,我国举证责任分配规则的进一步完善,必须在民事、行政裁判文书的内容及写作上加大对举证、质证和认证内容的写作力度。坚决杜绝在判决书中不写证据,或证据写述流于形式的不良倾向。

(四)深化判决理由的分析论证

在理由部分,不但要讲道理,更要讲法律;不仅要准确无误地援引法条,而且要对适用的法律从法理上进行充分地分析论证。这样才能显示判决结果形成的过程,增强说服力。

四、民事、行政裁判文书的改革

民事、行政裁判文书改革,是人民法院改革的重要组成部分。1998 年 12 月,最高人民法院针对裁判文书质量不高的状况,强调"要加快裁判文书改革的步伐。"1999 年 10 月最高人民法院公布的《人民法院五年改革纲要》进一步明确了裁判文书改革的重点是"加强对质证中有争议证据的分析、认证,增强判决的说理性"。

近几年来,一些地方法院对裁判文书的改革,尤其在增强判决文书的公开性和说理性方面,做出了很多有益的尝试。作为民事、行政审判方式改革的一个有机组成部分,民事、行政裁判文书改革取得了显著的成效。

但是,迄今为止裁判文书制作方面还存在不少问题,主要是:认定事实不清楚,证据表述简单罗列;阐述裁判理由不进行充分论证;逻辑不严密,条理不清;格式不规范等。

因此,今后民事、行政裁判文书改革的重点是加强裁判文书的说理性。具体来讲,要从下述几个方面着手改革与优化:①准确把握当事人的争议焦点;②强化对争议事实认定的说理;③深化对裁判理由的论证。

此外,还要进一步增强民事、行政裁判文书的公开性和透明度,文书制作如何"繁简得当"也是改革的重要课题。

在突出前述的证据分析、理由论证等改革重点外,对民事、行政裁判文书的总体结构模式、审判程序和历经过程的表述、裁判结果的撰制等方面的政策、优化当然也应予以正视和关注。

当然,对民事、行政裁判文书的改革更离不开对文书所用法律语言和表述方式的锤炼与优化。只有“突出重点、兼及其余、全面优化”,扎扎实实地下苦功,才能真正做到“裁判文书无懈可击,使裁判文书成为向社会公众展示法院文明、公正司法形象的载体,真正具有司法权威”。

第二节 第一审民事判决书

一、第一审民事判决书的概念及作用

民事判决书是人民法院代表国家行使审判权,为解决具体的民事权利义务的争议,依照法律就案件审理的结果作出处理决定的书面文件。

第一审民事判决书则是第一审人民法院通过审判方式,依照《中华人民共和国民事诉讼法》规定的第一审程序(包括普通程序、简易程序和特别程序),为解决各类具体的民事纠纷,就案件实体问题作出的书面决定。

我国《民事诉讼法》第138条规定:“判决书应当写明:①案由、诉讼请求、争议的事实和理由;②判决认定的事实、理由和适用的法律依据;③判决结果和诉讼费用的负担;④上诉期间和上诉的法院。判决书由审判人员、书记员署名,加盖人民法院印章。”这是制作第一审民事判决书的法律根据。

一审民事判决书的种类比较多,除了适用一审普通程序的以外,还有适用特别程序的六类案件(即选民资格案件、宣告失踪或宣告死亡案件、确认无民事行为和限制行为能力案件、认定财产无主案件)所适用的文书格式。另外,最高人民法院民事审判第一庭根据最高人民法院审判委员会第1280次会议通过的,于2003年12月1日起正式实施的《关于适用简易程序审理民事案件的若干规定》,设计编撰了《民事简易程序诉讼文书样式(试行)》,该样式把适用民事简易程序的一审判决书分为四种,分别是:被告承认原告全部诉讼请求的、当事人对案件事实没有争议的、被告对原告主张的事实和请求部分有争议的、当事人对案件事实争议较大的。从新文书样式的分类中,就可以明显看出其重点改革内容是在文书事实方面的有关写作中,即人民法院对各方当事人有争议的事实不仅要写明对证据采纳或不采纳的理由,还要写明人民法院认定的事实,而对各方当事人无争议的事实则简写或不写;尤其对于被告承认原告全部或部分诉讼请求的,增加了“没有违反法律规定”的表述。这种写法,丰富了判决书内容的写作,适应了审判实践中不同案件的实际需要,对于提高判决书的制作质量及提高审判效率具有重要意义。

制作好第一审民事判决书,对于明确当事人之间的权利义务关系,制裁民事违法行为,及时处理民事纠纷,保护公民、法人和其他组织的合法权益,都具有非常重要的作用。

二、第一审民事判决书的格式、内容及写法

根据最高人民法院《法院诉讼文书样式(试行)》的规定,一审民事判决书由首部、事实、理由、判决结果和尾部五个部分组成。其中事实、理由、判决结果(即正文)

是判决书的核心内容。

(一)首部

应依次写明下列几项内容:

1. 标题和案号。标题应写明法院的单位名称及文书种类。如:

××××人民法院
民事判决书

拟制标题要注意以下几点:

(1)必须分两行去写,第一行是单位名称,第二行是文书名称,不要一行书写。如:××××人民法院民事判决书。

(2)第二行文书名称字号应比第一行单位全称字号体大二号,并用粗黑体大字标出以示醒目。

(3)法院单位名称要用全称,且须与尾部的印章保持一致。基层人民法院的名称之前应冠以省、市(直辖市)、自治区的名称,如"陕西省乾县人民法院";市辖区的基层人民法院之前应冠以该市的名称,如"西安市新城区人民法院"。案件编号的书写位置在标题的右下方,由年度和制作法院代称、案件性质、审判程序的代字以及案件的顺序号组成。年度应用阿拉伯数字。具体写法为"(年度)×民初字第××号"。括号的年度应写明年份的全称,如(2011),不要只写后两位数字如"(11)",这样便于文书归档,使管理更具有科学性。第一个×字应写明法院单位的代称,如"莲湖区人民法院"就用"莲"表示,案件性质的"民"字表示为民事案件。审判级别用"初"字,表示是一审阶段的文书。第二个×字为收案的编排序号。如中级人民法院为第一审的,就在"民"字的前面加写"中"字,以表明法院的级别。

2. 诉讼参与人的身份事项。诉讼参与人是指涉讼本案参与诉讼的各方当事人,由于民事案件涉及当事人较多,故写法上较之刑事判决书该项也就更为复杂一些,具体写法如下:

(1)原告栏内,如系公民提起诉讼,应写明原告的姓名、性别、出生年月日、民族、职业或工作单位和职务、住址。如果是法人提起诉讼的,应写明法人单位的全称和所在地址,并另起一行写明法定代表人的姓名及其工作单位和职务。当事人是不具备法人条件的经济组织或起字号的个人合伙的,应写明其名称或字号和所在地址,并另起一行写明代表人的姓名、性别和职务。当事人是个体工商户的,写明业主的姓名、性别、出生年月日、出生地、住址;起有字号的,在其姓名之后用括号注明"系……(字号)业主"。

(2)原告诉讼代理人栏目。根据我国民事诉讼法的规定,诉讼代理人分为法定代理人、指定代理人和委托代理人三种。

如果系原告的法定代理人,应写明其姓名、性别、出生年月日、工作单位、职业及住址并注明与原告的关系。

如果系原告的指定代理人，应写明姓名、性别、出生年月日、工作单位、职业及住址。如果系原告的委托代理人，应写明姓名、性别、年龄、工作单位、职业及住址，是原告近亲属的还应注明与原告的关系。委托代理人是律师的，只写姓名，并注明××律师事务所律师即可。

(3)被告栏。应写明被告的姓名、性别、出生年月日、民族、籍贯、工作单位、职业和住址。如被告系企业事业单位、机关、团体时，需要写明单位全称和所在地址。

被告的法定代表人和诉讼代理人的填写项目与原告法定代表人和诉讼代理人相同。

(4)第三人栏目。需要写明第三人的姓名、性别、出生年月日、民族、籍贯、工作单位、职业和住址。如果第三人系企事业单位、机关、团体时，需要写出单位的名称和所在地址。

第三人的法定代表人和诉讼代理人的填写项目与原告法定代表人和诉讼代理人相同。

填写这个项目在写作上要注意以下几点：

第一，原告起诉后被告反诉的，根据诉的合并并案审判原则，应在本诉称谓后用括号注明其反诉称谓。如“原告(反诉被告)”、“被告(反诉原告)”。

第二，对当事人的认定要准确。有的判决书中不将未成年人列为诉讼当事人，而将其法定代理人列为当事人，这是不对的。我国《民事诉讼法》第49条第1款规定：“公民、法人和其他组织可以作为民事诉讼的当事人。”未成年的人没有诉讼行为能力或行为能力受到限制，但他是具有民事诉讼权利能力的，当他的民事权益受到侵害或者是他给别人造成损失时，受侵害或者损害了他人的未成年人就是自然的权利义务主体，因而他也就理所当然地成为民事诉讼的当事人。当然，由于其缺乏行为能力，他们的民事活动应由他们的法定代理人代为进行诉讼，但这并不是说代理人就成了当事人，他的责任仅仅是代替未成年的诉讼当事人进行诉讼而已。

第三，书写项目要完整。填写该项内容必须按照原告、原告代理人、被告、被告代理人、第三人、第三人代理人的顺序逐一写述，不要遗漏。有的民事案件，有第三人参与诉讼，但判决书中却未将其写入，这就使第三人的诉讼地位得不到正确体现，影响了其诉讼权利的行使。此外，法人参加诉讼的，该栏目填写时也必须完整。有些判决书中在原告或被告栏目中只写单位的名称、代理人的名称，却不写其法定代表人的情况；也有的案件由于其法定代表人不直接出庭参与诉讼，因而判决书中就只列单位名称，不列其法定代表人情况，这都违背了民事诉讼法的规定。我国《民事诉讼法》第49条规定：“公民、法人和其他组织可以作为民事诉讼的当事人。法人由其法定代表人进行诉讼。其他组织由其主要负责人进行诉讼。”从这项规定中不难看出，法人具有与一般当事人相区别的权利能力和行为能力，在诉讼上亦具有诉讼权利能力和诉讼行为能力。但是，法人的诉讼权利能力和诉讼行为能力，是通过其代表人的活动来体现的，没有代表人的诉讼行为就没有法人的诉讼行为。因此，在民事诉讼活动中，法定代表人的个人人格已完全消失，而表现为法人的人格，与法人组织结合成一个不可分割的统一体。所以，在判决书中，原被告法人组织与其法定代表人应当作为一个统一体共同出现在当事人栏目中，不能只出现法人组织而不出现法定代表人，这样写不仅在理论上讲不通，而且也违反了民事诉讼法的规定。

第四，要具体、准确地写明诉讼代理人的种类。诉讼代理人，是指代理他人实施诉讼行为进行诉讼活动的人，按照我国民事诉讼法规定，诉讼代理人有三种：①法定代理人；②指定代理人；③委托代理人。因而在判决书中就不能笼统地使用"诉讼代理人"的称谓，而应具体写明其种类，这样才易于知道其代理的地位及权限，便于诉讼。

3. 案由、审判组织和审判方式。按照最高人民法院颁布的《法院诉讼文书样式（试行）》的规定，这一部分需要写明四个方面的内容：①案由；②组成合议庭审判还是独任审判；③依法公开审理还是不公开审理；④诉讼当事人到庭情况。具体写法如下：

> 原告×××（姓名）与被告×××（姓名）××（案由）一案，本院受理后，依法组成合议庭（或依法由审判员×××独任审判），公开（或不公开）开庭进行了审理。……（写明本案当事人及其诉讼代理人等）到庭参加诉讼。本案现已审理终结。

写述当事人及其诉讼代理人到庭参加诉讼一项时，应根据案件的具体情况予以书写。如果是案件当事人及其诉讼代理人均到庭参加诉讼的，可以概括地写为"本案当事人及其诉讼代理人均到庭参加诉讼"即可，不需要具体地详写各个当事人×××及其代理人×××，如果是案件的当事人中有的到庭，有的没有到庭而其诉讼代理人到庭，或者其代理人也未到庭，有的经合法传唤也未到庭，或者有的未经法庭许可而中途擅自退庭的，就应如实地具体写明到庭和未到庭、中途退庭的情况，写明上述内容的必要性在于如实交代清楚本案在审判程序上是否合法。上述内容写完，即转入正文。

（二）事实

事实是确认当事人之间是否存在民事法律关系的依据，是正确解决民事纠纷的基础。叙述好事实是民事判决书制作的一项重要内容，因为只有将事实写清才能在此基础上进行分析说理，从而合理地解决好当事人的诉讼纠纷。根据《法院诉讼文书样式（试行）》的规定，一审民事判决书的事实应写明以下两方面内容：

1. 当事人双方争议的事实、理由及各自的诉讼请求。即原告具体要求解决什么争议的问题、如何解决及其所持的事实和理由，被告对原告诉讼请求表达的态度、陈述的主要事实和理由，以表明双方起诉或答辩各自所持的态度或依据。如果本案有第三人参与诉讼,还应写明第三人对本纠纷所表明的态度及主张,属有独立请求权第三人的还应表明对本案所主张的诉讼请求。根据《法院诉讼文书样式(试行)》的规定,该项内容应用如下固定的写作模式表述:

原告×××诉称:(概述原告提出的具体诉讼请求和所根据的事实与理由)。被告×××辩称:(概述被告答辩的主要内容)。第三人×××述称:(概述第三人的主要意见)。

民事诉讼当事人争议的事实是当事人双方自行提供的,诉讼中尽管原被告及第三人各自提供的事实和意见不一定完全真实和正确,甚至可能含有虚假成分,也应将其原始内容概括地写入判决书,这样不仅能体现出人民法院对当事人诉讼权利的尊重,增强民事判决的透明度,同时也有助于分辨双方发生纠纷的真实原因,以便下文叙述查明认定的事实和判决理由更富有针对性。

该项内容就事实部分整体而言,由于其写作是为下文的查明事实做铺垫,故内容应简明扼要,突出重点,具体说应把握好以下两个环节:

(1)抓住中心叙述。所谓抓中心,就是说要抓住各方提供事实的实质性要点。当事人双方提供的事实往往很多,但归结起来必然有一个共同的核心问题,即双方争议的要害所在。以婚姻纠纷案件来说,导致感情破裂的原因很可能是多方面的,这样在叙述时就要抓住双方感情破裂的主要因素来叙写。请看下面案例的表述法:"原告以双方结婚是父母包办,婚后感情不合,两人已分居二十年等理由向法院起诉要求离婚。经询问,被告辩称:双方结婚虽是其父母包办,但婚后感情尚好,已生有子女二人,坚决不同意离婚。"这一段话是从当事人提供的大量具体事实中概括出来的实质性要点,因而这个表述是抓住了中心的,至于说两人婚姻父母是如何包办的,婚后感情如何不好或者尚好,其中必然有很多具体事实,这些具体事实则大可不必写入。

(2)要概括叙述。所谓概括叙述,就是说叙述时在抓住实质性问题的基础上,叙写得越精练、越简洁、越扼要越好,当然这也反映出制作者综合归纳问题的能力。一般来说,这一部分以长则五六句,短则两三句表述为宜。要做到高度概括,可以抓住两个方面内容来写:一是当事人提出请求的原因;二是要求结果。下面以一份离婚案民事判决书为例加以说明:原告的请求原因是"男方作风极不检点,发展到与他人通奸,破坏了夫妻感情。"诉讼请求是"坚决要求与男方离婚。"被告的辩称原因是"自己生活作风没问题,双方婚后感情一直很好,只要女方消除误会,夫妻关系是可以和好的。"答辩请求是"坚决不同意离婚。"毫无疑问,这段话是判决书制作者在对当事人提供的争议事实基础上经过了一番剪枝去蔓,高度概括之后提炼出来的,这样既清楚明了,行文又简洁利落。

2. 人民法院经查证认定的事实。由于双方当事人陈述的事实不一定都真实,其中可能带有一定的片面性,甚至含有虚假成分,因而一审民事判决书在写完原、被告陈述的事实之后，必须郑重写明法院查证的事实。因为这是经过法院审理、查证属实的事实，是判决定案的依据。所以，必须坚持实事求是的原则，写入事实中的内容要有根有据，确凿无误。如何写好这一部分，没有统一的模式，应因案而异，但有几点却是需要共同遵守的，即：

（1）事实要清楚，层次要分明。要做到事实清楚，需要抓住案件应解决的实质问题来叙述，在中心明确的前提下，先写什么，后写什么，要合理布局，恰当安排，力求脉络清晰，符合逻辑，避免简单地罗列事实。法律关系单一的案件应按照民事纠纷发生的时间、地点、产生纠纷的特定起因、演变过程及导致的法律后果顺序将其事实经过简练清晰地叙述出来。法律关系复杂的案件，应注意将溶于同一事实中的若干种法律关系按照事实的进程发展规律分别将之叙写出来，以保证其脉络的清晰。

（2）重点要突出，详略要得当。民事纠纷比较复杂，有时常常因为某一纠纷而导致另外一种事件的发生。基于这种状况，叙述事实时，应该紧紧围绕着案件解决的中心问题，认真鉴别材料，合理选用材料，对于最能反映案件实质的问题应详尽叙述，对于与案件无关或关系不大的问题应不写或略写。如某宅基地纠纷案，当事人双方在争夺土地使用权时曾发生口角、打架，但是在叙述事实时，则不必将口角、打架的具体内容写入，因为这些与解决土地使用权这一实质问题并无关系。否则，就会喧宾夺主，枝蔓横生，造成败笔。

（3）根据案件的不同性质，确定写作要点。民事案件的类型众多而繁复，不同类型的案件，其事实部分的写作内容往往各不相同，因而必须根据具体情况，有针对性地确定其写作的基本要点。如婚姻纠纷案件的民事判决书，查证的事实主要应写明：①婚前基础如何，是自由恋爱还是包办或买卖婚姻；②结婚日期，即正式登记结婚日期；③婚后生育子女情况；④婚后感情；⑤主要纠纷情况及离婚原因与后果；⑥分居及子女被抚养状况；⑦主要财产情况；⑧有无和好可能等。继承纠纷案件的民事判决书应写明：①各方当事人与被继承人的关系；②被继承人的死亡时间；③遗产的范围和数量及取得方式；④当事人为继承遗产而产生纠纷的情况及后果；⑤被继承人有遗嘱的，应写明所立遗嘱的背景及内容；⑥有遗赠抚养协议的，应写明订立时的背景及协议内容。

上述要点是针对各类案件的特点而言的，由于案件情况的各不相同，哪些可写得详细一些，哪些可写得简要一些，应从具体案件的实际需要出发加以灵活考虑，避免机械照搬。

认定的事实写毕之后，应另列一自然段写明认定事实的证据。证据是确认民事行为成立、应否承担民事责任及其大小的重要依据，根据人民法院抗辩式审理方式，证据的选用须是经法庭审理中举证、质证、认证之后所采纳予以确认的证据。证据的表述应具体而明了，不仅要求写出证据的种类名称，如证人证言、物证、书证、鉴定结论、视听资料等，而且应注意证据的关联性及推论的合理性，特别是使用间接证据要求引据到位，推断要严谨而科学，举证一环扣住一环，使之形成一个完整的证据链，避免使用“上述事实清楚、证据确凿，本庭予以认定”等模糊而不确切的表述形式。

(三)理由

理由，是判决书的重要组成部分，它是在事实叙述的基础上，对纠纷事实进行的分析认定，体现了人民法院判决的观点。民事判决书的理由主要包括两个方面内容，即判决的理由和判决适用的法律。所谓判决的理由就是人民法院根据认定的事实和证据，阐明自己的观点，辨明是非，对当事人正当的请求理由，给予支持，错误的给予批评、教育，讲明道理，从而为判决提供理论依据。所谓判决适用的法律，即判决所依据的民事实体法律条文。

理由部分在民事判决书中占有重要地位。充分的说理，不仅可以起到化解纠纷、排忧解难、息事宁人的作用，而且还是教育感化当事人的重要工具。民事案件判决是否恰当，双方当事人是否折服，完全取决于理由说服力的强弱，说服力强的理由往往能令败诉者息诉。因而一份民事判决书质量的高低，理由部分至关紧要。

民事判决理由不像刑事判决理由那样有固定的写作模式，其论述形式比较灵活，通常的写法是开头用“本院认为”，作为理由部分的起始语，之后用简练的文字对当事人双方争议的事实及法院认定的事实进行分析、评判，辨清是非，区分正误，明确责任，并阐明支持合法行为一方或否定非法行为一方的具体理由。写好理由应遵循以下几条原则：

1. 说理要充分、严谨而深刻。民事判决的理由主要在于分清是非，辨明责任，阐明道理。没有具体的理由，判决书就没有说服力，当事人势必难以折服。尤其是涉及法律关系复杂，诉讼参与人众多的案件，对其法律责任的分辨及界定，必须注意说理的充分性，可以从多层次、多角度、多方面进行分析评判，必要时还可分题论述，将法律的具体适用及当事人的民事责任写深论透。阐述理由不仅要求充分，还应做到严谨深刻。所谓严谨深刻，是指理由的论述要有较强的逻辑性，各论据之间保持密切的内在联系，环环相扣，层层推进，结构严谨，最终水到渠成地得出科学结论。这样的理由逻辑严谨，无可辩驳，势必增强判决的说服力。

2. 说理应富有针对性。理由阐述是否透彻，不在字数多少，而在于是否有针对性，句句中的。民事案件，纠葛复杂，有时即使是同一类型案件，其具体情节和双方争执的焦点也往往各不相同，都有其特点及特有的表现形式。以继承纠纷案件来说，一般应着重划清各当事人是否属于法定继承人，但如果该问题已经得到解决，当事人双方对对方继承人身份并无争议，同属法律规定的第一顺序继承人，主要争议的是所得份额的多寡，这类案件判决理由的侧重点就要放到阐述双方对继承的份额是否有争议上，而对是否属于法定继承人这一问题则无需再涉及，即使要写也只能一带而过，这样可以做到有的放矢，既避免了内容的繁冗、拖沓，又强化了理由的说服论证力度。

3. 说理要分清是非、辨明责任。纠纷的产生从当事人的主观方面及客观行为来看，绝大部分是因一方或双方的过错引起的，换言之，即指纠纷的发生不是一方有责任，就是双方均有责任，当然在某种情况下也存在双方都无过错和责任的情况。人民法院要解决纠纷,处理案件,在判决理由中就必须分清是非,辨明责任。具体说,就是要针对当事人的行为,依据有关法律、法规的规定,分析论证哪些行为是合法的,哪些行为是不合法的,哪些诉讼请求合理,哪些诉讼请求不合理以及各当事人对纠纷应承担什么责任。是非分得清,责任辨得明,即为判决结果提供了足够的立论根据。

4. 说理要准确表达,切合实际,讲究方式。首先,民事判决的理由是人民法院对民事纠纷的是非作出的决断,句句体现的都是结论性认识,阐述时应该恰当用词,准确表达。用词不当,表达不清就会影响对是非结论的认定,严重的还会导致法律上的失误。其次,说理时对于人民法院认定的事项,所下的论断还要切合实际,不夸大,不缩小,是什么问题就是什么问题,实事求是写述,准确择语论断,力戒言过其实,造成误断。最后,说理还应讲究用语措词的方法,民事案件是处理人民内部纠纷,有些事项的认定会给当事人的前途、声誉带来影响,因而措词表达时要讲究方式,委婉适当,有些问题既不能说得太露骨,又不能避而不谈,既要考虑到为之保密,又不能让另一方钻了空子,切忌简单、生硬,这是民事审判工作的特点,也是制作民事判决书的特点。

判决适用的法律,是民事判决书理由部分的又一重要内容,它为处理结果提供了法律依据,是人民法院正确处理案件,准确适用法律、法规的具体表现。判决理由引用法律应当准确而全面。所谓准确,应做到以下三点:①要处理好特别法与普通法的关系,凡是特别法中有明文规定的,应当援引特别法,无需再援引普通法;凡是特别法没有规定的才援引普通法。②要处理好法条中基本原则与具体规定的关系。凡是有具体规定的,应当援引具体规定,无需援引基本原则中的规定;凡是没有具体规定的就援引基本原则中的规定。③援引法律条款应当按照引用条款的项目,依次援用,要引用具体、到位,适用哪一层次的规定,就应具体引出哪一个层次。如《婚姻法》第32条共有两款,第1款是人民法院处理离婚案件的程序规定,第2款才是处理离与不离的法律依据,因此离婚案件判决书判决离婚时应准确引用第32条第2款,而不应笼统引用第32条。所谓全面,是指在处理争议时,可能会遇到适用多个法律的情况,在此情况下,援引的法律就不应有所遗漏。但是对于法律竞合时则要选择引用,如普通法与特别法竞合的,应引用特别法,基本原则与具体规定竞合的,引用具体规定等。

(四)判决结果

判决结果即人民法院对案件审理终结所作出的处理决定,它用肯定的、明确的文字,指出当事人之间享有的权利义务,解决当事人之间纠纷的具体处理结果,具有极强的法律强制力。

民事判决书的判决结果如果项目比较多,可用条列法分项书写。这样清楚、明了,便于当事人执行。如继承财产案件,第一项应先判明谁为被继承人的法定(遗嘱)继承人,第二项再判决争执标的物(财产)的具体分割。

写好民事判决书的判决结果,应注意以下三个问题:①表达要明确,不能笼统含糊。判决结论是人民法院对案件的最后处理决定,当事人双方将根据判决项目予以执行,因而在表达上一定要清楚,明确,不能笼统含糊,模棱两可,似是而非,否则将会给案件执行造成障碍。②文字表达要简明,忌拖泥带水。判决结果是在案件事实叙述和理由阐述的基础上作出的处理结论,没有必要再复述事实和理由,应该直截了当地将处理结果写清即可,力戒拐弯抹角,说话兜圈子,否则将不利于执行。③判决的内容要完整。属于给付之诉的判决,判决结果中应具体写明给付标的物的名称、数量、给付时间及给付的方式;分期给付的,应具体写明每一次给付物品(包括人民币)的数额及期限,并说明逾期交付按双倍计罚利息,或按中国人民银行规定的日罚万分之三滞纳金罚则,以敦促败诉人自觉履行义务;判决义务人履行一定民事行为的,应写明应履行行为的内容及期限等,依照法律规定,逾期履行义务的应承担迟延履行的责任,对此还应交待出迟延履行导致的法律后果和应承担责任的具体方法等,不要遗漏。

(五)尾部

一审民事判决书的尾部按顺序写明以下几方面的内容:①诉讼费用的负担;②向当事人交待上诉权、上诉期限和上诉审法院名称;③审判人员署名,写明判决日期,加盖院印,书记员署名,加盖“本件与原本核对无异”的校对戳记。

首先,在判决结果之下应写明诉讼费用的负担。诉讼费用不属判决结果的范围。根据最高人民法院规定的民事诉讼收费原则,诉讼费用在原告起诉时暂由其预交,待判决后由败诉方承担;互有过错的,按过错责任大小共同分担。另外,若主张的诉讼请求权过大,亦要负担相应的诉讼费。该项应具体写明“本案收取诉讼费××××元,由×告承担”或“本案收取诉讼费××××元,×告承担××××元,×告承担××××元”。

其次,继诉讼费用之下交待上诉事项。该项应写明“如不服本判决,可在判决书送达之日起15日内,向本院递交上诉状,并按对方当事人的人数提出副本,上诉于××××人民法院。”

最后,由独任审判员或合议庭组成人员署名。如系独任审判的只写:审判员(或代理审判员)×××,下方注明发出判决书的年月日,并在其上加盖院印。其下,由书记员署名。如系合议审判方式,应依次写明:审判长×××,审判员(代理审判员,或助理审判员)×××审判员(代理审判员或助理审判员)×××,下方注明发出判决书的日期,并加盖院印。其下,由书记员署名。判决书在印发时,在其正本及副本尾部署名,左方空白处还应加盖“本件与原本核对无异”的校对戳记,表示校对工作的无误。

三、制作第一审民事判决书应注意的问题

1. 认定事实要准确无误,符合事实真相,列举的证据要确凿,须是经庭审认证过的有效证据。坚决杜绝先入为主、主观武断的不良审判作风。

2. 严格把好制作关、审批关、打印关,不出法律差错,不出文字差错,不出格式差错,确保文书的质量。

3. 掌握好一审案件审结的期限。根据《民事诉讼法》的规定，一审民事案件适用普通程序的应在受理后的6个月内审结，适用简易程序的应在受理后的3个月内审结，故一审民事判决书的制作及送达，应在受案后6个月或3个月内完成。

××省××县人民法院

民事判决书

（200×）××法民初字第×××号

原告张×，男，生于195×年1月13日，汉族，农民，住××县庙台乡×××组。

原告张×，男，生于197×1月17日，汉族，××县建设局干部，住该局院内。委托代理人赵×魁，××××律师事务所律师。

被告任×程，男，生于196×年8月8日，汉族，××县庙台乡财政所干部，住××县庙台乡××村，系二原告之堂妹（姐）夫。

被告赵×珍，男，生于192×年6月20日，汉族，农民，住××县庙台乡×村××组。

委托代理人肖×山，男，生于195×年1月10日，汉族，农民，住××县庙台乡×村。

原告张×、张×与被告任×程、赵×珍侵害土地承包经营权纠纷一案，于200×年6月6日向本院提起诉讼。本院受理后于6月7日向被告送达了诉状副本、应诉通知及举证通知书，双方当事人协议举证期限为10日，6月18日进行了证据交换，于200×年6月25日依法组成合议庭，公开开庭进行了审理。原、被告及其委托代理人均到庭参加了诉讼。本案现已审理终结。

原告张×、张×诉称：200×年6月3日，被告任×程与赵×珍协议，在二原告承包的荒山上建坟两孔，并称该荒山是赵×珍的自留山。被告的行为侵犯了原告的合法权益；现起诉要求二被告停止侵害，恢复荒山原貌。

二原告为证明自己的主张，向法庭提交了以下证据：

1. 198×年由××县政府签发的《自留山、荒山使用证》，证明该荒山前系塬塬地，使用权归二原告之父张×玉；

2. 199×年“五荒”资源使用权流转合同及《使用证》，证明二原告获得了赵×珍自留山以南3亩荒山的经营权；

3. ××县林业局证明1份，证明张×玉198×年的《自留山、荒山使用证》以及二原告的《“五荒”资源使用证》均属有效证件；

4. 证人任×平、焦×娃、焦×山、纪×华、董×顺、焦×氏的证言和调查笔录各1份，均证明该荒山以前系塬塬地，归××村××组所有，由张×玉经营，199×年“五荒”流转时使用权拍卖给二原告；

5. 焦×文证明1份，证明该地198×年划给张×玉，后又收回集体；

6. 赵×生证明1份，证明张×玉在该塬塬地种树。

被告任×程辩称：这片荒山是×村村民赵×珍的自留山，其为岳父、母建坟是经赵×珍同意的，有协议证明。并向法庭提交了该协议。

被告赵×珍辩称：其自留山在××村××组的地界内，197×年庙台人民公社给其核发了《使用证》，198×年县政府又核发了《林权证》。××村误将我自留山内的一段荒山划给了张×玉并发给了《使用证》，但该证已经××村宣布无效，因此这段荒山应归我使用。任×程为其岳父、母建坟是经我同意的。

赵×珍为证明其主张，向法庭提交了以下证据：

1. 197×年庙台人民公社颁发的《自留山使用证》，证明赵×珍自留山的四至；

2. ×村村委会任×民、任×建、王×正证言各1份，证明该荒山在赵×珍自留山面积内；

3. ××村村委会证明4份，证明赵×珍197×年的《自留山使用证》有效，张×玉的《荒山使用证》无效，该段荒山在赵×珍的自留山面积内，以及调处纠纷的经过；

4. 焦×文、纪×信、纪×华证言各1份，证明该荒山原系荒地，曾分给张×玉经营，后来又收归集体；

5. 198×年赵×珍的《荒山、自留山使用证》证明赵×珍自留山的四至；

6. 199×年农村产权改革成果统计表1份，证明二原告受让荒山的位置、四至等情况。

本案的所有证据，原、被告在开庭审理中均进行了质证。

被告任×程、赵×珍对原告提交的“五荒”流转合同书没有异议，对其他证据均有异议，并举证予以反驳。

原告对任×程、赵×珍提交的证据质证认为：

1. 村委会无权改变县人民政府颁发的《使用证》，所以×村村委会的证明及纪×华、纪×信证言无证据意义，不应采信；

2. 王×正、任×民、任×建与被告任×程有亲属关系，不能作证；

3. ××村的4份证明均不能否定张×玉198×的《荒山使用证》，焦×文的证言非本人所写，不符合证据的表现形式；

4. ××介绍信所述情况与调解时的情况不符；199×的产权改革统计表，说明原告受让的是荒山，而赵×珍的是自留山；“北邻赵×珍的坡畔”应理解为“自留山的坡畔”，而这块地当时是荒地，不应在赵×珍的自留山面积内；

5. 被告所提供的焦×文、纪×信、纪×华的证言能说明这段荒地属××村××组所有。

在辩论中，被告任×程认为，197×年赵×珍的《自留山使用证》没有指出该塬塬地除外。199×年的“五荒”流转合同书和《使用证》也没说该荒山在原告的3亩荒山之内。该段荒山应当是赵×珍的。

被告赵×珍认为：该塬塬地属×村××组所有，在其自留山范围内。

原告张×、张×认为：赵×珍所持是自留山使用证，而这块地先是塬塬地，张×玉的荒山使用证很清楚地载明塬塬地1亩，东西南北至地边，怎能说成是××组的自留山？

合议庭对本案证据进行综合分析后认为：原告提交的198×年的《自留山、荒山使用证》、《"五荒"使用权流转合同》、《"五荒"使用证》、199×年时任××组组长的任×平、副组长董×顺、村长纪×华的证言及调查笔录，来源形式内容合法，互相衔接，互相印证，可以认定；现场勘查情况证明，该荒山原系塬塬地，现种植有油松；另有坟茔5座，其中属原告家的有4座，另1座应是任×程为其岳父、母建造；焦×文、焦×娃、焦×山、焦×氏、赵×生的证言和调查笔录与勘验情况一致，可以认定。

被告任×程、赵×珍所提交的197×年的《自留山使用证》、198×年《自留山、荒山使用证》、199×年产权统计表来源合法、内容客观，应予认定；××村的4份证明和1份介绍信均不能证明该塬塬地的使用权，村委会无权否定县政府核发的《使用证》，也无权给别村村民划分自留山，其出具的介绍信与调解时的情况不一致，不应采信；焦×文、纪×信、纪×华的证言内容基本一致，且与原告提交的事实相符，可以认定。任×建证言与赵×珍《自留山使用证》四至不符，证言形式不合法；×村村委会和王×正的证明材料混淆了荒地与自留山的概念，3份证据均不予认定。被告所举其他证据均不能证明该塬塬地归赵×珍使用，其主张与证据互相矛盾，本院不予采信。

经审理查明：位于庙台乡××村××组的高子沟前培坡有一亩塬塬荒地，198×年11月经××县政府签证确定给二原告之父使用、经营，原告之父曾在此种树。199×年政府允许"五荒"流转时，该地的使用权为二原告拍卖所得。200×年6月被告任×程想在此地给岳父母（二原告之叔、娘）建坟，与原告协商，未达成协议后，被告又认为该地属庙台乡×村村民赵×珍的自留山，便与赵商议在此建坟，动工时二原告劝阻无效，于200×年6月7日将坟建成。现二原告以被告侵害其承包经营权为由提起诉讼。

本院认为，山林、荒地、土地属登记物权，原告有充分证据证明该争议的塬塬地使用权属自己所有。结合本案证据综合分析，原告199×年的《"五荒"使用证》所载的"北至赵×珍坡畔"应为"北至赵×珍自留山畔"，而赵×珍自留山未包括该塬塬荒地。赵×珍将原告承包的荒山转让给任×程使用（建坟），侵害了原告的荒山承包经营权，依法应承担民事责任。根据《中华人民共和国民法通则》第81条第3款、第134条的规定，判决如下：

限被告任×程、赵×珍在判决生效后7日内拆除修建在二原告承包荒山内的空墓二孔。

（被告逾期不履行，原告可在判决生效后1年内申请人民法院执行。）

案件受理费及其他诉讼费用计300元，二被告各负担150元。

如不服本判决，可在判决书送达之日起15日内向本院递交上诉状，并按对方当事人人数提出副本，上诉于××省××市中级人民法院。

审　判　长韩××
代理审判员赵××
人民陪审员杨××
200×年6月29日
（院印）

本件与原本核对无异

书　记　员杨××

【评析】

这是一份关于侵害土地承包经营权案的一审民事判决书。本案审理分歧的焦点在于被告任×程建坟处的荒地使用权究竟归谁所有，是归原告所有还是第二被告赵×珍所有，这直接关系着是否存在侵权之责实体处理的公正决断。该份判决书在其正文部分以此为轴心进行了有针对性的表述。

首先，在事实部分第一个层次中用简明扼要的语言概述了原告的诉称内容及诉讼请求及两被告各自的辩称内容，用简短明晰的文字将诉讼各方陈述的事实及诉请答辩主张完整地反映出来，使人一下就把握了诉讼当事人各方所持的观点及其依据。特别值得一提的是，该份判决书对证据的表述突破了简单罗列的模式，采用了较为合理的制作方法，即在原、被告各自诉辩内容之后，分别列出双方各自在法庭上出示的证据，并指出该证据证明的问题是什么，而后再分段表述双方质证的过程及具体理由，最后阐明合议庭对本案证据的认证结果。这样的表述方式不仅有效地增强了判决的透明度，而且最终从实体上也保证了裁判的准确、公正。法院审理查明认定的事实是判决定案的根据，由于前面的举证、质证、认证写得详细而扎实，故本院审理查明的事实在有足够证据为依托的前提下，简练地叙写了该纠纷发展变化的真实过程，从而为判决理由的阐述奠定了基础。

其次，判决理由虽然文字不长，但能够抓住争议的焦点，即荒山使用权归谁所有，进而展开分析，用证据结合认定的事实证明该荒地应为原告所有，被告赵×珍将原告承包的荒山转让给任×程使用（建坟）显然侵犯了原告的荒山承包经营权，依法应承担责任，论理充分，结论令人信服。适用法律引用了《民法通则》第81条第3款及第134条也准确而到位。

再次，判决结果亦表达得具体、明确。值得一提的是，该判决还交代了判决生效后，被告拒不履行义务原告申请强制执行的期限，上述权利的交代在判决书中载明是十分必要的。

最后，还有一点值得肯定，该判决书案由及审判经过一项的写法亦有创新，该项将法院开庭前所做的全部工作按时间顺序依次交代，如将起诉日期、受理后送达起诉状副本及法律文书日期，庭前交换证据日期及开庭日期全部公开地展示在公众面前，清楚地反映了人民法院审判程序的合法，这是难能可贵的。

当然这份判决书也有瑕疵，主要表现在：①文书编号写法尚不够规范，应将"（200×）××法民初字第×××号"改为"（200×）×民初字第×××号"。②案由中应写明到庭的各方当事人及委托代理人姓名。③个别地方的文句还值得进一步推敲、修改。尽管如此，该文书仍不失为一份制作较为优秀的判决书。

第三节　第二审民事判决书

一、第二审民事判决书的概念及作用

二审民事判决书是指当事人不服第一审人民法院的判决，按照法律程序向上一级人民法院上诉。上一级人民法院按照我国民事诉讼法规定的第二审程序，对第一审人民法院尚未生效的民事判决进行审理终结后，依法对案件的实体问题作出维持原判或者改判决定时所制作的司法文书。

《民事诉讼法》第 138 条对民事判决书基本内容的规定，也是制作第二审民事判决书的法律依据。同法第 153 条第 1 款第 1、2、3 项则规定了第二审民事判决书的适用范围。

二审人民法院通过二审民事判决书全面确认第一审人民法院认定的事实和作出的判决结论是否正确，纠正第一审民事判决可能发生的错误，避免错案、错判，从而保障民事诉讼当事人的合法权益。

二、第二审民事判决书的格式、内容及写法

二审民事判决书同一审民事判决书在格式上基本相同，但由于审判程序不同，因此它的内容及写法与一审民事判决书亦有不同之处。其结构和内容如下：

（一）首部

这一部分应写明三项内容：

1. 标题和编号。标题的写法应分为两行，写明人民法院名称和文书种类。如：

××××人民法院
民事判决书

按照《法院诉讼文书样式（试行）》的规定，第二审人民法院制作的民事判决书标题不必反映审级，即不必写"二审（或终审）"的内容。

编号的位置在标题的右下方，注明："（年度）×民终字第×号"，以表明是按上诉程序进行审理的终审案件。

2. 诉讼参与人及其基本情况。

（1）上诉人栏。按照次序列出上诉人（原审原告或原审被告，原审第三人）的姓

名、性别、出生年月日、民族、出生地、工作单位、职业、住址。如上诉人系企事业单位、机关、团体的，写明单位的全称和所在地址。下面再写明其法定代表人的姓名和职务。

(2)诉讼代理人栏。在这一栏中应写明代理人的具体种类，如法定代理人、委托代理人。接下写明姓名(法定代理人需注明与上诉人的关系；委托代理人是上诉人近亲属的，也应注明与上诉人的关系)、性别、年龄、工作单位、职业、住址。委托代理人是律师的可写：姓名，××律师事务所律师。

(3)被上诉人栏。这一栏应写明被上诉人(原审原告或原审被告、原审第三人)的姓名、性别、出生年月日、民族、籍贯、工作单位、职业、住址。若被上诉人系企业事业单位、机关、团体时，应写明单位全称和所在地址，再写明其法定代表人的姓名、工作单位及职务。

(4)被上诉人的诉讼代理人栏目填写与上诉人诉讼代理人栏目写法相同，可参照。

如二审中有第三人参与诉讼，还需要写清第三人的身份概况，第三人委托代理人的，其写法仍同上诉人栏目。

3. 案由、案件来源及审判组织、审判方式。按格式规定，应写明如下一段文字"上诉人×××因××(案由)一案，不服×××人民法院(年度)×民初字第×号民事判决，向本院提起上诉。本院依法组成合议庭，公开(或不公开)开庭审理了本案。(写明当事人及其诉讼代理人等)到庭参加诉讼。本案现已审理终结。(未开庭的，写'本院依法组成合议庭审理了本案，现已审理终结')。"

(二)事实

二审民事判决书的事实应先概括写明原审认定的事实、理由和判决结果，简述上诉人提起上诉的请求和主要理由、被上诉人的主要答辩及第三人的意见。接着再写明二审认定的事实和证据。

二审民事判决书的事实与一审民事判决书的事实相比较，更为复杂一些，这是因为：二审是对案件的复审，当事人不服第一审人民法院的判决，向上一级人民法院提出上诉后，第二审人民法院需要全面审查第一审人民法院认定的事实和适用的法律。因此，在二审民事判决书中必须将一审人民法院认定的当事人争议的主要事实及一审认定的事实、理由及判决结论的主要内容叙述清楚，在此基础上再叙述经二审人民法院查明的事实。这样才能针对当事人的上诉理由是否合理、一审认定的事实及适用的法律是否正确，进行充分论证，作出正确的结论。

叙述二审民事判决书事实应注意以下几点：

1. 对一审认定的当事人争议的主要事实不要原封不动地照抄，而应在不失其原意的基础上进行概括、归纳，从中抓住主要的实质问题加以叙述。对原审法院判决内容的表述应该简明扼要，突出重点。判决内容简单，项目不多的，可以全部引用；判决项目比较多的可重点摘引其中主要、关键的具体项目，其他项目内容可以概括简述。

对上诉人提起上诉的主要理由及被上诉人的主要答辩也应该在不失原意的前提下综合归纳,不要写得过于详细。

2. 复查认定的事实因是二审改判或维持原判的依据,叙述时必须紧紧扣住一审认定的事实而写,针对性要强。一审认定的事实有遗漏的,复审认定的事实应在其基础上补充叙述;一审认定的事实不准,或错误较多的,复审认定的事实就应详细叙述经审查后认定的查明事实,以便进行比较,从中体现出二审对一审事实的纠正。对于事实认定准确、没有出入的,复审事实则可从简叙述或不予叙述。

在段落安排上,如果一审认定事实没有错误,复审认定的事实放到理由中简单加以肯定即可。如果一审认定的事实有错误的,则应另起一段叙写。这样可以明确反映出一审与二审事实的不同点。

(三)理由

二审民事判决书的理由主要应写明:对一审判决是否正确作出结论;对上诉理由是否合理、被上诉人的答辩是否有理进行论证;阐明维持原判或改判的理由;引用与判决项目相适应的法律条文。二审民事判决书理由的阐述必须具体、充分,以理服人。对于上诉人上诉理由合理,原判决不当的,应该针对二审查明的事实,阐明上诉理由为什么是合理的,符合哪条法律规定,理由阐发透彻,改判结论才有说服力。对于原判决正确,上诉人上诉无理的,也应具体阐明二审法院支持原判决,驳回无理上诉的理由,并指出其错误所在,给予必要的批评。

理由部分在适用法律上要做到准确无误。维持原判的,应具体引用《民事诉讼法》第153条第1款。部分改判或全部改判的,应引用《民事诉讼法》第153条第2款以及改判的有关实体法条文。发回重审的适用裁定引用《民事诉讼法》第153条第3款或第4款。

(四)判决结果

这一部分是二审民事判决书的关键部分。它是对一审判决的最后确定。根据我国《民事诉讼法》第153条的规定,二审民事案件经过审理,作出最终处理决定的,主要有以下几种情况:①驳回上诉,维持原判;②部分改判;③全部改判;④维持原判并增加新的判决。按照《法院诉讼文书样式(试行)》的书写要求,对这四种不同的判决,在表述上可作如下写法:

1. 维持原判的写法。写明“驳回上诉,维持原判”。

2. 全部改判的写法。全部改判的,应当:

(1)写明撤销××××人民法院(年度)×民初字第×号民事判决;

(2)写明改判的内容,内容多的可分项书写。

3. 部分改判的写法。部分改判的,应当:

(1)写明维持××××人民法院(年度)×民初字第×号民事判决的第×项;即……

(2)写明撤销××××人民法院(年度)×民初字第×号民事判决的第×项;

即……

(3)写明部分改判的内容,内容多的可分项书写。

4. 维持原判又有加判内容的写法。维持原判并增加新判决的,应当:

(1)写明维持××××人民法院(年度)×民初字第×号民事判决;

(2)写明加判的内容。

需要注意的是,如果原审认定的事实、适用的法律及判决结果基本正确,二审仅部分变动给付财物数额,在这种情况下,不宜采取先撤销原判再改判的写法,而应该直接写"变更×项为……",因为原判并无错误,二审只不过是将给付财物数额作适当调整,使其更为合理而已。

全文写完之后,还应写明诉讼费用的负担。

(五)尾部

二审民事判决书的尾部主要写明以下两方面内容:

1. 根据《民事诉讼法》第158条规定,"第二审人民法院的判决、裁定,是终审的判决、裁定。"当事人再无上诉权利。因而在诉讼费用负担的左下方应写明"本判决为终审判决"的字样。

2. 在文书右下方由合议庭人员,即审判长、审判员(或代理审判员)署名。并注明制作判决书的年月日,加盖院印。再下面是书记员署名,书记员署名的左上方加盖"本件与原本核对无异"校对印章。

三、制作第二审民事判决书应注意的问题

1. 叙述二审民事判决书的事实要体现出上诉审的特点,针对上诉人提出的问题及一二审认定的事实进行重点叙述。一审认定的事实有遗漏的,复审认定的事实应在其基础上补充叙述;一审认定的事实不准或错误较多的,复审认定的事实就应详细叙述经审查后认定的查明事实,以便进行比较,从中体现出二审对一审事实的纠正。对于事实认定准确,没有出入的,复审事实则可以从简叙述或不予叙述。

2. 阐述理由亦需加强针对性和说服力,避免照抄原判理由,反对公式化的空洞语言。要围绕原判决是否正确、上诉是否有理进行具体的分析论证。原判正确,上诉无理的,要指出上诉请求的不当之处;原判不当,上诉有理的,应阐明原判决错在何处,上诉请求符合什么法律规定;原判决部分正确,或者上诉部分有理,则要具体阐明原判决和上诉请求分别对在哪里,错在哪里。理由部分需要论述的内容较多的,可以分层次分问题进行论证。

实例

××省××市中级人民法院
民事判决书

(200×)×民二终字第×××号

上诉人(原审原告)朱×英,女,195×年1月20日出生,汉族,××省建筑路桥工程公司职工,已退休,住××市××村农兴路19号。

上诉人(原审原告)朱×斌,男,195×年5月27日出生,汉族,××省供销合作社干部,住××市北关××巷2号楼4层。

上诉人(原审原告)朱×奇,男,195×年12月28日出生,汉族,××××工贸公司职工,住××市××小区平房26号。

上诉人(原审原告)朱×阁,女,196×年11月24日出生,汉族,××市××饭店职工,住××市××××厂家属区31号家属楼(未到庭)。

上诉人共同委托代理人宋×,男,195×年10月18日出生,汉族,××学院×××系教授,住该院6号楼5-4号。

被上诉人(原审被告)××省建筑路桥工程公司,住所地××市××路51号。

法定代表人刘×祯,该公司总经理。

委托代理人祁×玉,××××律师事务所律师。

被上诉人(原审被告)孙×君,女,195×年7月31日出生,汉族,××省建筑路桥工程公司职工,住××市×××小区11号楼1单元5层2号。

委托代理人闰×龙,××××律师事务所律师。

上诉人朱×英、朱×斌、朱×阁、朱×奇因人身损害赔偿纠纷一案,不服××市××区人民法院(200×)×民初字第××××号民事判决,向本院提起上诉。本院于200×年4月30日立案受理。本院依法组成合议庭,公开开庭审理了本案,朱×英、朱×斌、朱×奇、宋×、祁×玉、孙×君、闫×龙到庭参加了诉讼,本案现已审理终结。

原审判决认定:朱×英、朱×斌、未×奇、朱×阁系兄妹关系,朱×英借住尹×世房屋,该房屋与孙×君相邻,两家共用一通道。两家所居住之房屋均为××省建筑路桥工程公司所有,朱×英等人之母陈×珍与朱×英同住。

朱×英、朱×斌、朱×奇、朱×阁于200×年11月20日诉至原审法院,称200×年6月15日下午,其母陈×珍从居住在××市××庄××新村西一号楼1单元5层东户的家中外出,当走到楼梯第二台阶时,由于孙×君在楼道堆积的木料突然倒塌,致其母重度颅脑损伤,经医院抢救无效,于200×年6月16日上午6时许去世,现要求××省建筑路桥工程公司、孙×君支付陈×珍医疗费、丧葬费、死亡补偿费等70 589.06元,赔偿朱×英等人误工费、交通费2372.44元,并支付精神损害赔偿费10 000元。

××省建筑路桥工程公司辩称:朱×英等人称陈×珍系被孙×君在楼道上堆积的木料砸伤,没有证据,且其不是木料的所有者和管理者,因此,其不应承担陈×珍死亡的赔偿责任。

孙×君辩称:木料并非其所有,也非其堆放,且陈×珍的死因不明,是否系被木料砸伤,没有直接证据,表示不同意朱×英之诉讼请求。

原审法院认为:孙×君在通道上堆放物品倒塌,导致陈×珍死亡,孙×君依法应给朱×英等人一定的经济补偿。至于朱×英等人要求××省建筑路桥工程公司承担赔偿责任,于法无据,不予支持,遂判决:

一、本判决生效后10日内,被告孙×君一次性给付原告朱×英、朱×斌、朱×奇、朱×阁损失费3000元。

二、驳回原告其余之诉。

宣判后,朱×英等人不服,向本院提起上诉,上诉请求:①撤销一审判决。②判令××省建筑路桥工程公司、孙×君支付陈×珍之医疗费1883.30元、误工费1685.44元、因救护和丧葬期间的交通费687元、丧葬费1500元、死亡补偿金27 672.96元、精神损害费10 000元。以上合计43 428.70元。××省建筑路桥工程公司认为一审判决基本正确,一审认定陈×珍死亡系被木料砸伤证据不足,请求维持一审判决。孙×君认为一审认定物品倒塌致陈×珍死亡,但堆放的物品是什么不清楚;在出事现场有4根木料,其中2根木料系其所有,现仍在出事现场,陈×珍家属指认的致害陈×珍的2根木料现已不在现场,且该2根木料也非其所有,一审认定朱×英等人所称致害陈×珍的2根木料系其所有错误;其对一审判决也有意见,但考虑到邻里关系等原因,对一审判决给付对方补偿3000元表示认可,请求驳回朱×英等人之上诉请求。

经审理查明:陈×珍系朱×英、朱×斌、朱×奇、朱×阁之母。朱×英借住尹×世的房屋,该房屋与孙×君为邻,两家共用一通道。两家所居之房屋产权均归××省建筑路桥工程公司所有。陈×珍与其女儿朱×英同住。孙×君在两家共用的通道门边放有木料等杂物。200×年6月15日下午,陈×珍头部被两家共用之通道门边的木料砸伤,当即送往医院抢救无效,于次日死亡,共花医疗费1883.30元。

本院认为,公民的生命健康权受法律保护。共用通道是住户共同使用的空间,任何人不应在共用通道上乱堆放杂物。陈×珍被共用通道门边堆放的木料砸伤头部,经抢救无效死亡,作为木料的所有者和管理者理应承担相应的民事责任。从事故现场可见,共用通道门边共有4根木料及杂物堆放在一起,陈×珍被其中倒塌的2根木料砸伤。现孙×君在承认上述4根木料中未倒的2根木料和杂物属于其所有的同时,否认砸伤陈×珍的2根木料归其所有,理由不充分,孙×君又未能够说明倒塌2根木料系他人所有,故可认定致伤陈×珍的2根木料系孙×君所有。根据有关法律规定,建筑物或者其他设施以及建筑物上的搁置物、悬挂物发生倒塌、脱落、坠落造成他人损害的,它的所有人或者管理人应当承担民事责任,但能够证明自己没有过错的除外。因孙×君未提供证据证明其无过错,所以,孙×君应承担相应的民事责任。对于抢救费、误工费、交通费、丧葬费、死亡补偿金，孙×君应按规定予以赔偿。关于朱×英等人要求赔偿精神损失，根据《最高人民法院关于确定民事侵权精神损害赔偿责任若干问题的解释》第9条规定，死亡赔偿金就是精神损失。所以，朱×英等人再要求赔偿精神损失费，本院不予支持。××省建筑路桥工程公司虽为楼房的所有人，但其与陈×珍受伤死亡的后果没有因果关系，因此，朱×英等人要求××省建筑路桥工程公司承担民事责任的理由不能成立。综上，依照《中华人民共和国民事诉讼法》第152条第1款第2项、《中华人民共和国民法通则》第98条、第126条之规定，判决如下：

一、撤销××市××区人民法院(200×)×民初字第××××号民事判决；

二、本判决生效后10日内，孙×君一次性赔偿朱×英、朱×斌、朱×奇、朱×阁医疗费1883.30元、误工费500元、交通费200元、丧葬费1500元、死亡补偿金27 672.96元，以上合计31 756.26元；

三、驳回朱×英、朱×斌、朱×奇、朱×阁其余诉讼请求。

一审案件受理费3131元，由朱×英、朱×斌、朱×奇、朱×阁承担631元，由孙×君承担2500元。

二审案件受理费3131元，由朱×英、朱×斌、朱×奇、朱×阁承担631元，由孙×君承担2500元。二审案件受理费3131元朱×英、朱×斌、朱×奇、朱×阁已预交，孙×君将应由其承担之2500元于本判决生效后10日内直接付给朱×英、朱×斌、朱×奇、朱×阁。

本判决为终审判决。

审　判　长　高×贤
审　判　员　王×利
代理审判员　朱×燕
200×年7月22日
（院印）

本件与原本核对无异

书　记　员　王×

【评析】

共用通道的搁置物将受害人击砸致死，一审法院仅判赔偿3000余元，上诉人不服原判提起上诉。二审法院通过开庭审理查清事实后依法做出撤销原判，判令被上诉人孙×君赔偿四上诉人各项损失费用31 756.26元的终审判决，维护了法律的公正，切实保护了权利受到侵害一方当事人的合法权益。本判决书在写法上格式规范，项目齐全，正文中在叙述了原判认定的事实、判决结果及上诉理由、被上诉人答辩之后，简要写明了二审所查明的事实。理由部分则针对庭审中双方争议的焦点进行分析，阐明事理，论述了为什么认定被上诉人孙×君系该木料的所有权人，同时亦阐明了本案应适用举证倒置原则，孙×君未提供证据证明其无过错，故其应承担相应民事责任的法律观点，故而有力地驳斥了被上诉人的答辩意见，为改判提供了足够的理论根据。综观全文，这份判决书的事实、理由及判决结果三者间具有严密的逻辑结构，高度统一。不足之处是，对原判认定事实的叙述不够精练，对个别情节存在重复叙述情况，这就有悖于裁判文书制作的效率原则。

第四节　再审民事判决书

一、再审民事判决书的概念及作用

根据我国《民事诉讼法》第177、178、179、185、186条的有关规定：人民法院对于已经发生法律效力的判决和裁定，发现并认为确有错误，可以按照审判监督程序对案件进行再审。再审民事判决书就是人民法院依照审判监督程序，对已经发生法律效力的确有错误的判决、裁定进行再审后作出的书面决定。

按照《民事诉讼法》第十六章的规定，再审案件的提起其来源主要有五种类型：一是由申请人申请再审引起再审；二是上级法院指令下级法院再审；三是上级法院提审；四是本院决定再审；五是检察机关提出抗诉引起再审。《法院诉讼文书样式（试行）》按上述类型分列了五种格式。

再审民事判决书是审判工作的最后一道关口，其作用主要在于纠正错误的生效裁判，保证民事裁判的正确性和合法性，从而保障当事人的合法权益，维护国家法制的尊严。

二、再审民事判决书的格式、内容及写法

再审民事判决书的格式与二审民事判决书大体相同。

（一）首部

主要写明以下三项内容：

1. 标题和编号。标题分两行写明法院名称和文书种类。如：

××××人民法院
民事判决书

标题无需写明审级，即不必写“再审”字样。

编号的书写位置在标题的右下方，注明：（年度）×民再字第×号。

2. 诉讼参加人身份情况。按照顺序依次写明：

原审原告（或原审上诉人）……（写明姓名或名称等基本情况，具体事项可参照一、二审判决书该项）

原审被告（或原审被上诉人）……（同上）

原审第三人……（同上）

当事人及其他诉讼参加人的列项和基本情况的写法，除当事人的称谓外，与一审民事判决书该项相同，可参照。

3. 案由、再审来源、再审的提起及审判方式。根据再审来源的不同渠道，该项目有如下几种不同的写法：

(1)如系本院决定再审的写：

……(写明原审当事人的姓名或名称和案由)一案，本院于××××年××月××日作出(××××)×民×字第××号民事判决(或裁定)，已经发生法律效力。××××年××月××日，本院以(××××)×民监字第××号民事裁定，决定对本案进行再审。本院依法另行组成合议庭，公开(或不公开)开庭审理了本案……(写明参加再审的当事人及其诉讼代理人等)到庭参加诉讼。本案现已审理终结。

(2)如系上级法院指令再审的写：

……(写明原审当事人的姓名或名称和案由)一案，本院于××××年××月××日作出(××××)×民×字第××号民事判决(或裁定)，已经发生法律效力。××××年××月××日，××××人民法院以(××××)×民监字第××号民事裁定，指令本院对本案进行再审。本院依法组成合议庭……(以下同上例该项一样，可参照)。

(3)如系依照审判监督程序提审的写：

……(写明原审当事人的姓名或名称和案由)一案，××××人民法院于××××年××月××日作出(××××)×民字第××号民事判决(或裁定)，已经发生法律效力。××××年××月××日，本院以(××××)×民监字第××号民事裁定，决定对本案进行提审。本院依法组成合议庭……(以下内容仍同上例该项，可参照)。

(4)如系当事人申请再审的写：

……(写明当事人的姓名或名称和案由)一案，本院于××××年××月××日作出(××××)×民×字第××号民事判决(或裁定、调解协议)，已经发生法律效力。××××年××月××日，原审×告(或原审第三人)×××向本院申请再审，经审查该申请符合法律规定的再审条件。本院提起再审后，依法另行组成合议庭，公开……（以下仍同上项写法，可参照）。

(5)如系检察机关提出抗诉再审的写：

……（写明当事人的姓名或名称和案由）一案，本院（或××××人民法院）于××××年××月××日作出（××××）×民×字第××号民事判决，已经发生法律效力……（写明进行再审的根据）。本院依法组成合议庭……（以下内容仍同第一例，可参照）。

（二）正文

正文包括事实、理由及判决结果三项。

1. 事实。再审民事判决书的事实应写明以下三个要点：①简要叙述原审生效判决认定的主要事实、理由和判决结果；②当事人提出的或申请的、检察机关提出抗诉的主要理由及请求；③经再审所查明认定的事实及证据。

叙述再审查明认定的事实对有争议的内容应当重点分析论证，事实叙述的详略要根据原判决认定事实清楚与否来决定。如果原判决认定事实不清，再审民事判决书的事实需要详细、具体地叙述。如果原判决认定事实清楚，再审民事判决书的事实可概括叙述。如果原判决个别地方认定不准，再审民事判决书的事实应运用新获取的证据对其错误之处予以纠正。具体的叙事要求与第一审、第二审民事判决书事实部分的要求相同，可参照。

2. 理由。再审民事判决书的理由包括两项内容：一是根据再审查明的事实，论述原审生效判决定性处理是否正确，属于申请再审或检察机关抗诉的，要针对其申请再审、抗诉的观点能否成立来阐明是否应予改判，如何改判，或者应当维持原判的理由。二是写明再审判决依据的法律条文，即“依照……（判决依据的法律）的规定，判决如下：”。论述再审判决的理由要抓准关键，阐明观点，论述充分，合法有据。

3. 判决结果。再审民事判决书的判决结果可分为全部改判、部分改判、增加新的判决及维持原判四种类型。

(1)如系全部改判的写：

一、撤销××××人民法院（年度）×字第×号民事判决书（或本院，年度）×字第×号民事判决书。

二、（改判的内容）。

(2)如系部分改判的写：

一、维持××××人民法院（或本院）（年度）×字第×号民事判决书第×项；

二、撤销××××人民法院(或本院)(年度)×字第×号民事判决书第×项；
三、(改判的内容)。

(3)如系加判的写：

一、维持××××人民法院(或本院)(年度)×字第×号民事判决书。
二、(加判的内容)。

(4)如系维持原判的写：

驳回申诉(或再审申请或抗诉),维持原判。

此外,属于上级人民法院提审、指令再审或本院决定再审的,可写：

原判正确,予以维持。

如需驳回其他之诉的,在判决项目之后应另列一行,写明：

驳回申诉人(或申请人)×××(姓名)其他诉讼请求。

(三)尾部

我国《民事诉讼法》第186条规定："人民法院按照审判监督程序再审的案件,发生法律效力的判决、裁定是由第一审法院作出的,按照第一审程序审理,所作的判决、裁定,当事人可以上诉;发生法律效力的判决、裁定是由第二审法院作出的,按照第二审程序审理,所作的判决、裁定,是发生法律效力的判决,裁定……"根据这项规定,如系按第一审程序审理的再审案件,应交代上诉权,尾部写明"如不服本判决,可在判决书送达之日起15日内,向本院递交上诉状并按对方当事人的人数提出副本,上诉于××××人民法院"。如系按第二审程序审理的再审案件,当事人无上诉权,应写明"本判决为终审判决"。

下方由审判长、审判员(或代理审判员)署名。注明制作的年月日,加盖院印。再下方书记员署名。在署名的左上方加盖"本件与原本核对无异"的核对章。

三、制作再审民事判决书应注意的问题

1. 制作再审民事判决书,无论是维持原判还是予以改判,都应实事求是,依法办案,做到有错必纠,无错不纠。

2. 无论是哪一种类型的再审案件,改变原判决的,在判决结果中,应当撤销原一审或原一、二审判决、裁定的全部或者某一部分。

附 实例

北京市高级人民法院
民事判决书

(199×)高经再终字第×××号

原审上诉人(一审被告)北京市海淀区××农村信用合作社,住所地北京市海淀区××乡××疃东口。

负责人王××,主任。

委托代理人张××,北京市××律师事务所律师。

委托代理人官××,××律师事务所律师。

原审被上诉人(一审原告)北京××制药厂,住所地北京市海淀区××路27号。

法定代表人文××,厂长。

委托代理人吴××,北京市××律师事务所律师。

原审被上诉人(一审被告)北京××肉类食品公司,住所地北京市朝阳区××门外××坊。

法定代表人张××,经理。

原审上诉人北京市海淀区××农村信用合作社(以下简称信用社)与原审被上诉人北京××制药厂(以下简称制药厂)、原审被上诉人北京××肉类食品公司(以下简称食品公司)存单纠纷一案,本院于199×年4月30日作出(199×)高经终字第×××号判决。该判决发生法律效力后,信用社向本院申请再审,本院于199×年9月14日作出(199×)高经监字第×××号民事裁定,决定对本案提起再审。本院依法另行组成合议庭,公开开庭审理了本案。信用社的委托代理人张××、官××,制药厂的委托代理人吴××到庭参加诉讼。原审被上诉人食品公司经本院合法传唤无正当理由拒不到庭,故缺席审理。本案现已审理终结。

原终审判决认定,制药厂将收款人为信用社的转账支票、进账单交给信用社,信用社自行将款转给食品公司,信用社出具存单,制药厂从食品公司取得高息的行为,是以存单为表现形式的借贷纠纷案件,属于违法借贷,该借贷行为无效。当制药厂收到两次空头支票而要取款时,信用社要求制药厂写明承诺书,不能认定是制药厂指定用资人,只能表明制药厂知道用资人是食品公司;信用社以本票方式给制药厂高息,又与食品公司签订借款合同贷给食品公司900万元,在食品公司破产时,信用社作为债权人又申报债权,应认定是信用社指定的用资人。故应由信用社承担还款责任。一审判决认定事实清楚,但适用法律部分有误,故判决:①撤销北京市第一中级人民法院(199×)一中经初字第×××号民事判决第一项即北京市海淀区××农村信用合作社给北京××制药厂开具的1000万元存单合法有效;第二项即北京海淀区××农村信用合作社于本判决生效后十日内支付北京××制药厂存款1000万元本金(扣除已付的80.2万元)、利息(按存单上规定的利率计算);维持第三项即驳回北京××制药厂其他诉讼请求。②北京市海淀区××农村信用合作社于本判决生效之日起10日内偿还北京××制药厂1000万元(扣除已付的80.2万元),并偿还该款的利息(按中国人民银行同期存款利率计算至给付之日止)。

信用社再审期间称,原判认定信用社自行将款转给食品公司的事实有误,用资人食品公司系制药厂指定;制药厂收取高息数额应为150.2万元,而非80.2万元。原判认定事实不清,适用法律有误,故请求撤销一、二审判决,依法改判其承担食品公司不能偿还部分的40%。

制药厂再审期间辩称,信用社自行将款转给食品公司应承担偿还责任,故请求维持二审判决。

再审期间食品公司未提出答辩。

经审理查明,199×年6月1日,制药厂副厂长张×宁持一张1000万元转账支票到信用社办理存款手续。同年6月5日,该支票存入信用社账户,信用社开具一张一年期定期存单,金额是1000万元,利率为9.15‰,制药厂于199×年6月1日收到食品公司从北京×××城市信用社开出的日期为199×年6月5日的80.2万元转账支票一张,但因空头被退回。同年6月7日制药厂再次收到食品公司转账支票,仍因空头被退回。食品公司于同年6月9日向北京山水××××有限责任公司(以下简称山水公司)借款150.2万元。因山水公司在信用社有开户,故信用社应山水公司的要求,从其账户中直接划出150.2万元,以信用社支票方式开出两张转账支票,金额为80.2万元的转账支票收款单位系制药厂,金额为70万元的转账支票收款单位为超卓服务有限公司。其中80.2万元转账支票被制药厂收妥入账。制药厂收到80.2万元转账支票的同时出具了承诺书,内容为"我厂存入农行××信用社人民币1000万元整,存期1年(199×年6月5日至199×年6月5日),在××肉联厂不违约的前提下,我厂在存期内保证不提前支取"。同年6月14日信用社预留利息100万元,将其余900万元贷给食品公司,期限为1年,月利率为10.9‰。珠海市××××实业公司为食品公司提供担保。存单到期后,制药厂要求取款,因食品公司未偿还该笔贷款,信用社拒付。制药厂要求食品公司还款,199×年6月5日食品公司经理张×杰给制药厂出具承诺书,内容为"贵厂存入信用社的1000万元资金,由于特殊原因,我单位未能按时还回。目前我单位保证在10天内将款还回。由于超期给贵厂造成了损失,我们愿付10万元损失费,予以补偿。如果6月15日未能按时还回,我单位愿按银行超期规定罚款付给贵厂"。制药厂张×华以"当事人"身份签字;信用社闰×以"见证人"身份签字。

上述事实,有"定期存单"证实199×年6月5日制药厂与信用社正式成立存款关系;有张×宁在二审庭审中陈述及梁×在公安机关证言证实制药厂于199×年6月1日即收到食品公司息差支票;有"北京×××城市信用社开出的转账支票"证实息差系食品公司所付;有"山水公司150.2万元转账支票"、"信 用社转账支票"以及张×杰、蒋×玉证言证实食品公司向山水公司借款付制药厂息差，信用社应山水公司经理杜×要求转为信用社支票方式支付；有"制药厂、北京城市合作银行××路支行证明"证实制药厂收到食品公司支付息差的数额为80.2万元，并已入账；有"承诺书"两份证实制药厂与食品公司就收取高息及延期还款和损失补偿问题进行了约定；有"借款合同"及"贷款凭证"证实食品公司收到贷款中的900万元。

另查，该笔存款存入信用社前，制药厂与食品公司通过宋×山、梁×、韩×、车×春事先协商，制药厂将款借给食品公司使用，由食品公司付息差，但必须通过银行办手续。制药厂与食品公司协商好之后才于199×年6月1日到信用社办理存款手续，信用社于同年6月5日出具存单。

上述事实有梁×及宋×山证言证实存款前制药厂与食品公司通过宋×山、梁×、韩×、李×春就借款及高息数额进行了协商，由梁×将协商情况转告制药厂张×宁。

再查，由于债权人中国×××科技发展公司申请食品公司破产，北京市朝阳区人民法院于199×年4月30日受理该破产案件，裁定食品公司进入破产还债程序；但现还未宣告破产，亦未成立清算小组。信用社199×年3月4日申报了债权。

上述事实有北京市朝阳区人民法院(199×)朝经破字第×号民事裁定书在案佐证。

本院认为，制药厂存入信用社1000万元是给食品公司使用，且收取了食品公司给付的高额息差，制药厂与食品公司之间是以存单为表现形式的违法借贷，该存单应属无效。制药厂在到信用社存款之前就已明知食品公司用资人身份，且存单关系成立前就已向食品公司索要高息，此行为应认定系制药厂指定的用资人。制药厂对此予以否认，但未能提供相应证据，本院不予采信。信用社称制药厂收取高息数额为150.2万元，亦无证据佐证，本院不予支持。综上，原终审判决认定事实不清，适用法律部分有误，应予纠正。依照《中华人民共和国民事诉讼法》第184条第1款、第153条第1款第2项、第3项，《最高人民法院关于审理存单纠纷案件的若干规定》第6条第2款第3项的规定，判决如下：

一、撤销本院(199×)高经终字第×××号判决和北京市第一中级人民法院(199×)一中经初字第×××号判决；

二、北京市海淀区××农村信用合作社给北京××制药厂开具的1000万元存单无效；

三、北京市××肉类食品公司于本判决生效之日起10日内返还北京××制药厂人民币900万元(扣除已付的80.2万元)及利息(按中国人民银行同期存款利息计算，自199×年6月5日起至给付之日止)；

四、北京市海淀区××农村信用合作社对本判决上述第三项北京市××肉类食品公司不能偿还本金部分承担赔偿责任(不超过不能偿还本金部分的40%)；

五、北京市海淀区××农村信用合作社于本判决生效之日起10日内返还北京××制药厂人民币100万元及该款利息(按中国人民银行同期存款利息计算，自199×

年6月5日起至给付之日止）；

六、驳回双方其他诉讼请求。

一审案件受理费68 360元，由北京××制药厂负担17 090元（已交纳68 360元），北京市海淀区××农村信用合作社负担17 090元（于本判决生效后7日内交纳），北京××肉类食品公司负担34 180元（于本判决生效后7日内交纳）；二审案件受理费68 360元，由北京市海淀区××农村信用合作社负担17 090元（已交纳68 360元），北京××制药厂负担17 090元（于本判决生效后7日内交纳），北京××肉类食品公司负担34 180元（于本判决生效后7日内交纳）。

本判决为终审判决。

审判长　范　×
代理审判员　傅××
代理审判员　周　×
199×年12月13日
（院印）

本件与原本核对无异

书记员　吴　×

【评析】

本文是一份适用二审程序再审的民事判决书，写作程式符合要求。本案改判的原因是再审法院认定原审被上诉人借存单进行了违法借贷，存单无效。据此判决书有针对性地叙述了原审被上诉人如何协商通过银行实施拆借和由原审被上诉人食品公司支付了息差80.2万元的事实和证据，论理比较充分。不足之处是支持原审被上诉人主张，判令原审上诉人承担食品公司不能偿还本金的40%的赔偿责任的理由没有说清。

第五节　特别程序民事判决书

一、特别程序民事判决书的概念及作用

特别程序民事判决书是指我国第一审基层人民法院对起诉人或申请人起诉的选民资格案件，宣告失踪、宣告死亡案件，认定公民无民事行为能力、限制民事行为能力案件，认定财产无主案件经审理后，依法作出的书面处理决定。

特别程序是我国《民事诉讼法》针对人民法院受理的上述四类特定案件作出的程序特别规定。我国《民事诉讼法》第164条规定："公民不服选举委员会对选民资格的申诉所作的处理决定，可以在选举日的5日以前向选区所在地基层人民法院起诉。"第166第1款规定："公民下落不明满2年，利害关系人申请宣告其失踪的，向下落不明人住所地基层人民法院提出。"第167条第1款规定："公民下落不明满4年，

或者因意外事故下落不明满2年，或者因意外事故下落不明，经有关机关证明该公民不可能生存，利害关系人申请宣告其死亡的，向下落不明人住所地基层人民法院提出。”第170条第1款规定：“申请认定公民无民事行为能力或者限制民事行为能力，由其近亲属或者其他利害关系人向该公民住所地基层人民法院提出。”第174条第1款规定：“申请认定财产无主，由公民、法人或者其他组织向财产所在地基层人民法院提出。”我国基层人民法院根据当事人的起诉或申请，运用民事诉讼法的特别程序对上述案件进行及时的审理并作出判决，可以从简并快速地解决公民或利害关系人某项权利的有无或某一事实是否存在等问题，使其得到最终确认，这对于维护当事人的合法权益，稳定民事法律社会关系具有重要作用。

二、特别程序民事判决书的格式、内容及其写法

特别程序民事判决书与普通程序、简易程序民事判决书样式基本相同，但有些具体项目在写法上不一样，具体格式如下：

（一）首部

写明以下几项内容：

1. 标题及文书编号。标题应分两行列出法院的全称及文书种类。如：

××××人民法院
民事判决书

文书编号位置出现在标题右下角，由年度、法院简称、案件性质、特别程序代号及收案序列号五要素组成，如：(2005)×民特字第17号。

2. 诉讼当事人的身份事项。由于审理特别程序的案件是公民或利害关系人就其某项权利有无或某一事实存在与否、某一特定主体存在与否，要求人民法院给予法律上的确认所提起的诉讼，故没有原被告，因而这一栏目应用起诉人或申请人称谓，并写明其具体的身份概况。

如系选民资格的写：

起诉人：姓名、性别、出生年月日、民族、籍贯、职业或工作单位和职务、住址。

如系宣告失踪、宣告死亡，认定公民无民事行为能力或限制民事行为能力，认定财产无主的写：

申请人：姓名、性别、出生年月日、民族、籍贯、职业或工作单位和职务、住址。

如有代理人或监护人的，应当写明其姓名、年龄、工作单位，与起诉人、申请人的关系及住所地址。

3. 案由、审判组织和审判方式及审判经过。根据《民事诉讼法》第161条《民事诉讼法》第161条的规定，选民资格案件或者其他重大、疑难的案件，由审判员组成合议庭审理；其他案件由审判员一人独任审理。故根据其不同类型的案件，可按下面几种写法表述：

(1)选民资格案件类，可写为：

起诉人××××不服××××选举委员会关于……(写明决定的标题)决定，向本院起诉。本院受理后，依法组成合议庭，于×年×月×日公开开庭审理了本案。起诉人×××，××××选举委员会的代表×××以及公民×××等到庭参加诉讼。本案现已审理终结。

(2)申请宣告失踪、死亡案件类，可写为：

申请人×××要求宣告×××失踪(或死亡)一案，本院于×年×月×日立案受理后，根据《中华人民共和国民事诉讼法》第168条第1款的规定，于×年×月×日在……(写明公告方式)发出寻找×××的公告。法定公告期间为3个月(或1年)现已届满，×××仍然下落不明，本院依法组成合议庭(或依法由审判员×××独任审判)，进行了审理，申请人×××及其代理人×××等到庭诉讼，本案现已审理终结。

(3)申请认定公民无民事行为能力或限制民事行为能力案件类，可写为：

申请人×××(姓名)要求宣告×××(姓名)无民事行为能力人(或限制民事行为能力人)一案，本院于×年×月×日立案受理后，依法组成合议庭(或依法由审判员×××独任审判)进行了审理，被请求认定的×××由×××(或本院指定×××)作为代理人出庭参加诉讼。本案现已审理终结。

(4)申请认定财产无主案件类，可写为：

申请人×××(姓名)要求认定……(写明要求认定的无主财产名称、数量及根据)财产无主一案，本院于×年×月×日立案受理后，根据《中华人民共和国民事诉讼法》第175条的规定，于×年×月×日在……(写明公告方式)发出认领上述财产的公告，法定公告期间为一年，现在已经届满，上述财产无人认领。本院依法组成合议庭(或依法由审判员×××独任审判)，申请人×××及其代理人×××等到庭申述，本案现已审理终结。

(二)正文

正文包括以下三项内容:

1. 事实及证据。如前所述,由于特别程序的案件是公民或利害关系人就特定权利或特定事实是否存在要求人民法院给予确认提起的民事诉讼,没有对方当事人,在庭审中不存在双方对抗,因此在事实部分也就没有当事人双方争议的事实、理由及其请求这些事项内容,直接写明人民法院认定的事实即可。

叙写法院认定的事实,首先应根据起诉人或申请人的当庭陈述,并结合其提供的证据进行判断、确认,衡量该事实是否可靠、真实,符合实际情况。而后按照事件发展的演变过程,有条理地将该经过按部就班地表述出来,下面是一份宣告失踪人死亡案判决书事实的表述:

> 失踪人刘××是申请人展××的丈夫。2000年8月初,刘××和本村村民刘×安、牛×明三人驾船出海打鱼,在作业期间遭遇台风袭击,因海浪过大,致渔船触礁沉没。共同出海的三人中,只有刘×安一人于8月7日获救生还。刘×安在证词中陈述,渔船出事时,其看见失踪人刘××和牛×明二人在风浪中挣扎,因浪涛太大,无法接近救援。刘×安生还后于当日,即2000年8月7日,立即报告了当地派出所。派出所的警员当即联系有关单位乘船赶往出事海域救援,但无结果。2002年8月7日,××县公安局出具了刘××、牛×明失踪的证明。

事实写完后应另起一段列示申请人向法庭出示的证据或法院依职权调取的相关证据如人证、物证、书证、鉴定结论、调查笔录等,以证实事实的确凿可靠。

2. 判决理由及法律依据。特别程序民事判决书的判决理由是在确认事实的基础上,针对起诉人、申请人的请求事项是否合法、是否有理进行阐述的人民法院对于起诉(申请)人的主张决定予以支持或反对的基本观点以及所适用的法律依据,在用“本院认为”一句提起之后,需要根据事实对起诉人不服选举委员会对其选民资格处理或申请人提出的失踪人是否失踪、死亡;利害关系人是否属无民事行为能力或限制民事行为能力;申请人提出的动产或不动产是否属于无主财产等进行充分论证,从而阐明人民法院处理本案所持的法律观点和认识,为判决结果提供足够的立论根据。兹举一例为证:

> 本院认为,申请人展××关于失踪人刘××遇海难失踪的当庭陈述,由于有证人刘×安的证词予以佐证,且又有××县公安局出具的刘××失踪证明,结合当时确遇有台风袭击这一意外事故,刘××又始终再未露面等情况综合判断,可以认定失踪人刘××已经下落不明,且至申请人起诉之日时间已逾两年零两个月之久,故其宣告死亡的法定条件已经具备,本院对申请人要求宣告失踪人刘××已经死亡之请求依法予以支持。为了早日解除申请人与失踪人的夫妻关系,

使申请人的继承权及婚姻权得以尽快实现，根据《中华人民共和国民事诉讼法》第167条之规定，判决如下：

判决适用的法律应当根据特别程序中的四类案件分别引用民事诉讼法第164条(选民资格)、第166条、167条(宣告失踪、死亡)、第170条(认定公民无民事行为能力、限制民事行为能力)、第174条(认定财产无主)作为判决的法律依据。

3. 判决结果。判决结果是对案件作出最后处理结论。适用特别程序的判决结果应根据查明的事实及认定的理由，用简洁、明确的文字写明法院最终的处理结论。如"宣告失踪人×××死亡"、"驳回申请人××的申请"、"×××为限制民事行为能力人"、"依法确认××××财产为无主财产，判归国家(或集体)所有"、"××××选举委员会确认起诉人×××无选民资格之行为无效"等，如有其他宣判事项，再加列二、三项判决结果。根据有关法律规定，适用特别程序审理的案件，一律免交诉讼费用，故该判决结果之后无诉讼费用负担的内容。

(三)尾部

依次写明如下内容：

1. 根据《民事诉讼法》第161条的规定，人民法院审理特别程序的案件实行一审终审制，当事人无上诉权，宣判之后即发生法律效力。据此，在判决结果之下应写明"本判决为终审判决"字样。

2. 本案如系合议制审理的，在尾部右下角自上而下应分别写出合议庭组成人员姓名。如系独任审判的，只写审判员一人的姓名。

3. 署名之下注明制作判决书的日期并在日期上加盖院印。之下由书记员署名。在判决书的正本及副本上加盖"本件与原本核对无异"校对印戳，位置在署名左方空白处。

三、制作特别程序民事判决书应注意的问题

1. 对于受理的选民资格案件必须在选举日前审结，依法确认起诉人选民资格的有无。判决书应当在选举日前送达选举委员会和起诉人，并通知有关公民。

2. 掌握好宣告失踪、宣告死亡的必要条件及程序。制作该类判决书首先应按照《民事诉讼法》第166、167条的规定，严格掌握好申请宣告失踪、死亡的时限及法定条件；同时判决前必须履行公告程序，即人民法院受理宣告公民死亡案件后，须及时发出寻找下落不明公民的公告，公告期为1年；因意外事故下落不明，经有关机关证明不可能生存的，公告期为3个月。公告期是等待失踪人出现的期间，也是宣告公民死亡的必经程序。

3. 对于受理的认定公民无民事行为能力、限制民事行为能力的案件，审理中应认真做好鉴定工作，及时对被请求认定为无民事行为能力或限制民事行为能力的公民进行医学鉴定，以取得科学依据。申请人已提供鉴定结论的，应当对该结论进行审查，以确认其有无效力。同时亦应掌握好判决的标准及条件。人民法院经过对案件的审理，认为该公民并未丧失民事行为能力，申请没有根据的，应当及时作出驳回申请的判决；认为该公民完全或部分丧失民事行为能力，申请事实根据充足的，应当及时作出认定该公民为无民事行为或者限制民事行为能力的人，并为其指定监护人。

4. 对于受理的认定财产无主案件，应掌握好判决前必须履行的程序，即：判决前审理中人民法院应当及时发出财产认领公告，寻找该财产的所有人，公告期为1年。在公告期内，若有人对财产提出请求，人民法院应裁定终结特别程序，告知申请人另行起诉，适用普通程序审理。若财产所有人出现，人民法院应当及时作出裁定，驳回申请，并通知财产所有人认领财产。若公告期满仍无人认领的，才能作出判决，认定该项财产为无主财产，并判归国家或集体所有。

实例一

××省××县人民法院

民事判决书

（200×）×民特字第×号

申请人刘×浩，男，194×年11月23日出生，汉族，××市××区街道办四区居民。申请人刘×浩要求宣告张×香死亡一案，本院依法进行了审理，现已审理终结。

申请人刘×浩称，其妻张×香身患精神病，于199×年10月3日离家出走，至今未归。请求法院依法对其宣告死亡。

经查，张×香（系申请人之妻），女，195×年8月27日出生，××市××区先锋造纸厂退休工人。于199×年10月3日下午离家出走，至今下落不明。本院根据《中华人民共和国民事诉讼法》第168条第1款的规定，于199×年1月21日在《法制日报》上发出寻找张×香的公告。法定公告期间为1年，现已届满，张×香仍然下落不明。本院认为：张×香身患精神病，至今下落不明。依照《中华人民共和国民法通则》第23条第1款第1项的规定，判决如下：

宣告张×香死亡。

本判决为终审判决。

审判员寇××

200×年4月8日

（院印）

本件与原本核对无异

书记员毕××

【评析】

这份宣告死亡判决书用简明的文字叙述、交代了失踪人出走的过程以及法院受理案件后依照法定程序发布公告期限届满的情形，在此基础上依法判决宣告失踪人死亡，判决结果自然合理合法。

实例二

×××× 人民法院

民事判决书

（××××）×民特字第××号

申请人陈××，男，194×年 6 月 14 日生，汉族，上海××股份有限公司职员，住上海市×路 323 弄 10 号。

申请人陈××要求认定财产无主一案，本院依法进行了审理，现已审理终结。申请人陈××要求认定上海市××路 323 弄 12 号前半间房屋为无主财产，并将该房屋判归其所有，向本院提出申请。

经审查，坐落于上海市××路 323 弄 12 号前半间约 7 平方米的房屋，系申请人陈××之姑母陈×妹遗留的私房。陈×妹于 198×年 9 月死亡。陈×妹与丈夫徐××（于 197×年 6 月死亡）生前育有一子，名徐×林（于 197×年 1 月死亡）。陈×妹在丈夫徐××及儿子徐×林死亡后，其生活主要由申请人陈××照料，陈××对陈×妹尽了较多的扶养义务。本院依照《民事诉讼法》第 175 条的规定，于 199×年 4 月 18 日在本院公告栏及上述财产所在地发出认领该财产的公告，法定公告期为 1 年。公告期届满，上述财产无人认领。

本院认为，位于该市××路 323 弄 12 号前半间约 7 平方米的房屋确属无主财产，依法应收归国家或者集体所有。鉴于申请人陈××对原房屋所有人陈×妹生前尽了主要扶养义务，依照《中华人民共和国继承法》第 14 条关于“继承人以外的对被继承人扶养较多的人，可以分给他们适当的遗产”的规定，应当从该无主财产中分给陈××适当的财产。而且，该无主财产价值不大，收归国家或集体所有无多大实际意义。因而，申请人陈××要求将上述无主财产归其所有，符合法律规定，根据《中华人民共和国民事诉讼法》第 174 条的规定，判决如下：

上海市××路 323 弄 12 号前半间房屋归申请人陈××所有。

本判决为终审判决。

审判员×××

×××年××月××日

（院印）

本件与原本核对无异

书记员×××

【评析】

这份民事判决书有如下特点:①格式规范,要素完备。②叙事简练准确,言简意赅。③理由充足。特别程序的判决书事实较为简单,说理无需连篇累牍,本判决书在叙事的基础上引用适当的法律条款加以论述,从而使判决理由充足丰满。④判决合法、明确、具体、完整。

第六节 民事调解书

一、民事调解书的概念及作用

我国《民事诉讼法》第9条规定:“人民法院审理民事案件,应当根据自愿和合法的原则进行调解;调解不成的,应当及时判决。”可见,调解是民事诉讼中的必经程序。调解达成协议的,需要及时制作民事调解书,作为双方当事人履行协议 的文字凭证。因此,民事调解书就是指在人民法院主持下通过调解方式处理民事案件,根据当事人双方自愿达成协议的内容所制作的具有法律效力的文书。

我国《民事诉讼法》第89条规定:“调解达成协议,人民法院应当制作调解书。调解书应当写明诉讼请求、案件的事实和调解结果。调解书由审判人员、书记员署名,加盖人民法院印章,送达双方当事人。调解书经双方当事人签收后,即具有法律效力。”这是制作民事调解书的法律依据。

民事调解书是人民法院在民事诉讼活动中使用频率较高的一种法律文书,是人民法院依法行使国家审判权的一种重要形式。它对于及时解决民事纠纷和经济纠纷,防止矛盾激化,增强人民内部团结,维护社会秩序稳定,增强公民法制观念等方面具有积极作用。

二、民事调解书的格式、内容及写法

民事调解书可分为一审、二审、再审民事调解书,这是由当事人在不同的审判级别内随时都有可能调解成功这一情况所决定的,如有的案件在一审中未调解成功判决上诉后在二审中却调解成功,有的在二审中未获成功,在再审中却获圆满解决。其写法除个别项目不同外,其余大致相同。其结构可由首部、正文、尾部三部分组成。

(一)首部

写明下列事项:

1.标题及案号。在文书顶端居中标明:

××××人民法院

民事调解书

(年度)×民×字第××号

案号中第一个“×”字是法院单位的代称。第二个“×”字反映审级,如系一审民事调解书,写“初”字,二审的写“终”字,再审的写“再”字。最后两个“××”为本案

的编号。

2. 当事人的身份概况。如系一审的调解书,应按顺序分别写明原告、被告、第三人的自然情况。如系二审的调解书按上诉人、被上诉人、原审第三人的顺序写。如系再审的调解书按原审原告、原审被告、原审第三人的顺序写。具体写法与同一审级的民事判决书相同,可分别参照。

3. 案由。即写明案件的性质。如案由:离婚纠纷或买卖合同纠纷或损害赔偿等。

(二)正文

主要写明两项内容:①写明当事人的诉讼(或上诉)请求和案件的事实。如系二审或再审调解书,在其之前还应加写上诉人提起上诉的情况和再审的提起情况。书写当事人的诉讼(或上诉)请求应简要写明原告与被告、上诉人与被上诉人、申请人与被申请人各方的主要意见,一语点明即可。案件的事实则应根据不同的情况来写。如果案件是在业经法院开庭审理确认事实清楚的基础上,双方自愿达成调解协议的,案件的事实可写法院确认的事实。如果案件是在法院受理后,尚未开庭情况下,经审查,认为法律关系明确和事实清楚,并经双方同意调解达成协议的,案件的事实可写当事人争议的事实。无论是哪种情况,事实都应当写得简明扼要,不必像判决书那样写得具体详细。②写明调解达成协议的内容。协议内容是指在当事人自愿并且合法的原则下达成的解决纠纷的一致意见,它是调解书的核心内容。在事实写完之后,应另起一段,写明如下一段文字:“本案在审理过程中,经本院主持调解,双方当事人自愿达成如下协议。”而后,分条分项地写明协议的具体内容。最后,另起一行写明诉讼费用的负担。根据《人民法院诉讼费用交纳办法》第 31 条的规定,如果诉讼费用的负担由双方当事人协商解决的,可以作为调解协议的最后一项内容予以写明。当事人达成调解协议后,调解书送达前,如有一部分已执行,在本协议内容中,应将已履行的那一部分也写入调解书协议内容中,并加括号注明“(已履行)”。协议内容的书写应做到如下几点:

第一,协议内容表达要具体、明确。调解生效后,当事人双方都将以协议内容作为履行的依据,因而对协议内容表达时必须明确、具体、严谨、天衣无缝、语意单一。

第二,协议内容表达要使用协议语气,不应出现判决口气。由于民事调解书是在双方自愿的基础上所达成的协议,在写协议内容时不能使用强制性词语,而应使用带有自愿性的词语,这与民事判决书具有本质区别。

第三,协议内容文字表达要简练,避免啰嗦、冗赘。民事调解书协议内容是敦促限定双方当事人履行的约定项目。书写协议内容时,应简明扼要、直截了当,力戒废话,以免表达不清,有碍于协议项目的履行。

第四,协议的内容必须具有履行的实际意义,属于说服教育性的话语不能写入。

(三)尾部

写明法院对协议内容予以确认的态度及调解书的效力。如:

上述协议,符合有关法律规定,本院予以确认。

本调解书经双方当事人签收后,即具有法律效力。

之后由审判庭人员署名,注明制作日期,加盖院印,书记员署名,左方打出“本件与原本核对无异”校对戳。

三、制作民事调解书应注意的问题

1. 叙述调解书的事实要简练、明了,调解理由不必阐明,无须分清是非、确定责任,这是因为双方已就争议的内容达成了一致处理意见。

2. 达成调解协议的案件,如果涉及民事行为无效或者合同无效的问题,不应在调解书中确认。这是因为调解协议是当事人自愿原则的体现,无权就民事行为或合同的效力进行确认。民事行为和合同的效力问题,应当由民事判决书等相关文书认定。

3. 掌握好调解书的生效时间。调解书一经签收(指在送达回证上签字)即产生法律效力,不得随意翻悔。此外,由一审调解结案的案件,没有上诉权,如负有履行义务的一方当事人拒不履行协议,对方可向人民法院申请强制执行。

北京市××××人民法院

民事调解书

(200×)×民初字第×××号

原告孙××,女,194×年2月25日出生,汉族,无业,住北京市×××区大峪××园180号。

委托代理人李××,北京市××律师事务所律师。

被告马××,女,192×年1月28日出生,汉族,北京××厂退休工人,住北京市××区××××大街×××条16号。

委托代理人刘××,北京市××律师事务所律师。

委托代理人郑×,北京市××律师事务所律师。

案由:分享遗产。

孙××之姑孙×荣和马××之叔马×清系夫妻关系。马×清死于199×年5月25日,生前系北京市××总公司门头沟公司退休工人,孙×荣死于199×年8月1日,生前系北京市门头沟区××镇××村村民,死者生前均无遗嘱。马×清与孙×荣婚后无子女,其父母、兄弟姐妹均先于其去世。其在世时,得到了孙××、马××的扶养、照顾。马×清去世后，孙×荣作为马×清惟一的法定继承人，通过继承取得了夫妻共同财产——位于北京市×××区××前街17号3间东石板房的所有权。199×年7月21日，孙×荣与孙××和其夫屈××签订了遗赠扶养协议，约定孙××夫妇承担孙×荣生养死葬的义务，孙×荣则于死后将北京市×××区××前街17号3间东石板房遗赠给孙××夫妇。此后，孙××对孙×荣尽了扶养义务。孙×荣死后，孙××于199×年8月10日对遗赠房屋办理了受领公证，并取得了房屋所有权。

另查，在孙××手中现存有马×清、孙×荣遗留的现金2000元；在马××手中现存有马×清、孙×荣遗留的现金14 922.22元和户名为马×清的二张定期存单，存单本金合计16 200元，其中包括应偿还他人的债务4000元。

又查，孙×荣生前所在的集体×××区××镇××村村民委员会明确表示放弃分享遗产。孙××诉至本院，要求分享遗产。

本案在审理过程中，经本院主持调解，双方当事人自愿达成如下协议：

被继承人孙×荣的遗产包括银行存款16 200元、现金14 922.22元，共计31 122.22元，在马××处保管29 122.22元，在孙××处保管2000元。其中1000元作为安葬费用归孙××（已执行），由孙××于200×年4月5日前负责安葬马×清的骨灰；在中国银行北京市石景山区支行新桥大街分理处的定期存单本金10 000元及利息和在孙××处的现金2000元归孙××所有（已执行）；在中国建设银行北京市门头沟区支行新桥储蓄所的定期存单本金6200元及利息和其余现金11 922.22元归马××所有（已执行）。

案件受理费1210元，孙××负担605元（已交纳），马××负担605元（已交纳）。

上述协议，符合有关法律规定，本院予以确认。

本调解书经双方当事人签收后，即具有法律效力。

审判长　代××
代理审判员　杨××
代理审判员　刘　×
200×年3月2日
（院印）

本件与原本核对无异

书记员　郎××

【评析】

本调解书事实部分重点叙述了原、被告与被继承人的关系及其纠纷的基本经过，此后依据当事人的协议对遗产进行了调解处理。格式和各项内容的表述基本符合要求。本文亦有不足之处：协议内容以分项表述为好；协议部分不需要把当事人协议书的全部内容写出，只写明就相关权利义务约定的内容即可，即有关遗产范围不必写入；调解书实际上对4000元借款一并进行了处理，此节作为协议内容写入调解书为宜。此外,本案案由应表述为转继承纠纷。

第七节 民事裁定书

一、民事裁定书的概念及作用

民事裁定书是人民法院在审理民事案件或执行过程中,就案件程序问题所作出的处理决定。其目的是为了保障民事诉讼活动的顺利进行。

根据我国《民事诉讼法》第140条的规定,民事裁定适用于下列范围:①不予受理;②对管辖权有异议的;③驳回起诉;④财产保全和先予执行;⑤准许或者不准许撤诉;⑥中止或者终结诉讼;⑦补正判决书中的笔误;⑧中止或者终结执行;⑨不予执行仲裁裁决;⑩不予执行公证机关赋予强制执行效力的债权文书;⑪其他需要裁定解决的事项。

民事裁定书可分为一审、二审、再审民事裁定书,其内容大体与判决书相同。但由于判决书是解决案件的实体问题,裁定是解决案件的程序问题,即就诉讼活动中的某一环节而作出的决定,因而在写法上比判决书简要、概括。本节主要介绍一审民事裁定书的写法,二审、再审裁定书从略。

二、民事裁定书的格式、内容及写法

民事裁定书由首部、正文、尾部三部分组成。

(一)首部

写明两项内容:

1. 标题及案号。在文书顶端居中分两行写明法院全称和文书名称:

××××人民法院

民事裁定书

编号的位置在标题的右下方,如下:

(年度)×民×字第×号

2. 当事人身份概况。写法与一审民事判决书该项相同,可参照。

(二)正文

民事裁定书的正文由案由、事实、理由、裁定结果组成,是裁定书的重点内容。由于裁定是解决诉讼程序中的某一问题,故绝大多数裁定可不写事实。

根据《法院诉讼文书样式(试行)》的规定,对于不同内容的一审裁定,格式写法有所不同,下面介绍几种常用的裁定写作格式:

1. 不予受理起诉用的写法。具体如下:

××××年×月×日，本院收到×××的起诉状，……（写明起诉的事由）经审查，本院认为，……（写明不符合起诉条件而不予受理的理由）依照《中华人民共和国民事诉讼法》第112条的规定，裁定如下：对×××的起诉，本院不予受理。

2. 对管辖权提出异议的写法。具体如下：

本院受理×××诉×××（姓名）××（案由）一案后，被告×××在提交答辩状期间对管辖权提出异议，认为：……（写明异议内容及理由）

经审查，本院认为，……（写明异议成立或不成立的根据和理由）依照《中华人民共和国民事诉讼法》第38条的规定，裁定如下：

……（异议成立的写"被告人×××对管辖权提出的异议成立，本案移送×××人民法院处理"。异议不成立的写"驳回被告×××对本案管辖权提出的异议"。）

3. 驳回起诉的写法。具体如下：

原告×××（姓名）与被告×××（姓名）××（案由）一案，本院依法进行了审理，现已审理终结。

……（简述原告起诉的理由和诉讼请求）

本院认为，……（写明驳回起诉的理由，根据案件的不同情况，分别写明原告的起诉请求不属于人民法院的受理范围，或者虽属于法院受案范围，但依法在一定期限内不能起诉，或者原告的起诉不符合《民事诉讼法》第108条规定的起诉条件等，针对原告的请求进行充分的说理。）依照《中华人民共和国民事诉讼法》第××条第×款第×项的规定，裁定如下：

驳回×××的起诉。

4. 诉前财产保全用的写法。具体如下：

申请人因……（写明申请诉前财产保全的原因）于××××年×月×日向本院提出申请，要求对被申请人……（写明采取财产保全措施的具体内容）申请人已向本院提供……（写明提供担保的财产名称，数量或数额等）担保。

经审查，本院认为，……（写明采取财产保全的理由）依照（写明裁定所依据的法律条款项）的规定，裁定如下：

……（写明对被申请人的财产采取查封、扣押、冻结或者法律规定的其他保全措施的内容）

5. 准许或不准撤诉用的写法。具体如下：

本院在审理×××诉×××（姓名）×××（案由）一案中，原告×××于×年×月×日向本院提出撤诉申请。本院认为，……（写明准许或不准撤诉的理由）依照（写明裁定所依据的法律条款项）的规定，裁定如下：

准许原告×××撤回起诉。（准许撤诉时写）

……（写明诉讼费用的负担）

不准原告×××撤回起诉，本案继续审理。（不准撤诉时写）

6. 中止或终结诉讼用的写法。具体如下：

本院在审理×××诉×××（姓名）×××（案由）一案中，……（写明中止或终结的事实根据）依照……（写明裁定所依据的法律条款项）的规定，裁定如下：

本案中止诉讼。（中止诉讼时）

或

本案终结诉讼。（终结诉讼时）

……（诉讼费用的负担）

7. 补正裁判文书中的笔误用的写法。具体如下：

本院××××年×月×日对×××诉×××（姓名）×××（案由）一案作出的（年度）×民×字×号民事××书中，文字上有笔误，应予补正，现裁定如下：

……（写明民事××书中的笔误和补正笔误的具体内容）

8. 不予执行仲裁裁决的写法。具体如下：

申请执行人×××和被执行人×××因××（案由）一案，××××年×月×日经××××仲裁委员会作出（年度）×字第×号裁决，由于被执行人不履行，申请执行人于××××年×月×日向本院申请强制执行。现被执行人提出异议，并提供了证据予以证明。本院审查认为，……（写明不予执行的理由）依据《中华人民共和国民事诉讼法》第217条第×款第×项的规定，裁定如下：

申请执行人×××申请强制执行的××××仲裁委员会（年度）×字第×号裁决，本院不予执行。

申请执行费××元，由申请执行人×××交纳。

9. 不予执行公证债权文书用的写法。具体如下：

申请执行人×××于××××年×月×日向本院申请强制执行××××公证处制发的（年度）×字第×号公证债权文书。本院审查认为，……（写明不予执行的理由）依照《中华人民共和国民事诉讼法》第218条第2款的规定，裁定如下：

申请执行人×××申请强制执行的××公证处（年度）×字第×号公证债权文书，本院不予执行。

申请执行费××元，由申请执行人×××交纳。

（三）尾部

写明两项内容：

1. 交待有关事项。根据《民事诉讼法》第147条规定："当事人不服地方人民法院第一审判决的，有权在判决书送达之日起15日内向上一级人民法院提起上诉。当事人不服地方人民法院第一审裁定的，有权在裁定书送达之日起10日内向上一级人民法院提起上诉。"因此，对于不予受理起诉的裁定、管辖权提出异议的裁定和驳回起诉的裁定，在尾部应写明："如不服本裁定，可在裁定书送达之日10日内，向本院递交上诉状，上诉于×××人民法院。"

根据《民事诉讼法》第99条规定："当事人对财产保全或者先予执行的裁定不服的，可以申请复议一次。复议期间不停止裁定的执行。"因此，对上述裁定，在尾部应写明："本裁定书送达后，可以向本院申请复议一次，复议期间不停止裁定的执行。"

不予执行仲裁裁决的裁定和不予执行公证债权文书的裁定，依照《民事诉讼法》的规定，由于实行的是一审终审制，故上述裁定书的尾部应写明："本裁定为终审裁定。"

准许或不准许撤诉、中止或终结诉讼、补正裁判文书笔误的裁定，不存在有关事项的交待，故"准许撤诉"的或"终结诉讼"的只需写明诉讼费用的负担即可。

2. 尾部右下方由审判庭人员署名，书记员署名，日期、用印等与民事判决书相同，可参照。

三、制作民事裁定书应注意的问题

1. 绝大多数民事裁定书无须叙述事实，可直接阐明理由。需要叙写事实的，应当简明扼要。

2. 阐述民事裁定书的理由应根据诉讼程序中所要解决的具体问题，抓住实质，进行充分、合理的阐述，针对性要强，观点要鲜明正确。适用法律应具体引用《民事诉讼法》有关条文，引用时要做到准确、全面，写明具体的条、款、项。

3. 民事裁定书裁定结果的表述要简洁、清楚、干脆利落。不予受理、驳回起诉、对管辖权提出异议、准予或不准撤诉、中止或终结诉讼、不予执行仲裁裁决和不予执行公证债权文书等裁定书的主文均有固定的表达方式，容易书写。诉讼保全、先予执行的主文则无具体的固定方式，比较灵活，书写时应根据其不同内容，对所需执行的财产、存款、物品等名称、数量、规格均要表述清楚；此外，执行方法也应写明。

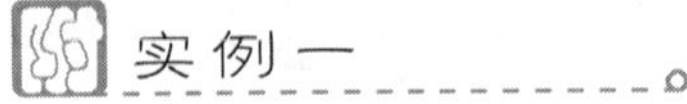

××市××区人民法院

民事裁定书

(200×)×民初裁字第××号

起诉人段××，男，195×年7月12日出生，汉族，陕西省高陵县人，×××市××××厂职工，住本市××巷144号。

200×年2月17日本院收到段××的起诉状，状告××市××××厂在本单位房改中将其居住的房屋分配出让给其他职工。

经审查，本院认为，起诉人段××的起诉事由系本单位内部房改中发生的纠纷，应通过本单位或上级主管单位协商解决，不属于人民法院的受案范围。依照《中华人民共和国民事诉讼法》第112条的规定，裁定如下：

对段××的起诉，本院不予受理。

如不服本裁定，可在裁定书送达之日起10日内，向本院递交上诉状，上诉于××市中级人民法院。

审判员　胡××

200×年7月2日

(院印)

本件与原本核对无异

书记员　张×

【评析】

这份不予受理起诉人起诉的裁定书具体阐明了不予受理的理由，即该类纠纷不属人民法院的受案范围。文字简洁，内容明晰，结论正确，反映了这类裁定书的特点。

实例二

陕西省高级人民法院

民事裁定书

（200×）陕民一初字第××号

原告西安××保健品有限责任公司（以下简称西安××公司），住所地：西安市×××路××大厦F8。

法定代表人吴××，系该公司董事长。

委托代理人丛××，陕西××律师事务所律师。

被告冯×，男，51岁，汉族，陕西××制药有限责任公司董事长。住本市××路×××巷3号楼406室。

委托代理人毛××，西安市××律师事务所律师。

被告××××日报社（以下简称报社），住所地：北京市××门外××西路2号。

法定代表人邵××，系该社社长。

委托代理人姚×，系该报社××分社干部。

委托代理人罗××，系该报社××分社广告业务员。

本院在审理原告西安××公司与被告冯×、被告××报社虚假广告不正当竞争纠纷一案中，因原、被告自愿达成了和解协议并已实际履行，故原告西安××公司于200×年7月29日向本院提出撤诉申请。

本院认为，原被告在事实清楚、是非分明的基础上自愿达成和解协议并已实际履行，符合法律规定及各方利益。依照《中华人民共和国民事诉讼法》第122条第1款的规定，裁定如下：

准许原告西安××公司撤回起诉。

案件受理费65 010元由西安××公司减半负担，即32 505元（其余32 505元因原告已预交，予以退还）。

审判长常××

审判员米××

审判员闫××

200×年7月21日

（院印）

本件与原本核对无异

书记员陈××

【评析】

撤诉是民事诉讼中原告享有的合法权利，只要撤诉申请不违反国家的法律，法院一般都会准许。这份准予撤诉裁定用扼要的文字写明了准予撤诉的原因，即双方已

“自愿达成了和解协议并已实际履行”，格式及内容表述都比较规范，可供参考。

第八节 民事决定书

一、民事决定书的概念及作用

民事决定书，是人民法院为了保证能够公正地处理民事案件和维护正常的诉讼秩序，对审判和执行过程中发生的某些特殊事项作出的书面决定。

依照我国民事诉讼法的有关规定，民事决定主要适用于以下三方面内容：①是否准予回避；②对妨害民事诉讼的人罚款；③对妨害民事诉讼的人拘留。

民事决定与民事判决、裁定相比较，具有本质区别。首先，民事决定解决的问题，既不是当事人诉讼的权利义务实体争议，也不完全是诉讼程序本身的问题，但与诉讼程序却有一定联系，如对妨碍民事诉讼的人作出拘留决定，本身就是为排除妨碍民事诉讼行为而作出的处理决定。其次，民事决定一经作出，即产生法律效力，当事人不能上诉，必须执行。当然，当事人若对决定不服，可以申请复议一次，但复议期间，不停止决定的执行，而当事人对一审判决不服，可以提起上诉，对一审驳回起诉的裁定不服，也可以提起上诉。

民事决定，从类型上可分为口头决定和书面决定两种。对申请回避作出的决定，一般以口头决定为多，个别情况也可以书面决定。而对妨害民事诉讼行为的人作出的罚款和拘留决定，则必须用书面决定，这里讲的民事决定书主要是指后一类的书面决定。

民事决定书是制裁民事违法，维护人民法院审判工作尊严的有力武器。人民法院在民事案件审理中，依照《民事诉讼法》的有关规定，对有严重妨害民事诉讼行为的参与人和其他人，依法采取罚款、拘留的强制措施，可以及时排除妨害，维护诉讼秩序，确保审判活动的正常进行。

二、民事决定书的格式、内容及写法

民事决定书由以下三部分组成：

（一）首部

主要写明两项内容：

1. 标题及编号。标题及编号的写法应根据民事决定书的种类不同来加以确定，如对申请回避的决定写：

××××人民法院
对申请回避的决定书

（年度）××字第××号

如系拘留决定的写：

××××人民法院
拘留决定书
（年度）××字第××号

如系罚款决定书的写：

××××人民法院
罚款决定书
（年度）××字第××号

2. 当事人身份事项。依次列明当事人的称谓及其身份有关情况。如系申请回避决定书，用“申请人”称谓；系拘留决定书写“被拘留人”；如系罚款决定书，称“被罚款人”。依次写明其姓名、性别、出生年月日、民族、籍贯、职业或工作单位和职务、住址等。

（二）正文

民事决定书的正文写法比较简单，具有格式程式化、用语成文化的特点。主要应写明：①案由及作出决定依据的事实和理由；②作出民事决定依据的法律根据；③决定的内容。在行文上，案由、事实及理由、适用的法律可合成一体，用一个自然段反映。其具体写法分别是：

1. 是否准许回避的决定书的写法。具体如下：

本院在审理×××（姓名）与×××（姓名）××（案由）一案中，申请人……（写明申请人要求回避的审判人员或者书记员、翻译人员、鉴定人员等的姓名和要求其回避的理由）为理由，要求本案审判长（或者审判员、陪审员、书记员、翻译人员、鉴定人员）×××（姓名）回避。本院审判委员会（或者院长×××、审判长×××）认为，……（写明决定准许回避或者不准许回避的理由），依照《中华人民共和国民事诉讼法》第××条第×款的规定，决定如下：

驳回（或准予）申请人×××（姓名）要求本案审判长（或者审判员、陪审员、书记员、翻译人员、鉴定人员）×××（姓名）回避的请求。

2. 拘留决定书的写法。具体如下：

本院在审理（或执行）×××（姓名）与×××（姓名）××（案由）一案中，查明……（写明被拘留人妨害民事诉讼的事实以及予以拘留的理由）。依照《中华人民共和国民事诉讼法》第××条第×款第×项的规定，决定如下：

对×××拘留×日。

3. 罚款决定书的写法。具体如下：

本院在审理(或执行)×××(姓名)与×××(姓名)××(案由)一案中，查明……(写明被罚款人妨害民事诉讼的事实和应当予以罚款的理由)。依照《中华人民共和国民事诉讼法》第××条第×款第×项的规定，决定如下：

对×××罚款×××元，限在××××年×月×日前缴纳。

(三)尾部

写明两项内容：

1. 交代复议事项。在决定事项之后，另起一段写明："如不服本决定，可在收到决定书的次日起3日内，口头或者书面向××××人民法院申请复议一次。复议期间，不停止决定的执行。"(申请回避的写："不停止本案的审理")

2. 尾部右下方的署名、日期和用印。是否准许回避的决定，由院审判委员会决定的，署人民法院的名称；由院长或审判长决定的，分别由院长或审判长署名。按照法律手续，拘留和罚款，须上报人民法院院长批准，故应由人民法院院长署名，加盖法院公章及院长印章，而后注明发出决定书的日期。当然，各类民事决定书均要加盖院印。

三、制作民事决定书应注意的问题

1. 填写妨害民事诉讼的事实和理由要准确、真实，严禁对事实歪曲、夸大或缩小，同时还要简明扼要，切忌文字冗长。

2. 要注意区别司法拘留和行政拘留，两者不要混同。司法拘留是民事诉讼中对妨害民事诉讼行为所采取的一种强制措施，目的是为了排除妨碍，保障诉讼的正常进行；而行政拘留，则是公安机关对违反治安管理的人采取的一种行政处罚方法。两者适用的对象、条件、程序完全不同，不能用"行政拘留证"来取代人民法院的"拘留决定书"。

3. 罚款的数额和司法拘留的期限必须按照民事诉讼法的要求进行。即罚款的金额，系个人的为人民币1000元以下；系单位的，为人民币1000元以上10 000元以下；拘留的期限，为15日以下，不得超越。

4. 如在开庭过程中或执行案件过程中遇有哄闹、冲击法庭或用暴力、威胁等方法阻挠或抗拒执行公务等紧急情况，可先行拘留而后立即报告院长补办批准手续，并制作拘留决定书。院长如认为拘留不当的，应当解除拘留。

实例一

××市××区人民法院

拘留决定书

(200×)×民决字第××号

被拘留人胡××,男,195×年4月25日出生,汉族,系××省××市人,现任××食品有限责任公司总经理,住××市××区××路××小区22号楼5单元3层12号。

本院在审理原告××超市诉××食品有限责任公司债务纠纷一案中,因××食品有限责任公司拖欠××超市借款,经××区人民法院依法判决××食品有限责任公司向××超市返还欠款及利息人民币1 353 480.80元,判决生效后,食品公司拒不履行给付之义务,当法院前去强制执行时,被拘留人胡××竟煽动公司员工百余人围攻执行人员执行公务,公然暴力抗法,情节十分恶劣。为保障生效法律文书的切实执行,维护法律的尊严,依照《中华人民共和国民事诉讼法》第101条的规定,经本院院长批准,决定如下:

对××食品有限责任公司总经理胡××司法拘留10日。

如不服本决定,可在收到本决定书的次日起3日内,口头或者书面向××××人民法院申请复议一次,复议期间,不停止本决定的执行。

200×年×月××日

(院印)

【评析】

这份拘留决定书格式规范,内容完备。妨碍民事诉讼的事实及予以拘留的理由写得清楚、明确,尾部能准确引用《民事诉讼法》的相关条款并表明履行了经院长批准的程序,故该拘留决定合法有据。

实例二

××县人民法院

罚款决定书

(200×)×民决字第×号

被罚款人王××,男,196×年×月×日出生,汉族,××省××市人,个体工商户,住本市××路××号。

在本院审理的原告李××诉被告毛××医疗事故纠纷一案中,被罚款人王××系本案被告毛××的委托代理人。200×年××月××日上午本案庭审结束后,王×

××又来法庭要求重新阅读法庭审理笔录。当书记员将笔录交由王××阅读时，王××将第×页双方当事人所捺手印纸张撕毁，将原告方提供的一份证明材料（原件）撕掉，并擅自在卷内材料多处涂抹划改，严重破坏了卷宗材料的真实性及完整性。为保障民事诉讼活动的合法、有效进行，维护法律之尊严，依照《中华人民共和国民事诉讼法》第101条的规定，决定如下：

对王××罚款500元整，限在200×年×月××日前缴纳。

如不服本决定，可在收到决定书的次日起3日内，口头或者书面向××人民法院申请复议一次。复议期间，不停止决定的执行。

200×年×月××日

（院印）

【评析】

代理人撕毁、涂改卷内材料，是严重的妨碍民事诉讼行为，人民法院依法运用罚款之手段予以制裁，体现了法律的威严。这份罚款决定书用简练的笔法写清了罚款所依据的事实及具体理由以及所采取罚款措施的具体内容，可供参考。

第九节　第一审行政判决书

一、第一审行政判决书的概念及作用

第一审行政判决书，是我国第一审人民法院按照行政诉讼程序，对审理终结的第一审行政案件，依照法律和行政法规、地方性法规，就案件实体问题做出处理的书面决定。

我国《行政诉讼法》第54条规定："人民法院经过审理，根据不同情况，分别作出以下判决：①具体行政行为证据确凿，适用法律、法规正确，符合法定程序的，判决维持。②具体行政行为有下列情形之一的，判决撤销或者部分撤销，并可以判决被告重新做出具体行政行为：主要证据不足的；适用法律、法规错误的；违反法定程序的；超越职权的；滥用职权的。③被告不履行或者拖延履行法定职责的，判决其在一定期限内履行。④行政处罚显失公正的，可以判决变更。"这是第一审行政判决书制作的法律依据。

行政判决与刑事及民事判决书具有明显的区别，这主要表现在：①涉及的范围不同。刑事判决是人民法院根据审理的各类公诉及自诉案件，确认被告是否有罪，处以何种刑罚的文书；民事判决书则是为解决当事人的民事权利义务争议而制发的文书；而行政判决书则是法院对原告不服行政机关和行政机关工作人员的具体行政行为而提起的诉讼，即通常所说的"民告官"案件所作裁判的文书。②诉争的主体不同。刑事案件的被告是犯罪嫌疑人，民事案件原被告可以是公民也可以是法人或其他组织，而行政案件的被告则只能是行政机关，其被告主体具有法定的特定性。③举证的形式不同。我国刑事、民事诉讼实行的是"谁控告，谁主张，谁举证"的原则，而行政案件则由于行政诉讼是因行政管理相对人对行政机关和行政机关工作人员的具体行政

行为不服提起的诉讼，人民法院对案件审理后需要对被告的有关行政行为是否合法、正确做出断定，因而在行政诉讼中，被告对做出的具体行政行为负有举证责任，通过举证说明其行政行为依据的规范性文件合法。④办案期限不同。我国行政诉讼法规定人民法院审理第一审行政案件的审结期限为3个月，而民事诉讼法规定的第一审民事案件普通程序的审结期限为6个月。这主要是为了及时审理行政案件，以法律手段尽快稳定行政法律关系，维持和监督行政机关依法行使行政职权。

人民法院通过对行政案件的审理，并依法对国家行政机关的具体行政行为是否公正、合法作出正确的判决，可以及时解决民与官的纠纷，有力地监督制约行政机关的行政工作，这对于调整、稳定行政法律关系，保障行政机关依法行政，切实维护当事人的合法权益具有重要作用。

二、第一审行政判决书的格式、内容及写法

一审行政判决书由首部、正文和尾部三部分组成。

（一）首部

依次写明如下几项内容：

1. 标题及编号。在文书诉讼稿纸顶端居中分三行写出：

××××人民法院

行政判决书

〔年度〕×行初字第××号

标题中的文书类别用“行政”二字，表示属“行政”案件类，以示与“民事”、“刑事”的区别。案件编号由年度、法院单位简称、案件性质、审判级别代号和案件收案顺序排列号五个要素组成。

2. 当事人及诉讼代理人身份概况。按照原告、被告、第三人的排列顺序依次写述。

第一个栏目是原告栏。原告如系公民的，写明其姓名、性别、出生年月日、民族、职业或工作单位和职务、住址。原告如系法人或其他组织的，写明单位的全称和所在地址，同时另列一行加写其法定代表人或主要负责人的姓名、工作单位及职务。

第二个栏目是原告诉讼代理人栏。如系原告的委托代理人写明其姓名、性别、出生年月日、工作单位和职务、住址。委托代理人系律师的，只写明其姓名及工作单位、职业，即“××××律师事务所律师”即可。如系原告的法定代理人或指定代理人的，写明其姓名、性别、职业、工作单位和职务、住址。同时还需加写与被代理人的关系。

第三个栏目是被告栏。行政诉讼的被告，是指对原告做出的行政行为的国家行政机关。对此，在该栏目中应写出被告机关单位的全称及所在地址，同时另列一行写明其法定代表人或主要负责人的姓名、工作单位名称及职务，如：被告：××市工商行政管理局。法定代表人：李××，系该工商局局长。

第四个栏目是被告诉讼代理人栏。被告如有委托代理人的应写明其身份事项，写法同原告该项。

如果本案涉及第三人参与诉讼，还要加写第三人栏目及第三人诉讼代理人栏目，写法仍同上项，可参照。

3. 案件由来、审判组织、审判方式和开庭审理过程。按照《法院诉讼文书样式(试行)》的规定，写明如下一段文字：

> 原告×××不服××××(行政机关名称) ××××年××月××日[年度]×××字第××号处罚决定(或复议决定、其他具体行政行为)，向本院提起诉讼。本院受理后，依法组成合议庭，公开(或不公开)审理了本案。……(写明到庭的当事人、代理人等)到庭参加诉讼。本案现已审理终结。

上述项目中有关内容的表述应根据不同的案件情况做相应的文字变动。如案件由来的写法，对行政机关“不作为”的案件，可写成：“原告×××认为××××(行政机关名称)拒绝颁发××营业执照(或许可证)，向本院提起诉讼。”如果系移送管辖或者指定管辖的案件，则应写明“由××××人民法院移送(或指定)本院管辖。”如出现有开庭时经两次合法传唤当事人无正当理由拒不到庭情况，应写明：“×告×××经本院两次合法传唤，无正当理由拒不到庭。”出现有开庭过程中当事人未经允许中途自行退庭情形，也应说明这一情况。

(二)正文

正文包括事实及证据、理由及法律依据、判决结果三项内容，这是一审行政判决书的重点。

1. 事实及证据。应当写明当事人提起行政诉讼争议的事实以及经法院审理认定的事实和证据两部分内容。

(1)当事人诉讼争议的事实。当事人诉讼争议的事实是行政诉讼当事人各方站在自己的立场角度上向法庭陈述的有关案件情节，尽管不一定真实，有一定水分，也应如实写入，其目的是为了更好地体现人民法院对行政诉讼当事人各方权利的尊重，也为底下查明的事实奠定基础，铺平路子。该项内容的写法与民事判决书这一项目的表述有所不同。叙述民事判决当事人争议的事实，应先写明原告诉称的事实、理由及主张，再叙述被告辩称的理由及事实、主张；而行政诉讼案件则应先概括阐述行政机关所作的行政处罚决定、复议决定或者其他具体行政行为的内容及其根据，然后再叙述原告的诉讼请求和理由及被告的答辩要点。这是因为行政诉讼是以行政机关的行政行为是否合法为诉争点的，只有先写明行政机关的行政处理结果、案件的认定及如何处理才具有依据，再写原告诉讼请求理由及被告答辩内容自然也就顺理成章。如本案有第三人参与诉讼，还应简述第三人的意见。叙写内容要求简明扼要，并善于归纳，如实地反映出当事人之间发生争议的实质问题，不要照搬起诉状和答辩状中的内容。

(2)人民法院查明认定的事实及证据。这是法院判明是非,区分正误做出公正决断的重要依据,是行政判决书的关键项目。叙述事实应按照行政法律关系发生、变更、消灭的过程,从行政争议发生的时间、地点、情节、后果等方面将经过清晰、明了地反映出来,特别是要将案情的来龙去脉、因果关系交待清楚,保持其固有的完整性。在叙述过程中要注意加强举证的引用,使用的证据须是经法庭审查属实,经过认证被确认为有效的证据。叙事和举证应尽可能紧密结合,即边叙事边举证,这样可以增强事实的真实可靠力度。

叙述法院认定事实的方法,一般可按时间的发展顺序去写,将争诉的焦点及其变化经过一一叙明。由于行政诉讼案件种类的不同,叙写事实时其侧重点也就各不相同,大体来说有以下几种写法:①对原告不服行政处罚或者不服行政强制措施的案件,需要写明受处罚的或受行政强制措施的公民、法人或者其他组织因什么行为受到什么处罚,围绕着其违法行为发生的时间、地点、人物、原因、情节、后果等诸多要素展开叙述,并辅以行政机关据以认定该行为的主要证据。如果原告不存在违反行政管理或行政法规的行为,而行政机关处理错了进而导致行政行为出现偏差的,应实事求是地将这一过程叙述出来。②对于原告认为行政机关违法要求其履行某种义务,或者认为被告一方侵犯了他的经营自主权及其他人身权、财产权的案件,要着重写明行政机关要求原告履行什么义务,原告是否应当履行这项义务,有何事实根据和法律依据,进而表明行政机关是否存在侵犯原告合法权益的行为等问题。例如原告以撤销行政机关乱摊派为由提起行政诉讼的案件,要叙述清何行政机关以何种名义,要求原告出钱出物的时间、地点、数额等,同时写明相关的证据。③对于原告认为行政机关应该履行法定职责而拒绝履行的案件(此类案件主要指原告认为符合法定条件申请颁发许可证和执照,而行政机关却有意拖着不办,拒绝颁发,即通常所说的行政机关"不作为"案件),叙述事实时应具体写明原告在何时、何地向何机关提出何申请事项,申请的要求是否符合法律规定,即合法申请,手续是否完备,而后再叙述行政机关对该申请是如何处理的,是否履行了应予履行的法定职责,从中反映出行政机关的"不作为"过错。

2. 判决理由及法律依据。判决理由是行政判决书的重要组成部分。充分的说理不仅可以起到以理服人,息诉解纷的作用,而且还可以为人民法院作出的判决结果提供理论和法律上的依据。判决理由是在认定事实的基础上对案件应当如何处理做出的分析判断。应根据行政纠纷事实、证据和法律、法规的具体规定,就行政机关做出的处罚决定、复议决定或者其他具体行政行为(包括不作为的具体行政行为)是否合法、是否正确以及原告的诉讼请求是否有理,进行有理有据的分析论证,进而表明人民法院的观点及认识主张。阐述理由要注重对事理的分析评判,力求说理充分,以理以法服人。对原告正当的请求,要表明为何支持,原行政行为如何不当或错误的道理;对原告无理的诉讼请求,也需讲明为何不支持其请求,原行政行为如何正确的道理；对于行政机关部分正确、部分错误的行政行为，要坚持两分法恰如其分地进行分析评断，正确的表明支持的态度，错误的表明否定的态度。总之，要依法论理，客观公正，严谨无漏洞。

判决理由阐明之后还应引用判决所依据的法律条款。行政案件适用法律应包括两方面法规：一是有关行政法规及地方性行政规章，即判决适用的实体法；二是行政诉讼法规，即适用的程序法规。一般来说，无行政法规及地方性行政规章依据可循的，可直接引用《行政诉讼法》第54条第1～4的规定，作为判决 的法律依据。需要参照有关行政法规及地方性行政规章的，应当写明根据《中华人民共和国行政诉讼法》第53条，参照×××规章第×条第×款的规定，以表明援引规章作为处理案件的合法依据。

3. 判决结果。判决结果是人民法院对当事人之间的行政争议做出的实体处理结论。根据《行政诉讼法》第54条的规定，人民法院经过审理后，对案件进行判决可分为维持行政机关具体行政行为的判决、撤销或者部分撤销具体行政行为或判决被告重新作出具体行政行为的判决、判令被告限期履行法定职责的判决及变更具体行政行为的判决四种情形。

维持原行政行为判决是指经审查确认原行政行为合法，具体说是指具备了证据确凿，适用法律、法规准确，符合法定程序三个必备条件，而作出的支持被告判决。

撤销或部分撤销具体行政行为或判决被告重新作出具体行政行为的判决，是指原具体行政行为的主要证据不足或适用法律、法规错误，或违反法定程序以及超越职权或滥用职权，导致行政行为错误而予以撤销的判决，被告只要具备了《行政诉讼法》第54条第2项规定的五种行为之一的，均可撤销原行政行为。而对于某类行政行为部分合法、部分不合法的，应对合法之部分予以维持，对不合法之部分予以撤销。判决被告重新作出具体行政行为，属判决撤销行政行为的一种补充，这是由于错误的行政行为被撤销后，问题依然未得到根本解决，还需要行政机关重新对相对人做出正确的处理。这样做可使行政机关自行纠正原违法行政行为，保护相对人的合法利益以达到维持正常的行政管理秩序之目的。

判令被告限期履行法定职责的判决是指对于被告当履行而不履行，有意拖延履行法定职责的“不作为”行为，人民法院判令被告在一定期限内予以履行的判决。行政管理机关在管理活动中，当出现有符合法定条件申请被诉行政机关颁发执照和许可证，被诉行政机关拒绝颁发或者不予答复的；申请被诉行政机关履行保护人身权、财产权的法定职责，被诉行政机关拒绝履行或者不予答复的；被诉行政机关没有依法发给原告抚恤金的，人民法院可以判决被告限期履行其法定职责。

变更具体行政行为的判决是指原行政处罚显失公正，人民法院予以变更所做出的处理结论。

除了维持原行政行为判决之外，后三种情形的判决，如果人民院认为还需要判决被告承担有关行政侵权赔偿责任的，应写明赔偿的具体数额、给付期限，或返还原物、恢复原状等。

根据《法院诉讼文书样式(试行)》的规定,判决结果的行文表述有以下6种模式:

(1)维持行政机关具体行政行为的写:

一、维持××××(行政机关名称)××××年××月××日[年度]××字第×号处罚决定(或复议决定及其他具体行政行为)。

(2)撤销行政机关具体行政行为的写:

一、撤销××××(行政机关名称)××××年××月××[年度]×××字第×号处罚决定(或复议决定及其他具体行政行为)。

二、……(写明判决被告重新作出具体行政行为的内容。如果是不需要重新作出具体行政行为的,此项不写。如果是确认被告的具体行政行为侵犯原告合法权益而需承担行政侵权赔偿责任,应写明赔偿的数额和交付的时间等。)

(3)部分撤销行政机关具体行政行为的写:

一、维持××××(行政机关名称)××××年××月××日[年度]×××字第×号处罚决定(或复议决定、其他具体行政行为)的第×项,即……(写明维持的具体内容);

二、撤销××××(行政机关名称)××××年××月××日[年度]×××字第×号处罚决定(或复议决定、其他具体行政行为)的第×项,即……(写明撤销的具体内容);

三、……(相对于撤销部分写明判决被告重新作出具体行政行为的内容。如果不是需要重新作出具体行政行为的,此项不写。如果是确认被告是侵犯原告合法权益而应当承担行政侵权赔偿责任的,应写明赔偿的数额和交付的时间等。)

(4)判决行政机关一定期限内履行法定职责的,表述为:

责成被告……(行政机关名称)……(写明被告应当履行的法定职责内容和期限)。

(5)判决变更行政机关的行政处罚的,表述为:

变更××××(行政机关名称)××××年××月××日[年度]××字第

×号处罚决定(或复议决定),改为……(写明变更后的处罚内容)。

(6)单独判决行政赔偿的,表述为:

被告××××(行政机关名称)赔偿原告×××……(写明赔偿的数额、交付时间,或者返还原物、恢复原状等)。

(三)尾部

依次写明下列内容:

1. 诉讼费用的负担。在判决结果之下另起一行,写明"本案收取诉讼费××××元,由×告承担"内容。根据我国行政诉讼"谁败诉谁承担诉讼费"的原则,应明确写明败诉方承担数额,如果均有过错的可根据过错程度的大小,合理分担。诉讼费不能与判决结果并列,因为它不属于争议的实体问题。

2. 交代上诉权。用一段固定的文字向当事人告知上诉期限、上诉方法和上诉审法院,应用如下一段的文字表述:

如不服本判决,可在判决书送达之日起15日内,向本院递交上诉状,并按对方当事人的人数提出副本,上诉于××××人民法院。

3. 合议庭成员署名。根据我国《行政诉讼法》第46条的规定,行政案件的审理,实行的是合议制,不存在独任审判。据此,在判决书右下角位置由审理该案的合议庭成员即审判长、审判员(或代理审判员、人民陪审员)按序署名。

4. 判决日期及用印。署名之下注明制发判决书的年月日,并按"齐年盖月"原则,在日期上加盖人民法院公章(在正本或在副本上盖印)。

5. 书记员署名。在判决书正本及副本尾部左侧空白处,加盖"本件与原本核对无异"校对戳记。

三、制作第一审行政判决书应注意的问题

1. 行政案件涉及面较广,各类案件都有其各自的特点,即便是同一类性质的案件,也有着自己的独特之处。因此,写诉辩的内容及法院认定的行政法律关系事实,不能眉毛胡子一把抓,纵笔漫写,须抓住案件关键性情节,即双方争议的焦点这个中心环节,去叙述事实,才能使重点突出,分清法律责任。

2. 阐述理由,必须坚持"以事实为根据,以法律为准绳"的原则。即不论是维持被告方的处理或处罚决定,还是驳斥原告方的诉讼请求;不论是支持原告方的正当合理、合法之要求,还是否定被告方的错误行政行为决定,都要以事实、证据为基点,以法律、法规为依据去进行言之有理、持之有据的分析和评论。

3. 强化对证据的分析认证。根据《行政诉讼法》第32条的规定:"被告对作出的具体行政行为负有举证责任，应当提供作出该具体行政行为的证据和所依据的规范性文件。”据此，在事实认定之后必须对被告提供的证据进行缜密的分析认证，采纳要讲采纳的理由，否定也要阐明不能成立的道理，证据分析得充分，才能有力地支撑判决结论，令当事人遵判息诉。

实例一

××省××市人民法院

行政判决书

［2009］×行初字第12号

原告：刘×，男，41岁，汉族，××省××市人，农民，住××市××乡××村。

委托代理人：周×，××市××律师事务所律师。

被告：××市××乡人民政府，住所地：××市××乡15号。

法定代表人：徐×，系该乡乡长。

委托代理人：曹××，××市××律师事务所律师。

原告刘×不服××市××乡人民政府2009年3月19日［2009］乡土字第5号行政处罚决定，向本院提起诉讼。本院受理后，依法组成合议庭，公开开庭审理了本案。原告刘×及其委托代理人周×，被告法定代表人徐×及其委托代理人曹×到庭参加诉讼，本案现已审理终结。

被告××市××乡人民政府认定，原告刘×未经政府批准，非法使用土地，违反了《中华人民共和国土地管理法》第62条规定，对其做出处罚决定。刘×对乡人民政府的处罚决定不服提出宅基地向东扩展2.5米是经村民委员会同意的，要求撤销乡人民政府的处罚决定。

经审理查明：原告刘×原使用宅基地一处，面积0.25亩，有北房4间。2008年11月15日，刘×将北房4间拆除，准备建5间，由于原宅基地使用面积小，多次找村民委员会要求向东扩展2.5米。经村民委员会同意，给原告刘×向东丈量了2.5米，有村民委员会张×证明。原告刘×在施工期间，乡人民政府发现原告刘×多占宅基地未经批准，即通知原告刘×停止施工，但原告刘×不听劝阻，继续施工将房建成。乡人民政府根据原告刘×违法占地的事实，依照《中华人民共和国土地管理法》第62条规定，对原告刘×进行处罚，限15日内将非法占用宅基地上的建筑物拆除。

本院认为，根据《中华人民共和国土地管理法》第62条第2款规定，“农村村民住宅用地，经乡（镇）人民政府审核，由县级人民政府批准”。村民委员会越权同意原告刘×扩展宅基地无效，未经县乡人民政府审核批准属违法占地行为。××乡人民政府对原告刘×所作的处罚决定，事实清楚，证据充分，适用法律正确，程序合法。依照《中华人民共和国行政诉讼法》第54条第1项的规定，判决如下：

维持××市××乡人民政府2009年3月19日[2009]乡土字第5号行政处罚决定。

诉讼费××元由原告负担。

如不服本判决,可在判决书送达之日起15日内,向本院递交上诉状,并按对方当事人的人数提出相应副本,上诉于××省××地区中级人民法院。

审判长:张××

审判员:周××

审判员:曹××

2009年6月25日

(院印)

本件与原本核对无异

书记员:李××

【评析】

村民改造房屋多占宅基地,未经乡县人民政府审核批准,自然属违法行为。这份一审行政判决书的事实分两个层次叙述,先叙述原乡政府对其做出的处罚决定及原告不服该决定状告乡政府行政行为违法的事实及理由,再叙述经审理查明的事实,案情经过写得清楚,一目了然。理由中则针对原行政行为的合法性进行了充分的论述,故最终维持被告2009年3月19日[2009]乡土字第5号行政处罚决定就公正、合理,令人信服。

第十节　第二审行政判决书

一、第二审行政判决书的概念及作用

第二审行政判决书是指第二审人民法院依照行政诉讼法规定的第二审程序,对当事人不服尚未发生法律效力的第一审判决提出上诉的案件,经重新审理后,就实体问题做出的维持原判或改判的书面决定。

我国《行政诉讼法》第60条规定:"人民法院审理上诉案件,应当在收到上诉状之日起两个月内做出终审判决。有特殊情况需要延长的,由高级人民法院批准,高级人民法院审理上诉案件需要延长的,由最高人民法院批准。"这是制作二审行政判决书的法律依据。

行政案件当事人上诉后,二审人民法院即开始履行职责,第二审的审理既可以组成合议庭进行,也可以书面审理。主要审查第一审人民法院认定的事实是否清楚、适用的法律是否准确得当、案件审理过程中有无违反诉讼程序等现象。二审审理不受上诉或抗诉范围的限制。

人民法院通过第二审审理并以二审行政判决书结案,可以切实纠正第一审行政

判决书可能发生的错误，维护当事人的合法权益，避免错案、错判情况的发生，同时也体现了上级人民法院对下级人民法院行政审判工作的正确指导和监督，有利于帮助下级人民法院提高行政审判工作质量，公正执法。

二、第二审行政判决书的格式、内容及写法

第二审行政判决书由首部、正文、尾部三部分组成。

（一）首部

1. 标题。在文书顶端分两行写明：

××××人民法院
行政判决书

2. 案件编号。在标题右下方注出"［年度］×行终字第××号"。

3. 诉讼参与人基本情况。按照上诉人、被上诉人、第三人的顺序依次写明其各方的姓名、性别、出生年月日、民族、出生地、工作单位、职业和住址。书写诉讼参与人姓名之后应用括号注明各方在原审中的诉讼地位，如上诉人：张××（即原审原告），被上诉人：×××单位（即原审被告）。如一审原告系法人及其他组织提起上诉或应诉的，应写明单位的全称、所在地址及法定代表人、主要负责人的姓名及职务。

二审行政诉讼中，如果各方都聘请了委托代理人的应在各方栏目之下列明其委托代理人的身份事项，其写法与一审行政判决书相同。

4. 案由、审判组织、审判方式和开庭审理过程。根据我国行政诉讼法的规定，人民法院审理一审行政案件，在不涉及国家机密、个人隐私和法律另有规定的情况下，都应依法组成合议庭公开审理，而二审行政案件，则既可以开庭公开审理，也可以依照《行政诉讼法》第59条"认为事实清楚"时，实行书面审理。故该项的写法应根据上述两种不同情况来决定。行文格式如下：

上诉人×××因××（案由）一案，不服××××人民法院［年度］×行初字第××号行政判决，向本院提起上诉。本院依法组成合议庭，公开（或不公开）开庭审理了本案。……（写明到庭的当事人、诉讼代理人等）到庭参加诉讼（书面审理的写"本院依法组成合议庭，对本案进行了审理"）。现已审理终结。

（二）正文

正文包括事实、判决理由、判决结果三个项目。

1. 事实。二审行政判决书的事实应写明两个方面的内容：一是上诉争议的事实；二是经审理查明认定的事实。

上诉争议的事实是引起二审程序发生的根据，也是二审据以判决的依据。主要应写明：①原行政机关做出具体行政行为的缘由和处理处罚决定的内容；②一审行政判决认定的事实适用的法律及判决结果;③上诉人提起上诉的主要理由和请求;④被上诉人的主要答辩内容。书写这项内容时,要概括精练,抓准当事人争议的分歧点,准确地反映出来,不要照抄原审判决书、上诉状和答辩状。

二审审理查明认定的事实是事实部分写作的重点。应根据经二审审理后所确认的事实将其经过如实叙写反映出来。叙述二审认定的事实应富有针对性,何处详写、何处略写、何处不写,完全取决于上诉人在哪一方面或者哪几方面提出上诉。如果上诉人对原行政机关处理处罚决定认定的事实或者对一审判决认定的事实没有提出异议,原审认定事实清楚,二审行政判决书的事实则可以简述,确认原判决认定的事实即可;如果原审判决认定事实准确,而上诉人提出异议的,二审判决应就有异议的问题进行重点叙述;如果原审判决认定的事实不清,证据不足,经二审审理后应予改判的,则应详细而具体地叙述经二审审理后查明认定的事实,以体现对一审错误事实的纠正。

2. 判决理由。理由在二审行政判决书中具有承上启下作用,上承接事实,下为判决结果提供立论及法律依据。阐述理由须以二审法院查明认定的事实、证据和有关行政法规为依据,对一审法院认定的事实、适用的法律、处理结果是否正确进行具体、全面的论证,对上诉有理的要讲明为什么有理,理在何处,原审判决错在何处;对上诉无理的,应阐明为何没有道理,本院不予支持,同时肯定原审判决的正确性。阐述理由须观点明确,说理充分,无论是维持原判还是予以改判,都应讲明足够的道理,坚持以理服人。二审判决适用的法律,应当准确引用《行政诉讼法》第 61 条,驳回上诉维持原判的,引用第 61 条第 1 项;予以改判的引用第 61 条第 2 项或第 3 项,同时还应引用改判依据的行政法规条款。

3. 判决结果。判决结果是对案件重新审理后,做出的最终处理结论。根据《行政诉讼法》第 61 条的规定,二审案件经审理后,适用判决的,有三种处理结果:一是驳回上诉,维持原判;二是原审虽认定事实清楚,但适用法律、法规却错误,依法予以改判;三是原审认定事实不清,证据不足,查清事实后依法改判。《法院诉讼文书样式(试行)》中规定了二审行政判决结果的四种表述形式:

(1)维持原判决的,写:

驳回上诉,维持原判。

(2)对原判部分予以维持,部分予以撤销的,写:

一、维持××人民法院[年度]×行初字第××号行政判决第×项,即……(写明维持的具体内容);

二、撤销××××人民法院[年度]×行初字第×号行政判决第×项,即……(写明撤销的内容);

三、……(写明对撤销部分做出改判的内容。如无需作出改判的不写此项)。

(3)撤销原判决,维持行政机关的具体行政行为的,写:

一、撤销××××人民法院[年度]×行初字第×号行政判决;
二、维持××××(行政机关名称)××××年××月××日[年度]×字第××号处罚决定(复议决定或其他具体行政行为)。

(4)撤销原审判决,同时撤销或变更行政机关的具体行政行为的,写:

一、撤销××××人民法院[年度]×行初字第×号行政判决;
二、撤销(或变更)××××(行政机关名称)××××年××月××日[年度]×字第×号处罚决定(复议决定或其他具体行政行为);
三、……(写明二审法院改判结果的内容。如无需作出改判的,不写此项)。

(三)尾部

写明下列事项:

1. 诉讼费用的负担。写明本案收取诉讼费的数额及由谁来承担。二审诉讼费收取的标准,一般是参照一审收取的数额,如一审计算有误,出现有偏高或偏低情况,以二审核定的数字为标准。二审行政诉讼费用的负担仍实行"谁败诉谁承担"的原则,如上诉人败诉,则由上诉人负担,如共同上诉,由双方承担,如部分改判则应根据具体情况由双方合理分担,如全部改判应由被上诉人承担。

2. 诉讼费用之下写明"本判决为终审判决",表明再无上诉权。

3. 合议庭组成人员按顺序署名,注明制发判决书的日期,加盖人民法院印章。

4. 书记员署名。

5. 在判决书正本或副本尾部左方空白处加盖"本件与原本核对无异"核对戳记。

三、制作第二审行政判决书应注意的问题

1. 叙述二审确认的事实应把握好写作的侧重点,富有针对性,不能将原审认定事实再简单复述,阐述理由也应紧紧围绕着双方争议焦点,表明二审对上诉理由或原审判决是支持还是否定。尽管第二审审理不受上诉或抗诉范围的限制,对案件实行全面审查,但叙述事实或阐述理由时仍须针对上诉理由及其诉讼请求这一重点进行。

2. 诉讼当事人身份事项要书写准确、全面。属于原告、被告和第三人共同上诉的,应将其全部并列为"上诉人"。当事人中一人或者部分人提出上诉,上诉后是可分之诉的,未上诉的当事人在判决书中可以不列。上诉后仍是不可分之诉的,不上诉的当事人可以列为被上诉人。此外,对各方当事人的法定代表人、诉讼代理人等,也应具体写明。

附 实例

×× 市中级人民法院
行政判决书

［2008］× 中行终字第 11 号

上诉人(原审原告):刘 ×,男,50 岁,汉族,大学文化,×× 师范大学副教授,住 ×× 师范大学家属院 3 号楼 4－5 号。

委托代理人:许 ××,男,55 岁,汉族,×× 师范大学副教授,住 ×× 师范大学教工家属院 5 号楼 23 号。

被上诉人(原审被告):×× 市公安局 ×× 分局,住所地:本市 ×× 区 ×× 路 35 号。

法定代表人:程 ××,×× 分局局长。

委托代理人:陈 ××,本分局法制科干部。

委托代理人:郑 ××,本分局治安科干部。

上诉人刘 × 因治安管理拘留处罚一案,不服 ×× 市 ×× 区人民法院［2008］× 行初字第 15 号行政判决,向本院提起上诉。本院依法组成合议庭,公开开庭审理了本案。上诉人刘 ×、上诉人委托代理人许 ××、被上诉人 ×× 公安分局的委托代理人陈 ××、郑 ×× 等到庭参加诉讼,本案现已审理终结。

原审判决认定:上诉人刘 × 之妻因违法经营,被管理人员制止,上诉人竟持瓶伤人,致被害人轻微伤害,依照《中华人民共和国治安管理处罚法》第 22 条第 1 项,×× 公安分局对上诉人处以行政拘留 12 日的处罚决定。上诉人刘 × 不服,以 ×× 公安分局行政行为违法为由提起行政诉讼,×× 市 ×× 区人民法院经开庭审理,于 2008 年 7 月 23 日做出维持 ×× 公安分局(2008)× 行拘字第 22 号行政拘留决定。上诉人刘 × 仍不服,认为处罚过重,要求撤销一审判决,减轻行政处罚。被上诉人认为,一审法院认定事实清楚,证据充分,判决正确,请求二审法院予以维持。

经审理查明:×× 师范大学根据国家教育部［××××］×× 号令的精神,为整顿校园秩序于 2008 年 3 月 27 日与 ×× 市 ×× 区 ×× 工商管理所联合发出《通告》,要求“凡在校内经营的有执照的个体摊点,必须在 × 月 × 日前到 ×× 工商所办理更照手续,经校方批准,又经 ×× 工商管理所变更经营地点手续的,可集中到家属院生活小区经营。”工商管理所和校方有关人员曾多次找到在校园教学区内经营的个体摊商赵 ××(上诉人之妻),告知办理更照手续,并按《通告》要求要其到家属院生活小区经营。但赵 ×× 不听劝告,仍然在学校教学区经营。学校校卫队于 2008 年 4 月 11 日至 14 日又先后 3 次对赵 ×× 进行劝告,在劝告仍然无效的情况下,于 2008 年 5 月 19 日 12 时许,校卫队对赵 ×× 的经营行为进行了制止查处。上诉人刘 × 得知后,赶来伙同赵××与校卫队队员发生激烈争吵，争吵中上诉人抄起一汽水瓶向校卫队员凌×、阎××的头部猛击，致凌×头皮擦伤，伤口长1厘米；阎××头皮裂伤，伤口长达3厘米。××公安分局以其行为违反《中华人民共和国治安管理处罚法》第22条第1项，予以行政拘留12天。

上述事实有被上诉人向本院提交的医院诊断证明、病历和在场的李×、何××、王××等人的证言为证，上诉人对此均予以承认。一审法院在审理中，对被害人的伤情进行了法医鉴定，其结论与医院诊断证明相符。以上证据经开庭质证予以确认，能够作为认定事实的根据。

本院认为：××师范大学为贯彻国家教育部关于整顿校园的指示精神，对校内的个体摊贩进行统一管理是必要的内部管理行为，并得到当地工商管理部门的认可和支持。上诉人刘×身为该校教师，理应顾全大局，遵守规定，但其不仅不服从管理，反而持汽水瓶将两名校卫队员打伤，造成轻微伤害。其行为显属违法。被上诉人根据上诉人违反治安管理行为的情节与结果，依法做出对上诉人刘×处于行政拘留12日的处罚是正确的。××市××区人民法院依法作出维持被上诉人处罚裁决的判决，认定事实清楚，证据充分，适用法律适当，审判程序合法，应予维持。上诉人要求撤销一审判决、减轻行政处罚的上诉请求，没有事实根据和法律依据，本院不予支持。据此依照《中华人民共和国行政诉讼法》第61条第1项的规定，判决如下：

驳回上诉，维持原判。

二审诉讼费××元，由上诉人刘×负担。

本判决为终审判决。

审判长：周××
审判员：武××
审判员：郑××
2008年9月10日
（院印）

本件与原本核对无异

书记员：王××

【评析】

这份二审行政判决书事实部分先叙述原审判决认定的内容，上诉人不服原判提起上诉的理由及请求，被上诉人的答辩结果；接着叙述了二审法院查明认定的事实，在事实部分清楚反映出上诉人不仅违反校园管理规定，还出手伤人的违法行为，从而显示出××公安分局依法对其行政拘留12日的正确性。理由部分运用详实的文字阐明了上诉人行为的违法性及公安机关对其实施处罚的正确性。由于事实写得清楚，理由论述得充分，上诉人行为违法明确，故最终“驳回上诉，维持原判”必然合理合法，令人折服。

第6章 律师诉讼文书

第一节 概 述

一、律师诉讼文书的概念及作用

律师诉讼文书是指律师在诉讼业务活动中，接受公民、法人或其他组织的委托，为其提供诉讼法律服务时所制作、出具、使用的具有法律意义的各类文书总称。

律师诉讼文书是律师依法参与诉讼执业活动、维护当事人合法权益所使用的重要工具。随着现代社会的文明进步和法制建设的日臻完善，律师的社会地位也日益突出，律师在从事三大诉讼业务活动中，根据事实和法律，使用各类律师实务文书，为公民、法人或其他经济组织进行诉讼提供法律帮助，为其排忧解难，已成为律师执业活动中的重要组成部分。律师的诉讼代书是维护当事人诉讼权利，实现公平正义的有力武器，它不仅能为司法机关全面、准确查明案件事实真相，正确适用法律，依法公正处理案件提供重要的帮助作用，而且对当事人各方都具有一定的制约作用和教育作用。律师的诉讼文书所体现的实际价值作用还不仅限于此，一份标准、合格、高质量的法庭辩护词、代理词，通过在法庭上公开宣读，不仅能引导、影响法官的断案思路，使之向着有利于所辩护、代理案件的当事人方向靠拢，做出有利于己的公正裁决，而且对参与庭审的广大群众来说，无疑也使之受到一次生动的法制教育，使他们明白什么是合法、什么是违法、什么是犯罪，对于教育公民遵纪守法、预防犯罪、维护社会秩序的稳定也能起到良好的教育功能。

二、律师诉讼文书的属性

就职能权利及工作性质而言，我国的公检法机关是国家的司法机关，是作为执法的主体代表国家在进行执法活动，因而，在三大诉讼活动中依法行使“公权”，由其制作的各类侦查文书、检察文书、裁判文书亦是“公权”行使的体现；而律师职业的属性则决定了其是一种自由职业者，律师的从业是为社会、为人民群众提供法律服务。因而，律师在诉讼从业活动中所使用的实务文书不能代表国家，而只能代表当事人自身或者律师本人，它是以“私文书”身份体现的。由此可见，“公文书”与“私文书”是公检法文书与律师实务文书相区分的根本标志。律师诉讼文书的上述属性，具体表现在以下几个方面：

1. 书写的受托性。律师在诉讼活动中，接受当事人的请求，替当事人主张权利，不论代写何类法律书状或何类申请文书都应以当事人的名义，按照当事人的意愿来写，而不是以自己的名义书写，律师虽然执笔写作，但却是代书，文书主体只能是当事人，这与公检法文书是代表国家的利益制发具有明显区别。

2. 主体的自身性。律师在诉讼活动中，基于业务工作要求，需要以自己的名义发表观点，阐述意见或向大众宣告、传达某种特定事项时，应以自己名义签署，因之，律师的工作文书只能代表律师本人的意志，而不代表其他人或组织。如律师在刑事辩护、民事代理中所发表的辩护词、民事代理词，律师在业务工作中出具的律师函、法律意见书、登报声明等，只能以自己名义署名而不能以律师事务所或当事人名义署名，其代表的仍然是个人。而公检法法律文书的落款及印章则都是以国家执法机关名义出具的。

3. 内容的广泛性。律师诉讼文书在诉讼领域包容的范围广泛，这是由律师全方位向社会提供诉讼法律服务的工作属性所决定的。就诉讼文书而言，既包括刑事诉讼的代书及出庭文书，也包括民事诉讼、行政诉讼的代书、出庭文书，三大诉讼活动中处处可见律师办案的身影，因而律师诉讼文书的使用也就贯穿于诉讼活动的始终，律师诉讼从业的范围决定了其诉讼文书内容的广泛性，这与公检法诉讼文书专业化特征不能同日而语。

4. 文书具有法律意义。律师的诉讼代书仅是一种单方的法律行为，它只代表书状主体自身的利益。它的作用是启动法律程序及引起法律程序的变化，通过诉讼求得执法机关公正处理；律师的诉讼工作文书只是以律师个人名义向法庭发表的演讲论告，它的目的是希望法官能够采纳自己的观点，作出对自己辩护代理案件的当事人有利的判决，这些文书绝大多数没有强制性、约束力，不产生法律效力，仅具有一定的法律意义。这与公检法文书以强制性为后盾之特点明显不同，当然，并不是说所有律师实务文书都不具有约束力，属于律师替当事人代书的合约类文书，诸如合同、契约、协议书、公司章程等类文书即不在此列。

三、律师诉讼文书的分类

律师诉讼文书应当分为几种类型，一直以来各家对此尚无统一标准，从律师诉讼工作范围考量，笔者认为律师诉讼文书可以分为以下三种形式：一是以律师事务所名义出具的建立委托关系、为业务往来出具信函的有关工作文书，如刑事辩护委托协议，民事代理委托协议，授权委托书，律师事务所函、律师会见在押犯罪嫌疑人、被告人专用介绍信、调查专用证明等；二是以律师名义出具使用的诉讼业务工作文书，诸如辩护词、代理词、调查笔录、会见犯罪嫌疑人笔录等；三是由律师代书、以当事人名义出具的各类法律书状，如起诉状、答辩状、上诉状、申诉书、再审申请书、申请执行书、各类民事申请书等。本章主要介绍讲述律师的诉讼业务工作文书和律师代写的法律书状文书。

四、律师诉讼文书的制作要求

一名优秀的律师若想出色地做好律师业务，博得当事人的信任，开拓法律服务市场，获得可观的经济效益，实现名律师声誉，除了应具备精深扎实的法律知识功底、敏捷的思辨能力、流利的口辩技能及良好的职业道德外，娴熟的法律写作能力也是必不可缺的，因为律师业务离不开文字写作，律师代书写作水平的高低、文书的质量如何，直接关系到对法律适用的正确理解，关系到当事人的切身利益、政治生命甚至身家性命。法律服务市场中，当事人以一纸文书写作决断律师是否受聘的现象并不鲜见。可见，强化律师法律写作技能不是可有可无，而是必需的。具体来说，写好律师诉讼文书应满足以下几点要求：

1. 遵循客观事实标准，准确再现案件本来面目。律师替当事人代写各类法律书状，须坚持以事实为依据，准确、真实反映案件事实的真相，任何悖离了事实真相，夸大、缩小甚至歪曲事实的写述，都将对当事人的诉讼产生不利，甚至导致法律上的失误，这将严重违背公平与正义准则，实际上这也是由律师本人的世界观、认识论所决定的。

2. 正确理解法律，将抽象的法律知识准确地适用至案情之中。律师的诉讼代书，其基本表达的内核是针对本案的案情，通过运用法律对案情进行逻辑分析、研判，为当事人提出合理的诉讼主张，寻求出解决问题的诉求结果。这样一个适用法律的过程，贯穿于文书内容的始终。这就要求从业的律师必须强化各类实体法及程序法知识的学习，只有将基础功底夯实，律师诉讼文书才有可能写好。

3. 具备娴熟的写作表达技能。律师诉讼文书中对法律的准确理解及运用，是通过特定的表达方式，以文字为载体表现的，因此，写好律师诉讼文书，除了应具备先进、科学的世界观和方法论，坚实的法律知识功底外，掌握好各种写作表达技能也是不可或缺的。如对题旨的确定，对材料的取舍选择，表达的思维顺序及其方法技巧，叙述事实的原则、要求，论理的逻辑规则等，都应全盘通晓，并能娴熟地加以运用，唯有如此，才能胜任律师文书写作工作。

4. 准确使用法律语言，掌握高超的文字表达技能。实践证明，业务能力强的优秀律师其语言文字表达的功底往往比较过硬，因为严谨的法律问题论述必须用语言的载体以书面的形式再现。“语言是思想的直接现实”(高尔基)，这就要求律师必须加强语言这一基本功的训练，练就行文流畅而运用自如的文字表达技能，做到用词精确，句式规范通顺，语段层次分明，表达严谨，并富有高超的修辞表达技巧，这是律师必须具备的基本功。

5. 遵循格式要求，确保文体规范。诚然，目前司法部尚未出台完整的律师实务文书格式样本，但是由于律师的诉讼类代书早已由最高司法权力机关制定出完整的行文样式，其他非诉讼法律事务文书及律师诉讼工作文书也因多年的律师工作实践早已形成公认通行的写作模式，故律师实务文书写作须遵守其制作的特定格式，不得违反，禁止别出心裁，独创另类样式的不良写法，这既是律师业务规范的客观需要，也是法制建设体系日臻完善的具体表现。

第二节　起诉类代书

一、刑事自诉状

（一）刑事自诉状的概念及作用

刑事自诉状是指刑事案件的被害人遭受犯罪行为侵犯，被害人（自诉人）及其法定代理人，根据事实和法律向人民法院起诉，控告被告人侵犯其自身权益，要求追究刑事责任的书状。

刑事自诉是与刑事公诉并存的两种诉讼形式。《刑事诉讼法》第170条确定了刑事自诉案件的适用范围：

（1）告诉才处理的案件；

（2）被害人有证据证明的轻微刑事案件；

（3）被害人有证据证明对被告人侵犯自己人身、财产权利的行为应当追究刑事责任，而公安机关或者人民检察院不予追究被告人刑事责任的案件。具体说，人民法院受理的刑事自诉案件限定于刑法分则中规定的下列案件中：①侮辱、诽谤案（《刑法》第246条）；②暴力干涉婚姻自由案（《刑法》第257条第1款）；③虐待案（《刑法》第260条第1款）；④侵占案（《刑法》第270条）；⑤故意伤害案（轻伤害）（《刑法》第234条第1款）；⑥非法侵入住宅案（《刑法》第245条）；⑦侵犯通信自由案（《刑法》第252条）；⑧重婚案（《刑法》第258条）；⑨遗弃案（《刑法》第261条）；⑩生产、销售伪劣商品案（《刑法》第140条～150条）；⑪侵犯知识产权案（《刑法》第213条～220条）；⑫刑法分则第四章（侵犯公民人身权利、民主权利案）、第五章（侵犯财产案）规定的，对被告人可能判处3年有期徒刑以下刑罚的案件。

对犯罪行为的指控，我国的法律主要采取的是“公诉”方式，即国家追诉，由人民检察院代表国家控诉被告人的犯罪行为，以达到人民法院运用审判手段裁判案件、追究被告人刑事责任之目的。但是，对于上述12类罪，由于罪行较轻，不需要动用“公权”来完成侦查工作以及指控起诉，我国刑事诉讼法规定了公民可以提起自诉，直接向人民法院起诉，这样既有利于保证检察机关集中精力同其他重大犯罪作斗争，节约诉讼资源，减轻公安、检察工作的负担，同时自诉人通过自诉指控犯罪，提起刑事诉讼程序，也可以使人民法院依法及时惩罚犯罪，维护被害人的合法权益。

提起刑事自诉，自诉人应向人民法院提交刑事自诉状。自诉人可以自己书写，也可以由律师代写。代写自诉状是律师代理刑事自诉案件的工作内容之一。

（二）刑事自诉状的格式、内容及写法

根据《法院诉讼文书样式（试行）》的规定，刑事自诉状由以下三部分组成：

1. 首部。按顺序写明以下三项内容：

（1）标题。在文书顶部居中标出“刑事自诉状”。

（2）自诉人身份事项。依次列出自诉人的姓名、性别、出生年月日、民族、出生

地、职业、工作单位和住址等。自诉人如系未成年人或无诉讼行为能力的成年人(弱智、精神病人等),在列出自诉人身份内容之后,还应列出其法定代理人或监护人的个人身份情况。

(3)被告人身份事项。列出被告人的姓名(包括别名、化名、曾用名)、性别、出生年月日、民族、出生地、职业、工作单位和职务、住址等。被告人有多人的,应按其犯罪地位的重轻依次列明。

2. 正文。包括案由和诉讼请求、事实与理由、证据三项内容,这是刑事自诉状的主体部分。

(1)案由和诉讼请求。该项是自诉人提起自诉所要求达到的诉讼目的。需要写明被告人触犯的刑法分则罪名及要求人民法院依法追究其刑事责任的诉讼目的,但不必提出具体的刑种和刑期要求。如自诉人是以诽谤罪提起刑事自诉的,可表述为:“被告人犯诽谤罪,请人民法院依法追究其刑事责任。”

(2)事实与理由。这部分应写明本案犯罪事实发生的经过及提起自诉的理由及法律依据。叙述犯罪事实应按照被告人实施犯罪行为的先后顺序写明起因、经过和结果,如被告人在什么时间、什么地点、出于什么动机和目的,运用了什么手段和方法,实施了什么犯罪行为,造成了何种程度的犯罪后果等。具备了因果关系的犯罪情节要特别注意将犯罪的前因过程及后果形成之间的关联性交代明白,以便供人民法院从整体上掌握全貌,公正裁判。本案如系共同犯罪的,叙写犯罪事实应按照共同犯罪的地位写清各被告人的主次罪责。

叙述刑事自诉状的事实应做到:①必须坚持实事求是,尊重客观事实,真实、准确地反映案情的原貌,不夸大对自己有利的事实,不掩饰对自己不利的事实,更不能屈解、虚构事实,须知,失真、失实的事实将有可能导致己方的败诉。②抓住重点,掌握关键,突出罪责。叙写事实,不能事无巨细、不分主次,应按照罪名成立这一要旨,突出写述罪责成立的关键性情节,对于与罪名关系不大的附带性情节,可概笔略写。③线索要清晰,脉络要分明。叙述事实应以案情自然发展顺序,逐层叙写,前后呼应,因果关系明确,展示出清晰而明了的叙写思路,力戒头绪不清,前后紊乱。

事实写完之后应阐明提起自诉的理由。理由是自诉人根据前面叙述的犯罪事实,运用刑法的相关规定,阐明的对被告人罪责性质的确认及其行为已触犯刑律应负刑事责任的认识主张。具体应写明如下几点:①对犯罪事实进行文字概括,说明罪名成立的事实依据;②引用刑法相关条文,确定罪名成立,要求依法追究刑事责任;③援引刑事诉讼法条文,提出提起自诉的请求结果。其写作模式为:

综上所述,自诉人认为,被告人×××(概括犯罪事实,说明罪名成立事实依据)其行为已触犯《中华人民共和国刑法》第××条××款的规定,应当以××罪追究其刑事责任。根据《中华人民共国刑事诉讼法》第××条的规定,特向你院起诉,请依法公正判处。

阐述理由应把握好如下几点：①概括犯罪事实的表述应凝练、简约、准确、符合犯罪实情；②准确确定罪名，罪名概念表述完整；③引用法律精确而完整，既要引用被告人触犯的刑法条文，又要引用刑事诉讼法条文。因为提起自诉既涉及到实体问题又涉及到程序问题。

(3)证据。继理由之后列出证人姓名和住址、其他证据名称和来源。自诉人提起自诉控告被告人的犯罪事实成立需要相关的证据支持，因而自诉人起诉时负有举证责任。如申请证人出庭作证的，应列出其姓名及住址，供法院审查是否具备证人资格。如系其他证据的，应列出证据的名称及来源并注明该证据已附在诉状之后，供人民法院立案时审查。刑事自诉状中所列的犯罪证据，应该是能够证明犯罪事实成立的具有证明效力的证据，如人证、物证、书证、鉴定结论、问话笔录、视听资料等，同时还应说明该证据的来源所在，如是来自被害人方面的，还是来自被告人方面的，或是来自犯罪现场，或是来自公安机关；证人证言要写明出证人姓名及住址，物证要写清是何物证，从何处收集而来；鉴定材料是何单位何人鉴定等。证据的排列次序应根据犯罪事实的先后顺序相应安排，这样可以条理清晰，一目了然。

3. 尾部。尾部写作模式如下：

(1)分两行写明致送法院的单位名称，即"此致"，"××××人民法院"。

(2)右下角位置由自诉人署名或加盖私人印章，注明诉状写作的年月日。

(3)附项。写明本诉状副本的份数及提交证据的清单。

(三)律师代书刑事自诉状应注意的问题

1. 严格把握刑事自诉案件的适用范围。即只有具备《刑事诉讼法》第204条规定的三种情形，符合刑法分则中12类犯罪的才能提起自诉，并制作刑事自诉状。对于以下情形的均不能提起自诉，更不能制作刑事自诉状：①犯罪已过刑法规定的追诉时效期限的；②被告人死亡的；③被告人下落不明的；④不属于自诉案件范围的；⑤除因证据不足而撤诉的外，自诉人撤诉后，就同事实又告诉的；⑥经人民法院调解结案后，自诉人反悔，就同一事实再行告诉的；⑦民事案件结案后，自诉人就同一事实再行提出刑事自诉的。

2. 准确把握罪责区分标准，严格划清犯罪与治安违法、自诉与公诉的界限。鉴于刑事自诉案件基本上都是对社会危害不大，犯罪情节较轻的犯罪行为，判定时容易与治安违法、道德品质低下等非犯罪情形相混淆；而对于故意伤害及侵犯公民人身权利、民主权利、侵犯财产可能判处3年以下有期徒刑的轻型刑事自诉案件，认定时有时又容易与"公诉"相混淆。因此，律师在起草该诉状之前，须准确界定本案是否属于刑事自诉的范畴，写入诉状的事实必须是犯罪情节轻微的事实；阐述理由确定罪名，必须符合法律规定的刑事自诉罪名的范畴，唯有如此，刑事自诉程序的提起才合法有据。

3. 向人民法院提起自诉，提交刑事自诉状时应同时提交相关的证据材料，如证人证言、物证、书证、笔录、法医伤情鉴定书等，以供立案审查。

附 实例

刑事自诉状

自诉人:杨××,女,37岁,汉族,××市×××区××街道办事处临时工。住××工厂职工宿舍。

被告人:孙××,男,36岁,汉族,北京市××县人,北京市××区××厂工人,住本厂宿舍。

案由:被告人犯虐待罪请依法判决。

事实与理由:

我与被告人孙××系夫妻关系,20××年结婚,感情尚好,生一男一女(长子孙×军,12岁;次女孙×英,9岁)。20××年被告与女徒工孙×凤通奸。我知道后曾多次向被告人单位领导反映,要求解决,因种种原因,迟迟未能解决,使我精神上受到极大刺激,患了精神分裂症(有医院证明)。被告人为了达到与我离婚、与孙×凤结婚的目的,更进一步从精神上折磨我,从经济上克扣我,用言语刺激我,使我病情愈来愈恶化。20××年被告人假借为我治病的名义,利用夜间,使用暴力,强行往我嘴内灌砒霜,妄图置我于死地。由于我强咬牙关,被告人害我的目的才未得逞,但却造成舌尖糜烂、嘴唇脓肿等严重后果(李××可以证明)。被告人一计不成又生一计,教唆他哥哥孙×学(与我住同院,他爱人是聋哑人)欺负我,夜间突然闯入我的屋内,对我进行调戏,毁我名誉。20××年春节期间的一天夜里,被告用剪刀扎我,要对我下毒手,由于我急忙喊叫,同时用右手将剪尖攥住,才幸免于难(邻居代××、王××均可证明)。我右手被扎伤4处,缝合6针,至今还留有伤疤。

20××年3月被告人起诉离婚,因无正当理由,法院不准。从20××年起,被告人不负担子女生活费。7月某日突然进家把我捆上送××精神病疗养院,并趁我在疗养院期间将家中三口人的口粮拉走,我出院后,无奈才带着孩子回到娘家居住。

被告人孙××,为了达到与我离婚的目的,从2003年开始,从精神上虐待我,肉体上摧残我,经济上克扣我,情节恶劣,已经触犯国家刑律。根据《中华人民共和国刑法》第260条第1款"虐待家庭成员,情节恶劣的,处2年以下有期徒刑、拘役或者管制"的规定,请人民法院依法追究被告孙××的刑事责任。

此致

××县人民法院

自诉人:杨××

20××年3月29日

【评析】

这份刑事自诉状写得较好。叙述事实以时间的发展为线索,由远及近,将被告人对自诉人的虐待行为明确地反映出来。理由中对犯罪事实的概括也比较准确，话虽不多，却点中了要害，并能准确引用被告人所触犯的刑法条文。这样要求“人民法院依法追究被告人孙××的刑事责任”，就合情合理，于法有据。

二、刑事附带民事诉状

(一)刑事附带民事诉状的概念及作用

刑事附带民事诉状是指刑事自诉案件中的被害人及其法定代理人向人民法院控告被告人犯罪行为的同时，一并要求解决其犯罪行为造成被害人的民事损害，请求赔偿所制作的文书。

刑事附带民事诉讼从严格的意义上讲应属于刑事自诉案件的范畴。对于刑事自诉案件，当被告人的犯罪行为导致了被害人人身损害或财产受损，涉及到经济损失赔偿时，被害人在提起刑事自诉要求追究被告人刑事责任的同时可以一并提起附带民事赔偿，以同步实现其两种权利。

刑事附带民事诉状是刑事自诉案件立案的来源依据。被害人及其法定代理人通过刑事附带民事诉状提起自诉，在要求追究被告人刑事责任的同时一并主张经济赔偿，不仅可以从刑罚上有力地制裁犯罪，而且也能从经济上使自己的物质损失得到赔偿，从诉讼资源的合理配置角度来说，刑事处罚与民事赔偿的并案解决，也有利于节约国家诉讼成本，避免人力财力的浪费。

(二)刑事附带民事诉状的格式、内容及写法

刑事附带民事诉状与刑事自诉状格式基本相同，由首部、正文、尾部三部分组成。

1. 首部。写明以下两项内容：

(1)标题。在诉状顶端居中标出“刑事附带民事诉状”字样。

(2)自诉人、被告人的身份概况。按照自诉人、被告人的先后顺序列出各方当事人的姓名、性别、出生年月日、民族、出生地、职业、工作单位和职务、住址等内容。自诉人如系未成年人或无诉讼行为能力成年人，在其身份概况之后还应写明其法定代理人及法定监护人的个人身份概况。

2. 正文。包括诉讼请求、事实与理由、证据三项内容。

(1)诉讼请求。诉讼请求是自诉人起诉所希望达到的诉讼目的，鉴于刑事附带民事的诉讼特性，刑事附带民事诉状的诉讼请求应提出要求追究被告人刑事责任的请求及要求被告人依法给予民事赔偿的请求。例如：

> 诉讼请求：
>
> 一、被告人×××犯故意伤害罪，请依法审判，追究其刑事责任。
>
> 二、被告人×××赔偿将自诉人打伤住院治疗支出的医疗费、护理费、交通费、误工费、住宿费等共计8253元。

(2)事实与理由。事实应分为两个层次叙述。首先叙述被告人实施的犯罪行为经过,按照事件的自然顺序从犯罪的时间、地点、动机、目的、手段、情节及产生的后果等方面将被告人实施的本次犯罪经过展示出来。其次写明由于被告人的犯罪行为给自诉人造成的损害后果形成的经济损失情况。属于造成人身和精神损害的案件,如果已经做了刑事技术鉴定,应当以该鉴定为依据,写明其损害后果和经济损失的具体数额;如果未进行刑事技术鉴定而就医治疗的,则应引述就诊病历根据诊疗后实际支出的费用发票,如医疗费发票、交通费票据、住宿费票据、护理证明、误工费证明等作为赔偿经济损失的证据。事实写完之后,应另起一行阐明起诉的理由。理由部分起句在用“综上事实,具状人以为:”一语提起之后,应对被告人的犯罪行为进行分析,说明其行为已触犯刑法的某项条款,犯有何罪;应当依法追究其刑事责任,之后再阐明被告人应当进行民事赔偿的理由及法律依据,说明赔偿的合理性及合法性,最后用“为此特具状向你院起诉,请依法公正裁决”结束全文。

(3)证据。事实与理由写完之后应列出本案的证人姓名和住址及其他相关证据。根据《最高人民法院关于执行〈中华人民共和国刑事诉讼法〉若干问题的解释》第94条规定:“附带民事诉讼案件的当事人对自己提出的主张,有责任提供证据。”据此,应将有关证人证言、物证、鉴定结论、勘验笔录、视听资料等证据列出,以支持起诉的合法性。

3. 尾部。在证据之下左方分两行写明致送文书的单位名称“此致”“××××人民法院”,右下角位置由自诉人署名或加盖私人印章,并注明具文的日期。

(三)律师代书刑事附带民事诉状应注意的问题

1. 提出的民事赔偿数额要确定合理,适度有据。由犯罪行为所造成的被害人人身损害或物质损失是刑事附带民事诉状有别于刑事自诉状的一个显著表现,由此,律师在代写本文书之前,首先应重点审查该赔偿是否由本案犯罪行为所产生,如不是由本犯罪事实所导致的,而是自诉人与被告人还存在其他方面的权利义务争议,则不能主张民事赔偿。其次,确定索赔数额必须有充足的依据,即有相关的医疗费发票、损坏的财产估价鉴定等证据支持。再次,赔偿的数额应根据犯罪行为造成的实际损害后果合理确定,既不能过高,又不能过低,只有在法律规定的适度范围内其请求才有可能获得法院的支持。

2. 对犯罪事实的写述应注意将刑事犯罪的内容与民事赔偿形成的损害后果展示清楚,真实、完整地反映出二者的因果关系及其内在的必然联系,这既是刑事附带民事案件自身的特点,也是制作刑事附带民事诉状的特定需求。

3. 附带民事诉讼可以在立案前用本诉状将刑事与民事赔偿一并主张,也可以先提起刑事诉讼,立案后再单独提出民事赔偿。但刑事自诉立案后提出民事赔偿的,必须在第一审法庭辩论之前提起,并单独提交民事诉状。如果该刑事判决已经生效自诉人再提起民事赔偿的,则不能再对生效刑事判决进行补救,只能另案起诉,通过提起民事诉讼程序加以解决。

附　实例

刑事附带民事诉状

自诉人：王××，男，1952年10月5日出生，汉族，山东济阳县人，住山东省济阳县××村。

被告人：王×杰，男，1960年5月2日出生，汉族，山东省济阳县人，村支部副书记，住址同上。

案由与诉讼请求：

1. 王×杰犯强奸罪、伤害罪，请依法追究其刑事责任。

2. 责令被告人承担自诉人的经济损失计6300元。

事实与理由：

2009年元月3日傍晚，被告人王×杰（村支部副书记兼治保主任）处理我与王×光（村长）乘车纠纷，因处理不公正，我没有接受。这引起被告人的不满，先训我"没有王法"，后又强拉我去见支书。在去支书家的路上，被告人在后面猛力将我推倒在地，把我摔在一个土坎上。由于冷不防，直摔得我眼冒金星，头痛难忍。当夜呕吐数次，小便失禁，次日到县医院检查。经医院确诊为脑震荡，入院治疗两个多月，花去医药费2000多元，但病情仍未好转；该院开出证明，让转诊到省立医院检查治疗。3月份，由我妻子李××、男孩王×林护送我到济南。经过附属医院、省立医院、九〇医院诊断治疗30多天后返回原籍，用去钱款1500余元。在家休息，至今还未全愈。为治病，住院用药、路费、食宿又用去1000多元，加上误工损失，总共经济损失约6000多元。此事虽经乡里多次调解处理，但至今没有得到解决。

2009年5月8日，我妻子到被告人王×杰家去讨医药费时，王×杰乘机将我妻子强奸。事后，我妻子向村妇女主任刘×香、村支书张×平、村干部商××进行了告发。

综上所述，被告人王×杰目无国法，动手伤人，又强奸妇女，侵犯人身权利，性质恶劣，影响极坏，已构成犯罪。请求人民法院根据我国《刑法》第236条、第234条之规定，追究王×杰的刑事责任，并赔偿我的经济损失。

证据和证据来源、证人姓名和住址：

××县医院诊断证明2件，省立医院、山医大附属医院、九〇医院诊断证明各1件，医疗费用票据20张，差旅票据15张。证人刘×香、张×平、商××住济阳县××乡××村。

此致

济阳县人民法院

自诉人：王××

2009年×月×日

附：本诉状副本一份

【评析】

本案面临的一个问题是被告人是否构成了轻伤害，如经有关刑事技术鉴定部门出具鉴定书认定，则可以作为刑事自诉案件，否则，立案条件就不具备。被告人将自诉人推倒在地，轻伤害能否成立，尚需打个问号。此外，强奸行为属公诉案件受案范围，不应在自诉案件中提起，可向公安机关报案，请求立案侦查。

三、民事起诉状

（一）民事起诉状的概念及作用

民事起诉状是指公民、法人或者其他组织在其自身利益受到侵害或者与他人发生争议时为维护自身的民事权益，依法向人民法院提起诉讼，请求法院作出裁判的文书。

社会总是在矛盾中向前发展。在我们的日常生活中，在我们的工作交往中，商品经济时代矛盾无处不存在，当事人之间产生了民事权利义务争议通过协商无法解决，权利受到侵害的一方应当拿起法律武器，向人民法院启动民事诉讼，寻求司法保护。提起诉讼首先做的一项工作就是撰写起诉状。当事人在人民法院申请立案时，通过提交诉状及相关证据经审查符合立案的条件，并办理了诉讼费预交手续，民事立案即告成立，审判程序即行开始。可见，民事起诉状不仅是原告正确维权的有力武器，也是人民法院启动民事审判程序公正裁决的重要依据。

民事诉讼的提起必须符合法律的规定。我国《民事诉讼法》第 108 条规定了起诉应具备的四个法定条件：①原告是与本案有直接利害关系的公民，法人和其他组织。即指提起民事诉讼的原告须是其受到侵害与本案有直接利害关系的人，该主体可以是自然人，也可以是企业法人、事业法人或政府法人，还可以是有关的经济组织或实体。②有明确的被告。即指起诉要有明确的侵权人，要有确定的诉讼对象，该对象作为原告的对立体，将来有可能面临向原告承担相应民事责任之义务。③有具体的诉讼请求、事实和理由。原告提起民事诉讼必须有明确的诉讼要求，即提起该诉讼要达到什么目的，否则受诉法院将无法立案审理。在诉讼请求明确后，还应该有具体的事实及充分的理由作依据，所说的事实是指涉案的原被告及第三人之间所出现的法律关系发生、变更、消灭的事实，从中体现了原告的合法权益受到他人侵犯；所说的理由是指原告在叙述纠纷事实基础上所阐明的被告侵权或合同违约应承担的相应民事责任所持的认识及评判道理。提起民事诉讼只有上述三项内容完全具备，才符合受理条件，才能够明辨是非，区分责任，准确适用法律，公正裁决。④属于人民法院受理民事诉讼的范围和受诉人民法院管辖。民事诉讼案件的受理人民法院有特定的受案范围，对于《民事诉讼法》第 111 条规定的属于行政诉讼受案范围的、属于当事人依据合同仲裁条款或仲裁协议而应向仲裁机构申请仲裁的、属于应由有关行政机关处理的争议的、属于在一定期限内不得起诉的等案件人民法院均不享有受理权。此外,对于符合《民事诉讼法》第108条起诉受理的案件,也必须依照法律规定,由享有案件管辖权的法院受理。一般的民事案件应适用普通管辖规则,即原告起诉应向被告住所地的人民法院提出,通常称为"原告就被告"规则。合同纠纷则适用的是特别管辖,即以被告住所地或合同履行地为受诉法院的管辖。不动产纠纷、港口作业纠纷、继承纠纷则实行的是专属管辖规定,即法律规定上述三类案件必须由不动产所在地、港口所在地、被继承人死亡时住所地或遗产所在地法院管辖。此外,法律还规定当事人可以在合同中约定管辖(又称协议管辖),但约定的范围仅限于被告住所地、合同履行地、合同签定地、原告住所地、标的物所在地法院,双方约定为何家法院,该法院对本案就享有管辖权。

(二)民事起诉状的格式、内容及写法

根据《法院诉讼文书样式(试行)》的规定,民事起诉状由首部、正文和尾部三部分组成。

1. 首部。首部包括如下内容:

(1)标题。在文书顶端居中写出"民事起诉状"。

(2)原告的基本情况。原告如系自然人的应写明原告的姓名、性别、出生年月日、民族、籍贯、职业、工作单位和职务、住址、邮编及联系电话。原告如系法人或其他组织的,写明原告的单位名称、住所地址,下一行列出原告单位法定代表人及主要负责人的姓名、职务和联系电话,再下依次写明企业性质、工商登记核准号、经营范围及方式、开户银行和账号。

(3)被告的基本情况。被告如系自然人的,与原告该项写法相同,可参照。被告是法人及其他组织的,只写被告单位名称、住所地址和被告法定代表人和主要负责人身份事项。

原告和被告如不止一个的,应按其主次地位分别列出其各自的基本情况。

(4)本案如有第三人参与诉讼的,再加写第三人的基本情况,其写法与原被告该项相同,如没有第三人参与诉讼的,此项不写。

2. 正文。包括诉讼请求、事实和理由、证据三项内容。这是民事起诉状写作的重点。

(1)诉讼请求。诉讼请求是原告具状起诉被告所希望达到的诉讼目的,这一目的是原告对被告提出的实体权利请求,如要求清租腾房,要求赔偿,要求解除合同、赔偿损失,要求停止侵权、消除影响、赔礼道歉,要求排除妨碍,要求解除婚姻关系,要求确认房产权属等。诉讼请求的事项可以有一项,也可以有多项,这要根据原告主张的实体权利多寡来决定,如有多项的,应按主次顺序分条逐项将其列出。如:"①要求解除与被告的婚姻关系;②要求婚生子女王××归原告抚养;③要求被告按月支付孩子抚养费人民币300元;④要求将房产、部分家电判归原告所有;⑤要求被告支付其过错责任赔偿费人民币××××元。"诉讼请求是原告具状起诉的灵魂、主脑,也是庭审活动开展的"聚焦点",因此,律师代书诉状应首先替当事人设计好提出的诉讼请求相关事项，不要提无法律支持的无理诉求，也不要漏列当事人的合法诉求，诉讼请求提得适度、合理、合法，才有可能获得法院的支持，使原告的正当权利得以实现。当然在诉状中对诉讼请求的设计若出现了瑕疵，也并非不能补救，根据《民事诉讼法》第52条规定，原告有权放弃或变更诉讼请求，所以即使在诉状中诉讼请求出现了失误，在庭审前或庭审中原告仍有权变更或增加、减少诉讼请求。

(2)事实和理由。这是民事起诉状的主体。事实部分应按照民事法律行为发生的经过从纠纷发生的时间、地点，涉案的人物，纠纷产生的起因、演变过程及形成的民事法律后果等要素将本案的事实过程展示出来，从该纠纷事实的叙写中清楚地显示出被告侵权行为或合同违约行为的违法性，使人民法院在法庭调查时能正确、全面掌握事实的真相，准确界定责任，依法公正裁决。

事实之后应阐明起诉的理由。理由部分在用“综上所述，具状人认为：”一句提起之后，应阐明以下内容：一是分析纠纷的性质，确定被告的行为属侵权行为或违约行为，说明是非曲直；二是分析证据，说明起诉所依据的事实是可靠的；三是论证权利和义务的关系，说明提出的诉讼请求是合理合法的；四是引用相关的民商事法律条文，说明起诉是有法律依据的，最后用“为此，特向你院起诉，请依法公正裁决”一语结束全文。

(3)证据。根据民事诉讼“谁主张谁举证”原则，原告对自己的诉讼主张负有举证责任。该证据在庭审中的法庭调查阶段，将由原告向法庭出示并接受对方的质证。因此，在诉状中应将证人姓名及其住址，其他证据的名称，如证人证言、物证、书证、鉴定结论、勘验笔录、视听资料等，一一列举出来，以证明事实的真实性。

3. 尾部。写明三项内容：

(1)在理由的左下方分两行写明致送法院的名称。即“此致”“××××人民法院”。

(2)右下角由具状人署名，并注明具文的日期。如系法人起诉的，应加盖该法人单位公章。

(3)左下角处写明附项内容，标明本状副本的有效份数。

(三)律师代书民事起诉状应注意的问题

1. 确定诉讼请求要具体明确，合法有据，周详全面。所谓具体明确，是指所提的实体要求须能够履行，具有可操作性，如对于给付之诉的要具体写明给付的标的(如金钱、有价证券，物品、房产等)、给付的数额；特别是涉及到赔偿的数额给付(如交通肇事、医疗事故纠纷、人身损害赔偿等)，要依照法律规定准确计算，合理适度，既不要过高，也不能过低，高了不现实，无法得到法院的支持，低了当事人的利益又会受损。书写诉讼请求应坚决杜绝“要求赔偿相应的损失”“赔偿一切经济损失”之类的笼统、抽象、不确切写法。所谓合法有据，是指所提请求的项目须有根有据，且属合法行为，如要求赔偿合同中并无约定的内容及履约中也未涉及的内容、要求赔偿无法律依据支持的金额，就属非法没有根据的诉讼请求。所谓周详全面，即指请求事项的提出要项目全面完整，不可缺漏，以免影响原告诉权的完整实现。

2. 叙述事实要突出中心，真实准确，清晰明了，说理要充分有力，坚持以理服人。具体来说，叙述事实应做到四要四不要：①要叙事详略得当，不要重点不明。诉状的事实须围绕着诉讼请求叙述，抓住了这个中心才能目标明确地将诉争的侵权违法行为展示出来，写诉状最忌讳抓不住中心，该说的不说，不该说的却不厌其烦，做节外生枝、漫无边际的无谓写述，遵循了这一点，事实材料才富有针对性。②要具体明确，不要含糊不清。叙述纠纷的事实在抓准争议的要害问题后，应用事实说话，将纠纷经过一一写明，因为事实是诉讼请求赖以成立的依据，事实叙写得具体、充分，可以使法官准确地把握案情，辨明所提请求的合法性。写诉状陈述事实特别反对言之无物，空话满篇，用抽象空洞的文字来取代具体的事实。③要客观求实，不要歪曲真相。起诉状的事实是人民法院了解案情，处理案件的重要依据，该事实在庭审中的法庭调查阶段必须要接受法庭的审查，要面对对方当事人的质疑挑战，这就决定了陈述案情必须实事求是，尊重客观事实，如实反映案件的本来面目，绝不能夸大、缩小事实，更不能歪曲事实，否则将会产生不利于己的严重法律后果。④要线索清晰，不要头绪紊乱。有的民事纠纷案情较为复杂，常常出现几种不同的民事法律关系在一个法律事实中包容交织情形，因此，叙写纠纷事实应统筹考虑，理顺叙述的线索，先写什么，后写什么，各法律关系的事实如何分叙，如何衔接吻合，都要恰当安排，合理表达，使整个事实体现出一个清晰的表达思路，切忌头绪紊乱，因果不明。须知叙写思路混乱，其后果必然导致事实不清。阐述诉状的理由应强化理由的论证力及针对性，通过剖析事实、分析证据，辅以法理论述，充分阐明原告提起诉讼的合理性、合法性，指明被告侵权及违约行为的非法性，这样才能明辨是非，区分责任，使起诉更具正确性。

3. 掌握好诉讼时效。诉讼时效是权利人在法定期限内不行使权利就丧失了胜诉权的法律制度。我国《民法通则》第135、136条规定了当事人向人民法院请求保护民事权利的时效期间为2年，即普通时效。但以下四种案件的时效却仅有1年：①对于身体受到损害要求赔偿的；②出售质量不合格的商品未声明的；③延付或者拒付租金的；④寄存财物被丢失或者毁损的。诉讼时效的计算应从当事人知道或应当知道权利被侵害之日起计算。但从权利被侵害之日起超过20年的，人民法院不予保护。据此，律师在代书起诉状之前，应认真审查本案是否超过了诉讼时效，有无中断、中止的法定事由，如已逾期，又无中断之事由，则应告知当事人可能面临的不利后果，不要轻易起诉，寻找变通解决时效问题的方法，如果硬行起诉，将有可能导致法院驳回原告诉讼请求的败诉后果，律师将承担工作失误的责任。

附 实例

民事起诉状

原告:刘×河,男,46岁,汉族,××市人,××造纸厂下岗职工,现无业,住××区习武园45号××小区2号楼3单元3号,联系电话:87213694(宅),手机:13060370561。

被告:××市××旅游公司。所在地址:××市××路甲字116号6楼。邮编:710003,联系电话:87418432。

法定代表人:杨×龙,系该公司总经理。

诉讼请求:

原告刘×河与被告××市××旅游公司债务纠纷一案,诉请人民法院依法判令:

1. 被告立即返还原告所交押金人民币1万元整。
2. 被告支付原告为被告垫付的办理汽车过户手续费、停车管理费等计7370元。
3. 被告支付原告为被告垫付的加油费用人民币6774.55元。
4. 被告支付原告为被告垫付的汽车修理费人民币1721元。
5. 诉讼费用由被告承担。

事实与理由:

2010年6月份,原告经人介绍来到被告单位工作(未正式签订劳动合同,事实上形成劳动法律关系),之后按被告的要求,原告即向被告交付了押金人民币2万元整,被告原经办人王×将其中的1万元押金给予原告,作为原告替单位办理车辆转移手续、交付停车费管理费等项费用的支出,被告即开具了收取押金1万元的收据,后原告用此款为被告先后办理车辆移交事宜交费3000元、停车管理费4000元及其他费用370元,共计7370元。劳动关系履行期间,原告不仅领取不到分文工资的费用,反而多次为被告垫付加油费共计人民币12 579.55元(此款被告已支付原告5805元,尚欠6774.55元)、汽车修理费人民币1721元,被告始终未给予报销。在无任何效益情况下,加之后来车队解体,原告失去了工作,前去索要押金及其垫支费用,但被告拒不给付。以后原告又多次索要均无结果。

综上所述,具状人认为:公民的合法权益理应受到法律保护,原被告之间的劳动关系自成立至解除,被告不仅不尽给付劳动报酬之义务,反而拒付原告交付的押金及其为被告垫付的各项费用,其行为直接侵害了原告的合法权益。为此,依据《中华人民共和国民法通则》第106条的规定,特向你院起诉,请依法公正审理,还我公道。

此致

西安市××区人民法院

具状人:刘×河

2010年6月8日

附：本状副本一份。

证据材料一套。

【评析】

原告来被告单位打工，原告向被告单位交付了2万元押金后，还要为被告垫付各种支出的费用，最后不仅领不到工资，就连上述押金及垫付费用被告也不予返还，实在欺人太甚。原告最终采用法律途径解决，毅然起诉，该诉状将侵权之债的事实叙述得清楚明了，侵权之责一目了然。理由部分也能针对事实充分说理，并引用《民法通则》第106条作为起诉的法律依据，故诉讼请求就显得有份量。

四、行政起诉状

（一）行政起诉状的概念及作用

行政起诉状是指行政诉讼案件的原告认为政府行政机关及其工作人员作出的具体行政行为侵犯了其合法权益，向人民法院提起诉讼，要求撤销、变更具体行政行为或责令行政机关履行法定职责所提交的书状。

我国《行政诉讼法》第2条规定："公民、法人或者其他组织认为行政机关和行政机关工作人员的具体行政行为侵犯其合法利益，有权依照本法向人民法院提起诉讼。"第37条亦规定："对属于人民法院受案范围的行政案件，公民、法人或者其他组织可以先向上一级行政机关或者法律、法规规定的行政机关申请复议，对复议不服的，再向人民法院提起诉讼；也可以直接向人民法院提起诉讼。"这是行政起诉状制作的法律依据。

民告官的行政诉讼，是法律面前人人平等原则的体现，也是我国民主法制化成熟的标志。当公民、法人或其他组织的权利受到国家行政机关或行政机关工作人员的侵害，权利人通过行政起诉状提起行政诉讼，要求人民法院撤销、变更原错误的具体行政行为或责令行政机关履行法定职责，是维护权利人权利的重要保障，同时也可以促使行政机关及其工作人员依法行政，廉洁守法，正确地运用好手中的权利。

（二）行政起诉状的格式、内容及写法

行政起诉状由首部、诉讼请求、事实和理由、证据和证据来源、尾部五部分组成。

1. 首部。包括标题和诉讼当事人基本情况。

（1）标题。在该状顶端写出"行政起诉状"。

（2）诉讼当事人基本情况。依次写明如下栏目：

第一，原告栏目。原告如系公民的，写明其姓名、出生年月日、民族、籍贯、职业或工作单位和职务、住址等。原告如系法人或者其他组织的，写明单位名称、所在地址、法定代表人姓名、职务、电话。底下还应写明企业性质、工商登记核准号、经营范围和方式、开户银行及账号。

第二，被告栏目。写明被告单位的名称、所在地址。再另起一行，写明其法定代表人姓名、职务及联系电话。

本案如有第三人的，加写第三人栏目，项目内容与原告内容相同。

2. 诉讼请求。用扼要的语言概括写出请求人民法院要求解决的行政案件权益纠纷目的。如要求撤销、部分撤销或变更具体行政行为、强制行政机关履行具体行政行为以及对具体行政行为所造成的损害要求给予赔偿等。具体写法如下：

一、请依法撤销××市人民政府125号土地批文；

二、请依法撤销××市房地产管理局颁发的1－1523号土地使用权证。

请求事项是行政诉状亮明起诉观点的项目，因而要简练、明了，表明请求意见即可，具体内容不必涉及。

3. 事实与理由。这部分是行政起诉状的主体部分，应认真写好。首先，应叙述事实，事实是行政法律关系存在的基础，也是人民法院依法进行判决的依据。叙述事实应将行政纠纷的过程按时间发展顺序全面、客观地叙写出来，如经过行政复议程序的，还应将复议的情况及结果写明。叙述事实要抓住关键性的问题详细叙述，次要的枝节问题，可作概括简述，或一笔带过。一般来说行政起诉状的事实大都是从三个方面来叙述的：一是说明原告引起行政机关作出具体行政行为的事实。上述事实，主要包含了两层意思：①原告一方实施的，引起行政机关作出具体行政行为的事实；②行政机关作出具体行政行为的事实。上述两个事实紧密相连，互为因果，如果能将此叙述清楚，就会为底下事实的叙述打下良好的基础。二是写清哪一个行政机关作出了何种具体行政行为，其依据和处理结果是什么。如依照何法规，以何号处罚决定书（或裁决书），给予了相对人（即原告）何种处罚。三是写明原告对具体行政行为是否申请过行政复议，如果申请过复议，复议机关是否改变了原具体行政行为，若改变了原具体行政行为，改变后的具体行为的内容是什么。其次，再阐明理由。理由部分首先应当概括出对具体行政行为的不服之处，进行充分论证，说明行政机关的处罚或处理的错误所在。理由的论述应根据不同类型案情来决定其论述的侧重点。如果属于行政机关侵犯人身权和财产权的案件，应重点阐明其具体行政行为与事实严重不符；或者依据的法律、法规不正确，有严重的程序违法现象；或者超越职权、滥用职权；或者行政处罚决定于法不合，显失公平。如果属于行政机关不履行法定职责或拖延履行法定职责的案件，则应阐明原告依据何法律规定，证明其应享有的权利受到侵犯，请求权理由正当，被告理应履行什么职责及其履行职责的法定期限。总之，阐述理由应紧紧围绕着事实去分析、评断，从中体现出被告具体行政行为的非法性。理由写完之后，应准确引用行政诉讼法有关法律条文，重申请求人民法院依法撤销、部分撤销具体行政行为，请求判决被告重新作出具体行政行为，请求判决被告在一定期限内履行法定职责或请求判决变更行政处罚的要求。

4. 证据和证据来源。证据是证明案件事实的有力凭证。我国《行政诉讼法》第32条规定："被告对作出的具体行为负有举证责任，应当提供作出该具体行政行为的证据和所依据的规范性文件。”这说明行政诉讼举证责任在被告，但是，这并非说原告不必举证。为了使人民法院正确查明事实，分辨是非，确定责任，从而做出公正裁决，原告举证也是必不可少的。对此，在该部分中，应详细列出证据的名称及件数，并说明证据的来源，即从何处收集到的，如有证人，要写明证人的姓名和住址，以供人民法院查证核实，届时传证人出庭作证。证据的写法应分项列示，先列书证和物证，再列证人证言。

(1)分两行写明致送法院单位的名称，即“此致”“××××人民法院”。

(2)右下角由起诉人署名。如系法人或其他组织的，应写明单位的名称，并加盖单位公章。之下注出制作诉状的年月日。

(3)左下角写明本诉状副本×份。

(三)律师代书行政起诉状应注意的问题

1. 明确行政诉讼的受案范围，即哪些具体行政行为人民法院受理，哪些事项人民法院不予受理。根据《行政诉讼法》第 11 条规定：“人民法院受理公民、法人和其他组织对下列具体行政行为不服提起的诉讼：①对拘留、罚款、吊销许可证和执照、责令停产停业、没收财物等行政处罚不服的；②对限制人身自由或者对财产的查封、扣押、冻结等行政强制措施不服的；③认为行政机关侵犯法律规定的经营自主权的；④认为符合法定条件申请行政机关颁发许可证和执照，行政机关拒绝颁发或者不予答复的；⑤申请行政机关履行保护人身权、财产权的法定职责，行政机关拒绝履行或者不予答复的；⑥认为行政机关没有依法发给抚恤金的；⑦认为行政机关违法要求履行义务的；⑧认为行政机关侵犯其他人身权、财产权的。除前款规定外，人民法院受理法律、法规规定可以提起诉讼的其他行政案件”。根据《行政诉讼法》第 12 条规定：“人民法院不受理公民、法人或其他组织对下列事项提起的诉讼：①国防、外交等国家行为；②行政法规、规章或者行政机关制定、发布的具有普遍约束力的决定、命令；③行政机关对行政机关工作人员的奖惩、任免等决定；④法律规定由行政机关最终裁决的具体行政行为”。据此，凡属符合《行政诉讼法》第 11 条的均可起诉；属于《行政诉讼法》第 12 条的则不能起诉。

2. 要掌握好起诉的期限。根据行政诉讼法的规定，经过行政复议程序的，申请人如不服复议决定，应在收到复议决定书之日起 15 日内向人民法院提起诉讼。复议机关逾期不作决定的，申请人可以在复议期满(复议期为 2 个月，法律、法规另有规定的除外)之日起 15 日内向人民法院提起诉讼。公民、法人或者其他组织直接向人民法院提起诉讼的，应当在知道作出具体行政行为之日起 3 个月内提出，法律另有规定的除外。公民、法人或者其他组织因不可抗力或者其他特殊情况而耽误法定期限的，在障碍消除后的 10 日内，可以申请延长期限，由人民法院决定。

3. 要正确认定经复议程序后被告究竟是谁，以便在行政诉状中列出明确的被告。根据行政诉讼法的规定，经复议的案件，如果复议机关决定维持原具体行政行为的，作出原具体行政行为的行政机关是被告；复议机关改变原具体行政行为的，复议机关是被告。

4. 要掌握起诉法院的受诉管辖，即该向哪家法院起诉，向何家法院递交诉状。根据行政诉讼法的规定，行政案件由最初作出具体行政行为的行政机关所在地人民法院管辖。经复议的案件，复议机关改变原具体行政行为的，也可以由复议机关所在地的人民法院管辖。对限制人身自由的行政强制措施不服提起的诉讼，由被告所在地或者原告所在地人民法院管辖。因不动产提起的行政诉讼，由不动产所在地人民法院管辖。两个以上人民法院都有管辖权的案件，原告可以选择其中一个人民法院提起诉讼。原告向两个以上均有管辖权的人民法院提起诉讼的，由最先收到起诉状的人民法院管辖。

 实例

行政起诉状

原告：张春×，女，33岁，汉族，××市北河区××街道办事处居民，住该生活小区。

被告：××区人民政府。

地址：××区海西巷×号。

法定代表人：尹×，职务：区长。

诉讼请求：

请依法撤销××区人民政府政字（2009）第4号"关于张春×非法转让土地和张冬×违章建房的处理决定"。

事实及理由：

1996年3月，我因无房居住，向××区人民政府申请建房。6月，区政府批准我建北房2间，西房2间，宅院东西长6.6米，南北长13米，1998年我建房时，因无建房经验，我姐姐张冬×主动提出帮我建房。于是，我借了4000元给了我姐姐，花了126元买了四堵旧墙，利用空闲时间捡砖头5000多块，用于建房。但房盖好后，张冬×一家强行搬入居住，让我住她原来的旧房。2001年5月，张冬×未经我同意，在我的院内将西房拆除，并建南房两间，建成后只让我住1间，还将其旧房出租。2002年1月28日，被告海××政府不顾以上事实，以我私自将宅基地使用权转让他人建房为由，决定收回该宅基地，并将南、北各2间房收归区政府所有。我认为，该处理决定无事实根据，张冬×是帮我建房，她未经我同意违章建房，不能说明我非法转让宅基地使用权。综上，请人民法院依法撤销被告××区政府的处理决定。

证据和证据来源、证人姓名和住址：

（1）批房证明；

（2）证人刘××的证言；

(3)关于张春×非法转让土地和张冬×违章建房的处理决定书。

此致

北河区人民法院

起诉人:张春×

2009 年 2 月 23 日

附:本起诉状副本 1 份

【评析】

原告不服区政府对其"非法转让土地"的处理决定,提起行政诉讼。该诉状事实叙述得清楚,理由中针对处理所依据的事实进行分析,用"该处理决定无事实根据,张冬×是帮我建房,她未经我同意违章建房,不能说明我非法转让宅基地使用权",简要而明确地表明了自己的观点认识。值得参考。

五、反诉状

(一)反诉状的概念及作用

反诉状是指民事案件被告方或刑事自诉案件的被告人,在民事、刑事诉讼的第一审程序中,就原告方或自诉人起诉的同一纠纷事实反过来再起诉原告或自诉人所提交的法律书状。

在民事案件审理及刑事自诉案件审理活动中,被告方依法提起反诉是法律赋予其的合法诉讼权利。反诉是针对本诉提出的一种反请求,意在吞并或抵销本诉,由于反诉是一个独立的诉,又由于反诉是在本诉程序中提起,都是基于同一个法律事实、同一个法律关系中引发,故反诉应在本诉程序中合并审理。

刑事自诉案件的反诉与民事案件的反诉具有一定的区别。刑事自诉案件的反诉在后果上可以使本诉的自诉人也受到相应的刑事处罚,但不能抵销反诉人应受的刑事处罚。民事案件的反诉,既可以抵销、排斥、并吞原告所主张的权利,也可以使本诉原告的请求部分或全部丧失,甚至超出本诉原告所主张的权利范围。这是二者在后果上的区别所在。

在诉讼活动中,被告方通过提交反诉状依法行使反诉权,维护自己的合法权益,能够使人民法院正确把握被告方的反诉主张及其所述事实,并依据本诉中起诉人的诉讼请求及事实依据,全面查清案情,分别做出正确的处理,从而维护法律的公正性。

(二)反诉状的格式、内容及写法

按照法院诉讼文书样式的规定,反诉状由三个部分组成。

1. 首部。首部包括标题和当事人身份概况。

(1)标题。写明"民事反诉状"或"刑事反诉状"。

(2)反诉人与被反诉人的身份概况。依次写明反诉人和被反诉人的姓名、性别、出生年月日、民族、籍贯、职业、工作单位及职务、住址等。如反诉人与被反诉人系法人或其他组织的,写明单位全称、住所地址及法定代表人身份事项,具体写法可参照民事起诉状该项。需要说明的是,反诉由于是基于本诉的程序而提起的诉讼,故在反诉人与被反诉人名称之后,应括号注明其在本诉中的诉讼地位。如反诉人、被反诉人(即本诉原告或本诉自诉人)。

2. 正文。包括反诉请求、反诉的事实与理由两项内容。

(1)反诉请求。概要写明反诉人提出反请求的结果要求。如:

> 一、要求被反诉人依法继续履行合同。
> 二、要求被反诉人停止侵权,并向反诉人赔礼道歉。
> 三、要求被反诉人赔偿反诉人无法营业期间的经济损失108 000元整。
> 四、要求被反诉人承担反诉费用。

反诉请求的内容必须是针对本诉的事实而提出,不能超越,否则即不符合反诉的条件,只能另案起诉。

(2)事实与理由。反诉状的事实写法与起诉状事实的写法基本一致,即按照民事法律关系发生、变更、消灭的过程或刑事犯罪发生变化的始末将民事纠纷或犯罪行为的经过清楚地展现出来,以体现反诉人所陈述、确认的事实。由于反诉是针对本诉而起诉的,所以,反诉的事实也就是本诉的事实,但是反诉状中叙述的事实却不能与起诉状中所写的事实完全一致,这是因为原告与被告在事实认定上认识完全不同,尽管是同一争议情节,但双方都认为对方侵犯了自己的合法权益,故反诉事实中应着重写明反诉人认为正确可以成立的事实。从而去支持自己的反诉请求,对抗原告的诉讼请求,达到抵销、吞并本诉使其失去作用的目的。

事实写完之后应另列一段阐明反诉的理由,开头可用“综上所述,反诉人认为”一语提起,底下用一段概括的文字对事实进行分析,论述提起反诉的合理性及合法性,指明被反诉人侵权行为的非法性,最后引用有关法律条文,为反诉确立法律依据。文末用“为此,特提出反诉,请依法判决”煞尾。

3. 尾部。写明下列四点:

(1)证据和证据来源、证人姓名和住址。依次写明证据的名称、件数,该证据从何处收集而来,证人的相关情况,以供法院查核。

(2)写明致送单位的名称。分两行写:“此致”“××人民法院”。

(3)右下角反诉人署名,并注出制作文书的日期。

(4)左下角注明反诉状的份数。

(三)律师代书反诉状应注意的问题

1. 准确把握反诉的条件。具体是:①反诉的被告,只能是民事案件的原告或刑事案件的自诉人,而不能是其他人;②反诉的提起必须以本诉的存在为前提,没有本诉就没有反诉,二者存在于同一个法律事实或同一个法律关系之中,不能分离,并且可以并案审理;③反诉具有独立性,如果本诉撤诉不影响反诉,反诉将继续审理。

2. 掌握好反诉提起的时间。依照最高人民法院的司法解释，反诉应当在本诉起诉之后、法庭辩论终结之前提出，超越此阶段提出的，权利人即丧失了反诉权。

3. 把握好反诉提起的受诉法院。反诉只能向审理本诉的人民法院同一审判组织提起。本诉、反诉由同一法院同一审判组织审理，才能起到反诉的作用，即抵销、吞并本诉或使本诉不起作用。如果本诉发生移送管辖，反诉也应该随之移送，二者不能分离。

附 实例

反　诉　状

反诉人（即本诉被告）：××科技有限公司。

所在地址：××市××路5号××大厦11层。

法定代表人：徐×玉，系该公司总经理。

邮编：710008

联系电话：88376541

被诉人（即本诉原告）：××××系统工程有限责任公司。

所在地址：××市××街233号××大厦614室。

法定代表人：寇×淞，系该公司董事长。

邮编：710013

联系电话：85456302

反诉请求：

反诉人与被反诉人因合作建设开发劳动力市场信息网项目投资款违约纠纷一案，诉请人民法院依法判令被反诉人：

一、要求被反诉人继续履行合同义务。

二、要求被反诉人赔偿反诉人投资款时间违约及补充协议约定未到位的投资款经济损失人民币10万元。

事实与理由：

反诉人与被反诉人于2006年6月22日签订××省劳动力市场信息网项目合作建设开发协议一份，约定双方共同出资合作建设××省劳动力市场信息网。其中甲方（反诉人）先期投入300万元人民币，乙方（被反诉人）先期投入100万元人民币，协议签订后双方应投入的资金需在5日内汇入约定的账户。双方还就其他事项做出约定。同日，双方又签订了一份补充协议，约定“为充分保证项目先期资金的投入，乙方应在本协议签订后2个月内为该项目再筹资100万元人民币”。该两份协议在履约期间，反诉人不但在约定期限内将300万元资金如数到位（其中前期已投入100

万元，账面现金200万元），而且为保证项目实施，在被反诉人资金不到位的情况下，又增加投入了200万元（见投资有关证据），而被反诉人却公然违约，于2006年7月29日和9月2日分两次投入资金各50万元，共计100万元，比协议约定期限分别晚一个多月和两个多月。由于上述资金未能按协议约定如期投入，致使反诉人无法按计划进行项目运作，造成了极大的经济损失。此外，被反诉人对补充协议再投入100万元之约定，亦拒不履行投入之义务，至今未投入该项款，已构成严重违约，致使反诉人项目之运作再次受到创击。

综上所述，反诉人认为：合法的合同一经签约，即受法律之保护，被反诉人无视合同约定，视之如儿戏，不仅主协议约定的100万元投资款时间严重违约，而且补充协议约定的再投100万元约定拒不履行，其行为已完全构成违约，理应承担违约责任。据此依据《中华人民共和国合同法》第107条之规定，特向你院提出反诉，请依法公正审理，还我公道，维护法律之尊严。

此致

西安市××区人民法院

反诉人：陕西××科技有限公司

2007年6月12日

【评析】

这份反诉状针对本诉的内容依法论理，事实叙述得清楚、明了，进而为反诉请求提供了可靠的依据，语言也精练、扼要，符合规范要求。

第三节　上诉类代书

一、刑事上诉状

（一）刑事上诉状的概念及作用

刑事上诉状是刑事诉讼的当事人或者依照法律规定有权提出上诉的其他人，不服人民法院的第一审判决、裁定，在法定期限内，向上一级人民法院提出上诉，请求撤销或者变更第一审判决、裁定的文书。

《刑事诉讼法》第216条第1、2款规定："被告人、自诉人和他们的法定代理人，不服地方各级人民法院第一审的判决、裁定，有权用书状或者口头向上一级人民法院上诉。被告人的辩护人和近亲属，经被告人同意，可以提出上诉。附带民事诉讼的当事人和他们的法定代理人，可以对地方各级人民法院第一审的判决、裁定中的附带民事诉讼部分，提出上诉。"

刑事案件的上诉是法律赋予刑事当事人的合法权利。当事人不服人民法院的第一审判决、裁定，用上诉状的形式提起上诉是维护自己诉讼权利的重要手段，同时也使得刑事案件进入二审程序，第二审人民法院重新审查案件，可以切实纠正一审判决、裁定可能出现的错误，防止冤假错案的发生。

（二）刑事上诉状的格式、内容及写法

刑事上诉状由三部分组成：

1. 首部。写明以下事项：

（1）标题。列出“刑事上诉状”字样。

（2）上诉人基本情况。按顺序依次写明上诉人的姓名、性别、出生年月日、民族、出生地、职业、工作单位和职务、住址等内容。

刑事自诉案件的上诉状还应写出被上诉人的基本情况，具体内容可参照上诉人此项。刑事公诉案件的上诉状不写此项。

（3）案由和上诉缘由。此段是过渡段，写明不服的原审判决（裁定）事由。写作模式为：“上诉人因……（罪名）一案，不服××××人民法院（年度）×刑（裁）初字第××号刑事判决（裁定），现提出上诉，上诉的请求和理由如下：”

2. 正文。包括上诉请求、上诉理由两部分。

（1）上诉请求。上诉请求是上诉人通过上诉希望达到的上诉目的，一般应从两个方面提出：一是要求二审法院依法撤销或部分撤销或变更原审的错误判决，请求重新审理；二是提出要求宣告自己无罪，或要求从轻处罚、减轻处罚或免予刑事处分的意见。如：

> 一、要求二审法院依法撤销××××人民法院的（2006）×刑初字第156号错误刑事判决。
>
> 二、要求二审法院公正审理，依法宣告我无罪。

上诉请求是刑事上诉状的主脑，请求事项要明确、简练、切实可行。

（2）上诉理由。上诉理由是针对上诉请求所展开的论理，主要是针对找出的一审裁判文书中的错误点，运用事实依据和法律依据进行法理论证，驳斥一审裁判的错误。具体说可以从以下几个方面进行驳斥：

第一，针对原审裁判认定事实不清、证据不足，提出纠正或否定的事实依据和法律依据。

第二，针对原审裁判定性不准，提出纠正或否定的事实依据或法律依据。

第三，针对原审裁判适用法律不当，提出纠正或否定的事实依据和法律依据。

第四，针对原审裁判量刑上出现的严重失衡，量刑过重，违反了罪刑相适应原则，提出纠正或否定的事实依据和法律依据。

第五，针对原审裁判审判程序上出现的严重违法，提出纠正的法律依据。

阐述上诉理由要求有理有据，论述充分，言辞简练，逻辑严密，结构严谨，次序清楚，坚持以法以理服人，避免空洞、软弱、苍白无力的说教式写法。从表达方式上看，上诉理由主要运用的是反驳的手法，即针对原审裁判的错误之处进行驳斥，错误之处被推翻了，上诉人的上诉请求自然就树立起来。根据刑事上诉状的制作实践，常用的反驳手法主要有反驳论点、反驳论据、反驳论证等方法，具体采用何法，应根据具体情况酌情选定。如驳斥的内容较多，可用分条分项各项前冠以小标题的方法组织结构，分层次论述，这样可以保证论述的清晰度。论理部分写完，可用如下一段文字结尾：

……综上，原审判决（裁定）……（归纳其错误点，如认定事实不清、定性不准、适用法律错误、量刑过重、程序违法等）为此，根据《中华人民共和国××法》的规定，特向你院上诉，请依法公正审理（或依法撤销原判决、裁定予以改判或依法重新审理）。

3. 尾部。理由之下左下角分两行写“此致”“……人民法院”。右下角处上诉人签名或盖章之下注出具状的年月日。左下角注明附项内容：本状副本×份。

（三）律师代书刑事上诉状应注意的问题

1. 接案后要认真审查一审裁判文书并做好阅卷工作，从中找出明显的不实之处，作为上诉的依据及理由，一审裁判错误越明显，上诉成功改判的机率就越大。

2. 把握好上诉期限。《刑事诉讼法》第219条规定：“不服判决的上诉和抗诉的期限为10日，不服裁定的上诉和抗诉的期限为5日，从接到判决书、裁定书的第二日起算”。据此，刑事上诉状的提交必须严格遵守上述法定期限，逾期提出则丧失了上诉权，原判决、裁定即发生法律效力，只能走申诉途径加以解决。

3. 正确理解“上诉不加刑”原则。我国《刑事诉讼法》第226条第1款规定：“第二审人民法院审判被告人或者他的法定代理人、辩护人、近亲属上诉的案件，不得加重被告人的刑罚。第二审人民法院发回原审的人民法院重新审判的案件，除有新的犯罪事实，人民法院补充起诉的以外，原审人民法院不得加重被告人的刑罚。”但是，人民检察院提出抗诉或者自诉人提出上诉的，则不受该款规定的限制。这就是说并不是所有的上诉案件都不加重对原审被告人的刑事处罚，只有被告人一方上诉的案件才能适用上诉不加刑原则，自诉人上诉或者人民检察院抗诉的案件，以及既有被告人一方上诉，又有自诉人上诉或检察院抗诉的案件，不受上诉不加刑的限制。对此，不能片面认为凡上诉都不会加重被告人的刑罚，不论有理无理都上诉，应全面衡量利弊，而后再决定是否制作上诉状，提起上诉。

4. 律师接受委托，上诉状起草完毕后，应到被告人羁押的看守所，履行签字的手续，上诉状可通过看守所向法院提交，也可由律师或由被告人亲属直接交到原审法院主审法官手中。

刑事上诉状

上诉人（原审被告人）周××，男，1968年6月20日出生，汉族，××省××县人，农民，住××省××县××乡××村，现羁押在××县看守所。

上诉人因过失杀人案，不服××省××县人民法院2010年×月×日(2010)×刑初字第×号刑事判决，认为原判定性错误，处罚不当，现提出上诉。

上诉请求：

请求上一级人民法院依法撤销××县人民法院(2010)×刑初字第×号刑事判决，宣告上诉人周××无罪。

上诉理由如下：

上诉人周××与死者朱×同住一村，平日虽无密切往来，但也无冤无仇。这次事件发生仅仅是因为我路过他家门口时，他家的狗追出来咬我，我才拣了路边的石头朝狗打去。死者见到后，对我无理辱骂，说是"打狗欺主"，并叫喊要跟我"没完"。在争辩中，发生厮打，我用石头打他腿一下。他被打，急忙往家跑，看样子是回家取凶器来报复。因跑急了，在上门口台阶时，一跤跌倒，头部碰到石阶的边角上，致脑溢血死亡。他的死，虽与我吵架有联系，但是这种后果的发生，我一无故意，二无过失。他的死，实属料想不到的意外事件。《刑法》第16条明确规定："行为在客观上虽然造成了损害结果，但是不是出于故意或者过失，而是由于不能抗拒或者不能预见的原因所引起的，不是犯罪"。上诉人以此对照本案案情，认为并不构成犯罪。而一审判决却认为，死者的死亡，是由于我在后边"紧追不放"，致他摔倒造成的。一审判决还认为，被害人朱×在前边急跑，对于可能摔倒致伤、致死的后果，我"应当预见而没有预见"等，因此就认定我有过失。这些认定都是错误的。首先，我并没在后边"紧追不放"，在互相厮打中，双方都有进退，当我发现他不是进，而是往家跑时，我并没有随后追赶。其次，至于他摔倒造成的后果，更无从谈起我"应该预见而没有预见"。一审判决这样认定，并牵强附会地认定我犯有过失杀人罪，一不符合事实，二不符合法律规定，这样的判决是错误的。因此，我提出上诉，请求二审法院查明事实，依法宣告我无罪，维护我的合法权益。

此致

××市中级人民法院

上诉人(原审被告人)周××

2010年×月×日

附：本上诉状副本一份。

【评析】

上诉人不服一审刑事判决，认为上诉人一无故意，二无过失，被害人之死，实属料想不到的意外事件，应宣告无罪。该上诉状理由中能针对上诉观点进行充分地论证，驳斥了原审判决确认的过失杀人罪不能成立，反驳论据充足，有一定力度，故最终提出"依法宣告我无罪"就具有合理性。

二、民事上诉状

(一)民事上诉状的概念及作用

民事上诉状是民事诉讼的当事人不服人民法院的第一审民事判决、裁定,在法定期限内,向上一级人民法院提出上诉,请求撤销或者变更第一审民事判决、裁定的文书。

我国《民事诉讼法》第147条规定:"当事人不服地方人民法院第一审判决的,有权在判决书送达之日起15日内向上一级人民法院提起上诉。当事人不服地方人民法院第一审裁定的,有权在裁定书送达之日起10日内向上一级人民法院提起上诉。"第148条又规定:"上诉应当递交上诉状。上诉状的内容应当包括当事人的姓名、法人的名称及其法定代表人的姓名或者其他组织的名称及其主要负责人的姓名;原审人民法院名称、案件的编号和案由;上诉的请求和理由。"上述规定是民事上诉状制作的法律依据。

民事上诉状的递交是引起民事案件二审程序的来源依据。上诉的提起,必然启动人民法院的第二审程序,上级法院通过对此案重新审理,通过终审判决结案,做到有错必纠,无错维持,可以确保上级法院对下级法院审判工作的监督,切实维护当事人的合法权益,维护司法公正。

(二)民事上诉状的格式、内容及写法

根据《法院诉讼文书样式(试行)》的规定,民事上诉状由首部、上诉请求、上诉理由和尾部四部分组成。

1. 首部。应写明下列内容:

(1)标题。写明"民事上诉状"字样。

(2)上诉人身份概况。写明上诉人的姓名、性别、出生年月日、民族、籍贯、职业及住址。上诉人是法人的,写明单位全称、所在地址及法定代表人的姓名、职务和电话号码。底下还应写明企业性质、工商登记核准号、经营范围和方式、开户银行、账号等。

(3)被上诉人身份概况。写法同上诉人身份概况。需要指出的是,被上诉人如系法人的,只写单位名称、所在地址及法定代表人姓名、职务、电话号码。

上诉人与被上诉人有多人的,应按主次顺序分别写明他们的基本情况。

本案如有第三人参与诉讼,还需写明第三人身份概况,具体写法参照上诉人与被上诉人该项内容。

(4)案由。应写明上诉人因何案不服何人民法院何时何字号民事判决或裁定提出上诉。具体写明如下一段文字:"上诉人因××(案件名称)一案,不服××××人民法院××××年××月××日(××××)×民初字第×号民事判决(或裁定),现提出上诉。上诉请求和理由如下:"。

2. 上诉请求。上诉请求即上诉的目的。要求用简明扼要的文字写明上诉人不服原审裁判,要求二审人民法院撤销、变更原判或要求重新审理的请求内容。如:

上诉请求:

(1)请二审人民法院撤销原审错误判决,确认合同无效。

(2)判令被上诉人偿付我公司彩电保管费5000元,并承担本案的诉讼费用。

上诉请求只有一项的,写清即可。如有多项的,应分项列明。

上诉请求由于是表明上诉人不服原判,要求重新审理所持的基本观点,因而在书写上要简明扼要,一语道明,切忌拖泥带水,累赘繁冗,否则将会使上诉请求不明,影响上诉权的正确行使。

3. 上诉理由。这部分是民事上诉状的核心内容,必须全力以赴写好。上诉理由主要应阐明上诉人不服原审裁判事项的具体道理,运用事实和法律批驳原审判决(裁定)认定的错误内容。

上诉理由有两个基本内容:一是要找出原审裁判中能够影响原审裁判结果的错误作为上诉理由的论题,从中提炼出反驳的论点;二是针对这些论题、论点,摆出客观真实的事实,并用确实充分的证据加以证明,还要运用恰当的法律条款进行分析论证,反驳其错误。论题(点)和论证应从以下几个方面来确立和展开:①原审裁判在认定事实和运用证据上有重大错误,应以其为论题(点),摆事实,举证据,分析问题,反驳错误,阐明自己的观点,表明看法。②原审裁判对纠纷的性质认定错误,是非判断不明,责任区分出现重大偏差,上诉人可以针对这些问题,进行有的放矢地辨析批驳。③原审裁判适用法律不当,应针对这方面的错误,分析阐明原审适用法律为什么是错误的,指出其应正确适用的法律条款。④原审人民法院违反了民事诉讼程序,影响了公正裁判的,上诉人也可以此作为上诉理由。

上诉理由主要采用反驳的手法来写。当反驳的论题不止一个时,要抓住关键,突出重点。一般而言,能够动摇或者改变原审判决、裁定的问题和能够支持上诉请求的问题就是关键和重点。重点问题应放在前边予以充分论述,非重点问题放在后边一一阐明。既可以一个一个地反驳原审裁判的错误(特别是重要问题更应如此),也可以把几个相同或相近的错误放在一起,予以综合归纳反驳。反驳时,要摆事实,讲道理,讲法律,以事服人,以理服人,以法服人。既要反驳原审裁判的错误,将其驳倒,又要在“破”中提出上诉人的看法和主张,以此作为提出上诉请求的事实根据和理由。

理由写完,底下还应写明:“为此,特依照《中华人民共和国××法》的规定向你院上诉,请依法撤销(或变更)原判决(裁定),予以改判(或重新审理)。”

4. 尾部。分两行写明“此致”“××人民法院”,右下角由上诉人签名,注明具文日期。左下角写出附项:本上诉状副本×份。

(三)律师代书民事上诉状应注意的问题

1. 代书前应全面熟悉掌握一审审理的相关材料,在查清事实、审核证据的基础上，分析、研究一审裁判文书，从中找出错误之处。如当事人聘请的二审律师未参与一审的代理活动的，代书前应到原审法院做好阅卷工作。如需要提供新的证据改变一审裁判结论的，代书前应做好调查取证工作。

2. 阐述上诉理由要遵循"三性"原则：一是要有鲜明的针对性，即认为原审裁判何处有错误就针对何错误展开评判，进行否定，这样才能集中力量，"仅以一击而打中要害"。二是要有很强的论理性，即针对原审裁判的错误，摆事实、讲道理，用严谨而透彻的法理分析，阐明原审裁判错误的实质所在，坚持以理服人。三是要注意反驳的条理性，即反驳时应安排好表达的次序，做到层次分明，眉目清晰，章法有序，如果认定一审裁判有多项错误，反驳时应采用列序码分条分项的方式进行逐一阐述，不可将若干个问题纠缠在一起表述，以免造成头绪不清，结构紊乱。

3. 注意上诉期限。根据民事诉讼法的规定，对一审民事判决不服的当事人应当从送达法律文书的当日起15日内行使上诉权，对一审民事裁定（指不予受理、管辖异议、驳回起诉三种裁定）不服的当事人应当从法律文书送达的当日起10日内行使上诉权，逾期后原裁判文书即行生效，当事人则丧失了上诉权。

附 实例

民事上诉状

上诉人：××市振峰商贸有限责任公司。所在地址：××市延安路99号。邮编：618803

法定代表人：黄××，系该公司总经理。

被上诉人：××市人人乐超市总部。所在地址：××市北环东路189号。

法定代表人：李××，系该超市总经理。

上诉人与被上诉人因购销合同纠纷一案，上诉人不服××市××区人民法院（2009）×民初字第456号民事判决，现提起上诉。

上诉请求：

1. 请依法撤销原审法院错误的判决结果第1项。

2. 请求判决被上诉人赔偿上诉人的全部经济损失22万元费用。

3. 一、二审诉讼费用由被上诉人承担。

上诉理由：

1. 一审判决认定是非有误，责任区分错误。

（1）上诉人迟延交货不属时间违约。上诉人与被上诉人签订购销洗衣粉合同后，上诉人即依约履行义务，于履约期内将货物运至交货地点被上诉人住所地火车站，但由于恰遇铁路遭洪水冲毁，致使无法按时到达。上述行为的出现完全是因不可抗力原因形成的，根据我国《合同法》第117条第1款的规定："因不可抗力不能履行合同的，根据不可抗力的影响，部分或者全部免除责任……”对此，按该合同约定的交货期所迟延的3日，完全是排除了不可抗力事件后的合理向后顺延，此时交货并不存在时间违约，系依合同约定按时履行交付义务行为，而被上诉人却乘此之机，挑起事端，以拒收货物为要挟而达到价格减半之目的，完全是乘人之危。

(2)货到车站，即视为交付，被上诉人拒收不影响所有权转移。该批货物到达交付地被上诉人所在地火车站后，由于被上诉人拒不履行收验货义务，并以此要挟砍价，上诉人无奈之下只能运用法律手段，对发出的要求验货通知予以现场公证，以保全交货行为，因此该公证保全作出之时，该批货物实际上已视为完成交付，该标的物的所有权也就转移到被上诉人身上，在此期间上诉人对该批货物的控制实际上变更为委托保管法律关系，在保管期内因暴雨将房屋冲垮，致使洗衣粉大部分损毁，其损失只能由所有权人承担，上诉人完全可以依据《合同法》第117条免除保管责任，故被上诉人理应支付上诉人的全部货款。原审法院认定造成本案货物损毁的责任是由于尚在原告(即上诉人)的掌控之下，标的物尚未交付，所有权未转移，被告不应承担货物灭失的责任之说是完全错误，根本不能成立的。

2. 原审判决20万元损失费用由上诉人承担，被上诉人只承担2吨洗衣粉、货款2万元之判决结果，于理不合，于法有悖。

由于上诉人并不存在任何违约及过错，相反，该损害后果却是被上诉人无理拒收货物，又以此要挟砍价，才导致了上诉人的20吨洗衣粉灭失，故其责任完全在被上诉人一方，一审判决的该项裁判结果显然明显不公，于法于理相悖，据此对诉讼费用做出的处理也是错误的。综上，上诉人坚决不服原判，特依法提起上诉，请二审法院对本案重新审理，并依法做出令人信服的判决，维护法律的公正。

此致

××人民法院

上诉人：××市振峰商贸有限责任公司

2009年7月8日

附：

1. 本上诉状副本2份

【评析】

上诉人不服一审法院的错误判决提起上诉。在上诉状中抓住两个焦点问题，即上诉人迟延交货系不可抗力事件导致，不属时间违约以及货到车站，视为交付，被上诉人拒收不影响所有权转移，进行充分论述，言之有理，论之有据，极大地增强了上诉请求的科学合理度。

三、行政上诉状

(一)行政上诉状的概念及作用

行政上诉状,是指行政诉讼的当事人不服人民法院第一审行政判决、裁定,在法定期限内,向上一级人民法院提起上诉,要求重新审理、撤销或变更原审裁判的文书。

我国《行政诉讼法》第58条规定:"当事人不服人民法院第一审判决的,有权在判决书送达之日起15日内向上一级人民法院提出上诉。当事人不服人民法院第一审裁定的,有权在裁定书送达之日起10日内向上一级人民法院提起上诉……"这是行政上诉状制作的法律依据。

行政上诉状是行政案件上诉的书面材料,是二审人民法院依法审理上诉案件的重要审查依据。

(二)行政上诉状的格式、内容及写法

1. 首部。行政上诉状的首部标题应拟出"行政上诉状"字样,其他事项与民事上诉状的首部基本相同,可参照。

2. 正文。包括上诉请求和上诉理由。

(1)上诉请求应简要写明行政上诉人不服一审行政判决请求二审人民法院依法撤销或变更原审裁判以及要求的上诉结果目的。如:"要求一、撤销××人民法院(2006)×行初字第038号行政判决;二、要求被上诉人××市工商管理局履行法定职责,向原告颁发营业执照。"

(2)上诉理由。要求概括列出一审行政判决或裁定的错误点,并针对此进行有条理地驳斥,指明其错误所在,阐述理由应分层次批驳,做到论理充分、逻辑严谨、富有说服力。具体写法要求与民事上诉状该项大致相同。

(3)尾部。行政上诉状尾部写法与民事上诉状尾部基本一致,可参照。

3. 律师代书行政上诉状应注意的问题。具体包括:

(1)书写上诉请求应具体、明确;阐述上诉理由应观点鲜明,论理充分,坚持以理服人,切忌蜻蜓点水,空泛无力。

(2)注意上诉期限。根据行政诉讼法的规定,不服一审行政判决的上诉期限为15日,不服一审行政裁定的上诉期限为10日,其与民事案件上诉期限相同,行政上诉状须在上述期限内提交方为有效。

行政上诉状

上诉人名称:××省××县工商行政管理局

所在地址:××省××县城关镇

法定代表人:胡×× 职务:局长 电话:××××××

被上诉人名称:××酒厂

所在地址:××省××县××乡

法定代表人:王×× 职务:厂长 电话:××××××

上诉人因商标侵权赔偿一案,不服××省××县人民法院2009年8月31日(2009)×行初字第24号行政判决,现提出上诉。

上诉请求:

1. 撤销××省××县人民法院(2009)×行初字第24号行政判决书;

2. 驳回本案原告无理诉讼请求;

3. 判决本案原告承担第一、第二审全部诉讼费用。

上诉理由:

2008年9月,××酿酒公司向我局举报本案原告××酒厂在白酒瓶上使用了与该公司白酒注册商标"××牌"相近似的商标,侵犯了该公司的注册商标专用权,要求××酒厂停止商标侵权行为并赔偿损失。

经我局查证,××酒厂确实存在上述行为,并且给××酿酒公司造成经济损失。为此,我局于2008年12月28日作出决定,责令××酒厂立即停止商标侵权行为,并赔偿××酿酒公司经济损失10万元人民币。该决定作出后,××酒厂不服,向我局上级单位××省工商行政管理局申请复议。2009年1月17日,××省工商行政管理局将我局决定改变为××酒厂赔偿酿酒公司经济损失8万元人民币,并维持了侵权行为性质的认定。

2009年1月25日,××酒厂向××县人民法院提起行政诉讼,请求撤销我局和××省工商行政管理局的决定。在一审中,我局明确提出该决定并非行政处罚,而是对××酒厂侵权行为的处理。但一审法院却以(2009)×行初字第24号行政判决书认定我局决定中的赔偿额过多,判决变更为××酒厂赔偿××酿酒公司6万元人民币。我局认为这一判决是错误的:

1. 根据《中华人民共和国行政诉讼法》第5条的规定,人民法院审理行政案件,只能对行政机关的具体行政行为是否合法进行审查。除行政处罚违法或显失公平外,人民法院不应代替行政机关对行政行为是否适当作出决定。

2. 我局及上级机关作出的责令××酒厂赔偿××酿酒公司经济损失的决定不属于对××酒厂的行政处罚,而是对××酒厂侵权行为的依法处理,人民法院不能以判决的形式变更这一处理决定的内容。

综上所述,本案一审法院对本案裁决违背法律的规定,超越职权,应予撤销。

此致

××省××地区中级人民法院

上诉人:××省××县工商行政管理局

2009年9月8日

附:本上诉状副本1份。

【评析】

这份行政上诉状上诉请求明确,对原判的错误判决结果分析得充分,有说服力,文辞也简洁、明了,值得一读。

第四节 答辩类代书

一、民事答辩状

(一)民事答辩状的概念及作用

民事答辩状是指民事案件的被告或被上诉人一方针对原告的起诉状或上诉人的上诉状进行回答和辩解的书状。

我国《民事诉讼法》第113条规定:“人民法院应当在立案之日起5日内将起诉状副本发送被告,被告在收到之日起15日内提出答辩状。被告提出答辩状的,人民法院应当在收到之日起5日内将答辩状副本发送原告。被告不提出答辩的,不影响人民法院审理。”

答辩是一种应诉的法律行为,是被诉一方依法行使法律赋予的诉讼权利的体现。在民事诉讼的一审程序中,原告方起诉后,被告有权针对起诉状进行答辩;在民事诉讼的二审程序中,上诉人提起上诉后,被上诉人也有权针对民事上诉状进行答辩。被告方及被上诉方向人民法院提交答辩状,可以使人民法院充分听取另一方当事人对案件的看法及意见,避免偏听一面之辞,能够树立起审判机关裁判中立的良好形象,维护司法公正。

(二)民事答辩状的格式、内容及写法

按照《法院诉讼文书样式(试行)》的规定,民事答辩状由首部、正文、尾部三部分组成。

1. 首部。首部包括3个方面内容。

(1)标题。在文书顶端居中写明“民事答辩状”。

(2)答辩人的身份情况。写明答辩人的姓名及单位有关情况。具体写法与民事上诉状相同,可参照。需注意的是,本项身份事项只写答辩人一方,不写对方当事人。

(3)答辩案由。根据文书样式的规定应写明如下一段固定文字:

因×××(原告姓名,上诉人姓名)诉我××××(案由)一案,提出答辩意见如下:

实践中还存在着另一种写法也可以采用:

你院××××年××月××日向我送达的诉状副本及举证通告书、应诉通知书、告知合议庭组成人员名单已收到。现遵嘱提出答辩如下:

2. 答辩理由和请求。答辩理由是答辩状的重点部分。答辩人在答辩理由中要明确地回答原告、上诉人的诉讼请求,具体地阐明自己对案件的主张和看法。答复的内容有两种情况:

一是承认诉讼请求。即被告对原告所提出的请求愿意接受,这种情况在答辩状中较为少见。更多的情况是,被告在答辩中承认诉讼请求是附有条件的,或往往只承认部分的诉讼请求。

二是反驳诉讼请求。即被告在答辩中提出充分的理由和证据,从事实上、法律上、程序上等方面反驳原告或上诉人的请求,也可以否定原告或上诉人所提出的证据。

答辩状可根据不同的案件决定不同的答辩内容,或者完全否定原告提出的诉讼请求及提供的事实和证据,或者说明原告提出的诉讼请求及提供的事实与真实情况不符,或者说明答辩人对原告的债务或权利已经履行或消灭,或者提出原告权利不能存在的新事实和证据。如何写,应根据具体的情况来决定。

理由写完之后,有的还应写明答辩的请求。即经过归纳所形成的要求法院维护答辩人权益的主张意见,也有的在理由中即已体现。写与不写,应据情而定。

答辩理由及请求写完,应该列举出有关证据、证据来源和证人姓名、住址,以供人民法院审理使用。

3. 尾部。写明下列内容:

(1)答辩状致送的人民法院单位名称。分两行写:“此致”“××××人民法院”。

(2)右下角由答辩人签名或盖章,并注明制作的日期。

(3)左下角写明附项:“本诉状副本×份”。

(三)律师代书民事答辩状应注意的问题

1. 阐述答辩理由要针对起诉状、上诉状中所认定的不实之处进行针锋相对地辩驳,切忌落笔太远,答非所问。同时答辩中还应注意两点:一是客观性,即阐述答辩理由,否定对方的事实及诉讼主张,必须以客观事实为依据,实事求是地体现案情的原貌,不夸大、不缩小、不歪曲;二是说理性,即阐述答辩理由,否定对方的诉讼请求要依法论理进行深入、透彻地分析,理由具体充分,才能以理服人,使答辩具有说服力。

2. 要注意答辩与反诉的区别。答辩是一种实体意义上的反驳,是用事实证明诉方不具备实体意义上的权利,使之败诉的一种抗辩形式,答辩不要求具备诉的属性。而反诉则是一种反请求,即反过来起诉对方,其目的是旨在要求抵销或吞并本诉,反诉是一种独立的诉。因此,具备了反诉条件的,不能在答辩状中提出反诉,而应另行制作反诉状。如果既行使反诉权,又行使答辩权的,可以在反诉状中附带答辩,也可以提交反诉状的同时再单独提交答辩状。

3. 根据法律规定,被告、被上诉人应在接到起诉状、上诉状副本后法定的期限内提交答辩状,也可以在开庭时口头或书面答辩,不提交答辩状的,不影响人民法院对案件的审理。

附 实例

答 辩 状

答辩人:冯×,男,1949年4月5日出生,汉族,××省××县人,陕西××保健有限公司董事长,住本市××路××巷2号楼201室。

邮编:××××××

电话:87193740

答辩人因与原告西安××××××有限责任公司法定代表人张××提出的所谓不正当竞争纠纷一案,特提出答辩意见如下:

一、"严正声明"完全是为维护消费者及自己的正当利益不受侵犯的合法行为,根本不存在对其侵权及不正当竞争。原告法人代表张××原系被告诊治的一名乙肝病患者,在其病重之际于2003年2月找到被告,经被告精心治疗,其肝病治愈,对此,张××对被告感恩流涕,跟随被告形影不离。后冯×为开发祖国中草药及其治疗技术为广大肝病患者解除痛苦,遂于2003年7月委托张××向中国专利局申请"中草药解毒益寿茶的制造方法"这一技术专利,发明人为冯×,申请人为冯×、张××,用这一技术先后命名"枫岗饮"(枫岗意为冯×谐音)、"枫岗益肝饮",并于同年12月共同注册成立了"陕西枫岗保健有限公司",经××省卫生厅批准颁发了卫生许可证,至此"枫岗益肝饮"正式走入市场。

2005年元月16日,为了发展公司,明确责、权、利,由原、被告及另一合伙人冯××共同签定了一份协议书。三方约定陕西枫岗保健有限公司交由张××个人独立经营,自负盈亏,同时张××付给冯×、冯××股权转让费共计1 356 465元,其中付给冯×904 310元,付给冯××452 155元,如张××不能按期予以兑现,则将公司交由冯×及冯××经营。同时约定,张××和冯×均有权使用"枫岗益肝饮"名称,该产品的原料由冯×配好后,张××方可使用,张××及冯××不得私自配制。鉴于公司欠冯×原材料款较多,又约定从协议生效之日起,张××在冯×处购原材料时货款两清。但该协议生效后,张××不仅公然违约,拒不给付股权转让费,反而背着股东,使用卑劣手段,擅自将陕西枫岗公司财产转移,在陕西枫岗公司仍存在的情况下,到另一工商局非法更名注册成立了西安枫岗保健品有限责任公司,将卫生许可证名称擅自变更成西安枫岗公司,继续用冯×发明的"枫岗益肝饮"(但已不是其原配方),打着冯×的招牌,在报纸上大肆刊登系列文章和广告,误导消费者,获取暴利。上述侵权行为发生后,被告与冯××多次找其交涉,但张××置之不理,依旧我行我素。公司遂于2006年8月18日召开董事会紧急会议,确认西安枫岗公司为非法组织,不予承认,并撤销了张××陕西枫岗公司法人代表职务,改由冯×担任。2007年8月被告及冯××先后向××区人民法院提起民事诉讼,状告张××侵权,此案目前尚在继续审理中。

综观上述事实,答辩人认为,既然“枫岗益肝饮”是答辩人个人发明的专有技术,就享有合法的所有权,张××为达到个人的不法目的,由合同违约发展到非法注册公司并继续使用被告所发明的专有技术,占领市场,牟取暴利,不仅坑害了广大消费者,也直接侵害了被告及其合伙人的合法权利,为此被告在《人民日报》刊登声明决定停止“枫岗益肝饮”的生产和销售,完全是捍卫自己正当权利不受侵犯的合法体现,根本不存在侵权及不正当竞争,相反,真正侵权及不正当竞争的应该是张××及其西安枫岗公司,请人民法院予以明察。

二、原告不具备民事诉讼主体资格。西安永信会计师事务所2007年5月8日所做的审计说明中认定:“……现通过2006年2月至今对陕西枫岗公司的全面审计,我所发现西安枫岗公司股东用枫岗公司的实物投资行为无股东会决议,无财产分割证据,更未进行相关财产处理,故此项投资行为无法律依据,不能成立。基于此,我所认定上述实物仍系陕西枫岗公司财产,不能分割。”这充分说明张××变更注册的公司是偷用陕西枫岗公司的财产所成立的,而陕西枫岗公司至今仍在陕西省工商管理局注册在案,据此该公司的成立严重违反了我国公司法的规定,属非法成立组织,不具备诉讼主体资格,故请求人民法院依法驳回其起诉。

三、被告所登的声明其副标题上三条均是以个人身份出现,文中内容也是以个人身份叙述,文尾电话号码下的“陕西蓝枫苑集团”告知的是联系地址,据此,该声明完全系冯×个人行为,与“陕西长安蓝枫苑集团”没有任何关系,将蓝枫苑集团列为第二被告显然是不正当的,请人民法院依法予以确认。

四、张××在非法成立了西安枫岗公司后,由于其涉嫌侵吞公司巨额钱款,已被××区人民检察院传唤审查,最近××区人民检察院也介入该案,并于日前将其公司财务账目全部拉至检察院封存,加之答辩人与冯××向××区人民法院提起的民事诉讼与本案具有直接的因果关系,目前正在诉讼,故本案应中止审理。

此致

陕西省高级人民法院

答辩人:冯×
2008年10月21日

附:1. 答辩状副本5份。

2. 证据材料一套。

【评析】

这份答辩状写得较好。原告以被告在报纸上登了一则“严正声明”而状告被告属不正当竞争,要求被告赔偿其市场损失1000余万元。答辩理由中,答辩人紧扣住此问题,从四个方面全面论述了自己的认识,用事实及法律说明了“严正声明”的刊登完全是为维护自己权利不受侵犯的合法行为,理由写得充分、有力量,层次也清晰明了,值得一读。

二、行政答辩状

（一）行政答辩状的概念及作用

行政答辩状是指在行政诉讼活动中，被告、被上诉人针对原告、上诉人的起诉状、上诉状内容，进行回答和辩解的文书。

根据《行政诉讼法》第43条的规定，行政案件人民法院受理后应当在立案之日起5日内，将起诉状副本发送被告。被告应当在收到起诉状副本之日起10日内向人民法院提交作出具体行政行为的有关材料，并提出答辩状。被告不提出答辩的，不影响人民法院审理。根据《最高人民法院关于执行〈中华人民共和国行政诉讼法〉若干问题的解释》第66条第2款的规定，原审人民法院收到上诉状，应当在5日内将上诉状副本送达其他当事人，对方当事人应当在收到上诉状副本之日起10日内提出答辩状，当事人不提出答辩状的，不影响人民法院审理。这是制作行政答辩状的法律依据。

行政答辩状是法律赋予行政被告、被上诉人的合法权利，通过行政答辩，使人民法院能够充分听取行政应诉方当事人的意见及主张，有利于人民法院正确、全面掌握案情，公正裁决。

（二）行政答辩状的格式、内容及写法

行政答辩状的格式及内容与民事答辩状基本相同，可参照制作，在此不再赘述。只是在制作时应注意反映行政诉讼的特点，如一审案件被告行政机关针对原告的诉讼请求答辩时，应以充分的事实和证据论述被告作出的具体行政行为所依据的规范性文件是合法、合理，依据充足的，立论阐述得充分，对方的诉请自然就难以成立。

（三）律师代书行政答辩状应注意的问题

1. 根据《行政诉讼法》第32条关于被告行政机关对作出的具体行政行为负有举证责任之规定，答辩时应列出具体行政行为所依据的规范性文件，以增强其答辩力度。

2. 阐述答辩理由要深刻，据理论述，坚持以理服人，切忌以势压人。

行政答辩状

答辩人名称：××市公安局

所在地址：××市××大街84号

代表人姓名：陈××　职务：局长

电话：××××××

因刘××等人诉答辩人滥用职权一案，提出答辩如下：

一、刘××等人具有违法事实

××学院学生刘××等7人自2007年入学后，经常聚集在一起躲在学生宿舍或无人上课的教室内赌博。每晚学生宿舍熄灯后，他们就在楼道里或者学院内路灯下继续赌博，直至第二天凌晨。赌资也由最初的几元、十几元发展到几十元、上百元生活费。据刘××在我局交待，最多的一次赌资达数千元，甚至将学习用品、衣物等押上。

对于刘××等人的赌博行为，其所在学院多次教育，但刘××等人不思悔改，直至发展到今年4月26日晚刘××等5人闯入其班主任胡××老师的单身宿舍，对曾经批评、教育他们的胡××老师进行恐吓和威胁。刘××等人的行为违反了《中华人民共和国治安管理处罚法》的规定，已构成违法行为。刘××等人在起诉状中称他们的行为“没有构成违法”，与法律规定不合。

二、对刘××等人予以行政拘留处罚，是公安机关的正当职权，符合法律规定

依法对违反《中华人民共和国治安管理处罚法》的违法者予以行政处罚，是法律赋予公安机关的权力，属于公安机关正当的职权范围。刘××等人行为构成违法，且经该学院有关领导批评教育仍不能奏效的情况下，公安机关依据《中华人民共和国治安管理处罚法》中的有关规定，对刘××等人分别给予行政拘留7～15日、罚款200～1000元的处罚，既是正当行使国家法律赋予的权力，也是有法可依的。在对刘××等人的处罚过程中，公安机关并无半点滥用职权的表现。

三、刘××等人被学院开除，与公安机关无关

刘××等人因违法行为被公安机关予以行政拘留。在此期间，刘××等人所在学院根据刘××等人行为的情节、性质和他们的一贯表现，作出开除学籍的处理。这是学院自身的职权，也是由学院自主决定的，公安机关并未参与意见。行政处罚与行政处分本是两个不同性质的问题，分别由两个不同的单位行使职权，却被刘××等人混淆，并在起诉状中指责“正是由于公安机关的错误处罚导致了学院作出错误的处理决定”。对于这种无理指责，公安机关是不能同意的。

综上所述，公安机关对刘××等人予以行政处罚具有事实和法律依据，并非滥用职权。请人民法院查清事实，驳回刘××等人无理的诉讼请求。

此致

××市人民法院

答辩人：××市公安局

2009年5月25日

附：1. 本答辩状副本7份；

2. 刘××等违法证据材料11份；

3. 刘××等人交待材料9份。

【评析】

本答辩为了证实对行政原告予以行政拘留系合法行为，并非滥用职权这一中心，从三个方面展开论述、分析得充分，论述得透彻，具有很强的说服力，通过答辩使法官

能够全面听取各方的意见，有利于公正裁判。

第五节 申诉类代书

一、刑事申诉书

(一)刑事申诉书的概念及作用

我国《刑事诉讼法》第241条规定："当事人及其法定代理人、近亲属，对已经发生法律效力的判决、裁定，可以向人民法院或者人民检察院提出申诉，但是不能停止判决、裁定的执行。"刑事申诉书就是当事人对生效的刑事判决、裁定不服向人民法院或人民检察院申诉要求重新审理的书面请求。

申诉权是法律赋予当事人的一项重要诉讼权利。人民法院已经发生法律效力的裁判文书，必须坚决执行，这是国家权力威严的体现，它以国家的强制力为后盾。但是，如果已经发生法律效力的裁判文书确有错误，而这种错误足以影响到案件的公正性且有足够的证据足以推翻原判时，当事人可以依法行使法律赋予的申诉权，通过刑事申诉书这一法律文书向人民法院或人民检察院提出请求复查案件，重新审理的主张。当事人向人民法院提出申诉经立案复查如果确实存在严重的失误，提交审判委员会讨论后应下达决定再审裁定。向作出生效判决的上级人民法院申诉的，如确有错误，上级法院可以提审也可以指令下级法院再审；向人民检察院提出申诉的案件，经严格复查，认为原生效判决、裁定确有错误，申诉理由充分，应当依照刑事诉讼法第205条第3款的规定及时按审判监督程序向人民法院提出抗诉，提起案件的再审。可见，刑事诉讼当事人运用刑事申诉书依法行使申诉权，是人民法院或人民检察院发现错案、纠正错判的一个重要途径，它对于切实维护当事人的合法权益，维护法律的公平、公正，避免冤假错案的发生具有重要的作用。

(二)刑事申诉书的格式、内容及写法

刑事申诉书由首部、正文及尾部三部分组成。

1. 首部。写明标题、申诉人基本情况及申诉事由三项内容。

(1)标题。写明"刑事申诉书"字样。

(2)申诉人基本情况。应依次写明申诉人的姓名、性别、出生年月日、民族、出生地、职业、工作单位及职务、住址等。申诉人系在押犯或服刑犯的，还应写明在押、服刑处所。系被告人的近亲属申诉的，应写明其姓名、年龄、职业等身份情况，并注明同在押犯、服刑犯的关系，同时还应写出在押、服刑犯本人的基本情况。

(3)申诉事由。继身份事项之后另起一段写明如下一段文字："申诉人×××对××人民法院×年×月×日(年度)×刑初(终)字第××号刑事判决(裁定)不服提出申诉"。

2. 正文。包括请求事项、事实与理由两项内容。

(1)请求事项。写明申诉人通过申诉需要达到的目的。针对原生效判决对定罪量刑上出现的错误提出要求撤销、变更原审裁判及要求改判的实体请求。请求事项有多项的应分项单列提出。如：

1. 请××省高级人民法院依法撤销××中级人民法院(2006)×刑终字第89号刑事判决。

2. 要求宣告申诉人无罪。

申诉请求是刑事案件申诉的关键项目,设计书写该项目时必须明确、合法、周延。即请求内容表述明了,语义单一,不生歧义;请求事项符合法律,于法有据,不是无理诉求;请求项目内容完整,周密,没有遗缺。同时文字应简明扼要,简短明了,力戒冗赘。

(2)事实与理由。首先叙述本案发生的事实经过,申诉人如认为原生效判决或裁定认定的事实无误,仅对定罪量刑、适用法律错误提出的申诉,可将原审裁判文书认定的事实加以复述;申诉人如认为原审裁判文书认定的事实有误,而影响了定罪量刑的准确性,可将申诉人认为的正确真实事实叙明,以供审查。其次重点阐明申诉的理由。主要是针对原生效裁判文书出现的错误进行充分地说理,通过缜密的法理分析,摆事实、讲道理,论述原裁判文书的错误实质所在,支持请求事项的成立。原审裁判文书的错误,可能表现在多方面,但从根本上讲,都有可能导致执法不公,酿成错案。因此,论述刑事申诉书的理由必须抓准其错误所在,进行批驳,具体说应从以下几方面去考虑:

第一,从原审裁判认定事实不清,与真相不符入手进行批驳。刑事案件准确定罪恰当量刑的前提是查清事实。如果原审裁判文书在认定事实上出现了重大误差,而影响到裁判结果的正确性时,可以采取釜底抽薪的方法,用所掌握的正确真实的新事实和新证据予以驳斥,以证实己之立论的正确。

第二,从原审裁判定性不准或适用法律不当入手进行批驳。人民法院审判案件必须严格依法,坚决贯彻以法律为准绳原则。如果原审裁判文书混淆了罪与非罪界限。将不构成犯罪之人定了罪判了刑;或是混淆了罪与罪界限,导致了轻罪重判,量刑严重失衡;或是适用法律出现了重大错误,影响了案件性质的准确认定,这都是对实体法的违反,可以针对此展开法理分析论证,指明其错误所在。

第三,从原审裁判违反了法律规定的诉讼程序入手进行批驳。人民法院审判案件必须程序合法,只有程序公正才能确保实体公正。任何违反诉讼程序而作出的判决和裁定,都有可能直接影响对被告人的正确定罪量刑,甚至导致错案发生。如发现上述错误,可以根据刑事诉讼法及相关司法解释为依据进行批驳。

阐述申诉理由在内容次序的安排上应该采取先主后次的原则,即将原审裁判中重大的、主要的错误问题放到前头阐明,将一般性的次要的错误问题放到后面阐明,这样可保证重点突出又眉目清晰。为了便于掌握论述的各个问题要点题旨,可以在每个问题之前用小标题的方式概括出题旨，以便于把握本内容的题意。理由写完，最后用“综上所述，原审判决（裁定）确有错误，必须予以纠正。为此依照《中华人民共和国刑事诉讼法》第241条的规定，特向你院申诉，请依法再审（或请依法按审判监督程序提出抗诉），维护法律的尊严”。

3. 尾部。尾部包括以下内容：

（1）写明致送文书的单位名称。即“此致”“×××××人民法院”或“此致”“××××人民检察院”。

（2）申诉人署名或加盖私人印章，注明制作的日期。

（三）律师代书刑事申诉书应注意的问题

1. 律师接案后代书之前应做好对材料的审查工作，吃透原裁判文书，同时还应到原审法院调阅案卷，会见当事人，在掌握并熟悉了全部案件材料的基础上，再对裁判文书进行分析，找出其不实之处，作为代写刑事申诉书的依据。

2. 阐述申请理由要抓准裁判文书中的错误点，在要害处作文章。同时论理反驳要逻辑严谨，做到论据与论点之间、原因和结果之间、前提与结论之间上下关联、前后吻合、相互呼应。在行文结构上还应注意做到层次分明，脉络清晰，合理安排好表达的次序，诸如哪个问题先写，哪个问题后写，哪个重点阐述，哪个做一般性释明，何处该总，何处当分，都应统筹考虑，安排得当。

3. 刑事申诉由于是对已经发生法律效力的判决裁定不服提出来的，故没有期限限制，任何时候都可以提出。刑事申诉既可向人民法院提出，也可以向人民检察院提出，向法院提出的要经历立案审查提交审判委员会讨论等环节，确有错误应予再审，才能下达本院决定再审裁定或指令再审、提审裁定；向检察院提出的申诉，要经历严格的审查，决定应该抗诉的，由上级检察院向同级人民法院按审判监督程序进行抗诉，直接转入再审。

申　诉　书

申诉人：刘××（系原审被告人刘×之父），男，1959年9月15日出生，汉族，河北省卢龙县人，系××省××县××中学教员，住××省××县××街16号，邮政编码：××××××

申诉人刘××对××省××县人民法院2007年11月7日［2007］×刑初字第104号刑事判决书不服，提出申诉。

请求事项：

请求原审法院立案再审，依法改判，从轻判处原审被告人刘×的刑罚。

事实与理由：

我认为，××省××县人民法院[2007]×刑初字第17号刑事判决，不管是对案件发生起因的确认还是在适用法律方面，都有错误，我们无法接受。

一、刘×故意伤害案件发生的起因，在于被害人郭××不遵守交通规则所致。对这一重要问题，原判没有认定，只是说"被告人刘×与被害人郭××，在××小学房西路上骑自行车相遇，因双方互相躲让而没有让开，致使两车相撞，随后发生口角，并厮打起来"。事实的真相是，被害人郭××不遵守交通规则，骑自行车在道路的左边行驶，致使发生了与被告人刘×相撞的后果。对此，郭××不但不表示歉意，还态度蛮横，这才引起双方的口角和相互厮打。对这起故意伤害案件的发生，被害人郭××应负主要责任，而原判对此却不分是非，在量刑时，对这一情节也不加考虑，这显然是不公正的。

二、案件发生后，派出所有关人员曾到我家传讯被告人刘×，因刘×不在家，通知我们家长，待刘×回来后，让他马上去公安派出所。刘×回来得知后，便去派出所，并如实交代了罪行，接受司法机关的审查和裁判。根据《最高人民法院、最高人民检察院、公安部关于当前处理自首和有关问题具体应用法律的解答》第2条规定，应以投案自首对待，而原审判决没有认定被告刘×有自首情节，更没有适用《刑法》第67条，给予从轻处罚，对此，我们怎能服判？

据此，我们请求法院对此案立案再审，重新处理，查清发案原因，分清是非，全面适用法律，正确处理此案。

此致

××县人民法院

申诉人：刘××

2007年10月22日

附：原审法院刑事判决书抄件1份。

【评析】

这是一份一审程序的申诉书。申诉人认为原审已发生法律效力的判决确有错误，要求原审法院立案再审，事实与理由中，运用夹叙夹议的形式分两个问题阐明了原审判决的错误，有事实、有分析，所论事理尽在情理之中，值得一读。

二、再审申请书

（一）再审申请书的概念及作用

再审申诉书是指民事、行政案件的诉讼当事人对人民法院已经发生法律效力的民事、行政判决、裁定认为确有错误，或者对已经发生法律效力的民事调解书，提出证据证明调解违反自愿原则，或者调解协议的内容违反法律规定，向人民法院提出再审申请，请求重新审判的文书。

我国《民事诉讼法》第178条规定："当事人对已经发生法律效力的判决、裁定，认为有错误的,可以向上一级人民法院申请再审,但不停止判决、裁定的执行。”第182条规定:“当事人对已经发生法律效力的调解书,提出证据证明调解违反自愿原则或者调解协议的内容违反法律的,可以申请再审。经人民法院审查属实的,应当再审。”我国《行政诉讼法》第62条规定:“当事人对已经发生法律效力的判决、裁定,认为确有错误的,可以向原审人民法院或者上一级人民法院提出申诉,但判决、裁定不停止执行。”《最高人民法院关于执行〈中华人民共和国行政诉讼法〉若干问题的解释》第73条第1款规定:“当事人申请再审,应当在判决、裁定发生法律效力后2年内提出。”这是再审申请书制作的法律依据。

申请再审是当事人享有的法定诉讼权利,也是人民法院对生效的可能有错误的民事、行政判决书、裁定书、民事调解书及行政赔偿调解书启动审判监督程序,重新审查的重要来源。当事人向原做出生效裁判的人民法院申请再审而本院自己决定再审的,可以使原审法院自己改正自己的错误,做到有错必纠,切实把握好审判关口的最后一道防线。申请人向做出生效裁判的上一级人民法院申请再审,可以引起并实现上一级人民法院对下级人民法院的审判工作进行全面审查,如果确有错误,足以影响裁判的公正性,通过提审、发回重审或指令再审,能有效地监督和指导下级法院的审判业务,防止错案的发生,维护司法公正。

(二)再审申请书的格式、内容及写法

1. 首部。包括以下内容:

(1)标题。标题写明“再审申请书”,也可以写“民事再审申请书”或“行政再审申请书”。

(2)当事人基本情况。再审申请书只写申请人身份概况,应写明其姓名、性别、出生年月日、民族、籍贯、职业、工作单位和职务、住址。申请人是法人或其他组织的写明单位名称、所在地址及其法定代表人身份。

(3)申请事由。申请事由属过渡语,主要写明申请人对何法院何年何月何日做出的何字号生效民事、行政判决、裁定、民事调解、行政赔偿调解不服申请再审。具体可按如下一段固定文字叙写:“申请人×××对××××人民法院××××年××月××日做出的(年度)×民(行)初(终)字第×号民事、行政判决(裁定、调解)不服,申请再审”。

2. 正文。写明请求事项、事实与理由两项内容。

(1)请求事项。请求事项应用简短、明确的文字写明申请人要求依法撤销或变更原审错误生效法律文书以及如何对其错误进行改判的具体要求。请求事项可以只有一项,也可以有多项,提出多项要求的应按照主次顺序依次分条列明。如:

一、要求依法撤销××××中级人民法院(2005)×民二终字第121号错误民事判决。

二、要求依法判决申请人与被申请人所签设备转让协议无效。

三、要求被申请人将不合法取得的设备返还给申请人。

四、要求被申请人赔偿申请人经济损失人民币21万元。

(2)事实与理由。事实与理由是当事人申请再审的依托,也是人民法院审查能否引起本案再审的重要依据。一般来说,应写明以下几层内容:①叙述本案纠纷的主要经过,即双方于何年何月何日因何原因发生了何纠纷,形成了何侵权后果,有何证据证明等,诉讼后原审法院如何处理解决,如系对已生效的终审裁判不服,还应写明上诉后二审法院审理及判决的有关情况及经过,目的是使引起再审的人民法院对本案的诉讼整体过程获得一个总体了解,同时就本申请书而言,也为下文理由的阐述奠定基础。②从已经发生法律效力的判决书或裁定书、调解书中找出其错误,并归结成几点,运用事实或法律进行有针对性地批驳,说明其错在何处,如系认定事实不清、不准、不全,还是歪曲了事实;区分责任,辩明是非是采取"和稀泥,两头抹",还是悖离了法律而枉法下判,导致严重不公;认定证据是合法的证据不予采纳还是用证不当,逻辑矛盾百出;适用法律是有法不依还是随意曲解法律,滥用法律;此外程序违法违在何处,是否足以影响到公正裁判等诸多问题都应明确、具体加以阐述。指明错误时,既可以引用原文,也可以转述原意,无论是引用还是转述,都应客观、求实,切忌断章取义,扭曲原意。③引述能够证明再审申请事项可以成立的相关证据,说明事实的真实性及再审申请的合法性。列举证据可以边叙事边举证,也可以于叙事说理之后集中举证,采用何种形式应根据案件实际情况及个人的习惯表达来加以确定。④引用有关民事、行政实体法条文及《民事诉讼法》第178条(判决、裁定适用)或182条(调解适用)或《行政诉讼法》第62条提出申请要求,并用"请××××人民法院依法对此案进行再审以维护法律的尊严"结尾。事实与理由的写作过程实际上就是摆事实、讲道理的过程,因此,在叙事说理时务求事实明了,说理充分,坚持以理服人。事实与理由,既可以先叙述事实,列举证据,而后再做分析概括,引用法律条文,提出请求,也可以夹叙夹议,寓说理于叙事之中,最后引用法律条文作为依据提出请求,总的要求是要做到破中有立,破立结合,在反驳之中证明己之观点的成立。

3. 尾部。写明以下事项:

(1)致送法院单位的名称。即在事实与理由之下分两行写明"此致""××××人民法院"。

(2)附项。写明向申请再审的人民法院提交的判决书、裁定书或调解书的抄件(或复印件)的份数。再审申请不需要提交再审申请书的副本,这是由于再审申请是针对原审已经发生法律效力的法律文书认为有错误而提出来的,一般来说,再审的提起,法律程序控制十分严格,并非一旦提出申请就一定能引起再审,实践表明,人民法院对于申请再审的案件大部分是以驳回申请再审而告终,只有小部分案件确实有错误符合再审条件才被提起,这一点与上诉截然不同,这就是首部为何不写对方当事人身份事项的原因所在,故只须提交已生效法律文书即可。

(3)申请人署名,之下写明具文的日期。申请人是法人或其他组织的,写明单位的名称,并加盖单位公章。

(三)律师代书再审申请书应注意的问题

1. 对生效判决、裁定要正确掌握申请再审具备的法定条件。根据《民事诉讼法》第179条,《最高人民法院关于执行〈中华人民共和国行政诉讼法〉若干问题的解释》第72条规定,生效判决、裁定符合下列情形之一的,可以申请再审:①有新的证据,足以推翻原判决、裁定的;②原判决、裁定认定事实的主要证据不足的;③原判决、裁定适用法律确有错误的;④审理案件违反法定程序,可能影响案件正确判决、裁定的;⑤审判人员在审理案件时有贪污受贿、徇私舞弊、枉法裁判行为的,不具备上述情形的不能申请再审,否则将被驳回。

2. 对民事调解结案的或行政赔偿调解结案的当事人申请再审必须符合两个法定条件:一是调解违反了自愿原则;二是调解协议的内容违反了法律规定,且上述条件须有证据证明。

3. 要注意民事、行政案件的抗诉与申请再审的区别。两项权利的行使都有可能引起审判监督程序,提起案件的再审。但民事、行政案件的抗诉是检察院以公权形式启动再审程序,其没有时间的限制;而申请再审则是当事人以个人身份向法院提出申请,具有时间限制,即只能在判决、裁定和调解书发生法律效力后两年内提出。从产生的结果来看,民事、行政案件一经抗诉即转入再审程序,而申请再审运转程序则比较复杂,一般要经历立案、听证、合议庭评议、审判长联席会议、审判委员会讨论通过等多道关口,最终确认符合再审条件的,才能提起再审。

附 实例

再审申请书

申请人(一审被告,二审上诉人):××县××养鸡场,场址在××县××镇××号。

法定代表人:孟××,男,场长。

申请人××县××养鸡场对××省××市××区人民法院2009年9月5日[2009]×民初字第43号民事判决书和××省××市中级人民法院2010年9月10日[2010]×民终字第27号民事判决书不服,向××省高级人民法院申请再审。

请求事项:

一、请求××省高级人民法院撤销××市中级人民法院[2010]×民终字第27号民事判决书和××市××区人民法院[2009]×民初字第43号判决书。

二、发回原审法院重审,或者××省高级人民法院查清事实后,直接改判,判处一审原告××市××鱼粉厂索要鱼粉款利息无理。

事实与理由：

2007年9月23日，一审原告××县××鱼粉厂的厂长刘××，来到申请人××县××养鸡场，与该厂厂长孟××签订了一份购销鱼粉合同。合同规定了四项内容，如鱼粉的数量、质量、价款和交接货时间、方法等，没有"货到付款"的规定，更没有延期付款即为销货方支付货款利息的约定。在交接鱼粉之后，一审原告确实多次到申请人单位索要鱼粉款。申请人没及时付款，一是当时确实无钱，没有能力支付；二是合同中没有规定付款的具体时间，尽管没及时付款，但不能视为违反合同规定。现在，申请人已将全部货款付清。在此基础上，又判决申请人支付货款利息，既无合同中的有关款项作依据，也无法律根据。故此提出再审申请。

此致

××省高级人民法院

申请人：××县××养鸡场（公章）

2010年11月20日

附：原审判决书，二审判决书复印件各1份。

【评析】

该案申请再审的理由是因为合同中未有延期付款支付利息的约定，所以不应判决支付货款利息。这显然是站不住脚的，法院的判决当然应以合同的约定作为确定责任的依据，但也非全如此。合同中未约定的或约定内容违反国家法律法规的，人民法院可以依法确定或依法纠正。本案合同中虽未约定延期付款应支付利息，但延期付款本身就属违约行为，使受害方受到了损失，故人民法院判决申请人支付货款利息是正确的，看来申请人所提的"当时确实无钱，没有能力支付"和"合同中没有规定付款的具体时间"两条理由都不能成立，申请再审很难获得成功。

第六节　申请类代书

申请类代书是律师在民事、行政诉讼活动中，为保障当事人的诉讼权利及实体要求，根据当事人的主张所代写的要求实现某项权利的文书。

申请类文书主要涉及的是程序问题，即当事人在诉讼活动中，遇到了诉讼障碍或由于某种特定原因需要确定其局部权益，可以向人民法院提出申请，请求实现上述目的。但是申请类文书也有小部分涉及到实体问题，如民事当事人向人民法院主张申请支付令，公示催告或主张要求宣告失踪、死亡，认定财产无主等适用民事诉讼特别程序的，也可通过申请文书主张权利，故涉及到实体问题的申请书与民事诉状具有同样的作用及意义。

申请类文书文种较多，最高人民法院制定的《法院诉讼文书样式（试行）》中规定了各类申请书通用一个样式，现分述如下：

一、管辖异议申请书

(一)管辖异议申请书的概念及作用

管辖异议申请书是指在民事诉讼或行政诉讼活动中,被告方在接到人民法院送达的起诉状副本及其他相关法律文书后认为此案不应该由受诉法院审理,其不享有民事、行政案件受理的管辖权,请求受诉法院将案件移送具有管辖权的人民法院受理的书面请求。

民事、行政案件的管辖是民事诉讼、行政诉讼活动中经常发生的问题。在我国由于民事特别是经济纠纷常发生在跨省区、跨地域之间,长期以来某些法院受经济利益驱动及地方保护主义等不正之风的影响,受理了本不属于自己管辖的案件,悖离了民事诉讼法规定的管辖规定,在此情况下,若被告方在接到人民法院送达的诉状副本、应诉通知书、举证通知书、告知合议庭组成人员名单等法律文书后,有权在法律规定的答辩期限内(15天)提出异议,要求将案件移送有管辖权的法院受理,维护法律的公正性。被告管辖异议的提出,既维护了自身利益,又维护了法律的严肃性,它对于杜绝、防止地方保护,枉法裁判,确保人民法院廉洁执法公正行使审判权具有重要作用。

我国《民事诉讼法》第38条规定:“人民法院受理案件后,当事人对管辖权有异议的,应当在提交答辩状期间提出……”我国《行政诉讼法》第21条规定:“人民法院发现受理的案件不属于自己管辖时,应当移送有管辖权的人民法院……”这是制作管辖异议申请书的法律依据。

(二)管辖异议申请书的格式、内容及写法

1. 首部。文头标明“管辖异议申请书”,底下依次列出申请人的基本情况。申请人是自然人的,写明姓名、性别、出生年月日、民族、籍贯、职业或工作单位和职务、住址等。申请人是法人或其他组织的,写明单位名称、住所地址、法定代表人或主要负责人的姓名及职务。

2. 请求事项。写明申请人对受诉法院管辖持有异议,要求将此案移送到有管辖权法院审理的有关内容。如:贵院对本案不享有管辖权,请依法移送到具有管辖权的××××人民法院。

3. 事实与理由。事实应简要写明纠纷的发生经过,特别需要写清与管辖认定相关的事实内容,如合同中的约定管辖条款、买卖合同的交货地点、货物运送的方式、加工承揽合同的加工行为地点等,这些对下面阐述管辖的理由具有重要作用。阐述理由应以我国民事诉讼法及最高人民法院相关的司法解释为依据,结合本案,通过法学原理的论述,得出受诉法院不享有本案管辖权的结论。如涉及的理论依据不止一项,可分条分层次从不同角度予以阐述,论理要求立论正确,法律依据充分,具有说服力。

4. 尾部。理由之下写明本文书致送的法院名称“此致”“××××人民法院”。右下角由申请人署名,是法人的应加盖单位公章,并注明制文的日期。

（三）律师代书管辖异议申请书应注意的问题

1. 对管辖权异议提出的主体必须是本案的被告及有独立请求权的第三人。根据最高人民法院（经）复（1990）9号文件规定，有独立请求权的第三人如果是主动参加他人已开始的诉讼，则应视为承认和接受了受诉法院的管辖，对此，不能对管辖权提出异议；如果是受诉法院依职权通知其参加诉讼，则他有权选择是以有独立请求权的第三人身份参加诉讼，还是以原告身份向其他有管辖权的法院另行起诉，参加诉讼的则享有对管辖权提出异议的权利。

2. 严格掌握管辖权异议的提出期限。即当事人应自收到诉状副本及应诉通知书之日起15日内提出。如果当事人在答辩期限内提出了管辖异议，但在法院就有无管辖权问题作出裁定之前又以书面或口头形式（须经法院记录在案并由本人签字）表示接受受诉法院管辖的，则视为当事人自动放弃了异议，受诉法院有权审理。当事人答辩期限届满未提出管辖异议的，应视为无管辖权异议或放弃管辖权异议。

3. 管辖异议涉及到民事诉讼理论的专门知识，写作之前必须掌握、吃透民事诉讼法及《最高人民法院关于适用〈中华人民共和国民事诉讼法〉若干问题的意见》中关于管辖问题的有关立法规定精神及其相关的司法解释，尤其是对于诸如合同、侵权行为、票据、专利等属特别管辖的案件必须从理论上弄清其管辖的复杂性，正确判明本案受诉法院是否享有管辖权，以免因提出异议错误而徒劳，被人民法院裁定驳回。

4. 根据民事诉讼法的规定，提出的申请被裁定驳回的，依法享有上诉的权利。决定上诉的应自接到裁定书送达之日起10日内向做出裁定的上一级人民法院提交上诉状。递交的形式是仍通过原审法院，原审法院在接到上诉状后应在法定期限将上诉状、上诉交费单及案卷材料一并移送上一级法院，由二审法院进行书面审。

附　实例

管辖异议申请书

申请人：西安市××研究院。地址：陕西省××市××××路171号。法定代表人：陈××，职务：院长。

对方当事人：××加气混凝土厂。地址：×××区××路318号。法定代表人：李××，系该厂厂长。

××加气混凝土厂诉我单位返还设备款及赔偿经济损失一案，我单位作为第三被告已收到贵院送达的起诉状副本及应诉通知书相关材料，在本案答辩期间我单位认为你院对本案的受理不享有管辖权，为此特提出管辖异议。

请求事项：请依法变更管辖地，将此案移送享有受理权的×县人民法院。

事实与理由：

一、本案属典型的工矿产品购销合同（亦即买卖合同）。合同纠纷属于特别管辖。我国《民事诉讼法》第24条明确规定:“因合同纠纷提起的诉讼,由被告住所地或者合同履行地人民法院管辖。”原告与第一被告西安×实业有限公司于2007年9月5日签订的工矿产品购销合同第3条明确约定交(提)货地点为供方厂内,需方验收合格后发货。根据《最高人民法院关于适用〈中华人民共和国民事诉讼法〉若干问题的意见》第19条规定的购销合同的双方当事人在合同中对交货地点有约定的,以约定的交货地点为合同履行地。故按此规定,本合同的履行地只能在第一被告所在地。

二、原告与第一被告鉴定的购销合同第12条也明确约定了解决合同纠纷的方式由违约方当地法院解决,既然原告起诉被告认为被告违约(即质量不合格),故应按双方约定的内容由×县人民法院解决,因为双方当事人在合同中约定管辖,是其意思自治的表现,只要不违反法律规定的约定范围,其管辖优先权充分受法律之保护。

三、本案原被告之间系履行合同质量问题而形成的法律关系,并不属于因产品质量不合格造成他人财产、人身损害提出诉讼而形成的侵权法律关系,因为第一被告提供的产品并没有伤及原告,原告不是产品侵害的受害方,而只可能是合同违约的受害人,故本案不能适用《民事诉讼法若干问题的意见》第29条,否则将是对法律的曲解。

四、根据最高人民法院颁发(1999)11号通知文件“西安市中级人民法院管辖400万元以上不满3000万元的经济案件”之规定精神,本案的级别管辖只能由第一被告住所地×县人民法院受理。

综上所述,原告状告被告提起诉讼,系合同纠纷只能选择被告住所地或合同履行地或双方约定地,陕西×县人民法院受理此案,贵院不享有管辖权,为此特向你院提出申请,请依法移送案件以维护法律的公正性。

此致

××市中级人民法院

西安市××研究院

2011年2月9日

【评析】

这份管辖异议申请书所提出的异议理由阐述得比较充分,原告起诉状的诉讼请求是要求返还购买设备款及赔偿经济损失,可见这是基于购销合同这一法律关系而主张权利,购销合同属于特别管辖,由被告住所地或合同履行地法院受理。本合同双方约定交货地点在供方厂内,法律规定交货地就是合同履行地,所以原告所在地法院不享有管辖权,应将案件移送至被告所在地法院受理。该申请书论理充分,分析得透彻,具有很强的说服力。

二、回避申请书

(一)回避申请书的概念及作用

我国《刑事诉讼法》第28条规定:“审判人员、检察人员、侦查人员有下列情形之一的,应当自行回避,当事人及其法定代理人也有权要求他们回避:①是本案的当事人或者是当事人的近亲属的;②本人或者他的近亲属和本案有利害关系的;③担任过本案的证人、鉴定人、辩护人、诉讼代理人的;④与本案当事人有其他关系,可能影响公正处理案件的。”

我国《民事诉讼法》第45条亦规定:“审判人员有下列情形之一的,必须回避,当事人有权用口头或者书面方式申请他们回避:①是本案的当事人或者当事人、诉讼代理人的近亲属;②与本案有利害关系;③与本案当事人有其他关系,可能影响对案件公正审理的。前款规定,适用于书记员、翻译人员、鉴定人、勘验人。”

我国《行政诉讼法》第47条第1款规定:“当事人认为审判人员与本案有利害关系或者有其他关系可能影响公正审判,有权申请审判人员回避。”

回避申请书就是诉讼当事人及其法定代理人为了维护自身的合法权益,避免可能影响案件公正处理情形的发生,在诉讼活动中依法要求符合回避条件的司法人员及其他有关人员予以回避所提交的书面请求。

回避制度的设立,是为了确保公正执法,杜绝关系案、人情案现象的发生,同时也是诉讼当事人合法权益实现的有力保障,回避制度充分体现了法律的严肃性和法制民主精神。

(二)回避申请书的格式、内容及写法

1. 首部。在文书顶部列出“回避申请书”,之下列出申请人的身份概况,写法与前申请书相同,可参照。

2. 正文。写明请求事项、事实与理由两项内容。

(1)请求事项。写明要求回避的司法人员及其他人员的工作单位、职务及其姓名,提出要求回避请求。如:要求贵院刑事审判二庭审判员王××回避。

(2)事实与理由。写明要求回避之人与本案当事人有何种利益关系的事实和回避的根据。具体应写明以下几个要点:①申请人因何案由何司法机关何部门何人办理;②申请回避的原因及根据,如该办案人员与对方当事人是亲属或有其他利害关系,可能会影响案件公正审理;③引用相关法律依据,提出要求其回避的请求。

以上三点前后联贯,互相衔接,在一个层次中体现。兹举一例为证:

> 你院受理的申请人诉被告胡××财产侵权一案立案后得知由你院民事审判一庭审判员李××独任审判。经了解申请人得知,该李××与被告胡××是叔侄关系,属近亲属,如本案由其审理,将可能影响案件的公正性,为此,特依据《中华人民共和国民事诉讼法》第45条之规定,向贵院提出回避请求,请依法更换该案审判人员。

3. 结尾。写明致送法院单位的名称“此致”“××××人民法院”。右下角由申请人署名,系法人的应加盖单位公章。注明具文的日期。附项写明提交的有关证据材料名称及件数。

（三）律师代写回避申请书应注意的问题

1. 代书前应认真审查当事人所提出的申请回避条件是否具备、理由是否充足，只有符合《刑事诉讼法》第28条、《民事诉讼法》第45条、《行政诉讼法》第47条中规定的条件的，并经调查属实的才能提交该文书要求回避，否则，将会被裁定驳回。

2. 刑事诉讼中对侦查人员、检察人员申请回避自接案开始至结案期间中途随时可以提出；刑事审判、民事审判或行政审判中的申请回避，可以在案件开庭时提出；回避理由在案件开始受理后知道的，应当在受理后法庭辩论终结前提出。

3. 根据我国《刑事诉讼法》第30条第3款、《民事诉讼法》第48条、《行政诉讼法》第47条第4款的规定，申请人对人民法院驳回申请回避决定不服的，可以申请复议一次，对此，应充分注意申请复议权的行使。

附 实例

申请回避书

申请人：刘××，男，43岁，汉族，××省××县人，系××县××乡××村村民，住××县××乡××村4组。

请求事项：

要求县法院民事审判庭李××回避。

事实与理由：

你院受理的原告刘××诉被告易××宅基地纠纷一案，据下达的传票得知由你院民事审判庭审判员李××负责承办。该李××与被告人易××是叔侄关系，属近亲属，如本案由其审理，有可能影响对案件的公正裁判，为此，特依据《中华人民共和国民事诉讼法》第45条之规定，向你院提出申请回避请求，请依法更换该案审判人员。

此致

××县人民法院

申请人：刘××

2007年2月3日

【评析】

以上例文写得简练而明了，正文部分在写明案由之后着重点明了申请回避的主要原因，即审判人员与当事人属近亲属关系，因此，申请予以回避就合理有据。

三、财产保全申请书

（一）财产保全申请书的概念及作用

财产保全申请书是民事、行政案件的原告或反诉的被告，在案件起诉前或诉讼中，为防止败诉方逃避履行义务，恶意转移财产致使生效判决执行落空，而向人民法院提出的请求将对方所有的诉讼标的、相关财物予以查封、冻结、扣押或采取法律规定的其他方法强制固定而提交的申请文书。

根据法律规定，财产保全分为诉前财产保全和诉讼财产保全两种形式。诉前财产保全是指原告在起诉之前即向人民法院申请保全，目的是为防止起诉后被告转移财产，这种保全必须提供担保。诉讼财产保全是指在起诉后审判活动中发现了对方的财产而向法院提出保全申请，这种保全不一定提供担保，是否需要由院长决定。

财产保全主要适用于给付之诉的案件，确认之诉、变更之诉的案件诉讼中，如发现对方当事人有可能将尚未确认的财产转移、毁损的，也可申请保全。

财产保全是民事、行政诉讼活动中适用的一项重要措施，也是申请人用法律的手段维权的有效方式。在诉讼活动中，一方当事人发现对方当事人对争议的诉讼标的有可能发生出卖、转移、隐匿、毁损的行为或者标的物自身因季节时令变化可能急剧变质、降低价值的现象出现，将有可能导致人民法院生效判决不能执行或难以执行，使债权人的利益不能实现，在此情况下，权利人及时提出财产保全申请，并由人民法院做出保全裁定，将财产固定下来，这对于确保生效判决的顺利进行，维护权利人的利益，维护法律的严肃性，具有重要作用。

（二）财产保全申请书的格式、内容及写法

1. 首部。包括以下内容：

（1）标题。在文书顶部列出“财产保全申请书”字样。

（2）申请人与被申请人基本情况。按顺序分别列明申请人与被申请人的姓名、性别、出生年月日、民族、籍贯、职业、工作单位、职务和住址。是法人或其他组织的，列出其单位全称、住所地址及法定代表人和主要负责人的姓名和职务。

2. 正文。具体包括：

（1）请求事项。写明请求法院对争议财产应在诉讼请求范围内进行保全的措施。如：“请人民法院依法对中国建设银行西大街支行署名王忠义名下的8100110100003859账号冻结。”如保全内容不止一项的，分别列明。

（2）事实与理由。事实与理由应简要写明必须采取财产保全的必要性。即可能因当事人一方的行为或者其他原因，使判决不能执行或难以执行。当事人一方行为，是指有可能出现的转移、隐匿、出卖或者毁损财产等行为；其他原因，是指有关财产因即将或正在腐烂变质等原因而减少或丧失其价值。由于财产保全只是解决程序上的问题，不涉及案件的实体争议，故其事实与理由应简练明了，只需将本纠纷发生的简要起因、财产的所在地及对其保全的必要性释明即可。

3. 尾部。由以下三部分组成：

(1)致送法院的单位名称。分两行写“此致”“××××人民法院”。

(2)右下角申请人署名，法人为申请人的应加盖单位公章，注明文书制作的日期。

(3)附项。具体写明要求保全的财产名称及其所在地，同时写明要求保全的方式，如查封、冻结、扣押、变卖等。

(三)律师代书财产保全申请书应注意的问题

1. 保全的财产范围及数额应符合法律规定。根据我国《民事诉讼法》第94条第1款的规定，“财产保全仅限于请求的范围或者与本案有关的财物”，超出上述规定之外的财产不属保全范围，不得申请保全。此外，申请保全标的的数额也应与诉状中诉讼请求中所主张的数额相一致。

2. 根据法律规定，诉前财产保全的申请人应当提供担保，担保物可以是人民币也可以是房屋所有权证、车辆户籍等有效凭证，担保的数额应在诉争标的的25%以上。如申请人拒绝提供担保的，人民法院将驳回申请。诉讼财产保全是否有必要提供担保，根据实际情况，报请院长决定。根据法律规定，财产保全错误的人民法院将从保证金中或将担保物拍卖后用于赔偿被申请人因错保而遭受的经济损失。这充分体现了权利义务对等的原则，据此，律师在代书之前应对本案能否胜诉做出可行性的分析、预测，如认为有胜诉把握才能申请，以免因错保而得不偿失。

3. 对申请诉前财产保全的要注意保全后起诉的期限。根据《民事诉讼法》第93条第3款的规定，申请人在人民法院采取保全措施后15日内不起诉的，人民法院应当解除财产保全。

4. 对驳回财产保全申请的要注意及时行使复议权。《民事诉讼法》第99条规定：“当事人对财产保全或者先予执行的裁定不服的，可以申请复议一次，复议期间不停止裁定的执行”。

附 实例

诉前财产保全申请书

申请人：××县××乡××村民委员会

地址：××县××村

法定代表人：张××，××乡××村村长

电话号码：83282036

被申请人：××食品有限责任公司

地址：××市××路××号

法定代表人：刘×，××食品有限责任公司经理请求事项：

请依法对××食品有限责任公司开户银行存款108200元予以冻结。

事实与理由：

申请人与被申请人于2007年5月8日签订了一份购销2000公斤富士苹果的合同，双方约定：供方于6月20日前将2000斤富士苹果，送至××食品有限责任公司住地，需方于6月30日前将货款全部付清。合同履行中，被申请人却公然违约，在收到全部货物后，以种种不能成立的理由拒付货款，一再拖延，申请人在索款无望的情况下，决定诉讼解决。据了解被申请人已获知申请人起诉意向，有将其银行钱款转移、逃避审判的可能，为了维护申请人的合法权利不受侵犯，特依照《中华人民共和国民事诉讼法》第93条第1款之规定，向贵院提出诉前财产保全申请。

此致

××××人民法院

申请人：××县××乡××村民委员会

（公章）

2008年4月8日

附：××食品有限责任公司　开户银行　账号：××××××××××

【评析】

这份诉前财产保全申请书事实叙述得清楚，提出保全的理由讲得充分，文辞也洗练、通畅，值得一读。

四、先予执行申请书

（一）先予执行申请书的概念及作用

先予执行申请书是指在民事、行政诉讼活动中，原告一方因生活或生产上的迫切需要，在人民法院未判决前，向法院提出的要求对方当事人提前向原告支付一定数额的人民币或提前履行某种实体义务而向人民法院递交的书面请求。

先予执行，是人民法院根据当事人的申请用司法强制手段及时保护原告权益的一种有力措施。在通常情况下，当事人民事权利的实现要等到人民法院生效判决、调解作出才能得以完成，但是在民事、行政案件诉讼之中权利人（指原告）因经济困难、生活难以为继，或因情况紧急如不提前履行义务将产生严重的后果，进而构成对权利人的侵害加大，我国民事诉讼法、行政诉讼法规定了先予执行制度，是对权利人在司法程序上的及时救济及保障。

先予执行不是任何案件都可以申请，其适用必须符合特定的范围。根据我国《民事诉讼法》第97条的规定，人民法院对下列案件，根据当事人的申请，可以裁定先予执行：①追索赡养费、抚养费、抚育费、抚恤金、医疗费用的；②追索劳动报酬的；③因情况紧急需要先予执行的。情况紧急通常是需要立即停止侵害、排除妨碍的，需要立即制止某项侵害行为的，需要立即返还用于购置生产原料、生产工具货款、设备的,追索恢复生产、经营急需的保险理赔费的。《最高人民法院关于执行〈中华人民共和国行政诉讼法〉若干问题的解释》第48条第2款规定:"人民法院审理起诉行政机关没有依法发给抚恤金、社会保险金、最低生活保障费等案件,可以根据原告的申请,依法书面裁定先予执行。"申请先予执行还必须符合法律规定的条件,这就是:①当事人之间权利义务关系明确,不先予执行将要严重影响申请人的生活或者生产经营;②被申请人有履行能力。只有符合上述适用范围及法律规定的必要条件,权利人才能申请先予执行。

(二)先予执行申请书的格式、内容及写法

1. 首部。包括标题和当事人身份概况。

(1)标题。在文书顶部居中标出:"先予执行申请书"。

(2)当事人身份概况。按顺序依次列出申请人与被申请人的姓名或单位名称等基本情况,写法与财产保全申请书该项相同,可参照。

2. 正文。包括请求事项、事实和理由两项内容。

(1)请求事项。写明申请人与被申请人因何纠纷案件,现请求法院先予执行被申请人何种性质的款额及财物,数量件数是多少,如何给付。如:申请人与被申请人因索要劳动报酬纠纷一案,现请求人民法院依法责令被申请人先行支付申请人未付工资款3200元,以供春节过年急用。

(2)事实与理由。写明与被请求人的法律关系及被申请人欠付有关费用或情况紧急的事实内容。由于先予执行是属于诉讼程序中发生的问题,因而在事实和理由的写述中要求具有很强的针对性,应紧扣为何请求先予执行这一中心来叙事说理,其叙写要点是:①写明申请人与被申请人因何纠纷诉至法院,现正在审理之中;②写明申请人与被申请人民事权利义务关系形成的情况,如债的产生、义务的履行等,现因何原因要求先予执行,如生活无法维持、不支付医药费用医院将停止治疗、生产即将停顿等;③引用法律条文提出要求人民法院应对被申请人先予执行的请求。

以上内容前后连贯,在一个自然段中梯次展示,兹举下例为证:

> 申请人与被申请人因索要劳动报酬一案,贵院已立案受理,现正在审理中。申请人于2008年元月与被申请人建立了劳动关系,为其从事建筑民工服务,但一年来被申请人只给申请人支付了两个月的工资,早已花光,现在至年关,申请人无钱回家过年,为此依据《中华人民共和国民事诉讼法》第97条规定,申请先予执行所欠我的工资2000元,以解无钱回家过年之困境。

3. 尾部。写明致送法院单位的名称"此致""××××人民法院"。右下角由申请人署名,如系法人的,应加盖单位公章。注明具文的年月日。另附双方存在法律关系或情况紧急的相关证据材料。

（三）律师代书先予执行申请书应注意的问题

1. 代书前首先应认真审查本案是否属于先予执行的适用范围，即是否属于“五费”案件、追索劳动报酬或情况紧急；符合上述范围后还须进一步审查被申请人与申请人之间的权利义务关系是否明确、被申请人是否有履行能力、如不先予执行是否将要严重影响申请人的生活或生产经营，只有完全符合了上述条件才能代书。

2. 根据法律规定，申请先予执行的人民法院应该根据实际情况决定申请人是否提供担保。人民法院责令申请人提供担保的，申请人拒保，人民法院可驳回申请。申请人败诉的，应当从担保款、物中赔偿因先予执行使对方遭受的财产损失。对上述法院责令提供担保的先予执行，具文之前要谨慎从事，准确判明纠纷的审理后果，只有胜诉无误，才可提出，否则，将有可能导致当事人的利益受损。

3. 注意复议权的行使，根据《民事诉讼法》第99条《最高人民法院关于执行〈中华人民共和国行政诉讼法〉若干问题的解释》第48条第3款，当事人对先予执行裁定不服的，可以申请复议一次。复议期间不停止裁定的执行。对此，律师若替被申请人代理案件应注意复议权的行使。

附　实例

先予执行申请书

申请人：吴××，男，77岁，汉族，××市××××机械制造公司退休职工，住××市××区××家属院4号楼5－3号。

被申请人：吴××男，45岁，汉族，系××市××××机械制造公司二分厂职工，住××市××区××生活小区7号楼8—9号。

被申请人：吴×，女×39岁，汉族，系××市先锋食品厂工人，住××市东方街139号。

请求事项：

申请人与被申请人因赡养纠纷一案，诉请人民法院依法责令被申请人吴××、吴×，各先给付申请人赡养费300元，共计600元，以解我生活困境之急。

事实与理由：

申请人与被申请人赡养一案，现正在审理之中。申请人目前年老多病，老伴病逝，孤独一人，已丧失劳动能力，无任何经济收入。依照法律规定，二被申请人依法对申请人负有赡养的义务，却拒不负担。致使申请人生活陷入困境，为此特依据《中华人民共和国民事诉讼法》第97条的规定，申请裁定被申请人每人先给付申请人赡养费300元，并自裁定之日起，先予给付并立即执行。

此致

××县人民法院

申请人：吴××

2009年8月19日

【评析】本申请书格式规范，申请先予执行的原因交待得明确而简练，适用法律也准确，值得参考。

五、证据保全申请书

（一）证据保全申请书的概念及作用

证据保全申请书是民事、行政诉讼的当事人及其诉讼代理人为避免证据灭失或者以后难以取得，申请将与案件有关的现场情况、物品的特征、证人证言等证据采取勘验、拍照、录音、录像、绘图以及制作笔录或制作模型等方法固定下来，而向人民法院递交的书面申请。

证据被誉为诉讼之王。打官司就是打证据。在民事、行政诉讼中，对于可能灭失或者难以取得的证据，申请人及时提出证据保全申请，由人民法院对其采取必要的保全措施，可以有效地防止证据的灭失而导致权利人权利丧失或利益受损，使当事人的诉讼请求有据可依，同时证据的及时保全也为人民法院查清案件事实，公正裁判奠定了良好基础。

（二）证据保全申请书的格式、内容及写法

1. 首部。写明标题、申请人与被申请人身份概况等内容。

（1）标题。文书顶端居中标出“证据保全申请书”。

（2）申请人与被申请人身份概况。按顺序依次写明申请人的姓名或单位的有关情况、写法与先予执行申请书相同，可参照。

2. 正文。写明请求事项、事实与理由两项内容。

（1）请求事项。写明请求保全的证据名称、所在处所及要求保全的方式等。如：“请人民法院立即派员前往美苑生活小区7号楼12层5号位房屋，对被告毁坏的防盗门进行拍照”，“请人民法院立即对居住在××生活小区××家属楼××号的证人王××取证”。

（2）事实与理由。由于证据保全只是解决诉讼环节上的局部问题，不涉及诉争的具体事实，故其事实与理由应针对要求保全的有关内容简要加以叙述，说明保全的必要性。具体可按以下几个要点叙写：①交待本案的案由及案件受理情况；②阐明证据保全的事因及其必须对其保全的必要性、紧迫性；③引用相关的法律依据，提出保全申请要求。

3. 尾部。写明致送法院单位名称：“此致”“××××人民法院”。右下角由申请人署名，系法人的应加盖单位公章。并注明具文年月日。附项写明有关线索材料。

（三）律师代书证据保全申请书应注意的问题

1. 在诉讼活动中，律师依职责依法可以收集到的证据，无须申请证据保全，律师依职责无法收集到的证据或出证人明示只有法院来取证才予以配合的，可申请证据

保全。

2. 保全的原因要叙述清楚,理由要充分;保全的证据名称、件数、地点及保全的方式要交代明白。

3. 对于提起诉讼之前需要保全证据的,应到公证机关申请办理证据保全公证书。

4. 注意调取证据与保全证据的区别。调取证据是律师向法院提出申请或法院依职权在案卷内或相关的档案材料内复制相关证据,保全证据是人民法院对物证或人证予以固定所采取的方式。

附 实例

证据保全申请书

申请人:梁×瀛,男,84岁,汉族,河北省×县人,××市第一毛纺织厂退休干部。住××区××路2号。

请求事项:

请法院迅速采取保全措施,向证人芦××取证。

事实与理由:

申请人与梁×华、梁×章因析产一案,已于20××年3月15日向你院提起诉讼,你院已受理立案。现惟一可证明讼争之房按份共有情况之证人芦××(男,81岁,住××区××道22号)近日将赴美国探亲,为了避免以后难以取得证据,特依照《中华人民共和国民事诉讼法》第74条之规定,申请证据保全。请贵院迅速采取保全措施,以利审判。

此致

××市××区人民法院

申请人:梁×瀛

20××年4月5日

附:被申请人所写的借据复印件两张。

【评析】

这份证据保全申请书短小精悍,申请内容写得清楚而合理,可供参考。

六、撤诉申请书

(一)撤诉申请书的概念及作用

撤诉申请书是提起诉讼的当事人在诉讼活动中自愿放弃起诉或上诉,要求人民法院批准撤诉的书面请求。

起诉是法律赋予当事人的一项基本诉讼权利,但是法律同样也赋予当事人撤诉的权利，在诉讼活动中，民事、行政案件的原告、有独立请求权的第三人、刑事案件的自诉人、民事行政案件第二审程序的上诉人基于某种特定的原因（如与对方自行和解、自己思想发生变化不愿再诉讼等）而向法院提出要求撤诉，是其自愿行为的体现，申请撤诉一般都会获得法院的准许，撤诉后，案件即宣告终结，诉讼不再进行。

（二）撤诉申请书的格式、内容及写法

1. 首部。标题写明“撤诉申请书”。以下写明申请人的身份概况，写法与证据保全申请书该项相同，可参照。

2. 申请撤诉的理由及请求。首先应交代出本案起诉的案由是什么；其次阐明要求撤诉的理由，即因何原因（已自行和解或原告、自诉人、上诉人的思想发生了转变不愿再继续诉讼或其他特定原因）等；最后提出撤诉请求。具体可按下列书写模式行文：

一审要求撤诉的写：

你院于××××年×月×日立案受理的本申请人诉被告×××（姓名）××（案由）一案，现因……（写明要求撤诉的具体事实和理由），本人自愿撤回对被告×××的起诉，请予准许。

二审要求撤回上诉的写：

本申请人因不服××××人民法院×年×月×日作出的（年度）×刑（民）（行）初字第××号刑事（民事）（行政）判决（裁定），向你院提起上诉。现因……（写明要求撤回上诉的具体理由），本申请人请求撤回上诉，愿按一审判决（裁定）执行。

3. 尾部。写明文书致送的法院名称：“此致”“××××人民法院”。右下角申请人署名，是法人的应加盖单位公章，注明制作文书的日期。

（三）律师代书撤诉申请书应注意的问题

1. 申请撤诉的主体只能是本案的原告、有独立请求权的第三人、自诉人、上诉人或他们的法定代理人，其余当事人或案外人无权申请撤诉。

2. 申请撤诉的时间为当事人起诉、上诉之后至人民法院对案件宣判之前。

3. 如遇有当事人恶意串通，规避法律，通过撤诉来损害第三人的利益或出于不良动机，有违于法律规定的申请，人民法院可以裁定不准许撤诉，本案继续审理，对此律师在代写本申请书之前应充分注意是否存在此种情形。

附 实例

撤诉申请书

申请人:孟××,女,1965年7月18日出生,汉族,××市××区××民政局干部,住××区××胡同19号。

对方申请人:胡××,男,1962年4月5日出生,汉族,××市××区政府干部,住址同上。

请求事项:

因情况变化,申请人(原告)请求撤诉,请人民法院予以准许。

事实与理由:

我与对方申请人胡××离婚一案,起诉后,在众多亲朋好友的劝解及疏导调解下,胡××已意识到自己的错误,向我表示了彻底悔改之心,对此已取得我的谅解,故无须再进行诉讼,特提出撤诉请求,请予批准。

此致

××区人民法院

申请人:孟××

2009年5月13日

【评析】

这份撤诉申请书符合制作要求。事实与理由中具体写明了申请撤诉的原因,即诉讼中对方已认识到自己的错误,表示了愿悔改之心,并已取得原告的谅解,故请求撤诉,就有了合法的依据。

七、申请执行书

(一)申请执行书的概念及作用

申请执行书是生效法律文书中享有权利的一方当事人,在应当承担义务的对方当事人拒绝履行义务时,向享有管辖权的人民法院要求强制执行措施时所递交的文书。

人民法院的民事、行政判决书、裁定书、调解书(不含行政案件);人民法院的刑事附带民事判决中有实际执行内容的民事判决部分;仲裁机构作出的仲裁裁决书;公证机关到期的依法赋予强制执行效力的债权文书,一旦生效,负有履行义务的当事人必须按法律文书的规定自觉履行,这是法律威严的体现。但是,实践中确有一些败诉当事人法制观念淡薄,拒不履行生效法律文书规定的义务,有意拖延,无理缠讼,对此,权利人向人民法院申请强制执行,通过提交申请执行书使案件进入执行程序,可以保障胜诉人权利的实现,维护法律的尊严。

(二)申请执行书的格式、内容及写法

申请执行书由首部、正文、尾部三部分组成。

1. 首部。包括标题、当事人的基本情况两项内容。

(1)标题。于本文书上端居中写“申请执行书”。

(2)当事人的基本情况。按申请执行人和被申请执行人的顺序依次写明各方的姓名、性别、出生年月日、民族、籍贯、职业、工作单位和职务、住址等。如是法人或其他组织的,应列出单位名称、住所地址及法定代表人姓名、工作单位及职务。

2. 正文。包括申请执行请求、事实与理由两项内容。

(1)申请执行请求。写明要求何法院根据何生效法律文书对被申请执行人未自觉履行的何种义务强制执行。如:

> 请××市××区人民法院根据已生效的(2009)×民二初字第0896号民事判决依法对被申请人予以强制执行。

(2)事实与理由。这部分是申请执行书的重点,应简要叙述并阐明申请人与被申请人因何案由发生了何种纠纷、此案经何法院或仲裁机关或公证机关于何年何月何日做出何种法律文书确认申请人享有的权利和被申请人应尽的义务,该法律文书已发生法律效力。如一审判决后,当事人进行上诉的,还应写明上诉情况及二审法院做出的终审裁判情况。接下来论述被申请人拒不履行生效法律文书规定的义务,现规定履行期限已届满。最后引用《民事诉讼法》第212、216条或《行政诉讼法》第65、66条提出要求对位于何处的财产采取何种强制措施(如对被申请人财产不明确的,直接写要求予以强制执行即可)。具体写作模式如下:

> 申请人与被申请人因人身损害赔偿纠纷一案,申请人起诉后西安市新城区人民法院于2009年5月18日以(2009)新民一初字第1232号民事判决判令被告于本判决生效后15日内支付原告赔偿金53823.63元。一审判决后被告不服提起上诉,西安市中级人民法院于2009年8月2日以(2009)西民二终字第989号民事判决作出驳回上诉,维持原判的判决,已发生法律效力。现按一审判决规定被告应自觉履行付款义务的时间已逾期一个月,仍未付款,为了维护法律的尊严。保护胜诉人的合法权益,特根据《中华人民共和国民事诉讼法》第212条规定,要求强制执行,请依法对被申请人在西安市建设银行西大街支行设立的98809151678856资金账户中的53 823.63元现金进行冻结并依法划拨。

3. 尾部。写明致送法院的单位名称“此致”“××××人民法院”。右下角由申请人署名,如系法人或其他组织的,写明单位名称,并加盖公章。注明具文的年月日。

（三）律师代书申请执行书应注意的问题

1. 申请执行书的提交必须是在已生效的法律文书规定的义务人自觉履行期限届满之后，不能越前。法律文书中规定的履行期限，是要求义务人自觉在规定的时间内兑现，该期限是司法机关给予义务人自觉履行的时间段，故在此期间，不能申请执行，只有期满仍不履行的才能提出。

2. 注意申请执行的时效。根据2008年修改后的《民事诉讼法》第215条规定："申请执行的期间为2年。申请执行时效的中止、中断，适用法律有关诉讼时效中止、中断的规定。前款规定的期间，从法律文书规定履行期间的最后一日起计算；法律文书规定分期履行的，从规定的每次履行期间的最后一日起计算；法律文书未规定履行期间的，从法律文书生效之日起计算。"逾期提出，该申请执行的权利即丧失。

3. 申请执行标的不能超越原法律文书中的规定。申请执行的项目必须限定于法律文书规定的执行内容，不能随意增加新的，未经审理，法律文书中所没有的申请执行事项。

4. 申请执行书应向法院的立案庭递交，并提交原生效法律文书，之后申领办案人员确认书，交由案件承办人确认签字，即进入执行程序。

申请执行书

申请执行人：石××，男，1932年11月3日出生，汉族，××省××市人，无业，住××省××市××街副16号。

被申请执行人：石×，男，1962年1月7日出生，汉族，××省××区人，系××市××汽车修配厂工人，住××省××市××路××生活小区2号楼3－5号。

请求事项：

因被申请执行人石×拒不履行你院2009年7月12日(2009)辽民初字第298号民事调解书关于给付申请执行人石××赡养费的协议，特申请予以强制执行。

事实与理由：

我因石×对我不尽赡养义务而向你院提起民事诉讼。你院于2009年7月12日主持调解双方达成协议。在你院的(2009)辽民初字第298号民事调解书中规定：被申请执行人石×每月给付申请人赡养费500元，直到终身。但是被申请执行人石×自调解成立达成协议后至今却分文不付。申请人今年已77岁，完全丧失了劳动能力，对方当事人是我的亲生子，有赡养老人的义务，也有能力赡养，特请求你院依法对其强制执行。你院可通知石×所在单位××市汽车修配厂，在石×的每月工资内，扣除他每月负担的赡养费500元。强制执行的赡养费，由我本人或我的外孙女唐××持我的委托信条，每月去××汽车修配厂领取。

此致

××省××市人民法院

申请执行人:石××

2009 年 10 月 11 日

附:原审民事调解书复印件 1 份

【评析】

石×拒不履行已生效民事调解书的协议内容,拒付老父的赡养费。申请人为保护自己的合法权益,维护法律尊严,申请强制执行。该申请执行书虽然写得简短,但内容却十分完整,特别是在事实与理由的尾部写出了执行的方法,从石×的每月工资中扣除他每月负担的赡养费 500 元,从而为人民法院采取执行措施提供了可行的依据。

八、认定公民无民事行为能力(限制民事行为能力)申请书

(一)认定公民无民事行为能力(限制民事行为能力)申请书的概念及作用

认定公民无民事行为能力(限制民事行为能力)申请书是指无民事行为能力(限制民事行为能力)公民的利害关系人向人民法院起诉,要求确认并宣告该公民为无民事行为能力或(限制民事行为能力)人而递交的书面请求。

民事行为能力,是民事主体通过自己的行为行使民事权利、履行民事义务的能力。我国《民法通则》规定,18 周岁以上的公民,以及 16 周岁以上不满 18 周岁,但以自己的劳动收入为主要生活来源的公民,为完全民事行为能力人。民法通则同时还规定,如果公民为精神病患者,不能辨认或者不能完全辨认自己的行为,即使已经成年,也不具有民事行为能力或者只具有限制民事行为能力,其行为给社会和他人造成了损害无须承担法律责任。

无民事行为能力(限制民事行为能力)申请书的提出适用的是民事诉讼法中的特别程序,人民法院对该申请受理后根据利害关系人提交的医院诊断证明及鉴定结论或法院委托有关部门做出的医学鉴定,认定申请有事实根据,判决该公民为无民事行为能力或限制民事行为能力人,有利于保障精神病人的合法权益;保护与精神病人有民事权利义务关系的有关利害关系人的合法权益,维护法律公平。

(二)认定公民无民事行为能力(限制民事行为能力)申请书的格式、内容及写法

1. 首部。写明标题、申请人与被申请人的身份概况。

(1)标题。居中写明"申请书"。

(2)申请人及被申请人的身份概况。按顺序依次列明申请人与被申请人的姓名、性别、出生年月日、住所,同时要注明申请人与被申请人之间的关系,如系配偶、父母、子女、兄弟姐妹、祖父母等。

2. 正文。写明请求事项、事实和理由两项内容。

(1)请求事项。提出要求人民法院确认被申请人为无民事行为能力(或限制民

事行为能力)人之请求。如果同时要求指定监护人的,应加项另写,例如:申请指定李××为胡×的监护人,以保证其人身安全及他人人身财产安全。

(2)事实和理由。简要叙明被申请人属精神病人的基本事实及要求确认其为无民事行为能力(或限制民事行为能力)的根据及理由,如果该精神病人已多次住院诊疗并做出医学鉴定,应将住院情况及病历、医院方出具的诊断证明及鉴定书叙明。如果仅为住院尚未治疗,应阐明申请法院委托鉴定的理由及依据。如何写,应因情而定。

3. 尾部。包括如下内容:

(1)写明致送法院单位的名称:"此致""××××人民法院"。

(2)右下角申请人署名。注明具文的日期。附项写明有关部门出具的鉴定材料名称、申请人与该公民关系的证明。

(三)律师代书认定公民无民事行为能力(限制民事行为能力)申请书应注意的问题

1. 正确把握申请人主体资格。根据《民事诉讼法》第170条的规定,申请人必须是该公民的利害关系人。利害关系人包括该精神病患者的配偶、父母、子女、兄弟姐妹、祖父母、外祖父母、孙子女、外孙子女或者与该精神病人关系密切的其他亲属、朋友以及愿意承担监护责任,经精神病人的所在单位或所在地居民委员会、村民委员会同意的人。其他人不能作为申请人。

2. 明确受诉法院管辖。根据《民事诉讼法》第170条的规定,认定公民无民事行为能力(限制民事行为能力)案件,由该公民住所地基层人民法院管辖。

3. 注意提交相关证据。如果提起申请前,申请人已提供了相应的鉴定结论的,应对该结论的真实性、合法性进行审查,确认符合证据要求后向人民法院提供。如果没有鉴定结论的,应提供相应的住院病历、医疗诊断书及其他相关人证、病发损害的事实证据等,作为受理后法院委托有关医学部门进行鉴定的依据。

附 实例

申请书

申请人:马××,男,38岁,汉族,××县人,系××县××乡××村村民,住该村北头。

被申请人:邵××,女,34岁,汉族,××县人,××县××乡××村村民,住址同上。

请求事项:

要求人民法院确认邵××为无民事行为能力人。

事实和理由:

申请人马××是邵××的丈夫,与邵××一起生活已10年,邵××与我结婚以前,曾和一个姓刘的人恋爱,被刘抛弃,精神上受到了很大刺激。与我结婚后,邵一直少言寡语,无异常表现。2006年4月20日,邵因田间锄苗与他人发生争吵,被一青年人推倒在地,并且遭到污言秽语辱骂,骂她"被人抛,没人要"等。邵当时感觉头脑昏晕,浑身无力,即回家躺倒在床上。开始时,表情迷惘,不吃饭,不睡觉,后来表现为自言自语,哭笑无常,无缘无故地认为有人害她,听见别人说话也认为有人害她,听见别人说话也认为议论她等。4月底,我送她到县医院诊治,医生诊断为精神分裂症(见诊断书)。医生开方给药,并嘱咐静养休息。

我因工作忙,不能在家陪她。孩子上学,也不在家。不料于同年6月7日,邵××将家中一台20寸的青岛牌彩电卖给一个收家具的,价款200元。这台彩电我刚买了不到1年,价款4200元,图像清晰,质量很好。我找到这个收家具的人讨要,收家具的说:"她是找我卖的,她乐意卖,我愿意买,两厢情愿,我一不偷,二不抢,又不违法,为什么要退?",等等。

对于这个收家具的人,我已提起民事诉讼,你院已受理在案。但对确认邵××无行为能力问题,需作另案处理。为了确保无行为能力人的人身和财产权益不受侵犯,根据《中华人民共和国民事诉讼法》第170条的规定,特向你院提出申请,请依法调查鉴定,确认邵××为民事无行为能力人。

此致

××县人民法院

申请人:马××

2006年11月23日

附:医院诊断书一份

【评析】

被申请人邵××向收家具的人出卖彩电,该买卖行为正如收家具人所说,"她乐意卖,我愿意买,两厢情愿",属合法的行为,应受到法律之保护。但是对于邵××患有精神分裂症,在其从事民事活动中,她已丧失了辨认是与非、对与错、该做和不该做的能力,无法正常地表达自己的意志。由此,如果由人民法院对其确定为无民事行为能力人,则该买卖活动属无效民事行为,双方均应予返还各自的财产,所起诉的返还财产之诉将会以原告的胜诉而告终。该申请书事实叙述得清楚,内容阐述得明确,适用法律准确,是一份写得较好的文书。

九、宣告失踪、宣告死亡申请书

(一)宣告失踪、宣告死亡申请书的概念及作用

宣告失踪、宣告死亡申请书是指公民离开自己的住所下落不明,经过法律规定的期限仍无音讯,利害关系人向人民法院申请宣告该公民为失踪人或公民下落不明满法定期限,利害关系人向人民法院申请宣告该公民死亡时所提交的书面请求。

近年来,随着我国经济建设的可持续发展,人口大幅度流动已成为一个普遍社会

现象，随着地域经济发展的不平衡，城市化的崛起，大量人员流向经济发达的城市，使得人口管理十分艰巨，有的进城打工人员离家后几年杳无音信，不见踪影；有的遇到天灾人祸死亡后也无从落实其身份。公民下落不明，与其相关的各种民事法律关系必然处于不稳定状态，失踪后其财产由于未能指定托管人，难免会造成毁损、流失或被他人侵犯，这对社会生活的稳定与发展是不利的。此外，公民长期下落不明或因意外事故去向不明而已丧失生存可能的，这种现象也时有发生。这种生不见人，死不见尸的状况，如果长期下去必然导致失踪人一系列的法律行为或法律关系无法解决，如法律不确定失踪人已死亡，则失踪人与其妻的婚姻关系延续存在，失踪人之妻不得再婚，如结婚即犯有重婚罪；法律未确定失踪人死亡，则其拥有的财产使得法定继承人无法继承；为解决上述问题，保护利害关系人的自身利益，稳定社会关系、家庭关系，使公民的身份关系、财产继承关系、婚姻关系早日确定，我国民事诉讼法特别程序中，设置了处理此类案件的程序及原则，人民法院受理后通过发出寻找失踪或下落不明人的公告，公告期限届满，该公民仍未出现的，最终人民法院运用判决这一形式，宣告下落不明满一定期限的公民失踪，判决宣告下落长期不明或意外事故已无生还可能的公民死亡，可以使利害关系人的婚姻、财产继承等诸多法律问题尽快解决，有利于社会经济秩序和生活秩序的稳定。

（二）宣告失踪、宣告死亡申请书的格式、内容及写法

1. 首部。包括标题、申请人身份概况。

（1）标题。写明“宣告×××失踪申请书”或“宣告失踪人×××死亡申请书”。

（2）申请人（即利害关系人）身份概况。写明申请人的姓名、性别、出生年月日、籍贯、职业、工作单位和职务、住所地址。申请人是法人或其他组织的，写明单位名称及住所地址，之下再写明法定代表人姓名、工作单位及担任的职务。

2. 正文。包括请求事项、事实与理由两项内容。

（1）请求事项。写明本申请目的。即：“要求人民法院宣告×××（失踪人姓名）失踪”或“要求人民法院宣告失踪人×××死亡”。

（2）事实与理由。事实部分应写明失踪人失踪的具体经过或意外事故发生及其生死不明的基本过程，具体写法是首先应先交待出申请人（利害关系人）与失踪人的关系，其次再写明失踪的原因及其经过，包括失踪人于何时去何地干何事，此后便一直音信全无。最后写明失踪后家庭人员或有关部门采取了何种寻找措施，但终无结果，至今下落不明已有几年，后经何公安机关出具了失踪人失踪的何证明等。如系因意外事故失踪的，还应写清该意外事故发生的具体情形。

理由部分应针对前述的基本事实具体论述申请人所要求宣告失踪或死亡的目的。如“我和丈夫李××于1998年结婚，婚后无生育。我一人生活感到诸多不便。现我丈夫李××下落不明至今已4年2个月，根据《中华人民共和国民事诉讼法》第167条的规定，现要求人民法院宣告李××死亡，以便从法律上解除我与李××的夫妻关系”。理由的论述要简而得当，突出关键，论理充分。

3. 尾部。分两行写明致送法院单位的名称“此致”“××××人民法院”。右下角位置申请人署名,如系法人或其他组织的,写明单位名称并加盖单位公章。注明具文的日期。

(三)律师代书宣告失踪、宣告死亡申请书应注意的问题

1. 正确把握申请宣告失踪、宣告死亡应具备的法定条件。根据《民事诉讼法》第166条的规定申请宣告失踪的必须具备三个条件:①必须有公民下落不明满2年的事实,即指公民最后离开自己住所或居住地,去向不明,与任何人都无联系,杳无音信。②必须是与下落不明的公民有利害关系的人向人民法院提出申请。③必须采用书面形式提出申请。根据《民法通则》第23条、《民事诉讼法》第167条的规定,申请宣告公民死亡的必须具备下列条件:①须生死不明。即公民最后离开自己的住所后,去向不明,生死未卜,杳无音信。②须达到法定的期限。具体是指公民下落不明满4年的或因意外事故下落不明满2年的,或者因意外事故下落不明,经有关机关证明该公民不可能生还的,只有具备上述条件,利害关系人才可以向人民法院申请宣告死亡。

2. 正确把握申请主体适用的范围。根据民事诉讼法的规定,申请宣告公民失踪、宣告公民死亡的案件必须由利害关系人提出书面申请。利害关系人,是指与下落不明的公民有人身关系或者民事权利义务关系的人。其适用的范围主要包括申请宣告失踪人、死亡人的配偶、父母、子女、兄弟姐妹、祖父母、外祖父母、孙子女、外孙子女以及其他与被申请人有民事权利义务关系(如债权债务关系)的人。

3. 要明确受理本案的管辖法院。根据《民事诉讼法》第166、167条的规定,宣告公民失踪的案件,由失踪人住所地的基层人民法院管辖;宣告死亡案件,由下落不明人住所地的基层人民法院管辖。法律所以这样规定,主要考虑的是便于受诉人民法院就近调查被申请人下落不明的事实,便于人民法院发出寻找失踪人或下落不明人的公告,及时作出判决。

4. 属于因意外事故下落不明,经有关机关证明该公民不可能生还而申请宣告死亡的案件,申请人在提交申请书时,应附有公安机关或者其他机关出具的关于该公民不可能生存的书面证明。

申请书

申请人:展×娣,女,36岁,汉族,山东省沾化县人,农民,住沾化县××乡××村。

请求事项:

要求人民法院宣告失踪人刘××死亡。

事实和理由：

失踪人刘××是申请人展×娣的丈夫。19××年8月初，我丈夫刘××伙同村民刘×安、牛×明三人驾船出海打鱼，在作业期间遇到了大风浪，渔船触礁沉没。共同出海的三人中，只有刘×安一人于8月7日生还。据刘×安讲，渔船出事时，他见过我丈夫和刘×明二人在风浪中挣扎，因浪涛太大，无法接近和救援。

在刘×安生还的当天，即19××年8月7日，就报告当地派出所。派出所的同志立即联系有关单位乘船赶到出事的海域救援，但无结果。今年8月7日，沾化县公安局出具了刘××、牛×明失踪的证明。

我和丈夫刘××于19××年结婚，婚后无生育。我一人生活感到诸多不便。从我丈夫刘××失踪至今已2年2个月，根据《中华人民共和国民事诉讼法》第166条的规定，我要求人民法院宣告刘××死亡，以便从法律上解除我与刘××的夫妻关系。

此致

沾化县人民法院

申请人：展×娣

19××年10月4日

附：沾化县公安局关于刘××失踪证明材料一份。

【评析】

申请人的丈夫出海打鱼，因遇风暴而失踪，生死未卜。两年后，申请人依照法律规定向人民法院申请宣告失踪人死亡，以便从法律上解除申请人与失踪人的婚姻关系。这份申请书事实叙述得清楚，海难过程交待得完整、明了，理由论述得亦充分，符合法律规定，是一份写得较好的申请书。

十、认定财产无主申请书

（一）认定财产无主申请书的概念及作用

认定财产无主申请书是指公民、法人或者其他组织依照法定程序将某项归属不明的财产要求认定为无主财产，并要求将其判归国家或集体所有而向人民法院提出的书面请求。

任何财产都是权利主体拥有的财富，财产所有人有依法占有、使用、收益、处分其财产的权利。但是，在社会生活中，有时财产会与主体脱离，形成无主财产，使财产处于无人管理的状态。例如鳏寡老人死亡，其财产没有继承人；天灾人祸致家庭全体成员死亡，其财产无人继承；不动产的主人长期去向不明，又无继承人；挖出的金银财宝其所有权人不明等。出现了上述情形，任何人均不得哄抢侵占该财产，须依法律程序向人民法院申请认定财产无主，人民法院适用民事诉讼法特别程序受理后，经审查核实，应当发出财产认领公告，公告期届满1年后无人认领的，判决为无主财产，收归国家、集体所有。可见，认定财产无主申请书的作用在于通过法院对此类案件的审理，将确认的无主财产收归国家或集体所有,使之物尽其用,既有利于对社会财富的保护和利用,也有利于稳定社会的经济秩序。

(二)认定财产无主申请书的格式、内容及写法

1. 首部。包括标题、申请人身份概况两项内容。

(1)标题。文书顶部居中写出"认定财产无主申请书"。

(2)申请人身份概况。写明申请人的姓名、单位名称等身份信息,具体写法与宣告失踪、宣告死亡申请书相同,可参照。

2. 正文。包括请求事项、事实与理由两项内容。

(1)请求事项。写明提出本申请的目的,如"请依法认定××××(财产名称)为无主财产"。对该财产需要提出具体的处理方案的,本项中不写,应在事实与理由中表述。

(2)事实与理由。要求用扼要的文字叙述清申请人与无主财产的关系,财产的名称、数量及为何原因形成无主财产。如前所述,现实生活中,形成财产无主的原因可能是多种多样的,如有的是财产所有人因故死亡,遗产无人继承;有的是财产年代久远,一直无主;有的是发掘出地下财物,无法判定财产所有人,但不论何种原因,都应按照一定的发展顺序,将其经过原因如实、清楚地叙述出来,以此做为人民法院审查的事实依据。事实写完之后,应另列一段阐明申请的理由,表明申请人对该财产应做出如何处理的看法及主张,最后引用《民事诉讼法》第174条,提出"特向你院申请,请依法认定××××财产为无主财产"。

3. 尾部。包括以下内容:

(1)写明致送法院单位的名称"此致""××××人民法院"。

(2)右下角申请人署名。系法人或其他组织申请的,加盖单位公章,注明具文的日期。

(三)律师代书认定财产无主申请书应注意的问题

1. 掌握好提出申请的主体。根据《民事诉讼法》第174条第1款的规定:"申请认定财产无主,由公民、法人或者其他组织向财产所在地基层人民法院提出。"因此,凡是知道财产无主情况的有关机关、团体、企事业单位及公民个人,都有权提出申请。

2. 明确受理的管辖法院。根据《民事诉讼法》第174条的规定,认定财产无主的案件,应当由无主财产所在地的基层人民法院管辖,这主要是基于有利于人民法院调查该财产状况、寻找财产所有人而考虑的。

3. 要向当事人讲明人民法院受理后,将发出财产认领公告,公告期为1年。公告期内如财产所有权人出现,人民法院将作出裁定,驳回申请。公告期满仍无人认领的,人民法院才作出判决,认定该财产为无主财产,判归国家或集体所有。如果判决作出后原财产所有人或继承人又出现,并在民法通则规定的诉讼时效期内对财产主张权利的,人民法院经查证属实,将作出新的判决,撤销原判,依法对该财产所有权作出重新确认。

附 实例

认定财产无主申请书

申请人:××省××县××乡××村民委员会。

法定代表人:王××,系该村村长。

请求事项:

请依法认定周××的房产为无主财产

事实与理由:

我村村民周××,自1968年9日外出,至今下落不明。家中遗有房屋4间,宅基地上自然滋生树木6棵,均已成材,每棵树约值400元。周××外出时独身一人,没有妻室,至今已经40年了。从1974年开始,生产队用周××的4间房屋做办公室,后来改作生产队的物资仓库,至今仍由村里占用。但是,从2004年10月始,周××的侄子多次向村里提出要求住周××的房屋,并说周××是他的叔叔,他有继承权。我们问他周××在哪里,他一会儿说死了,一会儿说不知道在何地。

侄子与叔叔之间没有法定的继承关系,既不是第一顺序继承人,也不是第二顺序继承人,这是毫无疑问的。为了避免周××侄子的无理纠缠,根据《中华人民共和国民事诉讼法》第174条的规定,特向你院提出申请,请人民法院依法认定周××的房产为无主财产。

申请人:××村民委员会(公章)

法定代表人:王××(签名)

2008年12月13日

【评析】

周××的侄子与周××之间既然不存在法定继承的关系,因而他也就不能继承该份房产及树木,为了避免其无理纠缠,该村委会向法院提出了认定财产无主的申请,用法律手段将该份财产收归集体所有,可谓明智之举,既解决了权益纠纷,又确定了无主房产的归属。该申请书事实叙述得清楚、明了,理由也阐述得合理、合法。不足之处是理由尾部未写明将该无主房产收归村委会所持有的意见。

十一、支付令申请书

(一)支付令申请书的概念及作用

《民事诉讼法》第191条规定:“债权人请求债务人给付金钱、有价证券,符合下列条件的,可以向有管辖权的基层人民法院申请支付令:①债权人与债务人没有其他债务纠纷的;②支付令能够送达债务人的。申请书应当写明请求给付金钱或者有价证券的数量和所根据的事实、证据。”

支付令申请书就是债权人依照民事诉讼法中的督促程序,用非诉讼的手段,向人民法院请求债务人履行金钱或有价证券给付义务而提交的文书。

解决债的纠纷,通过诉讼方式实现存在着周期长、耗费财力大等弊端,为了节约诉讼成本,尽快处理、解决当事人之间的债权债务关系,民事诉讼法制定了简便、快速解决债务纠纷的督促程序。对于那些债权债务关系明确,只是逾期不清偿的纠纷,债权人通过申请支付令而使人民法院启动督促程序签发支付令,要求债务人履行义务,能够使人民法院省时省力地处理债务纠纷,减少当事人的讼累,维护正常的经济秩序。

(二)支付令申请书的格式、内容及写法

1. 首部。包括以下两项内容:

(1)标题。在文书开头标明"支付令申请书"。

(2)当事人的身份概况。依次列出申请人和被申请人的姓名或单位名称等自然情况,具体写法与前列申请书该项相同,可参照。

2. 正文。包括请求事项、事实与理由两项内容。

(1)请求事项。写明申请人(债权人)与被申请人(债务人)发生了何债权债务关系,欠款数额多少,请求人民法院签发支付令。如:"被申请人欠申请人债款人民币××××元,要求人民法院签发支付令,责令被申请人履行还款义务"。

(2)事实与理由。事实是债的法律关系形成的客观依据,是申请人主张权利的重要依据。要求用简明扼要的文字清晰、完整地叙述出双方债权债务发生、形成的经过。其叙写要点是:①双方于何年何月何日因何原因发生了何种性质的债权债务关系,履行数额多少,期限几年,利率多少;②现被申请人还款日期或履行期限已到;③被申请人拒不履行还款之义务;④该债权债务关系是单向的,债权人没有对等给付义务,双方再无其他债务纠纷;⑤该债权债务关系的形成符合法律规定,不是因违法作为而形成的债的关系;⑥该支付令人民法院能够送达债务人。

事实写完之后另列一段写明提供的相应证据,如合同、还款协议、借据、借款条、发票、发货凭证、运货单、提货单、票据复印件等。

理由部分主要应阐明债权债务关系均属合法行为、债的关系单一、债务人不会提出异议等内容。具体论述的要点是:①说明申请人与被申请人均为适格当事人,债权债务关系存在;②债权人要求给付的金钱或者汇票、本票以及股票、债券、可转让的存款单等有价证券所依据的债的关系事实,均属合法行为;③申请人与被申请人除了本债的关系外再无其他债务纠纷;④被申请人对此笔债务也予以承认;⑤引述民事诉讼法条,请求人民法院下达支付令。

3. 尾部。分两行写明致送法院单位名称"此致""××××人民法院"。右下角由申请人署名,如系法人或其他组织为申请人的,应写明单位名称并加盖公章,文末写出具文的日期。附项内容写明提交的证据材料有效份数及本申请书副本的份数。

(三)律师代书支付令申请书应注意的问题

1. 正确把握支付令申请必须具备的四个条件:一是债权人申请给付的范围,仅限于请求给付金钱或汇票、本票、支票以及股票、债券、可转让的存单等有价证券，对于其他如损害赔偿、医疗、交通肇事赔偿纠纷等，由于存在争议故不适用督促程序；二是请求给付的金钱或者有价证券已到偿付期限且数额确定；三是申请人与被申请人债务关系是单向的，除本债的关系外，双方没有其他债务纠纷；四是支付令能够送达债务人。以上四条同时具备才可申请支付令。

2. 代书前应做好对该债的关系行为事实是否合法的审查工作，法律保护的是合法的债务关系，对于那些高利借款利息超过了法律规定限额、利滚利计息，挪用公款用于私人借贷、企业之间进行资金拆借、借贷从事法律禁止的非法活动等行为，则不能申请支付令。

3. 要明确申请支付令可能产生的不利于已的实际后果。根据法律规定，人民法院签发支付令并送达被申请人后，如果其在法定期限内没有提出异议，支付令才生效，进入法律的清偿执行程序。如果债务人在法定期间对支付令提出书面议异，支付令自行失效，人民法院应当裁定终结督促程序，告知申请人起诉，通过诉讼解决。因此，在申请前必须谨慎考虑，综合衡量，有一定把握情况下才可提起，以免导致消耗时间，财力浪费而得不偿失。

4. 根据我国《民事诉讼法》第191条的规定，申请支付令债权人应当向有管辖权的基层人民法院提出。即按照地域管辖的规定，由债务人住所地的基层人民法院受理。债务人的住所地与经常居住地不一致的，由经常居住地基层人民法院管辖。债务人是法人或其他组织的，由法人或其他组织所在地的基层人民法院管辖。案件中有若干债务人，且不在一个法院辖区的，债权人可以选择其中一个有管辖权的基层人民法院提出申请。

附　实例

支付令申请书

申请人：陈××，男，27岁，北京市人，个体经商户，住北京市××区××胡同61号。

被申请人：李×，女，26岁，北京市人，个体经商户，住北京市××区××小区3栋40号。

请求事项

发布支付令，督促被申请人李×立即支付申请人陈××所欠款项人民币8万元及利息1.2万元。

事实与理由

2007年11月17日，被申请人因需钱进货，向申请人借款人民币8万元，并立还款字据，约定还款期限为2008年6月30日之前，月息10‰。然而到期后，虽经申请人多次索要,被申请人仍不给付。为督促被申请人履行债务,特向人民法院提出支付令申请。

此致

北京市××区人民法院

申请人:陈××

2009年2月8日

附:1. 被申请人还款字据1件;

2. 其他证据材料3件。

【评析】

这份支付令申请书写得简短明了,事实部分对债的关系形成过程写得清楚,请求事项也具体、明确,可供参考。

十二、支付令异议书

(一)支付令异议书的概念及作用

支付令异议书是指债务人在收到人民法院的支付令后向人民法院申明不服支付令确定的给付义务而提出异议的书面回答、辩解意见。

我国《民事诉讼法》第193条规定:"人民法院受理申请后,经审查债权人提供的事实、证据,对债权债务关系明确、合法的,应当在受理之日起15日内向债务人发出支付令……。债务人应当自收到支付令之日起15日内清偿债务,或者向人民法院提出书面异议……"这是支付令异议书制作的法律依据。

支付令异议书是债务人维护自己合法权益的一项法律手段。债权人申请支付令后,法律允许债务人以异议的方式对支付令提出自己的答辩意见,这充分体现了人民法院对于发生了争议的纠纷平等保护双方当事人合法权益的公正原则。支付令异议书一经债务人在法定期限内向人民法院提出,支付令即自行失效,人民法院应裁定终结督促程序,告知债权人应因纠纷发生争议通过诉讼解决。

(二)支付令异议书的格式、内容及写法

1. 首部。包括标题、异议人的身份事项两项内容。

(1)标题。在文书顶端写出"支付令异议书"。

(2)异议人的身份事项。异议人为自然人的,应写明其姓名、性别、出生年月日、民族、籍贯、职业、工作单位和职务、住址等;是法人或其他组织的,写明单位全称、住所地址及法定代表人身份。

2. 正文。该部分是支付令异议书的主体,主要写明案由、事实与理由两项内容。

(1)案由。按如下固定文字书写:

本异议人于××××年××月××日收到××××人民法院于××××年××月××日就申请人×××(姓名或单位名称)申请你院向我发出支付令一

案所作出的(××××)×民督字第××号支付令。本异议人认为……(写明不应当发出支付令的事实与理由)

(2)事实与理由。事实应该按照债的关系发生及变化演变的经过叙述出双方何时发生了债权债务关系(如何时签订了买卖合同、何时完成了借款行为、出具了借据等);债的关系履行期内发生了什么问题,导致该债务不能履行(如因货物质量存在问题、发货数量不够不能付清欠款或借款期限届满后,因债权人与第三人、第三人与债务人之间存在经济纠纷,致使债务人不能清偿欠款等);现纠纷双方无法协商解决。上述三点是支付令异议书事实叙述的基本脉线。异议人通过对这一经过的真实陈述,目的是在于澄清事实真相,为否定支付令申请提供足够依据。事实陈述之后应阐明提出异议的理由,理由部分应用简练的文字阐明之所以未按时还款是由于双方存在着纠纷争议,在该纠纷未获得解决之前暂不付款理由是正当而充分的,以表明自己的正确观点及主张。最后引用《民事诉讼法》第193条第2款规定请求人民法院终结本案督促程序。宣告支付令失效。

3. 尾部。理由之下分两行写明致送文书的法院单位名称:"此致""××××人民法院"。右下方位置异议人署名,系法人或其他组织的,写明单位名称并加盖公章,底下注明具文的日期。附项中写明一并提交的证据及本异议书副本的有效份数。

(三)律师代书支付令异议书应注意的问题

1. 所提异议必须针对债权人的请求,即异议应针对债务关系本身。如果陈述的异议是自己无力偿还债务或者对清偿期限、清偿方式等提出不同意见的,则异议不能成立。阐明其他异议理由也应合法有据,不要无理强辩,否则,虽然异议提出后可以导致支付令的失效,但如果异议显系无理,一旦债权人起诉后,仍会被法庭否定,导致自己的败诉。

2. 异议应在法定期间提出。债务人收到人民法院发出的支付令,如认为不应当清偿债务的,应在收到支付令次日起15日内向人民法院提出异议。超过法定期限提出异议的,异议不能成立,人民法院可以裁定驳回异议。

3. 异议必须以书面方式提出,即制作本支付令异议书,债务人以口头方式提出的异议无效。

附 实例

支付令异议书

异议人:××县××印刷厂。地址:××县城关镇。

法定代表人:陈××,厂长,电话:×××××××。

我厂认为××××人民法院×年×月×日发出的(2005)×民督字第×××号

支付令不符合法定条件，提出异议，理由如下：

2005年3月8日，我厂与××造纸厂签订一份购销合同。购买该厂30克白有光纸共1000令，每令单价35.50元，总价款35 500元。合同规定，由××造纸厂负责运送，运费由该厂负担。货到验收后付款（见合同书）。可是，货到我厂后，经验收发现这批纸的质量不符合省级规定标准（见××省造纸研究所的鉴定书）。我厂当即提出退货，××造纸厂随车来的业务员声称他作不了主，需回厂与厂长汇报后再说。××造纸厂的业务员回厂后，再无回音，这批纸至今放置在我厂的仓库中，2006年1月10日，××造纸厂忽然派人来催款，我们告诉他这批纸的质量有问题，不能付款。同年1月13日，该厂又派一副厂长来，声言这批纸我厂已收下，时间近1年了，不付款不行，等等，真是岂有此理。

综上所述，××造纸厂违反合同规定，所送货物质量不合标准，一直存在争议。我厂不仅不欠××造纸厂的债款，相反，××造纸厂的劣质货物存放在我厂的仓库中，倒应支付仓储保管费用。对于人民法院的支付令，我厂不能接受。根据《民事诉讼法》第191条第2款的规定，特提出书面异议。

此致

××××人民法院

××县××印刷厂
2006年×月×日
（公章）

附：书证2份

【评析】

债权人与债务人因货款发生了争议，债权人××造纸厂遂向人民法院提出支付令申请，支付令下发后，债务人××县印刷厂即提出了异议。在异议书中认为拒付货款的原因是货物质量有问题，从而否定了该支付令。该异议书事实叙述得清楚，争议的焦点明确，理由中也具体论述了不能接受支付令的道理，有一定说服力。该异议的提出从法律角度上尚有两点值得斟酌：①当时货到厂后发现质量不合格，向业务员提出退货一节，应有书面材料证实，向对方发送退货通知，对方在通知上签了字，才能说明异议人主张了权利，如诉讼到法庭，举不出该证，则难以认定；②当初提出质量异议应在法定期限内提出，且有证据证明才能视为有效，即应自货到之日起10日内提出才可以成立，否则，法院将难以支持。

十三、公示催告申请书

（一）公示催告申请书的概念及作用

公示催告申请书是指票据的合法持有人在票据被盗、遗失或灭失的情况下，为使票据上标示的权利与实际权利相分离，使自己享有的权利得以依法重新确认，申请人民法院以公告的方式限期催促利害关系人申报权利，在逾期不申报时，判决利害关系人丧失该项权利，票据标示的所有权归申请人所有而制作的文书。

我国《民事诉讼法》第 195 条规定："按照规定可以背书转让的票据持有人，因票据被盗、遗失或者灭失，可以向票据支付地的基层人民法院申请公示催告。依照法律规定可以申请公示催告的其他事项，适用本章规定。申请人应当向人民法院递交申请书，写明票面金额、发票人、持票人、背书人等票据主要内容和申请的理由、事实。"这是制作本申请书的法律依据。

票据的丧失与货币及有价证券的丧失所体现的权利结果不同。货币及有价证券进入流通领域后从持币、持券人手中分离，即意味着所有权的丧失，而可以背书转让的票据一旦失去，所有权却并不一定丧失，只要失票人及时向人民法院请求司法救济，人民法院启动公示催告程序，用公告方式催促不确定的利害关系人对该票据申报权利，公告期满无人申报权利后，人民法院依据失票人的申请做出除权判决，宣告该票据无效，可以使失票人重新获得票据上的权利。可见，公示催告申请书的使用，对于人民法院启动公示催告程序，保护票据关系人的合法权益，保障票据正常使用和流通，促进金融秩序的健康发展有十分重要的作用。

（二）公示催告申请书的格式、内容及写法

1. 首部。包括标题、申请人的身份事项两项内容。

（1）标题。居中写明"公示催告申请书"。

（2）申请人的身份事项。应写明申请人的姓名、性别、出生年月日、民族、籍贯、职业、工作单位和职务、住址。申请人是法人或其他组织的，应写明单位名称、所在地址、法定代表人或主要负责人的姓名和职务。

2. 正文。包括请求事项、事实与理由两项内容。

（1）请求事项。写明申请人所持有的可以背书转让的何票据，票额多少，何时遗失、被盗或灭失（如失火毁灭、水浸毁灭等），请求公示催告。如：申请人所持有的由中国建设银行西大街分行出具的陕票 0011 – 3185619820115 支票一张，票面金额为人民币 20 万元，于 2010 年 7 月 28 日遗失，请求予以公示催告。

（2）事实与理由。事实部分应写明丧失票据的有关情况。其叙述要点是：①持票人被盗、遗失或者灭失的票据的名称是什么，票据面额是多少；②发票人、持票人是谁，该票已背书转让过几次，背书人与被背书人系何人，转让时手续是否完备，印鉴是否齐全，能否到银行承兑等；③该票据因何原因丧失。叙述票据被盗、遗失或灭失的经过应写明什么时间、在什么地点、因何原因使票据丧失，叙述要清楚、明了。理由应根据前述事实阐明票据丧失后有可能被他人冒领，致使持票人的权益受到侵害的不良后果，而后引用《民事诉讼法》第 195 条，再次申明要求人民法院予以公示催告。如有证据证实的，应列出证据的名称及件数。

3. 尾部。写明致送法院单位的名称"此致""××××人民法院"。右下角申请人署名，申请人是法人或其他组织的，应加盖单位公章。并注明具文的年月日。

（三）律师代书公示催告申请书应注意的问题

1. 注意掌握申请公示催告的条件。根据民事诉讼法的规定，申请公示催告须具备以下条件：①申请主体必须是依法享有票据权利的最后持票人。②申请原因必须是可以背书转让的票据被盗、遗失或灭失。③在公示催告程序中利害关系人必须是处于不明状态，如果票据上利害关系人是明确的，则无需申请公示催告，应按一般的票据纠纷向法院起诉。④必须向有管辖权的法院提出，即向票据支付地的基层人民法院申请公示催告。

2. 向当事人交待清人民法院受理后的程序运转。即人民法院对申请经过审查，认为符合受理条件的，应及时发出止付通知，告知支付人停止支付，并于3日内发出公告，催促利害关系人申报权利，该公告期限不得少于60日，利害关系人申报权利成立的，人民法院应当裁定终结公示催告程序，并通知申请人和支付人。申请人或申报人可以向人民法院起诉。公告期内无人申报权利的，人民法院应当及时做出除权判决，宣告票据无效，失票人即重新获得该票据的所有权。

实例

公示催告申请书

申请人：××市石油化工总厂

所在地址：××市园林路××号

法定代表人：吴×生，系该厂厂长。

委托代理人：越×干，男，41岁，系该厂财务科长。

请求事项：

申请人持有的汇票票面金额为人民币2万元的华东三省一市银行汇票一张被盗，请求予以公示催告。

事实和理由：

申请人持有的华东三省一市银行汇票一张，票面汇款金额为人民币2万元整，该票据是××市金华宾馆于2008年2月29日通过中国工商银行××市支行汇给我市华丰家具装潢公司的购货款，指定在我市工商银行支行兑付。华丰公司因向我厂购买液化石油气×吨，遂将这张汇票背书转让给我厂，作为给付我厂的购货款。这张汇票的付款期为一个月，在我厂收到该汇票时，距离汇票的签发时间已有27天，付款有效期只剩下3天时间。为此，我厂于2008年3月26日上午急忙指派厂财务科干部何×锡持票前往工商银行市支行兑付入账。不料何×锡去银行途中，这张汇票在公共汽车上被他人盗走。对于这张汇票，我厂是合法的持有人，有背书转让人华丰家具装潢公司可以证明，作为被背书人的申请人并未再行背书转让。因此，对这张汇票绝不会有其他利害关系人主张权利。

综上所述，请求你院迅速通知我市工商银行支行对前述汇票停止支付；同时，请求发出公告，限期催促利害关系人申报权利，并在公示催告期满时，作出判决，宣告被盗的这张汇票无效，以便申请人届时持判决书向我市工商银行支行申请如数支付被盗的汇票票面金额。

此致

××市×湖区人民法院

申请人：××市石油化工总厂

法定代表人：吴×生（签字）

2008年×月×日

附：证人：华丰家具装潢公司

【评析】

这份公示催告申请书写得规范，合乎要求。请求事项提得明确，事实叙述得十分清楚，理由也论述了要求法院立即公示催告的具体请求内容，值得参考借鉴。

第七节　律师诉讼工作类文书

诉讼工作类文书是律师在从事刑事辩护、民事、行政案件代理中基于办案业务的需要，为维护当事人的利益，实现司法公正，以律师名义制作或发表的工作文书。律师工作文书不属于律师代书的范畴。

一、律师调查笔录

（一）律师调查笔录的概念及作用

律师调查笔录是律师在担任刑事辩护、民事、行政诉讼案件代理活动中，依律师的工作职责，为查明案情，依法向诉讼当事人及案件知情人进行调查、询问时所作的文字记录。

制作调查笔录是律师从事诉讼业务，办理案件的重要工具。在刑事、民事、行政诉讼活动中律师通过会见犯罪嫌疑人、调查案件知情人、调查证人等形式，并制作出调查笔录，是证据收集的一种重要方式。该笔录制作成文后一经被调查人履行了签字画押手续，即具备了证据效力。通过在法庭上当庭出示并经由对方质证，可以作为人民法院认定事实、裁判案件的重要依据。

（二）律师调查笔录的格式、内容及写法

1. 标题。在笔录稿纸上端写出“调查笔录”。

2. 填写调查的时间和地点。如：××××年××月××日××时××分至××时××分。

3. 填写调查的地点。如：××公安局看守所，××宾馆302房间。

4. 调查人姓名和记录人姓名及其工作单位。如调查人:李××,北京市创业律师事务所律师;记录人:黄×,北京市创业律师事务所实习律师。

5. 被调查人姓名及其他身份事项。如:被调查人:武××,男,45岁,系××有限责任公司职员,住本市西苑小区32号楼301房。

6. 调查内容。调查内容采取的是问答式方法,即根据调查人的提问内容由被调查人作出回答。调查的内容可以是案件的事实,也可以是与案件相关的有关问题。调查案件的事实应根据被调查人的口头陈述进行客观、实事求是地记录,将涉案的时间、地点、起因、经过、后果等过程记明;对一些需要调查的重要问题、重要情节也可以单项发问,并详细地记载被调查人回答的具体内容。被调查人如有说不清或不了解的有关回答,也应如实记载。

7. 尾部。记录完毕应当将笔录交由被调查人阅读,或者向他(她)宣读,如有漏记、错记之处,应当立即补正、修订。经确认无误后由被调查人在尾部写明"以上笔录我已看过,(或向我宣读过,)与我讲的无误",或"以上笔录与我讲的完全相符",并由被调查人签名、盖章或捺指印,注明年月日。最后由调查人和记录人签名。

(三)律师制作调查笔录应注意的问题

1. 发问要目地明确,并讲求方法。会见犯罪嫌疑人的问话笔录,一般先让犯罪嫌疑人陈述作案经过,而后再针对案情中的几个重要问题或不清楚的问题进行有针对性地发问,让其回答清楚。对证人、案件知情人进行调查应根据需要了解的问题,可做单刀直入发问,发问的目的明确,笔录才能产生其实际作用,切忌目的不明,记成一个大杂烩。

2. 记录的内容要符合陈述原意,不走样,不偏颇,准确反映出原话原意。若被调查人陈述事实出现反复重复或说得啰嗦、冗赘等情形,可以对其原话进行归纳记录,但必须要符合原意。

3. 调查时要注意端正态度,语气要舒缓,情绪要温和,不卑不亢,以促使被调查人放下思想包袱,不抵触、不畏惧,这样才容易让他讲出真实情况。

4. 按照律师的工作制度,调查时应由两名律师在场,一人问话,一人记录,同步完成笔录制作。

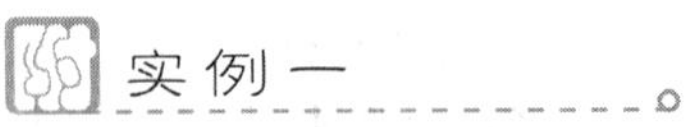

调查笔录

调查人:宋××。

被调查人:唐××,××市公安局×处×科干警。

调查时间:2007年元月22日上午8:30至9:20.

宋××:唐警官,周×干与曹×仙钱款丢失纠纷一事,是由您主办的,您能否谈一下您的看法。

唐晋兴:这事发生在2006年9月23日下午,曹×仙因出去买水果让周×干看一下门,过了几天后,曹×仙说她放在保险柜里的3000元丢了,问周×干看见没有,周说没有,曹说是她让周看的门。当时周×干可能考虑到他们平时关系不错,又为这区区3000元小事,就掏出3000元,说:“不就3000元钱吗,我给你。”事后待冷静下来,却觉得不对劲,没拿钱,为什么要给她钱呢?觉得窝火,就找曹要,曹就不给了,当时周就去单位保卫处报了案。一个星期后又正式向我局报案。我们接了这个案子后,会同保卫处的同志经调查认为:①案发后几天才报案,这期间是否是周所拿缺乏依据;②保险柜指纹已被破坏,无法取证;③曹×仙将现金放到保险柜中本身就违反了财务制度,况且走时不锁柜,不上密码锁,又将钥匙放到抽斗中,本身就属失职行为,故无任何证据能够说明是周所为。因此,我们几次找曹×仙谈话,告之没有证据不能立案,可以调解。你应将钱返还周,当时曹都表示同意,但却一直拖着不办,我们调解了几次都没有调解成,所以周才起诉了。

情况属实。

×处×科 唐××

实例二

调查笔录

调查人:宋××。

被调查人:翁××,建筑设计院保卫处处长。

调查时间:2007年元月21日晚9时至10时15分。

宋××:翁处长,今晚找您主要是向您了解一下周×干与曹×仙返还钱款纠纷一事的有关情况。

翁××:可以。这件事发生后我们与市公安局×处×科的唐××共同处理了很久。后来,×科的杨科长和岳科长也来过,与我们院长交换了意见,并达成了共识。大家一致认为,这件事周×干拿了曹×仙3000元钱,证据不足,没有任何人证、书证及其他证据证实周×干实施了该行为,现场指纹也完全被破坏,无法勘查。因此不能立案,只能做调解处理。

宋××:你们是否调解过?

翁××:我和市局的同志都找曹×仙谈过。曹当时跟我明确表示可以将钱返还给周×干,但后来又以种种不能成立的理由不履行。据说,她跟市局的小唐也表示过要返还,但始终拖着不办,才引起了诉讼打官司。周×干这人我很了解,以他的人品是不会做出这种事情的,当时给了曹3000元,主要是因为一时冲动。他这人经济富裕,人又豪爽,平时出手大方,不在乎,事后才认识到问题的严重性。

以上记录无误，与我谈的一样。

保卫处：翁××

【评析】

这两份调查笔录发问目的明确，内容记录得准确、详实，尾部由被调查人签字捺手印，起到了证据作用。

二、辩护词

（一）辩护词的概念及作用

辩护词是刑事案件的辩护人依据刑事诉讼法规定的程序，在参与刑事诉讼活动中，为履行其职责，维护被告人的合法权益向法庭发表的演说词。

刑事被告人享有辩护权是我国宪法规定的基本原则，也是一项重要的刑事诉讼制度。我国《宪法》第125条规定："……被告人有权获得辩护。"刑事诉讼法第32条规定："犯罪嫌疑人、被告人除自己行使辩护权以外，还可以委托1～2人作为辩护人。下列的人可以被委托为辩护人：①律师；②人民团体或者犯罪嫌疑人、被告人所在单位推荐的人；③犯罪嫌疑人、被告人的监护人、亲友。正在被执行刑罚或者依法被剥夺、限制人身自由的人，不得担任辩护人。"该法第34条又规定："公诉人出庭公诉的案件，被告人因经济困难或者其他原因没有委托辩护人的，人民法院可以指定承担法律援助义务的律师为其提供辩护。被告人是盲、聋、哑或者未成年人而没有委托辩护人的，人民法院应当指定承担法律援助义务的律师为其提供辩护。被告人可能被判处死刑而没有委托辩护人的，人民法院应当指定承担法律援助义务的律师为其提供辩护。"

律师为刑事被告人进行辩护在我国辩护制度中占居主导地位。律师接受当事人的委托或者由人民法院指定，担任被告人的辩护人，开庭前除了应做好阅卷、会见被告人，调查取证等业务工作外，拟写好辩护词也是刑事辩护业务工作中的一项重要内容。一份观点明确、论理深刻、逻辑严谨、富有说服力的优秀辩护意见，能够系统而准确地反映出辩护人对案件的看法及要求，打动并影响法官，有助于人民法院全面、客观地了解案情，查清事实真相，准确适用法律，作出公正的裁判，使被告人的合法权益得以最大限度的保护。同时，辩护词在法庭上公开演讲，对于广大旁听群众来说，无疑也起到了宣传法制，教育公民遵纪守法的重要作用。

（二）辩护词的格式、内容及写法

辩护词没有固定格式，但根据多年来的辩护实践，却早已形成一个通行的，共同认可的表达模式。其内容主要由三部分组成：

1. 引言部分。引言又称序言、前言。主要包括以下几项内容：

（1）标题。在文书上端居中写出"辩护词"。

（2）称呼语。写明该辩护词的发表是在向法庭审判人员述说。应在标题之下第一行顶格写："审判长、审判员"或"审判长、人民陪审员"。在发表辩护意见过程中，如果论述到比较重要的问题时，为了突出该论述内容可以在阐述前反复插入该称呼语，以便突出其重要性。如："审判长、审判员：辩护人特别需要向法庭强调的是：①……②……③……"

(3)开场白。开场白是辩护词中发表辩护意见的起句语、题旨段，主要是交待出辩护人的身份及职责，说明开庭前本律师都做了哪些准备工作，提出辩护观点。近年来，开场白的写作已形成了一种比较固定、通用的表达模式。如：根据《刑事诉讼法》第32条的规定，我受××律师事务所的委派，担任本案被告人×××(姓名)××(案由)案的辩护人。开庭前，我到看守所会见了被告，查阅了本案的案卷材料，与被告人亲属进行了必要的交谈，并收集了相关的证据，刚才又听取了法庭调查，使我对本案的情况有了进一步了解。辩护人认为：被告人的行为……(提出为被告人辩护的无罪或罪轻、减轻或免予刑事处罚的观点)。

辩护词的开头不应拘泥于这一种固定表达模式，可以根据案情特点，设计不同类型的开头，如提问式、同情抚慰式、针锋相对式、交待情况式、总领全文式等，这是由于辩护词属于法庭演讲论辩文书，律师发表辩护意见要取得良好的辩护效果，抓住人心，使人爱听，重要的是开头，俗话说，"文章起句当如爆竹，骤响易彻"，开头开得好，就能牢牢吸引住人，使人顺着开头的思路有兴趣地听下去。

2. 辩护理由。辩护理由是辩护词的论述部分。在这一部分中，辩护人需要运用法律理论结合案件事实进行具体而深刻地论述，为开场白中所提出的辩护观点提供全面而有力的支撑点，并通过充分精要的分析、坚实而严谨的反驳，证明辩护观点的成立，驳斥公诉机关指控的错误所在。写好这一部分，对于确保刑事辩护工作的成功，充分发挥辩护词的实际功效，作用十分重大。辩护理由的内容阐述应根据辩护人确立的辩护观点去安排，一般来说应从以下几个方面提出：①无罪辩。如果认为被告人之行为并不构成犯罪，首先应该先摆出公诉机关指控的涉嫌罪名，之后运用法律理论结合案情进行分析，并辅以确凿的证据印证，说明被告人之行为并不属于犯罪，而属于正当防卫、紧急避险、意外事故或情节显著轻微，从而应宣告无罪。②罪轻辩。有的案件，刑事犯罪成立无疑，公诉机关指控罪责并无不当，但辩护人为了充分行使辩护职能，可以从从轻或减轻方面做为主辩方向，提出其所具备的诸如自首、中止犯罪、犯罪动机出于义愤、对方负有一定责任、犯罪后认罪态度好、有悔罪立功表现、属从犯、胁从犯、聋哑人犯罪、犯罪未达到法定刑事责任年龄等从轻或减轻处罚的法定或酌定情节，从而达到辩护的目的。③免除刑事责任辩。辩护人在充分掌握案件材料的基础上，如果认为被告人的行为罪责较轻，符合刑法总则第19条、第20条第2款、第21条第2款、第22条第2款、第24条第2款、第27条第2款、第28条第2款中规定的诸如聋哑人、盲人犯罪；正当防卫、紧急避险超过必要的限度造成不应有的危害；预备犯、未遂犯、中止犯、从犯、胁从犯等情形，可以运用足够的事实依据及法律依据，进行分析、论证，说明被告人具备了免除刑事责任的条件。辩护词理由的论述应具备很强的条理性及严密的逻辑性，一般来说其论述的模式大都是采用专题分项式,即列出几个问题,每一专题前冠以独立的小标题,按照主次轻重顺序依次排列,分项论证,各题单列自成体系,合并又形成一个完整的群体,从不同角度,不同方面说明总的辩护论点。

正确、恰当地运用一定的论证方法是写好辩护理由的重要一环。根据辩护词写作实践情况来,较常使用的论证方法主要有以下几种类型:

(1)事实论证。事实论证是指通过一个或若干个事实作为论据来证明论点的一种方法。列宁曾经说过:"事实不仅是胜于雄辩的东西,而且是证据确凿的东西。"辩护人将经查证属实的事实列举出来,用事实说话,证明立论的正确性,本身就具有不可辩驳的说服力。

(2)法理论证。法理论证是指运用某种法规及法学理论作为论据来证实论点正确的一种论证方法。在辩护实践中,辩护人认为起诉书或一审判决书在适用法律上,对案件定性上有差错,认为被告人行为不构成犯罪或本身具备了从轻、减轻、免除刑事处罚条件,诸如自首、初犯、中止犯、预备犯、正当防卫、紧急避险或正当防卫、紧急避险超过必要的限度造成不应有的危害等,都可以根据某项法律条文作为依据进行法理论证,以证明论点的正确。

(3)因果论证。因果论证是通过因果关系的理论来证明论点正确的一种方法。在刑事案件中,犯罪危害后果的产生大都由一定的原因所导致,特别是凶杀、伤害案件,被告人为什么要杀人或致伤人命,总是事出有因,"世界上没有无缘无故的根"。运用因果论证的方法,可以从案情纵向的发展过程去考察犯罪动机的起因,以求达到减轻被告人罪责之辩护目的。

(4)正反对比论证。正反对比论证是在对辩护的分论点进行正面论证后为了增强其说服力,再用假设的方式从反面予以论证的一种方法。运用正反对比的方法,可以使所论事理更深刻、更透彻,使论点鲜明、突出。

以上几种方法是辩护词论证中较为常见的,需要指出的是,由于案情的复杂性,根据实际需要,这几种方法既可用其一种,也可综合穿插起来同时使用,具体决定如何运用,还应据情而定。

3. 结束语。这是辩护词的收束语。主要是对辩护观点进行小结,概要总括全文,归纳辩护的中心思想,简要提出对本案处理的意见和要求,请求法庭予以充分地考虑。最后,用"我的发言完了,谢谢审判长、审判员"煞尾,结束全篇。底下由辩护人署名,写明"××律师事务所律师×××"。再下注出制作的日期。

(三)律师撰写辩护词应注意的问题

1. 写作之前要作好准备工作,多方收集材料,全面吃透案情。开庭前辩护人必须认真做好会见被告,查阅案卷,调查取证,研究起诉书等工作,目的是熟悉案情,吃透案情,查清案件事实的真相,通过收集有利于被告人的事实材料和证据,掌握第一手资料,从而为辩护词的拟定打下良好的基础。

2. 抓住案件的关键,确定辩护思路。在全面占有材料的基础上,运用严谨的逻辑思维，运用法律分析案件情节，辨别各种证据的作用有无及力度大小，从而鲜明地确立辩护观点。确立辩护观点要切实可行，于法有据，需抓住影响定罪量刑的关键性、本质性的问题从中概括、提炼，这是确保辩护成功的极为重要一环。

3. 理由阐述充分，坚持以理服人。辩护理由是支持辩护论点的支柱，辩护观点能否成立，主要取决于理由论述的好坏。由此，阐述理由必须坚持"以事实为依据，以法律为准绳"的原则，通过摆事实、讲道理，依法分析案情，于分析之中揭示矛盾，从中得出正确的结论。力戒说理软弱无力，空洞无物，用抽象的语言取代具体的分析，说理透彻、充分，才能以理服人，使己之观点为法庭所接受。

4. 使用语言要严谨平实，不卑不亢，不得强词夺理，无理狡辩。更不能用讽刺、挖苦性语言对公诉人进行人身攻击。

5. 辩护词草稿拟就之后，要反复修改，认真推敲，以确保其写作质量。开庭时如果情况发生了新变化，需要修订、增删辩护观点或内容，应及时补正，以顺应新情况的变化。

辩　护　词

审判长、审判员：

我受陕西××律师事务所的指派，担任本案被告人李×故意伤害一案的辩护人，依法出席今天的法庭审理。开庭前我查阅了案卷，会见了被告，刚才又参与了法庭调查，使我对本案的事实有了进一步的了解，辩护人认为被告人李×之行为虽然构成故意伤害罪，但具备了法定从轻、减轻处罚的条件，现发表如下辩护意见，希望法庭予以认真考虑：

一、被告人伤害他人事出有因

××区人民检察院在碑检刑诉字[2009]第121号起诉书中指控：被告人李×与被害人刘×在东大街1+1迪吧门前人行道上因琐事发生斗殴。互殴中，被告人李×持弹簧刀向刘×连刺数刀。随后，被告人李×逃离现场。该指控的情节比较笼统，本案为什么会发生互殴，殴打中在什么情况下李×才掏刀刺向被害人，上述情节均不清楚，无法反映出该案因果关系形成的演变经过。事实的真实情况本律师已在刚才法庭调查中出示的调查笔录、被告人的供述中得到了确认，是由于被害人刘×先无端辱骂被告人，而后再打完电话叫人前来帮忙，壮了胆子之后，用手揪住被告人的头发，将头使劲往下捺的情况下，被告人迫于自卫才抽出自带的弹簧刀向其身上捅了几下，随后，在被害人同伙赶来后，被告人又遭到残酷殴打，牙打掉了，眼睛被打青了，鼻子打出血了，并被人用刀在膝盖部位捅了一刀。上述行为的发生完全是在被告人遭受不法行为侵害时为了自卫而采取的过激手段，否则，无缘无故被告人不可能抽刀伤害他人,因为“世界上没有无缘无故的恨”,只有在遭到暴力侵害或者严重的人格侮辱情况下,才可能持械报复。由此可见,该损害后果的发生完全事出有因,被害人的挑衅行为、暴力行为也是诱发此次伤害产生的直接原因,况且被告人伤人后又遭到被害人同伙的残酷殴打,并被捅了一刀,从某种意义上说,被告人也成了本案的直接受害者。另外,从被告人使用的工具来看,仅是一把平时削水果用的弹簧刀,平时自带在身用于生活之需,并非是匕首、藏刀等类的作案刀具。因此,从其主观上而言,并不具备平时携带凶器,用于打架时备用的主观心理特征。故此,从其犯罪情节上看,伤人事出有因,被告人具备了从轻处罚的情节条件。

二、本案亦未形成严重后果

被告人虽持刀伤人,但未形成严重后果,事实上被害人如今早已痊愈出院,体态已恢复,伤残确定为六级,从其损害后果上看,并不严重,对此,也具备了从轻处罚的条件,请法庭量刑时予以充分考虑。

三、本案被告人属少年犯,也具备了法定从轻处罚或减轻处罚的条件

被告人犯罪时年仅17周岁。根据我国《刑法》第17条第3款的规定:“已满14周岁不满18周岁的人犯罪,应当从轻或者减轻处罚。”据此,本案被告人具备了法定从轻、减轻处罚的情节条件,对此,请法庭量刑能予以充分考虑。

四、关于附带民事赔偿问题

本律师认为,如果是合理合法的赔偿,被告人愿意承担,但是,附带民事原告刘×在诉状中索赔的数额却过高,远远超出了法律规定的赔偿范围,对此本律师认为无法接受。首先,继续治疗费、身体恢复期营养费、其他经济损失、精神损害赔偿费等四项赔偿内容,法律对此没有规定,不符合赔偿范围,无法考虑。其次,对医疗费、误工费、住院伙食补助费、护理费等,应依照法律规定,根据实际情况,给予合理确定,只要合理,我的当事人表示愿意承担,但如果不切合实际,漫天要价,则无法接受,本律师愿意就此在庭外调解协商解决,如解决不成,则听悉法庭判决。

综上所述,被告人李×之行为虽然构成故意伤害罪,但具备了诸多法定的、酌定的从轻、减轻处罚情节条件,本案系少年犯,开庭前本律师已遵照法庭指示,对其进行了必要的思想、政策教育,被告人也对自己所犯罪行认识深刻,表示一定认罪服法,悔罪自新,绝不再犯违法之事,有鉴于此,希望法庭能够采纳辩护人所提意见,依法从轻、减轻判处。

我的发言完了,谢谢审判长、审判员!

辩护人:×××

2009年7月24日

【评析】

这份辩护词从四个方面运用充分的事实论证及法理论证有力地为被告人做了罪轻辩护,观点鲜明,理由充足,引例丰富,逻辑严密,是一份写得比较出色的辩护词。

三、代理词

(一)代理词的概念及作用

代理词是民事、行政诉讼案件和刑事附带民事案件的代理人在法庭辩论阶段受被代理人的委托,依据事实和法律为维护被代理人的合法权益所发表的演说词。

根据我国《民事诉讼法》第58条、《行政诉讼法》第29条、《刑事诉讼法》第40条的相关规定,在上述三大诉讼活动当中,民事、行政案件的当事人、刑事自诉案件的自诉人及刑事附带民事诉讼案件的被害人均可以委托代理人诉讼。律师接受当事人的委托在上述诉讼活动中依法行使代理权,在法庭辩论阶段,根据掌握的事实、证据、并依据有关法律规定,全面、系统地阐述自己对案件的看法及意见,不仅可以有力地维护当事人的合法权益,使其利益得到最大实现而且也有助于法庭全面、客观地了解事实真相,准确适用法律,公正裁决,确保法律的公正实施。同时,代理词还具有缓和矛盾,化解纠纷之功能,一份情理交织、据情释法、情真意切的论述演讲,往往使反目为仇走向法庭的当事人消除恩怨,化解纷争,促成和解。

(二)代理词的格式、内容及写法

代理词的种类较多,从诉讼程序上划分,可分为一审代理词、二审代理词和再审代理词;从案件性质来划分可分为民事代理词、行政代理词和刑事自诉代理词、刑事附带民事诉讼代理词;从委托人法律地位来划分可分为原告方代理词、被告方代理词、第三人代理词、上诉人代理词、被上诉人代理词、再审申请人代理词、再审被申请人代理词等,不同类型的代理词其内容和写作重点会有所不同,但其行文格式基本上都是一样的。主要由以下三部分组成。

1. 首部。包括标题、称呼语、序言三个部分。

(1)标题。在文书上端居中写出“代理词”。

(2)称呼语。在标题下行顶格写“审判长、审判员”或“审判长、人民陪审员”,表明代理意见的发表是在向法庭审判人员申述。

(3)序言。这是代理词的开场白,说明委托关系建立,开庭前做的准备工作,提出对案件的基本看法。实践中,该项内容已形成了如下较固定的表达模式:

> 我受××律师事务所的指派,担任本案原告(被告、第三人)上诉人(被上诉人×××)或附带民事原告×××的诉讼代理人,今天依法出席法庭的审理活动。开庭前我认真听取了我的当事人所介绍的情况,查阅了案件有关材料,并展开调查,收集了相关的证据,刚才又参与了法庭调查,使我对本案的事实有了进一步认识,代理人认为被告行为实属侵权,理应承担相应的民事责任,现发表如下几点代理意见,请法庭采纳。

2. 代理意见。代理意见是代理词的核心内容,主要是围绕着代理观点进行充分分析论证,具体写法应根据案情的需要,根据被代理人的法律地位及其提出的诉讼请求、上诉请求、答辩目的等因素来考虑写什么和怎么写。一般来说，代理意见主要应从事实和证据的认定是否清楚、准确，双方争议的焦点如何从法律上予以正确判定，有何法律依据能够支持等方面进行论述。由于代理的当事人所处诉讼地位不同，写法上也就各有所别。具体说，如属于一审原告方代理的，应该以起诉状作为基础，对诉状中陈述的事实及证据，作进一步的补充发挥，并依据事实对对方的侵权或违约行为进行有理有据地分析，分清是非，区分正误，辨别责任，从事实和法律两方面，说明所提诉讼请求的合理、合法。如属于一审被告方代理的，则应以答辩状作为基础，针对原告诉状中所述事实理由及其诉讼请求进行针锋相对的辩驳，并列出自己收集到的相关证据，说明事实的真相，引用有关法律依据，分析争诉焦点，证明原告所诉事实、理由及请求不真实或不能成立。如果属于二审上诉人或被上诉人的代理，主要应针对原审裁判在认定事实、适用法律、程序是否合法及处理结论是否正确发表代理意见。同时，也可以针对对方当事人所述事实、理由和请求进行驳斥。

代理意见的发表如果论述的问题不止一个，可以分为几个专题，在各专题之前冠以小标题，分层次进行阐述，以使其结构层次表达清晰、有序。

3. 结论。结论是代理词的结束语。主要是对代理意见作出结论性的概括和归纳，点明代理意见的主旨，并向法庭提出希望采纳己方观点的意愿主张。最后由代理人署名，注明具文的日期。

（三）律师撰写代理词应注意的问题

1. 发表代理意见要观点鲜明，符合法律规定。阐述代理观点，要以相关的法律规定为依据，结合案件的事实进行缜密分析，做到观点鲜明，立论正确。只有当事人的诉讼主张或抗辩理由言之成理，持之有据，才有可能获得法院的支持，做出有利于己方的裁判。

2. 发表代理意见要紧扣争议的焦点，充分论理，坚持以理、以法服人。律师接案后通过审查相关的证据材料及法律文书已对案件的基本情况有了大概了解，庭前交换证据，使争议的焦点进一步明朗化，因此，在撰写代理词时应该抓准双方在法庭上有可能产生分歧的争议焦点，有针对性地进行论证、反驳。论理要善于将法律规定的基本原则及代理人对其的理解认识与具体案件事实结合起来，依法论理。说理的充足可以使自己的辩论主张牢固地树立起来。

3. 准确理解法律、法规。发表代理意见需要对应适用的法律、法规及相关司法解释进行释义说明并加以援引作为支撑观点的法律依据。引用法律必须准确、完整、切不可断章取义或者曲解法律规定。

4. 发表的代理意见内容应严格限定在授权范围之内。代理词是否涉及实体处分权，完全取决于律师被授权的范围。只有经过特别授权，代理律师才可以在代理词中发表涉及所有实体权利的代理意见。

附 实例

民事代理词

审判长：

我受本案原告周×的委托担任其委托代理人，依法出席今天法庭的审理活动，通过法庭调查，举证、质证，我认为本案的事实已全部查清，现发表如下两点代理意见，维护原告的合法权益。

一、本案第一被告陕西西北大学海外留学服务中心系返还该担保金的直接责任人，理应承担返还之责。该1万元担保金的收取是基于原告与第一被告之间签订的留学中介服务委托合同所产生的，该合同约定了第一被告为原告就学新加坡旅游学校TMIS提供中介服务，合同尾部受托人处由第一被告加盖公章予以确认并由经办人王×荣签字认可。而后原告向王×荣交纳了56 716.25元的学费、房租、押金、服务费、注册费等，交纳了1070元的报名费及1万元的中介服务费，期间王×荣又要求原告再交纳1万元入学担保金说是为防止就学期间原告如违反了当地的法律、法规遭受处理的保证金。该收条在款项用途上明确写有"系付TMIS入学担保金"，因为王×荣是第一被告单位的工作人员，是本合同履行的经办人（合同尾部签字为证），该收费用途又是为入学进行担保故原告就有足够的理由相信王×荣是在代表第一被告行使权力，虽然该收据未盖有公章，但它却无法抗辩王×荣履行职务行为这一客观事实，收据未盖公章，只能说明该收据在形式上存有暇疵，但它却无法否认王履行职务这一铁的事实，否则，原告凭什么相信王×荣个人给她1万元钱？另外，在收取的1070元报名费收据中也没有加盖第一被告的公章，第一被告能否认这1070元报名费也没有收取，你也是不知道的吗？显然于情于理不通，故第一被告的抗辩理由不能成立，理应承担直接的民事责任。

二、第二被告狡辩将该1万元担保金交付给新大陆教育中心之说，原告认为纯属无理之辩，根本不能成立。

第一，原告从来不知道新大陆教育中心这个中介服务机构，也未与其约定任何中介服务事宜，现在突然冒出个什么"新大陆"，真是莫名其妙。

第二，原告只是与第一被告签定了中介服务合同，且该合同已经实际履行完毕，在与第一被告签定的合同中也没有"由新加坡大陆教育中心从事入境后服务"的相关约定内容。

第三，原告亦未授权第一被告可以将"为原告中介服务收取担保金事项"进行转委托。原告只知道入境后是一个剑桥公寓的业主来接的机，将原告安排在剑桥宿舍后又引导原告去学校办理体检、换汇、购电话卡等事项，原告打给王×荣卡的56 516.25元中就包括了付给此人的200新加坡元服务费。这个人是不是新大陆公司的员工，原告完全不知。如果被告擅自单方与境外新大陆公司发生了转委托关系由他收取担保金,那么按照法律规定,也应当提前告知原告并征得原告同意方为有效。否则,被告应自己对产生的后果承担民事责任。因为原告只能针对被告所打的收款条据主张权利,被告擅自转移权利,这是其单方行为,对原告无约束力。如果该转交担保金行为成立的话,那么,被告也应在向原告履行了返还义务之后再向第三方追偿。

第四,退一步说,即便存在转委托这一客观事实,那还得具备有原告确实违反了校规、违反了当地法律被处罚的相关事实及依据,比如校方出具的处分决定书、新加坡当地政府出具的处理制裁法律文书等,而后还应出具相关的罚没票据,载明罚款人的姓名及罚款额,有了这些证据,才能认定该担保金已不复存在,才能免除被告的返还之责,但被告在举证中并未出示这些重要证据,仅有证人王×的陈述,其陈述仅是个人行为,并非校方证明,且其也只能证明原告旷课、无法完成学业、自动要求退学等事项,却没有证据证明学校对原告实施了处罚行为。况且,学校的复信也明确表示学校并没有收到上述费用,也没有任何有关收费的规定。原告仅是提前退学,学校获准,交纳的学费不再退还,仅此而已。学校对原告未作任何处罚,原告就学期间亦未违反当地法律,被告凭什么侵吞该笔担保金而拒不返还?故其抗辩主张无证据支持,纯系胡搅蛮缠。

综上,被告给原告所打收据内容明确,法律表意清楚,既然是担保金,未出现担保罚没法定事实,就理应返还此款,这是天经地义之理。原告旷课、无法完成学业而自动申请退学虽是客观事实,但这并不等于是学校对原告进行了处罚,这是两个截然不同的法律事实,不容混淆,敬请审判长明察,作出公正裁决,维护公平、正义。

原告代理人:宋 ×

2010年7月19日

【评析】

本案情节并不复杂,被告在履行留学中介服务委托合同中收取了原告1万元担保金,用于保证原告赴新加坡留学中因违反当地法律予以保释,被告留学返回后并未违反当地法律之行为,故其担保金理应退还,但被告却以该保证金已交付另外中介机构为由,拒不返还,原告只好诉之法院。这份代理词针对被告的答辩意见,分两个层次予以论述,论述内容虽然篇幅不长,但坚持以理服人,句句点在实处,富有较强的论证力,此案最终法院采纳了原告的代理意见,以其胜诉而告终。

第7章
律师法律事务文书

第一节　概　述

一、律师法律事务文书的概念及作用

律师法律事务文书是指律师在非诉讼法律业务领域中，为当事人提供各项无争议法律服务，协调、平衡、处理各不同层次主体之间的权利义务利益关系所制作的具有法律效力或法律意义的文书。

非诉讼法律服务是今后律师行业发展的重要阵地，具有广阔的空间。在国外，大律师的主要业务不是打官司，而是大量的非诉讼法律事务，名律师的绝大部分收入大都从办理非诉讼无争议法律事务中获得，这是一个国家法制成熟的表现。在我国，律师行业目前也正在完成其从诉讼业务到非诉讼业务的转型。近年来，随着我国法制建设的逐步完善，公民法律意识的不断提高，遵纪守法观念已植入人心，由此，诉讼纠纷自然大幅度减少，政府和民众法制观念越来越强，建立完善、有效的纠纷预防机制，依法行政，守法经营，按法办事已成气候；国民越来越重视用良好的道德观去规范、协调人与人之间、家庭内部之间、社会各层面之间的各种民事权利义务关系，以构建和谐的社会生存环境，这样今后我国律师从业的工作重点自然也就由诉讼业务转入非诉讼法律服务领域，这是我国律师行业发展转型的一个必然趋势。

非诉讼法律事务文书是律师从事非诉讼法律业务活动使用的重要工具。大千世界，五彩缤纷，人生活在社会中不是一个孤立的个体，而是一个群体，这个群体是通过人与人之间的相互联系而形成的。人们为了寻求各自的利益及目的，需要建立各种关系来达到沟通。这些关系有的是经济利益关系，有的是家庭财产分配关系，有的是劳动雇佣关系，有的是合伙协作关系，无论其类别如何不同，但根本上体现的都是一种权利与义务的关系。这些关系的建立与实现靠什么去完成？主要靠法律文书，具体说就是通过非诉讼法律事务文书，用法律的手段通过文字形式去规范人们所从事的各项民事活动，调整社会各个层面的各种社会关系，律师介入上述活动并运用法律事务文书实现其基本目的的作用自不待言。

法律事务文书不仅在日常生活中不可或缺，而且在市场经济领域中也被大量频繁地使用。社会主义市场经济就是法制经济。市场经济的发展必须在法律的轨道上有序运行,律师介入到市场经济活动中的方方面面,充当保护人角色,运用法律来预防经济纠纷,化解、消除各种矛盾,规范市场经济的良性运行,并通过出具使用各类非诉讼法律事务文书实现上述目的,可以为社会主义市场经济的健康有序发展起到保驾护航的作用。由此可见,法律事务文书是律师从事非诉讼法律业务活动的重要工具,它的使用对于调整、平衡好各种社会关系及利益关系,维护社会生活秩序的稳定,营造、建立和谐的社会环境具有重要意义。

二、律师法律事务文书的属性

非争议性是法律事务文书的一个显著特征。律师非诉讼法律服务市场涉及的业务大都是不存在纠纷争议的各项法律事务,如代书遗嘱、确定收养关系、家庭析产、从事房地产买卖交易的法律帮助、从事招商引资项目洽谈的法律服务、替企业审查合同、企业注册商标申请专利等,从事上述服务活动的目的是帮助当事人把好法律关,以争取各项事务活动的最终顺利实现及完成,可见非争议性是法律事务文书的重要表现形式。此外,法律事务文书同时还具有律师诉讼文书书写的委托性、内容的广泛性、文书性质具有一定的法律意义等属性,这是由律师的法律服务基本业务功能所决定的。

三、律师法律事务文书的分类

法律服务市场领域庞大而无限,可以这样说,只要有人活动的地方就有可能存在法律服务的空间,律师可以渗透到社会生存环境中的方方面面、角角落落为当事人提供全方位的法律服务,这就决定了律师法律事务文书类型的多样化,概而言之,主要有如下类型:

1. 合约类代书。如代书合同、协议书、分单、公司章程等。

2. 家庭事务类文书。如代书遗嘱、收养协议书、夫妻约定婚前财产处分协议、赠与书等。

3. 法律顾问类文书。如代为起草、审查各类合同,起草企业管理及对外使用的各种法律文件,拟制企业内部的各项规章制度、公约、守则、上岗条例,政府法律顾问为政府起草拟制出台的各种规范性法律文件及对外使用的各种文书。

4. 招商引资洽谈类文书。代书招商洽谈中的各种法律文件,如可行性研究报告、合作意向书、框架协议、谈判记录、合作协议、资信、资质确认书、法律意见书等。

5. 基本建设项目招投标类文书。审查并起草招投标中应出具的各种法律文件,如标书、竞标主体资格证、资质证、立项概算审批文件、招标文件、投标文件,并出具法律咨询意见书。

6. 社会保险类文书。为当事人参加财产保险、人身意外保险、失业保险、养老保险、医疗保险、住房公积金代书并审查各种保险法律文书。

7. 税务代缴类文书。为企业及个人办理纳税业务代写各类完税法律文书。

8. 股票、证券类文书。为企业及个人办理企业股票上市及股民证券交易中代写各类文书如批准设立公司的文件、公司章程、经营估算书、验资证明、招股说明书等。

9. 房地产、土地转让、批租类文书。代写房屋买卖、土地转让交易中的各种法律文件。

10. 企业改制类文书。为企业改制活动起草各种文书及文件，如改制申请报告、企业性质情况说明、企业资产盘点清单、资产审计请求书、改制方案，股份制确认文件等。

11. 代办企业申请商标、专利注册、代办企业工商登记、注销、合并、分立类文书。如代写商标注册申请书、商标异议书、商标异议复审申请书、转让注册商标申请书、变更商标注册人名义申请书、商标续展注册申请书、实用新型专利申请书、发明专利申请书、专利说明书、权利要求书、企业法人注册登记申请书、企业法人注销申请等。

12. 交通肇事处理类文书。起草交通事故调解中的调解协议、承诺书、付款收条等。

13. 报案、上访类文书。替当事人代写刑事举报案材料及各类上访案件反映材料。

14. 仲裁、行政复议类文书。替当事人代写仲裁申请书、仲裁答辩书、仲裁财产保全申请书、行政复议申请书、行政复议答辩书等。

15. 消费侵权、债务清偿类文书。替消费者代写消费者投诉状、替商家代写情况说明、辩解意见、替债务人代写借据、替债权人代写收条等。

16. 律师其他工作类文书。如律师在从事上述法律事务活动中以律师名义出具的律师函、声明、告知书、法律意见书等。

由于律师法律事务文书种类繁多，难以一一展现，本章仅择其中的几类作一介绍。

四、律师法律事务文书的制作要求

（一）掌握各门民、商事法律业务知识，打下坚实的法律写作基础

由于律师从事的非诉讼法律事务涉及的业务大都是民、商事法律范畴的内容，涉及领域广泛，这就要求从业律师必须努力掌握好各门民商法的基本知识及理论，准确把握各部门法的基本含义及其相关规定，能够娴熟地将其运用到所使用、出具的各类法律事务文书中，唯有如此，才能写出规范、高质量的文书，进而做好法律服务工作。

（二）练就快速的写作本领

律师在法律服务领域所撰写的法律事务文书，一般都是随着工作的同步进展完成的，当律师开展某项法律事务工作时，随着工作的进展，使用、出具文书往往是立即起草，当场拟就，因而十分强调起草完成的时间性。一个业务能力强的律师，若想出色地完成工作，博得当事人的青睐，就应当练就写作的“快刀手”，一旦需要，提笔即写，洋洋洒洒，笔不停挥，很快一份语意明确，法理清晰，逻辑严谨，文通字顺的高质量文书即在笔下完成，并获得当事人的好评、赞许，这样才有可能立足于法律服务市场。

（三）掌握必要的其他领域专业知识

如前所述，律师从事法律服务领域十分宽泛，对于从事的某类专业性较强的法律服务，如证券交易、企业改制、注册商标、申请专利，社会保险、基本建设招投标等都要涉及相关领域的大量专业知识，如企业管理、证券业务知识、保险业务知识等，律师要写好该领域的法律事务文书，必须熟悉与此相关的专业知识，这样法律专业知识与专业领域知识同时具备，二者兼而有之，才能写出合格、高质量的文书。

此外还需具备熟练的写作表达技能及文字表述技能，该要求是律师起草任何一类文书都应具备的基本功，由于前章已做论及，故不再赘述。

第二节　合约类代书

一、合同

（一）合同的概念及作用

合同是平等的自然人，法人和其他组织之间设立、变更、终止民事权利义务关系的协议。本定义中所谈“平等”是指在民事活动中享有民事权利资格的自然人、法人具有平等的法律地位；所说的“之间”是指合同是一种双务行为，其签约须有双方当事人参加；所说的“民事权利义务关系”是指社会关系由民法或经济法调整时，所赋予当事人的权利及义务及他们之间所形成的利益关系；所说的“协议”是指当事人为实现上述利益关系经协商在意愿一致的基础上共同达成的书面文据。

目前我国经济建设正处于持续性高速发展的时期，现已超越日本，成为世界第二经济强国，经济发展得越快就越需要运用法律来规范市场的良性运行。在激烈的市场竞争过程中，企业及劳动经营者进行经济交往，为了实现各自的经济目的和经济利益，双方或多方需要就协作的内容进行协商，确定各自的权利与义务，并以书面的形式制定出双方共同信守的条款，作出履行的文字凭证，这就是我国现行的合同。

合同是一种具有法律约束力的文书。合同一经签订，并付诸文字实现，立约各方就产生了一定的权利义务关系，这种权利义务关系富有法律意义，受法律的保护和约束，立约各方均应信守条款约定内容，履行义务，否则就将承担因违约而引起的法律责任。

合同的种类较多，这是由我国社会主义市场经济法律关系的复杂性所决定的。我国《合同法》中共规定了15类有名合同，即买卖合同，建设工程合同，承揽合同，运输合同，供用电、水、气、热力合同，保管合同，仓储合同，租赁合同，借款合同，融资租赁合同，技术合同，委托合同，行纪合同，居间合同，赠与合同。这是合同的法定类别。此外，随着经济建设的发展，社会经济法律关系的日趋复杂，一些新的合同类型诸如承包合同、联营合同、保险合同、劳动合同等也大量涌现，这些无名合同与上述有名的法定合同共同构成了合同的全部内容。

合同具有规范、制约人们行为，用法律手段维护社会主义市场经济秩序有序发展,提高经济效益,制裁违约,保护守约人合法利益的重要作用。合同对于当事人权利义务的形成范围及责任承担也具有证据效力。

(二)合同的格式、内容及写法

合同的结构,主要有两种类型:一种是条款式类型,即通常所说的制作式合同;另一种是表格式类型,即通常所说的格式合同、制式合同。条款式是指将双方口头约定好的有关内容列成若干条款,写入合同之中。表格式是指按照印制好的表格,将协商一致的内容逐项填入表中,表格式一般用于经常使用的合同,如买卖合同、借款合同、运输合同、仓储保管合同等大都是表格式。在写作上,无论是条款式,还是表格式,其内容结构都须具备如下几部分:

第一部分是标题。即在合同的顶端居中写明“××××合同”。其中“××××”是写明合同的性质类型,如“果园承包合同”、“房屋租赁合同”、“买卖合同”、“建设工程施工合同”等。

第二部分写明双方签约者。在标题之下左侧按顺序列出立约双方的名称。如系自然人签约的,应写明“甲方:×××”、“乙方:×××”。如系法人签约的写明各自单位的全称。立约人的称谓应根据合同的不同类型来决定,如系买卖合同,应统一用“出卖人”、“买受人”称谓;系承揽合同,用“定作方”、“承揽方”称谓;财产租赁合同,称“出租方”、“承租方”;仓储合同称“存货方”、“保管方”;技术转让合同称“让与人”、“受让人”;承包合同称“发包方”、“承包方”;借款合同称“贷款方”和“借款方”等。为了行文方便,在名称之后还可以用括号注明(以下简称甲方)、(以下简称乙方)。属格式合同的,在签约者名称之下还应写明合同编号、合同签订地点及签订时间。

第三部分为合同正文。这是合同的核心部分,用列出的条款或表格写明合同的具体内容。合同正文一般来说,需要写明两方面的内容:

1. 写明双方或多方签订本合同的缘由或目的。这是合同的起句开头部分,要求用十分简练的几句话交待出为何事或出于何种目的签订本合同,如:

> “为发展果品生产,增加集体和个人经济收入,根据我国有关政策规定,经村委会研究和甲乙双方充分协商,特订立本合同,供双方共同遵守”。

也可先引用有关经济法规,再引出签约的缘由,如:“根据《中华人民共和国合同法》及有关规定,为明确出租方与承租方的权利义务关系,经双方协商一致,签订本合同”。

开头部分,要求文字简明扼要,只需将订立合同的依据和目的一笔写明即可,起到引入正文的作用,不要文字拖沓,写得冗长累赘,以免喧宾夺主,影响正文内容的表现。

2. 合同条款。合同条款即协商的具体内容,是合同的主体部分。条款式合同应按先后次序写明双方或多方所商定的有关事项，即双方共同做什么事情、如何去做、做到什么程度、何时完成、违约怎么办，从中体现出各方在履行中所应承担的义务和应享有的权利。表格式合同则需要按照表格中所列项目协商填写。无论条款式还是表格式，一般来说，都要反映出以下一些要点，即合同须具备的几个要素：

(1)标的。即签约而要达到的目的。如交付实物、交付货币、提供劳务、保管财产、完成工作项目等。标的是合同中权利和义务所指向的对象，任何合同都必须具备标的，这是因为合同大都是以一定的财产关系，即物质利益关系为其内容的，若标的物不明确，合同就无法履行。合同的类别不同，标的物所体现的形式也就各不相同，如购销合同的标的物是某种产品，房屋租赁合同的标的物是不动产(房屋)，建设工程合同的标的物是某项勘察、设计、建筑安装工程，借贷合同标的是货币，科技协作合同的标的是某项科研成果等。

(2)数量。标的数量是确定合同履行的重要条件之一。某些合同的签订，必须明确标的的数额，如买卖合同中发货的件数，每件的金额，总计的金额，运费支出的金额；借贷合同中贷款的数额，利息的标准；建筑工程施工合同中工程造价、预算数额等都必须在合同中规定具体而明确，不能笼统含糊，否则易因此而引发纠纷。

(3)质量。合同标的物的质量是合同的重要内容之一，也是履约的重要依据，质量标准规格如不具体写清，履约时则容易发生纠纷，一旦提起诉讼后，也容易造成有理说不清，因而必须规定得明确、具体。如工业产品的质量，必须具体订出何年何月的国家或部颁标准，并在合同中明确写出标准的编号。如果是协商标准，必须另附协议书或提交样品。

(4)价款和酬金。这是指取得对方产品或物品，接受对方劳务所支付的代价。凡国家规定有价格的产品(包括国家定价、浮动价)，应遵守国家的价格标准；国家未规定价格的，可由当事人双方自愿协商议定。

(5)履行的期限、地点和方式。履行的期限，是指当事人完成合同规定义务的时间范围，逾期即属违约。履行的地点，是指当事人完成合同规定义务的地理位置，合同履行的地点对于确认诉讼管辖权具有重要作用。履行的方式是指当事人完成合同规定义务的方法，如货物是自提还是送货上门或是代办托运，付款方式是现金支付还是托收承付或支票转账，这些内容写清对于完成合同任务以及对双方当事人进行制约都有重要作用。

(6)违约责任。违约责任是指当事人因违反约定而不履行或者不完全履行合同义务时应当承受的法律制裁措施，如支付违约金、支付赔偿金、价格制裁、定金制裁、解除合同、信贷制裁、给付逾期保管费等。违约责任对于维护合同的法律严肃性，敦促当事人按合同履约具有重要保证作用。在合同中违约责任有些是法定的，也就是说在《合同法》中规范了一旦违约应如何制裁的措施，如《合同法》第115条规定的定金罚则，《合同法》第63条规定的价格制裁等，违约金比例则大都是靠双方自行约定，但不能越过法律规定的标准幅度，如工矿产品购销合同违约金比例，法律规定通用产品为货物总额的1% ~5%,专用产品的为10% ~30%,农副产品购销合同的违约金比例为货款总额的5% ~25%,超过此额,法律不予保护。

除了上几项主要要素内容外,根据《合同法》的规定,法律规定的或者按照合同的性质必须具备的条款,以及当事人一方要求必须规定的条款,也是合同的主要条款。这些条款应根据合同的性质的不同有所区别地写入,如建筑、安装工程合同中,应明确规定工程范围、建设工期、工程开竣工时间、工程质量、工程造价、技术资料交付时间、原材料和设备供应责任,预算和决算、交工验收等条款;在仓储合同中应明确规定储存货物的品名、规格、数量、保管方法、验收项目和验收方法、入库和出库手续、损耗标准和损耗的处理、费用负担和结算方法等条款;在财产租赁合同中应明确规定租赁财产的名称、数量、用途、租赁期限、租金和租金交纳期限、租赁期间财产维修保养的责任等条款;在借款合同中,应明确规定贷款的数额、用途、期限、利率、结算办法等;保险合同中应明确规定保险标的、座落地点、保险金额、保险责任、除外责任、赔偿办法、保险费交付办法以及保险起止期限等条款。

合同的主要条款写完之后,一般还应写明如下几条:一是争议的解决办法,写明合同履行中如发生纠纷双方应友好协商解决,协商不成提交××××人民法院裁判(此条为约定管辖)或提交××××仲裁委员会仲裁(注:仲裁或诉讼只能选其一);二是写明"双方未尽事宜可制定补充协议,补充协议与本合同具有同等效力";三是写明"本合同一式×份,由××保管一份,××保管一份"。合同有附件的还应予注明,有的还写明合同的有效期限。

第四部分是结尾。写明两项内容:一是在正文末尾的下方写明双方或多方签订合同的单位名称和单位代表人姓名,并加盖公章或合同专用章。个人签订的,需签署姓名或加盖私章。如有保证单位和鉴证单位作监订的,应签署监订单位名称及代表人姓名。二是注明签约的年月日。

(三)律师起草合同应注意的问题

1. 遵从自愿原则。合同是双方法律行为的表现,是当事人意思表示的一致,而非单方面的法律行为。所谓"意思"是指当事人追求建立某种合同关系的愿望或打算;所谓"表示"是指这种内在的愿望见诸于外部的行动,即将内心打算变为现实。签订合同,当事人只有取得一致的内在意思和外在表示,为达到一定目的,通过双方的法律行为,才能产生合同法律关系。否则双方的利益就难以实现,即使实现了也容易导致纠纷,由此,在签订合同时,必须充分注意到这一点。

2. 坚持合法原则。合同是一种法律文书,合同签订的目的就是运用法律手段来规范、制约立约人的行为,使之在法律的轨道上运行,因此,订立合同,必须遵守国家法律、法规,合同的内容须是合法的行为,合同的条款约定必须限定在法律许可和保护的范围之内,合同确认的权利义务,须是当事人依法可以行使的权利和应当承担的义务,否则,即使是双方自愿,也不能视为有效,如违反国家政策规定擅自套购国家市场上禁止流通物而签定的合同,为避税而规避法律双方恶意串通而签定的合同,采取欺诈、胁迫方式而签订的合同,损害社会公共利益而签订的合同,都是对法律的违反,上述合同的签订法律不予保护。

3. 体现合理原则。订立合同的双方当事人在合同关系中具有平等的地位,双方享有的权利多大,承担的义务也就多大,该权利义务相互作用,必须体现对等,因此签订合同应该贯彻平等互利、协商一致、等价有偿的原则,任何一方均不得以限制或命令的方式迫使对方接受自己的意见或使合同中一方与另一方的权利义务关系出现重大失衡,否则合同显失公正,利益受损一方可向人民法院起诉申请撤销该合同。

4. 表达要严密、完善。起草合同要建立整体观念、总揽全局,避免合同内容的缺失。一份合同不仅整体的条款内容要完善,而且每一款中的内容表达也要周密严谨,以免发生漏洞,而出现问题。如标的物不仅要写明数量、质量,而且要写明计量单位、质量的技术要求和标准;价款和酬金要写明计算标准、结算方式和程序,如需运输,还应有运费承担,运价标准和途中损失的约定及包装的标准。条款内容书写的严密、完善,发生争议后就有了说理的依据,解决纷争就占有了主动权。

5. 用语措词要精确、明了,准确表达当事人的意思。合同是契约性文件,约定信守条款最忌讳内容笼统、含糊不清、模棱两可。合同写作实践中出现的诸如"质量标准争取达到要求"、"价格要合理"等都是不明确的语言,达到要求是达到什么要求,合理又合到什么程度,均无可操作性,一旦发生纷争,由于没有衡量、确认的尺度,容易扯皮。再如"力争年内交货"、"尽量按时结清货款",此类语言也笼统含糊,似是而非,留有极大的隐患,必须坚决杜绝。

承包合同

甲方:××县李庄乡幸福村。

乙方:××县李庄乡幸福村农民王六。

为发展果品生产,增加集体和个人经济收入,根据国家有关政策规定,经村委会研究和甲乙双方充分协商,特订立本合同,供双方共同遵守。

一、甲方将坐落在本村麻圹岭的苹果园共15亩,苹果树1200棵承包给乙方。承包期间乙方自由经营,对果园土地及果树可自由处分。

二、承包期为10年,即从2005年1月1日起至2015年12月31日止。

三、乙方在承包期内共向甲方交承包费12万元,均以现金上交,甲方收款后立即开出收据。

四、甲方的权利与义务:

1. 将国家分配扶持苹果生产的化肥指标基本上交乙方购买;

2. 甲方有权监督乙方履行合同义务,但不得干涉乙方的自主经营权;

3. 甲方向乙方收取承包费。

五、乙方的权利义务：

1. 必须对果园妥加照料，自己负责生产工具，一切费用由自己负担；

2. 乙方对收获的苹果自行销售，亏损营利责任自行承担，并按期向甲方交纳承包费。

3. 乙方应按时向税务部门交纳苹果销售的税收任务。

六、双方在履约期间均应信守合同，如一方违约，另一方有权单方解除合同。

本合同正本一式二份，甲乙双方各执一份。合同副本一份，交李庄乡管委会。

甲方：××县李庄乡幸福村(公章)

法定代表人：王××(签字)

乙方：幸福村村民王六(签字)

2005年1月1日

【评析】

这是一份毛病较多的合同，主要问题表现在合同内容不完备，条款项目不合法，有疏漏，用语模糊，一旦履约极易发生纠纷。现以律师审查合同的角度提出如下修改意见：

1. 第1条中乙方“对果园土地及果树可自由处分”，违反法律规定，承包人只享有经营管理和承包收益权，不享有果园及果树的所有权，故不能自由处分。应改为“承包期内乙方只有经营管理和承包收益权，不得将果园土地及果树擅自买卖和出租”。

2. 承包费的交纳写得不明确，虽然双方约定承包期内乙方向甲方交纳承包费12万元，但是每年度应交多少，于每年度何时交纳应具体写明，以免履行中导致说不清而扯皮。可改为：“乙方在承包期内共向甲方交承包费12万元，每年交纳一次，于本年度12月30日前交付人民币12 000元”。

3. 第4条第1款“将国家分配扶持苹果生产的化肥指标基本上交乙方购买”，其中“基本上”用词不当表意模糊，“基本上”到底是什么含义，不明确。应去掉“基本上”改成“全部”。

4. 乙方义务可增加如下一段话：“乙方在苹果园内进行大面积喷洒农药，应提前通知周边群众，以防农药中毒。”

5. 违约责任约定得比较笼统。应详细列明如一方违约应承担的责任，便于实际操作。可写为：①甲方如中途随意中止合同，应向乙方支付违约金×××元；②甲方未能按规定提供化肥指标，罚以违约金×××元；③乙方逾期拒交承包费，每逾期一月，应罚以向甲方支付所欠金额的百分之多少；逾期×月以上，甲方有权单方解除合同，收回果园，重新发包。

6. 应增加不可抗力条款。果园、菜地等类承包合同，常受自然灾害的影响而造成损失。为了维护承包人的利益，应该增加如下一段文字：“在履约期内，如遇有不可抗力的自然灾害，如台风、冰雹、暴雨、水灾等使当年水果减产，甲方同意按受灾损失递减乙方承包费，具体数额由双方协商议定；如导致绝收，甲方同意免除当年的承包费。不可抗力造成的果树损害，如：风刮倒果树、雷电劈倒果树等，乙方概不承担责任。”

二、分产契约

（一）分产契约的概念及作用

分产契约又称分单。是指享有财产的共有人为处置、分配财产，经共同协商后确认各自应得实际份额的书面文体。

社会的发展总是在矛盾中前进，人类的交往也是有合有分。当一个家庭由于某种特定的原因，发生不能再共同居住的情形时，家庭内部成员对于共有的财产或一方单独享有的财产可以合约协商自由处分，这与立遗嘱人的单方处分财产完全不同。当个人合伙组织或联营企业因经营不善或基于其他原因决定散伙或分立时，也应当对共有财产进行处置，这种分配处置是基于全体合约成员的共同意愿而完成的，是结束共同生活、共同经营合作的标志。分产契约就是财产共有人分家析产时所立的处置凭据，它的制作使用对于协调处理好家庭及企业内部成员的经济利益关系，避免日后发生财产权益矛盾纠纷，促进社会和谐发展具有重要作用。

（二）分产契约的格式、内容及写法

分产契约由首部、正文、尾部三部分组成。

1. 首部。写明以下内容：

（1）标题。在文书顶部居中写“分产契约”或“分单”。

（2）列出参与析产的各方共有人的身份事项。写明各自的姓名、性别、年龄等，系家庭析产的还应写明他们之间的亲属关系。系联营企业分立的，应写出各方的单位名称、住所地址及法定代表人姓名、职务等。

（3）写明分产原因及所分配的财产名称、数量、房屋的位置等，简要交待共有人因何原因需要分产，对何财产进行分割，共有人对分产所持的基本态度等。

2. 正文。写明分配结果，即各方人应实际分得的财产情况。应按主次顺序用分项标号的形式依次列出各共有人应该分得的财产名称、数量（额）等。

3. 尾部。写明“以上各条，立约人完全同意，并有律师在场见证，今后永无争执”，以示对各方的约束力。而后由各立约人、见证人分别签名、盖章或捺指印。并注明立约的年月日，标注出本契约应一式几份，由各方各执几份。

（三）律师代写分产契约应注意的问题

1. 要依法分割。分割财产必须符合法律规定，律师代写分产契约，必须严格依照我国《继承法》的相关规定，根据共有成员的实际情况，准确判定其合法地位及其应得份额，这是代书分单的首要内容。

2. 财产的处置必须符合自愿、合法的原则。即须是各共有人的真实意愿，是其

真实意思的表示，如果是强迫胁从、乘人之危、欺诈、恶意串通损害他人的利益之情形则不能代书，因为该行为属无效民事行为。

3. 代书之前要做好协调、沟通工作，认真向各方当事人讲解法律规定，使之对其应分得的财产份额的合法性树立明确认识，沟通到位了，才能避免代书时出现利益冲突。

4. 注意完善尾部各方签名、盖章、捺指印的手续，以免因缺漏而影响了契约的效力。

 实例

分产契约

立契约人：张××，女，72岁，系下列立约人赵××、李××、赵××之母、赵××之祖母。

赵××，男，48岁，张之长子。

李××，女，45岁，张之二儿媳。

赵××，男，52岁，张之养子。

赵××，男，18岁，张之孙子。

张××之夫赵××于2001年5月9日因病去世，生前未留下遗嘱。现遗有房屋两间（座落于××市××街××胡同××号），赵、张夫妻关系存续期间积蓄有人民币120万元，均存在张的名下。另有彩色电视机、冰箱、家具、生活用品等什物。赵××生前欠他人借款10万元。张××考虑到家庭实际情况，决定分割家庭财产，为做到合理合法，不伤和气，一次分清，永无争执。张××特委托××律师事务所律师王××代书并见证，在征得各继承人认可同意的基础上，依照继承法，共同达成分产条约如下：

一、房屋一间（东厢房）、彩色电视机、冰箱、家俱及生活用品等什物，银行存款人民币66万元，全部归赵之配偶张××所有。

二、张、赵之长子赵××为残疾人，一直未婚随张生活，考虑到其实际情况，分得房屋一间（西厢房），人民币11万元。

三、张、赵二儿媳李××，对两位老人尽了赡养义务，张心甚慰，按第一顺序继承人分得人民币11万元。

四、张之养子赵××，符合第一顺序继承人条件，分得现金11万元。

五、张之孙赵××，父母双亡，应代位继承，分得现金11万元。

六、赵××生前债务10万元，从120万元中支出。

以上各条，立契约人完全同意。立约之时，律师在场，今后永无争执。

立约人:张××(签字)手印
赵××(签字)手印
李××(签字)手印
赵××(签字)手印
赵××(签字)手印
2004年8月10日
见证人:××律师事务所
律师王××

本契约一式6份,立契约人各执1份,律师入卷1份。

【评析】

这份分产契约依照我国继承法的规定对私有财产进行了合理分割。由于财产所有人之一方张××尚健在,因而在从总额中划出10万元作为偿还债务费用及属于健在方合法财产55万元之后,张××再按第一顺序继承人继承已去世的被继承人财产11万元及彩电、冰箱、家具、房产等。剩余44万元由其余第一顺序继承人继承。在分配方案的条款中,分别讲明了继承份额的理由,如长子属残疾人应给予照顾,比其余人多得一间房屋。丧偶儿媳对公婆尽了赡养义务,有权作为第一顺序继承人继承财产。养子与亲子女一样,也属法定继承中的第一顺序继承人,有权继承财产,分得同等的份额。孙子女在父母亡故后,可享受父母的权利,依法取得代位继承权,这样既符合法律规定,又贯彻了根据实际情况,予以合理照顾的原则,因而财产分割得公平、合理、合法。

三、协议书

(一)协议书的概念及作用

协议书是民事权利义务主体之间为设立某种权利义务关系或为解决某类民事纠纷,经协商达成一致意愿后,就如何履行而拟制的书面协议。

协议书虽然类属于合同的范畴,但又不等同于合同。合同受《合同法》的约束,共分15种有名合同;而协议书则受民法的调整制约,可以发生于民事活动中的各个层面。就约定的内容而言,协议书中所解决的问题要比合同小得多。

协议书广泛运用于社会生活中的各个领域,分为广义协议书和狭义协议书。广义协议书是指民事主体之间基于需要为设立或解决一定的权利义务关系而签订的共同信守合约,如合伙协议书、图书出版协议书、借款协议书、交通肇事赔偿协议书、解除劳动关系协议书等,这与合同具有同等属性。狭义协议书是指受家庭婚姻法律调整制约的确立财产、身份关系的合约,如遗产分割协议书、解除合作关系协议书、收养子女协议书、遗赠抚养协议书、解除养父女养母女、养父子关系协议等。

民事主体在民事活动中经友好协商共同达成的一致意愿,是其自愿原则的体现。约定的内容只要符合国家的法律,符合自愿原则,就必须自觉履行,不得违反。协议书的签约并付诸实施，可以使设定的权利义务上升到法律层面，作为信守遵从的蓝本，同时也可以为争议的解决提供有效的依据，这对于调整好民事主体之间的权利义务关系，消除矛盾，构建和谐稳定的社会环境具有重要作用。

（二）协议书的格式、内容及写法

协议书由五项内容组成：

1. 标题。标明“××××协议书”。标题可以列出协议的事由，如收养协议书、借款协议书等，也可以不列事由，只写“协议书”。如何拟制，可因情自定。

2. 立约人的身份概况。按顺序依次写明签约各方人员的姓名、性别、年龄、职业等自然情况。名称可用“甲方”、“乙方”、“丙方”称谓，也可用“出借人”、“借款人”；“收养人”、“送养人”等专项称呼，如何使用，应根据具体情况酌情而定。签约人如系法人或其他组织的，写明单位名称及住所地址，同时写明其法定代表人的姓名。

3. 立约的缘由。本段为协议的起句，一般来说，应用若干句简练的语言交待出签订本协议起源于何事，何原因。如：“借款人王×林开办公司实体，急需资金，经与出借人段×利协商，同意借款，双方特达成如下协议供双方遵守”。

4. 协议内容。这是协议书的主体，应用条款的形式将签约主体共同商定的内容、按照一定的表达次序载明，作为履行的依据。约定的内容如果不多，可按条按项分别以一、二、三的形式逐一写清即可。如果约定的内容较多，比较复杂，为了保证内容的清晰度，应分成若干个专题分别表述，“甲方的权利与义务：1. ……2. ……3. ……；乙方权利与义务：1. ……2. ……3. ……”。协议的最终条款应写明未尽事宜的处理，协议的效力及印制份数、各方所执的份数。

5. 尾部。由各立约人署名、盖章。系法人签约应写明单位全称、法定代表人姓名，并加盖单位公章及私人印鉴，注明制文的年月日。

（三）律师代写协议书应注意的问题

1. 协议内容必须体现自愿、合法原则。条款约定的内容须是各方真实意愿的表示，用威胁、欺诈、压制等非正常手段迫使或引诱对方签约属无效协议；条款的内容必须合法，不得与国家法律相抵触，双方规避法律，恶意串通，有损于国家公共利益，社会公德或他人利益而签定的协议亦属无效协议，不受法律保护。

2. 协议内容要表达明确，权利义务关系对等。明确是指条款中表达的意思要清楚、明了，不生歧解。违反之，将有可能导致协议内容的重大误解，面临可撤销的后果。权利义务关系对等是指协议中一方享有多大权利就应尽多大义务，对方亦然。否则，权利义务严重失衡，就会显失公正，也有可能导致协议的撤销，但撤销的权利行使须在签约的一年除斥期内完成。

3. 协议用语要准确无误，表意确定，行文措词要反复推敲，精心表达，避免日后因一字之差，一语之误而导致诉讼造成损失。

附 实例

解除养父女关系协议书

当事人：

王×山，男，65岁，山东人，住××市热力公司家属院。

王×梅，女，32岁，山东人，住址同上。

王×梅幼年父母离婚，于7岁时由孙××送交王×山抚养，王以干女儿的名义给报上户口。当时虽未办理养父女关系的法律手续，但在抚养与被抚养的长期生活过程中，其养父女的关系实际上早已确立。

2000年王×梅就业于××百货大厦，2004年结婚，从此分居另过，经济独立。

现在，王×山提出与王×梅解除父女关系，王×梅表示同意，双方达成协议如下：

一、王×山与王×梅双方自愿解除养父女关系；

二、王×山和王×梅解除父女关系后，王×梅不再对王×山负有赡养的义务，亦无继承王×山遗产之权利；

三、王×山和王×梅无财产纠纷。

以上协议，双方均属自愿，永不翻悔立此为据。

本件书写×份。当事人双方各执一份。

立协议人：王×山（盖章）
王×梅（盖章）
见证人：孙××（盖章）
刘××（盖章）
2007年4月1日

代书人：××律师事务所律师×××。

说明：可建议当事人到公证处公证。

【评析】

这份协议书文字虽不多，但内容却表述得清楚而明了。其正文部分既交待了当事人要求解除养父女关系的主要原因及双方对此表示的各自意愿，底下也写明了经双方协商后所达成的协议内容。特别是第二条对双方解除养父女关系后，权利与义务关系消灭的约定，无疑为今后避免纠纷的发生提供了有力的保证。

四、公司章程

（一）公司章程的概念及作用

公司章程是指有限责任公司或股份有限公司在依法设立时，按照《公司法》的规定制定的共同纲领性文件。公司章程是有限责任公司或股份有限公司设立的必要条件之一，是公司成立的基本纲领。修订后的《公司法》第11条规定：“设立公司必须依法制定公司章程。公司章程对公司、股东、董事、监事、高级管理人员具有约束力。"该法第 23 条、第 77 条及其他有关条款亦规定,设立有限责任公司或股份有限公司应由股东或发起人制定公司章程。公司章程对于公司的依法成立、合法经营具有重要的保障作用。首先,公司以章程的形式,将其名称、住所、经营范围、注册资本、股东姓名及名称、股东的出资方式、出资额、公司机构及产生办法、职权、议事规则、公司法定代表人等内容叙明记载,作为自己的组织纲领,向工商机关登记备案,向社会公开宣布,将公司的基本情况公之于众,因此公司章程具有依法宣告公司成立的宣言书作用。其次,公司章程也是公司内部确立各方权利义务关系的契约。公司章程中通过记载叙明股东的姓名、名称、出资方式、出资额、公司的机构及其产生办法、职权、议事规则、法定代表人等事项,确认了股东在公司中享有的合法地位及其公司运转的管理权、决策权形式,从而成为约束各方活动,规范各方行为的基本准则。再次,公司章程也是公司对外进行经营活动的规范化依据,公司章程中规定的公司组织活动原则、经营方针及其行为准则,是公司对外经营活动的信誉保证,它可以为与本公司进行经济交往的合作方提供可靠的资信依据,同时公司在申请设立注册时向国家工商行政管理部门提交公司章程,并进入工商档案备案,这就意味着公司向政府提出了书面保证,即保证按照自己所定的方针和准则从事经营活动,主动接受政府的监督和管理,从而使公司和政府达成一种默契。公司不仅向政府履行了保证义务,同时也获得了法律保护,政府有责任也有义务对公司进行管理、监督和检查,确保公司合法经营。

(二)公司章程的格式、内容及写法

公司章程的结构,通常采取的是分条列目式行文,行文顺序一般是先总则,后分则,按编、章、节、目、条、款、项等分级式排列,常见的排列主要用"章"、"条"、"款"三级。

1. 标题。在文书顶端居中写出公司的名称及文种名称两项内容,如"陕西天一制药有限责任公司章程"。

2. 正文。正文是公司章程的主体,主要用条目式载明章程规定的具体内容。首先第一章总则应开门见山分条写明制定本章程的宗旨、原则、目的和依据,进行综合概括说明,总领全篇。其次,写明分则条文,即按照章、条、款的顺序,依次写明章程的有关具体内容。目前我国《公司法》规定的公司形态分为有限责任公司和股份有限公司两种类型,公司性质的不同决定了公司章程内容中载明的事项各有所别,修改后的《公司法》第 25 条及第 82 条分别对有限责任公司和股份有限公司章程中各自应载明的事项做了具体规定。本文仅介绍有限责任公司章程内容,股份有限公司章程内容从略。

有限责任公司载明的内容主要有:

(1)公司名称和住所。公司的名称是指经主管部门或审批机关核准审批后所登记注册的公司法人名称。公司名称一经审批,即在一定范围内享有专用权,受到法律的保护,任何实体、团体及单位名称不得与之相同,否则即属侵犯名称权。公司一般只能使用一个名称,但如因特殊需要须使用两个名称的,要报由省、自治区、直辖市人民政府授权机关批准,向公司所在地登记主管机关申请。全国性公司使用两个名称,须上报国务院或国务院授权的机关批准,向国家工商行政管理局申请登记。经核准登记后,应在同一个《公司企业法人营业执照》上注明第一、第二名称。第一名称为公司的正式名称。

公司的住所应写明经登记注册后营业执照中所载明的住所地,以便确定诉讼管辖,确定受送达的处所,确定债务履行处所,确定登记机关等。

(2)公司经营范围。经营范围是国家对经济主体从事经营活动的范围限制,其目的是为了保证市场经济体系的有序进行。公司章程中载明的经营范围应当与其资金、场地、设备、从业人员以及技术力量相适应,并与营业执照上的经营范围相一致,不得超越权利范围经营。

经过公司登记主管机关核定的经营范围,是公司从事合法经营的依据,也是工商行政管理机关对公司进行监督检查的依据,经登记核定的公司经营范围具有法律效力,不能自行变更,若公司因业务需要须扩大经营范围,必须向工商登记机关申请变更登记,经批准后方可从事经营。

(3)公司注册资本。注册资本是创立公司的全体股东实际缴纳的出资额。注册资本的多少直接影响乃至决定着公司的经营能力,也是公司承担责任与风险的担保,因此必须如实记载公司注册的资金实际数额。公司章程中写明公司的注册资本,能够使债权人及社会公众了解公司资本的真实数额,防止不法人员利用不实注册资本进行诈骗,同时也能够使债权人及其他合作交往方与之经济往来时,慎重考虑,避免上当受骗。根据《公司法》规定,有限责任公司注册资本的最低限额为人民币 3 万元。由在公司登记机关登记的全体股东认缴。公司全体股东的首次出资额不得低于注册资本的 20%,也不得低于法定的注册资本最低限额,其余部分由股东自从公司成立之日起 2 年内缴足,但投资公司可以在 5 年内缴足。

(4)股东的姓名或者名称。股东是公司得以成立的出资人,也是公司经营获益后利益分配的合法享有人,因此股东的姓名或名称(姓名指自然人股东、名称指法人股东)及住所必须载明于公司章程之中,以便确立股东的合法地位,便于查询、联系及协作。根据《公司法》的规定,有限责任公司组建股东最高人数不得超过 50 人。

(5)股东的出资方式、出资额和出资时间。股东的出资方式又称出资形态,是指为创建公司而缴付给公司的一定财产。我国《公司法》第 27 条规定了出资可以用货币,也可以用实物、知识产权、土地使用权等可以用货币估价并可以依法转让的非货币财产作价出资,但法律、行政法规规定不得作为出资的财产除外。对作为出资的非货币财产应当评估作价,核实财产,不得高估或者低估作价。

出资额是决定股东、权利义务大小的基本条件,也是决定股东在公司中地位高低的重要标准,公司经营活动的利润分配及股东应对公司承担责任的大小均是以各股东的出资额确定的。我国《公司法》第 28 条规定:“股东应当按期足额缴纳公司章程中规定的各自所认缴的出资额。……。股东不按照前款规定缴纳出资的,除应当向公司足额缴纳外,还应当向已按期足额缴纳出资的股东承担违约责任。"第31条亦规定:"有限责任公司成立后,发现作为设立公司出资的非货币财产的实际价额显著低于公司章程所定价额的,应当由交付该出资的股东补足其差额;公司设立时的其他股东承担连带责任。"

出资时间是指股东交纳出资额的具体日期,该时间在公司章程中予以载明,即意味着股东享有公司权利及义务,确立股东地位的合法自此开始。

(6)公司的机构及其产生办法、职权、议事规则。公司的机构主要包括股东会、董事会、监事会或执行董事、经理、监事。《公司法》中对公司组织机构的设立、人员数量、权限范围、任期期限、议事规则等都做了明确规定,对此,应按法律规定将上述内容一一写清,以便公司成立后有效地发挥其管理运作的职能。

(7)公司的法定代表人。公司的法定代表人是指经公司注册登记管理机关认可的对外代表公司行使职权的负责人。有限责任公司设立董事会的,由董事长任法定代表人;不设董事会而设执行董事的,由执行董事为公司的法定代表人。

(8)股东会会议认为需要规定的其他事项。这是一项灵活性的规定内容。除了以上七项必备项目外,《公司法》还规定公司可以根据实际需要,对某些关系到公司全局性的其他重大事项作出规定。如股东对股权的转让、公司的财务管理、工会组织、职工制度、公司章程的解释权、修改权等,具体如何写,应根据实际情况酌情拟写选定。

(三)律师代写公司章程应注意的问题

起草公司章程是律师进行非诉讼法律事务代书活动的基本业务,其制作格式及其基本框架应按照国家工商机关统一印制的文本拟制,除此而外,还应严格把握好以下几点:

1. 起草公司章程之前,应做好必要的调查了解,汇集公司创立的全部材料,并进行细慎的法律审查,特别是对股东的人数、注册资本、股东出资方式和出资额等要严格把关,掌握好数据标准,防止违反公司法及其他有关法律、法规的情况发生。

2. 拟制公司章程的目的、依据和宗旨要简明扼要,突出特点。书写各条内容既要合法,又要条理清晰,逻辑严密。为保证其结构的严谨,可采用演绎证明的方法,先一般,后个别;先总纲,后细目;先原则,后例外;各章单列则成篇,合则成整体,切忌章程头绪混乱,繁琐冗长。

3. 内容要表达准确,符合客观实际。公司章程中反映的事项必须符合公司的现状,特别是对公司的名称和住所、经营范围、注册资本、公司的机构等重要问题的表述,必须与公司的现状、能力和实际计划相一致,否则在客观上就会造成对政府和公众的欺骗。此外,在文字上也要确切精练,通俗易懂,庄严朴实。

4. 公司章程是一种要式行为,因此必须以书面形式体现,公司章程拟就后须经全体股东认可,最后由全体股东在章程尾部署名或盖章,才能在公司的出资人之间产生法律约束力。

××县蔬菜成品加工厂章程

第一章　总则

第一条　为了繁荣市场经济，巩固和发展乡镇集体企业的权利和义务，维护其合法权益，根据《企业登记管理条例》和《城镇集体所有制企业条例》，制定本章程。

第二条　本企业遵循的原则是：自愿组合，自筹资金，独立核算，自负盈亏，自主经营，民主管理，集体积累，按劳分配，入股分红。

第三条　本企业依法取得法人资格，以其全部财产独立承担民事责任。

企业的财产及其合法权益受国家法律保护，不受侵犯。

第四条　本企业的任务是：根据市场和社会需求，发展商品生产，扩大商品经营，开展社会服务，创造财富，增加积累。

第五条　企业的职工是企业的主人，依照法律、法规和企业章程行使管理企业的权力。企业职工的合法权益受法律保护。

第六条　企业依照法律规定实行民主管理。职工（代表）大会是企业的权力机构，由其选举和罢免企业管理人员，决定经营管理的重大问题。

企业实行厂长负责制。

企业职工的民主管理权和厂长依法行使职权，均受法律保护。

第七条　中国共产党在企业的基层组织是企业的政治领导核心，领导企业的思想政治工作，保证监督党和国家的方针、政策在本企业的贯彻执行。

第八条　工会维护职工的合法权益，组织职工参加民主管理和民主监督。

第二章　企　业

第九条　企业名称：××县蔬菜成品加工厂

住所：××县纬六街副45号

经营范围：蔬菜成品加工及销售

注册资金：10万元人民币

资金来源：县政府拨款及自筹。

第十条　企业在国家法律、法规的规定范围内享有下列权利：

（一）对其全部财产享有占有、使用、收益和处分的权利，拒绝任何形式的平调；

（二）自主安排生产、经营、服务活动；

（三）除国家规定由物价部门和有关主管部门控制价格的以外，企业有权自行确定产品价格、劳务价格；

（四）企业有权依照国家规定与外商谈判并签订合同，提取和使用分成的外汇收入；

（五）向有关专业银行申请贷款；

（六）适合本企业情况的经济责任制形式、工资形式和奖金、分红办法；

（七）享受国家政策规定的各种优惠待遇；

（八）吸收职工和其他企业、事业单位、个人集资入股，与其他企业、事业单位联营，向其他企业、事业单位投资，持有其他企业的股份；

（九）决定本企业的机构设置、人员编制、劳动组织形式和用工办法，录用和辞退职工；

（十）奖惩职工。

第十一条 企业应当承担下列义务：

（一）遵守国家法律、法规，接受国家计划指导；

（二）依法缴纳税金和缴纳费用；

（三）依法履行合同；

（四）改善经营管理，推进技术进步，提高经济效益；

（五）保证产品质量和服务质量，对用户和消费者负责；

（六）贯彻安全生产制度，落实劳动保护和环境保护措施；

（七）做好企业内部的安全保卫工作；

（八）维护职工合法权益，尊重职工的民主管理权利，改善劳动条件和职工的物质文化生活；

（九）加强职工教育，提高职工队伍素质。

第十二条 企业有权按照国家规定自愿组建、参加和退出集体企业的联合经济组织，并依照该联合经济组织的章程规定，享受权利，承担义务。

第三章 职工和职工（代表）大会

第十三条 凡本人提出申请，承认并遵守企业章程，被企业招收，即可成为该企业的职工。

第十四条 职工依照法律、法规的规定，在企业内享有下列权利：

（一）企业各级管理职务的选举权和被选举权；

（二）参加企业民主管理，监督企业各项活动和管理人员的工作；

（三）参加劳动并享受劳动报酬、劳动保护、劳动保险、医疗保健和休息、休假的权利；

（四）按照国家规定评定业务技术职称；

（五）辞职；

（六）享受退休养老待遇。

第十五条 职工应当履行下列义务:

(一)遵守国家的法律、法规和集体企业的规章制度、劳动纪律,做好本职工作;

(二)执行职工(代表)大会决议,完成任务;

(三)维护企业的集体利益。

第十六条 企业必须建立、健全职工(代表)大会制度。

职工代表大会代表由职工选举产生。代表应当是思想进步、工作积极、联系群众、有参加民主管理能力的职工。

第十七条 职工(代表)大会在国家法律、法规的规定范围内行使下列职权:

(一)制定、修改章程;

(二)按照国家规定选举、罢免、聘用、解聘厂长、副厂长;

(三)审议厂长提交的各项议案,决定企业经营管理的重大问题;

(四)审议并决定企业职工工资形式、工资调整方案、资金和分配方案、职工住宅分配方案和其他有关职工生活福利的重大事项;

(五)审议并决定企业的职工奖惩办法和其他重要规章制度。

第十八条 职工(代表)大会依照企业章程规定定期召开,但每年不得少于两次。

第十九条 企业的职工代表大会,可以设立常设机构,负责职工代表大会闭会期间的工作。

常设机构的人员组成、产生方式、职权范围及名称,由企业职工代表大会规定,报上级管理机构备案。

第四章 厂 长

第二十条 企业实行厂长负责制,厂长对企业职工(代表)大会负责,是企业的法定代表人。

第二十一条 厂长由企业职工代表大会招聘产生,经上级主管部门任命并报登记机关核准,方为有效。

第二十二条 厂长应当具备下列条件:

(一)懂得有关法律、法规和方针、政策,坚持企业的社会主义经营方向;

(二)熟悉本行业业务,善于经营管理,有组织领导能力;

(三)热爱集体,廉洁奉公,联系群众,有民主作风;

第二十三条 厂长在法律、法规的规定范围内行使下列职权;

(一)领导和组织日常生产经营和行政工作;

(二)主持编制并向职工(代表)大会提出企业的中长期发展规划、年度生产经营计划、固定资产投资方案;

(三)主持编制并向职工(代表)大会提出企业机构设置的方案,决定劳动组织的调整方案;

（四）任免或者聘任、解聘企业中层行政领导干部，但法律、法规另有规定的，从其规定；

（五）提出企业年度财务预算、决算方案和利润分配方案；

（六）提出企业的经济责任制方案、工资调整方案、劳动保护措施方案、奖惩办法和其他重要的规章制度；

（七）奖惩职工。

第二十四条　厂长有下列职责：

（一）贯彻执行党和国家的方针、政策，执行职工（代表）大会的决议；

（二）组织职工完成企业生产经营任务和各项经济技术指标，提高经济效益，增强企业发展能力；

（三）严格遵守财经纪律，坚持民主理财，定期向职工公布财务账目；

（四）保护企业的合法权益和职工在企业内的正当权利；

（五）办好职工生活福利和逐步开展职工养老、待业等保险；

（六）组织落实安全卫生措施；

（七）定期向本企业职工（代表）大会报告工作，听取意见，并接受监督。

第五章　财产管理和收益分配

第二十五条　企业应当按照国家规定进行清产核资，明确其财产所有权的归属。

第二十六条　企业的公共积累，归本企业劳动群众集体所有。

第二十七条　职工股金，归职工个人所有。

第二十八条　企业外的单位和个人的投资，归投资者所有。

第二十九条　职工股金和企业吸收的各种投资，投资者可以依法转让或者继承。

第三十条　企业必须保证财产的完整性，合理使用、有效经营企业的财产。

第三十一条　企业的收益分配，必须遵循兼顾国家、集体和个人三者利益的原则。

第三十二条　企业必须执行国家有关财务、会计制度，接受审计监督，加强企业内部的财务管理。

第三十三条　企业的税后利润，由企业依法自主支配。

第三十四条　企业应当按照国家规定确定公积金、公益金、劳动分红和股金分红的比例。

第三十五条　企业职工的劳动报酬必须坚持按劳分配的原则。

第三十六条　企业的股金分红要同企业盈亏相结合。企业盈利，按股分红；企业亏损，在未弥补亏损之前，不得分红。

第三十七条　企业必须依照国家规定提取职工养老、待业等保险基金。职工养老、待业等保险基金在征收所得税前提取，专项储存，专款专用。

第六章　企业的终止

第三十八条　企业有下列原因之一的，应当予以终止：

（一）企业无法继续经营而申请解散，经原审批部门批准；

（二）依法被撤销；

（三）依法宣告破产。

第三十九条　企业终止，应当依照国家有关规定清算企业财产。企业财产按下列程序清偿各种债务和费用：

（一）清算工作所需各项费用；

（二）所欠职工工资和劳动保险费用；

（三）所欠税款；

（四）所欠银行贷款以及其他债务。

不足清偿同一顺序的清偿要求的，按照比例分配。

第四十条　企业财产清算后剩余财产，按照下列办法处理：

（一）有国家、本企业外的单位和个人以及本企业职工个人投资入股的，应当依照其投资入股金额占企业总资产的比例，从企业剩余财产中按相同的比例偿还；

（二）其余财产，由企业上级管理机构作为该企业职工待业和养老救济、就业安置和职业培训等费用，专款专用，不得挪作他用。

企业终止，必须按照《企业法人登记管理条例》的规定办理注销登记并公告。

第七章　附　则

第四十一条　本章程与国家法律、法规相抵触的应以国家法律、法规为准。

第四十二条　本章程的修改必须经过企业的理事会或职工大会、职工代表大会讨论通过。

2006年3月29日

【评析】

这份章程记载的内容全面而具体，体例按照先总则，后细目的顺序，逐章叙述各章的具体内容，条目清晰，章法有序。各章所载事项也均符合有关法律规定，法律手续完备，是一份写得较规范的章程文件。

第三节　家庭事务类代书

律师参与公民家庭事务处理代写文书是其法律事务活动的又一组成部分，常用的主要有婚前财产约定协议、婚后财产约定协议；离婚协议、子女抚养协议、收养协议、解除养父子、母女、父女关系协议；指定监护人协议、解除监护权协议、遗赠抚养协议、分产契约等，上述文书亦属合约类文书，故家庭事务类文书与合约类文书存在交叉重复现象，由于协议书上一节已做了专门介绍，本节仅介绍遗嘱及赠与书的写作。

一、遗嘱

(一)遗嘱的概念及作用

遗嘱是公民生前为处分自己的财产或者其他事务所确立的书面凭证。

遗嘱的效力只有在立嘱人死亡后才生效。我国《继承法》第16条规定:"公民可以依照本法规定立遗嘱处分个人财产,并可以指定遗嘱执行人。公民可以立遗嘱将个人财产指定由法定继承人的一人或者数人继承。公民可以立遗嘱将个人财产赠给国家、集体或者法定继承人以外的人。"可见,遗嘱是一种单方面的法律行为,其效力高于法定继承,立嘱人享有自己处分个人财产的权利,无须他人同意。

遗嘱的类型可分为处分遗产的遗嘱和处理其他事务的遗嘱。其他事务的遗嘱主要是立嘱人告诫家庭成员身后的有关事项,如丧事从简,不开追悼会、骨灰处置、遗体捐献医务部门供解剖研究、捐献器官、告诫家庭成员和睦相处等。公民在生前用遗嘱的形式处分财产和其他事务,可以避免日后因遗产而发生纠纷与诉争,有利于实现家庭成员的团结和睦,有利于社会稳定。

(二)遗嘱的格式、内容及写法

遗嘱由首部、正文和尾部组成。

1. 首部。包括下列内容:

(1)标题。写明"遗嘱",也可以在"遗嘱"之前冠以姓名,如"王××遗嘱"。

(2)立嘱人的身份概况。依次写明立遗嘱人的姓名、性别、年龄、籍贯、职业、工作单位及职务、住所地址等。

2. 正文。该部分是遗嘱的核心,主要写明立遗嘱的原因,遗产的名称、数量(额)及其处置分配方法,遗嘱的说明事项三项内容。

(1)立遗嘱的原因。要求用简要的文字交待为何要立此遗嘱,为下面财产的处置奠定基础,如:

> 我一生节俭,置下一点家业,近来考虑到年老体弱,日感不支,为避免在我百年之后子女之间为遗产发生争执,趁在世之日,头脑清醒之时,立此遗嘱,将财产作如下处分:

(2)遗产的名称、数量(额)及处理分配的方法。遗产如果是动产的只须写明财产的名称、件数、数额及由谁继承即可。遗产如是不动产的应先写明该房产座落的地址而后再写明该房产的结构及间数,最后写明由谁继承。如立嘱人处置的财产较多,可另列遗产分配清单与遗嘱配套使用。兹举例说明:

> 一、座落在仙林镇观音巷10号的十间瓦平房,东边的两间分给大儿子张×富所有;西边的两间分给二儿子张×强所有,小院子两家共同使用。
>
> 二、储蓄在本镇丰富街储蓄所的定期存款12 000元,分给女儿张×香。

三、其余财产：计有金戒指两只，衣柜一个，考虑到侄儿张×平平时对我照顾有加，上述财产分给侄儿张×平所有。

这些财产留给子女权作是一种纪念，切望子女们要和睦相处，勿生事端。我去世后、丧事从简。

(3)遗嘱的说明事项。写明本遗嘱书写成立后，一式几份由谁保存，一旦立嘱人去世后，由谁向家庭成员宣布。公开的遗嘱应写明立嘱后由各承受人各存几份，并说明其于立嘱人去世之时即行生效。

3. 结尾。由立遗嘱人、见证人、代书人签名盖章，并注明立遗嘱的时间及地点。

(三)律师代书遗嘱应注意的问题

1. 遗嘱的成立必须符合法律规定。首先立嘱人主体必须是有行为能力的人，无行为能力或者限制行为能力的(如年老痴呆、神志不清等)所立遗嘱无效；其次遗嘱必须出自立嘱人的真实意愿，受他人胁迫、欺骗、引诱等方式所立遗嘱无效；再次遗嘱的内容不得违反国家法律，不得违反国家和集体利益，不得剥夺、取消未成年人、无劳动能力或生活困难的法定继承人的继承权；最后，遗嘱内容必须真实，伪造的遗嘱无效，篡改的遗嘱，篡改的内容无效。

2. 律师代书遗嘱应当有两个以上见证人在场见证，律师代书后，由代书人、其他见证人和立嘱人签名。但下列人员不能做为遗嘱见证人：无行为能力人、限制行为能力人、继承人、受遗赠人、与遗赠人有利害关系的人。

3. 为了体现遗嘱的真实性，律师代书遗嘱草稿拟好后交由立遗嘱人审核无误，应选用结实耐用的纸张让立嘱人重新誊写一遍，并签字认可，捺指印。以防止若干年后遗嘱生效时家庭成员对该遗嘱的真实性产生质疑。如立嘱时遗嘱人已重病在身无法誊写，律师代书时除应完善签字、见证等手续外，还应做出同声录音或同步录像，以视听资料相佐证实其真实性。

遗　嘱

立遗嘱人：王××，男，一九××年×月×日出生，现住×××××××××，身份证号610113195××××703

我同妻子李××在××××××××有商品房一套，(建筑面积86.78平方米)，系我们的共同财产，我妻已于20××年×月×日在×××××××××死亡，该房产未予分割，房权证户主是我。我共有四个子女，大儿、二儿、女儿均在外地工作，现我一直同小儿子王×××及其妻子胡×共同生活，多年来小儿夫妇俩对我照顾有加，我甚欣慰，为防止在我去世后子女就上述房产发生纠纷，特立此遗嘱，在我亡故后将上述房产中属于我的部分由我小儿子王××继承。

特立此遗嘱

立遗嘱人:王××(签名)指印

2008年7月8日

【评析】

这份遗嘱的内容写得简明清楚,因该房产系夫妻共有财产,妻去世后未予分割,故该遗嘱仅对立遗嘱人自己享有的那份进行了处分,立嘱内容符合法律规定。

二、赠与书

(一)赠与书的概念及作用

赠与书是指财产所有权人自愿将其名下的财产无偿地赠送给受赠人所有所书写的法律文书。

赠与行为是民间发生的一种民事活动。其适用主体存在于赠与人与受赠人之间,赠与人因特定原因基于自愿将其所有的财产转移至受赠人身上,而受赠人则同意接受,可见,赠与是一种双务行为,如果单方赠与而对方拒收则不构成赠与关系。赠与虽然是双务行为但其权利义务却不是对等原则,赠与具有无偿性,即赠与人只行使向受赠人赠送财物的义务,却不享有取得对方回报的权利。而受赠人则只享有取得赠与物所有权的权利,却无须对对方尽任何附条件之义务。赠与行为有的发生在家庭成员内部,也有的则发生在家庭之外人与人之间、个人与单位之间、单位与单位之间。赠与行为用赠与书的形式固定下来,对于调整好民事主体之间的财产所有权关系,促进民事活动的健康、有序发展具有积极作用。

(二)赠与书的格式、内容及写法

赠与书由三部分组成。

1. 首部。包括下列内容:

(1)标题。写明"赠与书"。

(2)赠与人及受赠人身份概况。按顺序依次列出各自的姓名、性别、年龄、籍贯、职业、工作单位及职务、住址等。如系法人或其他组织的,写明单位全称,所在地址及法定代表人的姓名、工作单位及职务。家庭成员内部赠与的还需写明赠与人与受赠人之间的亲属关系。

2. 正文。这部分是赠与书的主体。应写明赠与的原因,馈赠的财产名称、数量,对受赠人的要求及希望三项内容。

(1)赠与原因、馈赠财产的名称及数量。首先应简要写明赠与人与受赠人系何关系,因何原因决定对财产予以赠与。一般来说,赠与双方的关系主要是亲属关系,同事关系,挚友关系等。其次再写明赠与的内容,即将何财物、何数量赠与受赠人。

如赠与的财产是动产则只须写明受赠人接受的财产名称、数量即可。是不动产的应交待出房屋坐落的位置、房屋结构、间数及其建筑面积,还应写明产权过户手续办理的内容。

(2)对受赠人的要求或希望。此项不是赠与书的必写内容。应根据赠与人对受赠人接受的财产在使用上有无要求灵活考虑。一般来说,对于贫困山区的慈善捐助赠与,受赠人往往都是基层的行政管理部门,如扶贫机构、教育部门、村委会等,如何使用好该笔赠与款,也是赠与人十分关心的问题,对此可以提出受赠款使用的具体要求和方案。如:"要求县教育局将该笔赠与款全部用于修建家乡希望小学的公益事业,由县审计部门负责监督,并按期将建设工程款开支向赠与人回告"。

(3)尾部。写明"特立此书,以资证明"。或"此赠与书受法律保护,他人不得干涉"。右下角由赠与人、受赠人签名,盖章。注明具文的年月日。最后左下角写明"本赠与书一式×份,双方各执×份"。

(三)律师代书赠与书应注意的问题

1. 赠与书是双方的自愿行为,律师在代书之前必须充分注意这一点。若受赠人拒绝接受赠与,则赠与行为无法产生,也就不能代书。

2. 赠与的原因与赠与行为二者是一前一后互为因果关系,交待原因要清楚、明确,赠与的原因入情入理,赠与的行为自然顺理成章。

3. 文字要严谨,表达要周密,尾部签名、用印手续要完备,以防日后引发事端。

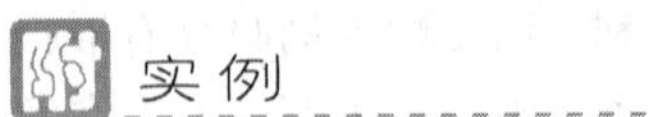

赠与书

赠与人:王×业,男,75岁,汉族,山东省××县人,退休职工,住××市××区××路126号。

受赠人:张×友,男,62岁,汉族,山东省××县人,退休工人,住济南市槐荫区道德三里77号。

受赠人张×友系赠与人王×业之妻弟。王×业之妻张志兰去世时,张×友曾帮助料理丧葬事宜。王×业内心甚为感激。

现坐落在济南市槐荫区道德三里77号院内的4间房屋(东屋3间,北屋1间。均系平房,砖木结构瓦顶,建筑面积为64平方米),系王×业个人于1949年9月16日购买的,此处房屋一直由妻弟张×友代管。因王×业在乡村祖业房屋内居住;妻弟张×友人口多,需要住房。王×友自愿将此处房产赠与张×友所有。为避免以后发生争执,特立此赠与书以资证明。

赠与人:王×业(盖章)
受赠人:张×友(盖章)
证明人:王×明(盖章)
王×会(盖章)
2006年6月9日

【评析】

该赠与书中在写明了赠与的标的，赠与的原因之后，表明了“自愿将此处房产赠与张×友所有”的态度，内容写得简练，符合要求。

第四节　债权债务、消费侵权类代书

一、借据

（一）借据的概念及作用

在日常生活及经济交往中，人们有时因为需要资金，而又手头拮据，需向他人借款，以达到其使用的目的。借据就是借款人向出借人出具的形成债权债务关系的书面凭证。

借据又称借款条，数额较大的借款行为也可形成借款协议。它是民间使用最为广泛的一种法律文书。借据根据借款人与出借人双方约定的借款数额、还款期限、利息、利率等将之在借据中予以载明，并由借款人签字盖章，捺手印，该借贷关系即宣告成立。如借款人违约，到期不返还本金及利息，该借据就成为打官司的重要证据。如无书面借据，即使存在该借贷行为，而到期后借款人不予承认，就会导致有理说不清，吃哑吧亏，所以发生借贷关系，千万不要忘了立借据。借据一般应由当事人亲笔书写，律师从法律角度审查该借贷行为的合法性。对于当事人不会写字的，也可由律师代写，但必须在尾部由借款人亲笔签名，同时双方签订民事委托书，载明该借据授权律师代写方为有效。

（二）借据的格式、内容及写法

借据属条据性应用文，其内容十分简单，一般说应写明以下几项内容：

1. 标题。在稿纸顶端居中标出“借据”、“借款条”或“借条”。

2. 正文。这是借据的主体部分。公民之间借贷的一般常以“今借到”作为开头，底下内容应写清向谁借了多少数额的钱款，定于什么时间予以归还，利率是多少等。向单位借款的还应写明其具体用途。书写钱款的数额除应用阿拉伯数字表示外，借款人还应在其后面用括弧注出其大写数字，以示严密，防止篡改、偷加数字，被人钻空，造成损失。如“今借到李××人民币5000元（伍仟元）整。”最后在钱款数额的尾数之后应加个“整”字。

3. 尾语。在正文下行偏左下方写明“此据”二字，即立此据的意思，以示郑重，后边不必加标点。

4. 落款。包括署名和时间两项内容。如果是个人借款，署名之前需加上“借款人”的字样，再由借款人署名。如果是代表单位借款，则应写明借款单位的全称，并加盖单位公章。底下再写“经手人：×××”。最后再注明立借据的年月日。

（三）律师代写、审查借据应注意的问题

借据是发生债的关系的重要凭证，也是提起诉讼，索取债务的重要证据。一张纸条虽然简短，但却涉及并包含了诸多法律问题，稍有疏忽，即容易跌入陷井而无法自拔，导致自己的经济利益遭受损失。因此出具使用借据，形成债的法律关系必须谨慎，从目前实践来看，尤其要注意以下几个法律问题：

1. 出借前首先出借人要分析预测对方是否有偿还能力，主要应分析借款人目前的经济实力如何，借款用途将来开发前景如何，本人思想道德品质如何，将来是否具备还款能力等，进行综合考察，如果有问题不要轻易出借，否则将会给自己造成经济损失，带来无限拖累烦恼和痛苦，而追悔莫及。

2. 约定的利率应符合法律规定。根据我国法律的规定，公民之间的民间借贷，其利息可以适当高于银行同期利息利率，但最高不能超过中国人民银行同期贷款利率的4倍，超过4倍以上的，属违法约定，法律不予保护。至于说放高利贷、利滚利或者利息计入本金计算复利的，更是违法行为，对此法律不加以保护。

3. 出借钱款用途要合法。借款之前出借人要问清借款人借款后将钱支出于哪些方面，借款的用途只能是合法的行为，而不能是非法的行为，如果明知借款人将借来的钱用于嫖娼、赌博、吸毒或从事法律禁止的违法经营（如购买淫秽录像带、购买市场禁止流通国家统购统销物品）活动等，而予以出借，则该借贷行为属无效民事行为，只能返还本金，利息及违法营利所得则予以没收，上缴财政，情节严重的，还要另加罚款。

4. 出借数额较大的资金，应履行必要的债的担保手续，担保标的及担保人可以是借款人也可以是第三人，以保证出借资金的安全。

5. 为了确保出借人债权利益的实现，避免发生纠纷后打官司，出借人与借款人可持该借据或借款协议进行公证，经公证机关出具公证书后，该文书就成为赋予强制执行效力的债权文书，如借款人在还款期限届满后不履行还款义务的，出借人持该公证文书可到人民法院申请强制执行，无须诉讼直接进入执行程序。

6. 注意诉讼时效。出具借据并实际付诸履行后，债的关系即形成，如果借款人未按照借据约定按期限履行还款义务，即构成违约，出借人应十分注意提起诉讼或申请支付令的诉讼时效，即应在知道或应该知道其权利被侵害之日起（指从应还款之日起算）两年内提起诉讼或申请支付令，如超越了此期限，其间又未主张债权，不存在时效法定中断的事由，法律则无法保护，如果坚持起诉，人民法院将不予受理或驳回诉讼请求，对此万不可掉以轻心。

7. 在借据中要注意写清还款期限和利率。如未写清，按照法律规定办理。根据《最高人民法院关于贯彻执行〈中华人民共和国民法通则〉若干问题的意见》第121条的规定："公民之间的借贷，双方对返还期限有约定的，一般应按约定处理；没有约定的，出借人随时可以请求返还，借方应当根据出借人的请求及时返还；暂时无力返还的，可以根据实际情况责令其分期返还。"第123条规定："公民之间的无息借款，有约定偿还期限而借款人不按期偿还，或者未约定偿还期限但经出借人催告后，借款人仍不偿还的，出借人要求借款人偿付逾期利息，应当予以准许。"第124条规定："借款双方因利率发生争议，如果约定不明，又不能证明的，可以比照银行同类贷款利率计息。”对此，应了解并掌握上述规定，以便在发生纠纷时，能有效地运用法律武器保护自己。

8. 借据交由出借人后，出借人应妥善保管，不要丢失，免得日后发生纠纷诉至公堂无法举证，而丧失胜诉权。为了保证借据时间效力，借据应用钢笔或碳素笔、毛笔书写，不可用铅笔、圆珠笔书写。

实例一

借　据

今借到王×人民币5300元（伍仟叁佰元）整，借期1年，于2008年2月10日返还，借款利息为550元，按年利率10.36%计息。

此据

借款人：伍×忠

2007年2月10日

实例二

借款协议

借款人：王×旦，××县个体工商户。

出借人：段×利，××县洪锋商贸有限公司经理。

借款人王×旦因开办餐饮食品店，急需资金，经与段×利协商，同意借款，双方达成如下协议：

一、段×利同意向王×旦借款人民币30 000元（叁万元）整，于本协议签字生效之日起一次性给付。

二、借款期限为2年，于2009年5月3日一次性返还。

三、利息为年息13.5%，到期一次性返还利息8100元（捌仟壹佰元）整，本金连同利息共计38 100元（叁万捌仟壹佰元）整。

四、为了保证出借人段×利的利益，借款人王×旦愿以其在镇上开办的饭店全部资产做抵押（资产价值4万元），并将营业执照交由段洪利保存，如到期不还款，该饭店即归段×利所有。

五、如遇有执照年检、查执照、交纳税款等事需要营业执照时，段×利应及时出示，不得误事。

六、发生纠纷双方协商解决，协商不成任何一方可向县法院瓦窑法庭起诉。

借款人：王×旦（签字）

出借人：段×利（签字）

2007年5月3日

【评析】

例一借据写得简明扼要，约定的内容清楚完整。例二用借款协议形式体现，主要是因为数额较大，又存在质押事项，这说明出借人具有很强的法律观念。该协议详细记载了借款的数额，借款期限，利息的约定数额，及质押物的约定内容，争议的解决方法等，条款内容写得周密严谨，清楚明了，一旦发生纠纷，就有了可靠的依据。

二、收条

（一）收条的概念

收条是指出借人（债权人）收到借款人（债务人）的还款后向还款方出具的收到款项的文字凭据。

收条是证明债务人履行了还款义务的书面凭证。债务人向债权人履行了付款义务，债权人应及时向债务人出具收条，载明收到款额的支付人姓名及支付的金额交由债务人保存，以作为该债权债务已经实际履行完毕的文字凭证。当然，债务人履行了还款义务，也可以从债权人手中抽回借据或欠条，表明债的关系已消除，也可不用出具收条。

（二）收条的格式、内容及写法

收条写作十分简单。

1. 收条上端先列明“收条”两字。

2. 正文写明：“今收到×××（姓名）偿付欠款人民币××××元，特此证明。”

3. 尾部。由出具收条的收款人署名，注明收款日期。

（三）律师代书收条应注意的问题

1. 收条做为债务已实际履行的文字凭证具有重要的法律意义。因而在正文内容中要具体写清收到谁返还的钱，数额是多少。文字表达要清楚，数额要确定，不能出现误差，否则一个小数点用错，一个数码误用都将可能铸成大错，造成有理说不清。

2. 收条要交由还款人妥善保存，以便作为已履行还款义务有力证据。

3. 收条一般应 由收款人亲笔书写。如果收款人不会写字，也可由律师代书，但尾部须由收款人自己署名，同时双方应建立委托代书手续，载明由律师代书收条，才属合法。

三、消费者投诉状

（一）消费者投诉状的概念及作用

我国的消费市场目前最突出的问题是消费质量投诉，当消费者购买了商家经销的伪劣、假冒产品，合法权益受到侵害经与商家或厂家协商退货、换货或索赔却无结果情况下,消费者可以向当地消费者协会投诉,要求消协予以公正调处解决。消费者投诉状就是消费者向消费者协会投诉时递交的书面材料。

社会主义市场经济的高速发展,带来了繁荣昌盛,但是也应该看到一些人利欲熏心,为求发财昧了良心而不惜以假充真,以次充好,坑害百姓。伪劣冒牌商品、食品的大量涌现,不仅严重冲击了社会主义市场经济秩序的正常健康发展,损害了国家、企业的名誉,而且也侵害了消费者的利益,使其蒙受价格身心健康或经济上的损失。

因消费发生了纠纷,消费者可以行使投诉权,由律师代书或自行书写向当地消费者协会递交投诉状。在投诉状中通过叙述清侵权的事实证据,阐明投诉的理由及法律依据,提出投诉的请求,可以引起消费者协会的充分重视,正确把握案情以搞好下一步的调查、核实、取证、索赔工作,制裁商品流通中的违法行为,维护消费者的合法权益。

(二)消费者投诉状的格式、内容及写法

消费者投诉状主要由六个部分组成。

1. 文书标题。在书状顶端应用与正文大二号的字体居中标明"投诉状"三字。也有的在标题文字名称之前反映出投诉主体,即"消费者投诉状"。

2. 投诉人和被投诉人的基本情况。在投诉人栏目之后,应具体写清投诉人的姓名、性别、年龄、详细住址、电话号码及邮政编码。在被投诉人栏目之后,应写明被诉人姓名(或单位名称)、地址。如可能亦需提供电话号码及邮政编码。本项目要求填写准确而清楚,特别是住所地址、电话号码及邮编要具体而明了,以便保证受诉机关与之联系。

3. 投诉请求。用简练的文句写明投诉人向投诉机关投诉所要达到的基本目的。如:

投诉请求:要求退回在××医药门市部购买的伪劣药××乙肝冲剂50袋,返还购药款,并追究该门市部销售假药的法律责任。

如系因购买货物的质量问题而造成人身伤害或财产损坏导致经济损失的,还应写明要求对方对侵权民事赔偿责任承担的具体意见。如:

投诉请求:要求退回在××商店购买的伪劣产品——环球牌热水器一台,并要求××商店赔偿热水器严重漏电,将我电伤住院支付的门诊治疗、医药费共计1035元。

4. 事实根据和理由。这部分是投诉状的主体部分,应具体写明投诉纠纷的主要情节及投诉人对此所持的看法和主张。写投诉情节需要围绕投诉人在什么时间,什么地点,因购买什么商品与被投诉者发生了什么争议,争议的焦点是什么等要素进行具体地叙述，如可能，还应提供出投诉的法律、政策依据是什么，目的是使投诉机关对纠纷的始末有一个基本了解，为判明真相，甄别是非，确定责任提供依据。

投诉情节写完之后，还要阐明投诉的理由。理由主要是用一段结论性的文字，对事实及证据进行分析，指出投诉人要求维护自己被侵害利益的合法性及对方侵权行为的非法性。理由既是对事实的概括性认定，也是对投诉请求的立论支持，在文书中具有举足轻重的地位，因而，阐述理由要依法、依情说理，剖析入微，切中要害，避免蜻蜓点水，泛泛而论。说理透彻，说服力强，才能有力地支持投诉请求的成立。如果有必要，在理由末端还可以列举出民法通则、消费者权益保护法等相应法规条款及地方政府颁布的市场管理规则、保护消费者合法权益、抵制伪劣商品有关条例等来做为投诉的有关法律依据。

5. 投诉的证据。证据是证明伪劣商品成立的最有力见证，也是投诉部门识别真伪，辩明是非，公正调处解决纠纷的直接依据。因此在这一部分应具体列出提供的有关证据的种类名称及件数。证据可以是投诉人提供的实物和证人、证言，也可以是其他书面材料，如伪劣商品的照片、鉴定结论等。如果证据类别较多可用分项式方法，即："1……2……3……"，分别列出，最后写明证据随件附后。

6. 尾部。在文书证据段的左下方应分两行写明致送的投诉机关单位名称。一般是在第一行头起低四到六格位置写"此致"。第二行头顶格写"××消费者协会"。最后在其右下角位置由投诉人签名，注明投诉日期。

（三）律师代书消费者投诉状应注意的问题

1. 要准确。消费者行使投诉权其目的是为了使投诉机关出面干预，公正调处解决纠纷，维护自己的合法权益。因此提供的投诉情节一定要真实可靠，符合实际情况，不允许为已所需对争议的事实任意夸大、缩小或歪曲，更不能弄虚作假，将非质量问题强行施加于对方，须知，情节失真不仅会使投诉机关的调查取证徒劳无获，造成人力财力的不必要浪费，而且就投诉人来说，也往往事与愿违，导致自己的投诉失败。

2. 要清楚。投诉情节的叙述应按照购买纠纷的发生、发展变化先后次序逐层叙写，在中心明确的前提下，先写什么，后写什么，要合理布局，恰当安排，力求脉络清晰，因果明确，读后令人一目了然，准确把握了事实的来龙去脉。一般来说，投诉情节简单的，可直接按各要素的要点写明其发展变化的过程即可。而对于投诉情节复杂的，如消费者所购之物系数额较大的电器商品因质量问题不能使用或不能正常使用，与之发生争议并寻求解决的对方则不止原购商品营业部门一家，往往还涉及到产品的维修单位及生产厂家时，这就需要多费点笔墨，将与各方协商而最终不能解决的交涉具体过程按先后发展顺序一一叙述清楚，只有如此，受侵害一方消费者的正当要求才能昭然明现，从中界定出争议纠纷责任的承担。

3. 抓关键，删冗节。投诉情节的叙述不仅要清楚，明了，而且还应做到简明扼要，行文精练。在抓准争议焦点的前提下，对适用的材料要处理好主与次，详与略，写与不写的关系，着力突出由于质量问题或其它原因导致投诉的主要情节，而对于与争议无关宏旨或关系不大的繁枝缛节则应坚决舍弃或略笔概写。例如购物方要求退货时,客主双方发生口角乃至撕打,就不应将打骂具体细节一一写入,以免喧宾夺主,造成败笔。

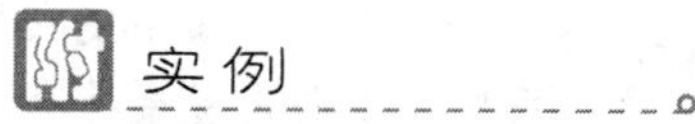

关于购买假玉米种子的投诉信

投诉人:××省××县××乡政府

邮政编码:××××××联系电话:××××××

代表人:张××,男,59岁,汉族,××乡乡长,住××乡××庄

被投诉人:××县××市××种子公司

邮政编码:××××××联系电话:××××××

代表人:李××,男,35岁,××市××种子公司经理

200×年,我乡从××省××市××种子公司购买5000斤玉米良种,每斤×元。定价是按优良品种收费,按湿度2%、纯度8%、发芽率85%的标准购进。可是这批种子运到乡里,经种子推广站进行科学鉴定,并进行发芽试验,发芽率只达到20%。我乡种子试验能手在对每袋种子开包时发现,大部分种子已出现绿色和黑色霉斑,不但不能当作种子,而且也不能食用。

当我乡将这批种子原封退回种子公司时,他们强调在路上运输时受了潮发了霉,不愿承担责任,一不管退,二不理赔。在走投无路的情况下,我乡不得不诉诸你会为我乡做主。

为了买这批种子,各家各户凑钱,有的乡亲是娶儿媳妇的钱都拿出来了,还有人家把盖房的钱拿出来了,都是滴滴血汗钱啊,其结果却被种子公司的假冒种子所占用,这笔钱是5000元人民币,还有运输费,以及其他费用总共15 000元人民币。

我们要求赔偿15 000元的种子费,还有误农时,每亩地××元,共计人民币150 000元。以上索赔请求贵会核查批准。

此致

××县消费者协会

投诉单位:××省××县××乡政府

代表人:张××(公章)

邮政编码××××××

电话号码××××××

200×年×月×日

附项:

1. 证明人证言3件

2. 附购买假种子发货票收据3张
3. 鉴定结果证明1件
4. 与种子公司交涉笔录原稿1件

【评析】

农民用血汗钱购买的玉米良种，谁料却是劣质种子，根本不能播种。为了不使农民的自身权利受到侵害该乡乡政府毅然投诉，实在是应该。当然除了向消费者协会投诉之外，还可选择向法院起诉。本文中个别地方用词尚不够准确。如“在走投无路的情况下”欠妥，可改成“在与种子公司交涉不成时”。因为“走投无路”属贬义词，用在此处不合适。

第五节 报案、上访类代书

一、报案材料

(一)报案材料的概念及作用

报案材料是案件的被害人或其他相关公民、法人及其他组织对发生的犯罪行为案件向公安机关、人民检察院报案、检举、控告时所提交的书面材料。

刑事犯罪发生以后，任何单位和个人均有权利也有义务向司法机关报案、举报。被害人对侵犯其人身、财产权利的犯罪嫌疑人也有权报案或控告。根据法律规定，报案、控告、举报可以用书面形式也可以口头提出。报案材料就是用书面形式提起刑事诉讼案件的重要来源，是侦查机关发现案情的信息源，也是人民群众同犯罪作斗争的重要工具。犯罪行为发生后，公民、法人及其他组织及时地向司法机关提交报案材料，控告、举报犯罪嫌疑人的犯罪行为，提出要求司法机关追究犯罪嫌疑人刑事责任的具体请求，可以促使司法机关迅速立案，惩治犯罪，使有罪的犯罪分子难逃法网，受到应得的法律制裁，捍卫国家法律的尊严。作为案件被害人来说，当自己的人身及财产权利遭受犯罪行为侵犯之后，及时地运用报案材料这一书面形式，要求司法机关依法立案查处，也是用法律的武器维护自身权利不受侵犯的有效形式。报案材料对司法机关而言，经过审查如果认为有犯罪事实需要追究刑事责任的，也就成为侦查活动开始的第一道程序——立案的书面凭证，它对于刑事诉讼活动的提起，依法制裁、打击犯罪，具有重要意义。

(二)报案材料的格式、内容及写法

现行报案材料的写作没有固定的格式，其文种的称呼也形式多样，除了较为流行的“报案材料”这一称呼外，还有“控告书”“检举材料”等其它称谓，其基本形式及作用大体相同。具体说，主要由以下三部分组成。

1. 首部。写明以下三项内容：

(1)标题。在文书顶端居中标出“报案材料”字样。

(2)受案单位的名称。在标题下一行顶格写出呈送报案材料的机关称呼。如：

"××市公安局:"或"××公安分局××派出所"或"××人民检察院反贪污贿赂局:"。

(3)案由及案件缘起的介绍。要求用简明扼要的文字概括说明何年何月何日在何地发生了一起什么案件。该行为已属刑事犯罪,进而提出报案要求依法立案查处的请求。如:

> 2006年7月28日我公司审计部门在进行财务账审计时,发现多处报销凭据单上有涂改数字现象,经核查系会计王××所为,审计结果账目资金共短缺72 000余元,为此特向贵局紧急报案。

案由及案件缘起的介绍做为报案材料的开头部分具有提示、概括报案全文内容的作用,其目的是为了使阅读材料的办案人看了开头的这段文字,即对案情获得一个总体印象,从而为下文具体内容的了解奠定基础。

2. 正文。正文是报案材料的主体部分,包括犯罪嫌疑人身份情况、犯罪事实、报案的理由及法律依据三项内容。

(1)报案时如果犯罪主体已经明确的应写明犯罪嫌疑人的身份,依次写出犯罪嫌疑人的姓名、性别、年龄、工作单位等。如犯罪主体尚不明确(如盗窃、抢劫案的报案),此项不写。

(2)犯罪事实。用详实的文字叙述案件发生的全部经过,犯罪主体明确的,应具体写清何年何月何日犯罪嫌疑人出于何动机或目的,在何地点运用何手段,实施了何种犯罪行为,后果如何,有无证据证实等;犯罪主体不明确的,应叙述何年何月何日在何地点发生了何犯罪行为(如财物、人民币被劫,被盗,银行账号上的钱被套取等),如有怀疑对象的,应将其姓名、身份及怀疑的理由一并提出,以供侦查机关破案时参考。叙述事实要做到线索清晰,依照犯罪行为发生发展的变化过程依次写述,基本要素须完备,关键性情节要重点突出,次要性情节可概略写述,同时要瞻前顾后,特别是具有因果关系的情节,必须注意写全两方面的内容,把握好原因与结果之间的必然逻辑联系,文字上还要简练、扼要,以叙清案情为原则,不宜写得过长,以免导致累赘。

(3)报案的理由及法律依据。这项内容是根据前述事实阐明的报案人对报案的认识及主张,首先用简短的文句对前述事实进行文字概括,说明其行为属犯罪行为,应受到法律的处罚。其次再引用《刑法》有关条款,明确其行为已涉嫌××罪。最后,适用《刑事诉讼法》第108条的规定,提出报案,要求依法追究刑事责任的请求。报案的理由及法律依据不是报案材料的必写项目。一般来说,对于较为重大、有影响的刑事案件报案材料中应写明此项,而对于一般性刑事案件的报案材料则无必要写明,在事实写完之后,只须用"为此,特向贵局(院)报案,请依法立案审查"作为落款即可。

3. 尾部。右下角位置由报案人署名,如系单位报案的,写明单位名称并加盖单位公章,再下方注明报案的日期。如有相关证据需要提交司法机关的,加写附项,注明随报案材料一并呈报的证据材料名称及件数。

(三)律师代写报案材料应注意的问题

1. 代书报案材料前应认真审查本案是否有犯罪事实存在,是否依法应追究犯罪嫌疑人的刑事责任,只有符合上述两条才具备写作条件,对于罪与非罪界限容易混淆的案件,如是合同诈骗还是经济纠纷,是职务侵占还是一般违法占有,尤其需要留意,以免因报错案而导致工作徒劳。

2. 报案的事实必须准确、真实。对于经济犯罪的案件,代书前律师应根据报案人的口述对相关的证据材料进行必要的审查,严格把好事实关、证据关,防止事实失真,水份过大的不良情形发生,更不允许报假案,无中生有,肆意捏造事实,否则不仅不能立案,情节严重的还应承担诬告陷害的刑事责任。

3. 根据《刑事诉讼法》第109条的规定,报案、控告、举报可以用书面或者口头提出。如果选择口头报案的,律师应随同报案人一起到公安机关或人民检察院有关部门报案,由司法机关制作接、报案笔录并填写接受刑事案件登记表作为受理案件的依据。

报案材料

市公安局××分局经侦大队:

我叫孙×航,男,汉族,1958年3月16日出生(见证据一本人身份证复印件),原系西安市未央区城北物资供应站法人代表(见证据二、三企业法人营业执照副本、企业法人代码证书复印件)。

2005年6月14日我单位与陕西××工贸公司签定买卖合同书1份(见证据四合同书复印件),由我单位向××公司供给7类型号钢材。当时,××公司法人代表张××自合同签定时起即未安好心,图谋诈骗。为诱使我单位发货,于2005年7月10日、7月20日、8月4日先后分3次给我单位送来转账支票3张,每张面额分别为20万元、20万元、50万元,我单位接到转账支票后,认为货款已到位,即予发货。谁料上了圈套,每次去银行提款,都以签发有误和账号款扣贷款等种种理由拒付(见证据五、六、七)。第二天我亲自前去紧急交涉,索要货款,张××又于2005年8月8日给我1张空白转账支票,说你自己算一下,送了多少货,将欠款额填入,去银行提款,这次绝对没问题。我就根据送货数量计算后写了1张90万元的支票(见证据八)。但谁料想去银行取款时,该账上分文没有。我单位前后共分批给××公司供货341吨(见证据九××公司收货人汪××、彭××所打收货条若干),货款总额达997 730.12万元(见证据十统计表)。以后,我单位多次催要该笔巨款(见证据十一、十二两份催款通知书)，张××见躲不过，只好付了8万元，过后再不付款。这几年我单位多次前去索款，张××开始还以效益不好暂时无力偿还予以蒙骗，以后就干脆躲而不见。最后，我又找到该公司所在地，但已人去楼空，办公用具及其财产全部转移，不知去向，手机号码也更换了，无法联系。

鉴于上述行为，我认为张××及其公司的行为已触犯《中华人民共和国刑法》第224条之规定，涉嫌合同诈骗罪。为此，特向贵局紧急报案，请予以立案侦查，追回赃款并依法追究张××的刑事责任。

提供破案线索：

1. 陕西××公司注册地，本市五星街一号万德商务中心六楼，今年已年审，现名称为陕西××物业发展工贸有限责任公司，注册机关为省工商局。

2. 张××原籍为陕西耀县县城，其母亲家电话为(0919)6181×××。

3. 陕西××公司办公室主任老杨电话为(029)6714×××(宅)。

4. 陕西××公司副总(张的助手)徐×利原系水利厅工作人员。

5. 张××的司机为李×正。

6. 据万德商务中心门卫反映：2001年11月初张××的弟弟带人将全部办公用具及营业手续搬走转移，张××本人未露面。

7. 据老杨说张××在南关正街西关影剧院××巷小区购有住房1套。另在西高新开发区中也购有商品房1套。

8. 陕西××公司韩会计联系电话87291918。

9. 张××之妻皮×兰，原系澄合矿务局职工，其住址及电话不详，正在调查中。

10. 张××本人所持的是西安市身份证。

报案人：孙×航

2009年12月26日

【评析】

举报人遭受犯罪嫌疑人合同诈骗，为了打击、制裁犯罪，追回自己的经济损失，向公安机关经侦部门报案，提交了这份报案材料。该材料犯罪事实叙述得清楚，从情节中反映的内容来看，犯罪嫌疑人已具备了用欺骗的手段，填写银行账上分文没有的虚假支票，骗取举报人货物的特征，且得手后又逃匿、躲避、人去楼空，完全具备了合同诈骗罪的基本条件。同时在尾部由于详细提供了10条破案线索，这就给侦查人员进行案前调查及后面的案件侦破提供了重要依据。

二、上访材料

(一)上访材料的概念及作用

上访材料也称案件反映材料，是指权利受到侵害或蒙受冤屈的公民或单位向有关行政主管机关或国家权力机关反映情况寻求解决时所递交的书面材料。

近年来随着我国经济体制改革，政治体制改革的速度加快，随着城镇化的迅速崛起，社会各阶层的矛盾日益突出，随着公民法律意识的增强，涉法上访案件也逐年增多。这些上访案件大致可分为两类：一是政府、企事业单位在执行政策时出现的偏差而触动了群众的利益或在事务管理中发生了侵害事实而又久久无法获得解决；二是司法机关的执法行为严重违法，损害了当事人的合法权益又无法通过法律程序解决或对生效判决认为裁判不公向有关权力部门反映寻求解决的途径。我们国家和政府历来十分重视人民群众来访，政府部门、司法机关设立的信访接待制度是接受群众上访的窗口，是联系群众的纽带。倾听群众的呼声，为百姓伸冤解屈，为民众排忧解难，是我们党全心全意为人民服务的宗旨。

上访应该写出书面的上访材料，上访材料是上访内容的文字体现。人民群众或社会团体通过上访材料反映有关问题，可以充分引起有关领导的重视，这些材料经过阅文批转有关部门后，督促被诉单位落实解决，能够大大减少各类社会矛盾，有利于社会的稳定。同时，呈送上访材料依法行使上访权对于改进党和政府机关的工作作风，克服官僚主义，体现执政为民、执法为民的理念也大有裨益。

（二）上访材料的格式、内容及写法

上访材料由首部、本体及尾部三部分组成。

1. 首部。包括标题、受文人呼语及题头概要说明三项内容。

（1）标题。标题是文章的脸面，俗话说："看人先看脸，看脸先看眼"，一份上访材料如果能设计出一个醒目、新颖的标题，则不仅会使阅文者一看即把握了上访材料的中心，而且会牢牢将人吸引，使人产生"急欲一读"的强烈愿望。上访材料的标题通常主要有两种类型：一是公文式标题，这类标题一般常用"关于……的……"例式命名，质朴而庄重，具有公文的语色，这对于长期从事行政公务工作的阅文者来说比较容易接受。如"关于……机关滥用职权，违规罚款的反映材料"就属此类。二是形象式标题，此类标题的特点是具有浓烈的色彩感，目的是提起阅文者的兴趣，引起关注，一看标题即抓住人心。如：

（1）生效判决不执行、法律岂能当儿戏

（2）拆迁单位被坑骗十二年维权难以实现　国有资产违法转为私有令人触目惊心（主标题）

——关于××××诉××××侵权一案的上访材料

（2）受文人呼语。在标题之下的左侧顶格写明呈送材料的有关部门名称或有关主管领导的姓名。如："××省公安厅纪检委："、"××市政府信访办："、"××县长："、"××人大常委会×主任："、"××政法委×书记："等。如向多家单位领导呈送材料的开头也可以统一冠以"尊敬的各位领导："名称。

（3）题头概要说明。亦称概况撮要，主要写明上访的缘由。这是上访材料的开头语，用简练的文字概要说明就何事进行反映，为何缘由上访，使阅文者先获得一个综合整体认识，以便为下文的具体内容了解奠定基础。

2. 本体。本体即上访材料陈述的具体内容，这是其写作的重点。主要写明以下几项内容：

(1)对案(事)件经过的陈述。要求用简明扼要的文字叙述清案(事)件发生、发展、演变的全部过程，包括何时间，在何地点，因何原因，何人(或单位)之间发生了何事，造成了何后果等。对于某些较复杂，经过曲折漫长久拖无法解决的事(案)件要注意将时间逐步发展、事件逐步演变的曲折过程及复杂的关系等交待清楚，如有证据，可在叙述过程中，将证据一一列出，并注明"(见证据一)""(见证据二)"，目的是使接访者对基本事实有一个概貌了解，以便交办给有关部门调查核实，进行处理。

(2)上访人对上访内容的基本评价。这项内容主要是在前述事实的基础上，针对此进行评论、分析，阐明被控单位(人)行政执法行为或司法执法行为的违法性，表明该上访理由充足，为敦促问题尽快落实、解决提供立论根据。进行分析、评论要立论正确、充分有据、合情合法，坚实有力，为了增强其说服力量，分析中应适时引用相关的法律条文，以法释事，依法论理。如论述的观点不止一个，可采用分列小标题逐项阐释的方法，以便保证条理清晰。

对案(事)件经过的叙述与对上访内容的评价既可合起来写也可分开写，合起来写的表现方式是夹叙夹议，说理寓叙事之中，其长处是事与理紧密相融，互为依托，使问题在同一个内容含量中得以清楚表达。分开写的优点是叙事说理各自独立成段，层次分明，条理清晰，采取何种方法，应根据实际需要及个人的表达习惯酌情而定。

(3)结束语。结束语是继事实及分析、评论之后最终要求达到的上访目的，即就如何解决问题提出具体要求。结束语通常有两种写法：一是原则概括法。由于上访要求解决的相关问题已在前面内容中明确表明，故其结束语不必再重复，只须用"为此，特向您(们)反映此事(案)，请您(们)百忙之中过问此案(事)，并督促有关部门尽快解决"。即可。二是具体表述法。对于有些情况较为复杂的上访材料，上访者所提出要求解决的问题可能较多，而这些要求又无法在事实及理由中一一写明，可在结束语中具体写明所提请求结果，以供接访人交办处理。如：

> 我们的具体要求是：
> 一、要求立即制止暴力拆迁的违法行为。
> 二、要求有关领导出面与群众见面，协商处理，并赔礼道歉。
> 三、要求依法处理幕后指使人×××及其打人凶手×××、×××。
> 四、要求赔偿受害人住院的医疗费用。

3. 尾部。写明反映人或上访人的姓名或单位名称，注明文书制作的年月日。

(三)律师代写上访材料应注意的问题

1. 代书前应认真审查上访的请求及内容是否正确，上访是否有理，律师应从专业化角度对有关的材料及上访者的陈述进行全面了解、考量、判断，如果确有问题或实属冤案，再行代书，如属于无理缠讼，上访无据则应劝其罢访，不要代书，以免徒劳。

2. 忠实于事实真相，坚持以事实为依据，以法律为准绳的原则，主持正义，惩恶扬善。叙述事实在抓准问题结症的前提下，要真实准确，不夸大，不缩小，更不允许歪曲事实，虚构事实，只有这样才能经得起有关领导及有关部门的审查，坚持实事求是，将会获得上访的主动权。

3. 上访材料要体现简练、明了的原则。领导公务繁忙，时间紧张，如果材料写得冗赘繁琐，厚厚一摞，则令人生畏，使人丧失了阅读兴趣。因此上访材料的写作要简明扼要，目的明确，笔法洗练。一般应写清是件什么事情，你对这件事情是怎么认识的，你对处理这件事情有何要求即可，这样领导看得明白，又简短明确，该宗公务自然就很快批转得以处理，获得好的效果。

持刀伤人罪犯至今逍遥法外　含泪申冤祈盼还我法律尊严

——关于刘××、刘××、周××等故意伤害案件的反映材料

尊敬的××：

我们怀着十分愤慨的心情，向您反映2006年7月28日发生在××城的一起暴徒公然持刀连伤两人，却不能对其绳之以法的严重事件。

一、案件的缘起及经过

2006年7月20日中午12点左右，范×（原本案被害人之一）之妻杨碧霞，去街道买醋，路经刘××（系策划伤人主犯）正在施工盖房的楼门前时，基建民工在楼顶扔下小半截砖头砸到了杨碧霞腰上，杨气愤不过骂了几句，民工却站在二楼顶上幸灾乐祸地哈哈大笑，此时范发现后迅即赶来将扔砖头的民工揪住打了一个耳光，后立即被众人劝解拉开。

7月27日下午约5时许，刘××指使社会闲散人员周××、赵×西纠集一伙人来到范×木材市场闹事说："10天前你把刘×荣的人打伤了，你看咋办呢？"范×说："我把哪个人打伤了，伤在哪里，你不能凭口乱说，再说我就是把人打伤了跟你有啥关系？"周说："刘×荣叫来管这事的，你掏5000元就没事了。"此时范见周×军等蛮不讲理，肆意敲诈，图谋挑起事端，即告之其妹："速去公安局报案"。不久县公安局刑警队来了两位干警，问了问有关情况，刘×荣发现后立即走到干警跟前说："你刘指导员是我弟，他叫你有事"。两位干警说："你们自己解决。"就走了。之后，大约6时左右，刘×久（系刘×荣的三弟）带领七八个人又来到了木材市场当着范×的面对周×军说："爱军，这事就交给你了，这是范×的木场，范×这人你也见了，你给我把他往倒里放，一切后果由我和我哥承担"。之后就走了。周×军即气焰嚣张地指着范×的鼻子说:"你还胆大咧,刚才把公安局的人叫来,这次你把事弄大了,本来赔5000元,现在得赔10 000元,从今天起你把木场停了,不交钱不许营业。"

第二天(28号)为预防不测事件发生,李×庆(系范×妹夫,是本案另一被害人)叫了几个朋友来到木场。大约10时左右,周×军、赵×西等四人也来到木场。周见木场仍未停业,即指着范×说:"你还胆大呢,谁叫你营业的?"说完即当胸砸了范×一拳,范×予以回击,二人便撕打起来,后被范×姨弟劝解开。事隔半个小时之后,刘×荣、刘×久突然带领30余人手持菜刀、棍棒、砖头等,气势汹汹赶来,分为两帮。一帮由刘×久带领,闯入房间后,刘×久操起一个板凳砸到范×头上,周×军则在范×背后用菜刀向其肩部、背部、腿部、手部、臀部等处猛砍20余刀(见××市公安局刑事科学技术鉴定书[2006]公技字第420号范×伤情鉴定书),其余人一拥而上用棍棒板凳乱打乱砸,致范×当即昏倒在地。另一帮由刘×荣带领在锯房门外围住李×庆殴打,刘×荣指着李×庆喊:"往倒里放,往死里打,出事我担着"。而且将手中端的茶杯向李×庆砸去,其余人则用铁棒、砖头向李猛砸,刘×久、周×军等人也从屋内冲出,手持菜刀向李×庆的脸部、头部、肩部等处乱砍10余刀(见××市公安局刑事科学技术鉴定书[1997]公技字第421号李×庆伤情鉴定书),李当即倒在血泊之中。

"7·28"血案发生后第三天(31日)刘×久、周×军等见范×、李×庆受伤住进医院仍不罢休,又找到王×东(系李×庆叫来看木场的朋友)寻衅敲诈说:"你狗胆包天还来给他们帮忙,现在这5000元你出,不给就放倒你,我叫你出不了县城。"后王×东因惧怕该伙恶霸势力,经朋友说情,被迫向其交了1500元。

此案发生后,当天我们立即向××县公安局报了案,之后又无数次催案,要求公安机关依法立即查处,惩治罪犯。但不知为何原因,却迟迟不予处理,有些人甚至从中作梗,百般阻拦,直至2006年12月10日××市公安局出具法医鉴定书后,案件才予告立,但拖至今日罪犯仍然逍遥法外,问题始终未能得到公正解决。

二、我们的几点认识

纵观上述事实始末,我们认为这是一起严重的危害社会治安秩序,敲诈勒索、非法侵害他人人身权利的黑恶势力刑事犯罪案件。打击犯罪,惩治犯罪,保护人民,维护社会秩序的稳定是公安机关应尽的法定职责。《宪法》明确规定"公民的人身权利不受侵犯"。《刑法》第234条规定:"故意伤害他人身体的,处3年以下有期徒刑、拘役或管制。"刘×军、刘×久、周×军等为区区小事由敲诈勒索进而发展到蓄意持刀伤人,这是任何人也抹杀不了的事实,情节恶劣,性质严重,事实俱在,铁证如山,理应追究刑事责任。我们始终认为法律是公正的,法律绝不会放纵一个坏人,也不会冤枉一个好人,在我们有冤难伸欲哭无泪之际,特向您书面求告反映,祈盼您于百忙之中能关注并过问此案,伸张正义,为我解冤。我们没有过分的要求,只要求公安机关能秉公执法,尽快将凶手缉拿归案,维护法律的尊严。

反映人:被害人范×、李×庆及其亲属

2007年1月8日

【评析】

这份上访材料用准确而简练的语言叙述了本案形成的基本经过，写得清楚、明了，暴徒的犯罪行为令人愤恨，而公安机关的不予立案则更使人心寒。在此基础上再运用法律进行充分地论证，提出要求“严惩凶手，伸张正义，为我解冤”的请求，就有理有据，易于打动人。

第六节　行政复议类代书

一、复议申请书

（一）复议申请书的概念及作用

复议申请书是指公民、法人或其他组织对行政机关作出的具体行政行为不服，依法行使行政复议法赋予的权利，在法定的期限内向作出具体行政行为的上一级行政机关申请复议时提交的书面请求。

依法行政是国家行政机关应履行的法定职责。当行政机关作出的具体行政行为侵犯了公民、法人或其他组织的合法权益时，行政管理相对人可以依照行政复议法的规定，向上一级行政机关申请复议，要求撤销或变更原错误的行政行为，可见行政复议是国家行政机关为防止和纠正违法的或者不当的具体行政行为所采取的救济措施，是规范行政许可、行政处罚违法的重要关口，同时它也是提起行政诉讼的前置程序。

复议申请书对于启动行政复议程序具有重要作用。由它的使用而进入行政复议程序，不仅能够确保公民、法人或其他组织的合法权益不受侵犯，而且通过复议还可以纠正、改变行政机关有错误的行政行为，促使行政机关总结失误经验，依法行政，维护法律的尊严。

（二）复议申请书的格式、内容及写法

1. 首部。包括下列内容：

（1）标题。写明“复议申请书”。

（2）申请人与被申请人的身份事项。申请人是公民的，写明其姓名、性别、年龄、籍贯、职业、工作单位和职务、住址。申请人是法人或其他组织的，写明单位名称、住所地址及其法定代表人姓名、工作单位及职务。被申请人是原作出具体行政行为的行政机关，应写明该行政机关的名称及法定代表人、主要责任人姓名及其担任的职务。

（3）案由和复议要求。按如下模式行文：

申请人因不服被申请人××××年××月××日作出的……（写明原行政机关作出的具体行政行为，如××行政处罚决定书；××行政拘留决定书；××吊销的××营业执照；××颁发的××土地批件；××颁发的××房权证等）现

提出行政复议,复议的要求是:一、……二、……三、……。

2. 正文。行政复议申请书的正文应写明事实和理由两部分内容。事实部分主要应针对申请人与原行政机关所产生的行政法律关系,从时间、地点、因何事、因何原因、由行政机关作出何具体行政行为,将该行政关系演变的经过展示出来,为论述理由奠定基础。理由部分应针对不服的该错误行政行为进行分析,通过摆事实,讲道理,依法论理,指明其错误所在,如系行政不作为、拒不履行法定职责还是具体行政行为主要事实不清,证据不足、适用法律错误、违反法定程序,或是超越滥用职权、具体行政行为明显不当等,论说要求行政复议的合理性与合法性。最后写明:"基于以上事实与理由,根据《中华人民共和国行政复议法》第6条的规定,特向你局(委、办、署、厅)申请行政复议,请依法公正裁决。"

3. 尾部。包括:

(1)写明致送的受理复议机关名称:"此致""××××局(委、办、署、厅)"。

(2)右下角申请人署名或盖章,注明具文日期。

(3)如有附件应在左下角列明。如提供的证据名称及件数,提交的本申请书副本的件数等。

(三)律师代写复议申请书应注意的问题

1. 要熟悉并掌握有关行政法律、法规,特别是对于某些专业化较强的行政规范性法律文件,如矿山资源管理、土地资源管理、铁路、公路、市政建设招投标管理等地方性法规更要吃透吃准,这样才能与该行政机关作出的具体行政行为进行比照,从中找出其违法所在,从而为申请复议确定目标。

2. 在事实与理由部分,应抓准原处理决定的错误,写清具体存在的问题,如是事实不清、证据不足还是适用法律错误;是违反法定程序还是超越滥用职权;是行政不作为、不履行法定职责还是具体行政行为明显不当,为复议机关审查案件提供依据。

3. 掌握好提起行政复议的期限。根据我国《行政复议法》第9条第1款规定:"公民、法人或者其他组织认为具体行政行为侵犯其合法权益的,可以自知道该具体行政行为之日起60日内提出行政复议申请;但是法律规定的申请期限超过60日的除外"。两个月是申请复议的有效期限,逾期即丧失了权利。

附 实例

复议申请书

申请人:李梅珍,女,63岁,汉族,北河市人,北河市机油泵厂退休工作,住北河市北河区西宣街21号,邮政编码620033。

被申请人:北河区城市规划管理局,地址:北河区和平西路21号。

法定代表人:江文东,局长

复议要求:

撤销被申请人北河区城市规划管理局[2006]北规检拆字第27号拆除违章建设工程决定。

事实及理由:

2006年1月17日,被申请人对我做出了拆除违章建设工程决定。该决定认定我于2003年5月在北河区西宣和平街12号南侧违章兴建棚子,面积2平方米,对城市规划管理有严重影响,根据《北河市城市建设规范管理暂行办法》的有关规定,做出决定限我于2006年1月30日以前无条件拆除并清理好现场。对此,我坚决不服。我认为,被申请人的决定与事实不符。

1. 我家的棚子在解放时就有了,由于西邻尤家翻建南房,擅自将我家棚子顶给拆了,所以,我于2002年将棚子重新修了房顶和前脸,并非是2003年5月新建的房。

2. 由于尤家翻建南房时自行开设后窗户,才导致我家棚子妨碍他家窗户,由此才引起纠纷。

综上,被告认定我擅自建房,对邻居正常生活造成影响,引起纠纷,与事实不符。请求××市城市规划管理局依法撤销被申请人的处理决定。

此致

××市城市规划管理局

申请人:李梅珍

2006年6月16日

附:本申请书副本1份。

【评析】

这份复议申请书用扼要的文字叙述并阐明了不服北河区城市规划管理局对申请人的行政处理决定的事实,并在此基础上提出了两点不服的理由,从而为复议要求提供了基本依据。本申请书格式规范,中心明确,语言也简练,值得参考。

二、复议答辩书

(一)复议答辩书的概念及作用

复议答辩书是指作出具体行政行为的行政机关在复议阶段,针对复议申请人的复议申请书进行答复与辩解而向行政复议机关递交的文书。

复议答辩权是行政复议中法律赋予被申请人的合法权利。我国《行政复议法》第23条第1款规定:"……被申请人应当自收到申请书副本或者申请笔录复印件之日起10日内,提出书面答复,并提交当初作出具体行政行为的证据、依据和其他有关材料"。被申请人通过复议答辩,阐明所作出的具体行政行为的合理性、合法性及对申请人作出行政处理的正确性,亮明己方观点,能够使上级复议机关全面了解各方的看法及意见,作到兼听则明,依法公正裁决。

（二）复议答辩书的格式、内容及写法

1. 标题。写明“复议答辩书”。

2. 答辩人身份概况。写明答辩机关的单位名称及办公所在地址，法定代表人及主要负责人的姓名、在单位担任的职务等。

3. 案由。在身份概况之下另起一行写明：“复议答辩人对×××（申请人名称）××××年××月××日提出的复议申请答辩如下：”。

4. 答辩理由和依据。这部分是复议答辩书的重点。应该针对复议申请书所提的复议请求、事实及理由，以行政法律、法规为依据，进行针锋相对的批驳与辩解，否定申请人的复议主张，否定对其所控不实之词，阐明所作出的具体行政行为的合法性、正确性。阐述答辩理由应根据复议申请书中所提错误的多少来决定其答辩内容，如果只有一项错误的，可针对此项集中进行反驳，用足够的法律依据，充分的论理说明其具体行政行为合法有据，并无不当。如果认为有多项错误的，应分条分项逐一答辩，将观点阐明，阐述答辩理由的具体要求是：依据充分，观点鲜明，否定有据，立论正确。最后写明“以上答辩意见。请复议时充分考虑”。

5. 尾部。写明致送的复议机关名称“此致”“××××局（厅、委、署）”，右下角位置答辩机关署名，加盖单位公章，法定代表人私章，注明具文的日期。最后于左下角列出附项，写明提交的相关证据材料名称及件数如行政法律、法规、规范性文件的复印件；原处罚决定书、鉴定材料、有关信件等，同时写明本答辩书的副本件数。

（三）律师代写复议答辩书应注意的问题

1. 律师作为政府机关的法律顾问对申请复议应诉是顾问工作的一项业务。代写复议答辩书应抓准复议请求中认定的错误，运用行政法律、法规进行有理有据的答辩，坚持以理以法服人，切不可以强凌弱，颐指气使。

2. 把握好行政复议答辩的期限。即本答辩书应当在收到申请书或申请笔录复印件之日起10日内提交，不得逾期。

3. 要明确不提交复议答辩书、证据、依据和相关材料面临的不良法律后果。根据《行政复议法》第28条第4项的规定，“被申请人不按照本法第23条的规定提出书面答复，提交当初作出具体行政行为的证据、依据和其他有关材料的，视为该具体行政行为没有证据、依据，决定撤销该具体行政行为”。对此绝不可掉以轻心。

第七节　法律事务工作类文书

一、律师函

（一）律师函的概念及作用

律师函是律师在从事诉讼及非诉讼业务活动中受当事人委托以律师的名义向委托方的对方当事人或组织发出的表明对案件的看法并进行案件法律评价和风险评估，警示对方将面临的法律风险后果，敦促尽快解决问题的告知文书。

诉讼活动中，当司法机关违规、违法办案行为发生后，律师有权进行干预并提出要求纠错的书面意见；公民、法人或其他组织在民商事、经济活动中负有给付义务的一方当事人拒不履行给付义务，经催告仍无效，权利人可以聘请律师出面寻求帮助，律师通过向违法部门及其相关义务履行人出具律师函，从法律角度对案件进行缜密分析并根据分析的结果告知对方如不纠错或不自觉履行义务将可能面临的法律后果风险，可以引起受函人的充分重视，以促使问题尽快地得到解决，可见，律师函对于及时化解矛盾，消除纠纷，防止官司于未然；对于有效地维护公民的人身及财产权利免受侵犯，维护公平与正义具有重要作用。

（二）律师函的格式、内容及写法

目前律师函尚无统一固定的行文要求。但从各地使用现状来看，基本上已形成了通行的格式，主要应写明以下几项内容：

1. 首部。包括标题、行文函号、受文人（单位）称呼语三项内容。标题应在行文顶端标明“律师函”右下角注明行文函号，如×律函字第××号。

受文人（单位）称呼语应在标题之下左下角第一行写出受文人的姓名或单位名称。

2. 正文。包括发函的缘由、调查掌握的事实、运用具体法律规定对事实进行分析并作出结论、律师的意见及对受文人的要求等项内容。

首先，应先写明发函的缘由，写明本律师受谁的委托，对何事进行了调查了解，现就调查的情况向你发表如下律师意见。

其次，叙述调查的事实。叙述调查的事实应简练、准确地写清案（事）件发生的基本概况，为分析论述奠定基础，如处理的事项比较简单的，也可不写事实，直接发表意见。

最后，针对所述事实运用法律进行分析与评判，阐明律师对此所持的基本认识观点，并提出受函人应该如何做，以便使问题得到尽快解决。分析与论述要中肯、切要、一针见血，一语破的。

3. 结尾。写明律师事务所的名称，律师姓名，注明具文的日期。

（三）律师函制作应注意的问题

1. 对事实的认定要准确、真实可靠。分析事理要立论正确，于法有据，须知只有建立在犀利而严谨的法律分析基础上的结论，才能对函告的义务人起到强大的震憾触动作用，促其转变立场，接受律师的意见，自觉履行义务及职责。

2. 解释法律要通俗、准确。律师函告公民的，向当事人解释法律，应简明通俗，使之能够正确理解，尽量避免玄深的理论化阐述，更不允许故作高深，否则将达不到律师函出具的实际效果。

3. 提醒负有保密义务。律师函的内容涉及的是法律事务，有的还涉及到相关的商业机密，因此作为受函人负有对信函内容保密的义务。故此律师函有的在尾部还写有“本函的内容为秘密信息，未经允许，不得复制或披露给第三方”，以提示保密。

附 实例

律 师 函

陕律函字[2010]26号

公安××分局：

本律师受贵局侦办的犯罪嫌疑人王××亲属王×利委托，担任王××涉嫌职务侵占一案侦查阶段的辩护人，通过依法行使刑事诉讼法赋予的权利，经调查了解，现就本案相关问题发表如下函告意见，望贵局予以采纳考虑：

一、根据嫌疑人亲属提供的场地租赁合同、拆迁补偿协议书、拆迁估价成果表、红旗蔬菜批发市场商户基本情况等相关资料可知，王××系因该菜市场征用拆迁中其在得到拆迁公司相应的补偿款后因部分承租商户未向其支付租金及水电费、管理费等原因而导致王亦未能支付商户补偿款而引发的行为，该行为属典型的经济纠纷，不属刑事犯罪范畴，贵局将其定为职务侵占，将会混淆罪与非罪的界限，铸成错案。

二、此行为亦不符合职务侵占罪之构成要件。

第一，王××系穆将王村普通村民，本人也未注册成立公司，其不具任何职务，故其犯罪主体不具备系公司、集体及其它经济组织工作人员犯罪这一特征。

第二，其仅是欠个人商户的钱款，而并非将公司、集体及其它组织的公有钱款占为已有。

第三，其主客观方面亦不存在故意非法占有公共财产这一犯罪主客观特征，而是由于与商户存在经济矛盾，在矛盾未解决前，暂停支付的正当救济行为。

综上所述，本案属典型的经济纠纷，而非职务侵占，应当撤销案件，宣告无罪。

以上函告敬请贵局审示。

王××辩护律师
陕西××律师事务所
律师：李××
陕西××律师事务所
律师：张××
2010年6月16日

【评析】

这份律师函系律师在侦查阶段向公安机关所发。律师侦查阶段介入后经过调查取证认为嫌疑人行为不符合职务侵占罪特征，公安机关系错抓滥捕，故用律师函的形式予以函告，敦促公安机关尽快纠错放人。该律师函观点明确，论理文字虽不长，但句句都在点位上，具有很强的说服力，是一份写得较好的函件。

二、律师见证书

(一)律师见证书的概念及作用

律师见证书是律师接受当事人的委托,以法律工作者的身份对自己亲眼所见或亲自检验过的法律事实真实性与合法性进行证明而出具的具有法律意义的证明文书。

律师见证书属于私证范畴,即只能以个人法律工作者的名义证明某一法律事实、法律行为的真实性,合法性,这与代表国家的公证机构出证具有明显区别,可见,律师见证的证明效力低于国家公证效力。在律师从事法律事务服务活动中,对于一些较小的需要证实的民事行为,为了节省资源,简化工作手续,可以由律师现场见证并出具律师见证书,如对遗嘱见证、对合同见证、对收养见证、对送达函告文书见证等,通过见证证实了某一法律事实、法律行为的真实、合法,不仅能够促使各方当事人自觉履行其所实施的法律行为,而且还可以作为确认其行为合法的重要依据,律师见证履行了特定的手续并经各方当事人的认可,有的还赋予了证据的效力。

(二)律师见证书的格式、内容及写法

律师见证书由首部、正文和尾部组成。

1. 首部。写明标题、文书编号、委托见证人身份事项三项内容。

标题应写明“律师见证书”字样。

文书编号在标题右下角注出(年度)×律证字第××号。

委托见证人身份应分别写明需要见证的一方或各方当事人姓名、性别、年龄、职业、住址等,法人见证的列出单位名称,住所地址及法定代表人身份。

2. 正文。该部分是律师见证书的主体,主要写明见证事由、见证过程、见证结论和法律依据等四项内容。

(1)见证事由。用简明扼要的文字写明委托见证人因何种民事法律事务要求律师予以见证。如:委托见证人王××与李××存在经济纠纷,现王××依据合同约定欲提取李××库存部分货物作为债务抵消,为证实提货数量特邀请海达律师事务所王建安律师、刘欣律师现场见证。

(2)见证过程。简要叙述律师接受委托后现场见证的全部过程,叙明律师亲眼目睹了某一法律事实进行的始末过程或亲自检验过某一事项。如:2008 年 10 月 18 日上午 9 时 23 分在两位见证人到场监督下,目睹王××共搬走标有浴巾字样中号塑料箱 35 箱,其余货物未动,现场打开一箱,内装浴巾共 125 条,上述搬运完成后,由委托见证人关门锁上门锁将钥匙交给库管员席××。

见证过程与见证结尾可以合并写,也可以分开写,采用何法应灵活据情而定。

(3)见证结论。写明律师对有关见证的事实予以确认后或对有关见证事项的各种材料进行审查后所做出的结论。如:上述事实真实、合法、有效,本律师在场亲眼目睹,予以确认。见证结论措辞应简要、肯定、明了。

(4)法律依据。写明见证事项符合现行法律的有关规定,说明见证事项的合

法性。

3. 尾部。注明律师事务所的名称，由两名见证律师署名或加盖私人印章。注明见证的年月日。

（三）律师见证书制作应注意的问题

1. 见证过程叙述要线条清晰，符合实情。见证结论要干脆利落，肯定、明了，达到证明目的即可，无须进行分析论述。

2. 依照法律规定，律师见证时应由两名律师完成，两名律师可以是同一律师事务所的，也可以来自两个不同的律师事务所。

3. 法律规定必须强制公证的事项，无须律师见证。

律师见证书

致：××宽频科技股份有限公司

受××宽频科技股份有限公司（“公司”）的委托，本律师出席公司于200×年12月27日下午在×××区××大酒店（××路×××号）五楼会议室召开的200×年度第三次临时股东大会，并对会议进行律师见证。

本律师的见证基于公司已对本律师作出如下承诺：

所有提供给本律师的文件的正本以及经本律师查验与正本保持一致的副本均为真实、完整、可靠。

为出具见证意见，我们依法审核了公司提供的下列资料：

1. 刊登在《××证券报》上的公司第四届董事会第十四次会议决议公告及召开200×年度第三次临时股东大会的通知公告；

2. 出席会议股东及其他人员的资格、身份证明文件等。

根据中国证券监督管理委员会发布的《上市公司股东大会规范意见》（200×年修订）（“《规范意见》”）第7条的规定，《公司章程》以及其他相关法律法规、规范性文件的相关规定，出具如下见证意见：

1. 公司200×年度第三次临时股东大会的召集和召开程序符合《中华人民共和国公司法》以及其他相关法律法规、《规范意见》、《公司章程》的有关规定；

2. 出席200×年度第三次临时股东大会的公司董事、监事和高级管理人员均为公司现任在职的董事、监事和高级管理人员及公司董事会邀请出席的其他人员；

3. 亲自出席或委托代理人出席公司200×年度第三次临时股东大会的股东，均为公司董事会确定的股权登记日在××证券中央登记结算公司上海分公司登记在册的公司股东，委托代理人的委托授权合法有效；

4. 公司200×年度第三次临时股东大会的表决程序符合《规范意见》及《公司章

程》的有关规定,表决结果合法有效。

本律师见证书仅用于为公司200×年度第三次临时股东大会见证之目的。本律师同意将本律师见证书作为公司200×年度第三次临时股东大会的必备公告文件随同其他文件一并公告,并依法承担相关法律责任。

本律师见证书一式两份,公司和本所各留存一份。

湖南××律师事务所

经办律师:袁××

200×年12月17日

【评析】

律师见证与公证相类似,主要是证明某一法律行为或具有法律意义事实文书的真实性、合法性。这份见证书对委托方召开的股东大会实况进行了现场见证,见证内容表述得清晰、完整、准确,文字也洗练、流畅,可供参考。

三、法律意见书

(一)法律意见书的概念及作用

法律意见书是律师接受当事人的委托,就公民、法人或其他组织提出的专业性法律事务的询问,经过调查了解,并参阅法规用书面形式给予解答所制作的文书。

法律意见书主要适用于无争议法律事务中的重大专门性法律问题。如对基本建设中项目投资的法律保障,金融领域融资的相关法律规定,税费、出口关税的规定标准及享有的优惠待遇,医疗纠纷中的法律适用,申请注册商标、申请专利的可行性法律论证,招商活动中合作伙伴资信能力、资质等级的调查等,律师接受当事人的委托,针对其提出的具体要求,进行调研后用书面形式回复,为其提供法律上的帮助,不仅能够为咨询者提供决策的指南,而且对日后纠纷的避免也具有重要作用。

(二)法律意见书的格式、内容及写法

法律意见书没有固定的文书样式。随着近些年来律师业务向非诉讼领域的迅速扩展,法律意见书被大量使用,综合各地制作情况,基本上形成了如下写作模式;

1. 首部。写明文书的标题及致送人的称谓。

标题位置居于文书顶端,标出“法律意见书”字样。

标题之下左方顶格写明受文的单位名称或自然人的名称。如“××石油化工有限责任总公司:”,“尊敬的××国××先生(女士):”。

2. 正文。包括引言(说明解答内容的缘起和依据)、答复内容(出具法律意见)两项内容。

这是法律意见书的关键部分。引言首先应写明自己的律师身份及形成的委托关系,而后再针对咨询者提出的何类问题作出回答。如:“××公司×××董事长:我是××律师事务所×××律师,接受您(或贵单位)的委托,就您(或贵单位)提出的××××问题,参阅了有关法律规定(或进行了必要的调查了解),现提出如下法律

意见，谨供参考。”

答复内容又称出具法律意见，是意见书的重点，应针对当事人提出的问题，通过运用法律、法规的阐述，予以释明，从而给咨询者一个确切可行的答案，表明自己的意见。阐述法律意见应做到观点明确，论据充分，论证严密，符合法律、科学可行。如果只答复一个问题，应针对回答的问题单项作答；如果答复若干个问题，或答复的问题需要分项分别作答的，可分列若干个小标题分项标号予以作答，以保证内容结构清晰而不紊乱。

3. 结尾。如系对一个问题分项作答的继正文之后应另起一行对前述内容进行总结，加以概括，起到收尾概括的作用。如：“综上所述（或总而言之）本律师建议贵企业最好提前就该技术发明高新产品申请专利，形成独占权，以利于在市场中处于优胜的竞争地位。”如系对若干个问题分别作答的，形成若干项律师意见，则应话完止笔，不必再强行给其加上尾巴。结尾写与不写应根据答复的具体情况酌情而定。最后文末右下角列出出具本意见的律师所在的律师事务所名称，律师签名，并写明出具的日期。

（三）律师出具法律意见书应注意的问题

1. 要认真做好撰写前的调查研究分析工作。写作前律师应针对需要答复的有关问题，做好前期的准备工作，包括查阅、寻找相关的法律依据，参阅有关的规范性法律文件，前往有关实际部门进行实地调查、了解、查询等。前期工作准备得越充分，出具法律意见回答的正确性、可行性就越强，这是写好法律意见书的前提。

2. 正确理解法律，准确、科学答复。律师是精通法律的专业工作者，其服务职能是为当事人提供法律帮助，为其排忧解难。律师接受当事人的委托，解答重大的法律事务询问，就是为当事人在民、商事活动中遇到的法律障碍提供足够的法律依据，从法律角度寻求出解决的可行方案，供其决策，避免其利益受到损害，这就决定了答复必须准确无误，且有法律保障。因此，在法律意见书中应以相应的法律为依托，通过对问题的梳理、概括、分析、比较，才能从中得出正确的答复结论。

3. 答复的结构要严谨，条理要清晰。答复的逻辑结构写作要注意将重要的、关键性的问题放到前面说明，次要问题排列其后写述，这样主次分明，重点突出，使人读后便于即刻把握重点。此外，在对法律问题进行阐述时，还应注意论据与分论点的证明关系，分论点与总论点的证明关系，使论证的结构层次形成一个环环相扣的链形结构，以增强所要说明问题的分量。

4. 出具涉外的法律意见书，在符合我国法律的前提下，还要兼顾国际上通行的习惯做法及外国法律。涉外法律意见书应印刷中文文本及英文文本两种式样。

附 实例

法律意见书

劳合银行：

广东对外经济律师事务所受香港年利达律师行7月3日来函和7月31日来电委托，就香港佳豪有限公司（借方）为与广东省珠海经济特区发展公司和中国南海石油联合服务公司，合作兴建珠海特区九洲港综合深水码头和东部配套生活区项目筹借资金，拟向一金融集团借款6 396 400美元，而由珠海经济特区发展公司和南海石油珠海经济特区开发服务公司（以下统称担保人）担保一事，出具法律意见书。

贵行要求我们就担保书的签发和执行，从中华人民共和国法律方面，提供法律意见。我们有合法的资质出具本法律意见书。在出具法律意见书时，我们已看过下列文件（略）。

基于我们对中华人民共和国法律的理解以及查阅了有关文件，现出具法律意见书如下：

1. 该项目已正式获得广东省人民政府和广东省经济特区管理委员会的批准和同意，这些批准具有完全的执行力和效力。

2. 珠海经济特区发展公司和南海石油珠海经济特区开发有限公司，是依中华人民共和国法律合法组织和存在的企业，这两家公司均为法人实体，有合法资格在中国广东营业。

3. 两家公司均有完全合法的权利、权力和授权，并已采取一切必要的公司行为授权签署、签发和履行担保书。

4. 担保书构成对担保人有合法的、有效的和有约束力的义务，并依其条款可以执行。

5. 担保人获得一切必要的批准，按现有的担保条款出具担保，保证以美元货币而不是中国法定货币支付的义务。

6. 珠海经济特区发展公司，所在地水湾头，于1980年8月26日成立，1984年4月17日在广东省工商行政管理局登记注册，注册资本人民币5亿元，并由中华人民共和国国家工商行政管理局发给营业执照。

7. 南海石油珠海经济特区开发服务有限公司，所在地九洲港，于1984年5月3日成立，并在中华人民共和国国家工商行政管理局登记注册，注册资本人民币13 012万元。

8. 担保人签署、签发和履行担保书只构成私人商业行为，而不是政府公众行为。担保人不能以主权或类似的理由，对依任何法律或在任何司法管辖下提起的要求履行担保义务的诉讼，对其公司财产要求豁免。

律师：×××，×××（签字）
广东对外经济律师事务所（盖章）
19××年8月29日

【评析】

这份法律意见书用简洁的文字分八个方面回答了委托方提出的关于就担保书的签发和执行按照中华人民共和国法律提供意见的诸多问题，内容虽然不多，但条条问题却解答得准确、充分，有理有据；此外，该文书格式也比较规范，内容齐全，要点完备。

第8章 监狱、仲裁、公证文书

第一节 监狱法律文书

一、监狱法律文书概述

监狱法律文书,是指监狱对判处死刑缓期二年执行、无期徒刑、有期徒刑的罪犯,在执行刑罚和教育改造过程中,根据国家法律和监管规定,依照法定程序制作和使用的具有法律效力和法律意义的文书总称。监狱法律文书在过去也被称为执法文书或劳改文书。

监狱是我国的刑罚执行机关。《监狱法》第3条规定:"监狱对罪犯实行惩罚和改造相结合、教育和劳动相结合的原则,将罪犯改造成为守法公民。"监狱对罪犯应当依法监管,根据改造罪犯的需要,组织罪犯从事生产劳动,对罪犯进行思想教育、文化教育、技术教育。在实现上述任务过程中,监狱需要制作相应的法律文书。

监狱文书是我国法律文书的重要组成部分,它是我国监狱对罪犯执行刑罚,进行教育改造的书面表现形式,是监狱是否严格按照法律的规定进行狱政管理的重要标志之一。它既是执行刑罚、惩罚罪犯,使其认罪服法的有效手段,又是教育改造罪犯,使其痛改前非,重新做人的生动材料。此外,它还是检查执法情况,总结经验教训,健全和完善监狱法制的材料依据;并是国家的档案资料,具有保存价值。

1982年6月,公安部为了加强和改进监狱管理工作,提高执法水平,制定了《劳动改造机关执法文书格式》,共32种。该文书格式经过20多年的不断实践和总结,已逐步完善和规范。该文书大致可分为以下几类:

1. 监狱机关内部使用的文书。如:罪犯入监登记表,罪犯奖惩审批表,罪犯保外就医审批表,罪犯评审鉴定表,罪犯出监鉴定表,等等。

2. 向人民法院和人民检察院提请审查决定或裁定时使用的文书。如:提请减刑(或假释)意见书,对罪犯又犯罪(或发现应当追究刑事责任的余罪)案件起诉意见书,对死缓罪犯提请执行死刑意见书,认为对罪犯刑事判决有错误提请复查意见书,等等。

3. 通知有关人员的文书。如:罪犯入监通知书,罪犯奖惩通知书,罪犯病危通知书,罪犯死亡鉴定书,劳改罪犯变动情况通知书,等等。

4. 其他文书。如:释放证明书,罪犯申诉材料转递单,等等。

除以上统一规定的文书外,监狱在执法过程中,还使用各种笔录,如:讯问笔录,询问笔录,现场勘查笔录,个别谈话记录,等等。

监狱法律文书是在对罪犯执行刑罚过程中形成的,有着较强的客观性,在写作方面有一些特殊要求,但从总体上说,与其他司法机关的法律文书也有相通之处,其写作方法、规律和要求,与其他机关的法律文书也基本相同或相似。

二、罪犯入监登记表

(一)罪犯入监登记表的概念及作用

应以罪犯入监登记表,是指监狱记载新入监罪犯基本情况的表格类文书。

根据我国《监狱法》规定,监狱首先审查新入监罪犯是否符合监狱法第16条、第27条的规定,然后决定是否收监。监狱决定收押新入监罪犯时必须填写入监登记表,这是罪犯入监后必须填写的第一份表格文书。

罪犯入监登记表是监狱收押新入监罪犯时必须履行的法律手续,是服刑罪犯的重要档案材料。该表记载了罪犯的基本情况,便于监狱管教人员在以后的狱政管理中有针对性地开展教育改造工作。此外,该表也是罪犯出监以后,对其进行社会帮教的重要参考材料。

(二)罪犯入监登记表的格式、内容及写法

应在罪犯入监登记表左上方填写收押罪犯单位名称,在表格右上方填写入监时间:××××年××月××日。

表格要求写明下列项目内容:

1. 罪犯的基本情况。依次写明姓名、别名、性别、民族、出生时间、文化程度等项内容,并在表格内的右上方贴一寸免冠照片一张。

2. 罪犯受到的强制措施和被处罚的情况。依次写明拘留日期、逮捕机关、逮捕日期、判决机关、判决日期、罪名、刑种、刑期、起止日期和剥夺政治权利年限等项内容。

3. 捕前职业和政治面貌等情况。依次写明捕前职业和政治面貌、有何特长、籍贯、家庭住址以及曾否受过何种惩处等内容。

4. 罪犯个人简历。依次写明从入小学读书开始至入监这段时间的主要学习和工作的经历。有何劣迹,应具体写明有关情况。

5. 主要犯罪事实。要根据人民法院已经发生法律效力的裁判文书上认定的犯罪事实情节,写明主要犯罪事实。

6. 家庭成员及主要社会关系。要依次填写罪犯的家庭成员及社会关系人的姓名、年龄、工作单位和职务、住址、政治面貌等项内容。

(三)制作罪犯入监登记表应注意的问题

1. 罪犯入监登记表是一种内容、项目较多的多栏目的执法文书表格。其中绝大部分项目的内容可根据罪犯案卷中的有关材料（如起诉书副本、人民法院的判决书、执行通知书、结案登记表等）填写。如果有一些项目从案卷中查找不到，可通过讯问罪犯或内查外调等渠道查明后，再填写清楚。

2. 对表内各栏目内容的填写力求真实、准确、详细。对罪犯“家庭成员及主要社会关系”栏，在填写时，应详细准确地了解罪犯亲属关系的姓名、工作单位、政治面貌、家庭地址等，力求对罪犯的所有重要社会关系无一遗漏。

3.“本人简历”栏，应从罪犯上小学填起，直至投入监狱期间的全部经历，时间不得间断。

4. 某些项目无具体内容可填的，其栏目不要留空白，可写无或划上斜线。

罪犯入监登记表

单位：××监狱　　　　入监时间：2002年×月×日

<table>
<tr><td>姓名</td><td colspan="2">马××</td><td>别名</td><td>三牛</td><td>性别</td><td>男</td><td colspan="2" rowspan="3">一寸免冠照片</td></tr>
<tr><td>民族</td><td>汉</td><td>出生时间</td><td colspan="2">19××年×月×日</td><td>文化程度</td><td>初中</td></tr>
<tr><td>拘留时间</td><td colspan="2">2001年10月8日</td><td>逮捕机关</td><td>××公安局</td><td>逮捕日期</td><td>2001年×月×日</td></tr>
<tr><td>判决机关</td><td colspan="2">××人民法院</td><td>判决日期</td><td>2002年×月×日</td><td>罪名</td><td>盗窃</td><td>刑种</td><td>有期徒刑</td></tr>
<tr><td>刑期</td><td colspan="2">4年</td><td>起止日期</td><td>2002年×月×日至2006年×月×日</td><td colspan="3">剥夺政治权利年限</td><td>2年</td></tr>
<tr><td colspan="3">捕前职业
政治面貌</td><td>农民</td><td colspan="2">有何特长</td><td colspan="3">驾驶</td></tr>
<tr><td>籍贯</td><td colspan="2">×省×县×乡×村</td><td>口音</td><td>河南</td><td>家庭住址</td><td colspan="3">×省×县×乡×村</td></tr>
<tr><td colspan="5">曾受过何种惩罚</td><td colspan="4">无</td></tr>
<tr><td>本人简历</td><td colspan="8">1995年×省×县第三中学初中毕业，1996年到×市×电器厂打工，2001年10月8日因涉嫌盗窃罪被××公安局拘留，200×年×月×日被判处有期徒刑4年。</td></tr>
</table>

续表

<table>
<tr><td>主要犯罪事实</td><td colspan="7">2001 年 10 月 5 日晚潜入××市××县××镇居民谢×家,盗得现金 8600 元,联想笔记本电脑 1 台。</td></tr>
<tr><td rowspan="6">家庭成员及主要社会关系</td><td>关系</td><td>姓名</td><td>性别</td><td>年龄</td><td>工作单位及职务</td><td>住址</td><td>政治面貌</td></tr>
<tr><td>母亲</td><td>李×</td><td>女</td><td>52</td><td>农民</td><td>×省×县×乡×村</td><td>无</td></tr>
<tr><td>父亲</td><td>马×</td><td>男</td><td>54</td><td>农民</td><td>同上</td><td>无</td></tr>
<tr><td></td><td></td><td></td><td></td><td></td><td></td><td></td></tr>
<tr><td></td><td></td><td></td><td></td><td></td><td></td><td></td></tr>
<tr><td></td><td></td><td></td><td></td><td></td><td></td><td></td></tr>
</table>

【评析】

该份罪犯入监登记表各项目的填写均符合要求,可供参考。

三、提请减刑、假释意见书

（一）提请减刑、假释意见书的概念及作用

提请减刑、假释意见书,是监狱依法在对服刑改造期间确有悔改或立功表现且已执行符合法定要求刑期的罪犯,提请人民法院审核裁定减刑或假释时制作的文书。

我国《刑事诉讼法》第 262 条第 2 款规定:“被判处管制、拘役、有期徒刑或者无期徒刑的罪犯,在执行期间确有悔改或者立功表现,应当依法予以减刑、假释的时候,由执行机关提出建议书,报请人民法院审核裁定,并将建议书副本抄送人民检察院。人民检察院可以向人民法院提出书面意见。”这是刑罚执行机关制作提请减刑、假释意见书的法律依据。

提请减刑、假释意见书具有向人民法院提出减刑或假释的理由、事实和具体意见,要求依法对确有悔改或立功表现的罪犯予以减刑或假释的法律效力。也是人民法院作出裁定的事实和文字依据。该文书体现了党和国家对罪犯所采取的惩办与宽大相结合的刑事政策,有利于促使罪犯认真接受改造,改恶从善,重新做人。

（二）提请减刑、假释意见书的格式、内容及写法

提请减刑、假释意见书包括两种文书:一种是提请减刑意见书,一种是提请假释意见书。由于这两种文书的制作主体相同,行文格式一样,内容基本相同,所以合用一种格式。提请减刑、假释意见书由首部、正文和尾部组成。

1. 首部。首部包括文书名称、文书字号、罪犯基本情况和案由。

文书名称写为:提请减刑意见书或提请假释意见书。

文书字号写为:(××××)×监减字××号或(××××)×监假字××号

罪犯基本情况依次写明姓名、性别、年龄、民族、籍贯、原判罪名、原判法院名称、判决日期、判决字号、判处刑罚种类、交付执行改造的日期和场所。

案由用固定用语表述。提请减刑意见书表述为"该犯在服刑改造期间,确有悔改或立功表现,具体事实如下……"。提请假释意见书表述为:"该犯在服刑改造期间,确有悔改或立功表现,并已服刑够法定年限,具体事实如下……"。此段文字,具有承上启下的作用。但是具体行文时应当注意,因此段文字是事先印制好的,所以应当明确该罪犯是有"悔改" 还是有"立功"的表现,二者居其一的划去其中另一项,如果二者兼而有之,则要把"或者" 改为"和"。

2. 正文。包括悔改或者立功表现的具体事实、减刑或者假释的理由、法律依据和执行机关的结论性意见等三方面内容。

(1)悔改或者立功表现的具体事实。这是减刑、假释的必备条件和事实依据,是写作的重点。

我国《刑法》第78条第1款和《监狱法》第29条都列举了悔改或者立功的六种具体表现,《监狱、劳改队管教工作细则》第136条对此也作了相应的规定。1991年10月《最高人民法院关于办理减刑、假释案件具体应用法律若干问题的规定》对悔改和立功表现作了明确而又具体的规定,"悔改表现主要是指罪犯认罪服法;一贯遵守罪犯改造行为规范;积极参加政治、文化、技术学习;积极参加劳动、爱护公物、完成劳动任务。以上四个方面同时具备的,应认为是确有悔改表现。""确有立功表现,是指揭发检举监内外犯罪分子的犯罪活动,经查证属实;制止他犯逃跑、行凶、破坏等犯罪活动;在生产中有发明创造、重大技术革新;在日常生活中舍己救人;在抢险救灾中有突出贡献;其他有利于国家和人民利益的突出事迹。有上述表现之一的,应认为是确有立功表现。"

以上规定是收集、整理和叙述悔改或者立功具体事实的依据和指导思想。

(2)减刑或者假释的理由。理由是对悔改和立功表现的具体事实进行高度概括后所作的结论,用语应精辟、明白,能表明执行机关对减刑或假释罪犯改造表现的具体看法和结论。例如,一份提请减刑意见书理由部分这样论述:"综上所述,罪犯张××在服刑期间,能认罪服法,安心接受改造,遵守监狱纪律,特别是在抢救国家财产中表现突出,确有悔改和立功表现。"

(3)法律依据和执行机关的结论性意见。这一部分具体表述为:"为此,根据《中华人民共和国刑事诉讼法》第262条第2款的规定,建议对罪犯×××予以减刑或假释,特提请审核裁定"。

如果是印制好的格式,这一部分只需填写罪犯姓名和监狱的意见即"减刑"或者"假释"的意见。这一部分内容要求写得准确无误。

3. 尾部。包括:

(1)写明报请的人民法院全称。"此致"、"××××人民法院"。

(2)在右下方注明文书制作日期,并加盖文书制作机关的公章。

(3)附项中说明附"罪犯×××劳改档案共×卷×页"。

(三)制作提请减刑、假释意见书应注意的问题

1. 严格掌握该文书的使用条件。对判处死刑缓期二年执行、无期徒刑的罪犯减刑或假释的,应当经主管机关同意,监狱应当将提请减刑意见书、提请假释意见书报请省、市、自治区司法厅(局)审核后,再提请当地高级人民法院依法审核裁定。对判处管制、拘役、有期徒刑罪犯减刑或假释的,由监狱提请当地的人民法院审核裁定。

2. 对罪犯在服刑改造期间的具体表现要叙述清楚、明确,按照法定条件,罪犯是立功还是悔改,是提请减刑还是提前假释,要写得清楚明白。

3. 叙述罪犯在服刑期间悔改或者立功表现的具体事实,必须实事求是,并应有相应的证据材料予以证实。

4. 在所附的劳改档案材料中,应当有罪犯评审鉴定表、奖惩审批表,原审法院的判决书及裁定书,特别是罪犯悔改或者立功表现具体事实的有关证明材料,以便人民法院审核裁定。

提请减刑意见书

(2003)×监减字第43号

罪犯李××,男,1965年4月5日出生,汉族,原户籍所在地河北省××县××乡××村,因故意伤害罪,被河北省××县人民法院于2001年××月××日以[2001]×刑初字第34号刑事判决书判处有期徒刑4年,刑期自2001年××月××日起至2005年××月××日止,于2001年××月××日送我狱服刑改造。该犯因病于2002年××月××日被批准暂予监外执行,现住河北省××县××乡××村。

该犯近期确有立功表现,具体事实如下:

该犯因病于2002年××月××日被批准暂予监外执行,现住河北省××县××乡××村。2002年12月13日11时,与该犯曾在同一个分监区服刑的罪犯王×来到该犯家中,王×对该犯讲自己(指王×)是监狱批准离监探亲的,回家途中顺路看望李××。随后王×提出向李××借点钱作为回家的路费。罪犯李××意识到王×说的是谎话,据李××在监狱内服刑期间对王×改造情况的了解,监狱不可能批准其离监探亲,而且王×的家与李××的家分别在监狱的不同方向,王×所说顺路看望李××是假的。由于考虑到王×有可能是从监狱逃出来的,李××先是想法稳住王×,然后借买酒之名离开家,来到附近的一个小卖部,利用小卖部的电话向其所在的乡公安派出所报案。随后,李××赶回家继续稳住王×。派出所民警张×与联防队员孙×随即赶到李××家中,将王×带到派出所盘问。经民警张×与××监狱电话联系,证

实王×确是于前一天晚上从监狱潜逃的,监狱正在全力抓捕王×。随后监狱派员将王×带回监狱,依法处理。

以上事实,有民警张×、联防队员孙×、监狱狱政科武××的证言和罪犯王×的供述等证实。罪犯李××在暂予监外执行期间,向公安机关举报有脱逃嫌疑的罪犯王×,为抓获逃犯提供重要线索,其行为属于有立功表现。

为此,根据《中华人民共和国监狱法》第30条、《中华人民共和国刑法》第78条、《中华人民共和国刑事诉讼法》第262条第2款之规定,建议对罪犯李××予以减刑1年,特提请审核裁定。

此致

××市中级人民法院

××省××监狱(公章)

2003年2月21日

附:罪犯李××的卷宗材料共1卷1册45页

【评析】

该份提请减刑意见书的制作符合要求。在该实例中,罪犯李××属于暂予监外执行的罪犯,对其提出减刑时,其并未在监狱内服刑。但根据有关规定,暂予监外执行的罪犯,如果符合减刑条件的,也可以减刑。本文书在叙述提请减刑的事实依据时,以时间作为顺序,将罪犯李××检举罪犯王×脱逃事实的时间、地点、具体经过和结果叙述得全面、清楚、明了。同时还列举了相关的证据材料证明检举事实的存在,从而为人民法院审查案件提供了充分的依据。文末在阐述提请减刑的法律依据和执行机关的结论性意见时,引用的法律条款也全面、准确。本文书的不足之处在于缺乏对提请减刑的理由做概括论证。

四、监狱起诉意见书

(一)监狱起诉意见书的概念及作用

监狱起诉意见书,是指监狱对罪犯在服刑期间又犯罪,或者发现了判决时所没有发现的罪行,在侦查终结后,认为需要追究刑事责任,依法向人民检察院提出起诉意见时制作的文书。

我国《刑事诉讼法》第290条第2款规定:"对罪犯在监狱内犯罪的案件由监狱进行侦查。"第262条第1款规定:"罪犯在服刑期间又犯罪的,或者发现了判决的时候所没有发现的罪行,由执行机关移送人民检察院处理。"根据上述规定,监狱对罪犯在服刑期间又犯罪,或者发现了判决时漏判的罪行,经侦查后,认为犯罪事实清楚,证据确实、充分,应当追究刑事责任的,需要制作起诉意见书,连同案卷材料、证据一并移送同级人民检察院审查处理。

监狱起诉意见书是监狱向人民检察院提出起诉意见,要求在法定期限内对案件进行审查,依法作出起诉决定的法律文书,是人民检察院对案件进行审查的基础和依据,该文书的使用可以有力地揭露犯罪,惩罚犯罪,从程序上保证执法活动的严密性。

(二)监狱起诉意见书的格式、内容及写法

该文书由首部、正文和尾部组成。

1. 首部。包括:

(1)标题和编号。写为:

××××监狱

起诉意见书

(××××)×监起字第×号

(2)罪犯的基本情况。应依次写明其姓名、性别、出生年月日、民族、籍贯、原判罪名、原审法院名称、原判年月日、原判决书编号、原判刑期和交付执行的年月日和执行单位。

(3)案由。有两种写法,如系又犯新罪的,可写为:"现经调查证实,罪犯×××在服刑改造期间,又犯有下列罪行:";如系发现余罪、漏罪的,可写为:"现经调查证实,罪犯×××在服刑改造期间发现有判决时所没有发现的罪行,其主要事实如下:"。

2. 正文。这部分是监狱起诉意见书的主体,包括两项内容。

(1)犯罪事实和证据。写明监狱经调查核实的有关罪犯在服刑期间所犯的罪行或者罪犯在判决时所漏掉或隐瞒的罪行及证据。叙写犯罪事实,既要反映案情的全貌,又要重点写明犯罪的时间、地点、动机、目的、手段、行为过程和危害结果等要素。共同犯罪案件,要注意把各个犯罪人在共同犯罪中的地位、作用以及应负的具体罪责写清楚。

(2)提请起诉的理由和法律依据。主要写明两项内容:一是根据刑法分则的有关规定,结合犯罪构成理论,对犯罪事实进行高度的概括,阐明罪犯在服刑期间又犯有或隐瞒有什么罪行,其危害程度如何,造成什么后果,罪犯认罪态度如何。二是引用建议起诉的实体法及程序法条文,提出起诉意见请求。其写作程式如下:

"综上所述,罪犯×××……(对犯罪事实进行总结概括),为此,根据《中华人民共和国刑法》第××条和《中华人民共和国刑事诉讼法》第221条第一款的规定,特提请你院审查,依法处理。"

3. 尾部。包括:

(1)写明致送的人民检察院名称,即"此致","××××人民检察院"。

(2)在右下方注明制作文书的监狱名称,并注明制作日期,同时加盖制作机关公章。

(3)附项。写明罪犯×××劳改档案共×卷×页,罪犯×××又犯罪(或发现余罪)的案卷共×卷×页,注明无法移送的证据材料名称、件数以及存放的地点等。

(三)制作监狱起诉意见书应注意的问题

1. 写入起诉意见书中的事实,必须是刑法规定的,有充分证据证明的犯罪事实,并且应是本次要求起诉范围内的犯罪事实。对于罪犯的一般违反监规,不服管教,劳动态度消极的行为,不能作为请求加重处罚的条件附带写入。对于已经过了追诉时效的犯罪事实,或者已经裁判过的犯罪事实及不需要追究刑事责任的犯罪事实,不能写入。

2. 阐述起诉的理由时应明确监狱在刑事诉讼活动中的法定权利和地位,防止出现"移送你院依法从严惩处","依法起诉,请予以严惩"等超越法定权利和地位的文字。

附 实例

××××监狱

起诉意见书

(200×)×监起字第×号

罪犯戴××,男,19××年×月×日生,汉族,××省××市××县人,初中文化程度,因盗窃罪经××县人民法院于200×年×月×日以(200×)×刑初字第×号刑事判决判处有期徒刑10年,于200×年×月×日送我监狱执行劳动改造。

现经调查证实,罪犯戴××在服刑改造期间,发现了判决的时候没有发现的而又应当追究刑事责任的罪行,主要事实如下:

200×年×月×日,罪犯戴××在××市××区××早市上设摊售货,顾客张××发现戴××出售的棉白糖和红梅味精均属假货,便当场予以揭穿,因而与戴××发生了争执。顾客张××要拉戴××去工商管理人员办公室辩理,戴××恼羞成怒,破口大骂,并对张××大打出手,期间,戴××从地上捡起一块砖头猛砸张××头部三下,将张××打得头破血流。后戴××被众多顾客和工商管理人员扭送到派出所。张××经医院诊断为颅骨破裂,头部软组织严重挫伤,经医院及时抢救才得以脱险。

经侦查已取得如下证据:①××市××区医院关于张××的伤情诊断书;②张××的控告材料一份;③工商管理人员没收的戴××出售的假棉白糖和红梅味精等实物;④××区工商行政管理干部赵××的证言。

综上所述,罪犯戴××在因盗窃罪被判服刑以前,实施了故意伤害张××的行为,犯罪事实清楚、证据确实充分,足以认定。为此,根据《中华人民共和国刑法》第234条和《中华人民共和国刑事诉讼法》第221条第1款的规定,特提请你院审查,依法处理。

此致

××人民检察院

200×年×月×日

附:1. 罪犯戴××劳改档案共1卷67页;

2. 罪犯戴××漏罪案卷材料1卷85页。

【评析】

这份监狱起诉意见书写得较为成功。对罪犯在服刑期间发现的判决时没有发现的漏罪的犯罪事实,运用时间顺序法做了清楚地写述,并写明了证明上述犯罪事实的证据。理由部分针对罪犯戴××的故意伤害事实,进行了概括提炼,论证了戴××的行为已经构成故意伤害罪,应当追究刑事责任,因此要求人民检察院提起公诉就显得合情合理。

五、罪犯出监鉴定表

(一)罪犯出监鉴定表的概念及作用

罪犯出监鉴定表,是指监狱填写的记载出监罪犯在服刑改造期间的表现和监狱对其表现作出结论的法律文书。

在罪犯由于服刑期满、裁定假释和裁定释放、依法保外就医或监外执行等原因需要出监时,监狱应当对罪犯进行鉴定,并填写罪犯出监鉴定表。

罪犯出监鉴定表是记载出监罪犯服刑改造表现的结论性法律文书,是证明罪犯释放或假释的重要依据,准确填写该文书,对于完备罪犯出监的法律手续、健全罪犯服刑改造的档案材料具有十分重要的意义。

(二)罪犯出监鉴定表的格式、内容及写法

罪犯出监鉴定表属于表格类文书,封面印有"罪犯出监鉴定表"的字样,正下方填写罪犯姓名、填表机关的名称并加盖公章,注明年月日。文书内容有三页,各页填写的内容如下:

1. 第一页载明:罪犯姓名、性别、年龄、民族、籍贯、罪名、逮捕机关、逮捕日期、判决机关、判决日期、家庭住址、原判刑期、刑期变动情况、剥夺政治权利年限、出监原因、原有文化程度、现有文化程度、有何特长及技术等级、主要犯罪事实等。

2. 第二页载明:罪犯家庭主要成员的姓名、职业及政治情况,本人简历,改造表现等。

3. 第三页载明:服刑期间奖惩情况、中队意见、大队意见、监狱或劳改队意见等。

(三)制作罪犯出监鉴定表应注意的问题

1. "姓名至刑期"各栏,填写要准确无误,不可出现差错,而且应当与原判决书、入监登记表以及其他案卷材料一致。如有不一致之处,必须核对,且讲明原因。如没有内容可填,应写"无"或划"/"符号,不能留空白。关于"剥夺政治权利年限" 一栏,

原判决书上有的，则不仅要写明剥夺政治权利的年限，而且要具体写明剥夺政治权利的起止年月日；没有的，则写“无”。原判为死刑缓期二年执行和无期徒刑的罪犯，均依法剥夺政治权利终身，后来减为有期徒刑的罪犯，需要出监时，应当根据人民法院裁定书裁定的年限，经过认真计算，准确填写剥夺政治权利年限以及起止年月日。

2. “刑期变动情况”栏，应分别注明加、减刑、改判等情况。刑期变化包括主刑和附加刑，二者的变动情况均应写明；若刑期无变动情况，则写“无”。

3. “有何特长及技术等级”栏，应根据罪犯释放时经有关技术部门核准后的实际技能特长去填写。

4. “主要犯罪事实”栏，应填写原判罪行、又犯新罪或发现余罪后经人民法院裁判后所认定的犯罪事实。

5. “家庭主要成员的姓名、职业及政治情况”栏，应当根据罪犯出监时家庭主要成员的实际情况如实、准确地填写。

6. “本人简历”栏，应当写明罪犯入监前后的简历。入监前主要写个人学习与工作的经历，有何劣迹应当写明；入监后主要写罪犯个人接受教育改造的经历。时间应连续，不得间断。

7. “改造表现”栏，主要应填写罪犯入监期间有关认罪服法、思想改造、遵守监规纪律、劳动改造、生产技能、立功受奖、减刑或重新犯罪和所受到的惩处，以及释放前所发现的罪犯特殊思想表现等方面重大的情况。

8. “服刑期间奖惩情况”栏，要填写罪犯在整个服刑改造期间所受到的表扬、记过、关押、禁闭、加戴戒具以及加刑等内容。

9. “中队意见”栏，应根据出监罪犯在服刑改造期间的实际情况，写出结论性意见。评价要实事求是，语言力求简明扼要。

10. “大队意见”和“监狱或劳改队意见”栏，应当用简练的文字写明概括性结论。如“同意释放”，“同意假释”等。

11. 罪犯出监鉴定表，由管教干部填写，1 式 3 份，统报省劳改局审批。1 份留监狱或劳改队管教科，1 份入罪犯个人档案，1 份连同原判决书等材料转释放或者假释人员居住地公安机关。

附 实例

<table>
<tr><td>姓　名</td><td>马××</td><td>性别</td><td>男</td><td>年龄</td><td>××岁</td><td>民族</td><td>汉</td><td>罪名</td><td>盗窃</td></tr>
<tr><td>别名</td><td>三牛</td><td colspan="2">健康状况</td><td colspan="2">良好</td><td colspan="2">籍贯</td><td colspan="2">湖南</td></tr>
<tr><td>逮捕机关</td><td colspan="3">××公安局</td><td colspan="2">判决机关</td><td colspan="4">××人民法院</td></tr>
<tr><td>逮捕日期</td><td colspan="3">2001 年×月×日</td><td colspan="2">判决日期</td><td colspan="4">2002 年×月×日</td></tr>
</table>

续表

<table>
<tr><td>家庭住址</td><td colspan="5">××省××县××乡××村</td></tr>
<tr><td rowspan="2">刑期</td><td>原判
刑期</td><td colspan="2">自2002年×月×日
至2006年×月×日</td><td>剥夺政治
权利年限</td><td>自2002年×月×日
至2004年×月×日</td></tr>
<tr><td>变动情况</td><td colspan="4">无</td></tr>
<tr><td rowspan="2">出监
原因</td><td rowspan="2">刑满
释放</td><td rowspan="2">文化
程度</td><td>原有:初中</td><td rowspan="2">有何特长
技术等级</td><td rowspan="2">驾驶</td></tr>
<tr><td>现有:初中</td></tr>
<tr><td>主要
犯罪事实</td><td colspan="5">2001年10月5日晚潜入××市××县××镇居民谢×家,盗得现金8600元,联想笔记本电脑1台。</td></tr>
<tr><td>家庭主要
成员姓名、
职业及政
治情况</td><td colspan="5">母亲:李× ,农民
父亲:马× ,农民</td></tr>
<tr><td>个人简历</td><td colspan="5">1995年×省×县第三中学初中毕业,1996年到×市×电器厂打工。2001年10月8日因涉嫌盗窃罪被××公安局拘留。2002年×月×日被判处有期徒刑4年。</td></tr>
<tr><td>改造表现</td><td colspan="5">服从管理,有悔罪表现。</td></tr>
<tr><td>服刑期间
奖惩情况</td><td colspan="5">2004年×月×日被监狱评为劳改积极分子。</td></tr>
<tr><td>中队
意见</td><td colspan="5">马××在服刑期间能够遵守监规,确有悔罪表现,现已服刑期满,是否释放,请领导批示。
(鉴章)
2006年×月×日</td></tr>
<tr><td>大队
意见</td><td colspan="5">同意释放
(鉴章)
2006年×月×日</td></tr>
<tr><td>监狱劳改队
意见</td><td colspan="5">同意释放
(鉴章)
2006年×月×日</td></tr>
<tr><td>备注</td><td colspan="5"></td></tr>
</table>

【评析】

该份罪犯出监鉴定表各项目的填写均符合要求，可供参考。

第二节 仲裁法律文书

一、仲裁法律文书概述

仲裁，亦称公断，是指根据有关规定或者当事人之间的协议，由一定的机构以第三者的身份，对双方发生的争议，在事实上作出判断，在权利义务上作出裁决的一种方式。仲裁具有以下特点：①仲裁是由中立的第三方即仲裁机构解决争议。②仲裁以双方当事人自愿为前提和基础。即双方当事人必须在合同中订立仲裁条款或在纠纷发生前后达成书面仲裁协议。③仲裁具有终局裁决的效力，仲裁机构是一次裁决，该裁决对双方当事人具有拘束力，负有义务的一方当事人不履行仲裁裁决所确定的义务，另一方当事人有权向人民法院申请强制执行。

仲裁法律文书是指当事人之间根据已达成的仲裁协议，为解决经济合同纠纷、劳动争议而制作的申请仲裁和仲裁机构依照法定的仲裁程序解决纠纷、争议时制作的各种文书的总称。

仲裁法律文书以不同的标准可以划分为不同的种类。按其适用范围不同，可分为国内仲裁文书和涉外仲裁文书。国内仲裁一般指平等主体的公民、法人和其他组织之间发生的合同纠纷和其他财产权益纠纷仲裁、劳动争议仲裁、农村土地承包租赁合同纠纷仲裁等。涉外仲裁主要指对外经济贸易仲裁和海事海商仲裁。按制作主体不同，分为当事人制作的仲裁文书，如仲裁申请书、仲裁答辩书、财产保全措施申请书，以及仲裁机构制作的仲裁文书，如仲裁裁决书、仲裁调解书等。按其作用不同，主要分为仲裁协议书、仲裁申请书、仲裁答辩书、仲裁反请求申请书、仲裁裁决书、仲裁调解书等。

仲裁法律文书是仲裁机构进行仲裁活动的忠实记录与反映。仲裁机构在审理案件过程中认定的事实是否客观、真实，证据是否确实、充分，程序是否合法，适用法律是否准确，裁决是否公正等等，都要通过仲裁法律文书反映出来。因此，制作仲裁法律文书对于有效地解决各种经济、劳动、海商、海事等纠纷，维护当事人的合法权益，保障社会主义市场经济健康发展具有重要意义。

二、仲裁协议书

（一）仲裁协议书的概念及作用

仲裁协议书，是指经济纠纷当事人根据合同中签订的仲裁条款的规定或者争议发生后通过协商方式达成的一致性意见，将案件提交仲裁机构依法进行仲裁的书面协议。

仲裁协议是双方当事人之间协商一致的意思表示，必须采取书面形式。书面仲裁协议可以分为仲裁条款和仲裁协议书两种。前者既包括当事人在合同中订立的仲裁条款，又包括当事人在签订合同后通过互换信函、电传或有记录的其他通讯方式所达成的同意提交仲裁的文字记录。仲裁协议书则是双方当事人在合同之外单独签订的约定在发生纠纷时请求仲裁的文书。实践中，仲裁协议书可以在纠纷发生前订立，也可以在纠纷发生后签订。

仲裁协议书是当事人提请仲裁机构解决纠纷的法律依据。当事人之间一旦签订了仲裁协议，就等于放弃了向人民法院起诉的权利，纠纷发生后，当事人必须按照协议书的约定，将特定的争议事项向特定的仲裁机构申请仲裁。同时仲裁协议书也是仲裁机构受理仲裁申请的依据，当事人请求事项或反诉请求事项超出协议约定范围的，仲裁机构不能审理。

（二）仲裁协议书的格式、内容及写法

仲裁协议书包括首部、正文和尾部三项内容。

1. 首部。包括：

（1）标题。文书顶端居中写明“仲裁协议书”。

（2）当事人基本情况。写明申请人与被申请人的姓名、性别、出生年月日、职业、工作单位和住址。当事人如是法人或其他组织的，应当写明单位名称、住所、法定代表人或主要负责人的姓名、职务。

（3）请求仲裁的意思表示。即当事人明确地表明将他们之间已经发生的或尚未发生的争议提交仲裁的共同意思表示。文字表述为：“当事人各方愿意提请×××仲裁委员会依照《中华人民共和国仲裁法》的规定，仲裁如下协议”。

2. 正文。包括仲裁事项及选定的仲裁委员会。

（1）仲裁事项。应具体写明提请仲裁的争议事项。争议事项较多时，可以分项列明“第一……第二……”。

当事人双方在仲裁协议中约定的仲裁事项不能超出法律规定的仲裁范围，否则就是无效的。当事人提请仲裁的事项也不能超出协议约定的范围，如果超出双方约定的范围，另一方当事人有权拒绝参与仲裁。

（2）选定的仲裁委员会。我国仲裁不分级别管辖和地域管辖，采取当事人协议选择仲裁委员会的制度。当事人必须在仲裁协议书中选定一个仲裁委员会，以避免在管辖问题上产生歧义，发生争执。

3. 尾部。包括：

（1）在正文右下方由协议双方当事人签名或盖章。

（2）协议书制作的年月日。

（3）附项。应在文书左下方注明：该仲裁协议书一式×份，送交××仲裁委员会×份和立约人各一份等。

（三）制作仲裁协议书应注意的问题

1. 仲裁协议书中必须写明请求仲裁的意思表示、仲裁事项和选定的仲裁委员会。书写事项要齐备，语言表述应具体、明确，行文应简洁明了。

2. 根据《仲裁法》第17条的规定，有下列情形之一的，仲裁协议无效：①约定的仲裁事项超出法律规定的仲裁范围；②无民事行为能力人、限制民事行为能力人订立的仲裁协议；③一方采取胁迫手段，迫使对方订立仲裁协议的。

3. 如果仲裁协议书对仲裁事项或仲裁委员会没有约定或约定不明确的，当事人之间必须达成补充协议，达不成补充协议的，仲裁协议书无效。

实例

仲裁协议书

甲方：上海市××服装公司

乙方：郑州市××商场

甲乙双方在履行共同订立的服装购销合同中，因对合同中所涉及的运输费用由何方承担产生争议，虽经协商，但无结果，经甲、乙双方协商约定，将此争议提交郑州市仲裁委员会裁决，并订立以下条款共同遵守：

一、本案仲裁费用，由败方承担。

二、本协议1式3份，送交郑州市仲裁委员会一份，甲、乙双方各执一份。

甲方：上海市××服装公司（签章）

乙方：郑州市××商厦（签章）

2010年10月2日

【评析】

这份仲裁协议书格式规范，行文语言通畅，正文部分对于双方争议的内容写得明确、完整。不足之处是：协议文本及双方各执份数之类的说明事项应放在文末，无须作为协议内容统一编码。

三、仲裁申请书

（一）仲裁申请书的概念及作用

仲裁申请书，是指当事人为维护自己的合法权益，就合同执行过程中产生的纠纷，根据仲裁协议，向仲裁机构提请仲裁时所制作的文书。

我国《仲裁法》第21条规定："当事人申请仲裁应当符合下列条件：①有仲裁协议；②有具体的仲裁请求和事实、理由；③属于仲裁委员会的受理范围。"第22条规定："当事人申请仲裁，应当向仲裁委员会递交仲裁协议、仲裁申请书及副本。"仲裁机构应当在收到仲裁申请书之日起5日内，作出受理或不受理的决定，并通知当事人；不予受理的，应以书面形式说明理由。

当事人申请仲裁，是启动仲裁程序的前提。制作符合条件的仲裁申请书，是引起仲裁程序开始的重要书面依据。仲裁申请书也是申请人依法提起仲裁和被申请人据以提交仲裁答辩书的根据，对于仲裁机构明确争议焦点，公正、及时地解决纠纷，保护双方当事人合法权益具有重要意义。

（二）仲裁申请书的格式、内容及写法

仲裁协议书包括首部、正文和尾部三项内容。

1. 首部。包括：

（1）标题。文书顶端居中写明“仲裁申请书”。

（2）当事人基本情况。写明申请人与被申请人的姓名、性别、出生年月日、职业、工作单位和住址。当事人如是法人或其他组织的，应当写明单位名称、住所、法定代表人或主要负责人的姓名、职务。当事人如果委托代理人参加仲裁活动的，还应写明委托代理人的姓名，工作单位和职务。

（3）仲裁案由，即提起仲裁申请的事由。应简明扼要地写明申请人提请仲裁申请的根据，争议性质和要求，以及收受该申请书的仲裁机关名称。

2. 正文。包括仲裁请求，事实、理由和证据三项内容。

（1）仲裁请求。这一部分是申请人申请仲裁所要达到的根本目的，主要写明申请人请求仲裁机构解决什么争执，满足什么具体要求。要求明确、具体，如有几项请求，应分条列项地写明。

（2）事实和理由。事实应当写清纠纷发生的时间、地点、原因、经过、造成的后果、双方争议的焦点以及各自应负的责任。理由应当根据前面叙述的案件事实，结合有关法律、法规和国际公约，分析论证被申请人违约的性质和应当承担的责任。例如，在合同纠纷案件中，首先，应依据法律说明合同是否成立，是有效合同还是无效合同；其次，明辩是非、分清责任，即是一方的责任、还是双方都有责任，哪一方负主要责任，哪一方负次要责任；最后，说明有责任的一方应当承担违约金或赔偿损失。

（3）证据。申请人在申请仲裁时，应当提供能够证明案件事实和自己主张的各种证据及其来源。因此，应当写明能够证明案件事实和当事人主张的各种证据及其来源。

3. 尾部。包括：

（1）写明提交的仲裁机构名称。即“此致”“××仲裁委员会”。

（2）申请人签名、盖章。申请人是法人或其他组织的，写明单位及法定代表人或主要负责人的名称并加盖印章。

（3）申请仲裁的年月日。

（4）附项。写明仲裁申请书副本的份数。申请人应按对方人数和仲裁庭的组成人数提交副本。

（三）制作仲裁申请书应注意的问题

1. 制作仲裁申请书必须以双方当事人在合同中订立的仲裁条款或争议发生后达成的仲裁协议为依据，否则仲裁机构不予受理。

2. 仲裁申请书必须在仲裁时效届满前提出。

3. 叙述纠纷事实应当尊重客观事实;论述理由应体现“以事实为根据、以法律为准绳”的精神,有理有据,有法可依;引用法律条款或国际公约应准确无误。

仲裁申请书

申请人:甲省××市A公司

地 址:甲省××市××路××号

法定代表人:马×× 职务 :公司经理

被申请人:乙省××市B公司

地 址:乙省××市××路××号

法定代表人:宋×× 职务 :公司经理

申请人甲省××市A公司与被申请人乙省××市B公司在履行购销合同过程中发生纠纷,根据双方事先在合同中订立的仲裁条款,特提请××市仲裁委员会仲裁解决。

仲裁请求:

1. 被申请人承担逾期交货的违约责任。

2. 被申请人对因其违约给申请人造成的经济损失负责赔偿。

3. 仲裁费用由被申请人承担。

事实与理由:

2009年5月5日,甲省××市A公司与乙省××市B公司签订了一份购销合同,约定由B公司卖给A公司洗衣粉40吨,每吨单价880元,7月30日以前交货付款,交货地点在A公司所在地的火车站。

7月15日,B公司将货运抵本地火车站,恰遇铁路被洪水冲垮,货运中断,B公司即将货运回保管。同时电告A公司。同年8月10日,线路恢复,B公司立即启运。8月18日运抵A公司所在地火车站。

8月19日,B公司通知A公司验货并付款。A公司以此时已过合同履行期限为由拒绝收货。经双方多次洽谈,A公司提出,若要收货,价格必须减半。B公司拒绝降价,双方始终未达成协议。为不被铁路部门罚款,B公司租用民房一间,将货物暂存保管,同时继续与A公司交涉。

天有不测风云,8月25日,该地突降暴雨,B公司存货民房被洪水冲垮,洗衣粉被洪水淹没。灾后清点,仅残留13吨,且有变质现象。经鉴定只能以每吨700元降价处理。上列损失共计26 100元。

双方就有关责任分担,损失赔偿问题,多次协商未果。

鉴于上述情况，申请人认为被申请人逾期履行合同属于严重的违约行为，且给申请人当前的经营活动造成了极大的影响。为此，请求你会依法仲裁。

此致

××市仲裁委员会

申请人：甲省××市A公司
法定代表人：马××（签章）
2009年××月××日

附项：购销合同原件1份

【评析】

这份仲裁申请书格式规范，书写要素齐备，语言简明扼要。仲裁请求写得明确、具体，事实与理由部分将双方签订合同的时间、地点、合同履行情况以及纠纷产生的原因写得一清二楚，从而为仲裁机构查明案情，分清责任打下了坚实的基础。

四、仲裁裁决书

（一）仲裁裁决书的概念及作用

仲裁裁决书，是指仲裁机构根据当事人的申请，依照我国仲裁法规定的程序，对当事人之间的纠纷进行审理后，就实体问题所作出的书面决定。

我国《仲裁法》第51条规定："仲裁庭在作出裁决前，可以先行调解。当事人自愿调解的，仲裁庭应当调解。调解不成的，应当及时作出裁决。调解达成协议的，仲裁庭应当制作调解书或者根据协议的结果制作裁决书。调解书与裁决书具有同等法律效力。"

仲裁裁决是仲裁审理的最后程序，即在实体上对当事人双方的权利义务作出终局裁决，在程序上终结案件的审理。仲裁机构仲裁纠纷时，其中一部分事实已经清楚的，可以就该部分先行裁决。先行裁决与终局裁决一样，一经作出，对当事人即具有法律拘束力。

仲裁裁决书是仲裁机关依法处理纠纷的重要书面依据。仲裁裁决书自作出之日起发生法律效力，当事人不得就同一纠纷再行申请仲裁或向人民法院起诉，仲裁机构或人民法院也不得予以受理。有强制执行效力的仲裁裁决书，还可以作为强制执行的根据。

（二）仲裁裁决书的格式、内容及写法

仲裁协议书包括首部、正文和尾部三项内容。

1. 首部。包括：

（1）标题和编号。写为：

××××仲裁委员会
裁 决 书
(××××)×仲裁字第×号

(2)当事人基本情况。写明申请人与被申请人的姓名、性别、出生年月日、职业、工作单位和住址。当事人如是法人或其他组织的,应当写明单位名称、住所、法定代表人或主要负责人的姓名、职务。当事人如果委托代理人参加仲裁活动的,还应写明委托代理人的姓名,工作单位和职务。如系涉外案件,应在申请人和被申请人栏目之后用括号写明外文译文。

(3)案由、仲裁庭组成及仲裁方式。这一部分写明以下三个方面的内容:①案由。写明仲裁委员会受理案件的性质。②仲裁庭的组成人员。③仲裁方式。写明是开庭仲裁还是不开庭仲裁,开庭仲裁的,应写明开庭的时间、地点和双方当事人及其委托代理人出庭情况。

2. 正文。包括纠纷事实、裁决理由和法律依据、裁决主文、仲裁费用的负担等内容。

(1)纠纷事实。应首先将案件的基本事实和双方各自所持的主要意见和要求写清楚,然后另起一段写明仲裁机关查明的纠纷事实与证据。

(2)裁决理由和法律依据。应根据仲裁机关已查明的纠纷事实和证据,准确引用有关法律条款,分析论证双方当事人应当承担的责任。对双方当事人的要求和主张,正确的,应当予以支持;错误的,应当予以驳回,并说明理由。

(3)裁决主文,即裁决结果。将仲裁庭对争议实质性问题的裁决结果分条列项写明。

(4)仲裁费用的负担。

3. 尾部。包括:

(1)交待裁决书的法律效力。我国仲裁实行一裁终局制度,因此,在仲裁费用负担情况项下,写明:“本裁决为终局裁决”。

(2)署名、日期、用印。在文书右下方,由仲裁庭组成人员署名,之下写明制作文书的日期并加盖仲裁机关公章。在日期之下,写明书记员姓名。

(三)制作仲裁裁决书应注意的问题

1. 仲裁裁决书是终结案件的书面决定,直接关系到当事人之间实体权利义务的确定,因此,制作时应慎而又慎。

2. 制作仲裁裁决书的正文部分,要首尾照应,切勿出现前后矛盾现象。

3. 格式要规范,项目要齐备,文字干净洗练。

××市工商行政管理局经济合同仲裁委员会

裁　决　书

(1997)×仲裁字第×号

申请人:××省××市茶叶公司(供方)

地址:××省××市××路××号

法定代表人:王×× 职务:经理

被申请人:××省××市前进食品店(需方)

地址:××省××市××大街××号

法定代表人:宋× 职务:经理

上列双方于1997年5月18日签订“湖北一级茉莉花茶”购销合同一份,数量为10 000斤,每斤价格30元,共30万元。双方按封存样品交货和验收。供方于1997年6月15日将货发送到需方后,经需方验收发现与封存样品不符,包装也不符合合同规定,且有散包。因而拒收货物并拒付货款。为此,供方于1997年7月21日向本会申请仲裁。

本会依法由首席仲裁员赵××,仲裁员李××、王××组成仲裁庭进行了审理。现查明:

申请人交付的茶叶与双方封存样品质量不符。由于部分包装不符规格,在运输过程中出现散包,损失茶叶360斤,责任完全在供方,经本会主持调解,双方争执较大,未达成协议,特裁决如下:

一、供方交付的茶叶不符合合同规定的质量,按茶叶实际质量计价,将原价每斤30元降为20元;

二、供方未按合同规定包装,在运输中损失茶叶360斤,由供方负担;

三、需方按供方实际交付茶叶数量9640斤折价付款,共192 800元。自裁决生效之日起10日内一次付清。

四、仲裁费,按争议金额的5%征收,计694元,由供方负担。

本裁决为终局裁决。

首席仲裁员:×××

仲　裁　员:×××

仲　裁　员:×××

(盖章)

1997年×月×日

书　记　员:×××

【评析】

这份仲裁裁决书的制作格式规范，书写要素齐全。正文部分在简明扼要地叙清事实的基础上，明辨了是非，分清了责任，故裁决结果自然公正、合法。不足之处是：①理由部分论证过于简单，如能将裁决结果中论证裁决原因的话语提到理由部分写作，将会收到更好的表达效果。②裁决结果的表述不够精练。裁决结果与人民法院的裁判文书相似，只需具体、明确地写明裁决的事项是什么即可，并不需要说明为什么要如此裁决。

五、仲裁调解书

（一）仲裁调解书的概念及作用

仲裁调解书，是指仲裁机构通过调解方式，在双方当事人自愿达成解决纠纷的协议后所制作的具有法律效力的书面决定。

我国《仲裁法》第51条规定："仲裁庭在作出裁决前，可以先行调解。当事人自愿调解的，仲裁庭应当调解。调解不成的，应当及时作出裁决。调解达成协议的，仲裁庭应当制作调解书或者根据协议的结果制作裁决书。调解书与裁决书具有同等法律效力。"

调解是仲裁活动中解决争议的一种重要方式，它有利于缓解当事人之间的对抗，彻底解决争议。仲裁调解书是仲裁机构依法解决经济纠纷的法律文件，它体现了仲裁机构对当事人之间达成的调解协议的认可。

（二）仲裁调解书的格式、内容及写法

仲裁调解书包括首部、正文和尾部三项内容。

1. 首部

（1）标题和编号。写为：

××××仲裁委员会
调　解　书

（××××）×仲调字第×号

（2）当事人基本情况。写明申请人与被申请人的姓名、性别、出生年月日、职业、工作单位和住址。当事人如是法人或其他组织的，应当写单位名称、住所、法定代表人或主要负责人的姓名、职务；当事人如果委托代理人参加仲裁活动的，还应写明委托代理人的姓名，工作单位和职务；如系涉外案件，应在申请人和被申请人栏目之后用括号写明外文译文。

（3）案由。应当简明扼要的写明纠纷原因、纠纷性质、提交的仲裁机关和申请人的要求等内容。

2. 正文。应依次写明纠纷的主要事实和责任、双方当事人自愿达成的协议事

项、调解费用的承担情况等内容。

（1）纠纷的主要事实和责任。纠纷事实应简明扼要的叙述纠纷发生的起因、具体经过、双方争执的焦点及申请人请求的事项等内容。责任应在仲裁机关所查明纠纷事实和证据的基础上，写明一方或双方当事人应承担责任的大小。

（2）双方当事人自愿达成的协议事项。在纠纷的主要事实和责任写完之后，另起一行写明："本案在仲裁过程中，经本会主持调解，双方当事人自愿达成如下协议："作为过渡语。然后另起一行将双方当事人在仲裁员参加下所达成的一致性意见逐项一一列举出来。

（3）调解费用的承担情况。如果是双方当事人协议确定仲裁费用负担情况的，可以作为协议内容的最后一项单独列出；如果是仲裁庭决定仲裁费用负担情况的，可以在协议内容写完之后，另起一段写明。

3. 尾部。包括：

（1）交待调解书的法律效力。写明："本调解书与裁决书具有同等法律效力。"

（2）署名、日期、用印。在文书右下方，由仲裁庭组成人员署名，之下写明制作仲裁调解书的年月日并加盖仲裁机关公章。在日期之下，列出书记员姓名。

（三）制作仲裁调解书应注意的问题

1. 仲裁中的调解应当符合以下要求：①调解是在仲裁庭调查和辩论后，查明事实、分清是非的基础上进行的；②仲裁调解必须坚持双方自愿的原则。③调解达成协议的内容必须合法，不得违背公序良俗和损害国家、集体和他人利益。④调解达成协议的，仲裁庭即可制作调解书，也可根据协议的结果制作裁决书。调解书与裁决书具有同等法律效力。

2. 如系涉外案件，仲裁调解书应有与中文文本意思完全相一致的译本。

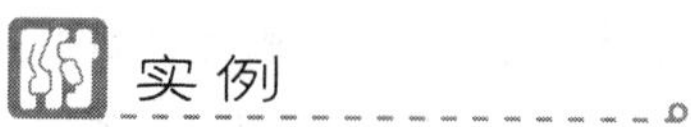

××市工商行政管理局经济合同仲裁委员会

调　解　书

（1997）×仲调字第×号

申请人：××被服厂

地　址：××市××路××号

法定代表人：李××　　　　职务：厂长

委托代理人：王×，××律师事务所律师

被申请人：××工业局供销门市部

地 址：××市××路××号

法定代表人：孙 ×　　　　职务：经理

委托代理人:郑×,××律师事务所律师

案 由:定货合同纠纷

××工业局供销门市部(甲方)与××被服厂(乙方),于1996年12月×日经协商签订定货合同一份。合同规定乙方于1997年2月底以前,为甲方生产上海式样泡沫茄克衫3000件(其中男女式各1500件,单价分别为35元和30元),总价款为97 500元。

1997年3月中旬,乙方第一次送货2600件,经甲方抽样检验,发现茄克衫质量存在问题,有的袖里扭曲,兜布未缝合,泡沫面光泽太暗,加工质量粗糙。为此,甲方提出拒付其中900件(男女各450件)的货款29 250元,致双方发生纠纷。乙方于同年4月×日向××市工商行政管理局仲裁委员会提出申请,要求仲裁。

经调查核实:甲乙双方签订合同不够认真,执行合同很不严格,乙方生产条件不具备,盲目承揽,给双方造成不应有的损失。

甲方应承担的责任是:

一、合同条款不全,文字说明含糊,特别是缺乏明确的质量标准,仅说“上海式样”,而没有对泡沫衫的面料和光泽做出明确规定;

二、履行合同期间,单方面废止合同也是不应该的。

乙方应承担的责任是:

一、盲目承揽,质次价高。该被服厂原不具备生产泡沫衫的设备和人力,纯属勉强生产,现买设备,现学技术,且生产工艺、质量标准、价格规定均没经过有关部门的审核批准。因此,产品质量低次。

二、不恪守合同信用,既没有按合同规定的期限交货,又没按合同签订的数量供货。

为了维护合同的严肃性,经反复核实和邀请有关技术部门鉴定,与同类产品比质比价后,本着从实际出发和有利于产销的原则,经多次协商调解,双方达成协议如下:

一、以按质论价的原则,将茄克衫的单价下调人民币8元(男式27元,女式22元)。合同尚余部分乙方不再生产,甲方不再收购和不追究经济责任。

二、按上述价格计算,总计应为63 700元,甲方除已支付的货款55 250元外,还应付给乙方9450元整。限于5月底通过银行一次付清。

三、双方以前签订的合同,因内容不全,条款不细,责任不清,自调解协议成立之日起终止。

仲裁费用共计300元,由甲方负担90元,乙方负担210元。

本调解书与裁决书具有同等法律效力。

双方当事人签字:甲方　　李×　　乙方　　孙×

仲　裁　员:×××

(盖章)

1997 年×月×日

书　记　员:×××

【评析】

这份仲裁调解书书写格式规范,项目要素齐全,文字表述详略得当。正文部分首先简明扼要地交待清纠纷产生的原因,接着详细分析了双方当事人应当承担的法律责任,最后准确而具体地写明了协议内容,便于执行。不足之处是:①尾部不应有双方当事人的签名。②缺少附项。应以附项注明该仲裁调解书份数及双方当事人所持份数。

第三节　公证法律文书

一、公证法律文书概述

(一)公证文书的概念及特点

公证,是指国家公证机关根据法律规定和当事人的申请,依照法定程序对法律行为、有法律意义的文书和事实的真实性和合法性进行证明的活动。我国《公证法》第2条规定:"公证是公证机构根据自然人、法人或者其他组织的申请,依照法定程序对民事法律行为、有法律意义的事实和文书的真实性、合法性予以证明的活动。"

公证文书,是指国家公证机关根据法律规定和当事人的申请,按照法定程序依法证明法律行为、有法律意义的文书和事实的真实性、合法性,以保护当事人合法权益所制作的文书的总称。

公证文书具有以下特点:

1. 公证文书的制作主体具有特定性。公证文书只能由国家依法设立的公证机构制作,其他任何单位和个人均无权制作公证文书。

2. 公证文书具有很强的法律效力。首先,公证文书具有证据效力。我国《公证法》第36条规定:"经公证的民事法律行为、有法律意义的事实和文书,应当作为认定事实的根据,但有相反证据足以推翻该项公证的除外。"《民事诉讼法》第67条规定:"经过法定程序公证证明的法律行为、法律事实和文书,人民法院应当作为认定事实的根据。但有相反证据足以推翻公证证明的除外。"其次,公证文书具有强制执行效力。我国《公证法》第37条规定:"对经公证的以给付为内容并载明债务人愿意接受强制执行承诺的债权文书,债务人不履行或者履行不适当的,债权人可以依法向有管辖权的人民法院申请执行。"《民事诉讼法》第214条第1款规定:"对公证机关依法赋予强制执行效力的债权文书,一方当事人不履行的,对方当事人可以向有管辖权的人民法院申请执行,受申请的人民法院应当执行。"最后,公证文书具有使法律行为成立的效力。根据某些法律、法规规定、国际惯例及双边协定或者当事人的约定,某些行为必须经过公证才能成立并发生应有的法律效力,如果没有进行公证,该项法律行为就不能成立,也就不发生法律效力。我国《公证法》第38条规定:"法律、行政法规规定未经公证的事项不具有法律效力的,依照法律规定。"

3. 公证文书具有真实性和合法性。公证是公证机关对公证事项的真实性和合法性进行证明的活动,公证活动的中心内容就是证明公证对象的真实性和合法性。公证机关办理任何公证事务,都必须依照法定的程序对公证对象的真实性、合法性进行审查,对于真实、合法的,才能出具公证书,否则不能出具公证书。公证文书作为公证活动的书面表现形式,必然也具有真实性和合法性的特征,正因为如此,我国民事诉讼法才规定,公证文书是一种可靠的证据,其证明效力高于其它书证。

(二)公证文书的分类

公证文书根据不同的标准可以划分为不同的种类。从我国目前公证实践来看,有以下几种划分方法:

1. 根据公证文书的性质划分,可分为民事公证书、经济公证书、涉外公证书等。

2. 根据公证机构的业务范围划分,可分为证明法律行为的公证文书,证明有法律意义事实的公证文书,证明有法律意义文书的公证文书,办理赋予强制执行效力的债权文书公证文书,办理提存、证据保全及其他与公证有关的法律事务的公证文书。

3. 根据公证书的格式划分,可分为定式公证书和要素式公证书。

4. 根据公证书的内容划分,可分为公证书、公证决定书、公证通知书和辅助性公证书。

公证书是国家公证机关接受当事人的公证申请后,依照法定程序办理公证事项时所出具的确认申请事项真实、合法的证明文件。是公证文书中最为重要的文书。公证决定书是公证机构根据事实和法律,为解决某些程序事项而作出的书面处理意见。包括受理决定书、不予受理决定书、回避决定书、终止公证决定书、拒绝公证决定书和撤销公证决定书。公证通知书是公证机构向当事人通告公证决定或其他公证程序事宜的文书。辅助性公证文书是公证机构在办理公证业务活动中制作的服务于办证的文书。包括申请公证登记表(书)、公证笔录、公证卷宗封面和目录、公证审批表、拒绝公证通知、执行许可证明书、公证法律意见书、司法建议书、保管文件和物品凭证等。

(三)公证文书的写作要求

公证书的制作必须符合以下几个方面的要求:

1. 格式要求。公证书,是国家公证机关依照法定程序制作的,发给当事人使用,并具有特殊法律效力的法律文书。制作公证书应当注意格式的规范化。我国自公证制度建立以来,一直都非常重视公证文书的规范化。1956 年司法部首次统一了公证文书格式,共 13 种。1981 年司法部又颁布了《公证书试行格式》,计有公证书格式 24 种,并附有代书格式 7 种。1982 年国务院发布了的《公证暂行条例》中明确规定:"公证员应当按照司法部规定或批准的格式制作公证文书。"为了适应改革开放和公证业务发展需要,1992 年司法部又颁布了《公证书格式(试行)》,该文件将公证文书格式分为 14 类 59 式 110 种。这次修订新增了大量经济、民事类公证文书格式,进一步扩大了公证文书格式的适用范围，对程序认证性公证与实体性公证在公证书格式上作了区别。为了适应社会主义市场经济发展和法律制度改革的需要，司法部于1998年3月决定对《公证书格式（试行）》进行全面修改，将定式化公证书格式改为定式格式与要素式格式相结合。对定式格式进行补充、修改、完善，并根据需要附相应的外文译文；对需要适用要素式格式的公证事项进行分析、分类，拟定公证书必须具备的要素，并附相应的参考样本。1993年3月，司法部决定在京津沪三地进行要素式公证书格式的试点。2000年3月，司法部印发了《保全证据等三类公证书格式（试行）》，对保全证据、现场监督、合同（协议）三类公证书试行要素式公证书格式。此格式自2001年1月1日起在全国范围推行。为了进一步扩大要素式公证书的适用范围，司法部决定，自2009年7月1日起，在全国范围内推行继承类、强制执行类要素式公证书格式和法律意见书格式。

但不管是定式公证书还是要素式公证书，均应当严格按照法定格式制作。我国《公证法》第32条第1款规定："公证书应当按照国务院司法行政部门规定的格式制作，由公证员签名或者加盖签名章并加盖公证机构印章。公证书自出具之日起生效。"因此，在具体制作公证书时，对于诸如文书编号、公证员签名或盖章、出证日期及用印等都要严格按照格式的要求去写；对于经历、学历公证书、结婚公证书等公证文书，还要在公证证词的左下角加贴近期免冠单身照片或合影照。

2. 文字要求。我国《公证法》第32条第2款规定："公证书应当使用全国通用的文字；在民族自治地方，根据当事人的要求，可以制作当地通用的民族文字文本。"《公证程序规则》第43条规定："制作公证书应当使用全国通用的文字。在民族自治地方，根据当事人的要求，可以同时制作当地通用的民族文字文本。两种文字的文本，具有同等效力。"据此规定，制作公证书时应当注意：

（1）涉外公证书必须使用中文。我国公证机关在公证活动中使用中文，是维护国家主权的具体体现。在涉外公证活动中，对于不通晓汉语的外国人，公证机关应当为其提供翻译，不得直接使用外语进行公证活动。对于任何使用外国文字制作的文书，应当翻译成中文，由公证机关对中文本予以公证，然后将外文本文书和中文本文书装订在一起，加盖骑缝章，一并发给当事人。

（2）国内使用的公证书，在少数民族聚居或多民族共同居住的地方，可以使用当地民族通用的文字，其他地方应使用中文。根据司法部规定，在少数民族聚居或多民族共同居住的地方，公证机关张贴的布告，制作公证书以及其他文件，都应当使用当地通用的民族语言文字。在办理不同民族当事人之间所订合同的公证时，应当分别用他们本民族的文字制作公证书发给当事人。

制作公证书在坚持使用规定语言文字的基础上，还应注意运用语言文字要力求通俗、简明、准确。因为公证书具有证据上的效力，必须具有无可置疑的真实性，所以在遣词造句上，必须忠于客观事实。由于公证书是具有法律效力的文书，所以在用语言文字表达其内容时，也要符合法律、法规、规章的规定。公证书作成后不得涂改、挖补，必须修改的应加盖公证处校对章。

3. 内容要求。制作公证书时，在内容上必须符合《公证程序规则》规定，应该写明的项目要素必须齐备，同时还应注意保证公证书内容的真实性和合法性。要做到这些，在公证前必须对当事人申请公证的事项进行严格审查，审查的内容主要有：①当事人身份、申请办理该项公证的资格以及相应的权利；②提供的文书内容是否完备，含义是否清晰，签名、印鉴是否齐全；③提供的证明材料是否真实、合法、充分；④申请公证的事项是否真实、合法；审查后，对于符合出证条件的公证事项，才能出具公证书，不符合的，不能出具公证书。

二、要素式公证书

（一）要素式公证书的概念及作用

要素式公证书，是指公证书内容由规定的要素构成，文字、措词、语序、结构等则由公证员酌情撰写的公证书。

推行要素式公证书格式，一是有助于进一步拓展公证服务领域，使公证工作更好地适应经济社会发展的需要，更好地契合社会多层次、多方面的公证法律服务需求；二是使公证书能够更加符合法律规定的公证文书作为"认定事实的根据"和"强制执行的根据"的标准和要求，有助于进一步强化公证文书的法律效力。另外，要素式公证书格式的内容丰富，从根本上改变了传统的定式公证书格式简单的证明方式，因此也对公证员的法律专业知识和公证执业技能提出了新的更高的要求，有利于提高公证人员的业务素质和分析判断问题的能力。

（二）要素式公证书的适用范围

根据司法部的规定，目前要素式公证书只适用于在国内使用的证据保全类公证书、现场活动类公证书、合同（协议）类公证书、继承类公证书、强制执行类公证书和法律意见书的制作。根据公证实践的需要，为切实提高公证业务的质量，我国今后将逐步扩大要素式公证书适用的范围。

（三）要素式公证书的结构

要素式公证书由首部、证词要素（内容）、尾部及使用说明构成。

"证词要素"是构成公证书证词的必要内容，包括"必备要素"和"选择要素"两部分。"必备要素"是公证书证词中必须具备的内容；"选择要素"是根据公证证明的实际需要或当事人的要求，酌情在公证书证词中写明的内容。

"使用说明"，即要素式公证书中的"注"，是对要素式格式中相关内容的说明或解释，是对格式内容的必要补充。

（四）要素式公证书的种类

1. 合同、协议类公证书。包括：

（1）合同（协议）公证书的概念和适用范围。合同（协议）公证书，是指公证机构根据法律规定和当事人的申请，依法证明当事人之间签订合同（协议）的行为真实、合法所出具的公证文书。

合同（协议）公证书适用于我国《合同法》规定的15类有名合同和其他法律规定的有名合同、协议、无名合同、协议以及混合合同、协议。

（2）合同、协议公证书的内容和制作方法。合同（协议）公证书内容分为首部、正文（证词）、尾部三部分。

首部要求写明标题、编号、申请人基本情况及公证事项。

首先，标题。居中直接写"公证书"三字。要素式公证书名称统一使用"公证书"字样。

其次，编号。在公证书名称右下方写：（××××）×××字第××号。编号由年度、公证处简称、公证类别代码和公证书编号组成。公证类别代码为"国内民事"、"国内经济"、"涉外民事"、"涉外经济"、"涉港澳台"等，办证量较少的公证处可以不用公证类别代码，办证量大的公证事项可以采用专门代码。例如"京证融字"、"京证房字"，分别代表北京市公证处办理的金融公证和房产公证。

再次，申请人基本情况。写明合同当事人基本情况。当事人是自然人的，依次写明姓名、性别、出生日期、住址、身份证号码；是外国人的，应写明国籍，有代理人的，还应写明代理人的姓名；当事人是法人或非法人组织的，依次写明全称、住所地、营业执照编号，法定代表人或代理人的姓名、性别、出生日期。当事人有数人时，应一并列明。

最后，公证事项。应单列一行写明被证明的合同、协议的具体名称或类别。如承包合同、借款合同等。

正文即证词内容，由必备要素和选择要素构成。该部分写作内容根据合同（协议）类别、主体、内容、签订时间、地点、方式、适用法律的不同而有所不同。

首先，通用合同（协议）公证书证词应当具备以下要素：①申请人全称或姓名、申请日期及申请事项。甲、乙双方先后、分别申请公证的，具体的申请日期可以不表述。②公证处审查的事实。应写明当事人的身份、资格、及签订合同（协议）的民事权利能力和行为能力；代理人的身份及代理权限；担保人的身份、资格及担保能力；当事人签订合同（协议）的意思表示是否真实，是否对合同（协议）的主要条款取得一致意见；合同（协议）条款是否完备，内容是否明确具体；是否履行了法律规定的批准或许可手续。不需经批准或许可的，不写此项内容。③公证结论。写明当事人签订合同（协议）的日期、地点、方式等；当事人签订合同（协议）行为的合法性（在无特别规定的情况下，一般引用《民法通则》第55条规定）；合同（协议）内容的合法性（一般引用《合同法》或有关法律、法规的规定）；当事人在合同（协议）上的签字、盖章的真实性。

其次，通用合同（协议）公证书证词的选择要素包括：①合同（协议）标的物的权属情况及相关权利人的意思表示。权属情况指所有权、使用权、担保物权、专有权、专用权等。相关权利人包括：与合同（协议）标的有关的共有权人、所有权人、使用权人、担保权人等。转让、承包或租赁合同（协议）标的物时，应按法律规定征得相关权利人的同意或认可。②当事人对合同（协议）内容的重要解释或说明。③当事人是否了解合同(协议)的全部内容。④合同(协议)生效日期及条件等。如法律规定合同(协议)需经登记或批准方能生效的,应在公证书中注明。⑤公证员认为需要说明的其他事实或情节。⑥附件。有附件时,应在公证证词中列明附件的名称、顺序号。

尾部应写明公证机构名称、承办公证员签名(或签章)和出证日期,并加盖公证处印章和钢印。

(3)制作合同(协议)公证书应注意的问题:①出证前应当审查当事人的行为能力和签订合同的意思表示是否真实,公证处认为合同内容和形式真实、合法,不违背社会公共利益的,才能依法制作公证书。②合同及合同附件是公证文书的组成部分,被证明的合同(协议)及其附件应当装订在公证书证词页之前。③合同(协议)中存在担保的情况时,对担保人名称或姓名、担保方式、担保的范围和承诺的时间、地点等应在证词中列明;担保文书一般应与主合同装订在一起。④对符合规定条件的合同(协议),如借款合同等,公证机构可以依法赋予强制执行效力。对此必须在公证书中注明。

附 实例

公 证 书

(2000)新证字第××号

申请人:张××,女,××××年××月××日生,现住西安市××区××巷××号,身份证号码:××××××××××××××××××。

何××,男,××××年××月××日生,现住址同上,身份证号码:××××××××××××××××××。

公证事项:赠与合同

申请人张××、何××于××××年××月××日向本处申请办理前面的赠与合同公证。

经查,张××与何××系母女关系。根据×房字第×××号房屋所有权证,位于西安市新城区××巷××号房产4间的产权登记人为张××,根据《中华人民共和国婚姻法》第17条、第19条的规定,夫妻双方对婚姻关系存续期间所取得的财产,未做约定的,归夫妻共同所有。故上述房产属张××和其配偶何×共同所有。张××的赠与行为征得其配偶何×的同意。张××、何××订立赠与合同时具有法律规定的民事权利和民事行为能力,赠与人与受赠人签订《赠与合同》的意思表示真实,合同内容具体、明确。此房产符合法律规定的赠与条件。

依据上述事实,兹证明申请人张××、何××于××××年××月××日在本处、本公证员面前签订的赠与合同。申请人上述行为符合《中华人民共和国民法通则》第55条之规定,合同内容符合《中华人民共和国合同法》的规定,赠与合同上张

××、何××的签字均属实。

中华人民共和国西安市新城区公证处
公证员：李××
2000年××月××日

【评析】

该份公证书的制作符合规范要求。文书首先交待了公证事项申请人的基本情况和公证事项的名称；接着阐述了公证证词内容的必备要素，在该部分中，详细叙述了申请人的姓名、申请日期和申请的事项，公证处查明的事实以及公证结论。整个文书用语准确、到位，遣词造句严谨、规范，引用法律条文准确。

2. 保全证据类公证书。具体内容如下：

(1)保全证据公证书概念、作用和适用范围。保全证据公证书，是指在诉讼开始之前，公证机构根据公民、法人或其他组织的申请，对与申请人权益有关的，日后可能灭失或难以提取的证据加以验证提取，以保持其真实性和证明力所出具的公证文书。

公证机构通过制作保全证据公证书固定证据，可以有效地防止证据的灭失，为人民法院和行政机关及时解决纠纷提供可靠的参考依据，有利于正确解决纠纷，维护当事人的合法权益。

公证机构保全证据的对象包括各种物证、书证、证人证言、视听资料、意外事件现场情况等。根据所保全证据的种类、性质、特点，目前启用了四种要素式公证书格式，即保全证人证言(当事人陈述)公证书格式；保全物证、书证公证书格式；保全视听资料(软件)公证书格式和保全行为公证书格式。

(2)保全证据公证书的内容和制作方法。保全证据类公证书内容分为首部、正文(证词)、尾部三部分。

首部应写明标题、编号、申请人基本情况、关系人的基本情况及公证事项。

首先，标题。仅写“公证书”三字。

其次，编号。写为：(××××)×××字第××号。

再次，申请人基本情况。申请人是自然人的，依次写明姓名、性别、出生日期、住址、身份证号码；是外国人的，应写明国籍，有代理人的，还应写明代理人的姓名。申请人是法人或非法人组织的，依次写明全称、住所地、法定代表人或代理人的姓名、性别、出生日期。当事人有数人时，应一并列明。有关系人的，写明关系人的姓名、性别、出生日期、住址、身份证号码。没有关系人的，不写。

最后，公证事项。写明“保全物证(书证)”。

正文即证词内容，由必备要素和选择要素构成。该部分写作内容根据所保全证据的种类、性质、特点的不同而有所不同。

首先,保全证据公证书证词的必备要素包括:①申请人姓名或全称、申请日期及申请事项。②保全标的的基本情况。写明证人的基本情况和行为能力;物证的名称、数量、表状特征等,物证为商品时,要注明商品的品牌、型号、生产厂家名称、售价等,保全的物证为房屋等不动产时,要注明位置、坐落、四至、面积、结构、附属物等;书证的数量、名称、页数、标题、形成时间等;视听资料、软件的名称、数量、表状特征,所有人或使用人、经营人、传播者、实验者的名称,视听资料或软件的播放、销售、使用、制作、运行的地点等;行为的名称、参与人的数量、姓名(名称)、活动的起止时间、地点及内容等。物证、书证、视听资料、软件不在公证处的,应注明存放地点。③保全物证、书证、视听资料、软件、证人证言、行为的时间、地点。④保全的方式方法。包括:申请人提交、公证人员提取、公证人员记录、现场勘验、照相录像、技术鉴定等。⑤保全证据的关键过程:一是参与保全的人员。包括:承办公证人员及在场的相关人员的人数、姓名。相关人员包括:申请人、关系人、代理人、见证人、勘验人、鉴定人以及照相、录像、绘图人员等。二是公证人员保全过程中所做的主要工作。如对重要事实进行现场勘验、询问,对取得的证据履行了提示义务等。三是物证(书证)取得的时间、方式、或物证(书证)的存放方式、地点、现状等。四是取得的证据数量、种类、形式、存放处所等。当事人对取得的证据予以确认的方式和过程。⑥公证员结论。写明保全证据的方式、程序是否真实、合法,用于作证的书面文件(如发票、产地证明等)要同时证明这些书证的真实性。取得证据的数量、种类、日期,取得证据的存放方式及存放地点。

其次,保全证据公证书证词的选择要素包括:①申请保全证据的原因、用途。②办理该项公证的法律依据,即公证法规或有关规章。③有书证能够证明物的来源或存在的,应写明书证的名称。④保全拆迁房屋时,要写明与该房屋有关的所有权人或使用权人、代管人等。⑤物品、视听资料、软件难以长期保存的,在结论中应写明保存期限。已采取变通保存措施的,结论中也应一并写明。⑥公证书的正本和副本。⑦附件。有附件时,应在公证证词中列明附件的名称、顺序号。

尾部应写明公证机构名称、承办公证员签名(或签章)和出证日期,并加盖公证处印章和钢印。

(3)制作保全证据公证书应注意的问题:①公证处办理保全证据公证应重点查明申请人的身份和行为能力、保全的证据与申请人的合法权益有何关系、保全的证据是否有灭失或难以取得的可能,以便确定保全证据的方案。②保全证人证言时,公证员需直接询问证人和有利害关系的人,必要时,可用录音机录音;保全物证、书证,主要采用照相、封存、复制、勘验和鉴定等方法,对不在公证处的实物,公证人员应进行现场勘验;保全视听资料主要采取复制、封存等方法。保全的证据较多时,要制作保全证据的清单逐项列明。③保全证据一般应由2名公证人员共同进行。公证书要全面、客观地反映所保全证据的真实情况,记明保全的时间、地点、理由、方式、方法和保全的过程及保全的结果。④对保全的物证、书证、视听资料要加强保管,对计算机软盘、录音录像磁带等应制作备份并定期复制，防止证据灭失。

公　证　书

（2001）×证经字第08204号

申请人：中国××出版发行事业局，地址：北京市西城区××街××号

法定代表人：蔡××

委托代理人：赵××，男，××××年××月××日生，身份证号码：××××××××××××××××××

王××，男，××××年××月××日生，身份证号码：××××××××××××××××××

公证事项：保全证据

中国××出版发行事业局的委托代理人赵××、王××于××××年××月××日来到我公证处，称其海外机构香港××图书有限公司因香港××货仓产权问题需该局协助提供相关材料，现其相关材料原件存档于其下属单位中国××图书贸易总公司的机要室中，向我处申请对其相关材料复印件调取于中国××图书贸易总公司的机要室档案一事进行保全证据。

根据《中华人民共和国公证暂行条例》的规定，本公证员与公证人员潘××于××××年××月××日、××月××日在北京市海淀区××路××号中国××图书贸易总公司××室一机要室，监督中国××出版发行事业局的委托代理人赵××、王××将所需证明材料的相关档案卷宗调出，并对其提供的相关材料的复印件与该档案卷宗中存放的该复印件之原件进行了现场核实，经确认无误后，要求在该复印件上加盖了档案存放单位中国××图书贸易总公司之印章。

核实卷宗：中国××书店××年案卷

卷内目录：卷号××，文书处理号：内收××，卷名：香港××书店拟购货仓的请示报告，共×页（见附件）；

……

兹证明与本公证书相粘连的文件附件一至六为本公证员和公证人员潘××在上述现场核实的复印件，与保存于中国××图书贸易总公司机要室档案中的原件内容相符。

中华人民共和国××市公证处

公证员：熊×

2001年××月××日

【评析】

该份公证书的制作基本符合规范要求。文书首先交待了公证事项申请人及其法定代表人、代理人的基本情况和公证事项的名称;接着阐述了公证证词内容的必备要素,在该部分中,全面、详尽地反映了原始证据的状况以及取证的全过程,最后说明复印件与原件相符。整个文书语句通顺,用词朴实,必备要素较为齐备。

3. 现场监督类公证书。

(1)现场监督公证书概念和适用范围。现场监督公证书,是指公证机构依法办理招标、拍卖等现场监督公证活动中所出具的公证文书,包括招标公证书、拍卖公证书、有奖活动公证书、抽签(号)活动公证书以及公司创立大会公证书等。

现场监督公证所涉及的活动是由特定人组织的,由社会上不特定多数人参加,具有社会影响大,无法恢复原状的特点。因此,要求公证机构办理公证时,必须派公证员亲临活动现场,对活动过程进行监督,并现场宣读公证证词,然后根据现场公证证词制作公证书。制作现场监督公证书,能够保证招标投标、拍卖、开奖、股票认购证抽签、有奖评选、公司创立大会,商品抽样检测等活动公开、公平、公正的进行,保护相对人的合法权益。

(2)现场监督公证书的内容和制作方法。现场监督公证书是现场公证词的书面表现形式,其内容分为首部、正文(证词)、尾部三部分。首部、尾部与合同(协议)公证书相同。正文部分需根据现场活动的性质、特点、参加人、活动内容、适用法律等情况具体确定。下面我们只介绍招标公证书的相关内容。

招标公证书,是指公证机构按照法定程序,对招标活动程序和方法、招标参加人在招标、投标、开标、评标、决标过程中的行为进行现场监督和审查,并证明招标活动真实、合法所出具的公证书。制作该文书时,应在"公证事项"一栏中写招标项目的类别,如建设工程招标、政府采购招标、世行贷款项目招标等。

招标公证书证词必须具备以下要素:①申请人全称、申请日期及申请事项。②对招标人、招标代理机构及投标人资格的审查情况。招标人、招标机构的资格应符合《招标投标法》第二章的规定,投标人的资格应符合《招标投标法》第三章及招标公告的规定。③招标项目名称、招标方式(公开或邀请)及是否得到有关部门的批准。不需经批准的招标活动,不写此内容。④招标公告或投标邀请书、招标文件的发布及送达情况。⑤对招标文件的审查结果。⑥标箱密封、投标文件的封存情况及投标截止时间收到的投标文件情况。要根据查验的时间顺序表述。⑦承办公证机构名称、承办公证员姓名及公证的法律依据。法律依据是招标投标法、公证法和公证程序规则等。⑧开标的时间、地点及对开标程序的监督结果,对投标文件有效性的审查结果。投标文件密封状况如系在开标时查验,应在此注明。⑨对评标委员会资格的审查及评标程序的监督结果。未参与评标过程的,不写对评标程序监督的内容。⑩中标结果及公证结论。应包括以下内容:当事人的资格是否合法,意思表示是否真实;招标投标程序是否真实、合法;对中标结果(包括中标人名称、中标项目、中标价格、中标日期及地点等)的确认。

招标公证书证词的选择要素包括以下几项:①申请人提供的主要证据材料的真实性、合法性。②招标人对招标文件、投标人对投标文件的澄清或说明。③对评标原则、标准和方法的审查结果。④对招标投标活动中形成的重要工作记录及视听资料真实性及封存情况的证明。⑤有调查取证情节,可据查证时间对查证认定的事实在公证书中逐项列出。⑥招标活动有见证人的,应将其民事主体资格状况连同“见证人×××、×××在场见证”字样一并在公证书中加以描述。⑦公证员认为需要认定的其他程序事项。⑧公证生效日期。即公证员在招标现场宣读公证词的日期。⑨附件。包括中标通知书、招标现场获取的重要证据材料等。应在公证证词中列明附件的名称和顺序号。

(3)制作现场监督公证书应注意的问题:①现场监督公证应当由 2 名以上公证人员共同办理,其中至少有 1 名是公证员,现场公证词、公证书和公证活动的记录应反映出此方面的内容。②现场监督公证词应灵活制作,要符合口语习惯并与现场气氛相吻合。公证书应根据现场公证词制作,但并非公证词的简单重复,而是公证机构出具的正式文书,制作应严谨、规范,文字应简练、扼要,能充分反映现场公证词的核心内容。

三、定式公证书

(一)定式公证书的概念及作用

定式公证书,是指具有固定格式的公证书。定式公证书是相对于要素式公证书格式而言的,该类公证书的格式固定,篇幅短小,文字简明,印制规范。

我国司法部于 1992 年颁布了《公证书格式(试行)》,该文件把公证文书格式分为 14 类 59 式 110 种,于 1993 年 3 月 1 日试行,这 14 类公证书的格式统称为定式公证书格式。

定式公证书由于有固定的格式,制作较为简便,有利于公证人员规范制作,对于保证公证书的质量和法律效力,维护当事人合法权益具有重要意义。

(二)定式公证书的格式、内容及写法

定式公证书由首部、正文(即公证证词)和尾部组成。

1. 首部。首部包括标题、编号和当事人基本情况。

(1)标题。在文书顶端居中写明:“×××公证书”。

(2)编号。在标题右下方写“(××××)×公证字第×号”,编号由年度、公证机关名称简称和文书编排号组成。年度只表明出具公证书的年份。编号应连续写下去,不受年份限制,即上下两年之间的编号必须衔接,不得间断。

(3)当事人基本情况。当事人是自然人的,写明姓名、性别、出生年月日、住址等内容。当事人是法人或其他组织的,写明单位名称、住所地、法定代表人(或负责人)的姓名等。

2. 正文。写明公证证词。公证证词是公证书的核心,应写明公证证明的对象、证明的范围和内容、证明所依据的法律、法规等。有强制执行效力的公证书,应当在公证证词中注明,并具体说明债务人履行债务的期限、强制执行标的物的名称、种类、数量等。

公证证词应根据当事人申请公证的事项来写,因为证明的事项不同,公证证词的写法也不相同。但无论哪一种公证事项,公证证词都要求准确无误、简明易懂。所涉及的组织名称,第一次出现时必须使用全称;所涉及的日期要用公历,如需涉及农历时,应当用括号注明。

3. 尾部。应写明公证机构名称、承办公证员签名(或签章)和出证日期,并加盖公证处印章和钢印。

(三)制作定式公证书应注意的问题

1. 制作定式公证书应遵循一事一证的原则。如果多事一证,则可能会因证明事项过多而造成文字表述困难或引起歧义。

2. 用语应规范、准确。公证书用语应规范,避免使用繁体字、异体字,不能出现错别字。对当事人的姓名应写准确。已打印好的公证书不得涂改、挖补,必须修改的应加盖公证处的校对章。

实例一

企业承包经营合同公证书

(　　)××字第××号

兹证明发包方××××的法定代表人(或法定代表人的代理人)×××与承包方代表×××(企业经营者)于××××年××月××日在××(签约地点或本公证处),在我的面前,签订了前面的《××××企业承包经营合同》。

经查,上述双方当事人的签约行为符合《中华人民共和国民法通则》第55条的规定;合同上双方当事人的签字、印章属实;内容符合《××××条例(或规定)》的规定。

中华人民共和国××省××市(县)公证处

公证员　　(签名)

××××年×月×日

实例二

提存公证书

（　　　）××字第××号

兹证明债务人××××（写明姓名、年龄、性别、职业、住址、身份份证号码等内容，如果是法人单位，应写明单位全称、法定代表人、单位地址）因××××（债务依据及无法履行给付的原因），于××××年×月×日将债务标的××××（标的的名称、数量、金额）提交于我处。从即日起，债务人××××所欠债权人××××（应写明姓名、年龄、性别、住址，如果是法人单位，应写明单位全称、法定代表人、单位地址）的上述债务已经履行。

中华人民共和国××省××市（县）公证处
公证员：（签名）
××××年×月×日

【评析】

上述定式公证书的书写格式规范，项目要素齐备，用语简明规范，适用法律准确，可供参考。